Animal Assisted Play Therapy®

동물매개놀이치료

Risë VanFleet · Tracie Faa-Thompson 공저

심혜미 · 우주영 · 김석언 공역

학지사

이 역서는 2025년 나사렛대학교 학술연구비 지원으로 이루어졌습니다.

역자 서문

2011년 11월 치료매개견 나나와 함께 '동물매개치료'에 첫발을 내딛었지만 참으로 오랜 시간 저에게 '동물매개치료'는 미지의 영역이었습니다. 그 당시 국내에는 매우 생소한 분야였고 실제 임상 경력을 바탕으로 탄탄한 이론적 교육이 이루어지기 어려운 환경이었습니다. 동물 발달, 동물 건강, 동물 핸들링, 사람 발달, 사람 심리정서 어려움, 프로그램 개발, 프로그램 운영 등 매우 다양한 지식을 접해도 이를 통합하여 실천적 지식으로 적용하는 데 한계가 있었습니다. 그럼에도 불구하고 제가 계속 동물매개치료사라는 직업적 정체성을 유지할 수 있었던 이유는 내담자와 치료매개견의 만남에 설명할 수 없는 그 무언가가 강렬하게 작용하고 있음을 확신했기 때문입니다. 그 당시보다 넓은 시야로 동물매개치료를 볼 수 있도록 도와주었던 분이 놀이치료사 김석언 선생님이었습니다. 같은 복지관에서 일했을 때 저와 함께했던 치료매개견 나나와 코코에게 관심을 가져주고 그들과 직접 상호작용하면서 저와 함께 심리치료에 대해 참 많은 이야기를 나누었습니다. 그리고 누구보다 동물매개치료사로서의 저의 미래를 응원해 주고 보다 전문성을 쌓을 수 있도록 이끌어 주었습니다. 사실 국내에서 동물매개치료 분야에 이론적 지식과 실천적 지식을 모두 겸비한 전문가를 찾기는 불가능했기 때문에 기존 심리치료 분야 교수님들께 지도를 받으면서 동물매개치료를 보다 깊이 공부하고 싶었습니다. 하지만 낯선 분야에 관심을 가지고 선뜻 받아 주시는 교수님을 찾기 어려웠습니다. 그때 김석언 선생님으로부터 나사렛대학교 우주영 교수님을 추천받았습니다. 우주영 교수님은 상담심리와 놀이치료 양쪽 모두에 전문성을 가지고 1990년대 국내에서 불모지와 같았던 놀이치료 분야에 헌신하셨던 분입니다. 그런 분이셨기에 제가 동물매개치료라는 새로운 연구 주제를 들고 찾아뵈었을 때 기꺼이 받아 주셨습니다.

석사 과정에서 공부한 과목은 대부분 상담과 놀이치료에 관련되었지만 동물매개치료에 대한 이해를 높이는 데 매우 중요했습니다. 특히, 아동중심놀이치료에서 아동을 바라보는 관점을 배우면서 동물을 바라보는 관점에 대해 깊이 고민하게 되었습니다. 그러면서 접하게 된 책이 바로 이 책『Animal Assisted Play Therapy』였습니다. 이 책은 동물매개치료와 놀이치료가 접목된 '동물매개놀이치료'라는 특정 영역을 설명하고 있지만 저자가 강조하듯 이 책은 동물매개치료에 대한 원론적인 내용을 다루고 있습니다. 그리고 그 핵심으로 동물과의 관계에 대한 이해를 강조하고 있습니다. 하지만 그 당시에는 동물과의 관계가 가지는 치료적 의미에 대해 충분히 이해하지 못했던 것 같습니다. 아마도 그 목마름이 건국대학교 동물매개치료 박사 과정으로 저를 이끌었던 것 같습니다. 석사 과정 동안 동물매개치료에 기본이 되는 심리치료를 공부했다면 박사 과정에서는 수의대 한진수 교수님 지도하에 인간과 동물의 관계에 대해 연구했습니다. 그 결과 이 책에서 강조하는 동물과의 관계가 어떤 의미인지 온전히 이해할 수 있었습니다. 하지만 그 이해는 절대 머리로만 이루어지지 않았습니다. 저의 반려견이자 치료매개견이었던 나나와 코코, 그들과의 관계 속에서 제가 경험하고 알아차렸던 그 모든 과정이 있었기에 마음속 울림으로 지식이 와닿았습니다.

이러한 이해의 기쁨을 김석언 선생님, 우주영 교수님과 나누면서 실제로 인간과 동물의 관계성과 놀이치료의 접목이 얼마나 많은 가능성을 내포하고 있는지 확인할 수 있었습니다. 결국 함께 비전을 그리며 첫 단계로 이 책을 번역하게 되었습니다. 이 책은 동물매개놀이치료 영역을 다루지만 동물과의 상호작용을 치료적으로 활용하고자 하는 모든 분께 도움이 되리라 자부합니다. 또한 동물과의 상호작용을 직접적으로 다루지 않더라도, 이 책은 내담자와 동물이 맺는 관계 경험에 대한 설명으로 우리 인간에게 필요한 관계의 본질을 보다 잘 이해할 수 있도록 이끌어 줄 것입니다. 앞으로 동물과의 관계를 활용한 이 분야가 보다 전문적이고 동물과 내담자 모두에게 이로운 방향으로 나아갈 수 있기를 소망합니다.

2025년 7월
역자 심혜미

서문 1

"가끔은 켓지(Ketzy) 옆에 앉아 있기만 해도 마음이 너무 편안해져요. 부드러운 털을 만지고 등을 쓰다듬으면 마음이 열리기 시작해요. 제가 켓지를 쓰다듬을수록 켓지가 더 행복해 보이는 거예요. 켓지는 그저 가만히 거기에 앉아 있어요. 제가 멈추면 켓지는 바로 저를 올려다보며 계속 쓰다듬어 달라고 마음을 표현해요."

이것은 아이들이 치료매개견과 상호작용하면서 자주 말하는 것 중 하나입니다. 치료매개견들은 아이들이 평소 하기 어려워할 만한 일들을 할 수 있도록 동기를 부여하는 촉매제 역할을 합니다.

현재 동물매개중재(Animal-Assisted Interventions: AAI) 분야는 커다란 변화를 겪고 있습니다. 이 신생 학문에서 겪는 성장통은 도전적이지만, 성장의 결과는 그 불편함을 감수할 가치가 있습니다. 지난 50년 동안 인간-동물 상호작용 분야와 동물이 우리의 일상에 주는 가치에 대한 대중의 인식이 엄청나게 변화하고 있음을 목격했습니다. 이제 이 분야는 중요한 기로에 서 있습니다. 오랜 세월 많은 사람들이 이미 알고 있었던 사실, 즉 동물이 우리의 웰빙에 유익하다는 점을 이제야 비로소 과학이 증명해 내고 있기 때문입니다.

AAI 분야의 초기 개척자였던 보리스 레빈슨(Boris Levinson)과 엘리자베스 및 새뮤얼 코슨(Elizabeth & Samuel Corson)은 인간-동물 연결이 가진 치료적 힘을 우연히 발견했습니다. 그 초기 개척자들처럼 저 역시 발달장애와 학습장애를 가진 아이들과의 작업에 동물을 통합하는 것이 얼마나 큰 가치가 있는지 알게 되었습니다. 때는 1973년, 저는 학습장애를 가진 아이들을 위한 사회적 기술 훈련 프로그램을 운영하고 있었습니다. 누가 작은 햄스터(Gerbil) 한 마리가 아이-반려동물 사이의 역동적인 연결의 힘을 보여 줄 것이라고 상상이나 했을까요? 저는 평소에 매우 산만하고 부산스러운 한 소년이 손바닥 위에서 부드럽게 움직이는 햄스터를 바라보며 조용히 앉아 초점을 유지하는 모습을 보고 경탄을 금치 못했습니다.

코슨(Corsons) 부부는 사람과 치료 동물 간의 상호작용을 처음으로 '사회적 윤활제(social lubricant)'라고 명명한 이들입니다. 그들은 이러한 상호작용에서 생겨나는 따뜻함을 관찰하며, 이것이 관계를 형성하는 데 가장 중요한 요소로 작용한다고 믿었습니다. 코슨 박사는 1970년대 초 오하이오 주립대학교에서 정신의학 교수로 재직 중이었습니다. 그는 처음에는 대학 정신병원에서 개를 대상으로 스트레스의 영향을 연구하던 중이었습니다. 그러던 중 한 10대 청소년이 짖고 있는 개에게 반응하는 모습을 우연히 목격하게 되었고, 그 동물이 촉매 역할을 하여 소년이 자신의 감정을 더 편안하게 표현할 수 있도록 돕는 것을 관찰했습니다. 이 장면은 그 소년이 처음으로 말을 하는 모습을 병원 스태프들이 본 순간이기도 했습니다. 그 첫 만남 이후, 코슨은 전통적인 치료에 반응하지 않는 것으로 보이는 다른 환자들을 돕기 위해 개를 활용하는 방법을 연구하기 시작했습니다. 초기 관찰의 결과와 마찬가지로, 코슨은 개가 있을 때와 상호작용할 때 젊은 환자들이 훨씬 더 빠르게 마음을 열게 된다는 사실을 발견했습니다. 이러한 초기 발견과 레빈슨의 연구 덕분에, 전문적인 정신건강 커뮤니티가 동물매개중재의 가치를 고려하기 시작했습니다. 50년이 지난 지금도, 이 초기 통찰은 동물매개중재가 가치 있다고 여겨지는 이유의 초석으로 남아 있습니다. 동물은 편안함을 제공하며 따뜻한 치료 환경을 조성하는 역할을 합니다.

물론 그때와 지금은 많은 점에서 변화가 있었습니다. 오늘날 우리는 다양한 치료 환경에서 동물을 치료적으로 통합하려는 사람들이 훨씬 많아진 것을 볼 수 있습니다. 한때는 주로 정신건강 전문가들에 의해 활용되던 동물매개중재가 이제는 여러 분야의 전문가들에 의해 다양하게 적용되고 있습니다. 이들 전문가는 동물매개중재가 자신들의 분야에서도 가치가 있음을 인식하고 이를 보완적 치료 형태로 활용합니다. 이러한 다채로운 전문적 적용의 풍경은 이제 더욱 많은 근거 기반의 모범 사례를 필요로 하고 있습니다. 이러한 데이터 기반 연구는 전문가들이 다양한 집단에서 동물을 효과적으로 활용할 수 있는 프로토콜을 개발하는 데 도움을 줄 것입니다.

인간–동물 상호작용에 대한 가장 중요한 오해 중 하나는 동물매개중재의 영향을 잘못 해석하거나 과장하는 경우입니다. 이러한 과장은 아마도 의도적이지는 않았겠지만, 동물과 사람 간의 관계를 과대 포장하려는 미디어의 역할 때문일 가능성도 있습니다. 1980년대 초반부터 우호적인 개의 존재가 불안 감소에 긍정적인 영향을 미친다는 초기 연구 결과가 나오면서, 사람들은 동물/반려동물 처방에 지나치게 매료되기 시작했습니다. 저는 이러한 관계를 옹호하고, 동물매개중재로 얻을 수 있는 치료적 혜택을 설명하는 입장에 있지만, 이 상호작용의 내재적 영향을 과장하지 않으려는 현실적이고 신중한 태도를 유지하고 있습니다.

오늘날 과학자들은 동물매개중재가 인간에게 미치는 장기적인 효과와 이러한 결과에 영향을 미치는 생리학적 메커니즘에 대해 명확히 이해하지 못하고 있다고 주장합니다. 그럼에도 불구하고 저는 이러한 상호작용이 유익하다고 확신합니다. 즉, 동물매개중재를 만병통치약으로 간주해서는 안 되지만, 변화를 가져올 수 있는 소중한 삶의 기회로 여겨야 합니다. 안타깝게도 인간과 동물 간의 상호작용에 대한 대중매체의 과도한 보도가 결과를 모호하게 만들어 버렸습니다. 저 역시 AAI의 효과를 설명함에 있어, 특히 결과가 체계적으로 계획되었을 때, 보다 신중하고 현실적인 접근을 하게 됩니다. 이 분야의 전문가들은 해석에 신중해야 하며, 명확히 검증되지 않은 결과를 지지하면서 대중을 오도해서는 안 됩니다. 따라서 우리가 직면한 중요한 과제는 개인적인 경험에 기반한 의견과 과학적 설명 및 증거 사이의 균형을 맞추는 것입니다.

이 책은 독자들에게 동물매개중재를 놀이치료에 적용하는 데 있어 풍부한 추천 내용과 제안을 제공합니다. 내용이 매우 포괄적이며, 독자들에게 탄탄한 기초를 제공할 뿐만 아니라, 동물을 치료 환경에 안전하고 효과적으로 통합하는 방법에 대한 유용한 조언도 담고 있습니다.

저는 종종 동물매개중재의 미래가 어떨지에 대해 질문을 받습니다. 그럴 때마다 먼저, 동물매개중재 전체의 효과를 입증할 수 있는 더 많은 실증적 증거가 필요하다는 점을 이야기합니다. 저는 이미 이 분야에서 어려움을 겪고 있는 몇 가지 문제를 제시한 바 있습니다. 그것의 대부분은 특정한 환경이나 상황에서 동물매개중재가 실제로 어떻게 영향을 미치는지에 대한 구체적인 연구가 부족하기에 그 효과를 더 넓은 범위에서 이해하고 입증하는 데 어려움이 생깁니다.

더 균형 잡힌 과학적 검토의 필요성 외에도, 제가 향후 수십 년 동안 일어날 것이라고 믿는 주요 변화 중 하나는 공공 정책 수정에 대한 요구입니다. 이러한 변화는 인간-동물 상호작용을 지역사회와 의료 환경에서 보다 효과적으로 지원할 수 있는 긍정적인 분위기를 조성하는 데 도움을 줄 수 있을 것입니다. 또한, 앞서 언급했듯이, 동물을 보완적 치료 형태로 활용하기 위한 더 명확한 근거 기반 프로토콜을 개발하는 것이 중요합니다. 특정 집단에 더 적합한 전략을 구현하는 방법을 배우는 것이 필수적입니다. 현재 우리는 다양한 전문가들이 다양한 환경에서 동물매개중재를 적용하기 시작하는 폭발적인 추세를 목격하고 있습니다. 이 분야가 발전하기 위해서는 최적의 실천 방안을 개발하고 조사하는 것이 중요합니다.

제가 동물매개중재(AAI) 분야에서 일하기 시작했을 때, 이 작업을 안전하고 제대로 수행하기 위해 고려해야 할 사항에 대한 자원이 거의 없었습니다. 저는 흔히 말하는 상식을 바탕으로 일을 진행해야 했지만, 동물을 임상 치료에 최적으로 통합하기 위해 고려해야 할 많은 다른 영역이 있다는 것을 금세 깨달았습니다. 지난 40년 동안, 저는 동물을 어떻게 활용하여 내담자와의 상호작용 효과를 높일 수 있을지에 대해 조사하고, 연구하며, 문제를 해결하는 데 시간을 보냈습니다. 새로운 시각으로 사고하고 문제해결 방법을 적용하여 AAI가 내담자에게 어떻게 도움이 될 수 있을지 구상하는 것이 아마도 첫 번째로 고려해야 할 단계일 것입니다.

또한 동물매개중재를 적용할 때, 동물이 인간에게 제공하는 이점뿐만 아니라, 중재에 참여하는 모든 동물들의 복지와 안전에 주의를 기울이는 것도 중요합니다. AAI를 효과적으로 수행하려면, 다양한 치료에 참여하는 동물들을 배려해야 합니다. 모두가 안전한 환경을 조성하기 위해 철저한 준비를 하지 않는다면, 우리의 역할을 제대로 수행하지 못하는 것입니다.

반플릿(VanFleet)과 파-톰슨(Faa-Thompson)은 놀이치료 환경에서 동물매개중재를 통합하고자 하는 전문가들에게 훌륭한 자료를 제공했습니다. 이 책을 검토한 후, 저는 저자들이 제시한 실용적인 제안들과 함께 견고한 이론적 틀을 제공한 점에 깊은 인상을 받았습니다. 이 책은 읽기 쉬우면서도 매우 포괄적입니다. 저자들은 동물을 놀이치료 환경에 통합해야 하는 이유를 제시할 뿐만 아니라, AAPT(Animal Assisted Play Therapy, 동물매개놀이치료)를 시작하는 명확한 가이드라인도 제공합니다.

이 책의 각 장은 논리적으로 구성되어 있습니다. 제1부에서는 동물매개놀이치료의 개요를 제시하고, 독자가 이해해야 할 용어들을 정의합니다. 제2부와 제3부에서는 AAPT를 전문적으로 통합하기 위해 고려해야 할 문제들을 다루는 매우 실용적인 논의가 담겨 있습니다. 저자들은 치료사뿐만 아니라 동물에게도 기대해야 할 역량을 설명하기 위해 많은 노력을 기울였습니다.

제3부에는 동물을 AAPT에 직접 통합하는 실용적인 아이디어를 제시하는 여러 장이 포함되어 있습니다. 명확하게 작성된 예시와 유용한 사례들이 각 장에 걸쳐 통합되어 있습니다. 이 사례들은 해당 적용 방법이 어떻게 변화를 가져오는지 엿볼 수 있게 해 줍니다. 마지막 제4부에서는 윤리와 동물복지 주제를 포함하여 다양한 전문적인 문제를 다룹니다. 전반적으로, 이 책은 이 매우 특화된 분야에 관심이 있는 독자들에게 훌륭한 개요를 제공합니다.

동물매개중재 분야는 현재 기존의 중재 방법과 보다 근거 기반의 최상의 중재 방법 간의 격차를 좁히는 기로에 있는 것이 분명합니다. 이 책은 독자들에게 AAPT를 적용하는 방법뿐만 아니라 이를 올바르고 윤리적으로 수행하는 방법에 대한 명확한 방향을 제시합니다. 저는 항상 치료 동물이 아이들의 방어기제를 자연스럽게 허물고, 보다 치료적인 관계 형성에 도움을 준다고 믿어 왔습니다. 동물매개중재와 놀이치료 통합으로 시너지 창출이 된다면 도움이 필요한 많은 아이들의 삶에 큰 변화를 가져오고, 그들의 치유 여정에 든든한 힘이 될 것입니다.

오브리 H. 파인, EdD
교수 및 공인 심리학자
캘리포니아 폴리테크닉 주립대학교, 포모나
저서 『우리의 충실한 동반자들: 동물과의 인연의 본질을 탐구(Our Faithful Companions: Exploring the Essence of Our Kinship with Animals)』 및 다수의 책 편집
『동물매개치료 핸드북: 동물매개중재의 기초와 지침(Handbook on Animal-Assisted Therapy: Foundations and Guidelines for Animal-Assisted Intervention)』(4판) 모두

서문 2

동물행동학의 고전적 원칙 중 하나는 동물이 놀이를 하는지 여부를 관찰함으로써 그들의 복지를 평가할 수 있다는 것입니다. 일반적으로 놀이를 즐기는 동물에게 놀이가 결여되어 있다면, 이는 그 동물이 병들었거나 너무 스트레스를 받아 놀이 충동이 완전히 억제되었음을 나타내는 중요한 신호입니다. 놀이란 단순히 사치로 여겨지는 하찮은 행위가 아닙니다. 놀이는 살아가고, 성장하며, 생존하기 위한 필수적인 부분입니다. 『동물매개놀이치료(Animal Assisted Play Therapy)』 책에서 리제 반플릿과 트레시 파-톰슨은 우리에게 "놀이는 인간을 포함한 많은 종의 생존에 필수적인 것으로 여겨진다"고 상기시켜 줍니다.

놀이의 중요성에도 불구하고, 놀이는 종종 아이들이나 하는 행동으로 간주되며, 성인이 되면 더 중요한 일들을 위해 제쳐두어야 할 어리석은 행동으로 치부됩니다. 그러나 매일 밤 뉴스에서 세계 사건만큼이나 농구공, 축구공, 테니스공 등 공의 운명에 관심을 기울이는 우리 모습을 보면, 놀이가 우리의 건강과 웰빙에 얼마나 중요한지 알 수 있습니다. 놀이는 우리 인간 종의 본질적인 일부라 할 수 있습니다.

우리는 이제 아동기의 놀이가 정상적이고 건강한 발달에 있어 얼마나 중요한지 알고 있습니다. 이 때문에 놀이치료는 '어린 시절의 언어'로 묘사되며, 지난 몇십 년 동안 어린이의 마음을 들여다볼 수 있는 창이자 안전한 환경 속에서 아이들이 치유하고 성장할 수 있는 기회를 제공하는 방법으로 자리 잡았습니다. 그렇다면 아이들이 동물을 사랑하고 교감하는 능력을 놀이를 통해 자신을 표현하고 안전한 환경으로 나아가는 과정과 결합시키는 것이 무엇보다 논리적이지 않을까요?

논리적이긴 하지만, 저자들이 우리에게 상기시키듯이, 동물매개놀이치료(AAPT)는 기술과 전문성이 요구되는 진지한 작업입니다. 한 수의 약사(Veterinarian pharmacist)가 저에게 약에 대해 설명하며 한 말이 떠오릅니다. "좋은 일을 할 수 있는 힘이 있다면, 해를 끼칠 수 있는 힘도 있습니다." 이는 AAPT에도 똑같이 적용되며, 바로 이 책이 중요한 이유입니다. 반플릿 박사와 파-톰슨은 AAPT를 가장 높은 수준으로 끌어올리며, AAPT의 과학적 이론과 연구, 이 분야의 모범 사례, 그리고 맥락과 중요한 세부 사항을 제공하는 풍부한 사례 연구들을 설명했습니다.

이 책에는 동물과 치료사 간, 치료사와 내담자 간, 그리고 내담자와 동물 간 관계의 중요성을 강조하는 연민과 자비의 정신이 두드러집니다. 이 책은 동물매개치료와 중재의 어떤 형태에든 관심이 있는 사람들에게 풍부한 정보를 제공하며, 앞으로도 오랜 기간 동안 동물매개놀이치료의 고전으로 자리 잡게 될 것입니다.

퍼트리샤 B. 매코널 박사, CAAB

『리드의 또 다른 끝(The Other End of the Leash)』 및

『윌의 교육(The Education of Will)』 등 다수의 저서와 자료의 저자

저자 서문

우리가 동물매개놀이치료(AAPT)를 실천하고 가르치기 위한 여정을 시작했을 때, 이것이 다른 형태의 인간-동물 중재와 얼마나 다른지 미처 깨닫지 못했습니다. 우리는 모든 연령대의 내담자들에게 정서적 안정감을 높이기 위해 놀이 요소를 강조하고 있다는 점은 알고 있었지만, 우리의 교육 워크숍에 참여한 사람들이 점점 많아지면서 그들은 종종 AAPT가 자신들이 경험했던 다른 동물매개중재 프로그램들과 얼마나 다른지에 대해 이야기하곤 했습니다. 시간이 지나면서 우리는 동물을 활용하는 전문가들이 더 많은 주의를 기울일 가치가 있다고 생각한 핵심 원칙들을 발전시켜 왔습니다. 이 책은 AAPT 분야를 더 넓은 독자들에게 공유하고자 하는 우리의 바람을 반영한 결과물입니다.

AAPT는 여러 측면에서 다른 접근 방식과 차별화됩니다. 첫째, 치료 과정에 놀이성(playfulness), 유머(humor), 그리고 경쾌함(lightness)의 놀이 요소를 더합니다. 이는 모든 연령대의 내담자들이 편안함을 느끼도록 하며, 동물들에게도 풍요로운 경험을 제공합니다. 특히, 어린 내담자들에게 놀이란 그들의 필요를 표현하고 해결하는 주요한 방법이 됩니다. 둘째, AAPT는 관계에 큰 초점을 맞춥니다. 치료사와 동물 간의 관계는 긍정적이고 상호 존중적인 방식으로 발전되어야 하며, 가능한 한 동물들에게 의사 표시와 선택권이 주어져야 합니다. 이러한 관계는 내담자들에게 본보기가 되어, 그들이 치료 동물이나 반려동물과의 관계뿐 아니라 가족과 지역사회 내의 인간관계를 강화할 수 있도록 돕습니다. AAPT에서는 인간과 동물 간의 파트너십의 본질을 구체적으로 정의했으며, 이를 달성하기 위한 다양한 아이디어를 제시하고 있습니다. 셋째, AAPT를 이끄는 원칙들은 다양한 동물 종을 포괄합니다. 인간-동물 중재 분야는 종종 말과 함께 일하는 경우, 개나 다른 동물과 함께 일하는 경우로 나뉘어 있는 경우가 많습니다. 우리는 실무자들이 자신이 다루는 동물 종에 대해 가능한 모든 것을 배워야 한다고 강하게 믿지만, 이 책에서는 AAPT의 원칙과 실천이 개, 말, 고양이, 그리고 그 외의 동물들에게도 쉽게 적용될 수 있음을 논의합니다. 대부분의 예는 개와 말을 중심으로 다루고 있는데, 이 두 종이 서로 매우 다른 특성을 가지고 있기 때문입니다.

하지만 독자들이 이 책을 통해 AAPT가 다른 동물 종에게도 동일하게 효과적으로 적용될 수 있음을 이해하길 바랍니다. 넷째, AAPT는 동물들이 내담자와의 상호작용을 강요받지 않고, 과정 전반에서 더 많은 선택의 자유를 가질 수 있도록 하는 새로운 위험관리 모델을 제공합니다. AAPT에서는 동물들이 대안적인 활동을 제안하는 경우가 드물지 않으며, 이는 치료사의 촉진 및 프로세스 기술과 결합되어 치료 결과를 향상시킬 수 있습니다. 이러한 자유는 동물과 내담자 모두에게 이점을 제공하며, 이 책의 여러 부분에서 이를 구체적으로 보여 주고 있습니다. 다섯째, AAPT는 동물과 그들의 복지에 대한 지속적인 관심을 포함합니다. 이는 동물의 신체 언어를 이해하고, 동물들 간의 상호작용, 내담자와 동물 간의 상호작용을 파악하며, 자신이 다루는 동물을 깊이 이해하는 데 필요한 높은 수준의 인식과 기술을 요구합니다. 이 책에서는 동물복지의 중요성을 강조하며, 이러한 강조가 치료 과정에도 긍정적인 영향을 미친다는 점을 다루고 있습니다. 여섯째, AAPT는 동물에게 자연스러운 환경을 소중히 여기며, 동물들이 자연스러운 행동을 표현할 수 있도록 장려합니다. 이러한 과정은 관계 형성에서 상호성을 강화하고 중재의 효과를 높이며, 동물의 삶과 행동, 그리고 내담자의 삶과 행동 사이에서 유사성을 발견할 수 있는 기회를 제공합니다. 일곱째, AAPT는 전 연령층에 걸쳐 적용될 수 있습니다. 놀이는 아이들만을 위한 것이 아닙니다. 동물은 모든 연령대의 사람들에게 매력적이며, 이 둘을 결합하면 어린아이부터 노년층까지 다양한 내담자들에게 유익할 수 있습니다. AAPT의 실천과 원칙의 적용은 이를 활용하는 사람들의 창의성에 의해 제한될 뿐입니다. 이러한 요소들은 다양한 동물매개중재에서 발견될 수 있지만, AAPT에서는 이 모든 요소가 독특하게 결합되고 강조됩니다. 이것이 바로 이 책의 초점입니다.

이 책은 치료사와 그들과 함께 일하는 동료들을 위해 작성되었습니다. 우리는 동물들을 통해 사회적 지지를 제공하며 도움이 필요한 사람들을 돕는 다양한 자원봉사 및 방문 프로그램에 깊은 감사를 드립니다. 그러한 동물매개중재에 대한 정보는 온라인과 여러 유용한 단체를 통해 많이 제공되고 있습니다. 하지만, 전문적인 작업에 동물을 포함시키는 것은 약간 다른 준비가 필요합니다. 이는 관계의 지속적인 성격과 강도, 그리고 내담자들이 개인적, 대인관계적, 재활, 학습 목표와 같은 어려운 목표를 달성할 수 있도록 돕는 데 창의력이 요구되기 때문입니다. 전문적인 작업에서 동물의 역할은 달라집니다. 이 책의 주된 초점은 정신건강 전문가들이지만, 우리가 다루는 접근법과 방법은 물리치료사, 작업치료사, 언어치료사, 레크리에이션 치료사 등과 같은 관련 보건 전문가들이 쉽게 적용할 수 있습니다. 더 나아가, 교육 분야에서도 많은 응용 가능성이 있으며, 교사와 학교 상담사들은 AAPT가 교육 과정을 지원하는 더 많은 방법들을 제공한다고 말합니다. 우리는 이 모든 분야의 전문가들을 훈련시키고 그들로부터 배울 기회를 가졌으며, AAPT를 통해 치료적 및 교육적 목표를 촉진하는 것에 그들이 표현한 열정은 우리에게도 큰 영감을 주었습니다.

이 책은 전문 실무자와 그들과 협력하여 일하는 준전문가들을 염두에 두고 작성되었습니다. 우리는 AAPT가 어떻게 실행되는지와 다양한 목표를 달성하기 위해 이를 사용할 때 고려해야 할 사항에 대해 자세히 설명했습니다. 다른 주요 저서들에 포함된 동물매개중재 분야에 대한 자료를 중복하지는 않았지만, 치료사들이 참고할 수 있도록 해당 저서들을 언급했습니다. 이 책의 실용적인 성격은 동물매개치료를 가르치는 학자들이나, 동물이 치료와 접목되면서 발전하는 과정에서 필요한 연구를 수행하려는 연구자들에게도 유용할 수 있습니다. 우리는 책 전반에 걸쳐 작은 글씨와 들여쓰기로 표시된 여러 사례를 삽입하여 설명했습니다. 이 책이 AAPT에 대한 더 큰 이해를 돕고, 더 많은 프로그램 개발과 연구로 이어지길 바랍니다.

이 책은 동물과 함께 일하고 치료를 수행한 우리 두 사람의 총 75년 경험을 집약한 결과물입니다. 우리의 여정에는 경이로운 동물들, 동료들, 내담자들이 함께했습니다. 이 책의 페이지에서 만나게 될 현재와 최근의 동물 친구들은 우리가 어떤 내용을 쓸지 고민하고, 글을 쓰고, 수정하는 동안 우리와 함께했습니다. 그들과 놀 때 완전히 리프레시되고, 때로 우리에게 넛지와 핥음으로 격려를 해 주기도 했습니다. 우리 각자의 개별적인 여정에서, 그리고 공동의 여정에서, 우리는 동물들의 이야기를 들으려고 노력해 왔습니다. 우리의 개, 말, 고양이뿐만 아니라, 우리가 함께 일했던 다른 동물들, 심지어는 삶의 모험에서 만났던 농장 동물들과 야생동물들의 이야기도요. 그들은 이 책의 진정한 저자들입니다. 그들은 우리에게 영감을 주고 새로운 관점과 아이디어를 제공했기 때문입니다. 그들은 사람들이 자연과 그 안에서 살아가는 동물들을 다시 발견하고, 그들을 있는 그대로 받아들이는 것이 가능하다는 것을 보여 주었습니다.

이 책의 일부 내용은 제가(리제) 2008년에 Professional Resource Press에서 출간한 『아이와 개와 함께하는 놀이치료(Play Therapy with Kids & Canines)』에서 가져온 것입니다. 그 책은 같은 해 미국개작가협회(Dog Writers Association of America)의 특별상인 '치료 및 보조견에 관한 모든 책 중 최고의 책'으로 선정되었으며, Planet Dog Foundation Sit. Speak. Act. Award를 수상했습니다. 그 이후로 많은 것을 배우게 되었으며, 이번 책은 그 이해를 확장하여 AAPT가 개, 말, 그리고 다른 동물들과 함께 어떻게 작동하는지 포함하고 있습니다. 이 책이 출판된 이후에도 우리가 더 많은 것을 배우게 될 것이라는 점을 잘 알고 있지만, 우리와 동물 및 내담자와의 삶과 작업 방식에 공감하는 많은 분들이 함께해 주시길 희망합니다.

이 분야는 빠르게 발전하고 있기 때문에, 이 책에서 다룬 내용을 확장하고 뒷받침할 수 있는 기사, 사진, 동영상, 기타 자료들을 포함한 웹 사이트 섹션을 만들었습니다. 우리는 AAPT를 책임감 있고, 효과적이며, 겸손하게 수행하는 데 필요한 역량을 달성할 수 있도록 유용한 자료를 이 웹 사이트에 계속 업데이트할 것입니다. 이 섹션은 www.iiaapt.org에서 확인할 수 있으며, 누구나 이용 가능합니다.

독자들이 이 책에 나오는 모든 제안을 그대로 사용할 수는 없을 것입니다. 왜냐하면 동물들은 각각 다른 성격, 능력, 그리고 흥미를 가지고 있습니다. 동물의 참여와 구체적인 개입은 치료매개동물과 내담자 모두의 독특한 특성, 강점, 그리고 필요에 따라 개발된다는 점이 바로 AAPT의 흥미롭고 유연한 측면입니다. 치료사들이 AAPT를 수행할 역량을 개발함에 따라 무한한 가능성의 세계가 열릴 것입니다. 이 책 전반에 걸쳐 제시된 사례들은 그 가능성의 일면을 보여 주고, AAPT가 내담자와 동물 모두에게 유익하게 진행될 수 있는 방법을 제시하기 위한 것입니다. 제공된 모든 사례들은 내담자의 개인 정보를 보호하기 위해 식별 가능한 정보를 변경했습니다. 때로는 여러 내담자나 가족의 사례를 결합하기도 했지만, 이러한 사례들은 실제로 AAPT가 실행되는 모습을 사실적으로 묘사한 것입니다.

우리는 AAPT를 여러분과 공유할 기회를 갖게 되어 기쁩니다. 연구자들의 질문, 피드백, 새로운 아이디어를 언제나 환영합니다. 이 작업이 여러분에게 흥미롭게 다가가기를 바라며, AAPT의 이론, 연구, 실천이 발전해 나가는 과정에서 대화의 촉매제가 되기를 희망합니다.

2017년 9월

리제 반플릿(Risë VanFleet)

미국 펜실베이니아주 보일링 스프링스(Boiling Springs, Pennsylvania, USA)

트레시 파-톰슨(Tracie Faa-Thompson)

영국 노섬벌랜드주 헤튼 스테즈(Hetton Steads, Northumberland, UK)

동물 리스트

뮤리(Murrie)/p. 31
비글과 그레이하운드 믹스(Beagle & Greyhound Mix breed Dog)
[가장 왼쪽]

키리(Kirrie)/p. 28
보더콜리와 비글 믹스(Border Collie & Beagle Mix breed Dog)
[가운데]

조시 패치스(Josie Patches)/p. 31
비글 믹스(Beagle Mix breed Do)
[가장 오른쪽]

사진 출처: Risë VanFleet, PhD

찰리(Lord Charles)/p. 36
아라비안(Arabian Horse)
[가장 왼쪽]

세일러(Sailor)/p. 34
집시 콥(Gypsy Cob Horse)
[가운데]

버스터(Buster)/p. 35
아라비안(Arabian Horse)
[가장 오른쪽]

사진 출처: Risë VanFleet, PhD

키리(Kirrie)/p. 28
보더콜리와 비글 믹스(Border Collie & Beagle Mix breed Dog)

사진 출처: Risë VanFleet, PhD

퍼디(Purdy)/p. 36
집시 배너(Gypsy Vanner Horse)

사진 출처: Risë VanFleet, PhD

뮤리(Murrie)/p. 31
비글과 그레이하운드 믹스(Beagle & Greyhound Mix breed Dog)

사진 출처: Risë VanFleet, PhD

마돈나(Madonna)/p. 36
셔틀랜드(Shetland pony)

사진 출처: Tracie Faa-Thompson, MA

조시 패치스(Josie Patches)/p. 31
비글 믹스(Beagle Mix breed Dog)

사진 출처: Risë VanFleet, PhD

세일러(Sailor)/p. 34
집시 콥(Gypsy Cob Horse)

제로니모(Geronimo)/p. 88
미니어처 셔틀랜드(Miniature Shetland pony)

사진 출처: Tracie Faa-Thompson, MA

메이셰(Meisje)/p. 82
케이스혼드(Keeshond Dog)

사진 출처: Risë VanFleet, PhD

바트(Bart)/p. 28
고양이(Cat)

사진 출처: Risë VanFleet, PhD

자겐(Jagen)/p. 83
비글(Beagle Dog)

사진 출처: Risë VanFleet, PhD

티피(Tippy)/p. 28
고양이(Cat)

키리(Kirrie)/p. 28
보더콜리와 비글 믹스(Border Collie & Beagle Mix breed Dog)

사진 출처: Risë VanFleet, PhD

차례

Part III 동물매개놀이치료의 실제 적용

제11장 시작하기 • 217

제12장 AAPT 개입의 기초 • 231

제13장 AAPT 응용 • 245

제14장 AAPT의 치료적 과정 • 319

Part I

동물매개놀이치료 분야

동물매개 제1장 놀이치료

시작

전문가도 처음에는 초보자였다.

–저자 미상

우리 둘은 모두 평생 동안 동물들과 함께 살아왔다. 우리가 만나기 전, 우리는 각자의 길을 따라 현재 동물매개놀이치료(Animal Assisted Play Therapy: AAPT)로 알려진 분야에서 일해 왔다. 이 분야는 비교적 새롭기 때문에 사람들을 이끄는 길이 다양하다. 우리는 놀이치료와 동물매개치료를 결합하게 된 각자의 여정과 이 분야를 발전시키기 위해 오랫동안 협력해 온 둘의 여정을 공유하는 것이 흥미로울 것이라고 생각했다. 이 책은 동물을 치료에 활용하는 다양한 방법을 제공할 것이다. 우리는 여러 경로를 통해 배웠는데, 그중 많은 부분은 우리 삶의 일부였던 수많은 동물과 내담자로부터였다. 또한 우리는 서로에게 그리고 지금까지 이 여정을 함께 해 온 많은 동료들에게 배울 수 있었다.

놀이치료매개견 만들기(리제)

동물들에게 무언가를 요구할 때마다 우리는 두 가지 질문을 스스로에게 해야 한다:

'왜 요구하는가?' 그리고 "내 동물의 관점을 얼마나 잘 고려했는가?"

–리제 반플릿(Risë VanFleet)

키리(Kirrie)

고양이 티피(Tippy)는 생후 6개월 무렵 거의 굶주린 상태로 우리 집에 나타났다. 우리가 먹이를 주자 집에 가까이 왔고, 결국 추운 밤이나 날씨가 나쁠 때마다 우리 집 머드룸[1] 한켠에 자리를 잡았다. 티피에게 우리와의 관계는 대부분 기능적인 것이었다. 기본적인 생존 요구를 충족시켜 주기 때문에 우리와 함께 있었다. 티피는 신체적 접촉을 피했고, 다른 사람들을 보면 빠르게 도망쳤다. 초기의 극심한 방치로 인해 우리와의 유대 형성에 문제가 있는 것 같았다. 또 다른 길고양이인 바트(Bart)가 우리와 함께 살게 되었을 때도 티피는 바트를 거부하진 않았지만 대부분의 상호작용을 피했다. 또한 티피는 우리가 키우는 두 마리 비글을 두려워하는 것 같지는 않았지만, 그들과 거의 어울리지 않았다. 나는 동료들에게 농담 삼아 티피에게 애착장애가 있다고 말하기도 했다.

이렇게 5년이 지난 후, 한 살 된 믹스견(보더콜리와 비글) 키리가 가족으로 합류했다. 키리는 보더콜리 특유의 에너지와 끈기, 그리고 비글의 행복한 성격을 가지고 있었다. 키리는 특히 놀기를 좋아했다. 어느 날, 나는 평소 조용한 티피가 내가 일하고 있던 방 옆에서 울부짖는 소리를 들었다. 나는 키리가 티피를 괴롭히고 있을 거라고 생각하고 키리를 멈추기 위해 밖으로 나갔다. 그러나 놀랍게도, 예상치 못한 장면이 펼쳐지고 있었다. 키리는 놀이 자세를 취했다가 방을 이리저리 뛰어다녔고, 티피는 키리를 한참 지켜보다가 쫓기 시작했다. 그리고 의자 밑의 안전한 장소로 후퇴했다. 티피는 발을 뻗어 장난스럽게 키리를 쳤고, 이 과정이 반복되었다. 키리의 지속적인 놀이 초대에 티피는 잡기 놀이를 시작했다. 나는 약 20분 동안 이 장면을 지켜보며 사진과 비디오로 기록했다. 티피의 첫 놀이 모습이었다. 그 후 티피는 키리의 의자에 올라가 잠을 자기 시작했다. 몸집이 훨씬 더 큰 키리는 조심스럽게 의자에 올라가 티피 뒤에 몸을 말고 잠을 잤다. 티피는 키리에게 몸을 비비며 거의 30분 동안 함께 잠을 잤다. 이 놀이 후 함께 낮잠을 자는 일은 키리와 티피의 일상이 되었다. 2주 뒤 티피는 우리 가족 방에서 더 많은 시간을 보내며 키리와 놀고 사람들의 다리에 몸을 비비고 잠시 동안 우리 무릎에 앉아 있기도 했다. 그 후 몇 년 동안 티피와 키리는 자주 함께 놀았고, 놀이 후 함께 낮잠을 자곤 했다. 내가 키리와 공놀이를 하러 밖에 나가면 티피는 5분 안에 나타나 그 모습을 지켜보곤 했다. 티피는 키리의 모든 행동을 지켜보았고, 해질 무렵에 키리와

---

1) 역자 주: 미국의 경우 실내에서 신발의 먼지나 흙등을 터는 작은 공간이 마련되어 있고 이러한 공간을 머드룸(mudroom)이라고 함.

함께 넓은 야외에서 잡기 놀이를 자주 했다. 이 둘은 티피가 2015년 16세의 나이로 죽을 때까지 친구로 지냈다. 티피는 키리뿐만 아니라 다른 사람, 개, 고양이와의 관계에서도 사회성이 증가되었다.

이 수줍은 고양이의 놀랍고 급격한 변화를 지켜보면서 나는 이러한 종 간의 놀이가 티피의 변화에 관련이 있다고 강하게 느꼈다. 이 놀이가 개와 고양이 사이, 그리고 궁극적으로는 고양이와 가족 내 사람 사이의 애착 형성을 촉진한 것 같았다. 그때 나는 키리를 놀이치료매개견으로 훈련시켜서, 트라우마를 겪거나 애착이 손상된 아이들과 작업하는 것에 대해서 진지하게 생각하기 시작했다.

이 사건이 있기 전 20년 동안, 나는 동물을 다양한 방식으로 꾸준하게 놀이치료에 함께 포함해 왔다. 놀이치료를 시작한 이래 내 놀이치료실에는 동물 미니어처와 인형이 항상 있었다. 알래스카 야생동물 사진 촬영을 전문으로 하는 열렬한 자연 사진가로서, 나는 사무실과 놀이치료실 벽에 알래스카 갈색 곰, 산양, 해달 사진을 걸어 두었다. 동물에 대한 아이들의 큰 관심을 감안할 때 동물들을 포함시키는 것이 자연스럽다고 생각했지만, 살아 있는 동물을 장시간 동안 또는 체계적인 방식으로 참여시킨 적은 없었다. 사실, 나는 동물을 포함시키는 것이 부적절한 치료 방식일 수 있다는 인상을 받아 약간 주저했었다. 돌이켜보면 동물과 인간–동물 유대에 대한 직업적 관심은 대학원 시절 동물행동학과 관련된 여러 과목을 수강하고 동물 연구를 도우며 개에 관한 책을 닥치는 대로 읽었던 시절로 거슬러 올라간다.

아동 및 가족상담사이며 놀이치료사로서의 초기 경력 동안, 아이들이 내 반려동물에 관심을 보인 것이 동물을 포함시키게 된 동기였다. 나는 집과 연결된 사무실과 놀이치료실을 가지고 있었고, 동물들은 대개 내가 내담자를 볼 때 밖에 있었다. 그러나 비 오는 날에는 개들을 부엌에 두었고, 그들은 놀이 세션이나 부모상담 동안 보통 조용히 있었다. 어린이와 청소년들은 종종 개를 만나고 싶다고 요청했다. 나는 부모의 허락을 구하고 나의 지도하에 아이들이 개에게 간식을 주거나, 쓰다듬게 하고, 때로는 개들이 알고 있는 몇 가지 훈련 신호를 가르쳐 주었다. 아이들은 한 번 개를 만나고 나면 그 이후 항상 개의 안부를 묻거나 잠시라도 개와 놀고 싶어 했다.

검은 고양이 바트는 다른 방식으로 참여하게 되었다. 바트는 『용감한 바트(Brave Bart)』(Sheppard & Manikoff, 1998)라는 외상치료를 다룬 훌륭한 아동 도서의 이름을 따서 지어졌다. 이야기의 주인공처럼 완전히 검은색이지만 바트의 성격이 책 속의 바트 심슨(Bart Simpson)과 무척 닮아 있었다. 그래서 나는 『용감한 바트(Brave Bart)』 책과 그 옆에 앉아 있는 바트를 사진으로 찍었다. 그리고 내가 상담실에서 만난 아이들과 청소년 중 책을 좋아하고 책을 통해 도움을 받은 친구들에게 이 사진을 주었다. 그러던 중 여섯 살 소녀가 사진 속의 바트를 만나고 싶다고 요청했고, 그녀는 부모가 옆방에서 지켜보는 동안 자주 바트와 놀았다. 원래 이 아이는 9 · 11 테러 이후 아버지의 군사 배치로 트라우마를 경험하여 부모와 함께 '부모놀이치료(Filial Therapy: FT[2])' 세션에 참여했다. 부모놀이치료가 가족의 고통을 덜어 주는 데 도움이 되었고, 치료 이후 가정에서 진행하는 놀이 세션으로 바로 전환되었다. 나중에 아버지가 위험한 지역으로 두 번째 배치될 때 딸이 "바트를 다시 만나야겠다"고 말했다고 부모가 전했다. 같은 시기에 부모에 의해 치료를 시작하면서 이를 불쾌해했던 18세 소녀가 세션을 진행하면서 바트를 안아도 되냐고 물었다. 매우 사회적인 고양이인 바트는 기꺼이 그녀의 무릎에 앉아 한 시간 동안 만족스러워하며 기지개를 켰다. 그 소녀는 거의 모든 방어를 내려놓고 과거와 현재에 있었던 어려운 상황에 대한 감정을 말하기 시작했다.

키리와 고양이 티피의 장난기 있는 관계가 내 생각을 바꾸기 전까지 나는 동물의 참여를 치료의 부수적인 요소로만 여겼다. 많은 교육을 받은 후, 나는 키리와 함께 놀이치료 세션에서 더 체계적으로 일하기 시작했다. 나는 인간-동물 유대, 동물 놀이, 강압적이지 않은 개 훈련, 동물매개치료에 대한 관련 서적을 읽고 세미나에 참석하기 시작했다. 처음 키리가 만난 내담자는 오랜 문제행동 이력을 가진 위탁 가정 아이들이었다. 그들은 놀이치료와 부모놀이치료에 일반적으로 잘 반응했지만, 학대와 방임, 빈번하고 예측할 수 없는 위탁 환경의 변화로 인해 애착 형성에 어려움을 겪는 경우가 많았다. 키리에 대한 그들의 반응은 극적이었다. 위탁 부모도 느꼈다. 나는 그들에게 순간적인 경험 이상으로 무언가가 일어나고 있음을 알 수 있었다.

나는 개와 함께하는 작업을 확장하고 놀이치료에 동물을 포함시키는 탐색적 설문조사를 시작했다. 나는 각종 문헌에 몰두하면서 놀이치료사, 동물행동학자, 긍정강화 기반 개 훈련사, 동물매개치료사, 수의사, 생물학자, 교육자, 구조견 훈련사, 동물 애호가들과 대화를 나눴다. 이를 토대로 나의 생각을 정리해 보았다. 내 분야를 넘어서는 많은 개념적 · 실증적 · 실용적 문헌이 있다는 것을 깨달았다. 평생 동안 개와 함께 살아왔음에도 불구하고, 배울 것이 더 많다는 것을 알게 되었다. 나는 개 훈련 및 행동 관련 워크숍 및 세미나에 참석했다. 나는 지역 내 동물보호소에서 행동 문제를 가진 개들을 돕기 위해 자원했고, 결국 개 훈련과 다양한 문제를 가진 개들과 함께 일할 자격이 있는 공인된 '반려견 행동 전문가'로 인증받았다. 나는 배울수록 배울 것이 더 많다는 것을 알았다. 나는 이 학습과정을 계속하고 있으며,

2) 역자 주: 부모가 치료사의 지도와 감독하에 자녀와 비지시적 놀이 세션을 진행하는 가족 개입의 한 형태.

이제는 말, 고양이 및 기타 동물에 대한 학습까지 넓혔다. 우리 집의 방 하나는 동물 관련 주제에 관한 수백 권의 책과 비디오로 가득 찬 도서관이 되었다.

키리는 놀이치료매개견으로 10년의 경력을 쌓은 후, 열한 살에 은퇴했다. 여전히 일을 사랑했지만, 나는 키리가 환경 자극에 더 민감해지고, 예상치 못한 접촉에 놀라고, 이전에는 반응하지 않았던 시청각 자극에 반응하는 것을 보았다. 관절염이 생겨 약간의 뻣뻣함과 때때로 통증도 있었다. 키리는 10년 동안 놀라운 일을 했고, 동물매개놀이치료가 내담자에게 가져다주는 무한한 가능성에 대해 많은 것을 가르쳐 주었다. 키리와 함께 했던 작업들은 이 책에 설명되어 있다.

다른 개들

몇 년 동안, 나는 AAPT 세션에 두 마리의 비글을 참여시켰으며, 그들은 각자의 독특한 성격으로 작업에 다른 요소를 더했다. 키리가 은퇴한 후, 나는 AAPT에 참여할 또 다른 보호소 개를 선택하고 준비하는 데 시간을 들였다. 뮤리(Murrie)는 모견인 보더콜리와 다섯 마리의 동배들과 함께 도로 주변에서 떠돌다가 발견되었다. 뮤리는 내가 자원봉사를 하는 보호소에 8주령에 들어왔고, 그들 모두 기생충에 감염되어 있었다. 그들은 내가 만나기 전에 위탁 가정에 배치되었다. 뮤리는 7개월이 되었을 때, 구조 시설로 돌아왔고, 나는 뮤리를 우리 가족의 동반자이자 놀이치료 작업의 잠재적인 참여자로 평가했다. 나는 뮤리를 입양하고 그 후 17개월 동안 뮤리와 함께 하는 시간을 즐겼다. 뮤리는 한 살부터 동물매개놀이치료에 대한 전문 워크숍을 돕기 시작했으며, 두 살부터 놀이치료 경력을 시작했다. 뮤리의 행동 특성을 보았을 때 뮤리는 비글과 그레이하운드가 혼합된 것으로 보인다. 그는 아직 놀이치료 작업의 초기 단계에 있지만, 이미 동물매개놀이치료에 대한 새로운 아이디어를 제공하고 있으며 앞으로도 나에게 새로운 것을 가르쳐 줄 것이다.

최근에는 비글 믹스인 조시 패치스(Josie Patches)가 우리 가족에 합류했다. 나는 조시 패치스와 관계를 구축하고 AAPT 작업을 준비하고 있다. 조시 패치스는 구조된 후 다섯 마리의 강아지를 낳은 유기견이었고, 그들은 모두 개 훈련을 하는 친구에게 위탁되었다. 조시 패치스는 2~3세로 사회적이고 활발하며 호기심 많은 성격을 가지고 있다. 조시 패치스는 장난을 좋아하고 첫 워크숍을 돕기도 했으며, 6개월 후 AAPT 작업을 시작할 예정이다.

놀이치료에서의 말들(트레시)

나는 대부분의 인생을 말들과 함께 보내왔다. …… 나머지 인생은 그냥 낭비였다.

-트레시 파-톰슨(Tracie Faa-Thompson)

말들과의 독특한 역사

나는 스코틀랜드 집시 출신으로, 우리 가족과 조상들은 수 세기 동안 말을 키워 왔다. 말은 줄곧 내 인생의 일부였다. 집시로서 나는 제한된 교과 과정과 집시에 대한 편견 때문에 학교에서 좋은 경험을 하지 못했지만, 항상 집에 돌아가면 말들이 있었다. 여전히 교복을 입은 채로(어머니의 실망을 자아내며), 들판에서 말들의 등에 누워 그날 학교에서 있었던 일을 이야기하곤 했다. 그 나이 때는 치료가 무엇인지 전혀 몰랐지만, 말들과 시간을 보내면 항상 기분이 좋아졌다.

일곱 살 때부터 매년 내게는 나만의 말이 주어졌다. 이 말들은 누군가를 한 번도 태워 본 적이 없었고, 실제로는 내가 그 말들과 함께하면 아버지가 다음 해에 다시 파는 것이 목적이었다. 나에게는 놀이였고, 매년 나는 이번에야말로 이 말을 가질 수 있을 것이라고 믿었다. 아버지가 의도적으로 잔인했던 것은 아니었다. 그것이 그 당시의 방식이었을 뿐이다. 그래서 매년 한 번씩 내 말은 다른 소녀에게 팔렸고, 나는 마음이 아팠다. 그러나 어릴 때 흔했던 말 시장에서 또 다른 말을 선택하면서 내 마음은 곧 회복되었다.

열 살 때, 나는 평생 친구가 된 두 소녀를 만났다. 그들 또한 '말을 좋아하는 사람들'이었다. 그중 한 소녀의 부모님은 승마 학교를 운영하고 있었고, 우리는 주로 말과 놀거나 때때로 맨발로 말에 올라타곤 했다. 그녀도 자신이 좋아하는 말을 부모님이 팔 때 고통을 겪곤 했기 때문에 우리는 서로의 마음을 이해하는 동지가 되었다. 우리는 많은 자유와 즐거움을 누리며, 여유롭게 풀을 뜯는 말들 곁에 누워 시간을 보냈다. 우리는 또한 학교가 끝난 후, 주말과 방학 때, 그리고 말을 데리고 여행하면서 많은 시간을 함께 보냈다. 나는 외롭거나 지루하거나 슬프지 않았다. 나는 또한 많은 사람 친구들과 나의 동반자인 큰 줄무늬가 있는 멋진 그레이하운드 믹스 개도 있었다.

돌이켜보면, 좋은 친구들, 말들, 개들과 함께한 경험과 나 자신(집시를 포함하여)을 완전히 받아들이는 느낌이 내 미래를 만들었다. 우리는 스스로를 받아들인 경험이 있을 때 다른 사람들의 차이를 더 잘 받아들이고 축하할 수 있다. 성인이 되어 나는 어린 시절과 비슷한 삶을 살 수 있는 축복을 받았다. 단, 내게 온 말들은 떠나지 않고 머물렀다는 점이 달랐다. 나는 주인의 생각과 계획을 충족시키지 못한다고 해서 말을 팔지 않았다. 다음 인용문은 이러한 일반적인 관행의 배경을 설명한다:

> **"당신은 그들이 명령을 따를 것이라고 기대한다. …… 왜냐하면 당신이 그들을 소유하고 있다고 생각하기 때문이다. 하지만 그들은 살아 있고, 그들만의 지능을 가지고 있다. 그들은 당신의 명령을 따르지 않을 수도 있다……."**
>
> –마이클 크라이튼(Michael Crichton), 〈Jurassic Park〉

말의 삶에는 많은 격동이 있다. 『트래블러(Travler)』(1988)의 저자 아담스는 리 장군의 말인 트래블러가 두 마리의 마구간 고양이에게 들려주는 미국 남북전쟁 이야기에서 말의 삶을 극명하게 보여 주었다: "말은 영원토록 작별 인사를 한다(Horses are forever saying goodbye)" (p. 86).

학교는 내 모든 학습 욕구를 충족시키지 못했기 때문에, 나는 졸업 후 휴양지에 있는 큰 트레킹 마장에서 말과 함께 일했다. 나는 승마 수업을 가르쳤다. 나는 가정 폭력, 마약, 알코올, 빈곤과 같은 문제를 겪고 있는 열악한 배경과 빈곤한 도시 지역 출신의 아이들에게 끌렸다. 나는 아이들에게 말을 함께 돕는 대가로 무료 수업과 승마를 제공했다. 아이들은 항상 돕기를 원했고, 힘든 일에 대해 불평하지 않았다. 2주간의 방학 기간 동안 그들의 모습은 매우 매력적이었다. 그들은 인간 본성에 대해 나에게 많은 것을 가르쳐 주었으며, 내가 전에 들어 본 적 없는 욕설을 가르쳐 주기도 했다.

23세 때 나는 학습장애가 있는 성인들과 함께 일하는 직업을 가졌고, 그곳에서 장애인을 위한 승마 프로그램(RDA)을 시작했다. 당시 나는 영국에서 가장 어린 RDA 회장이었다. 승마 외에도 우리는 말 관리와 단순히 말들과 시간을 보내며 관계를 구축하는 활동을 했다. 대부분의 RDA 프로그램은 승마 외에 말과 인간 사이의 상호작용이 거의 없었기 때문에 이는 당시로서 드문 일이었다. 우리는 하루 종일 말을 풀어놓고 함께 점심을 나누며 시간을 보냈다. 물론 말들이 우리에게 줄 수 있는 건 건초와 풀밖에 없었기 때문에 양방향 나눔이기보다는 일방적 나눔이었다.

세일러(Sailor)

나는 남편을 만났고 우리가 빌린 멋지고 큰 말로 그에게 재갈 없이 하는 승마를 가르쳤다. 우리는 이 말을 4년간 가지고 있었고, 또다시 이전처럼 주인이 그 말을 돌려달라고 했다. 사람을 싫어하고 마지못해 반응하던 말에서 생기 넘치는 말로 변한 것을 보고 주인은 매우 기뻐했다. 반면 나는 이 상황이 못마땅했고, 전에 일했던 트레킹 마장으로 복귀했을 때, 거기서 겨울 동안 말을 빌려주고 있음을 알게 되었다. 그들이 제안한 세 살 된 집시 콥(Gypsy Cob)[3]인 세일러는 '사람들을 항상 떨어뜨리는 말'로 회자되는 위험한 말이었다. 나는 세일러를 집으로 데려왔고, 나이 차이에도 불구하고 내가 오래전부터 키우던 구조된 아라비안(Arabian) 말[4] 사비(Sabii)와 빠르게 가까워졌다.

곧 우리는 세일러가 얼마나 특별한 말인지 깨달았다. 세일러는 따뜻한 영혼에 장난기 많고 사람들에게 관심이 많았다. 우리는 세일러가 '사람을 떨어뜨리는' 것이 단지 어린 말의 활발함에서 비롯된 장난에 불과하다는 것을 깨달았다. 세일러는 인간에 대한 호기심과 사랑이 커서 우리가 시골에서 승마를 하고 있을 때 차를 몰고 와서 길을 묻는 운전자가 있으면, 종종 거대한 머리를 갑자기 차 창문 안으로 들이밀어 운전자를 깜짝 놀라게 했다. 세일러의 대여 기간이 끝났을 때, 나는 내가 사랑하던 랜드로버 차량을 팔고 남편을 위한 깜짝 선물로 세일러를 샀고, 발렌타인 카드에 영수증을 넣어 선물했다. 남편은 매우 기뻐했다.

27세 때 나는 사회복지사가 되기 위해 훈련을 받았고 입양 업무를 전문으로 했다. 나는 심각한 트라우마를 경험한 아이들을 만나면서 그들을 돕기 위해 더 전문적인 훈련과 지식이 필요하다는 것을 깨달았다. 그래서 요크 대학교에서 비지시적 놀이치료 과정으로 3년간 집중 훈련 프로그램에 참여했다. 동시에 나는 사회복지사로 일하면서 장애인을 위한 승마 프로그램(RDA)도 운영했다. 나는 학대 경험을 가진 청소년들을 말과의 비기승 활동[5]에 참여시켜 자신의 안전과 자존감에 대해 생각하게 했다.

세일러와 사비는 이 작업에 중요한 역할을 했다. 처음에 아이들은 말을 탈 것이라고 기대했지만 그렇지 않아서 실망했다. 그러나 아이들은 말들이 자발적으로 그들과 교감하려는

---

3) 역자 주: 집시 배너(Gypsy Vanner) 또는 아이리시 콥(Irish Cob)이라고도 불리는데 영국과 아일랜드의 로마니족이 개발한 작고 튼튼하며 갈기와 꼬리, 다리털이 긴 말 품종.

4) 역자 주: 아라비아반도에서 유래한 세계에서 가장 오래되고 상징적인 말 품종으로 독특한 머리 모양과 아치형 목, 높은 꼬리 모양으로 잘 알려짐.

5) 역자 주: 비기승 활동은 말을 타지 않고 지상에서 말과 상호작용하는 형태.

것을 보면서 실망했던 태도가 빠르게 변했다. 아이들은 말들이 그들을 필요로 한다고 느꼈고 그로 인해 자신에 대해 긍정적인 감정을 느낄 수 있었다. 그 프로그램에는 나의 개들도 함께했다. 아이들은 말이 풀을 뜯는 동안 기대거나, 데이지 꽃으로 목걸이를 만들며 들판에 앉아 있곤 했으며, 사람에 대한 불신과는 대조적으로 말과 개를 전혀 두려워하지 않고 신뢰했다. 동물에 대한 그들의 신뢰는 결국 나에 대한 신뢰로 이어졌고, 청소년들은 동물과 나에게 다른 상담사들에게 이야기하지 않았던 많은 성적 및 정서적 학대의 경험을 이야기했다. 나는 이러한 경험들이 매우 가치 있다고 생각했지만, 그것을 치료라고 생각하지 않았다. 나는 비지시적 놀이치료뿐만 아니라 정보 기반 치료적 개입을 위해 충분히 자격을 갖추기 전까지는 치료를 시도하지 않았다.

리제처럼, 나 역시 광범위하게 읽고 다양한 말 관련 학회와 훈련에 참석했다(고전적인 것부터 전통적인 것까지). 나는 말 행동학 관련 공부도 많이 했다. 나는 '자연마술(Natural Horsemanship)'[6]의 다양한 표현에도 익숙하다. 일부 강사는 훌륭했고, 일부는 무관심했으며, 일부는 좋지 않았다. 나는 또한 '말 터치'(www.theequinetouch.net) 훈련을 받았고, 수천 시간 동안 나의 말과 다른 많은 말들을 관찰했다. 2004년, 나는 말매개성장및학습협회(EAGALA; www.eagala.org)의 훈련 프로그램을 완료했고, 그곳에서 공식적으로 말매개놀이치료를 시작했다. 나의 가장 위대한 스승은 항상 동물과 내담자였다.

버스터(Buster)의 합류

세일러는 언제나처럼 나의 모든 작업에서 주역이었다. 사비가 나이가 들자, 우리는 네 살짜리 아라비안 수컷 망아지인 버스터를 구입했다. 버스터는 단절된 곳에서 혼자 살고 있었던 반야생 상태였다. 버스터는 다른 말들과 함께 지내는 데 익숙하지 않았기 때문에 세일러가 놀이를 통해 어떻게 상호작용할 수 있는지를 가르쳤다. 말의 놀이는 다소 거칠게 보일 수 있는데, 서로의 엉덩이와 다리를 물고 높이 뛰어오르는 것이 일반적이다. 이러한 놀이는 세일러가 버스터를 사회화하는 데 도움이 되었다.

처음에는 버스터와 많은 비기승 활동을 했다. 그런 다음 지혜롭고 친절한 세일러와 함께 더 넓은 세상과 새롭고 많은 물건을 접했다. 버스터를 타기 시작했을 때, 나는 매우 느슨한 고삐로 버스터가 자신의 길을 선택하게 했다. 버스터와 세일러가 나란히 걸을 때, 그들은 종

6) 역자 주: 자연마술은 별다른 장비 없이 말과의 교감에 바탕을 두고 말을 훈련하는 방법을 일컬음.

종 활기찬 입놀림으로 놀이를 하곤 한다. 예를 들어, 장난스럽게 물어뜯기도 하고 한쪽이 입에 긴 풀을 물고 있으면 다른 쪽이 그것을 빼앗으려 하기도 했다.

가끔 놀이가 너무 격렬해지기도 했다. 내가 버스터를 타고 있고, 리제가 세일러를 안장 없이 타고 있을 때 두 마리가 놀이를 시작했다. 버스터가 조금 일어서서 세일러의 목을 입으로 잡고 더 많은 놀이를 하는 상황이었다. 우리는 버스터가 너무 흥분하기 전에 그 놀이를 멈춰야 했다. 내가 리제에게 대부분의 말 타는 사람들이 이것을 위험하다고 여기기 때문에 말들이 이렇게 하지 못하게 한다고 설명했고, 이에 대해 리제는 의아해했다. 리제는 이것이 놀이임을 분명히 볼 수 있었고, 말들이 인간만큼이나 야외 활동을 즐기고 있음을 알았다. 그 경험은 우리 둘에게 AAPT의 근본에 대해 상기시켰다.: "말을 말 그대로 두자." 안전이 보장되는 한 우리는 자연스럽고 장난스러운 행동을 받아들이고 반기며, 모든 참가자가 이 과정에 참여하는 것을 즐기도록 보장하는 것이 이 접근법의 특징이다.

무리의 최근 변화

우리는 그 후 구조된 또 다른 아라비안 말인 찰스 주군(찰리)(Lord Charles, Charlie)와 어린 집시 배너(Gypsy Vanner)[7] 퍼디(Purdy)를 무리에 추가했다. 최근에는 두 마리의 어린 미니 셔틀랜드 람보(Rambo)와 마돈나(Madonna)가 AAPT 보조로 합류했다. 이름과 달리 모든 말은 수컷이다.

이 책을 쓰기 직전에 우리는 큰 상실을 겪었다. 세일러는 너무 이른 시기에(우리에게 오기 전) 승마를 해서 심각한 관절염을 앓게 되었다. 세일러는 매우 사교적이었고, 아이들과 어른들 모두와 어울리며, 내담자가 도착할 때마다 밝은 모습으로 그들을 맞이하는 첫 번째 말이었다. 세일러는 사람들과 AAPT에 참여하는 것을 분명히 좋아했다. 그의 관절염이 악화되면서, 그는 누워서 일어나는 것이 힘들어졌고, 점점 더 뻣뻣해졌다. 수의사와 오랜 상담 끝에, 밝고 화창한 날에 우리는 세일러를 안락사시켰다. 무리의 다른 말들, 인간 친구들, 그리고 개 친구들은 그의 무덤가에서 그가 떠나가는 과정을 지켜보았다. 나중에 우리는 치료매개동물의 죽음을 다루는 방법에 대해 논의할 것이다. 여기에는 많은 상실을 겪은 내담자들뿐만 아니라 우리의 감정도 포함된다. 요약하자면, 나는 평생 동안 꾸준히 말과 개와 함께했으

---

7) 역자 주: 집시 콥(Gypsy Cob) 또는 아이리시 콥(Irish Cob)이라고도 불리는데 영국과 아일랜드의 로마니족이 개발한 작고 튼튼하며 갈기와 꼬리, 다리털이 긴 말 품종.

며, 열세 살 무렵부터 사람과 말이 함께하는 활동에 참여해 왔다. 나는 2004년에 자격을 갖춘 치료사가 되었으며, 이후로는 남편이 농장 관리자로 일하는 대규모 부지에서 말매개놀이치료를 제공하고 있다.

AAPT를 위한 협력

이 책의 저자인 우리 모두(트레시와 리제)는 정신건강 전문가이자 자격을 갖춘 놀이치료사이다. 리제가 2004년 영국 요크에서 부모놀이치료를 발표할 때 우리는 처음 만났다. 몇 년 후, 트레시는 스코틀랜드 에든버러에서 리제가 진행한 부모놀이치료 심화 과정에 참석했다. 그 심화 과정에서 우리는 서로가 동물에 매우 관심이 많다는 것을 알았고, 그날 일정이 끝난 후 함께 커피를 마셨다. 우리는 동물의 삶과 동물이 관여된 모든 인간 활동에서 필요한 존중과 복지에 대한 각자의 태도와 신념이 얼마나 유사한지를 바로 깨닫게 되었다. 그 외에도 우리는 모든 관계가 치료뿐만 아니라 동물과의 삶과 일에서 가장 기본적이고 중요한 측면이라는 신념도 동일했다. 그 워크숍이 끝날 무렵, 다른 놀이치료 동료와 나는 트레시의 농장에서 그녀의 말을 만나고 더 많은 대화를 나누었다. 우리는 다음 해에 영국에서 AAPT에 대한 워크숍을 함께 열기로 결정했고, 실제로 그렇게 했다. 트레시가 말을 담당하고 내가 개를 담당했지만 우리의 작업 방식은 매우 일관성이 있었고, 그 후로 미국과 영국에서 연례 워크숍을 열며 계속 함께 일하고 있다. 우리는 또한 여러 나라에서 열리는 학회에서 발표하고, 함께 연구하며, 온라인 강좌를 개설했다. 이러한 협력 관계를 토대로 우리는 공동 신념과 실천을 이 책에 반영하였다.

정의

무엇이 먼저일까—치료인가, 동물인가?

-트레시 파-톰슨(Tracie Faa-Thompson)

동물매개중재(AAI)라는 일반적인 분야와 더 세부적인 동물매개놀이치료(AAPT) 분야가 성장함에 따라, 이 분야에 대한 정확한 설명, 용어, 개념이 더욱 중요하게 되었다. 여러 연구에서 이러한 노력들이 이루어졌지만(Chandler, 2017; Fine, 2015; Parent, 2016; Parish-Plass, 2013; VanFleet, 2008), 이 분야가 임상가들 사이에서 충분히 다루어질 수 있도록 더 많은 작업이 필요하다. 이어지는 내용은 꽤 만연한 '마법적인 생각'에 대해서 다루고 그다음 AAPT 실천을 위한 용어와 역할에 대해 집중적으로 다룰 것이다.

이것은 마법인가

최근 동물매개중재(AAI)는 많은 언론에서 상당한 주목을 받고 있다. 거의 매일, 신체장애가 있는 사람들을 돕거나 외상 후 스트레스 장애(PTSD) 및 기타 심리적 어려움을 치유하는 데 있어서 인간-동물 유대의 역할을 강조하는 뉴스 기사가 소개된다. 어떤 이야기는 굉장히 놀랍기도 하지만 많은 경우 동물을 특별한 치유력을 가진 신비한 존재로 보는 '감동' 요소에 중점을 두고 있다. 다음 장에서 탐구하겠지만, 동물들은 인간에게 독특한 연결을 제공하지만, AAPT 실무자들은 여기에 '마법' 이상의 것이 작용하고 있음을 이해할 필요가 있다.

일부 AAT 전문가들은 내담자가 동물과 상호작용하는 모습을 소셜미디어에 올리면서 자주 '마술'을 연상시키는 말을 한다. '그룹 내에서 어떤 사람이 연결이 필요한지를 말에게 결정'하게 하거나 '내담자가 무엇을 필요로 하는지 결정하고 그것을 제공하도록' 개에게 의존하는 이야기가 그러하다. 우리는 이러한 연결과 상호작용이 매우 특별하며 내담자의 진전에 크게 기여한다는 것에 동의하지만, '마법'과 같은 의미로 생각하지 않기를 바란다. 이는 세 가지 이유에서 그렇다.

첫째, AAT 작업을 '마법'처럼 언급하는 것은 과정에 대한 유용한 개념을 제공하지 않을 뿐만 아니라 실천적 재현이나 과학적 연구로 이어지지 않는다. 심리학은 사회과학이며, 다양한 형태의 심리학 적용은 충분한 이론적 근거와 정의가 요구되고 이로써 임상적 결과가 측정되고 통제된 연구가 실행될 수 있어야 한다. 여러 내담자–동물 상호작용의 결과는 놀랍고 흥미로우며 '마법'처럼 느껴질 수 있지만, 이 분야의 더 많은 발전을 위해서 우리의 사고와 실천을 더욱 엄격하게 적용해야 한다.

둘째, 사람이 무엇을 원하고 무엇을 제공할지 동물이 정확하게 파악할 수 있다고 기대하는 것은 동물에게 지나친 책임감을 부여하게 된다. 동물들은 확실히 인간의 기분과 행동에 반응하지만, 그들의 후속 행동은 그들 자신의 이유 때문일 수 있다. 예를 들어, 화가 난 청소년의 손과 팔을 개가 빠르게 핥는 것은 그 청소년의 기분을 나아지게 하기 위함이 아닐 수 있다. 개는 잠재적으로 위협적인 상황이 발생할 수 있음을 감지하고 그것을 진정시키기 위한 진정 행동을 표현하고 있는 것일 수 있다. 동물이 문제를 진단하고 치료한다고 말하는 것은 다소 인간 중심적이며, 이러한 생각은 동물에 대한 비현실적인 기대를 증가시킬 수 있다. 우리는 동물들이 상호작용할 때 무엇을 생각하는지 실제로 알지 못한다. 내담자가 동물에게 투사하는 것이 치료 목적에 유용할 수 있지만, 임상 전문가들은 동물 행동에 대한 명확한 이해를 가지고 있어야 하며, 동물에게 인간의 능력과 생각을 부여하는 것을 피해야 하다. 대신, 동물행동학에 대한 이해가 동물의 복지와 치료 과정을 위해 중요하다. 이는 치료사가 과정 전반에 걸쳐 신중한 결정을 내릴 수 있도록 하며, 궁극적으로 작업에 참여하는 동물들에게 상당한 스트레스를 야기할 수 있는 비현실적인 기대를 피하게 한다. 동물의 반응과 행동은 치료사가 내담자를 더 정확하게 파악하거나 새로운 시각으로 볼 수 있도록 도울 수 있지만, 치료 과정에 동물이 있는 것이 치료를 수행하는 치료사에게 적절한 훈련이 덜 필요하다는 뜻이 아니다.

셋째는 두 번째 이유가 확장된 것이다. 치료 작업에서 동물의 놀라운 능력에 대한 논의는 너무나 자주 치료사 그들 자신에 대한 언급을 놓치게 만든다. 동물은 그들만의 독특한 개성을 과정에 가져오지만, 동물은 치료사가 아니다. 동물은 치료를 돕지만, 치료를 수행하지는 않는다. 사람이 치료사이다. 치료사는 대학원에서 전문가 공부를 하고, 슈퍼비전을 받고, 임상 면허를 받아 내담자들이 그들의 목표를 달성할 수 있도록 돕는 방법을 알고 있는 사람이다. 치료사는 동물이 포함된 경우에도 치료 과정에 대한 책임이 있다. 치료사는 세션의 범위를 설정하고, 사용할 구조와 방법의 정도를 결정하며, 내담자의 상호작용 및 반응을 면밀히 관찰하여 중요한 의미를 가질 수 있는 요소를 찾아내고, 세션을 내담자와 함께 진행한다. 다시 말해 동물은 내담자와 치료사 사이에 치료적 경험을 강화해 줄 수 있는 다리 역할을 한다.

요약하면, 일부 상호작용과 결과는 예상치 못한 방식으로 빠르게 혹은 깊이 있게 발생하기 때문에 마법처럼 보일 수 있지만, AAPT를 실행하는 치료사는 이론적 기반을 가지고 그것을 활용하면서 사려 깊고 인도적인 방식으로 동물과 협력하여 내담자에게 접근해야 한다. 치료사가 동물과 상호작용하는 내담자를 관찰하고 과정을 함께 할 때 그리고 내담자에 대한 민감성과 목표를 항상 마음에 두고 있을 때, 치료가 이루어진다. 이는 마법이 아니라, 동물이 포함된 치료 실천의 무수한 측면에 대한 신중한 연구에서 얻은 원칙과 지식을 적용한 개입이다.

놀이치료사들은 역시 처음에 치료를 배우고 활용하면서 '마법'과 같은 놀라운 경험을 하게 된다. 부모들 또한 가족 중심의 놀이치료에서 자녀의 긍정적이고 '신비로운' 변화를 보고 종종 놀라움을 표한다. 놀이치료에 동물을 추가하면 내담자의 치료적 경험이 향상된다. 왜냐하면 동물들은 장난감이나 예술 작품, 모래 재료와 달리, 그들만의 독특한 개성을 과정에 가져오는 지각이 있는 존재이다.

동물매개놀이치료: 정의 및 개요

동물매개놀이치료(AAPT)는 동물매개치료(AAT)와 놀이치료의 종합적인 통합을 보여 준다. AAPT는 놀이치료 맥락에서 동물의 관여가 통합된다. 적절하게 훈련받은 치료사와 동물이 체계적인 놀이 개입으로 내담자의 발달 및 심리사회적 건강의 향상을 목적으로 하며 이때 동물의 웰빙과 자발적 참여를 전제로 한다. 놀이와 놀이성은 "상호작용과 관계에 있어서 필수적인 요소"(재인용: VanFleet, 2004, 2008; VanFleet & Faa-Thompson, 2015a)라고 정의된다. AAPT는 아동, 청소년, 성인에게 적용될 수 있으며, 개인, 그룹 또는 가족 세션에서 수행될 수 있다. 놀이성과 긍정적인 유머로 이루어진 분위기는 내담자가 치료 과정에서 어려운 감정과 문제를 다룰 수 있는 정서적 안전감을 형성하는 데 도움을 준다. AAPT에서 사용되는 놀이

유형은 내담자의 연령에 따라 달라질 수 있지만, 가벼운 분위기는 치료적 과정을 촉진하는 데 매우 유용하다.

AAPT는 비지시적이거나 내담자 중심 접근으로 사용할 수 있으며, 지시적이거나 인지-행동 놀이치료를 통해 기술을 가르치거나 특정 문제 영역을 다루는 방식으로 활용될 수 있다. 구조화 정도의 차이와 치료적 과정의 다른 접근 방식으로 유연하게 개입이 가능하다. AAPT는 어떤 이론적 지향을 가진 치료사라도 적용할 수 있다. 놀이치료는 주요한 발달, 성격, 그 이외 심리학적 개입 이론에 따라 다양한 형태가 있고 이는 AAPT에도 마찬가지이다. AAPT는 놀이치료가 가진 다양성을 동일하게 가지고 있다.

지난 15년 동안 AAPT의 실천이 더욱 널리 퍼졌지만, 일부 놀이치료사들은 30년 넘게 그들의 작업에 체계적인 방식으로 개를 통합해 왔다(Marie-Jose Dhaese, 2012, 개인적 커뮤니케이션). 많은 놀이치료사들이 그들의 치료 작업에 동물을 포함시킨 것에 대해 연구, 기사, 책을 저술했다(Crenshaw, 2012; Parish-Plass, 2008, 2013; Thompson, 2009; Trotter et al., 2008; VanFleet, 2008; VanFleet & Coltea, 2012; VanFleet & Faa-Thompson, 2010, 2012, 2014, 2015a, 2015b, 2015c; Weiss, 2009). 개와 말이 가장 자주 포함되는 종인 것 같지만, 고양이, 토끼, 당나귀, 염소, 기니피그, 거북이 및 기타 종들도 포함되었다(VanFleet, 2007). 이 책의 나머지 부분에서 방법, 실행 형태, 효과적이고 윤리적인 실천을 위해 임상가들이 알아야 할 것들에 대해서 자세히 기술하였다.

AAPT의 적용

AAPT는 초기에 주로 아동, 청소년 그리고 가족들의 정신건강 개입, 즉 발달적 그리고 심리사회적 목표를 위한 과정을 지원하기 위해 개발되었다. 그러나 접근법이 발전함에 따라 AAPT의 기본 원칙과 실천이 성인 정신건강 치료 및 다른 교육 및 건강 관련 분야에서도 쉽게 적용될 수 있음이 분명해졌다. 전문가를 위한 AAPT 훈련 프로그램에서 참가자들은 훈련된 개 혹은 말과 상호작용하는 동안 깊이 감동받고 깨달음을 얻는 경험을 여러 번 한다. 이것이 AAPT가 단순히 아동을 위한 것이 아니라는 증거이다. 게다가 왜 아이들만 재밌어야 하는가? 모든 연령대의 성인도 놀이가 필요하다.

자기 탐색, 자기 수용, 학습, 능력 숙달을 위해 정서적 안전감이 필요하고 이를 위한 놀이와 유머의 가치는 학교상담사, 언어치료사, 작업치료사, 물리치료사, 음악치료사, 레크레이션 치료사에 의해 널리 받아들여지고 있다. 전문적인 응용을 넘어, 다른 형태의 AAI에 참여하는 사람-동물 자원봉사 팀도 마찬가지로 놀이성과 경쾌함을 일부 방문에 추가하여 그들이 돕는 사람들과 유대감을 형성하고 지원을 제공할 수 있다. 이 책의 대부분은 정신건강 전문가에 의한 AAPT에 중점을 두고 있지만, 교육자, 관련 건강 전문가 및 AAI 자원봉사 팀이 적용할 수 있는 세부 사항과 사례가 포함되었다. 연결과 치유를 위한 놀이의 힘은 한 전문 분야에만 국한되지 않는다.

AAPT가 어떻게 작동하는지 보여 주기 위해 두 가지 사례를 다음에 소개하였다. AAPT는 다양한 형태를 취할 수 있으며, 더 많은 내용은 이 책의 후반부에서 다루어질 것이다.

사례 소개

사례 소개: 린디(Lindy)[1]

키리는 나와(리제) 여덟 살 입양 소녀를 위한 AAPT 세션에 참여하였다. 그 소녀는 일상생활이 자신의 엄격한 일정과 기대에 따라 진행되지 않으면 쉽게 폭발하였다. 부모가 그녀를 처음 치료에 데리고 온 것은 파괴적인 에피소드로 가구와 값비싼 물건을 망가뜨리고 가위로 자해를 하려고 위협했던 텐트럼(tantrum) 때문이었다. 린디는 다섯 살 때까지 생모로부터 신체적 학대와 방치를 경험했다. 그녀는 일곱 살 때 입양되었고, 다섯 살 이전까지의 불확실한 그녀의 삶은 그녀가 모든 부분을 계획하게 만들었다. 그녀의 계획에서 벗어나는 모든 것은 그녀를 통제 불가능한 상태로 만드는 단초가 되었다.

린디와 그녀의 부모는 부모놀이치료(FT)(Guemey & Ryan, 2013; VanFleet, 2014b)에 참여하였고 부모는 가정에서 매주 놀이 세션을 진행했다. 린디는 입양 부모와의 관계와 그들에 대한 신뢰, 마음을 여는 능력 그리고 파괴적 행동 에피소드 발생 빈도에서 매우 큰 향상을 보여 주었다. 그녀는 일상에서 발생하는 변화에 인내하기 시작하였지만 여전히 원래 계획대로 되지 않는 것에 대해 매일 부모와 논쟁하였다. FT에서 부모에 대한 애착을 높이면서 안전감에 대한 그녀의 욕구를 계속 다룰 필요가 있었다.

그런데 린디가 동물에 대한 관심이 높고, 즐겁고 편안한 분위기 속에서 변화에 대처하고

1) 모든 사례의 이름과 구체적인 정보는 개인정보 보호를 위해 변경되었음.

즉흥적인 상황을 수용하는 것이 도움이 될 것으로 판단되었기 때문에 AAPT의 적용이 고려되었다.

린디는 FT에서 비지시적 놀이 세션을 진행하고 있었기 때문에 AAPT 세션에서는 좀 더 지시적 놀이 개입을 활용하였다. 매주 30분씩 세션이 진행되었다. 첫 세션에서 나는 린디에게 키리가 이미 알고 있는 행동과 신호를 가르쳐 주었다. 나는 이것이 예상 가능한 방식으로 개와 관계를 맺을 수 있도록 도울 수 있다고 보았다. 린디는 키리에게 앉아, 기다려, 와, 훌라후프 뛰기, 그리고 간식 기다리기를 시켰다. 린디는 클릭커 사용법을 배웠고 손바닥에 간식을 올려서 개에게 주었다. 키리는 첫 세션에서 요청받은 대로, 그녀가 이미 잘 알고 있는 행동을 보여 주었다.

다음에 나는 린디에게 키리에게 가르쳐 줄 3가지 새로운 행동 중 하나를 선택하도록 제안하였다. 이것은 예측 불가능한 요소를 소개하는 단계로 키리가 실수하거나 새로 배운 것에 대해서 다소 예측 불가능한 행동을 보일 때 나는 린디가 그것을 수용할 수 있도록 도울 수 있었다. 린디는 키리에게 빈백 의자에 올라가서 엎드리는 것을 가르치겠다고 결정하였다. 키리는 이전에 한 번도 그 의자를 본 적이 없었다. 나는 이것을 구조화된 개입으로 사용하기 위해 린디에게 훈련 과정을 세분화하여 점진적인 훈련 단계를 밟아 키리가 원하는 행동을 배울 수 있도록 도왔다. 키리는 처음 빈백 의자를 마주하고 주변 냄새를 맡기 시작했다. 린디는 참지 못하고 "의자에 앉아, 키리."라고 말했고, 나는 처음에 공감을 해 준 뒤 린디가 키리의 관점에서 생각해 볼 수 있도록 지원하였다. "너는 키리가 가서 앉기를 바라는구나. 우리 같이 키리가 무엇을 하는지 보자. 지금 키리가 어떤 것 같으니?" 린디가 답했다. "냄새 맡고 있고 내 말을 듣지 않고 있어요." 나는 다시 공감적으로 답한 뒤 가볍게 설명해 주었다. "키리가 네가 원하는 것에 집중해 주지 않아서 실망했구나. 키리한테는 이게 완전 새로운 거야. 지금 키리가 어떤 느낌일 것 같아?" 린디는 잠시 생각한 뒤 답했다. "키리는 이게 무엇인지 모를 거예요. 키리는 이걸 어떻게 사용하는지도 모를 거예요." 나는 답했다. "키리의 입장에서 생각하다니 훌륭하구나. 나도 너랑 똑같이 생각해. 키리는 이게 도대체 무엇인지 잘 모를 것 같아. 우리가 키리를 도울 수 있는지 한번 해 보자. 한 번에 한 단계씩." 나는 키리에게 탐색할 시간을 주자고 제안하고, 유사점을 이끌어 냈다. "때때로 사람들은 새로운 상황을 마주하면 어떻게 해야할지 모르겠다는 느낌이 드는데, 내 생각에는 개도 그런 식으로 느끼는 것 같아." 린디는 끄덕였다. 키리가 충분히 탐색했다고 생각한 후 나는 린디에게 키리가 빈백 의자에 한 발을 올려놓을 수 있도록 도와주자고 제안했다. 키리는 러그나 담요에 발을 올려놓는 것을 이미 알고 있었기 때문에 이것은 쉬운 첫 단계였다. 나의 의견에 린디는 키리가 의자를 발로 터치하면 바로 클릭커를 누르겠다고 말했다. 린디와 나는 이를 이미 키리가 잘 알고 있는 다른 게임에서 연습했었기 때문에 우리는 이것도 시도하였다. 이내 키리는 의자로 다가가서 발로 터치했고, 린디는 클릭커를 누른 뒤 키리에게 간식을 주었다. 나는 그녀를 격려했다. "진짜 좋은 생각이야. 너는 키리가 이미 알고 있는 것을 다른 것에 활용할 수 있도록 도울 거구나……. 와우! 너는 키리의 발이 의자에 닿자마자 바로 클릭커를 눌렀구나……. 잘 맞췄어……. 이제 조금씩 키리가 알아가는 것 같아. 네가 정말 키리를 돕고 있구나." 린디는 키리의 발을 바라보고 클릭커를 누르고 간식을 주는 것에 굉장히 몰입해서 잠시 무아지경 상태였다. 린디는 어떻게 키리가 '새로운 의자에 적응하도록' 도왔는지에 대해 말하기 시작했다.

이전 세션에서 개 훈련에 대해 약간 배웠던 린디는 특정 시점에 키리가 의자에 올라갈 수 있도록 유인하기로 결심하였다. 그녀는 간식으로 키리를 특정 위치로 안내한 다음 키리가 의자의 가장자리에 네 발을 두고 서 있을 때 클릭커를 누르고 간식을 주었다. 린디는 그녀 자신과 키리에게 굉장히 기뻐했다. 우리는 키리가 좋아하는 공을 던져 주며 잠깐 놀아 준 뒤 세션을 종료하였다. 우리는 다음 세션에서 키리를 계속 가르치기로 계획하였다.

린디는 그다음 세션에 굉장히 열의에 차 있었고 빈백 의자 훈련을 다시 해 볼 수 있는지 물었다. 이번 계획은 키리가 지난번 서 있던 곳에서 엎드릴 수 있도록 돕는 것이었다. 이후 우리는 좀 더 나아가 키리가 빈백 의자에서 엎드리도록 도왔다. 키리는 이미 엎드리는 신호를 알고 있었기 때문에 빈백에서 엎드리게 하는 것은 쉬웠다. 다시, 린디가 신호를 주고 클릭커와 간식을 주는 역할을 맡았다. 그녀는 크게 미소지었다.

다음 우리는 키리가 의자에서 더 움직이도록 돕는 것에 집중했다. 린디와 나는 그곳이 키리가 엎드리기 편한 곳이라고 생각했지만 키리는 다시 한번 긴장하였다. 키리의 발 아래서 빈백이 살짝 움직이면 키리는 멈췄다. 다시 린디는 인내심을 잃었다. "키리야 좀, 겁먹은 고양이처럼 굴지 마!" 나는 린디의 감정을 반영한 뒤 키리의 감정에 다시 초점을 맞췄다. "키리가 멈칫하는게 실망스럽구나. 계획한 대로 되지 않을 때 참 힘들지. 근데 너는 키리가 겁먹은 것을 알아챘구나. 매우 훌륭해. 왜 키리가 이렇게 행동했다고 생각해? 키리가 어떤 상황에 있는지 이해할 수 있겠니?" 린디가 머뭇거렸고 나는 약간의 힌트를 주었다. "키리가 걸으려고 할 때 의자랑 무슨 상관이 있는 걸까?" 린디는 알아채고 말했다. "의자가 움직여서 그런 걸까요?" 나는 답했다. "네 말이 맞는 것 같아. 내 생각에도 바로 그것 때문에 키리가 약간 주저하는 것 같아. 키리가 예상한 대로 빈백이 움직이지 않는 거지. 무언가 우리가 예상한 것과 다르면 어렵잖아." 물론 이것은 키리와의 상호작용 주제를 강조한 것이지만 이는 린디가 그녀의 일상에서 겪는 어려움과 유사하였다.

우리는 결국 키리가 의자 안으로 더 들어가서 누울 수 있도록 도왔다. 린디와 키리의 감정을 계속 반영해 주고 린디가 키리를 한 단계씩 도울 수 있도록 격려하면서 과제를 성취하게 했다. 다시 한번 린디는 크게 기뻐하였다. 그녀는 자신의 '가르치는 계획'에서 약간의 변화를 잠깐 불평하는 정도로 참아냈다. 모든 과정에서 나는 키리가 편안해하는지 살폈고, 키리가 새로운 것을 하는 동안 린디와 나 모두 키리의 반응을 계속 관찰하였다. 나는 린디가 자신의 계획을 바꾸고 키리의 감정을 존중하고 안심시키는 것을 발견하였다. "때때로 계획을 바꾸는 것은 진짜 힘든데, 네가 키리의 감정을 생각해 주고 돕고 있구나. 봐, 키리가 매번 꼬리를 계속 흔들고 있네."

원래 린디는 키리에게 빈백 의자 꼭대기에 올라가서 엎드리는 것을 가르치고 싶어 했다. 린디와의 두 세션 이후 키리는 2/3 정도 높이까지 올라갈 수 있었다. 세 번째 세션에서 린디가 키리를 꼭대기까지 올라가도록 유인할 때 키리는 다시 주저하였다. 나의 개입 없이 린디는 말했다. "키리가 다시 무서워진 것 같아요. 그냥 지난번에 올라간 높이에서 머물러도 괜찮을 것 같아요." 나는 답했다. "아마도 계획을 바꿔야겠다고 생각했나 보구나. 너는 키리가 편안하기를 원하는가 보구나." 린디가 끄덕였다. 나는 키리에게 돌아서서 말했다, "키리야 들었어? 린디가 너를 생각해 주고 있고, 네가 무서워하지 않기를 바라고 있어. 네가 거기서 충분히 편안해 보인다며 린디가 계획을 바꾸기로 결심했대." 린디는 키리에게 간식을 더 주고, 키리 옆에 빈백 의자에 앉았다. 그녀는 키리의 어깨를 쓰다듬어 주었고, 키리는 그녀 옆에서 몸을 둥글게 말고 머리를 린디의 무릎에 올렸다. 그건 신호에 따른 행동이 아니었다. 키리는 그 상황에서 반응을 보여 주었고 린디는 대단히 기뻐했다. 린디는 키리의 몸통을 쓰다듬었고, 키리는 그녀의 팔을 살짝 핥았다. 나는 그 둘이 함께하는 그 순간 조용히 있었다.

마지막 세션에 린디는 엄마를 초대하여 키리에게 가르쳤던 것을 보여 주었다. 그녀는 어떻게 계획을 바꾸었고 키리가 고마워서 그녀에게 기대고 핥았는지를 설명하였다. 린디가 변화에 좀 더 잘 견딜 수 있도록 한 이러한 개입은 여러 AAPT 세션의 시작이었다. FT와 AAPT 사이에서 린디는 점차 행동에 큰 향상을 보여 주었다.

이 사례에서 개에게 불확실성을 극복하도록 돕는 것은 잘 모르는 것에 대한 린디 자신의 공포를 극복하는 데 도움이 되었다. 린디는 자신의 세상에 대해 더 많은 통제감을 지각하고 FT 세션을 통해 부모에 대한 신뢰를 높여 갔다. 그리고 AAPT 세션에서 계획대로 되지 않는 상황에서의 좌절감을 다루어 가면서 린디는 가족들과의 삶에서 훨씬 편안해졌고 머지않아 그녀의 감정 폭발은 예전 일이 되었다.

사례 소개: 가족 집단

6마리의 말과 넓은 공간이 있다는 것은 내담자와 작업할 때 개별, 소집단, 대집단, 가족 형태 등 많은 선택지가 있다는 것을 의미한다. 턴 어바웃 페가수스(Turn About Pegasus: TAP)는 AAPT에 말이 포함된 나의(트레시) 프로그램이다. TAP는 두 명이 진행하는 이갈라(EAGALA)의 집단 모델을 따른다. 굉장히 많은 것들이 동시에 일어날 수 있기 때문에 말 전문가와 정신건강 전문가는 내담자와 말을 관찰하면서 동시에 작업하고 또한 후속 활동으로 디브리핑[2)]을 공유한다.

부모와 두 명의 자녀, 부와 두 명의 자녀 그리고 모와 두 명의 자녀 총 10명의 참여자가 2시간씩 8회기의 말매개놀이치료에 의뢰되었다. 아이들의 나이는 일곱 살에서 열한 살까지였다. 모든 부모는 최근 약물 또는 알코올 중독 병력를 가지고 있었다. 그들의 물질 중독은 대부분 헤로인이었지만 그것을 구할 수 없을 때면 확보가 가능한 아무 약물이나 사용하였다. 우리는 몇 주에 걸친 세션 활동을 구성하였는데 그들이 선택한 물질과 그들의 관계 그리고 물질 남용으로 인해 자녀와의 관계에 미친 영향을 어렴풋하게 탐색하는 것부터 좀 더 오픈하여 그들이 남용한 약물이나 알코올 이름을 딴 구체적인 활동으로 진행했다.

프로그램에 있는 모든 부모들이 그들이 신청한 프로그램의 성격을 알고 있었고 그들의 중독이 일정 부분 그들의 자녀에게 해로울 것임을 알고는 있었지만 그들의 정서적 그리고 신체적 안전을 위해 우리는 먼저 그들과 신뢰로운 관계를 형성해야 했다. 힘든 감정을 공유하는 집단에서는 사람들이 더 취약하게 느끼게 될 수 있어서 이것이 더욱 중요하다. 1970년 이래 중독에 대한 연구 결과 합법적이든 불법적이든 중독을 가진 사람들 대부분이 고통스러운 경험이나 기억으로부터 탈출하려고 자가 처방용 물질을 사용하는 것으로 나타났다(중독의 자가 처방 이론에 대한 유용한 웹 사이트 www. vefywell.com/the-self-medication-theory-of-addiction-21933). 만약 치료사가 그들이 수년간 피해 왔던 뭔가에 대해서 즉시 직면하게 하거나 혹은 자녀 앞에서 직면하게 한다면 이는 가혹하고 반치료적일 것이다.

첫 번째 세션에서 우리는 가족 집단에게 울타리 너머에 있는 말들을 관찰하게 하면서 관심이 가거나 또는 그들과 유사하다고 생각되는 말이 있는지 보라고 했다. 모든 아이들은 그들에게 다가오는 말에게 매료되었고 말들 역시 사람들을 재미있게 보았다. 나의 말들은 야

---

2) 디프리핑 예시: 말 훈련을 통해 자기효능감을 느끼고 "내가 말에게 무엇인가를 가르쳤을 때, 내가 할 수 있는 믿음이 생겼어요"(배울 점을 인식하고 앞으로 행동 변화를 계획할 수 있다.)

외 드넓은 풀밭에 살면서 매우 많은 풀을 먹는데, 이는 그들의 배가 가스로 가득 차 있음을 의미한다. 5분쯤 한 마리가 매우 크고 긴 방귀를 뀌었다. 아이들은 처음에 깜짝 놀랐지만, 이내 웃음을 터뜨렸다. 방귀는 내가 질문을 한 그 순간과 딱 맞았다. "여기 있는 여러분을 떠올리게 하는 말이 있나요?" 그들의 웃음이 가라앉자 모든 아이들은 각자 그들의 부모를 가리키면서 방귀 때문이라고 말했다. 나는 놀란 듯 장난스럽게 가벼운 목소리로 "당연히 아니지, 부모님들은 방귀를 안 뀌는데?" 이건 또 다른 웃음을 자아냈고, 부모님들의 평소 습관에 대해 이야기를 털어놓았다. 모든 집단이 웃음을 나누었다. 말은 그저 말로써 어떤 치료사도 꿈꾸지 못할 요소로 웃음이 가진 유대의 힘을 불어넣어 주었다.

첫 번째 남은 세션은 말에 대해 알고 팀으로써 함께 그들을 잡고 머리 굴레를 씌우는 작업을 한 뒤 직접 그들을 데리고 다 같이 산책을 하였다. 모든 세션이 끝난 뒤 가족들은 말을 그루밍(grooming)해 주고 함께 해 준 것에 대한 보상으로 당근을 주고 그들이 잔디밭으로 돌아가게 해 주었다. 모든 내담자가 세션이 끝날 때 그루밍해 주고 당근을 주고 작별인사를 하는 것은 말과 사람에게 서로 유익할 수 있는 중요한 의식이다. 말은 그루밍을 즐기고 물론 당근도 좋아한다. 인간에게는 말을 그루밍해 주는 리드미컬한 활동이 안정을 주고 긴장을 풀어준다. 이는 또는 안전한 세션에서 그들의 현실로 돌아가도록 전환해 주는 역할을 한다.

다음 몇 세션은 말과 전체 가족이 함께 하는 전형적인 재밌는 활동으로 가족에게 더욱 응집력이 생기고 그들 부모의 좋은 측면과 다시 연결되도록 돕는다. 여섯 번째 세션은 유혹이라고 불리는 활동이었는데, 그렉 커스턴(Greg Kersten, 1995)이 처음 '유혹의 골목'으로 사용했던 것이다. 집단은 9피트짜리 길고 다양한 색상의 플라스틱 점프 막대로 폭은 6피트가 되는 길쭉한 '골목길'을 만든다. 골목길에 말 음식이 담긴 양동이를 놓고 부모와 자녀에게 각 부모가 중독된 물질을 적은 라벨을 붙이도록 한다. 말은 중독된 부모를 대신하고 남은 모든 내담자는 부모의 지원 세력이 된다. 부모와 아이는 말을 선택해서 잡고 2개의 줄을 걸은 다음 머리 굴레 양쪽에 줄 하나를 건다. 각각의 사람들은 반대쪽 골목길 밖에서 걸어야 한다. 과제는 말과 함께 밖에서 걷는 인간 리더가 말이 양동이의 유혹에 굴복하지 않고 골목길 중앙을 걷게 하는 것이다.

여섯 번째 세션이 되면 모든 부모와 자녀가 부모의 중독을 개방해서 얘기할 수 있게 된다. 알코올 중독에서 회복 중인 한 엄마는 세일러를 선택했는데, 골목길에 가까이 가기도 전에 세일러가 양동이를 발견하고 양동이가 있는 쪽을 향해 그녀를 끌고 갔다. 그녀의 아들은 무슨 일이 벌어지는지 발견하고 다른 줄을 잡아 그녀를 도왔다. 그들은 세일러를 골목길에서 가능한 멀리 있는 지점으로 이끌었다. 어린 소년은 크게 웃고 있었다. 가벼운 분위기를 유지하며 나는 "와우, 세일러는 이 활동을 기다릴 수가 없었구나, 그치?" 일곱 살 소년은 그의 머리를 흔들며 웃었다. 엄마 또한 웃으면서 알코올 근처에도 가면 안 되겠다는 걸 깨달았다고 말했다. 그녀는 친구와 동네 술집에 갈 계획을 했었는데, 이 활동을 하면서 아직 회복 단계에 있는 그녀에게 너무 과한 유혹이 될 것 같다고 언급하였다. 자녀 앞에서 이런 이야기를 한다는 것이 엄마에게 괴로울 수 있는데 세일러의 열정으로 그녀 자신에 대해 깨닫게 된 것이었기 때문에 나(치료사)는 그녀의 경험에 대해 더 이야기해 달라고 요청할 필요가 없었다. 수년간 부정했던 것에 대해 내담자가 통찰에 이르렀을 때 치료사들은 때때로 그들의 감정을 더 물어보면서 파고들고 싶은 유혹을 느낀다. 이 경우, 많은 경우 그렇듯, 덜한 것이 더 좋다. 세션에서 치료사의 가볍고 놀이적인 반응은 깨달음의 중요성을 약화시키거나 축소시키지 않는다. 오히려 그녀로 하여금 나쁜 점까지도 모두 수용 받는 느낌을 촉진하였다.

활동은 계속되었고, 함께 힘겹게 작업하면서 모든 부모와 아이들은 유혹에 빠지지 않고(말이 음식을 먹는 것) 유혹을 넘어 골목길 끝에 도착하였다. 각 팀은 다른 집단원의 응원과 격려 속에서 그들의 '중독된' 말과 함께 코스를 완료하였다. '부모'(말)이 '유혹'에 빠져버릴 것 같아서 옆에 있던 아동이 앞으로 뛰어가서 골목길에 있는 양동이를 아예 치워 버리는 일이 두 번 있었다.

이러한 경험은 전체 집단원에게 도전이 상당히 어렵지만 함께 하며 솔직하게 오픈함으로써 그들의 중독을 물리칠 수 있다는 메시지를 주었다. 때로는 유혹이 너무 강해서 저항하기 어렵지만 언제나 다시 트랙에 돌아올 수 있는 다른 기회가 있고 힘든 시기에 그들이 도움을 요청한다면 언제든 기꺼이 도우려는 누군가가 있다는 것을 알게 되었다.

세션이 끝날 때 말은 다시 말이 되고 음식은 다시 말의 음식이 된다고 치료사가 선언하였다. 아이들은 각자 말을 선택하여 양동이에 있는 음식을 그들에게 주었다. 그들은 말들이 먹는 모습을 기쁘게 바라보았고 그들의 입술이 얼마나 잘 움직이는지 주목하였다.

어른 집단은 여덟 번의 세션 프로그램이 종료된 후 서로 멀리 살고 있음에도 불구하고 서로를 계속해서 지지해 주었다. 4년 후 아이들은 여전히 그들의 부모와 함께 있었고 아동복지센터(Children's Services)에서 아동을 분리하겠다는 위협이 사라진 채 모두 잘 관리되고 있었다.

이러한 사례는 부모가 수치심과 죄책감을 가지고 언급하길 피하는 중독과 같은 어려운 주제에서도 말들과 놀이성의 조합으로 긍정적인 변화를 가져올 수 있음을 보여 준다. 치료사가 동물을 통해 그들 자신의 감정을 표현하게 하고 선택하게 하면서 안전하고 밝은 분위기를 만들어준다면 매우 어려운 이슈에서조차도 중요한 치료적 변화가 가능해진다.

나는 여기서 말의 선택권을 강조하고자 한다. 리제와 내가 어떤 콘퍼런스에 참석했을 때 발표자가 본인은 치료 회기 중에 말에게 풀을 먹지 않게 가르친다고 했던 적이 있다. 모든 말들은 풀 통제 장치(말이 먹거나 마시려고 머리를 숙일 때 불편감을 주는 신체적 규제)를 하고 있어서 신체적으로 그들이 먹으려고 시도할 수 없게 만들고 있었다. 나중에 자세한 사항은 다시 다루겠지만 이러한 조치는 말과의 AAPT에 적용되어서는 안 된다. 여기서는 특별히 두 가지 이유를 들어 설명하고자 한다. 첫째, 이는 말에게 신체적 규제를 해야 하며 먹거나 먹지 않을 결정에 대한 자유가 없다는 메시지를 준다. 그래서 은유적으로 중독된 사람들에게 그들은 외부적인 신체적 규제 없이 그들 자신의 행동을 통제할 수 없다는 것을 의미한다. 둘째, 말은 도망치는 동물로 그들이 스트레스 받거나 불안할 때 먹지 않는다. 인간 치료사 팀은 말의 스트레스 신호에 민감해야 한다. 말에게 자기 위안(뜯고 씹는 행동을 통해)을 하지 못하게 하고 그들의 선택을 막는 것은 말의 근본적인 복지에 좋지 않을 뿐만 아니라 치료에서 동물 파트너와의 작업 윤리에 맞지 않는다.

배경, 원리 그리고 목표

건물이 높아질수록 토대는 더 깊어야 한다.

–토머스 아 켐피스(Thomas a Kempis)

AAPT는 여러 다른 분야에서 그 근거를 가져온다. 핵심은 살아 있는 동물이 치료적 또는 교육적 개입에 과정의 일환으로 관여하는 것이다. 교육과 다양한 치료적 전문 분야에는 각각의 역사와 이론, 방법, 응용, 그리고 연구가 있다. AAPT는 과정을 강화하기 위해 어디든 적용될 수 있다. 어떻게 그렇게 할 수 있는지가 이 책의 주제이다. 우리는 정신건강 전문 분야에서의 AAPT에 주로 초점을 맞추겠지만 같은 원리와 과정이 다른 전문 분야와 교육에도 적용될 수 있다. 목표와 실제 방법이 전문 분야별로 일부 다를 뿐이다.

AAPT는 이 분야 자체의 견고한 작업 지식을 요구하지만 다른 분야의 기술과 지식 또한 AAPT 실천을 위해 도움이 될 수 있다. 여기에는 동물 행동학 및 학습, 동물의 감정, 놀이와 놀이치료, 아동 발달, 동물 인지, 인간–동물 유대, 그리고 더욱 고전적인 형태의 AAT가 포함된다. 각각의 분야는 고유한 선행연구를 가지고 있고 이 중 많은 분야가 급속도로 성장하고 있다. 공간적 제약으로 우리는 이 중 일부 영역만 개괄적으로 다루지만 AAPT에 관심이 있다면 관련된 다른 모든 책과 학습이 유용할 것이다.

이 장에서 우리는 일부 관련 분야의 연구가 기여한 바를 간단하게 논의할 것이다. 더 많은 책과 글 등은 www.iiaapt.org에서 찾아볼 수 있다. AAPT를 뒷받침하는 원리, 이론적 토대, 그리고 주요한 목표 영역에 대한 구체적인 정보가 배경지식으로 다루어질 것이다.

동물 감정과 인간-동물 유대

내가 알게 된 것은 개에게도 감정이 있다는 것이다. 예전에 개에게 상처를 줄 때는 그런 생각조차 하지 못했다. 나에게 일어난 모든 나쁜 일들도 그냥 지나쳤던 것 같다. 개들은 진짜 나의 친구다. 몇몇은 나의 절친이다.

—에디(Eddie), 외상을 경험한 열여섯 살 입양 소년

최근 수년 동안 인간—동물 유대에 대한 과학적이고 대중적인 책, 글, 연구, 웹 사이트, 블로그, TV 프로그램 등이 폭발적으로 등장하고 있다. 동물은 오랫동안 역사, 과학, 문학에서 중요한 역할을 해왔지만, 오늘날에는 다양한 주제, 동물의 감정과 인간과 동물의 애착에 대한 관심, 방대한 양의 자료로 인해 동물에 관한 모든 것에 대한 관심이 다시 활성화되고 있다. 과학적 연구는 비인간 동물의 감정과 사회적 유대에 대한 기능, 기제, 표현과 관련된 많은 지식을 제공하였고, 또한 인간 감정과 애착에 대한 이해를 높이는 데 기여했다. 게다가 종 간 관계의 역할, 특히 인간—동물 유대와 관련된 것과 그것이 미치는 긍정적 또는 부정적 영향에 대해 훨씬 많은 것을 알게 되었다.

동물 감정

인간과 더불어 많은 동물들은 우리가 말하는 공포, 재미, 행복, 당황, 억울함, 질투, 격분, 화, 사랑, 기쁨, 연민, 존중, 위안, 혐오, 슬픔, 절망 그리고 비탄과 유사한 어쩌면 똑같은 감정을 보여 준다. 진정 공유된 감정과 표현 그리고 유사한 생물학적 및 해부학적 근간은 그들과 우리 사이의 경계를 실로 흐릿하게 만든다.

—제인 구달(Jane Goodall), 『The Ten Trusts』

이제 더 이상 동물이 감정을 경험하는지 묻는 것은 비생산적이다.
차라리 왜 감정이 진화했는지—어떤 기능을 하는지를 질문해야 한다.
동물 감정에 대한 연구는 다른 행동 패턴에 대한 연구와 마찬가지로 일화, 상식
그리고 '엄격한' 경험적 자료의 신중한 조합으로 이루어졌다.
회의론자들은 훌륭한 동물 우화의 중요성을 부정하지만

그 어떤 것도 불필요하지 않다.

–마크 베코프(Marc Bekoff), 『The Ten Trusts』

과학적 테두리 안에서 오래도록 동물의 감정과 내적 상태는 단지 의인화의 비판(인간의 감정을 동물에게 귀속시키는) 정도로만 언급되었을 뿐이다. 사람들이 종종 인간의 동기, 의도, 성격을 동물의 행동에 부정확하게 투사하긴 하지만 과학적 분위기는 동물의 감정과 감정에 연결된 행동과 그 관계에 대해 현대적으로 이론화하고, 연구하고 논의하는 데 충분히 열려 있다. 많은 사람들은 다윈(1872/1965)이 인간과 동물의 감정표현 비교를 탐구했다는 것을 잘 모른다. 사례연구와 양적 연구의 신중한 분석으로 동물의 감정에 대한 폭과 깊이가 확인되었지만(Masson, 1997; Masson & McCarthy, 1995; Thomas, 1993), 경험적 연구의 엄격성 부족으로 대개 외면당했다. 더욱 최근에는 신경생물학, 심리생물학, 정서 신경과학 분야에서 기초적인 동물 감정에 대한 이해가 높아졌다(Olmert, 2009; Panksepp, 2005a, 2005b, 2012; Siviy, Harrison, & McGregor, 2006). 왜 개가 웃고 침팬지가 우는 걸까(Fleisher, 1999)라는 훌륭한 DVD에는 생물학자, 동물행동학자, 야생동물 영화 제작자가 함께 환상적인 영화 장면과 인터뷰를 담았는데, 동물의 생존과 웰빙에 감정과 관계가 얼마나 중요한 역할을 하는지 확실히 보여 준다. 안타깝게도 이 DVD는 이용 불가능하지만, 일부는 유튜브에서 찾아볼 수 있다.

오늘날 동물과 사람은 감정에 상당히 유사한 생리적 그리고 행동적 반응을 공유하고 있음이 밝혀졌고, 보통 많은 종들이 생존과 성장에 필요한 유사한 사회적 애착과 관계를 추구한다는 데 의심의 여지가 없다. 동물 행동은 더 이상 본능적 충동만으로 표현되는 기제라고 여겨지지 않는다. 그보다는 인간 행동과 유사하게 유전학적, 생물학적, 그리고 환경적 과정이 조합되어 표현된다고 본다. 동물은 다양한 범주의 감정과 복잡한 생각, 의사결정, 연민, 문제 해결, 그리고 공정한 놀이까지도 가능하다(Bekoff, 2004, 2007; Bradshaw, 2011, 2013; de Waal, 2009, 2016; Goodall & Bekoff, 2002; Hare & Woods, 2013; Horowitz, 2009, 2016; Miklosi, 2015; Panksepp, 2005a, 2012; Wendt, 2011a, 2011b). 동물 감정과 인지 과정에 대한 더 많은 이해는 인간-동물 모두에게 유익한 관계를 향상시켜 줄 것이다.

인간-동물 유대

당신이 동물에게 말한다면, 그들은 당신에게 말할 것이고, 서로를 알게 될 것이다.
당신이 그들에게 말하지 않으면 당신은 그들을 알지 못할 것이다.
그리고 알지 못하면 두려워하게 되고, 두려워하면 파괴하고자 한다.

–댄 조지 수석(Chief Dan George)

동물과 인간의 유대 기원은 아주 먼 과거의 안개 속에 가려져 있다. 물론 과거 세대와 토착민들은 현대인보다 자연과 더 가깝게 접촉하며 살았다. 어떤 동물들은 수천 년 동안 인간과 특별한 유대를 나눠 왔는데 이는 아마도 그 관계가 서로의 생존에 도움이 되었기 때문일 것이다. 인간과 작업하는 동물은 그 대가로 은신처, 음식 또는 포식자와 같은 요소로부터 보호를 제공받았다. 예를 들어, 인간과 가깝게 지냈던 늑대의 고고학적 증거는 300,000년 전을 가리키며, 처음 가축화된 동물이었던 개는 인간과 친밀하게 지냈던 증거가 적어도 14,000년 전이라고 알려져 있다(Bradshaw, 2011; Clutton-Brock, 1995; Miklosi, 2015).

수 세기 동안, 동물은 인간의 삶을 위한 과업을 도왔다. 예를 들어, 말은 인간이나 물건을 날라주었고, 개는 인간 사냥꾼이나 양치기와 협력하여 사냥이나 목축을 도왔다. 오늘날 유대는 일적 관계보다는 반려 또는 함께 즐거움을 추구하는 관계이지만, 초기 이러한 기능적 관계는 현시대 유대의 근본이 되었다. 물론 전 세계 어느 지역에서나 농업이나 이동을 위한 일적 관계가 여전히 존재한다. 현대 일적 관계는 인명구조, 폭발물 탐지, 장애 보조, 그리고 의학적 경보 알람 등도 있다.

인간과 동물 간의 유대와 그것이 사람과 동물 모두에게 주는 이점에 대한 역사는 다양한 자료에서 다루어졌다(Fine & Beck, 2015; Fine, Tedeschi, & Elvove, 2015; Friedmann, Son, & Saleem, 2015; Jalongo, 2004; Knapp, 1998; Melson, 2001; Melson & Fine, 2015; Podberscek, Paul, & Serpell, 2000; Racca, Guo, Meints, & Mills, 2012; Serpell, 1996, 2017). 하트(Hart, 1995)는 개가 동료애, 상호 지지, 소속감, 안전감, 사회적 윤활유 효과를 보여 주는 여러 연구를 검토했다. 대부분의 가족들이 그들의 펫을 진정한 가족 구성원으로 보고, 때로는 그들의 친척보다 더 가깝게 느낀다고 증명되었다(Bonas, McNicholas, & Collis, 2000; Walsh, 2009).

동물에 대한 인간의 긍정적인 생리학적 반응이 연구를 통해 발견되었는데, 예를 들어 혈압과 심박률 감소, 심혈관 건강 증진, 심각한 질병 및 수술 후 더 좋은 회복력, 높은 이완 효과와 감소된 스트레스 반응 등이 있다(Chandler, 2017; Friedmann et al., 2015; Friedmann,

Thomas, & Eddy, 2000). 바커와 R. T. 바커(Barker & R. T. Barker, 1988)는 1984년 『Psychology Today』 저널에 13,000명의 펫 보호자를 대상으로 한 설문조사 결과를 발표하였다. 그들은 펫이 긴장 완화와 즐거움, 연민, 대화, 운동, 함께 보내는 시간, 다른 가족 구성원을 향한 애정 증가를 통해 가족관계 질을 향상시킨다고 보고하였다. 흥미롭게도, 이러한 요인들은 강한 가족에 관련된 요인들과 일치한다(DeFrain, 1999).

메그 올머트(Meg Olmert, 2009)는 옥시토신 분비와 인간-동물 유대 사이에 가능한 연결점을 처음으로 소개하였다. 그 이후로 옥시토신의 역할에 대한 연구 분야는 인간-동물 유대에 대한 생물학적 근간으로써 매우 빠르게 성장하였다. 여러 연구에서 가족 펫과 같이 친밀한 동물을 단순히 바라보는 것만으로도 옥시토신이 증가함을 보여 주었고, 반려동물과의 접촉은 그것을 큰 폭으로 증가시켰다(Beetz, Uvnas-Moberg, Julius, & Kotrschal, 2012). 개의 옥시토신 역시 인간 가족과의 접촉으로 증가함이 연구에서 드러났다. 유아가 그들의 모와 유대를 형성하도록 돕는 바로 그 신경 호르몬이 우리가 동물과 친밀한 연결감을 형성하는 데 핵심적인 역할을 하는 것으로 보여진다.

바이오필리아(Biophilia) 가설은 윌슨(Wilson, 1984)에 의해 처음 알려졌는데, 인간은 선천적으로 자연과 연결을 추구하고 생명에 끌리는 경향성이 있다는 것이다. 칸(Kahn, 1997)은 또한 이 이론을 아동 발달 측면에서 논하였다. 아동이 자연스럽게 자연과 깊은 연결감을 가지는지 이러한 끌림이 청소년기에도 발생하는지에 대해 다른 가설과 비교하였고 이후 더 많은 증거를 인용하였다. 하지만 그 질문에 대한 명료한 답은 제시하지 않았다. 바이오필리아 가설에 대한 비판이 없지 않지만, 그러한 논쟁은 이 책의 범주를 넘어선다. 여기에는 그저 동물과 자연에 대한 관심을 지지하는 이론으로써 일반적으로 많이 회자되고 있기 때문에 언급하였다. 조예와 드 블록(Joye & De Block, 2011)은 바이오필리아 가설에 대한 예리한 리뷰를 발표했다. 이론 자체가 진화론적 관점에 지나치게 의존하고 있지만 "사람들이 정말 생명 관련 요소와 과정(동물, 풍경, 녹색 등)에 감정적으로 연결되고 그러한 연결로부터 의미, 즐거움, 건강 혜택을 얻는다는 호소력 있는 증거가 있다(p. 208)"라고 설명하고 있다.

이를 토대로, 사람들은 일반적으로 자연 경험을 추구한다는 것으로 동의한다고 보여지며 일각에서는 일반적인 인간-동물 유대와 AAI에서 인간-동물 유대에 대한 현대의 관심 수준이 이러한 욕구로 촉발되었다고 주장한다. 자연 기반 심리치료(nature-based psychotherapy)와 재활에 대한 관심은 급격하게 성장하였는데, 연구에서도 마찬가지다(Fearn, 2014; Pálsdóttir, D. Persson, B. Persson, & Grahn, 2014). 리처드 루브(Richard Louv, 2005, 2012)는 사람들이 자연과 단절된 근래 상황을 설명하기 위해 '자연결핍장애(nature deficit disorder)'라는 용어를 사용하였고, 전반적인 웰빙을 위해서 자연과의 경험을 권장하였다.

사람들이 자연을 추구하는 정확한 이유가 과학적으로 확립되지 않았지만, 여러 관점에서 다학제적으로 이것이 연구되고 있다. AAPT에서는 사람들이 자연에서 동물과 함께 있는 것을 즐기고 그것이 의미 있음을 안다는 것으로 충분하다. 만약 그러한 경험이 그들로 하여금 삶, 목적, 관계 그리고 존재 이유를 성찰하게 만든다면 그것은 치료적인 것이다. 우리 둘 다 어렸을 때부터 동물이 곁에 있고 자연에서 풍부한 경험을 할 수 있었던 행운을 가졌다. 우리는 이러한 접근을 내담자와 공유했고 그들의 감사함과 진전을 목격하였다.

개인적인 경험을 하나 공유하고자 한다. 나는(리제) 2001년 9월 11일 알래스카 카트마이(Katmai) 국립공원에 있었다. 나는 브룩스(Brooks) 강과 폭포에서 알래스카 갈색 곰이 연어를 잡는 모습을 사진 찍기 위해 여러 차례 거기서 캠프를 했다. 공원 관리원은 그날 뉴욕에서 발생한 끔찍한 소식을 우리에게 전해 주었는데, 휴대전화 신호도 잡히지 않고 인터넷 연결도 할 수 없었고, 모든 항공편은 중단되었다. 40여 명의 사람들이 작은 통나무집에 있었고, 앵커리지(Anchorage)로 비행할 수 있게 되기까지 이틀간 외부와 아무 연락을 할 수 없었다. 그러한 비극에 얼마나 괴로웠고 비행기가 추락한 뉴욕과 펜실베이니아(내가 사는 곳)에 사는 가족과 친구들 소식을 얼마나 궁금해하고 걱정했는지 기억한다. 동시에 나는 내가 있던 장소의 아름다움을 생각했던 것도 매우 분명하게 기억한다. 그곳은 지구상에서 내가 가장 좋아하는 곳이다. 나는 그것으로부터 위안을 얻었고, 나와 함께 거기 있던 사람들 역시 그랬다. 우리는 생각과 걱정을 나누었지만 또한 삶이 계속되고 있다는 고요한 감각도 함께 했다. 곰은 아무런 영향을 받지 않고 연어를 계속 잡았고 겨울을 위해 살찌우고 있었다. 붉은 연어는 더 밝아지고 힘찬 폭포수 아래 계속 모여들어 알을 낳기 위해 상류에 도달하고자 마지막 시도를 하고 있었다. 비록 그 당시 바깥 세상에서 무슨 일이 벌어지고 있는지 제대로 알지 못했음에도 불구하고, 재난재해 전문 상담가로서 돌아가면 엄청난 일에 휩싸일 것이라는 것을 알았지만, 나는 평온함을 느꼈다. 그 감각은 나를 붙들어 주었고 절대 떠나가지 않았다. 이것은 우리 둘 모두 믿는 동물과 자연이 우리의 내담자에게 제공할 수 있는 중심을 잡아주는 감각이고, 우리의 내담자도 이에 동의할 것이다.

동물과 아이들의 관계

반려동물은 아이들에게 매우 중요하다는 이유만으로 교육자로서 중요하다.

–메리 렝크 잘롱고(Mary Renck Jalongo)

동물은 아이들의 삶에 중요한 역할을 한다(Jalongo, 2004; Melson, 2001). 아이들은 종종 동물에게 끌리고 동물에 대해 말하고, 심지어 동물에 대해 꿈을 꾼다. 많은 가족들은 아이들의 요구로 반려동물을 키우는데, 가족 역동에는, 건강하건 역기능적이건 모두 동물을 포함하게 된다(Hoover, 2006; Mueller, Fine, & O'Haire, 2015; Walsh, 2009). 가족이 아이들의 소망에 반하여 펫을 포기하게 되는 경우 이는 종종 매우 오랜 시간 아이들에게 슬픔, 화, 걱정, 상실감 같은 부정적 영향을 미치게 된다(Melson, 2001).

물론 아이가 동물과 상호작용하는 데에는 아이나 펫의 부상, 알레르기, 인수공통감염병(사람과 동물 사이 전이되는 질병)과 같은 여러 문제가 동반되지만, 아이–동물 유대가 제공하는 많은 장점도 있다. 펫은 아이들에게 우정을 제공하며 많은 아이들이 그들을 '친구'로 여긴다. 거니(Guerney, 1991)의 연구에 따르면 맞벌이 부부 가정의 아이들은 방과 후 집에 혼자 있을 때 반려동물이 중요한 역할을 하는 것으로 나타났다. 다른 여러 연구에서 반려동물이 있는 아동은 높은 자존감, 강한 공감 능력, 좋은 또래 관계 및 친사회적 행동을 보이는 것으로 확인되었다(Jalongo, 2004, 2014).

다양한 범주의 심리적 또는 행동적 문제를 가진 아이들 역시 동물에게 긍정적으로 반응하는 것으로 나타났다. 학대 과거력을 가진 아이들의 공통적인 특성은 동물에게 잔인성을 보인다는 것이지만, 동물과 안전하고 친절하게 상호작용하는 방법을 알려 주고 적절하게 관리 감독하면 그들의 잔인한 행동은 종종 공감으로 대체된다(Loar & Colman, 2004). 곤스키(Gonski, 1985)는 단지 개가 같이 있는 것만으로도 입양 돌봄에서 큰 심리적 어려움을 겪는 아이들이 적대감, 철수, 저항에서 훨씬 큰 참여, 열정, 웃음, 소통으로 빠르게 변화해 갈 수 있음을 발견하였다. 라탐파운데이션(Latham Foundation; www.lathum.org)은 인도주의 교육에 대한 풍부한 정보를 가지고 있다.

아동–동물 유대에 대한 연구와 교육 및 치료적 장면에 동물이 포함되는 가치에 대해 더 많은 정보를 얻고자 한다면 멜슨(Melson, 2001), 멜슨과 파인(Melson & Fine, 2015), 잘롱고(Jalongo, 2004, 2014), 챈들러(Chandler, 2017), 그리고 파인(Fine, 2015)이 쓴 최고의 자료를 적극 추천하는 바이다. 동물과의 긍정적인 경험은 동물을 향한 아동의 부정적 행동을 제거할 뿐만 아니라 교육적 · 발달적 · 정서적 · 사회적으로 아동을 돕고, 아동이 삶 전반에서 동물 그리고 사람에게 애착을 형성하게 한다.

동물매개치료

처음 치료실에서 두 마리 큰 푸들을 보았을 때,

나는 실수를 한 건가 싶었다. 나의 기대와 전혀 달랐다.

이후 나는 얼마나 이 개들이 그리고 물론 치료사가 우리 가족을 도왔는지 깨달았다.

–실비(Sylvie), 열다섯 살 소년의 엄마

내가 푸들을 보았을 때 나의 태도는 전적으로 바뀌었다.

처음에 나는 상담에 가고 싶지 않았지만, 개가 거기에 있다면

그렇게 나쁘지 않을 것이라고 생각했다.

컬리(Curly)와 퀴니(Queenie)는 내가 거기서 더욱 편안하게 느낄 수 있게 해 줬다.

–데비드(David), 열다섯 살 소년

동물매개치료(AAT)는 인간–동물 유대의 혜택을 기반으로 탄생하였고, 심리치료를 포함한 다양한 분야 전문가들의 치료적 과정을 보조한다. 펫 파트너스(Pet Partners)는 다음과 같이 AAT를 정의한다(www.petpartners.org).

> 동물매개치료는 목표 중심의 계획되고 구조화되고, 문서화되는 치료적 개입으로 건강 및 인간 서비스 제공자가 그들의 전문 분야에서 진행하게 된다. 다양한 종류의 원리들이 AAT에 포함될 수 있다. 가능한 실천가는 의사, 작업치료사, 물리치료사, 공인된 치료 레크레이션 전문가, 간호사, 사회복지사, 언어치료사, 그리고 정신건강 전문가들이 해당될 수 있다(https://petpartners.org/learn/terminology/).

미국수의사회는 델타 소사이어티[1]의 오리지날 버전의 정의를 웹 사이트에 게재하였다.

> AAT는 치료적 과정의 일환으로 특정 영역에 동물이 함께 통합된 목표 지향적인 개입이다. AAT는 건강 또는 휴먼 서비스 제공자가 그들의 전문 분야의 작업으로 직접 또는 그들의 지도하

1) 현재 펫파트너스.

에 수행된다. AAT는 인간의 신체, 사회, 정서, 인지 기능 향상을 촉진한다(www.avma.org/KB/Policies/Pages/Aninial-Assisted-Interventions-Definitions.aspx).

AAT에서 동물은 라포 형성, 불안 감소, 신뢰감 발달, 애착 형성, 개방 촉진, 안전감 제공, 동기 부여, 그리고 신체, 인지, 정서, 사회성 역량 발달을 위해 활용된다. 동물은 사회적 상호작용 촉매제로써 저항감 감소를 돕는다. 치료적 과정에 동물이 포함되는 범주는 단순히 치료적 장면에 동물이 존재하기에서부터 치료적 과제의 전반적인 관여까지 다양하다. AAT 분야가 성장함에 따라 더 명확한 정의와 임상 실천을 위한 기준 설립, 그리고 연구 수행을 위한 노력이 이루어지고 있다. 오칼라건(O'Callaghan, 2008)은 AAT가 어떻게 정신건강 치료에서 사용되는지 연구했는데, AAT를 선택한 치료사로부터 10개의 주요한 목적과 7개의 주요한 기술을 보고하였다. 결과는 〈표 3-1〉에 제시하였다. 오칼라건 연구 결과는 동물을 세션에 포함시키는 놀이치료사를 대상으로 진행한 반플릿(VanFleet, 2007)의 설문조사 결과와 유사하다.

AAT는 심리학자 보리스 레빈슨(Boris Levinson; Levinson & Mallon, 1997)이 처음 사용한 이래 심리평가, 심리치료, 거주시설 치료, 교육, 가족치료 등 여러 분야에서 계속적으로 발전해 왔다. 여러 훌륭한 연구에서 AAT 실천을 위한 역사, 방법, 훈련, 적용 가능성, 윤리 가이드라인, 그리고 연구 등을 다루었다(Chandler, 2017; Fine, 2015; Parent, 2016; Parish-Plass, 2013). 말, 개, 고양이, 새, 토끼, 돼지, 저빌, 래트, 파충류, 돌고래 등 여러 다른 동물이 AAT 프로그램에 포함되었다.

모든 AAT가 동일하게 만들어지는 것은 아니며, AAT를 비판하는 사람들도 있다. 대부분의 반대는 동물의 인도주의적 처우와 준비, 동물의 참여 선택 문제, 제공되는 서비스의 품질에 관련된다. 책 전반에 걸쳐서 우리는 이러한 염려에 대해 논하고 이러한 중요한 사안에 어떻게 접근할 것인지에 대해 다룰 것이다.

AAT의 응용과 인간-동물 유대는 다양한 분야, 예를 들어 생물학, 행동학, 신경학, 동물행동학, 의학 및 수의학, 교육학, 인간 발달, 그리고 심리학 전문가들에 의해 탐구되고 연구되었다. 이러한 다양한 이론적 방법론적 지향성으로 인해 그동안 이루어진 연구 전체에 대해 평가하거나 비교, 또는 결론을 내리는 데 제한이 있다. 사실 다학제적 소통의 부재는 일부 전문가로 하여금 흔히 AAT의 효과성을 지지하지 않는 부정확한 결론에 이르게 만들었다.

〈표 3-1〉 동물이 참여하는 정신건강 치료에서 사용된 10가지 목적과 7가지 기술(O'Callaghan, 2008)

정신건강 분야 AAT 10가지 목적
1. 치료적 관계에서 라포 형성
2. 통찰 촉진
3. 내담자의 사회적 기술 강화
4. 관계 기술 강화
5. 자존감 향상
6. 특정 행동에 대한 모델링
7. 감정 나누기 격려
8. 행동적 보상 제공
9. 치료적 환경에서 신뢰감 구축
10. 치료적 환경에서 안전감 촉진
정신건강 분야 AAT 7가지 기술
1. 치료사는 내담자와 치료매개동물 사이 관계에 대해 반영하거나 언급한다.
2. 치료사는 내담자에게 동물과의 접촉과 쓰다듬기 상호작용을 격려한다.
3. 치료사는 내담자와 동물에 대한 정보를 나눈다(견종, 종).
4. 치료사는 내담자와 동물의 과거에 대한 정보를 나눈다.
5. 치료사는 내담자에게 동물 주제의 이야기와 은유를 제공한다.
6. 치료사는 직접적인 개입 없이 동물과 함께한다.
7. 치료사는 치료적 논의를 촉진할 수 있는 동물의 자발적인 관여 순간을 포착한다.

AAT의 유용성

여러 연구는 AAT가 여러 문제 영역에서 가치 있다는 것을 보여 주었다. 예를 들어, 자폐스펙트럼장애가 있는 아동(Sams, Fortney, & Willenbring, 2006), 외상 후 스트레스 장애(Altschuler, 1999; Tedeschi et al., 2015), 청소년 부적응과 부모와의 갈등(Strand, 2004), 만성 질환(Gorczyca et al., 2006), 청소년 분노조절(Hanselman, 2001), 아동의 여러 문제에 대한 효과적인 감별 진단에 도움이 되는 것(Prothmann et al., 2005)과 관련된 연구들이 있다. 동물들은 정신건강 프로그램(Carpenter, 2005; Fine, 2015; Hayden, 2005; Kruger & Serpell, 2006; Woolley, 2005), 언어치료(D. L. Adams, 1997; Macauley, 2006), 교육 및 거주시설 장면(Jalongo, 2004; Jalongo, Astorino, & Bomboy, 2004; www.greenchimneys.org)에 성공적으로 통합되었다. AAT는 청소년 교정 및 구금 시설에서도 활용되었고(Loar & Colman, 2004) 피해자를 위한 재해대응 및 재난재해 구조자를 위해서도 활용되었다(wvvw.hopeaacr.org).

AAT의 가치를 보여 주는 연구 결과의 주요한 내용은 계속 성장하고 있다(Chandler, 2017;

Fine, 2015; Nimer & Lundahl, 2007; Odendaal, 2000; Parish-Plass, 2013). 일부 연구는 방법론적 약점이 있고, 아직 더 많은 연구가 필요하다. AAT와 AAPT에 관련된 연구는 이 책 전반과 제18장에서 인용되었다. 연구와 자료에 관해서 사용된 2개의 사이트는 공개되어 있는 미국 심리학회 peer reviewed 게시판 Human Animal Interaction Bulletin(HAIB; www.apa-hai.org/human-animal-interaction/haib)과 인간-동물 유대 관련 저장 보고인 Human-Animal Bond Research Initiative(HABRI; https://habri.org)이다.

AAT 자격 인증

수많은 등록된 자격 프로그램이 이용 가능한데 대부분은 자원봉사 기반 사회 지지 프로그램에 쏠려 있다(AAT와 대조되는 Animal Assisted Activities). 잘 알려진 프로그램은 펫파트너스(www.petpartners.org), 말매개성장및학습(Equine Assisted Growth and Learning)(EAGALA; www.eagala.org), 국제치료승마협회(Professional Association of Therapeutic Horsemanship International)(PATH; www.pathintl.org)가 있다. 수십 년간 운영된 훌륭한 지역 프로그램에는 국립수도치료매개견협회(National Capital Therapy Dogs; wwvv.nctdinc.org)가 있다. 다른 나라에는 또 다른 프로그램들이 있다. AAI 관련 대학 학위와 자격 프로그램 역시 크게 증가하고 있다.

만약 당신의 동물이 치료 작업에 적합한지 확신이 없다면 치료매개동물이 아닌 동물의 자격 과정 프로그램으로 시작하면 좋다. 예로는 미국켄넬클럽(American Kennel Club: AKC)의 우수시민견프로그램(Canine Good Citizen program; http://www.akc.org/dog-oyvners/training/canine-good-citizen/about/) 및 개전문훈련사협회(Association of Professional Dog Trainers)의 클래스 프로그램(C.L.A.S.S., Canine Life and Social Skills; https://mydoghasclass.com/)이 있다. 이들은 치료매개견 자격 과정을 고려하여 만들어진 것은 아니지만 첫 시작으로 유용하다.

국제동물매개놀이치료협회(International Institute for Animal Assisted Play Therapy)는 AAPT의 핵심적인 원칙을 포함하면서 정신건강, 보건협력의료(allied health), 교육적 적용이 가능하도록 굉장히 넓은 측면에서 동물 성격을 알아보는 약간 다른 철학의 자격 과정을 사용하고 있다. 제6장~제8장에서 AAPT에 인간과 동물에게 요구되는 역량에 대해 논의할 것이다. 그리고 www.iiaapt.org에는 우리만의 고유한 자격 과정에 대한 정보가 제공되어 있다.

놀이와 놀이치료

놀이야말로 가장 높은 형태의 연구이다.

–알베르트 아인슈타인(Albert Einstein)

놀이하는 방법을 개는 아는데 어떻게 어른은 모르죠?

–발(Val), 다섯 살 소녀

인간을 포함한 많은 동물은 발달에 중요한 여러 해 동안 적극적으로 놀이하고 그 이후에는 다소 낮은 수준으로 전 생애에 걸쳐 놀이한다. 놀이 신호를 읽는 능력과 놀이를 통해 상호작용하는 능력은 때때로 종을 가로질러 나타난다(Bekoff, 2006). 플레이 보우(Play bows)[2]와 플레이 페이스(play faces)[3]는 놀이를 시작하고 유지하기 위해 "아프게 할 의도가 없다"는 신호로, 아동이 "무엇인 척하자"라는 말 이후 모든 것이 상상이고 "현실이 아니다"라고 소통하는 것과 같은 방식이다. 인간의 놀이와 동물의 놀이 사이에는 많은 유사점이 있는데, 이것이 아마도 종을 가로지르는 놀이가 가능한 이유일 것이다.

동물 놀이

놀이는 개의 실제 삶에서는 누릴 수 없는 자유를 부여한다.
그들이 그것을 즐기고 자주 하고 싶어 하는 데 의심의 여지가 없다.

–제프리 무사이프 마송(Jeffrey Moussaieff Masson), 『Dogs Never Lie About Love』

어른의 놀이는 또 다른 현실에서 나란히 나아가는 단계이다.
아이의 놀이는 새로운 숙달의 단계를 위해 발전하는 과정이다.

–에릭 에릭슨(Erik Erikson)

---

2) 역자 주: 앞다리를 구부려서 앞가슴이 땅에 닿고 엉덩이를 위로 치켜올린 몸의 모습.
3) 역자 주: 전반적으로 부드럽고 여유로운 얼굴 표정으로 입을 살짝 벌리고, 입술이 느슨하고, 입꼬리가 위로 올라가 있음.

동물의 놀이에 대한 연구는 인간 놀이에 대한 새로운 관점을 제공한다. 몇 개의 주요한 연구를 소개하겠다. 베코프와 바이어스(Bekoff & Byers, 1998)는 동물 놀이에 대한 여러 연구의 핵심을 종합하였다. 놀이 행동의 넓은 범주와 놀이의 기능은 학습을 촉진하고 인지 발달을 강화하고 반응의 대안을 늘리고, 복잡한 환경 자극을 '읽고' 반응할 수 있는 능력을 향상시키는 방편이 된다. 다시 말해 놀이는 어른이 되어 가는 준비 과정이었다. 펠레그리니와 스미스(Pellegrini & Smith, 2005)는 인간 놀이를 유인원과 비교하였는데, 물체 놀이, 사회 놀이, 환상 놀이와 같은 여러 유형에 초점을 맞췄다. 버그하르트(Burghardt, 2005)는 종을 가로질러 탐색적 놀이와 그와 유사할 수 있지만 정형화된 행동을 구분하여 놀이 행동을 정의할 수 있는 유용한 범주를 제안하였다. 비록 수년간 놀이는 오직 포유류와 새에게만 발생한다고 보았으나 버그하르트의 범주를 적용한 최근 연구에서 악어, 코모도 도마뱀, 새우, 랍스터, 거북이, 문어, 물고기, 개미, 그리고 다른 곤충에서도 잠재적인 놀이 행동이 탐색되었다. 오래도록 많은 사회에서 아이들의 '장난' 활동 정도로 취급되었던 놀이는 과거 십 수년간 극적으로 바뀌었다. 현재 놀이는 인간뿐만 아니라 다른 많은 종에서 생존을 위해 필수적인 것으로 여겨진다.

1994년 12월 내셔널지오그래픽에 다양한 야생동물의 놀이 활동을 묘사하는 사진과 함께 동물 놀이에 대한 유용한 기사가 실렸다(Brown, 1994). 정신과 의사인 브라운(Brown)은 국제놀이협회(National Institute for Play)(www.nifplay.org)와 그의 책(2009)을 통해 유용한 정보를 제공하였다.

감정 신경과학 연구 또한 놀이에 대한 우리의 이해에 기여하였다. 판크세프(Panksepp, 2005a, 2005b, 2012)의 연구는 쥐의 격렬한 몸놀이(rough and tumble)와 웃음을 통해 포유류 뇌에서 감정의 신경해부학적 그리고 신경화학적 기제를 보여 주었다. 놀이하는 동안 내인성 오피오이드 분비는 놀이 행동을 조절하는 것으로 나타났다. 시비(Siviy, 1998)는 놀이 전에 동물을 흥분시키는 도파민의 역할과 놀이가 일단 시작된 이후 그것을 조절하는 노르에피네프린과 세로토닌의 영향을 규명하였다. 펠리스 부부(Pellis, 2009)는 놀이(대부분 래트)에 대한 연구와 그것이 신경생물학적 · 발달적 · 사회적 능력에 미치는 역할에 대한 30여 년의 연구를 개괄하였다. 매코널(McConnell, 2005, 2006)은 개와 인간의 표현에 보여지는 유사성을 신경생물학적 연구에서 밝혀진 기제와 관련하여 설득력 있게 요약해 주었고 두 종 모두 높은 정서적 표현이 서로와의 상호작용, 놀이, 유대의 성향을 설명하는 것일 수 있다고 제안하였다.

개는 AAPT에 자주 관여하기 때문에 그들의 놀이 행동을 이해하고 놀이를 수용하거나 막는 적절한 결정을 내리기 위해서 놀이와 놀이가 아닌 것을 구분하는 것이 중요하다. 카우퍼

(Kaufer, 2013)는 개 놀이에 대한 매우 훌륭하고 과학적인 책을 썼고, 이 책은 영어로 번역되었다(원본은 독일어). 우리는 이 책을 개와 함께 AAPT를 하는 사람의 필독서로 본다. 말의 놀이에 대한 자료는 많이 발견하지 못했으나 심슨(Simpson, 2004)의 책에 어린 말의 놀이 행동과 훈련 도구로써 놀이를 활용하는 내용에 대한 챕터가 포함되어 있다.

결론적으로 많은 연구들이 동물의 사회적 행동과 도덕성의 진화를 탐구하였고, 협력, 연민, 용서, 협상, 그리고 공정한 놀이와 그것이 인간의 행동과 동물과의 상호작용에 가진 시사점을 살펴보았다(Allen & Bekoff, 2005; Bekoff, 2004). 다음은 일반적으로 동물 또는 아이들이 사회적 놀이를 지속하기 위해 보여 주는 '사회적 핸디캐핑(handicapping)'의 네 가지 사례이다.

키리가 어렸을 때 새로운 놀이 파트너를 세 번째로 맞이하였는데, 나이 든 보호자가 요양원에 가면서 구조된 비글이었다. 키리와 퍽시(Pugsy)는 오랜 시간 동안 몸 장난과 싸움 놀이를 열심히 즐겼다. 그 당시 키리는 퍽시에 비해 상당히 크고, 강하고, 재빨랐다. 키리는 둘이 밧줄 장난감으로 터그게임을 하는 경우 쉽게 이길 수 있었다. 그럼에도 불구하고 키리는 자주 장난감을 의도적으로 떨어뜨렸고(입에 꽉 물고 있다가, 어느 순간 입을 벌려 떨어뜨렸다), 그렇게 해서 2/3는 퍽시가 '승리'할 수 있게 하였다. 만약 키리가 퍽시의 승리를 허용하지 않았다면, 퍽시는 놀이에 금방 흥미를 잃고 그만했을 것이다. 그래서 키리는 승리를 '나누어서' 게임이 계속되게 하였다. 후에 키리가 나이가 들고 덜 재빨라졌을 때 우리는 뮤리를 가족으로 맞이했고, 키리와 거의 체격이 비슷했다. 그들 역시 놀이를 많이 하였고, 키리는 종종 바닥에 누워서 그와 함께 입으로 하는 놀이에 참여하였다. 어리고 강한 개로써 그는 키리가 퍽시에게 했던 것과 유사한 모습을 많이 보여 주었다. 이 경우 형세가 역전되었지만, 사회적 핸디캡핑(handicapping)은 놀이를 지속하는 데 필수적이었다.

아이들이 치료사와 비언어적 놀이 세션을 할 때나 부모와 부모 놀이 세션을 할 때도 비슷한 과정이 일어난다. 예를 들어, 엄마와 '가게' 놀이를 할 때 다섯 살 제시(Jesse)가 엄마가 사고자 하는 여러 물건에 거액의 돈('수억 달러')을 청구했다. 제시는 엄마가 가지고 있던 거의 모든 돈을 쓰게 만들었다. 그러다 엄마가 돈이 없는 것을 보고는 "거스름돈이에요"라며 엄마에게 한 줌의 놀이 돈을 건넸다. 그녀는 이 과정을 계속해서 반복했다. 그녀는 분명히 가게 놀이를 하고 싶었고, 엄마가 돈이 더 없으면 게임이 끝날 것이라는 것을 알았기 때문에 엄마에게 많은 돈을 주었다.

아이들끼리 야구나 소프트볼 게임을 하다 보면 규칙에 대한 다툼이 벌어진다. "걔 아웃이야!", "아니, 세이프야.", "아니, 걔는 아웃이야!" 사춘기 시절 여러 여름을 동네 친구들과 공놀이하며 말다툼을 해 봤기 때문에 잘 알고 있다. 논쟁은 격렬했지만 어떻게든 항상 해결되었다. 만약 우리

> 가 서로 계속하기로 합의하지 않았거나 폭력에 의지했다면 게임은 끝났을 것이다. 우리는 게임을 위해 '특정 상황에 대한 강한 신념'을 내려놓았다. 당시에는 몰랐지만 우리도 개나 다른 동물들처럼 사회적 협상 기술을 습득하고 있었던 것이다.
>
> 열세 살의 브라이스(Bryce)는 친구나 가족과의 게임에서 지기 시작하면 자주 '멘붕'에 빠지곤 했다. 그는 실패자라는 느낌을 견디지 못했다. 그럼에도 불구하고 치료매개견과 줄다리기 게임을 할 때는 상호작용을 계속하기 위해 줄 장난감을 쉽게 놓아 버리고 '패배'했다. 개와 놀고 싶은 그의 욕구가 지는 것에 대한 두려움보다 우선하는 것 같았다.

이 섹션에 인용된 동물 놀이에 관한 참고 문헌은 흥미롭고 생각을 자극하다. 종 간 놀이가 치료적 맥락에서 제공하는 가능성에 대한 다학제적 이해를 제공한다.

인간의 놀이

인간은 평생을 놀이하는 포유류이며,
이것이 인류가 놀라운 적응력과 성취를 이룰 수 있었던 이유이다.
–애슐리 몬터규(Ashley Montagu)

연구에 따르면 6세 어린이는 혼자서든 사회적으로든 자주 노는 것이
놀이와 장난감에 노출이 적었던 경우보다 창의력과 상상력이 더 뛰어났다.
–브라이언 서튼-스미스(Brian Sutton-Smith)

놀이는 어린이들에게 보편적이며 중요한 발달 과정을 이끄는 것으로 알려져 있다. 놀이는 두뇌의 건강한 연결을 촉진하고 지적 · 신체적 · 정서적 · 사회적 · 창의적 과정을 강화한다. 스트레스를 해소하고 문제 해결을 자극한다. 이는 부모-자녀 애착의 필수적인 특징이며 건강한 발달과 심리사회적 기능에 필수적인 요소이다. 이러한 점은 발달 및 임상 전문가들 사이에서 일반적으로 받아들여진다. 그러나 아동의 삶에서 놀이가 작용하는 메커니즘에 대해서는 알려진 바가 적고, 놀이의 가치에 대한 일반적인 주장도 아직 충분히 연구되지 않았다.

아동의 놀이를 고도로 구조화하는 현재의 경향은 자연스럽고 자발적인 놀이가 제공하는 진화적 · 사회적 · 발달적 또는 기타 목적을 저해할 수 있다(Elkind, 2007a, 2007b). 마찬가지로 일부 어린이는 전자 기기로 많은 시간을 보낸다. 앱을 사용하여 혼자 또는 사회적으로 놀기도 하고 때로는 익명으로 놀기도 하는데, 여러 차원에서 건강한 발달을 촉진하는 대면 자유 놀이가 많이 부족하다. 어린이들의 놀이는 점점 더 고립되고 제한적이며 구조화되고 있는데, 이에 대해 미국소아과학회는 부정적인 영향을 경고하는 보고서를 발표하였다(Ginsburg, 2007). 아이들의 자연스러운 자유 놀이가 소멸되고 있는 것에 대해 치료사를 포함한 많은 전문가들이 아이들의 심리사회적 안녕에 미칠 해로운 영향을 우려하고 있다.

놀이치료

아이의 삶에서 즐거운 일이든 불쾌한 일이든
모든 일이 그들의 인형에 영향을 미친다는 것을 확신한다.

–장 피아제(Jean Piaget)

놀이 기반 치료는 어린이의 발달에 가장 적합한 형태의 치료이다.

–리제 반플릿(Risë VanFleet)

놀이와 유머는 수년 동안 치료 작업에서 크게 활용되지 못했다. 생물학자와 발달심리학자들의 놀이 연구에 따르면 놀이는 유대감을 형성하고, 스트레스를 줄이며, 새로운 행동을 시도하고 위험을 감수하게 하고, 정서적 안정감을 제공하며, 다양한 각도에서 사물을 바라볼 수 있게 하고, 유연성과 창의성을 발휘할 수 있는 기회를 제공하고, 숙달할 수 있는 기회를 만들어 준다. 지난 25년 동안 전 세계적으로 아동을 대상으로 한 놀이치료의 사용은 급격히 증가했으며, 이제는 성인 내담자와의 놀이성과 유머의 중요성에 더 많은 관심을 기울이고 있다. 또한 아동 문제를 돕고 가족관계를 개선하는 데 있어 놀이치료의 가치가 입증된 연구 결과도 있다(Bratton et al., 2005; VanFleet, Ryan, & Smith, 2005).

아이들은 놀이를 통해 자신의 세계에 대해 많은 것을 표현하고 고민을 해결하기 때문에 놀이는 '어린 시절의 언어'라고도 불린다. 치료사가 놀이적인 분위기를 조성할 때 다양한 유형의 AAT 이점을 극대화할 수 있다(VanFleet & Faa-Thompson, 2012). 동물을 놀이치료에 참여시키기 위해서는 놀이치료에 대한 철저한 지식과 훈련, 경험이 있어야 하다. 놀이치료는 "아동의 의사소통, 관계 형성, 표현 및 문제 해결을 장려하는 정서적으로 안전한 치료 환경을 조성하는 수단으로 아동의 자연스러운 놀이 성향을 사용하는 광범위한 분야"로 정의된다(VanFleet, 2004, p. 5; VanFleet, Sywulak, & Sniscak, 2010, p. 11). 일반적인 오해와 달리 놀이치료는 '아동이 말을 하게 하기 위해 아동과 노는 것'이 아니다. 아이들의 놀이는 의사소통이다. 아이들은 놀이치료 중에 말을 할 수도 있고 하지 않을 수도 있지만, 항상 의사소통을 하고 있다. 윌슨과 라이언(K. Wilson & Ryan, 2005)은 건강한 아동 발달을 촉진하는 놀이치료의 역할을 다음과 같이 정의했다.

> 치료사와 아동 또는 청소년 간의 관계 경험에서 놀이는 의사소통의 주요 매개체이다. 성인 치료와 마찬가지로, 이러한 경험의 목적은 발달 과정에서 왜곡되거나 손상된 개인의 주요 관계에 변화를 가져오는 것이다. 목표는 아동을 자신의 발달 단계와 동등한 수준의 정서적 · 사회적 기능으로 이끌어 정상적인 발달이 재개되도록 하는 것이다(pp. 3-4).

놀이치료사는 임상 실습을 준비할 때 아동 발달, 가족 발달, 성격 이론, 정신병리학, 심리치료 등을 공부하며 일반적으로 정신건강 분야에서 석사 또는 박사 학위를 취득한다. 이들은 치료 세션 중 아동의 놀이 행동에 대해 무엇을 예상하고 어떻게 반응해야 하는지, 아동의 삶의 맥락에서 아동의 놀이 주제가 가진 의미를 정확하게 해석하는 방법을 알고 있어야 한다. 아동 놀이 세션에서 보여지는 트라우마 숙달 놀이와 일상생활에서 나타나는 행동 문제 감소 또는 감정 조절 개선과 같은 진전의 징후를 인식해야 한다. 또한 아동이 치료 목표를 달성하는 데 도움이 되는 놀이 기반 개입을 적용하거나 설계할 수 있는 능력이 있어야 한다.

놀이치료 접근법은 정신역동 및 인본주의에서 인지행동에 이르기까지 이론적 방향만큼이나 다양하다(예: Crenshaw & Stewart, 2015; Drewes, 2009; Gil, 2010; Guemey & Ryan, 2013; Kaduson & Schaefer, 2015; Kottman & Meany-Walen, 2016; Landreth, 2012; O'Connor, Schaefer, & Braverman, 2016; Terr, 1990; VanFleet, 2014b; Webb, 2015; K. Wilson & Ryan, 2005). 놀이치료는 흔히 비지시적 치료와 지시적 치료의 두 가지 주요 범주로 나뉘며, 그 안에 다양한 형태가 속한다. 두 가지 모두 개별 및 가족 놀이치료 접근법이 있다.

비지시적 놀이치료는 일반적으로 정서적 안전과 수용을 강조하는 치료 환경에서 아동에게 다양한 장난감이나 놀이 용품을 제공하며 엑슬린(Axline)의 여덟 가지 원칙을 따른다(Axline, 1969; VanFleet et al., 2010). 아동은 놀잇감과 활동을 선택하고, 치료사는 공감적 경청과 아동 중심의 상상 놀이를 통해 수용해 주고 구조화와 제한 설정을 통해 안전을 제공한다. 치료사는 이러한 환경에서 아동이 더 건강한 방향으로 나아갈 것임을 믿으며 아동의 리드를 따른다.

지시적 놀이치료에서 치료사는 일반적으로 아동의 특정 치료 목표를 보다 직접적으로 다루기 위해 재료나 활동을 선택한다. 모든 형태의 놀이치료에서 치료사는 아동의 필요에 계속 주의를 기울이며, 이러한 요구에 따라 치료에서 결정이 이루어지도록 한다. 놀이치료사는 유쾌하고 가벼운 접근 방식을 사용하며, 아동과의 강력한 치료적 관계가 치료적 작업을 가능하게 만드는 데 매우 중요함을 인식하고 있다.

가족 형태의 놀이치료는 지시적일 수도 있고 비지시적일 수도 있다. 부모는 정기적인 상담을 통해 놀이치료 과정에 참여하거나, 세션에 직접 참여한다(Gil, 2015). 혹은 자녀와 함께 진행하는 특별한 비지시적 놀이 세션을 배워서 부모놀이치료라는 증거 기반 접근법으로 놀이치료 과정에 참여하기도 한다(Guemey & Ryan, 2013; VanFleet, 2014b). 다양한 놀이치료 접근법이 AAPT와 어떻게 조합되는지에 대한 자세한 내용은 이 책 뒷부분에 다루었다.

양질의 놀이치료는 발달과 매우 관련이 있기 때문에(아동의 자연스러운 놀이 과정을 사용하여 건강한 방식으로 학습하고 성장하도록 지원) 공격성, 불안, 애착 문제, 우울증, 슬픔, 학대 및 방치, 외상성 사건, 자폐스펙트럼장애, 조울증, 반항성 장애 및 품행장애, 완벽주의 및 강박장애, 가족 약물 남용, 가정 폭력, 질병, 이혼, 새 가족, 위탁 가정 및 입양 등 광범위한 아동 및 가족 문제에 대해 매우 성공적인 결과를 보여 주고 있다. 미국놀이치료협회(www.a4pt.org), 영국놀이치료협회(www.bapt.info), 저자의 웹 사이트(www.risevanfleet.com) 등 많은 온라인 사이트에서 더 많은 정보를 얻을 수 있다.

청소년을 대상으로 하는 놀이치료는 일반적으로 보다 지시적인 형태를 사용하는데(Gallo-Lopez & Schaefer, 2005), 이는 전통적인 형태의 대화 치료에 대한 거부감을 줄여 주기 때문에 매우 효과적일 수 있다. 성인을 대상으로 하는 놀이치료도 매우 유용하며, 가벼운 분위기를 조성하고 유머를 사용하는 것부터 본격적인 놀이 활동까지 다양하다(Schaefer, 2003). 수년 동안 나는(리제) 성인을 포함한 모든 연령대의 가족 및 그룹 놀이치료에서 사용하기 위해 론케(Rohnke, 2004, 2009)의 아이디어를 적용했다. 또한 중견 제조업 회사에서 모든 직급의 사람들과 함께 조직 변화를 위해 놀이로 진행되는 지속적인 교육 세션을 이끌었다. 또한 지역사회 및 기업 리더들을 대상으로 이 책에 나온 주도적 게임과 놀이 기반 활동을 활용하여 리더십 프로그램을 운영하였다. 활동과의 관련성을 명확히 한다면 놀이와 유머는 분명히 그룹의 유대감, 학습, 생산성을 높일 수 있다.

놀이치료 연구

놀이치료에 대한 경험적 연구의 양과 질은 지난 20년 동안 꾸준히 빠르게 성장해 왔다. 94개의 통제된 놀이치료 연구에 대한 메타분석에 따르면 놀이치료와 부모놀이치료는 비교적 단기간에 아동 및 가족 문제를 치료하는 효과적인 방법이다(Bratton et al., 2005). 부모놀이치료는 국가 증거 기반 프로그램 및 실천 등록(www.nrepp.samhsa.gov/ProgramProftle.aspx?id=80)에 올라가 있다.

놀이치료에 대한 연구 현황을 자세히 다룬 책이 여러 권 있다(Baggerly, Ray, & Bratton, 2010; Reddy, Files-Hall, & Schaefer, 2005, 2015). 연구를 통해 전 세계 수천 명의 임상가가 발견해 온 결과가 지속적으로 확인되고 있다. 그것은 바로 치료적 개입으로서 놀이가 가지는 힘이다.

놀이치료사 자격증

미국에서 놀이치료사는 일반적으로 정신과 의사, 심리학자, 사회복지사, 상담사, 가족치료사, 학교 상담사 등과 같은 1차 정신건강 분야에서 면허를 취득한다. 등록된 놀이치료사 및 등록된 놀이치료사-슈퍼바이저는 놀이치료협회(www.a4pt.org)를 통해 2차 자격을 취득할 수 있으며, 심리치료의 하위 전문 분야에서 역량을 입증하는 자격증이다. 영국에서는 놀이치료가 독자적인 전문 분야로 부상했다. 영국놀이치료협회(www.bapt.info)는 표준화 되고 수준 높은 자격 인증 절차를 확립했다. 캐나다아동및놀이치료협회(https://cacpt.com)는 해당 국가의 표준과 인증을 확립했다. 다른 기관에서도 다양한 수준의 엄격함을 갖춘 자격증을 제공하고 있다. 또한 모래놀이(예: www.sandtraytraining.com), 놀이치료(예: www.play-therapy.com), 치료놀이(예: www.theraplay.org), 그리고 나중에 설명할 동물매개놀이치료(www.iiaapt.org)는 특정 놀이치료법에 초점을 맞춘 등록 및 인증 프로그램으로 국제적인 범위에서 운영되는 경우가 많다.

동물매개치료와 놀이치료의 통합

동물은 질문도 하지 않고 비판도 하지 않는 유쾌한 친구이다.

–조지 엘리엇(George Eliot)

AAT와 놀이치료 분야는 서로 독립적으로 발전했으며, 최근에는 두 접근법 모두 정신건강, 의료, 교육 및 기타 전문가들 사이에서 훨씬 더 큰 인정과 수용을 받고 있다. 두 접근법은 점점 더 이론에 근거를 두고 연구를 통해 뒷받침되고 있다. AAPT는 이 두 가지 방법을 통합한 것으로, 두 접근법이 상호 보완적인 효과를 낸다고 적어도 많은 내담자들에게 받아들여지고 있다. 동물매개치료사 중에는 놀이를 작업에 접목한 치료사도 있고, 동물을 작업에 도입한 놀이치료사도 있다. 그럼에도 불구하고 임상에서 동물매개치료와 놀이치료의 원리와 방법을 결합하여 사용하는 것에 대한 문헌은 거의 없다. 게다가 이 두 분야에서 모두 교육을 받은 치료사는 상대적으로 적고, 동물 행동과 관련된 분야에 교육을 받은 치료사는 훨씬 적다. 이러한 상황은 점차 변화하고 있다. 이 장의 나머지 부분에서는 AAPT에 대한 설명과 이를 이끄는 원칙, 이론적 토대, 그리고 AAPT가 다루기에 적합한 주요 목표 영역에 대해 설명한다.

AAPT의 정의는 제2장에서 설명했다. 여기에서는 이 접근법의 주요한 몇 가지 특징을 살펴보겠다:

- 치료사와 동물은 이러한 유형의 작업을 수행하도록 훈련받아야 한다.
- 치료 목표에 대한 유용성을 미리 고려하고 평가하여 개입이 체계적으로 이루어져야 한다.
- 개입의 주요 양식은 놀이이고 여기에는 종 간 놀이(cross-species play)가 포함된다.
- 생애 발달 과정에 맞게 임상적 · 발달적으로 내담자에게 유익한 개입이 이루어져야 한다.
- 포함된 동물도 작업으로부터 혜택을 받아야 한다.
- 언제나 과정에 참여하는 내담자, 치료사, 동물 모두의 관계에 초점을 맞춰야 한다.

이러한 특징 중 다수는 윤리적이고 효과적인 놀이치료뿐만 아니라 일반적인 심리치료의 초석으로 간주된다. 적합한 치료매개동물의 서비스를 추가한다고 해서 내담자의 과정(progress)과 웰빙에 대한 초점이 바뀔 필요는 없으며, 바뀌어서도 안 된다. 내담자뿐만 아니라 동물의 웰빙을 고려하는 것은 여러 가지 이유로 중요하다. 첫째, 동물이 작업을 즐기거나 혜택을 받지 못하면 스트레스를 받고 동기를 잃게 되어 치료 파트너로서의 효과가 떨어질 가능성이 높다. 둘째, 치료사가 동물을 돌보고, 상호작용하고, 옹호하는 모습은 내담자에게 중요한 역할 모델이 된다. 셋째, 치료사가 동물을 대하는 방식을 보면서 내담자는 치료사가 자신을 어떻게 대할지 판단하게 된다. 치료사는 항상 내담자뿐만 아니라 동물에게도 진정한 관심을 보이는 것이 중요하다.

AAPT 기본 원칙

인간이 아닌 동물에게 인간의 지시에 따라 작업을 수행하도록 요청할 때는 동물의 복지를 고려해야 한다. 너무 많은 치료매개동물이 주인의 인식 없이 쇠약해질 정도의 정서적 스트레스나 피로에 노출되어 있는데, 이는 동물의 복지를 무시하고 내담자에게 매우 열악한 돌봄 모델을 제시하는 것이다. 마찬가지로 치료사가 놀이치료실이나 사무실에 개를 데려오거나 내담자를 데리고 말과 함께 작업할 때는 내담자와 치료 과정에 영향을 미치는 추가적인 요인에 대해 생각해야 한다. 내담자와 동물의 신체적 · 정서적 안녕과 치료의 질을 보장하기 위해 AAPT의 실천 원칙은 다음과 같다(VanFleet, 2008; VanFleet & Faa-Thompson, 2010).

존중

AAPT는 내담자와 동물을 가능한 동등하고 호혜적으로 존중해야 한다. 인간과 비인간 동물의 요구는 똑같이 중요하다.

안전

AAPT 활동은 참여하는 모두에게 신체적 · 정서적으로 안전해야 한다. 치료사는 안전하지 않은 활동에 대해 제한을 두거나 즉시 중단해야 한다. 치료사는 세션에 참여하는 모두의 안전을 지킬 책임이 있다.

즐거움과 선택

AAPT 세션은 내담자뿐만 아니라 동물에게도 즐겁고 유쾌해야 한다. 내담자와 동물은 참여하지 않을 선택권이 있다(즉, 원하면 활동을 거부할 수 있음). 피곤하거나 지루한 개는 누워 있어도 된다. 아동은 개 없이 놀이할 수 있다. 말은 산책하거나 풀을 뜯을 수 있다. 성인 내담자는 곁에 동물이 없더라도 걱정을 논의할 수 있다. 내담자와 동물의 결정은 안전이 보장되는 범위 내에서 존중된다. 치료사는 이러한 선택에 관계없이 치료적 가치를 보장하기 위해 세션을 진행한다.

수용

AAPT에서 치료사는 내담자와 동물을 있는 그대로 받아들여야 한다. 치료사는 내담자의 욕구, 감정, 과정을 다른 방향이나 더 빠른 속도로 밀어붙이지 않고 그대로 받아들이고 함께 작업한다. 마찬가지로 치료사는 동물의 특성 자체도 온전하게 수용해야 한다. 예를 들어, AAPT에서 치료매개견은 개체별 개성과 관심사가 부정될 정도로 복종하거나 통제를 당해서는 안 된다. 치료사는 동물이 작업에 대비하고 행동을 조절할 수 있도록 준비시켜야 하지만, 동물의 본질적인 성격과 개성을 포기하게끔 과도하게 훈련하거나 준비시켜서는 안 된다. 어떤 개는 비지시적 AAPT에 더 적합한 반면 어떤 개는 지시적 AAPT에 더 적합하다. 치료사는 이를 고려하여 거기에 맞게 행동해야 한다. 수용 원칙은 AAPT에 관련된 다른 종에게도 동일하게 적용된다.

훈련

치료사는 긍정적인 보상, 놀이, 관계 기반 방법을 사용하여 치료매개동물을 훈련시킨다. 혐오스러운 장비나 절차, 신체적 교정, 강압적인 동물 제압은 훈련이나 치료 세션뿐만 아니라 동물의 삶에서도 사라져야 한다. 이 원칙은 동물과 내담자 모두의 복지를 위한 것이다.

관계

AAPT 과정은 통제가 아닌 관계에 중점을 둔다. 동물이 내담자에게 예의 바르고 정중하게 행동하는 법을 배우는 것처럼, 내담자도 동물에게 관용과 존중을 베풀어야 한다. 치료사는 내담자가 동물과 건강한 관계를 발전시키면서 동물의 감정을 인식하고 반응할 수 있도록 도와야 한다. 동물과의 모든 상호작용은 인도적이고 공감적이고 건강한 인간관계 개발과 동일한 원칙을 따른다. AAPT에서는 상호작용에 필수적인 놀이적 특성 덕분에 이러한 일이 쉽게 일어날 수 있다.

권한 부여

AAPT는 임파워먼트(empowerment) 모델이다. 이 모델은 성장과 독립성, 역량과 자신감의 구축을 장려한다. 치료사는 치료 과정의 각 단계에서 내담자를 참여시키고 내담자의 의견을 구하면서 임파워먼트를 실천한다. 내담자는 치료사의 도움을 받아 목표를 달성하는 데 필요한 지식과 기술을 쌓아 간다. AAPT에서 작업하는 동물도 마찬가지이다.

프로세스

AAPT는 과정 중심의 치료 형태이다. 동물에게 새로운 것을 가르치는 것과 같은 특정 과제나 목표에 초점을 맞출 수 있지만, 단일 결과를 달성하는 것보다 도달하는 과정이 훨씬 더 중요하게 여겨진다. 치료사는 내담자가 어려움을 극복하거나 새로운 기술을 개발하도록 돕는 과정을 촉진하고 활용하는 방법을 알고 있어야 한다. 예상치 못한 사건이 세션 안에 짜임새 있게 녹아들게 해서 내담자와 동물의 요구가 충족될 수 있도록 한다.

기초

AAPT는 생애주기 발달, 임상 개입, 놀이치료, 윤리적 실천, 인도적 동물 처치 측면에서 잘 정립된 이론과 실천에 기반을 두고 있다. 실무자는 자신의 훈련과 전문성 범위 내에서 활동하며, 필요한 경우 슈퍼비전, 사례 상담, 전문가 지도를 받는다. 연구 자료가 있으면 참고하고, 연구할 수 있다면 연구에 기여해야 한다. 윤리적이고 수준 높은 임상 현장의 토대는 항상 동물에 대한 윤리적이고 인도주의적인 대우와 맞닿아 있다.

이러한 기초와 기타 AAPT 원칙을 준수하는 것은 치료 과정에 참여하는 각 내담자와 각 동물에 대해 긍정적이고 관계 지향적인 모범 사례 접근 방식을 보장한다. 이러한 원칙은

AAPT의 계획, 실행 및 처리와 같은 모든 측면에서 AAPT 실무자를 안내한다. 의구심이 생길 때 치료사는 이 원칙에 기반한다.

AAPT의 심리치료 이론

수준 높은 치료 실천은 가치, 원칙 및 이론에 기반을 두고 있다. 이론은 정신건강, 작업치료, 물리치료, 언어/청각치료, 교육 및 학습 등과 같은 실천 분야에 따라 다르다. 각 분야 내에서도 다양한 이론이 존재할 수 있다. 실무자는 어떤 형태의 치료나 개입을 수행할 때 이론적 토대와 방향에 대해 생각해 보는 것이 유용하다. 이러한 기초와 이론적 틀은 치료 결정을 내리는 데 매우 중요하다.

최근에는 임상 실습을 안내하기 위해 여러 이론을 사용하는 것이 더 많이 받아들여지고 있다. 다학제적 프레임워크를 취하는 실무자는 일반적으로 자신의 분야를 구성하는 여러 분야의 이론과 방법을 사용한다. 예를 들어, AAPT에서는 개를 훈련할 때 행동주의를 사용하면서 내담자에게 인본주의 또는 내담자 중심 접근법을 사용할 수 있다. 혹은 절충주의자로서 여러 가지 다양한 출처에서 접근 방식을 도출할 수 있다. 절충적 접근법을 사용하는 치료사는 여러 가지 이유로 내담자마다 다른 시기에 다른 접근법을 사용하는 경우가 많다. 어떤 경우에는 통합적 접근법을 채택하기도 한다. 통합적 접근법은 서로 다른 이론을 하나의 통합된 전체로 통합하는 것이다. 서로 다른 이론의 특징을 통합하여 사고와 개입을 안내하는 일관된 접근 방식으로 결합한다. 실무자가 다양한 이론의 측면을 선택하거나 혼합하는 방식에 관계없이, 이러한 기반을 바탕으로 다양한 문제와 상황에 접근하는 방법에 대한 의미를 이해하는 것이 중요하다.

AAPT의 핵심은 관계에 관한 것이다. 관계는 모든 작업의 맥락을 제공하며, 여기에는 치료사와 동물, 내담자와 동물, 치료사와 내담자, 내담자와 가족, 친구 및 지원 시스템과의 관계가 포함된다. 또한 발달 및 심리교육적 접근 방식이기도 하다. 변화는 전 생애에 걸쳐 일어나며, 적절한 동물과 함께 숙련된 AAPT의 행동은 삶의 모든 단계에 영향을 미칠 수 있다. 심리교육 모델은 사람들이 성장하고 보다 만족스러운 삶을 사는 데 필요한 지식, 기술 및 응용에 중점을 둔다. 일반적으로 치료의 초점은 현재에서 미래로 향하지만, 중요하고 영향력 있는 과거 경험도 무시하지 않는다.

이론적 토대 측면에서 AAPT는 놀이치료와 유사하다. 거의 모든 주요 심리치료 이론에서 파생된 놀이치료의 형태가 있을 뿐만 아니라 다학제적이고 절충적이며 통합적인 방식으로 접근하는 방법도 있다. 놀이치료는 종종 비지시적, 지시적, 가족이라는 광범위한 범주에서 논의되지만, 놀이치료에 기여하는 근본적인 원리와 이론의 관점에서 생각하는 것이 더 정확하고 유용할 수 있다. 이론에 관계없이 놀이치료의 통합적인 요소는 관계를 발전시키고 치료 목표를 달성하는 데 놀이와 놀이성을 사용한다는 것이다. 이는 동물 참여에 대한 책임감과 마찬가지로 AAPT에 적용되는 요소이다.

AAPT 원칙을 따르는 한, AAPT는 단일 심리치료 이론뿐만 아니라 보다 통합적인 틀에서도 접근할 수 있다. AAPT 상담사가 활용하는 주요 성격 이론은 다음과 같다:

- 정신역동
- 인본주의
- 게슈탈트
- 대인관계 심리학
- 행동주의
- 사회학습
- 인지
- 가족/관계 심리학/시스템
- 커뮤니티 심리학

그 외에도 다음에서 중요하고 광범위한 영향을 받는다:

- 전 생애 발달/애착 이론/생태학적 시스템
- 동물행동학/동물학
- 사회학/인류학
- 정서 신경과학

이러한 모든 이론과 연구 분야는 AAPT에 중요한 기여를 하고 있으며, 각 이론과 연구 분야는 AAPT에서 일어나는 작업을 바라보는 서로 다른 관점을 제공한다. 핵심은 치료사가 자신의 이론적 토대와 그것이 내담자, 치료 관계, 치료 과정 자체에 의미하는 바를 이해하는 것이다. AAPT 자체뿐만 아니라 치료적 변화 과정에 접근하는 근본적인 방법에 대한 이론적 토대와 핵심 원칙을 재검토하는 것은 AAPT의 전문성 개발의 일부이다.

AAPT의 목표 영역

AAPT로 쉽게 다룰 수 있는 다섯 가지 주요 목표 영역이 있으며, 여러 영역을 동시에 다룰 수 있다(VanFleet & Faa-Thompson, 2010). 이에 대해서는 다음에 설명되어 있다. 각 목표 영역에 AAPT를 적용하는 방법은 제13장 후반부에 보다 자세히 설명하였다.

자기효능감

AAPT는 내담자가 자신을 보호하고 자신의 안전을 보장하는 능력을 포함하여 자신의 역량을 개발하는 데 도움이 되는 많은 기회를 제공한다. 내담자는 동물복지, 동물 대하기, 긍정강화 기반 훈련의 활용에 대한 역량을 개발할 수 있다. 예를 들어, 내담자는 동물을 안전하게 만나고 인사하는 방법, 신체 언어를 읽고 반응하는 방법, 동물에게 새로운 것을 가르치기 위해 긍정강화를 사용하는 방법 등을 배울 수 있다. 새로운 지식과 기술을 배우면 내담자는 합리적인 위험을 감수하면서 학습을 더욱 확장할 수 있다. 동물과의 상호작용을 통해 그들의 행동이 결과를 가져온다는 것을 알고 역량과 자신감을 키울 수 있다. 더불어 이 과정이 순탄치 않으며, 그 과정에 좌절과 도전이 있다는 것을 이해한다. 치료사의 지원과 동물과의 유쾌한 관계 속에서 이러한 도전에 직면하면 자기효능감과 만족스러운 성취감을 느낄 수 있다.

애착과 관계

AAPT에서 동물과의 상호작용을 통해 내담자는 더 건강한 관계 패턴에 대해 배울 수 있다. 심각한 애착 문제가 있는 사람들은 동물로부터 돌봄을 경험할 수 있으며, 이는 보다 안전한 애착을 향한 초기 단계가 된다. 치료사는 내담자가 관계에서 호혜적이라는 것이 무엇을 의미하는지, 언제 어떻게 신뢰해야 하는지, 자신의 욕구를 충족시키면서 다른 사람의 욕구에 적응하는 방법을 익힐 수 있도록 돕는다. 치료매개동물과의 더 건강하고 만족스러운 관계에 대해 알아가면서 내담자는 인간과의 더 건강하고 만족스러운 관계가 어떤 모습과 느낌을 주는지에 대해서도 배우게 된다.

공감

AAPT는 내담자가 다른 사람, 동물, 인간 모두에게 더 공감할 수 있도록 도울 수 있는 잠재력을 가지고 있다. 스트레스 신호와 신체 신호를 인식하는 방법과 그것을 바탕으로 동물의 감정을 배우게 된다. 동물이 편안함을 느낄 수 있도록 자신의 행동을 조절하는 법을 배운다. 동물의 눈으로 세상을 보고 적절하게 반응하는 능력은 이전의 삶의 경험에서 억눌렸던 공감 능력을 활성화시킨다. 놀이성은 방어성을 줄이고 감정과 선호도 및 관심사를 가진 다른 존재와의 관계 경험에 대한 개방성을 가지도록 돕는다. 내담자는 먼저 동물과 공감하는 법을 배우고 나중에 이를 인간을 향한 공감으로 확장하는 방법을 배운다.

자기 조절

자신의 감정과 행동을 조절하는 방법을 배우는 것은 많은 내담자에게 어려운 과제이다. 동물과의 상호작용을 통해 자신의 반응에 대한 통찰력을 얻고 좌절, 불안 또는 괴로움을 주는 상황에 대한 대처 기술을 향상시킬 수 있다. 동물이 무언가를 싫어할 때 어떤 선택을 하는지를 관찰하는 것도 유익할 수 있다. 차분하고 참을성 있는 태도로 치료매개동물과 함께 있으면 치료매개동물뿐만 아니라 내담자에게도 도움이 된다. 자극적인 게임을 한 후 조용한 시간을 갖는 것은 내담자가 자기 조절과 관련된 내적 반응과 외적 행동에 대해 생각해 보는 데 도움이 된다. 자신의 유쾌한 자아에 접근하는 법을 배우면 어려움에 직면했을 때 필요한 회복력을 얻을 수 있다. 이러한 모든 것들이 내담자의 자기 조절 능력을 향상시키는 데 기여한다.

구체적인 문제 해결

AAPT는 내담자가 보다 구체적인 문제에 직면하고 해결하는 데에도 창의적으로 사용될 수 있다. AAPT는 내담자 중심 접근 방식을 통해 수용을 전달하고 내담자의 선택을 중요하게 고려하는 개입을 제공함으로써 내담자가 다양한 문제에 대한 해결책을 모색해 볼 수 있다. 내담자가 사회적 어려움을 겪는 경우 동물과 소통하는 방법을 배우는 것이 인간과 더 나은 소통의 시작이 될 수 있다. 내담자와 비슷한 문제를 가진 동물을 돕는 것은 사람이 시도해 볼 수 있는 새로운 통찰과 아이디어를 얻게 도와준다. AAPT는 동물에 대한 두려움 극복, 주의력 향상, 불안감 감소, 도움 요청, 동물 학대 근절 등과 같은 구체적인 문제를 해결하는 데 도움을 준다.

내담자는 여러 가지 어려움과 다양한 목표를 가지고 찾아온다. AAPT는 이러한 여러 가지 문제를 해결하는 데 도움이 될 수 있지만, 반드시 독립적인 형태의 치료일 필요는 없다. AAPT는 매우 쉽게 개인 및 가족치료와 통합할 수 있다. 종종 AAPT 개입은 10분에서 20분 정도로 세션의 일부분에 제공될 수 있으므로 다른 개입을 적용할 수 있는 충분한 시간이 있다. 여기서 핵심은 내담자의 목표와 이를 달성하는 데 효과적인 치료법을 이해하는 치료사의 능력과 AAPT와 함께 사용되는 다른 형태의 치료 원칙과 방법에 유기적으로 적용하는 것이다.

개와 말

인간은 개의 소망(Dog Wish)이라고 하는 것에 시달린다.
이것은 개처럼 행복하고 걱정 없이 살고 싶은 별나고 복잡한 강박이다.
–제임스 서버(James Thurber), 『And So to Medve』

AAPT에는 이 일에 적합하다고 볼 수 있는 종에 한하여 여러 종이 포함될 수 있다. 지금까지 AAPT 임상가들은 고양이, 염소, 토끼, 돼지, 소, 래트, 기니피그, 그리고 다른 동물들과 활동을 해 왔는데 그중에서 가장 일반적인 동물은 개와 말이다. 각각의 종은 고유한 특성과 AAPT에 유용한 특징을 가졌으며 이 책에 설명된 적합성과 동물복지 그리고 개별적인 성격 특성이 모두에게 고려되어야 한다.

다양한 동물들이 AAPT에서 가질 수 있는 잠재적인 가치를 탐색하는 것은 이 책에서 다룰 수 있는 범주를 훨씬 넘어서는 것이다. 그래서 이 책에서는 동물매개중재에 가장 적합하다고 보여지는 개와 말에 초점을 맞출 것이다. 놀이치료에서 개와 말에 대한 설명이 단지 두 종에 대한 생각, 논의, 발전, 연구 등에만 그치지 않고, 이런 종류의 활동에 적합할 수 있는 다양한 종에 확장되기를 바란다. 여기서 다루어진 여러 고려 사항과 아이디어는 이 분야의 세심한 평가와 지속적인 발전을 이끌어 나가는 데 기여할 것이다.

태생적인 놀이치료사: 개의 사례

나는 결코 개들을 당연하게 여길 수 없었다……. 결국 그들은 단지 동물일 뿐이었고,

그들의 주된 관심사는 음식과 보호를 찾는 것이었다.

그렇지만 그들은 무한한 애정과 충성심을 쏟아냈다.

–제임스 헤리엇(James Herriot), 『James Herriot's Dog Stories』

사람과 개의 유대가 가진 고유한 특성에 대해서는 여러 곳에서 설명되었다(Hart, 1995; McConnell & Fine, 2015; Serpell, 2017). 개는 놀이치료에 포함되기에 매우 적합한 특성을 가지고 있다. 이 때문에 종종 개들은 태생적인 놀이치료사로 보여진다. AAPT에 개들이 최적일 수 있는 구체적인 요인은 다음과 같다.

첫째, 문화권과 나이에 상관없이 많은 사람들이 개에게 끌리고 그들과 상호작용하기를 즐긴다. 예를 들어, 공원이나 공공장소에서 아이들이 개를 만나면 쳐다보고, 가리키고, 다가가고, 대화하고자 시도한다. 다음에 사례를 소개한다.

> 키리가 나와 함께 일하기 시작한 지 얼마 안 되었을 때, 나는 정신건강 전문가들을 대상으로 하는 AAPT 워크숍을 위해 뉴욕시 근처에 있는 북적이는 호텔에 키리와 동반 참석하였다. 호텔에는 워크숍 참석자뿐만 아니라 많은 외국인 가족과 여행객이 있었다. 내가 키리와 로비를 걸어갈 때 로비 한쪽에 두 소녀가 공중전화를 사용하는 엄마를 기다리고 있었다. 그들은 키리를 보자마자 웃으며 손짓하고 내가 알아들을 수 없는 외국어로 감탄사를 연발하였다. 나는 아이들을 향해 미소 지었고, 그들이나 통화 중인 엄마를 놀래키고 싶지 않아서 다가가지 않았다. 아이들은 계속해서 개를 불렀고 나는 친절하게 손을 흔들어 주며 계속 걸어갔다. 그때 내가 분명히 이해할 수 있는 언어로 바뀌었다. 바로 개들의 하울링 소리였다. 소녀들의 "아우, 아우" 소리는 로비에 울려 퍼졌고, 그들은 즐겁게 웃으며 문 뒤로 사라지는 키리와 나에게 손을 흔들어 주었다.

놀이는 종종 아이들에게 만국공통어로 불리지만 이 사례는 많은 아이들에게 '개'가 또 다른 만국공통어가 될 수 있음을 보여 준다. 잘롱고(Jalongo, 2004)는 아이들을 사로잡는 데 동물의 포함이 얼마나 중요한지를 언급하고 있다. "반려동물은 어떤 이유에서건 아이들에게 중요한 존재이기 때문에 훌륭한 교육자이다(p. 17)." 아이들을 발달적으로 치료적으로 돕는 정신건강 전문가에게도 동일하게 적용된다고 볼 수 있다.

어른 역시 동물에게 끌린다. 사람들은 우리가 동물과 함께 일한다는 것을 알게 되면 즉시 자신의 반려동물에 대한 이야기를 나누기 시작하는데 비행기나 상점에서 처음 만난 낯선 사람들도 그러하다. 반려동물과 함께 공공장소에 외출하게 되면 종종 사람들은 우리에게 개에 대해 물어보고 그들을 쓰다듬어 준다. 최근 나는 뮤리와 함께 매우 큰 펫 친화적인 빌딩에 있는 상점에 가게 되었다. 매우 많은 사람이 있었고 대부분 어른이었음에도 뮤리와 상호작용하고 싶어 해서 결국 나는 사려고 했던 물건을 사지 못했다. 올머트(Olmert, 2009)는 동물을 보거나 만질 때 분비되는 옥시토신 효과가 이러한 이끌림의 배경이라고 설명한다.

둘째, 대부분의 개는 놀이를 좋아하는데 평생 그런 상태를 유지한다. 놀이성은 개체 차이가 있지만 북돋우는 분위기라면 대게 일반적인 특성이다. 개는 다른 개들과 놀고자 하고 종종 다른 종과도 쉽게 놀고자 하는데, 특히 아이들이 해당된다. 아이와 개가 만나면 그들은 바로 놀이 차원에서 연결된다. 많은 개들의 이런 놀이성이 AAPT에 자연스럽게 스며든다. 아이들과 개들은 모두 놀이하고 싶은 욕구를 얼굴과 자세로 드러내게 되는데 치료사는 그들이 서로의 신호를 이해할 수 있도록 돕고 서로가 안전하게 놀이할 수 있도록 돕는다. 이러한 놀이에 대한 욕구가 놀이치료에 적합한 개의 자격 인증에 핵심이 된다.

> 여덟 살 바비(Bobby)는 놀이치료를 받으러 왔는데 거의 웃지 않았다. 그는 학교 불안과 친구들 사이에서 위축 문제로 의뢰되었다. 그는 괴롭힘의 대상이었고 전형적으로 진지하고 소심했다. 그는 키리와 공놀이하는 방법을 배웠고 키리는 종종 공을 물고 그의 발 앞에 떨어뜨리거나 공을 던져달라고 팔을 툭툭 치기도 했다. 바비는 크게 웃으며 개와의 놀이에 참여했다. 그는 키리가 자신과 놀고자 하는 모습에 크게 기뻐했는데 이는 친구들 사이에서 결핍된 느낌이었다. 그의 자신감은 높아졌고 편안해지고 놀이를 즐길 수 있게 되었으며 놀이치료의 속도도 빨라졌다. 교사의 보고에 따르면 학급에서도 말을 하기 시작했는데 키리와 상호작용했던 이야기였고(치료에 대한 언급 없이) 친구들도 호응적이었다. 그는 자의식을 내려놓고 보다 쉽게 친구를 사귀기 시작했다.

"나이가 들면 진지해진다"는 옛말처럼 안타깝게도 많은 어른들이 그러하다. 어른들은 놀이성과 유머에 수반되는 유연성과 창조성을 잃어버리는 것 같다. 동물매개놀이치료에서 놀이를 좋아하는 개, 특히 사람들과 놀이를 기대하고 시작하는 개는 내담자가 유머와 놀이성에 다시 접촉할 수 있게 도와준다. 이후 치료사는 그들의 이런 경험이 어떻게 문제를 해결하고 삶의 힘을 회복하게 하는지 알 수 있도록 돕는다.

셋째, 개들은 사람과의 관계에서 수용적이고 비판단적이다. 그들은 내담자의 외모, 옷, 기분, 행동에 관계없이 애정을 보여 주고 상호작용하기를 원한다. 그들은 사람의 행동에 매우 인내심을 보여 주지만, 매체에서 이것을 '무조건적'이라고 말하는 것은 정확한 표현이 아니다. 개들도 사람과 마찬가지로 조건이 있다. 만약 그들이 놀라고 학대받는다면 그들에게 불친절했던 사람들을 피할 것이다. 그들에게 좋으냐 나쁘냐로 우리를 판단하는 것이 아니라 함께 있을 때 그들이 어떤 느낌인지가 중요하며 우리가 안 좋은 날을 보내더라도 그들은 우리와 함께 있는 것을 즐기고 원한다.

내담자는 개가 자신을 좋아한다는 것을 느끼며, 이것이 치료 환경에서 잠재적 해방 효과를 준다. 놀이치료사는 다양한 놀이치료 형태에서 아동에게 수용감을 주고자 하는데 개는 치료 회기에서 비판단적인 분위기를 조성하는 데 기여한다. 정서적 안전감의 강화 덕분에 내담자는 회기 안에서 치료적 작업을 하는 데 도움을 받는다. 이번 회기와 다음 회기가 어떻든 간에 개는 매번 내담자와 함께하는 것을 좋아하고 내담자는 그들과 진정한 관계를 맺는 느낌을 가진다.

> 자의식이 강한 열두 살 마리안느(Marianne)는 치료사인 나에게 말했다. "키리는 그저 저를 좋아해요. 키리는 우리 할머니 같아요. 둘 다 내가 무슨 말을 하든 무엇을 하든 그냥 좋아해요. 모든 사람이 키리나 우리 할머니처럼 나에게 그랬으면 좋겠어요."

넷째, 개는 공감해 준다. 인간과 같은 방식으로 개가 공감을 할 수 있는지에 대한 연구는 계속 진행 중에 있지만 그들은 분명 사람의 신체 신호와 목소리 톤을 읽고 사람의 기분과 반응의 차이점을 인식한다. 많은 개들은 내담자의 기분에 맞추고자 그들의 행동을 조율한다. 내담자가 슬퍼하면 좀 더 조용해지고 내담자가 화가 나면 뒤로 물러서 있고 내담자가 준비되었다고 보여지면 놀이에 초대한다. 누군가는 이러한 행동이 개의 공감이라고 보고 누군가는 작업 동기라고 보는데, 핵심은 아이와 어른 내담자를 포함한 대부분의 사람들이 이것을 공감이라고 믿는다. 진짜 같이 느껴지고 이는 강한 치료적 효과를 얻기에 충분하다.

> 수년 전 18세 내담자 캐런(Karen)은 케이스혼드(Keeshond)[1] 견종인 나의 개 메이셰(Meisje)를 함께 방에 있게 해달라고 요청했다. 메이셰는 항상 그녀의 발 옆에 앉거나 엎드렸다. 캐런이 힘든 이야기를 하며 울 때면 메이셰는 일어나서 그녀의 무릎에 자신의 얼굴을 올려놓고 그녀의 얼굴을 바라보았다. 그녀가 메이셰를 쓰다듬기 위해 몸을 굽히면 때때로 메이셰가 그녀의 팔이나 얼굴을 핥았다. 이런 상황에서 캐런은 그녀의 걱정을 계속 이야기했고 그녀는 "메이셰 덕분에 계속 할 수 있는 힘을 얻어요. 마치 메이셰가 나를 보호해 주는 것 같아요."라고 말했다. 메이셰의 행동은

---

1) 역자 주: 네덜란드 개로 중형견 사이즈에 털이 풍성한 스피츠 혈통의 견종을 말함.

진정 신호(calming signal)로 그 상황을 보다 좋게 하려는 시도였지만 내담자는 그것을 개의 공감 행동으로 믿었고 캐런은 메이셰가 그렇게 할 때면 더 안전감을 느꼈다.

다섯째, 개는 신체 접촉을 즐긴다. 개들은 놀든 쉬든 마치 아이들처럼 종종 같이 사는 사람과 신체적 접촉을 추구한다. 사람들에게 접촉은 힐링에 중요한 요소이며 개는 AAPT 동안에 안전하게 접촉할 수 있는 매개체가 되어 준다. 이러한 신체 접촉은 학대 경험을 가진 내담자가 안전하고 건강한 접촉을 직접적으로 배워 나갈 수 있도록 돕는다. 그리고 내담자와 개 모두에게 진정 효과를 가져온다.

AAPT에서 나랑 같이 활동했던 비글 자겐(Jagen)은 신체 접촉을 정말 좋아했다. 동배인 코키(Corky)와 자겐은 자주 다리, 머리, 목, 꼬리가 여러 가지 방식으로 뒤엉킨 채 복잡한 형태의 '강아지 산'을 만들어 자곤 했다. 특히, 자겐은 더위에 상관없이 사람들 옆에 붙어 있는 걸 좋아했다. 때로는 사람의 다리나 팔에 기대서 잠이 들곤 했다. 놀이치료 회기 후에 네 살 커트(Curt)는 자겐을 쓰다듬고 싶다고 요청했다. 그의 엄마와 나는 동의했다. 커트는 바닥에 아빠 다리를 하고 앉았다. 밥을 먹은지 얼마 안 되어서 졸렸던 자겐은 그의 허벅지에 기대어 금세 잠이 들었다. 커트는 그의 엄마와 내가 다음 회기를 잡는 동안 자겐의 몸을 조용히 쓰다듬어 주었고, 자겐의 매우 부드러운 귀를 만져 주었다. 그의 엄마는 커트가 잠잘 때를 제외하고 이렇게 조용하게 있는 모습은 본 적이 없다고 했다. 커트는 스스로를 진정시키는 데 어려움이 있었는데 자겐과 신체 접촉을 하면서 그 방법을 알게 되었다.

여섯째, 개는 과잉행동, 잘못된 행동, 불안, 수줍음, 충동조절의 어려움 등 내담자와 유사한 행동이나 사회적 문제를 나타내는 경우가 많다. 이러한 유사성은 내담자가 개를 '도우며' 스스로를 돕도록 장려할 수 있다. 구조된 개는 일부 어린이와 마찬가지로 트라우마를 경험했을 수 있으며, 이를 통해 아동은 유사한 과거 경험의 공유로 개와 빠르게 연결될 수 있다. 이는 성인에게도 해당된다. 내담자는 자신의 감정과 딜레마를 개에게 투사할 수 있으며, 치료사의 역할은 내담자가 이를 보다 명료하게 하고 해결할 수 있도록 돕는 것이다.

열세 살 조던(Jordan)은 키리가 보호소와 목양견 구조 센터에 있었다는 사실을 알게 되자 여러 가정집을 전전한 자신의 경험과 비슷하다고 느꼈고 키리에 대한 모든 세부 사항에 바로 관심을 보였다. AAPT에서 키리와 상호작용하는 동안 그는 자신과 키리가 비슷한 문제를 가지고 있다고 설명했다. 구체적으로 반항적인 행동("우리 둘 다 고집이 세"), 트라우마 반응("키리는 더 이상 아무도 자신을 건드리지 않길 원해"), 그리고 애착 문제("입양돼서 정말 운이 좋았어") 등을 언급했다.

마찬가지로, 전남편의 불륜으로 인해 매우 배신감을 느낀 45세의 에바(Ava)는 뮤리를 '충실한 개'로 보았다. 그녀는 뮤리가 발밑에 누워 있을 때 여러 번 직접적으로 "뮤리, 너는 정말 진실한 친구야, 그렇지? 그런 바람둥이가 아니야. 더 이상 남자는 필요 없어, 나도 너와 같은 개를 찾을 거야!"라고 말했다. 에바는 뮤리의 부분적인 남성적 특성을 기반으로 반응했지만, 남편을 보던 시선과는 달리 더 긍정적인 특성을 뮤리에게 투영했다. 나는(리제) 뮤리가 있는 상황에서 더 쉽게 표현되는 그러한 감정을 프로세싱할 수 있도록 도왔다. 후속 회기에서 에바는 뮤리의 연약함에 대해 언급했다. 이번에도 뮤리는 그녀의 발에 머리를 얹고 자고 있었다. 에바는 애정 어린 눈길로 뮤리를 바라보며 "너는 순수하고 신뢰할 수 있어. 그렇지? 마치 내가 그랬던 것처럼. 지금은 나의 그런 부분을 잃어버린 것 같고 다시는 찾을 수 없을 것 같아."라고 말했다. 에바는 뮤리에 대한 자신의 인식을 통해 자신의 감정과 연결되면서, 자신의 상실에 대해 더 직접적으로 슬퍼할 수 있었다.

일곱째, 개는 훈련이 잘되고 적응력이 뛰어나다. 개는 반복과 적절한 보상을 통해 기쁨을 느끼고 배움에 열정적이다. 이것이 그들로 하여금 AAPT를 수행하는 데 있어서 유연하게 과업을 수행하게 한다. 그들은 새로운 게임과 행동을 배우는 것을 좋아하며, 이 과정에 내담자가 참여하여 그들을 가르칠 수 있고, 이는 내담자의 능력과 자신감을 향상시킬 수 있다. 사회성이 좋은 개는 새로운 내담자와 상황에 보다 쉽게 적응한다.

취학 전 아동이 나를 도와 메이셔에게 악수하기 훈련을 가르쳤는데, 그런 식으로 영향을 미칠 수 있다는 것에 신나 했다. 그녀는 부모님께 성취한 것을 바로 보여 주고 싶어 했다. 그녀는 부모 앞에서 개에게 악수하기 신호를 보낸 뒤 멋지게 악수를 보여 주었고, 바로 개를 칭찬해 주었다.

여덟째, 개들은 상당히 활동적이다. 활동성은 개들 사이에 큰 차이가 있지만, 활동적인 개들은 운동 발달, 체중 감소, 신체 재활, 신체 능력 발달에 잠재적 이점을 제공하는 활기찬 AAPT에 참여할 수 있다. 이는 활동적인 내담자, 다른 유형의 놀이치료에 저항하는 내담자, 충동 조절 또는 자기 조절이 필요한 내담자와 작업할 때도 유용하다.

줄리아(Julia)가 일곱 살이 되었을 때, 그녀는 상당히 과체중이었다. 그녀는 부모님이 권장하는 운동을 거부했지만, 치료매개견과 함께 산책을 하거나 가벼운 활동 게임을 즐기는 것에는 열심히 참여했다. 줄리아는 움직임의 불편함보다 개와 함께하는 활동의 즐거움에 더 집중했다.

마찬가지로, 33세의 재니스(Janice)는 첫 마라톤을 준비하던 중 음주 운전자에 의해 사고를 당해 양쪽 다리에 심한 부상을 입었다. 초기 의료 처치가 완료된 후, 그녀는 매일 물리치료(PT)를 받아야 했다. 그녀는 심리적으로 취약한 상태였고 물리치료 회기 동안 상당히 저항적이었다. 물리치료사가 재니스를 부드럽게 독려할 때마다 재니스는 울기 시작했다. 매번 그녀는 더 나아가기를 거부하고 치료사에게 좌절감을 표출했다. 몇 주 동안 진전이 거의 없어서, 물리치료에 활기차고 잘 훈련된 치료매개견을 투입했다. 재니스의 치료사는 재니스와 개가 함께하는 단계적 도전 과제를 마련했다. 재니스는 개와 함께 강화 및 지구력 운동을 하면서 태도가 상당히 개선되었다.

아홉째, 개들은 지금-여기에 집중한다. 그들은 현재 순간에 살며, 놀이할 때도 마찬가지이다. 이는 과거나 미래에 대해 많은 걱정을 하며 불안으로 인해 충분히 놀지 못하거나 현재에 더 집중이 필요한 내담자에게 도움이 될 수 있다. 내담자가 개와 함께 흥미로운 놀이 활동에 참여하면서 현재에 더 집중하는 법을 배우고 불안으로부터 안정되는 경험을 할 수 있다.

열한 살 클라리사(Clarissa)는 키리와 놀이하면서 그 전 날 학교에서 있었던 힘든 순간에 대한 강박적인 걱정을 내려놓을 수 있었다. 키리는 그녀에게 계속 참여를 이끌어 냈고 그녀는 걱정할 시간이 없었다. 그녀는 마음의 짐을 내려놓을 수 있음에 안심하면서 이완되고 그저 재미를 즐길 수 있었다.

열 번째, 개들은 애착에 중점을 둔 사회적 동물이다. 그들은 적어도 14,000년 동안 인간과 가까운 관계를 형성해 왔다. 그들의 행동과 반응 중 많은 부분이 조화로운 관계를 만드는 데 초점을 맞추고 있다. 개들이 내담자와 연결되고 교감하는 능력은 AAPT 과정에 내담자를 참여시키는 데 큰 자산이 될 수 있으며, 내담자는 치료사와 삶 속 다른 사람들에게 느끼는 신뢰를 증진시킬 수 있다. 개들의 사회적 윤활제 역할은 분명하며, 이는 치료적 관계뿐만 아니라 사회적 관계에도 적용된다.

캠(Cam)은 9년 동안 학대와 방치를 경험했다. 여러 차례 입양과 파양을 경험했던 그는 모든 어른과 아이들을 불신했다. 나(치료사)에게 마음을 여는 것은 상당히 느렸지만 키리와 만나서 놀 수 있는 기회가 생기자 내가 있어도 훨씬 편안해했고 키리가 없어도 마찬가지였다. 개를 이렇게 만나게 해 주는 사람은 나쁜 사람일 리 없고, 그 전에 자신을 힘들게 했던 사람과는 분명 다를 거라는 믿음이 있는 것 같았다.

이러한 10가지 개의 특성은 놀이치료 과정에서 개의 특별한 가치를 보여 준다. 다음으로, AAPT에서 말의 가치를 소개한다.

왜 말일까? 말의 사례

결국 관계에서 경험한 상처가 치유되어야 한다.

–애니 로저스(Annie Rogers), 『A Shining Affliction』

앞에서 언급한 10가지 특성에 '말'이라는 단어를 쉽게 대입할 수 있다. 개와 말은 매우 다른 종이지만, 개와 말 모두 치료사에게 많은 이점을 제공한다. 이 섹션에서는 치료 작업에 말을 추천하는 추가적인 특징을 다룰 것이다. 물론 추가적인 특징 중 일부는 개도 동일하게 적용된다.

나는(트레시) 평생 말을 곁에 두고 살아왔는데, 말과 함께하는 AAPT에 익숙하지 않은 사람들이 종종 회의적으로 묻는다. "왜 말인가요?". 짧은 대답을 기대한다면 실망할 것이다. 먼저 말의 역사에 대해 생각해 보면 도움이 될 것이다.

말은 약 6천만 년에 걸쳐 진화해 왔다. 개 크기의 영양(antelope)과 유사한 에오히푸스(Eohippus)[2]에서 시작하여 메리치푸스(Merychippus)[3](2,000~2,500만 년 전), 현대 말과 유사한 플리오히푸스(Pliohippus)(약 600~1,200만 년 전)를 거쳐 현대의 에쿠스 카발루스(Equus Caballus)까지 진화했다. 흥미롭게도 에오히푸스의 뼈는 북미에서 발견되었지만, 불분명한 이유로 다른 모든 형태의 말은 북미에서 멸종되었다. 인간이 말을 길들이고 사용한 것은 불과 5,000년 전의 일이다. 처음에는 짐을 나르는 동물로 사용되었고, 인간이 원하는 다양한 작업을 수행하기 위해 특정한 특성을 지닌 말로 번식시켰다. 그 결과 오늘날 우리가 보는 다양한 품종이 생겨났다(Olsen, 2006). 현대의 말은 단순한 짐승 그 이상의 매력을 지니고 있으며, 인간과의 관계를 형성하려는 욕구가 분명히 있어 보인다.

---

2) 역자 주: 멸종된 초기 말의 한 종류로, 현대 말의 조상 중 하나임. 이름은 그리스어로 '새벽의 말'이라는 뜻.

3) 역자 주: 현대 말의 진화 과정에서 중요한 중간 단계에 해당하는 멸종된 말의 한 종류.

인간과의 오랜 관계와 현대 세계를 형성하는 데 중요한 역할을 한 것 외에도, 말은 역사적으로 치유의 매개체로 기록되어 왔다. 치료(chiropody)라는 단어는 그리스 신화의 치유의 신 켄타우로스 키론(Centaur Chiron)에서 유래했다(Barclay, 1980). 그리스 철학자이자 역사가, 군인, 그리고 소크라테스의 제자인 제논폰(Xenophon)(기원전 350년경; 1969)은 말 훈련 시 동반자 관계의 가치를 광범위하게 기록했다. 제논폰은 "말은 아름다운 존재이다……. 말이 화려함을 드러내는 한, 아무도 말을 바라보면서 지루해하지 않을 것이다"라고 썼고, "억지로 강요하거나 서로를 제대로 이해하지 못한 상태에서는 진정한 아름다움이 생길 수 없다"라고 말했다.

치료 승마 프로그램은 1950년대 노르웨이, 덴마크, 영국에서 시작되었다(영국장애인승마협회; www.rda.org.uk). 이 프로그램은 1960년 토론토에서 장애인승마커뮤니티협회가 설립되면서 북미로 전파되었다. 북미장애인승마협회(NARHA)는 1969년에 설립되었다. 1996년에 이르러서야 NARHA는 말이 주는 정신건강의 잠재적 이점을 공식적으로 인정하고, NARHA의 한 섹션으로서 말매개정신건강협회(EFMHA)를 설립했다. 그들은 2011년에 그 이름을 국제치료승마협회(PATH International; www.pathintl.org)로 변경하여 다양한 유형의 말 치료의 개발과 규제를 포괄했다. PATH는 말매개심리치료(EAP) 및 말매개학습(EAL)을 포함한 다양한 유형의 말 치료를 규제하는 광범위한 기반의 조직이다. PATH 웹 사이트에는 다음과 같이 소개하고 있다.

> 명칭 변경은 포괄적인 가능성의 문을 열어 주며, 말매개활동및치료(EAAT) 산업의 성장에 부합한다. PATH Intl.은 회원들에게 지속적으로 진화하고 진보된 수준의 품질을 제공할 것을 다짐한다. 협회는 회원들에게 긍정적이고, 풍부한 지식과 친절한 서비스를 제공할 것임을 약속한다. 제공되는 교육 기회는 계속해서 도전적이고 깨우침을 줄 것이다.

1999년에 설립된 이갈라(Equine Assisted Growth and Learning Association: EAGALA)는 독립적인 조직으로서, 비기승 접근 방식을 제공한다. 이갈라는 정신건강 전문가와 말 전문가가 팀을 이루어 내담자와 함께 체험적 활동을 진행하는 방식을 채택하고 있다. 이갈라 웹 사이트에는 이 접근 방식이 "내담자가 자신의 상황을 분석하고, 연결을 만들고, 개인적 및 신체적 경험을 통해 스스로 해결책을 찾을 수 있도록 돕기 위해 설계되었다."고 설명한다.

말매개치료(Equine Assisted Therapy: EAT)는 시작된 이래 급격히 성장했으며 현재 많은 조직이 말매개치료 교육을 제공하고 있다. 이 책에서 모든 조직을 다룰 수 없고, 구글 검색을 통해 계속 증가하는 목록을 확인할 수 있다. 말매개치료의 역사에 대해 더 알고 싶다면, 레프 할버그(Leif Hallberg)의 저서(2008)인 『Walking the Way of the Horse』를 추천한다. 이 책은 말매개정신건강 및 교육 서비스의 탄생에 대한 정보와 제공자에 대한 정보 등을 담고 있다.

말은 개와 마찬가지로 사회적이고, 활동적이며, 민감하고, 놀이를 좋아하며, 수용적이고, 현재에 집중하고, 사회적 애착에 중점을 둔다는 점에서 많은 유사한 이점을 제공한다. 그러나 말은 큰 크기와 힘, 고유의 취약성과 종 특성 때문에 추가적인 독특한 특성을 지니고 있다(Karol, 2007; Vidrine, Owen-Smith, & Faulker, 2002). 말이 치료 경험에 기여하는 독특한 특성은 다음과 같다.

첫째, 말은 크고 강한데(가장 작은 말조차도), 이는 내담자가 두려움을 극복하고 자신감을 키울 수 있는 자연스러운 기회를 제공한다. 말의 크기와 힘은 성인과 어린이 모두에게 자연스럽게 위압감을 준다. 두려움에도 불구하고 말과 함께 작업하고 연결하여 과제를 완수하는 것은 내담자가 자신감과 능력을 키우는 데 도움을 주며, 이는 그들이 인생에서 위압적이고 도전적인 상황을 다룰 때 적용할 수 있는 강력한 학습 경험을 제공한다.

여덟 살 새미(Sammy)와 그의 어머니 젬마(Gemma)는 새미가 어머니에게 보이는 공격적인 행동과 젬마의 과잉보호 때문에 나의(트레시) 턴 어바웃 페가수스(Turn About Pegasus) 프로그램에 추천되었다. 새미의 아버지는 마약 범죄와 젬마에 대한 심각한 가정 폭력으로 감옥에 있었다. 젬마는 자신이 새미를 크게 실망시켰다고 느꼈고, 그로 인해 아주 간단한 일조차도 스스로 할 수 없게 방해했다. 이는 새미의 좌절감과 어머니에 대한 신체적 폭력을 키우는 결과를 낳았다. 둘 다 새미가 '아버지처럼 변할까 봐' 두려워했다.

그들은 장애물 코스를 활용한 말 관련 AAPT 세션에 참여했다. 젬마는 눈가리개를 하고 말을 이끄는 역할을 맡았고, 새미는 어머니와 말이 장애물 코스를 통과하도록 언어로 안내했다. 젬마는 눈가리개를 한 채 아들을 볼 수 없는 상태에서 말을 이끄는 것에 대해 두려워하며, 자신이 할 수 없다고 말했다. 그럼에도 불구하고 그녀는 활동에 참여했다.

그들은 함께 일할 말로 제로니모(Geronimo)를 선택했다. 제로니모는 작지만, 과거 다른 집에서의 경험 때문에 이유 없이 물 때가 있었다. 그들은 장애물 코스를 시작했으며, 새미의 지시는 명확하고 정확했다. 그는 어머니 옆에서 걸으며 잠재적 위험을 예상하고 필요할 때 그녀의 팔을 부드럽게 이끌었다. 그는 심지어 눈가리개를 한 어머니가 제로니모와 함께 달리고 점프하도록 했다. 제로니모는 잡아당겨지지 않으면서 열심히 따라갔고, 젬마의 줄을 잡는 손은 부드러우면서도 단단했다. 그들은 코스를 완주했다. 새미는 자랑스럽게 어머니를 바라보았다. 젬마는 새미가 그렇게 능력 있다는 사실에 놀랐다. 그녀는 또한 제로니모에 대한 두려움을 극복한 것에 대해 매우 기뻐했다. 제로니모가 그녀의 전 파트너를 떠올리게 했기 때문이다. 작고 다부지며 성질이 급했던 전 파트너와 비슷했다. 그녀는 수년간 전 파트너가 두려워서 등을 돌리지 못했다. 제로니모와 함께 눈가리개를 하고 과제를 완수한 것은 비유적으로 그녀에게 자신이 강하며 멀리 있는 전 파트너에게 '통제'당할 필요가 없다는 메시지를 전달했다.

젬마가 눈가리개를 한 새미에게 지시를 줄 차례가 되었을 때, 젬마는 매우 혼란스러워 좌우를 혼동하고, 새미가 볼 수 없다는 것을 잊은 채 가야 할 방향을 신체를 써서 알려 주기도 했다. 그럼에도 불구하고, 새미는 침착함을 유지하며 그녀의 모호함에 웃음을 터뜨렸다.

끝나고 나서 젬마는 새미에게 사과하며 이제 그가 얼마나 큰 아이인지, 자신이 그를 얼마나 신뢰하는지를 깨달았다고 말했다. 그 순간 제로니모가 돌아서서 젬마를 새미에게 꽤 강하게 밀었다. 새미는 어머니를 붙잡았고 둘은 서로를 껴안고 웃었다.

새미와 젬마의 관계는 프로그램이 끝난 후에도 계속 강해졌다. 젬마는 새미에게 더 적절한 자유를 허락했고, 어머니에 대한 새미의 공격성은 사라졌다. 그는 학교에서 뛰어난 성적을 거두고 좋은 친구들을 사귀기 시작했다. 프로그램이 끝난 지 약 6개월 후, 그들을 추천했던 가정 폭력 담당자가 나에게 문자를 전달했다. 그 문자에는 이렇게 적혀 있었다. "트레시에게 새미와 나를 보내줘서 고마워요—당신 덕분에 아들을 되찾았어요."

둘째, 말은 사회적 동물이며, 사회 구조와 규칙을 따르는 점에서 인간과 매우 유사하다. 야생마는 자유롭게 달릴 때 대개 큰 무리를 이루지 않는다. 대신에, 긴밀한 가족 그룹이나 작은 수컷 무리를 형성하는 경향이 있다. 무리의 크기는 두 마리일 수도 있고, 가족 그룹의 평균 크기는 약 10마리이다. 그들은 무리 내에서 유연한 역할을 가지고 있으며, 동료나 가까운 가족과 함께 있는 것을 선호한다(Skipper, 2005).

각각의 말은 인간과 마찬가지로 독특한 성격, 태도, 기분을 가지고 있으며, 상황과 환경에 따라 순간순간 변할 수 있다. 한 말에게 효과가 있는 접근 방식이 다른 말에게는 효과적이지 않을 수 있다. 때로는 인간에게 고집이 세거나 반항적이거나 일부러 어색하게 행동하거나 문제를 일으키는 것처럼 보일 수 있다. 그들은 건강하고 충분한 자유를 허락받으면 유쾌한 시간을 즐긴다. 말을 있는 그대로 두면 비유적 학습에 광범위하게 활용될 수 있다. 토론이나 활동에서 비유를 사용하는 것은 직접적으로 내담자에게 도전하는 것을 피하고, 매우 어려운 개인이나 그룹과 작업할 때 안전하고 효과적인 기술이 된다. 예를 들어, '반항적'이고 '도전적인' 행동으로 소개받은 아이들은 종종 '말썽꾸러기' 조랑말로 불리는 말에 끌린다. 그들은 종종 크고 차분한 세일러나 '현명한' 찰리처럼 되고 싶어 하지만, 삶의 다른 영역에서 그렇게 관리하기가 어려워, 결국 다른 사람들이 꼬리표 붙인 대로 행동하게 된다.

> 제로니모는 수수께끼였다. 어떤 때는 정말 훌륭하면서도 어떤 때는 내담자에게 눈살을 찌푸리고 교묘하게 찌르기도 했다. 제로니모가 후자의 상태일 때, 제로니모는 내담자가 성취하고자 하는 바를 계속 방해하곤 했다. 만약 제로니모가 계속 고집을 부리면 내담자들은 제로니모가 가기 싫어하는 '말 안 듣는' 마구간으로 제로니모를 보낸다(그 마구간은 잔디가 깔린 우리 작업 공간 바로 옆에 있는데, 그곳에 있으면 무슨 일이 벌어지는지 모두 볼 수 있지만 같이 참여할 수 없다).
>
> 제로니모를 마구간에 보내는 것은 항상 내담자 사이에서 많은 논쟁을 불러일으켰다. 한 소년은 "제로니모는 나와 똑같아……. 그럴 의도는 아니지만 나는 결국 모든 사람의 일을 망치게 되고……. 그래서 친구가 없어"라고 말했다. 아이들은 항상 제로니모에 대해 안타까움을 느꼈고 그에게 '한 번 더 기회'를 줄지 여부를 결정해야 했다. 그에게 또 다른 기회가 주어지지 않은 적은 단 한 번도 없었다. 놀랍게도 그는 '말 안 듣는' 마구간으로 보내졌다가 나오면 올바르게 행동했다. 내담자들은 제로니모에게 제대로 행동하지 않으면 곧바로 말 안 듣는 마구간으로 보낼거라고 항상 경고했다. 제로니모와 비슷하게 행동하는 그룹의 아이들에게 이 과정은 언제나 또 다른 기회가 있고, 잘 행동하면 팀의 일원이 될 수 있다는 메시지를 전달했다.

셋째, 말을 돌보거나 함께 일할 때 신체적인 작업이 요구된다. 원하는 모든 것을 버튼 하나 누르거나 스위치만 켜면 얻을 수 있고, 지연된 만족이나 노력이 필요 없는 시대에 사는 우리에게 말은 목표를 달성하기 위해 지속적으로 신체적 및 정신적 과업에 참여하도록 요구한다. 이러한 속성은 삶의 모든 부분에서 가치있다.

> 각 세션의 마지막 10~15분은 말들을 그루밍한 후 들판으로 데려가 '당근 키스'로 인사하는 데 사용된다(입에 당근을 물고 있다가 말이 입술로 당근을 먹게 하는 방법). 그루밍하는 동안 아이들은 말을 가장 깨끗하게 만들기 위해 서로 경쟁하곤 한다. 그들은 열심히 솔질하며 말들이 어디를 솔질하는 것을 좋아하는지 관찰한다. 말들은 종종 옆을 바라보며 "여기를 놓쳤어"라는 듯이 말한다. 의도한 것은 아니었지만, 나의(트레시) 모든 말들은 흰색이 많이 섞여 있고 넓은 들판에서 생활하기 때문에 진흙, 풀 얼룩, 심지어 소가 있는 들판에서 굴러다닌 경우에는 소똥으로도 덮여 있다.

모든 연령대의 내담자들은 말들을 그루밍한 후 얼마나 달라 보이는지 진심으로 놀라워하고, 민감한 부위를 조심스럽게 솔질하고, 갈기를 솔질하기 위해 얼마나 열심히 노력했는지에 대해 언급할 때 매우 자랑스러워한다. 우리는 "잘했어"라고 칭찬하지 않는다. 우리의 칭찬은 중요하지 않다. 중요한 것은 아이들이 그루밍에 많은 노력을 기울였다는 자부심을 느끼는 것이다. 우리가 그들이 과제를 어떻게 접근했는지 알아챌 때 아이들은 그 자부심을 느낄 수 있다.

말들이 그루밍을 받고 들판에 풀려난 후 가장 먼저 하는 일은 가장 진흙투성이인 곳을 찾아 뒹구는 것이다. 아이들은 손을 허리에 얹고 격분하면서도 환하게 웃으며 말들을 다정하게 나무란다. 그루밍 후에 뒹구는 말에게 화를 내는 내담자를 본 적이 없다. 이것은 아이들에게 관용의 귀중한 교훈을 준다. 이제 아이들은 그룹원들과 지금 누구 말이 가장 더러운지에 대해 이야기하게 된다. 이는 마치 하루 종일 밖에서 놀다 들어온 자녀들의 상태에 대해 이야기하는 부모들을 연상시킨다.

넷째, 말은 피식 동물(prey animal)로서 자신과 다른 종(사람을 포함한)의 신체 언어를 정확하게 읽는 것이 안전 유지에 중요하다. 그들은 갈등을 피하는데, 예를 들어 사람이 화가 나거나 공격적이라는 것을 감지하면, 그 사람을 피하거나, 접근하지 않거나, 움직이기를 거부하는 등 자기 보호적인 반응을 보인다. 말을 잘 모르는 사람들은 이러한 갈등 회피 행동을 보고 흔히 "말이 고집이 세다", "말이 나를 싫어한다" 등으로 잘못 해석하고 낙인찍는다. 따라서 이들에게 주어지는 교훈은 자신을 변화시키면 말들이 다르게 반응한다는 것이다. 말은 속임수를 쓸 수 없고 그들의 의사소통과 행동에 정직하기 때문에, 강력한 메시지 전달자가 될 수 있다.

그러나 말은 자신들이 선택할 수 있고 그 선택이 존중받는다고 느껴질 때에만 진정한 모습을 보인다. 만약 말이 긍정적인 환경에서 훈련받고 생활한다면, 그들은 자신을 해로움으로부터 보호할 수 있다고 믿는다. 반대로 부정적인 경험을 많이 하고 주인의 명령에 따를 수밖에 없는 경우, 그들의 자연스러운 모습은 억눌리게 된다. 그들은 화가 나거나 공격적인 인간을 피하려는 시도가 무의미하다는 것을 경험을 통해 배우고 학습된 무기력 상태에 빠진다. 친절하고 일관된 대우가 없다면 중요한 치료적 학습이 상실될 수 있다.

나는 말들에게 머리 가죽끈을 씌울 때 그들이 나를 쉽게 볼 수 있도록 옆에 서고, 내가 하는 행동을 볼 수 있게끔 한다. 말들은 조용히 서서 머리를 조금 더 낮추고 코를 가죽끈에 넣는다. 말들에게 머리 가죽끈은 흥미로운 곳으로 간다는 의미였다. 새로운 내담자가 오고 말에게 머리 가죽끈을 씌울 시간이 되면 흥미로운 현상이 종종 발생한다. 내가 아이들에게 이것은 팀 활동이라고 말했음에도 불구하고, 아이들은 항상 다른 사람의 도움 없이 혼자서 머리 가죽끈을 씌우려고 한다. 말들 중 일부는 키가 크고 어린 내담자들 중 일부는 키가 작기 때문에 큰 사람과 짝을 이루지 않으면 좌절스러운 결과를 가져올 수 있다.

내담자들이 말들과 익숙해지면 그들은 말들의 반응을 인식하는 방법을 배운다. 그들은 말들의 코 부분에서 바로 손을 뻗어 쓰다듬을 경우 보이지 않는 각도로 인해 말들이 너무 갑작스럽게 느껴질 수 있음을 알게 된다. 낯선 사람들이 이런 침습적인 방식으로 접근하면, 나의 말들은 손이 닿지 않게 뒤로 물러나거나 머리를 흔들어 손을 피한다. 말들이 이런 접근 방식에 취약하다는 것을 배우고도, 대부분의 내담자(말에 대한 경험이 많지 않은 경우, 그리고 항상 그런 것도 아니지만)는 머리 가죽끈을 말에게 과격하게 던져 올린다. 말들은 이를 용납하지 않고 조심스럽게 머리를 피하거나, 코 밴드가 코에 던져지면 머리를 흔들어 머리 가죽끈을 들판에 던져 버린다. 내담자들이 여전히 말들의 명확한 메시지를 알아차리지 못하고 좌절이나 화를 표현하면, 말들은 차분히 걸어가 버린다. 이것은 내담자에게 학습의 기회를 제공하며, 우리는 그들이 느꼈던 감정과 말들이 어떻게 반응했는지에 대해 토론한다. 그런 다음 우리는 내담자들이 화가 나거나 좌절하거나 할 수 없다고 느낄 때 무엇을 성취하는 것이 얼마나 어려운지, 팀으로 일하지 않을 때 얼마나 힘든지를 이야기하게 한다. 아이들과 어른들에게 서로 마주 서서 손을 친구의 얼굴에 내미는 실험을 하게 한다. 모두가 그것이 위협적이고 유쾌하지 않다고 동의한다. 그런 다음 덜 침습적인 접근이 말들에게 더 나은 느낌을 준다는 것에 대해 토론한다. 이 수업 후, 내담자들은 기꺼이 팀으로 일하며 말들의 욕구를 염두한다. 이러한 적용으로 90%의 경우 말들은 조용히 서서 머리 가죽끈이 씌워지기를 기다린다. 때로는 이러한 첫 번째 내용이 한 세션을 차지해서 실제 활동을 하기 전에 떠날 시간이 되기도 한다. 세 번째 세션쯤 되면 내담자들은 대개 협업해서 말에게 머리 가죽끈을 빨리 씌우고 재미있는 활동을 할 시간을 확보한다.

흥미롭게도, 그룹이 처음 시작할 때 동반 교사나 보조원들에게 도움을 주지 말라고 말하지만, 그들은 언제나 도움을 주려고 한다. 아이들을 대신해 머리 가죽끈을 씌우거나 많은 조언을 제공한다. 가족치료 그룹에서도 마찬가지다. 어른들은 이런 행동이 아이들을 약화시키고 학습 기회를 빼앗게 된다는 걸 금방 알아차린다. 실제로 아이들은 뒤로 물러나 포기하는 모습을 보인다. 부모와 교사들은 뒤로 물러나서 아이들이 할 수 있도록 기다려 주는 것을 어려워하지만 아이들이 어려운 일을 해내고 승리감에 젖은 모습을 보면 그것이 얼마나 중요한지 깨닫는다. 특히, 부모들은 종종 자신의 아이들에게 너무 많은 것을 해 주면서 중요한 삶의 기술을 발전시킬 기회를 빼앗고 있다는 것을 깨닫고 반성한다. 그들은 자신들이 아이들 나이였을 때 그러한 삶의 기술을 개발할 기회를 가졌다는 것을 회상하며 이 모든 경험이 그런 것들을 깨우쳐 준다고 말한다.

일부 프로그램에서는 치료사나 그룹 리더가 세션 전에 말을 데리고 수업 공간으로 온다. 앞의 예시에서 보듯이 말을 잡고 가죽끈을 씌우는 활동은 단순해 보일 수 있지만, 내담자들이 이를 직접 하도록 하면 중요한 학습을 이끌어 낼 수 있다. 리더가 내담자 대신 말을 잡아 데려오는 것은 기회를 놓치는 것일 수 있으므로 우리는 내담자들이 세션을 시작할 때 안전한 방식으로 말이 있는 들판에서 시작하는 것을 권장한다.

다섯째, 말은 주로 시골이나 농촌 환경에서 서식하며, 이는 자연환경에서 말을 경험할 수 있는 많은 가능성을 제공해 준다. 말들은 움직일 수 있는 공간, 풀을 뜯을 수 있는 잔디, 다른 말들과 접촉이 있을 때 가장 편안해한다. 우리는 이 책 전반에 걸쳐 우리의 치료매개동물의 신체적·정신적 환경을 최적화해야 한다고 주장한다. 물리적 환경은 인간 중심이 아닌 동물 중심이어야 한다. 우리의 말들은 공간, 잔디, 물, 그리고 다른 말들이 있는 익숙한 환경에서만 일하게 한다. 우리는 말들을 낯선 장소(예: 요양원이나 학교)로 보내는 것을 피하고자 한다. 이러한 장소는 냄새가 낯설고, 공간이 제한적이며, 음식과 물에 대한 접근이 제한되어 말들이 자연스러운 모습을 보이기 어렵기 때문이다. 말들은 천천히 먹는 동물로서(즉, 소화 시스템이 항상 소량의 음식을 지속적으로 공급받아야 위궤양과 산통 같은 소화 문제를 피할 수 있다) 자연 환경에서는 작은 사회적 무리를 형성하기 때문에, AAPT 세션 동안에는 항상 음식과 물에 접근할 수 있고, 적어도 한 마리의 익숙한 말 친구가 세션에 함께 있어야 한다.

나는(트레시) 종종 다른 장소로 말을 데려올 수 있냐는 질문을 받는다. 대답은 간단하게 '아니요'이다. 앞서 언급한 이유와 내담자의 이익을 위해서이다. 이는 원하는 대답이 아닐 수 있지만, 자연스럽고 익숙한 환경에 있는 것이 내담자와 말 모두에게 중요한 장점이다. 물론 의료상의 이유로 환경을 떠나 말을 만나러 갈 수 없는 일부 내담자들이 있을 수 있으며, 신중하게 관리된다면 가끔 예외를 둘 수 있다.

나는 우리가 함께 작업하는 많은 아이들과 가족들이 자연환경에서 걷거나, 다양한 지형을 하이킹하거나, 풀밭에서 뒹굴며 시골을 경험한 적이 없다는 것을 깨달을 때마다 숙연해진다. 어느 내담자는 말과 함께 산책한 후 말을 들판에 풀어 주고 기쁨에 차서 뒤따라 뛰는 것이 가장 좋아하는 활동이라고 했다(말도 그럴 것이다. 말들은 들판에서 뛰어다니고 탐험하는 것을 좋아한다). 아이들이 들판에서 말을 관찰하다가 말에게 소리치면, 말들이 전속력으로 달려온다. 그 모습에 경이로워하는(때로는 초반 말들의 속도에 두려워하는) 아이들을 볼 때면 매우 보람된다.

요즘에는 특히나 많은 내담자, 특히 아이들이 비디오 게임과 소셜 미디어를 통해 간접적으로 삶을 살아가고 있기 때문에 말들과 자연 환경에서 작업하는 것이 더욱 중요하다. 일부 내담자들은 거의 야외에서 시간을 보내지 않는다고 말한다.

한편, 내담자를 말에게 데려가지 않고 말을 내담자에게 데려가는 것은 내담자가 다른 생명을 돌보거나 말들과 함께 주기적으로 들판을 걸어가며 그들에게 감사하고 작별 인사할 수 있는 기회를 박탈하는 것이다. 각 세션이 끝날 때마다 말들이 줄지어 게이트에 서서 내담자들이 시야에서 사라질 때까지 떠나는 모습을 지켜보는 경우가 많다. 말들은 자유롭게 들판으로 나갈 수 있지만 내담자들이 떠나는 모습을 지켜본다. 어린 내담자들은 항상 말들이 자신들을 지켜보는 것을 알아차리고, 이는 종종 세션이 끝날 때 우정, 상실, 그리고 그리운 사람과 동물에 대한 자발적인 대화를 유도한다. 세션이 끝난 것처럼 보일 때도 이런 식으로 내담자를 위한 '작업'은 계속 진행된다.

> 한 사례로, 어떤 어떤 어린 소년이 학교에서 My Star 자기 보고서를 작성했다. My Star에는 주기적으로 우정과 사회적 상호작용을 포함한 모든 발달 영역의 향상 정도가 기록된다(영국에서 널리 사용되는 The Star는 3~6개월마다 아이와 교사가 함께 작성하여 다양한 차원에서 향상 정도를 측정한다). 이 아이는 우리 프로그램에 들어오기 전에 The Star를 작성했는데, 모든 영역에 10점을 표시했다. 이는 그의 삶이 모든 영역에서 최고라는 뜻이었다. 그중에는 '우정' 항목도 포함되어 있었다. 그는 보통 매우 조용했는데, 세 번째 세션이 끝나고 떠나면서 말들이 자신을 지켜보는 것을 보았을 때, 나를 쳐다보며 "나는 퍼디(Purdy)를 떠나기 싫어요. 퍼디는 나의 유일한 친구예요."라고 말했다.

여섯째, 인간을 제외한 모든 포유류와 마찬가지로 말은 주로 현재를 살아가며, 원한을 품지 않고, 거짓된 자아를 드러낼 수 없다. 이는 말과의 각 상호작용이 진실되고 진정성 있다는 것을 의미한다. 말은 속임수가 없다. 그들은 누가 부서장인지 또는 영국 여왕인지 알지도 못하고 신경 쓰지도 않는다(아마도 이것이 영국 여왕이 말을 좋아하는 이유일 것이다. 말은 그녀에게 깊은 인상을 남기려거나 환심을 사려 하지 않는다!). 말은 오직 정직한 피드백만을 줄 수 있으며, 내담자들은 말과 연결되기 위해 먼저 자신의 감정과 신체 인식을 연결해야 한다는 것을 곧 배우게 된다. 웃는 얼굴과 친절한 말이지만 긴장된 몸과 불친절한 의도는 항상 말에게 포착된다. 다시 말해, 말들이 경험을 통해 인간과 함께하는 것이 좋다는 것을 배우고, 가능한 한 자연스러운 자신으로 존재하면서, 인간 치료 팀과 좋은 상호 관계를 맺고 있다면, 그들은 단지 자신으로 존재하는 것만으로도 매우 효과적이고 놀라운 치료 파트너가 된다.

또 다른 이들이 "왜 말인가?"라는 질문에 중요한 요점을 제시했다.

> 사회화된 인간과 달리 말이 가진 차이점이 전통적인 치료사가 달성할 수 없는 성공을 이끌어 낸다. 말은 우리가 다른 생명체와 무조건적으로 하나가 될 수 있게 한다. 우리는 거부당할 두려움 없이 우리의 가면을 벗을 수 있다. 말은 기대, 편견, 숨겨진 동기가 없다. 이러한 모든 특성은 내담자가 마음을 열고 자신을 드러내며, 말의 반응으로부터 피드백을 받을 수 있게 한다. 이것이 치유의 핵심이다: 진정한 감정과 상호작용을 표현하여 진정한 자아개념을 발전시키는 것이다.

테일러(Taylor, 2001)는 "위험을 감수하는 과정을 통해 내담자들은 자신과 주변 환경을 통제하는 능력을 시험하고 향상시킬 수 있다. EAP와 관련된 위험 감수 행동은 전통적인 방(room) 기반 상담 환경에서 작업하는 것보다 더 깊은 치료를 만들어 내는 경향이 있다"라고 말했다(p. 12).

이 장에서는 개와 말이 AAPT에서 독특한 방식으로 도움을 주는 특성에 대해 논의했다. 일상생활에서 그들에게 사회적 성격과 놀이성을 길러주고 촉진하면, 내담자들과도 장난스러운 관계를 유지할 가능성이 높아진다(대부분의 개들은 놀이를 좋아하며, 특히 거세된 말들은 장난기가 많다). 아이들과 성인 모두 동물의 놀이 초대를 인식하고 참여하지 않기란 매우 어렵다. 장난치는 말 앞에서 우울한 10대 상태를 유지하기란 매우 어렵다.

이러한 특별한 특성을 AAPT에 통합하려면 치료사가 먼저 동물과 훌륭한 관계를 형성해야 한다. 다음 장에서는 이러한 관계의 본질을 다루며, 이후 장에서는 치료사가 자신과 동물을 AAPT에 참여하도록 준비하는 방법을 설명한다.

관계: AAPT의 초석

우리가 어떤 유형의 AAI를 수행하든 우리가 동물과 맺는 관계는
모든 관계의 모델이자 은유의 표현이 된다.
어떠한 혐오적인 장비나 다루는 방식도 절대로 용납될 수 없다.
치료적 세팅에는 상호 존중하고 유익한 관계가 바탕이 되어야 한다.

–리제 반플릿(Risë VanFleet)

다른 사람 집에 방문하여 개 훈련 및 행동 상담을 제공할 때, 종종 그들이 전기충격 목줄과 같이 개에게 혐오적이고 고통을 야기할 수 있는 장비를 사용하는 걸 알게 된다. 대립과 설교는 다른 사람의 결정에 영향을 미치는 좋은 방법이 아니라는 것을 알기 때문에, 더 부드럽게 접근하고자 한다. 이런 장비까지 필요하게 된 문제의 심각성을 인정한 다음, 간단한 질문을 한다: "처음 이 개를 입양했을 때, 무엇을 기대했나요? 함께 하는 삶이 어떨 거라고 상상했나요?" 거의 항상 듣는 대답은 관계에 대한 묘사이며, 보통 즐거운 관계를 이야기한다. "숲 속을 산책할 수 있을 거라 생각했어요." "딸에게 놀이 친구가 생기길 원했어요.", "어렸을 때 이런 개를 키웠었는데, 그 개는 내 가장 친한 친구였어요. 그걸 다시 갖고 싶었어요." 또는 "개와 프리스비(원반 던지기)를 함께 하고 그냥 장난치며 놀 수 있기를 바랐어요." 처음에 목표가 무엇인지 알게 되면, 긍정강화 훈련 방법으로 그들이 애초에 희망했던 일부 또는 전체를 개와 함께할 수 있다는 희망을 주는 게 훨씬 쉬워진다. 거의 대부분 그들은 좋은 관계를 원한다. 어쩌다가 그들의 계획이 엇나갔고, 훈련을 알려 주긴 하지만 내 일은 그들의 개를 훈련시키는 것이 아니다. 행동 문제를 해결하기 위해 내가 응용행동분석(ABA) 일부를 사용하기도 하지만 내 일은 ABA를 사용하는 것도 아니다. 내 일은 그들에게 관계를 되찾는 방법을 보여 주는 것이다.

우리가 작업하는 내담자들도 마찬가지다. 우리는 그들에게 관계를 구축하고 강화할 수 있는 방법을 제공하는 것이다. 이러한 관계가 그들이 인생에서 맞닥뜨리게 될 힘든 시기를 견디게 해 줄 것임을 알고 있기 때문이다. AAPT의 인상적인 측면은 우리가 먼저 동물들과 멋진 관계를 만들고, 그 관계 경험을 다른 사람들과 공유하며 도움을 받게 이끈다는 것이다.

관계

키리는 나를 진짜 사람처럼 대해 줘요. 근데 원래 난 그렇지 않은데…….

–자신을 어른처럼 여기며 집중하는 키리에게 감동한 네 살 소년

AAPT는 시작부터 관계에 중점을 두어 왔다. 모든 형태의 치료는 치료사와 내담자 간의 안전하고 건강한 관계에 의존한다. 많은 경우, 치료의 목적은 내담자가 다른 사람들과의 관계를 발전시키거나 개선하도록 돕는 것이다. 그러나 AAPT에서는 관계의 역할이 이를 넘어선다. 치료사가 동물 파트너와 관계를 맺고, 내담자도 동물과 관계를 발전시킨다. 챈들러(Chandler, 2017)는 이러한 관계의 역할과 AAT가 어떻게 작동하는지에 대한 관계 지향 이론에서 '관계적 순간(relational moments)'의 개념을 제시했다. 바치와 패리스 플래스(Bachi & Parish-Plass, 2017)도 동물매개심리치료의 관계적 측면을 강조했다. AAT에서 인간과 개의 관계에 중점을 둔 두 가지 훌륭한 자료가 있다. 첫째는 앤 호위(Ann Howie)의 책 『Teaming with Your Therapy Dog』(2015)이고, 둘째는 크리스티 두지크(Christi Dudzik)의 DVD(Developing and Nurturing the Therapy Team Relationship, 2014)이다.

현재까지 개 훈련 문헌은 훈련의 행동적 방법에 많이 집중되어 있으며, 인간과 개 사이의 관계 발전에 대해서는 덜 다루고 있다. 수잰 클로시에(Suzanne Clothier)는 인간과 개의 관계에 대해 광범위하게 저술했다(2002). 긍정강화 훈련도 물론 관계와 관련이 있으며, 투리드 루가스(Turid Rugaas)와 린다 텔링턴 존스(Linda Tellington-Jones) 역시 인도주의적인 관계 발전을 위해 특별히 가치 있는 자료를 제시했다(예: en.turid-rugaas.no 및 www.ttouch.com). 퍼트리샤 매코널(Patricia McConnell)의 책 목줄의 다른 쪽 끝(The Other End of the Leash, 2002)은 인간이 개와 갈등을 줄이고 이해를 증진하기 위해 자신의 행동을 어떻게 바꿀 수 있는지 보여 준다. 또한 개 훈련에서 애착과 관계의 역할에 대한 자료도 점점 더 많이 등장하고 있

다(예: Arnold, 2016).

AAPT에서는 모든 관계가 중요하다. 우리가 동물 파트너와 맺는 관계, 내담자와 맺는 관계, 그리고 내담자와 동물 사이에 촉발되는 관계 모두가 중요하다. 관계는 시간이 지남에 따라 변화하며, 상호작용의 톤과 질에 민감하다. AAPT에서 동물의 동반자로서의 치료사의 역할은 본질적으로 동물과 맺은 치료사의 관계를 내담자와 '공유'하는 것에서 내담자가 동물과 고유한 관계를 발전시키도록 격려하고 지원하는 과정으로 변화한다. 내담자는 우리가 동물과 맺은 관계를 직접 보게 되며, 동물과 맺은 우리의 관계는 내담자에게 모델이자 은유로 작용한다는 것을 기억해야 한다. 우리는 관계가 어떻게 보이는지를 모델링하며, 이는 건강한 관계의 역사가 부족한 내담자들에게 종종 필요하다. 동물과의 상호작용은 치료사와 내담자 간의 치료적 관계의 은유뿐만 아니라 일반적으로 건강한 관계에 대한 다양한 은유를 제공한다. 치료사-동물 관계에 대한 주의가 부족하면 AAPT의 질이 심각하게 훼손될 수 있다.

관계를 은유로 사용한다는 아이디어는 키리와 함께한 초기 내담자 중 한 명이었던 콜(Cole)을 통해 알게 되었다. 콜은 여섯 살이었고 생물학적 부모의 심각한 방치로 인해 위탁 가정에서 살고 있었다. 그는 쉽게 산만해지고 심각한 학습장애로 인해 학교에서 어려움을 겪었다. 세션 동안, 나는 종종 그의 주의를 현재 우리가 하고 있는 일로 돌리기 위해 그의 이름을 불러야 했다. 이것은 생각이 다른 곳에 있는 것처럼 보이는 아이도 여전히 자신의 세계와 관련된 것을 들을 수 있다는 예이다.

내가 자랄 때 우리 가족은 항상 동물을 키웠다. 우리 가족은 개와 함께 사용하던 약간 이상한 표현이 있었다. 그것은 모욕처럼 들리지만 실제로는 애정의 표현이었다. 개가 우스꽝스럽고 재미있는 일을 할 때마다 누군가는 종종 "오, 이런 바보 같은 녀석!"이라고 말하곤 했다. 하지만 목소리 톤은 따뜻하고 사랑스러웠으며, 그런 맥락에서 자라면서 나는 그것을 애정의 표현으로 받아들였다. 다시 콜로 돌아가서,

콜과 나는 키리와 함께 간단한 재주 훈련을 연습하고 있었다. 키리는 어리고 활기찼으며, 우리가 하는 일에 종종 자신만의 재미를 더하곤 했다. 어느 세션에서 키리는 키리답게 매우 웃긴 일을 했고, 내가 미처 생각하기도 전에 내 입에서 사랑스러운 톤으로 "오, 키리, 이런 바보 같은 녀석!"이라는 말이 튀어나왔다. 콜은 눈을 크게 뜨고 조용히 물었다. "왜 키리를 바보라고 불렀어요?" 즉시 나의 실수를 깨달았다. 콜은 우리 가족의 표현을 모르고 있었다. 나는 즉시 콜과 키리에게 사과하며 말했다. "오, 그건 정말 친절하지 못했구나, 그렇지? 키리는 전혀 바보가 아니지, 오히려 네가 도와준 덕분에 매우 똑똑했어!" 키리를 향해 "키리야, 내가 너를 '바보'라고 불러서 정말 미안해. 콜이 나에게 아주 중요한 교훈을 가르쳐 주었고, 다시는 그렇게 부르지 않을 거야!"

이 말은 절대적인 진리였다. 콜은 나에게 중요한 교훈을 가르쳐 주었고, 나는 그 표현을 내 언어에서 제거했다. 이 상황은 내담자들이 우리가 하는 말과 행동을 얼마나 면밀히 관찰하는지를 분명히 보여 주었다. 그들은 우리가 보여 주는 모든 것에서 배운다. AAPT에서 내가 그들에게 공유할 수 있는 가장 좋은 것은 내 동물들과의 훌륭한 관계이다.

관계란 무엇일까

사람들은 동물에게 말한다. 그러나 많은 사람이 동물의 말은 듣지 않는다.
그것이 문제이다.

– A. A. 밀른(A. A. Milne), 『Winnie the POOh』

우리는 여러 콘퍼런스에서 관계를 "긍정적 보상을 공유한 역사"로 정의하는 것을 보았다. 예상할 수 있듯이, 이 정의는 행동주의 이론에 강한 이론적 지향을 가진 사람들로부터 나온 것이다. 우리는 항상 이 정의가 만족스럽지 않았고 불완전하다고 느꼈다. 아마도 우리 둘 다 애착 이론, 가족 시스템, 그리고 대인 관계 이론에 기반을 둔 보다 통합적인 이론적 지향을 가지고 있기 때문일 것이다. 우리는 전체론적 관점에서 다른 이론적 지향을 존중하고 포함하긴 하지만, 주로 관계는 다양한 조건에서 두 명 이상의 개인 사이에 발생하는 상호작용과 역동을 포함한 연결로 본다. 관계를 어떻게 정의하느냐에 따라 관계를 구축하거나 강화하는 접근 방식이 달라진다.

가장 중요한 개념은 관계가 두 개 이상의 개체 사이에 존재하며, 상호 영향을 기반으로 구축된다는 것이다. 한쪽이 하는 일이 다른 쪽에 영향을 미친다. 물론 건강한 관계와 건강하지 않은 관계가 있을 수 있으며, 이에 대한 수많은 이론과 연구가 존재한다. 해리 스택 설리번(Harry Stack Sullivan, 1953)의 대인관계 이론은 행동, 반응, 상호 영향을 다루었다. 애착 이론은 주로 부모와 자녀 간의 유대를 안정적 유형과 불안정한 여러 유형으로 논하고 있다(Bifiilco & Thomas, 2013; Bowlby, 1988). 바움린드(Baumrind, 1971)의 기념비적인 연구는 부모의 양육 방식이 자녀에게 미치는 영향을 기준으로 건강한 양육 스타일과 건강하지 않은 양육 스타일을 확인했으며, 많은 연구가 그녀의 발견을 지지했다. 샤니(Shani, 2017)는 부모-자녀 관계에서 반영적 기능과 그것이 동물매개심리치료에서 어떻게 다루어지는지를 탐구했다. 가족 과학 분야는 다학문적 관점에서 관계를 탐구해 왔으며(참조: www.ncfr.org), 건강한 가족에 대한 연구는 더 나은 조정, 기능, 행복과 관련된 주요 특징을 확인했다(DeFrain, 1999; Stinnett & DeFrain, 1985). 이 장의 목적을 위해 우리는 관계를 학제 간 관점에서 바라보고, 인간과 동물 사이, 특히 인간 치료사와 비인간 치료 보조자 사이의 건강한 관계의 정의적 특성에 대해 논의하려고 한다. 나중에 제9장에서 이러한 관계를 구축하고 유지하는 방법에 대해 논의할 것이다.

관계에 대해 이야기하면서 한 가지 주의 사항을 덧붙이고자 한다. 오늘날 특정 방법을 옹호하는 많은 사람들이 있다(종종 한 개인에 의해 대중화되고 때로는 '큰 돈벌이', TV 프로그램, 영화로 변모하기도 한다). 이들은 개와 말 주변에서 '옳은' 행동 방식에 대한 '진리'나 '내적 정보'를 가지고 있다고 말한다. 이러한 접근 방식 중 일부는 움직임으로 발전하기도 한다. '관계', '파트너십', '존중', '연결'과 같은 매력적이고 긍정적인 단어들이 자주 사용되지만, 실제 사용되는 방법과 그 단어 사이에는 큰 괴리가 있는 경우가 많다. 또한 '지배', '무리 리더십', '압박과 해제' 같은 것이 동물의 '속삭임'이라며 이것이 행복한 관계를 만들고 좋은 행동을 가르치는 유일한 길이라고 말하기도 한다. 동물행동학 전문가들은 말과 실제의 괴리, 학습의 기본에 대한 이해 부족, 매력적으로 포장된 잘못된 정보 때문에 좌절감을 느낀다. 가장 큰 우려 중 하나는 이러한 대중화된 접근 방식이 관계 구축을 가장하면서 동물을 가혹하거나 거칠게 다루는 경우가 많다는 것이다. 많은 경우, 이는 건강하고 상호적인 관계보다는 학습된 무기력과 외상적인 유대를 만들어 낼 가능성이 더 많다. 이는 진심으로 동물과 훌륭한 관계를 맺고자 하는 말과 개 애호가들에게 매우 혼란스러울 수 있다. 한 발짝 물러서서 약간의 의심, 혹은 많은 의심을 가지는 것도 좋을 방법이다. 한스 크리스티안 안데르센(Hans Christian Anderson)의 이야기 『벌거벗은 임금님』에서 보듯, 인기 있는 '전문가'가 '방법 ×'로 "반드시 이렇게 해야 한다"고 제안하면 자신을 의심하기보다는 자신의 눈과 본능을 믿는 것이 좋다.

우리는 분명 행동학자와 동물행동학자들이 말하는 동물에 대한 신뢰할 수 있는 정보를 참고하였지만 특정 '주의(movements)'나 '권위자'를 따르지는 않았다. 그 이유는 우리가 알고 있는 최고의 선생님은 다름 아닌 동물들 자신이기 때문이다. 동물들의 말을 그들이 처한 상황 속에서 듣고 이해하는 법을 배운다면, 우리는 그들이 필요로 하는 것을 더 잘 판단할 수 있게 될 것이다. 동물들과 관계를 형성하는 가장 좋은 방법은 동물들 자신이 가장 잘 알려준다. 다음 섹션에서는 인간과 동물 간의 최적의 관계에 대해 우리가 생각하는 바를 설명하겠다.

AAPT에서 치료사와 동물의 관계는 어떠한가

우리가 모범이 되고 비유가 될 만한 관계를 어떻게 만들 것인가를 생각하기 전에, 그 관계의 본질을 먼저 고려해야 한다. 다음의 특성들은 AAPT(Animal-Assisted Play Therapy)에서 치료사와 동물 간 관계의 핵심이다. 이러한 특성들 간에는 일부 겹치는 부분이 있기 때문에, 각각을 다음 페이지에서 더 자세히 설명하겠다.

AAPT에서 치료사와 동물의 관계는:

- 상호 존중하는
- 공감적(조율된)
- 주의 깊은
- 돌보는
- 능동적 접근
- 안정적 애착
- 상호 연결된
- 유연한
- 놀이를 즐기는, 즐거운
- 발달적으로 적합한
- 자율성(선택의 자유)
- 인도적인, 비혐오적인

대부분의 AAI(Animal-Assisted Interventions)에 관련된 사람들은 이러한 특징들이 명백히 바람직하다고 쉽게 동의할 것이다. 그럼에도 불구하고, 실제 행동과 상호작용 수준에서 이것들이 무엇을 의미하는지에 대해선 의견 일치를 보기 어렵다. 표면 아래에 논란이 있다. 개에게 사용되는 프롱칼라[1] 사용이나, 말과의 원형 마장 훈련에서 사용되는 압박–해제 훈련 방법은 어떻게 봐야 할까?

대부분의 주요 동물매개중재 조직들(예: Pet Partners)은 보통 혐오성 장비와 훈련 방법을

---

1) 역자 주: 핀이 박혀 있어서 목에 고통을 가하며 통제하는 목줄.

금지해 왔지만, 일부는 그러한 접근 방식을 사용하는 사람들을 소외시키지 않기 위해 구체적인 권고를 꺼리기도 한다. 우리는 누구도 소외시키고 싶지 않지만, 세부 사항을 논의하는 것이 중요하다고 생각한다.

다음 섹션에서는 우리가 항상, 그러나 단지 치료 세션 동안만이 아니라, 평소 이루고자 하는 관계의 각 특징에 대해 논의한다. 제9장에서는 우리의 동물 친구들이자 작업 파트너와 이러한 유형의 관계를 구축할 수 있는 방법을 다룬다. 건강한 관계를 만드는 방법을 알게 되면 혐오성 장비나 훈련의 필요성이 사라진다. 관계 구축 외에도, 제16장에서는 허용 가능한 도구와 허용되지 않는 도구에 대해 논의할 것이다. 이어서 우리가 원하는 관계의 설명이다.

상호 존중하는

AAPT(Animal-Assisted Play Therapy)에서는 치료사와 동물 간의 관계를 쌍방향적인 것으로 본다. 이는 상호작용이 양측의 필요와 욕구를 반영한다는 것을 의미한다. 우리는 동물들에게 예의 바르게 인사하도록 개가 뛰어오르는 대신 앉도록 하거나, 말이 성급하고 거세게 코를 들이밀지 않고 맛있는 간식을 위해 참을성 있게 기다리도록 가르친다. 이와 마찬가지로, 우리는 동물들이 필요로 하는 공간을 존중하고, 그들이 불쾌하고 원치 않는 행동을 삼간다. 예를 들어, 개의 목을 껴안거나, 동물이 자려고 할 때 계속해서 만지거나, 말의 눈 사이를 두드리거나, 혹은 우리가 그 동물과 완전히 낯선 사이라면 쓰다듬는 행위 또한 피한다.

마찬가지로, 우리는 동물들이 선택할 수 있는 방법으로 대한다. 그들은 세션 활동에 참여할지 여부를 선택할 수 있다. 우리는 그들이 스스로 선택하지 않은 상호작용을 참아내도록 기대하지 않는다. 우리는 그들의 자연스러운 관심사를 탐구하고, 그들이 그 관심사에 참여할 수 있는 기회를 제공한다. 다시 말해, 우리는 그들이 자발적으로 참여하거나 거부할 수 있는 관계를 구축하며, 마찬가지로 우리가 그들의 주도권에 대해 격려하거나 거부하는 경우도 있다.

공감적

치료사는 자신의 생각과 감정을 제쳐두고 내담자의 말을 온전히 듣는 법을 배운다. 이는 동물과의 관계에서도 똑같이 중요하다. 우리는 동물들이 무엇을 원하는지 추측하기를 피하고 그들의 말을 들어야 한다. 동물들은 몸으로 '말하기' 때문에 우리는 귀와 눈을 모두 사용하여 듣는 법을 배워야 한다. 이는 놀이치료 세션에서 내담자를 면밀히 관찰하고 그들의 비언어적 소통을 주의 깊게 보는 것과 같다. 우리는 함께 생활하고 일하는 동물 종에 대해 배우고, 그들이 세상을 보는 방식을 이해하려고 노력한다. 동물들이 느끼거나 원하는 것을 더 깊이 이해하게 되면, 그들의 필요를 염두에 두고 더 현명한 선택을 할 수 있게 된다. 또한, 우리는 동물들을 있는 그대로 받아들이고 그들의 본성을 바꾸거나 통제하려고 하지 않는다. 이러한 공감적 이해를 발전시키는 것은 치료사가 말과 떨어져 사는 경우, 개나 고양이보다 더 어려울 수 있다. 우리는 동물들과 함께 보내는 시간이 많을수록, 그리고 하루 중 다양한 시간대에 그들을 관찰할수록, 그들을 더 잘 알게 되고 더 그들의 관점에서 세상을 보게 된다.

주의 깊은

우리의 반려동물이자 작업 파트너의 말을 듣기 위해서는 그들에게 주의를 기울여야 한다. 이것은 당연해 보일 수 있지만, 실제로는 충분히 이루어지지 않는다. 그들과 함께 있을 때는 정기적으로 그들의 상태를 점검해야 한다. 그들과 함께 일할 때는 그들이 어디에 있고, 무엇을 하고 있으며, 어떻게 지내고 있는지에 대해 지속적으로 인식해야 한다. 많은 방해 요소들이 우리의 주의를 동물들에게서, 때로는 심지어 아이들에게서 멀어지게 한다. 텔레비전, 다른 사람들과의 대화, 스마트 기기의 끝없는 정보, 이메일, 앱 등으로 우리 주의가 분산된다. 내담자와 일할 때는 대화나 개입에 몰두하여 동물 파트너를 잊어버리기 쉽다. 특히 그들이 그 시간 동안 직접적으로 관련이 없을 때는 더욱 그렇다.

> 최근에 나는 호텔 로비에 앉아 AAT 프로그램에 참여하는 한 전문가가 동료와 이야기하는 모습을 지켜보았다. 그녀의 개는 6피트짜리 리드에 연결된 채 그녀 뒤 바닥에 누워 있었다. 두 여성은 20분 동안 대화를 나누었다. 그동안 그 여성은 한 번도 개를 돌아보지 않았다. 다른 가족의 어린 아이가 개에게 다가가 귀를 당겨 잠에서 깨웠고, 어머니가 그 아이를 데려가기 전까지 그 상황을 핸들러는 전혀 보지 못했다.

많은 면에서 우리는 유아를 돌보는 것처럼 주의를 기울여야 한다. 좋은 관계를 유지하기 위해서는 항상 동물들과 접촉을 유지하는 것이 중요하다. 다른 대화나 활동이 매우 흥미롭더라도 동물들을 항상 의식해야 한다. 특히, 말이나 다른 피식 동물의 경우 침묵 속에서 고통을 겪는 경향이 있기 때문에 더욱 그렇다. 야생에서 소음을 내면 포식자를 끌어들일 수 있으므로, 이들은 고통의 소리를 억제하고 주로 몸짓으로 의사소통한다. 모든 동물은 비언어적으로 소통하므로, 우리는 주의 깊게 관찰하는 법을 배워서 그들의 소통을 더 잘 이해하는 것이 중요하다.

> 2016년 12월, 지역 BBC 라디오 방송국에서는 두 마리의 치료 조랑말이 반짝이, 빨간 요정 신발, 사슴 뿔을 착용한 채 녹음실에 등장했다. 청취자들은 BBC 페이스북 페이지에서 영상을 시청할 수 있었다. 영상에서는 작은 조랑말들이 노인 요양원을 돌아다니고, 어린이 파티에 참석하는 모습 등이 담겨 있었다. 진행자들은 감탄하며, 여성 진행자는 한 조랑말의 매우 민감한 주둥이에 입을 맞췄다. 조랑말은 귀를 뒤로 젖히고 고개를 돌리려 했지만 핸들러에게 꽉 잡혀 있었다. 진행자는 조랑말들이 얼마나 조용하고 차분하며 훈련이 잘되어 있는지에 대해 언급했다. 사실 조랑말들은 눈이 움푹 꺼지고 흐릿했으며, 주둥이를 꽉 다물고, 공포와 비참함으로 인해 몸이 뻣뻣하게 굳어 있었다. 조랑말 중 한 마리는 매우 어렸고, 둘 다 완전히 털을 밀고 목욕을 하여 건강에 필요한 천연 기름이 모두 제거된 상태였다. 그들은 또한 수염이 제거되었는데, 그들의 수염은 얼굴 신경에 연결되어 있어서 이는 마치 고양이의 수염을 제거하는 것과 같다. 말들은 머리 옆쪽에 눈이 있어 주둥이 끝에 있는 것을 볼 수 없다. 시청자들은 핸들러들이 훌륭한 일을 하고 있다는 긍정적인 피드백을 많이 남겼다. 주인들의 동기는 좋았지만, 이는 조랑말들의 감정을 희생시키는 것처럼 보였다.

돌보는

치료매개동물은 그들의 인간과 함께 안전함을 느끼는 것이 중요하다. 치료사들은 동물들의 신체적 및 정서적 안전 요구가 충족되고 필요한 모든 보살핌이 제공되도록 해야 한다. 이는 연민과 감사의 마음으로 이루어져야 한다. 동물들은 치료사들이 시작한 일에 협력하고 있으므로, 치료사들은 그에 대한 감사를 표현하고 필요한 보살핌과 지원을 제공하는 것이 필수적이다.

능동적 접근

많은 AAI 프로그램은 동물에게 상당한 책임을 부여한다. 이를 위해 동물을 평가할 때 주로 동물의 행동에 중점을 둔다. 동물은 AAI에 적합하다고 간주되기 위해 10개 또는 20개의 작업을 성공적으로 수행해야 한다. 그런데 이러한 접근 방식이 AAPT에 잘 맞지 않는다. 관계 중심, 활동적 성격의 업무, 그리고 취약한 내담자에게 모범을 보여야 한다는 특성 때문에 AAPT 실무자는 내담자의 요구를 충족시키면서 동물의 복지에 훨씬 더 많은 책임을 진다. 치료사는 양육적이고 능동적인 관계를 발전시켜야 한다.

이는 우리가 환경을 살펴보고 동물에게 일어날 수 있는 문제를 예측하는 것을 의미한다. 그런 다음 스트레스나 위험한 상황이 발생하지 않도록 행동한다. 여기서도 공감을 적용하여, 동물의 시각으로 세상을 바라보고 모두의 안전을 보장하기 위해 행동해야 한다. 우리는 반응적이기보다 능동적으로 접근해야 한다.

> 간단한 예가 최근 Level 1 AAPT 워크숍에서 발생했다. 키리는 종종 관절염 때문에 몸이 뻣뻣해졌지만 은퇴 후에도 사람들과의 상호작용을 여전히 좋아해서 워크숍에 참여했다. 그룹은 큰 색깔의 PVC 파이프와 커넥터를 사용해 모든 개들이 통과할 수 있는 구조물을 만드는 과제를 받았다. 그룹의 몇몇 사람들은 거의 완성된 프로젝트를 보고 키리가 쉽게 뛰어넘거나 밑으로 지나갈 수 있도록 특정 가로막대를 올리거나 내릴 필요가 있다고 말했다. 이는 그들이 키리의 시각에서 구조물을 볼 수 있는 능력을 보여 주었다.

안정적 애착

인간-동물 연구에서 애착 이론의 적용에 대한 관심이 증가하고 있다(Arnold, 2016; Bachi, 2013; Geist, 2011; Sable, 1995). 동물을 치료 작업에 참여시키려면 먼저 그들이 우리와 함께 있는 것을 즐기도록 한 후, 내담자와 함께 있는 것을 즐기게 해야 한다. 동시에 동물이 오직 우리와 함께 있으려고 하거나 우리 곁에 없으면 불안해하는 얽힌 관계를 피해야 한다. 본질적으로 우리가 안전 기지가 되어 동물이 세상을 편안하게 탐험하고 다른 사람들과 상호작용할 수 있도록 안정적 애착관계를 구축해야 한다. 우리는 그들이 우리와 접촉하고 우리 말을 들으면서도 그들을 자유롭게 다른 사람이나 동물과 교류하게 해야 한다.

상호 연결된

치료사와 동물 사이의 좋은 관계는 그들의 파트너십과 팀워크에 반영된다. 이는 내담자와 공유할 수 있는 양방향 참여를 의미한다. 동물은 치료사와 잘 교류하고, 치료사도 동물과 잘 교류해야 한다. 치료 파트너는 서로 잘 소통하며, 치료사는 동물이 이해할 수 있는 방식으로 자신이 원하는 바를 명확하게 표현할 뿐만 아니라 동물의 말을 잘 들어야 한다. 이 관계는 주고받는 특성이 있으며, 각 파트너가 상대를 잘 이해하면서 함께 일하는 것이다. 그들은 서로에게 의지할 수 있다. 이 관계는 헌신적이다. 치료사는 항상 동물을 보살피며, 동물은 그것을 확신할 수 있어야 한다.

유연한

사람들이 좋은 날과 나쁜 날이 있듯이, 동물들도 그렇다. 그들의 필요, 관심사 또는 에너지 수준은 변한다. 우리는 이에 대응하는 관계를 목표로 하며, 필요에 따라 계획을 조정한다. 마찬가지로, 우리가 계획했던 치료 활동이 있더라도 동물이 다른 일을 하기로 결정할 때가 있다. 예를 들어, 영국에서 열린 워크숍 중 하나에서 트레시는 다섯 마리의 말과 함께 활동을 계획했다. 비가 와서 우리는 옆면이 개방된 큰 덮개가 있는 헛간 바닥에 12인치 깊이의 푹신한 혼합물 카펫을 깔았다. 말들은 이것을 좋아하여 종종 헛간으로 달려가 그들의 '깃털 침대'를 즐기곤 했다. 말들은 서로 놀기 시작했다. 우리는 이를 관찰했다. 말들이 진정되고 우리가 계획한 활동을 시작하려고 할 때마다, 그들은 다시 놀기 시작했다. 그들은 서로를 쫓고, 일어서고, 돌고, 발굽을 들어 올리고, 넓은 공간을 질주했다. 이런 일이 발생할 때마다 우리는 다시 관찰 모드로 돌아갔다. 말들이 놀이에 몰두하고 있다는 것이 명확해지자, 우리는 계획을 포기하고 옆에서 그들의 놀이를 즐겼다. 유연성을 발휘한 덕분에 우리는 말 놀이에 대해 철저하게 즐겁고 유익한 학습 경험을 얻었다. 이는 말들이 건조한 헛간 안에서 놀고 우리가 40분 동안 비를 맞으며 그들을 지켜보는, 평소와는 조금 다른 경험이었다.

우리가 유연하고 적응력 있는 관계를 만들 때, 우리는 치료 세션 중 동물의 '제안'에 열려 있게 된다. 나는 키리에게 집에서 장난감과 활동을 선택하게 격려했기 때문에, 키리는 놀이치료실에서도 자주 선택을 했다. 키리는 장난감을 선택하거나 키리가 먼저 어린 내담자들과의 상호작용을 시작하기도 했다. 그들은 키리의 그런 참여를 매우 기뻐했다.

놀이를 즐기는

동물들과의 유쾌한 관계는 AAPT를 계획하지 않더라도 즐겁다. 정기적으로 동물들과 놀면 유대감이 형성되고 즐거운 영혼이 유지된다. 그 결과, 우리가 동물들이 내담자와 놀이 기반의 상호작용에 참여하기를 원할 때, 그들은 준비가 되어 있고 열망하게 된다. AAPT 작업은 동물에게 기대되는 활동이 된다. 키리가 은퇴한 지 오래된 후, 나는(리제) 주말에 아무도 없을 때 키리를 사무실에 데려갔다. 키리는 9개월 동안 그곳에 가지 않았다. 키리는 엄청나게 흥분했고, 나는 그 장소가 키리에게 무엇을 의미하는지 깨달았다. 안으로 들어가서 내가 가져오려고 했던 물품을 꺼내오기 전에 키리와 반 시간 동안 놀았다. 마찬가지로, 나의(트레시) 나이 들고 뻣뻣해진 말 세일러는 내담자가 도착하면 몸이 부드러워지고, 세션 때 항상 가장 먼저 문 앞에 있었다. 나는 세일러가 내담자들과의 유쾌한 상호작용 덕분에 그의 수명이 2년 정도 연장되었다고 믿는다.

발달적으로 적합한

인간과 동물의 관계는 현실적인 기대에 기반해야 한다. 때때로 사람들은 동물들이 감당할 수 없는 다양한 사회적 및 정서적 요구를 충족시켜 주길 기대한다. 우리는 동물들에게 너무 많은 것을 기대하여 의도치 않게 스트레스를 증가시킨다. 때로는 동물들을 유아화하여 우리의 애정으로 그들을 억누르면서 그들의 성장을 저해한다. 특정 시점에서 그들의 능력을 명확히 이해하고 그에 따라 우리의 기대를 수정하려고 노력하는 것이 동물과 우리 모두에게 더 좋다.

인지 동물행동학 및 동물 학습에 관한 자료들을 참고하길 권장한다(Bradshaw, 2011; Hart, 2008; Kiley-Worthington, 1987; Miklosi, 2015; Scott & Fuller, 1965; Wendt, 2011a, 2011b). 종에 대한 현재의 지식을 이해하는 것이 첫걸음이지만, 대부분의 경우가 그렇듯이 진정한 고려는 개별 동물에 초점을 맞춰야 한다. 현재 시점과 발달 단계에서 개별 동물이 무엇을 할 수 있는지, 그리고 나의 기대가 그것과 어떻게 일치하는지를 고려해야 한다.

우리가 이미 동물을 보유하고 있을 때 이 일을 하기로 결정했다면, 업무에 대한 그들의 신체적 능력도 살펴보아야 한다. 사람과 마찬가지로, 치료 환경에서 일하는 개, 말, 기타 동물들도 각기 다른 신체적 능력과 지구력을 가지고 있다. 6피트 2인치에 200파운드인 사람이 성공적인 경마 기수가 되기를 기대하지는 않을 것이다. 이는 인간을 포함한 모든 동물에게 적용된다. '각자의 특성에 맞는 일'이 중요하다. 모든 사람은 서로 다른 능력을 가지고 있으며, 자신의 강점을 살리는 것이 좋다.

자율성

AAPT가 보는 건강한 관계는 자율성과 선택의 자유를 포함한다(VanFleet & Faa-Thompson, 2011a, 2011b). 동물들이 우리와 함께 일하도록 선별되었기 때문에 가능한 한 선택권을 제공하는 것이 좋다. 이는 일상생활뿐만 아니라 AAPT에 참여할 때도 마찬가지다.

예를 들어, 우리는 개에게 산책 중 일부 시간 동안 어디로 갈지 선택하게 할 수 있다. 또는 말을 타고 있을 때 말이 어느 방향으로 갈지 결정하게 할 수 있다. 물론 이는 시간과 안전의 변수 내에서 이루어진다.

AAPT에서는 동물의 작업이 자발적임을 보장하는 것이 비교적 쉽다. 그저 동물에게 탈출 경로를 제공하면 된다. 동물에게 안전하고 방해받지 않도록 활동이나 상황에서 벗어날 수 있는 공간을 준다. 예를 들어, 놀이치료실에 있는 개가 시끄러운 놀이에서 벗어나 책상 아래에 있는 침대에 누울 수 있다. 말이 갇힌 느낌을 받으면 자유롭게 움직일 수 있는 공간이 필요하다. 예를 들어, 넓은 풀밭 지역은 음식과 물에 접근할 수 있고 인간으로부터 거리를 둘 수 있다. 탈출 경로는 우리 종을 포함한 모든 종에게 필요한 기본 요소이다. 우리가 갇힌 느낌을 받을 때, 우리는 극도로 스트레스를 받게 된다. 말을 트레일러에 실어 낯선 장소로 데려갈 경우, 말은 집에 있을 때보다 더 스트레스를 받을 가능성이 높으므로 새로운 작업 환경에 익숙해지고 공간을 필요로 할 때 갈 수 있는 곳을 알아 두는 것이 중요하다.

치료사도 동물과 함께 일상생활에서 이를 습관화하면 탈출 경로를 감지하고 만드는 데 훨씬 더 능숙해질 것이다. 동물이 혼자 있고 싶어 하면 우리도 그들을 내버려 두어야 한다. 그들의 필요를 민감하게 파악하고 대부분의 시간 동안 자발적으로 우리와 상호작용할 수 있게 해야 한다. 이는 그들이 상호작용을 마치고 조용한 구석에서 쉬고자 할 때 그들을 '놓아주는' 것을 의미한다. 모든 일과 마찬가지로, 우리가 이를 습관화하면 내담자에게 더 나은 모델이 될 수 있다.

인도적인

가장 건강한 관계는 상대방에게 최선의 이익을 신중하게 고려할 때 형성된다. 동물의 경우, 우리는 그들에게 착용시키는 장비와 그들에게 요구하는 일을 지속적으로 고려해야 한다. 우리가 항상 그들이 원하는 것을 줄 수는 없더라도, 이를 인식하고 모든 결정을 신중하게 내리는 것이 중요하다. 가능한 한 모든 영역에서 그들을 친절하고 배려심 있게 대해야 한다.

아이들과 마찬가지로, 동물의 신체적 · 행동적 · 정서적 · 사회적, 그리고 그들이 처한 환경에서의 복지를 보장하는 것이 중요하다. 때로는 우리의 희망과 계획을 접어야 할 때도 있는데, 이는 동물이 건강하지 않거나 계획이 동물에게 적합하지 않을 때 그렇다.

가끔은 우리가 동물과 함께 사용했던 방법이나 장비가 이상적이지 않다는 것을 깨닫게 된다. 인도적인 관계를 유지한다는 것은 동물을 가능한 한 부드럽게 돌보고 훈련하고 상호작용하기 위해 더 새롭고 더 좋은 방법을 찾아 나선다는 것을 의미한다.

동물에게 어떤 요구를 할 때마다 우리는 두 가지 질문을 스스로에게 던져야 한다: "왜?" 그리고 "내가 동물의 관점을 얼마나 잘 고려했는가?" 이 책의 제4부 제16장에서 관련된 복지 고려 사항과 실천 방안에 대해 자세히 다룰 것이다.

요약

우리의 반려동물과 형성하는 관계가 중요하다. 이러한 관계를 어떻게 우리의 작업에 확장할지 또한 중요하다. 이번 섹션에서는 AAPT에 핵심적으로 고려해야 할 관계 모습에 대해서 다루었다. 이는 치료적 효율성, 윤리적 적합성, 그리고 동물복지를 마음에 세기고 있을 때 가능해진다. 이러한 관계 모습을 실현할 수 있는 방법은 제9장에서 다룰 것이다.

Part Ⅱ

AAPT 작업을 위한 준비

제6장

역량에 대한 개관

엄마, 나 진짜 이거 잘하는 것 같아! 나는 커서 개 훈련사가 될 거야.

– 여덟 살 소녀가 AAPT 개에게 가르친 재주를 엄마에게 보여 준 이후

내가 아이와 개가 함께 하는 놀이치료(Play Therapy with Kids & Canines)(VanFleet, 2008)를 쓰기 전에, 동물을 치료에 포함하는 놀이치료사들을 대상으로 설문조사를 진행했었다(VanFleet, 2007). 응답자의 절반 이상이 자신이나 동물이 AAT(Animal-Assisted Therapy)에 대한 특별한 교육을 받지 않았다고 보고했다. 더 최근의 설문조사(VanFleet, 2016b)에서도 여전히 절반이 교육을 받지 않은 것으로 나타났다(두 설문조사에 대한 자세한 설명은 제17장에 있다). 이는 '내 귀여운 강아지를 데리고 출근하기'라는 관행이 여전히 널리 퍼져 있음을 시사한다.

이러한 상황은 AAPT(Animal-Assisted Play Therapy) 분야뿐만 아니라 AAI(Animal-Assisted Interventions) 전반에서 중요한 도전 과제를 보여 준다. 많은 사람들은 동물과 파트너 관계를 맺고, 동물의 복지 요구를 충족시키며, 질 높은 치료를 수행하는 것이 얼마나 복잡한 일인지 깨닫지 못하고 있다. 다시 말해, 그들은 관련된 업무 범위 문제에 대해 인식하지 못하는 것 같다.

내가 처음으로 키리를 데리고 내담자를 만났을 때, 나도 어느 정도 같은 실수를 저질렀다. 아마도 차이점이 있다면, 그때까지 15년 동안 개에 관한 많은 책을 읽었고, 주로 긍정강화 방법으로 개들을 훈련시키고 있었다는 점일 것이다. 하지만 나조차도 내가 무엇을 모르는지 몰랐다. 그렇지만 이전에 읽었던 많은 자료 덕분에, 나는 다행히 키리와 첫 세션을 마친 후 즉시 더 배워야 한다는 것을 깨달았다. 나는 개 훈련 강좌 및 콘퍼런스에 몰두하고, 동물

보호소에서 자원봉사를 하며 개들과의 실습 기술을 익혔다. 이러한 워크숍에서 더 많은 것을 배우기 시작하면서, 내가 모르는 것과 알아야 할 것의 방대함을 깨닫게 되었다.

대부분의 임상가들은 치료놀이(Therapy Play), 부모놀이치료, 또는 안구운동 민감소실 재처리요법(EMDR)과 같은 복잡한 개입을 수행할 때, 해당 방법에 대한 완전한 교육과 감독을 받지 않고는 이를 실천할 생각조차 하지 않을 것이다. 책을 읽는 것은 이러한 접근 방식을 사용할 수 있는 능력을 개발하기 위한 첫 번째 단계일 뿐이다. 책을 읽었다고 친근해 보이는 자신의 동물을 치료 현장에 데려가도 된다는 허가를 받은 게 아님에도 불구하고 이러한 일이 자주 발생한다. 왜 치료사들은 AAPT와 AAT에 대한 충분한 교육과 감독의 필요성을 느끼지 못할 만큼 다르게 보는 걸까?

아마도 우리가 동물 동반자들과 공유하는 친숙함이, 이 분야에 대해 더 많이 배워야 한다는 필요성을 어느 정도 눈감게 만드는 것 같다. 또는 필요한 정보가 최근까지는 대중적으로 널리 알려지지 않았기 때문일 수도 있다. 집에서 가족들과의 상호작용을 즐기는 것처럼 보이는 개가, 낯선 환경과 소리, 그리고 정기적으로 새로 만나는 사람들로 가득한 작업 환경에서는 훨씬 더 스트레스를 받을 수 있다는 점을 상상하기 어려울 것이다. 동물들의 스트레스 신호는 대개 조용하고 미묘하기 때문에, 내담자들이 동물을 열렬히 환영하는 상황에서 이를 완전히 간과하기 쉽다.

책임감 있는 치료사들 조차 이 분야에서 충분한 교육이 필요하다는 점을 간과하는 이유가 무엇이든, 실제로 적합하지 않거나 심하게 스트레스를 받은 동물들이 자랑스럽게 '치료매개동물'로 소개되는 사례가 많다. 최근 한 치료사가 소셜미디어에 그녀의 '치료매개견'과 그녀의 아기가 함께 찍은 사진을 게시했다. 그 사진에서 개는 소파 위에 걸터앉아 있었고, 아기는 중간에 있는 담요 위에 누워 있으며, 한 부모가 아기의 반대편에 앉아 있었다. 사진의 설명에 "Fido는 새로운 동생을 사랑해요."라고 적혀 있었다. 하지만 내가 본 것은 사랑과는 거리가 멀었다. Fido는 여러 가지 스트레스 신호를 보였다: 다물어진 입, 주름진 이마, 흰자위가 보이는 눈, 살짝 고개를 돌리는 모습, 온몸에 긴장된 근육, 그리고 내려간 귀. 이 치료사는 왜 자신의 개가 극도로 불편해하고 있다는 것을, 그리고 개를 그 자리에 억지로 있게 함으로써 아기가 물릴 위험이 있다는 것을 알아차리지 못했을까? 그녀는 나쁜 엄마도, 나쁜 치료사도 아니었다. 단지 자신의 개에게 무슨 일이 일어나고 있는지 몰랐을 뿐이다. 만약 그녀의 개가 집에서 그렇게 스트레스를 받는다면, 이는 치료 내담자들에게도 위험을 초래할 수 있다. 이는 개가 생각보다 더 스트레스를 받고 있고, 사람과 마찬가지로 동물에게도 스트레스가 누적될 수 있기 때문이다.

치료사들이 어느 정도 인식하고 있더라도, 여전히 심층적인 온라인 강좌를 듣는 것만으로 충분하다고 믿거나, 자원봉사 방문 프로그램의 일환으로 자신의 동물을 등록시키는 것이 심리치료에 동물을 참여시키기 위한 준비의 전부라고 생각하는 사람들이 많다. 우리는 그렇게 생각하지 않는다. 업무 범위 문제는 위험 관리와 충돌할 수 있으며, 동물을 치료나 교육 작업에 참여시키고자 한다면 여러 이유로 실습 교육과 감독을 받는 것이 중요하다.

AAT(Animal-Assisted Therapy) 분야의 다른 리더들도 인간과 동물 모두에 대한 광범위한 교육의 중요성을 강조하고 있다(Chandler, 2017; Fine, 2015; Parish-Plass, 2013). 한싱(Hansing, 2014)은 상담사의 자기 효능감이 실습 및 기술 개발 요소가 포함된 과정을 통해 가장 잘 개발된다는 사실을 발견했다. 미국심리학협회는 AAT를 효과적으로 수행하기 위해 다양한 역량이 필요함을 인식하고 연구를 바탕으로 AAT 수행을 위한 역량을 수립했다(Stewart et al., 2016). 치료사, 동물 행동 전문가, 수의사들의 의견을 바탕으로 5년간의 연구 끝에 국제동물매개놀이치료연구소(International Institute for Animal Assisted Play Therapy®)는 자격증 프로그램을 위한 기본 역량을 제시했다(International Institute for Animal Assisted Play Therapy®, 2013; www.iiapt.com에서 확인 가능). 이 역량은 미국심리학협회가 제시한 것과 상당 부분 겹친다.

AAPT(Animal-Assisted Play Therapy)를 수행하기 위해 필요한 역량은 다음에 요약되어 있다. 여기에는 인간 치료사들이 갖춰야 할 역량뿐만 아니라 동물들이 필요로 하는 준비와 기술도 포함된다. 이후의 장에서 이러한 역량에 대해 자세히 설명할 것이다.

AAPT를 위한 치료사 역량

치료사에게는 아래 8가지 주요한 역량이 요구된다. 각각이 굉장히 많은 지식과 기술을 요하는 것이며 다음 장에서 자세히 설명할 것이다.

- 치료적 기술(일반적)
- 놀이치료
- 동물 행동
- 동물 핸들링
- 분리된 주의집중

- 내담자와 동물의 상호작용 촉진
- 윤리와 복지
- 관계

이 역량의 핵심은 관계이다. 다른 모든 영역 역시 필수적이고 동시에 AAPT에 필요한 관계 유형을 형성하는 데 기여한다.

AAPT에 동물을 준비시키기

AAPT를 적용하는 사람은 반드시 동물을 마련해야 한다. 이 역시 복잡한 기술 세트를 필요로 하며, 프로그램에 참여하는 모든 사람이 이를 숙지해야 한다. 이러한 폭넓은 지식과 기술 영역은 아래에 나열되어 있으며, 제8장에서 더 자세히 다룰 것이다.

- 선별
- 사회화
- 긍정적 훈련
- 명료한 의사소통
- 환경
- 관계

다시 말하지만, 관계가 핵심이며, 관계가 다른 기술들을 개발하고 유지시키는 맥락을 제공한다.

치료사 역량

지식은 오고 가지만 지혜는 오래 머문다. 비교적 짧은 시간 내에 방대한 양의 사실을 머릿속에 저장하는 것은 어렵지 않지만, 판단을 내리는 능력은 혹독한 훈련과 경험 및 성숙을 통한 단련이 필요하다.

–캘빈 쿨리지(Calvin Coolidge)

AAPT를 효과적으로 사용하려면 치료사, 즉 동물매개치료사의 상당한 지식과 기술이 필요하다. 이는 효과적인 AAPT 접근을 통해 내담자에게 혜택을 주고 관련된 모든 동물의 복지를 보장하는 데 필수적이다. 전문 치료 세션에 동물을 참여시키는 것은 자원봉사 방문 및 사회적 지원 프로그램과 질적으로 다르다. 자원봉사 프로그램도 중요하고 가치 있지만 환경이 다르고 기대치가 다르며 과정이 다르다. 치료는 정신건강이나 신체 건강 측면에서 지극히 개인적인 문제를 해결하도록 돕는 것이므로 전문가와 내담자 사이에 보다 친밀한 관계가 필요하다. 동물과의 상호작용 범위가 넓을수록 유익하지만 치료 과정에 있는 모든 사람에게 더 많은 요구가 부과된다. 구체적으로 내담자에게 요구되는 사회적 · 정서적 · 행동적 작업의 양, 동물에게 요구되는 작업 시간 및 활동 내용, 치료사에게 요구되는 다양한 치료 기술 접목과 내담자를 돕는 동시에 동물복지를 모니터링하기 위한 지속적인 주의 분산 능력 등이다. 이러한 이유로 업무 범위를 고려해야 한다.

여기에는 크게 두 가지 형태가 있다. 첫째, 전문가들은 AAPT 세션을 능숙하게 관리하고 이 접근 방식이 제공하는 이점을 최대한 활용하기 위해 많은 학습이 필요하다. 온라인 AAT 과정을 수강하는 것만으로는 충분하지 않지만, 좋은 과정은 작업에 대한 훌륭한 안내가 될 수 있다. 며칠 만에 '인증'을 해 주는 라이브 워크숍도 있지만, 단 며칠 만에 필요한 모든 것을 제공하는 것은 불가능하다고 생각한다. 또한 주된 목적이 자원봉사 및 방문 프로그램이었던 경우 '치료팀(therapy team)'으로 등록되었다는 것만으로 충분하지 않다. 이러한 프로그램 역시 입문용으로 유용할 수 있지만, 애당초 초점이 달라서 동물 파트너와 전문적인 치료를 통합하는 데 필요한 실습 기술을 충분히 깊이 있게 다루지 않는다. 더 배워야 할 것이 많다.

둘째, 일부 지역에서는 비전문가가 적절한 전문가의 도움 없이 동물과 함께 정신건강 및 의료 중심 프로그램을 운영하는 경향이 증가하고 있다. 일부 형태의 AAI는 단순히 생활 기술을 배우거나 치료보다는 코칭에 초점을 맞추지만, 때때로 그 구분이 모호해지기도 한다. 예를 들어, 외상 후 스트레스 장애가 있는 내담자와 함께 일하지만 플래시백이 발생할 때 어떻게 대처해야 하는지, 트라우마 치료의 복잡한 과정을 어떻게 도울 수 있는지에 대한 지식이 없는 경우 심각한 문제가 발생할 수 있다. 우리는 극도로 취약한 사람들을 '치료'하기 위해 말 프로그램을 '치료'로 제공하는 곳을 방문한 적이 있는데, 직원들은 좋은 의도를 가지고 있지만 트라우마에 대한 적절한 정신건강 치료를 교육받은 적이 없었다. 일부 직원은 자신도 외상 후 스트레스 장애를 겪었기 때문에 내담자의 감정을 잘 알고 있다고 자랑스럽게 말하기도 했다. 이러한 취약한 내담자에게는 아무리 선의의 직원이라도 해를 끼칠 수 있다. 또한 정부 면허법에 특정 문제를 독립적으로 다루는 데 필요한 학습, 감독 및 역량 수준이 명시되어 있으므로 이는 불법일 소지가 있다.

이러한 업무에 교육자와 보조 전문가가 참여하는 것을 전적으로 지지하지만, 정신건강 문제로 넘어갈 경우 정신건강 전문가의 지원이 필요하다. 작업치료, 물리치료, 언어치료도 마찬가지이다. 나중에 이러한 지원 제공을 위한 우리 모델과 다른 여러 모델에 대해 논의할 것이다. 교육 및 코칭 AAI 프로그램이 사회적·정서적·행동적 또는 의학적 문제 영역으로 넘어갈 때는 최소한 조정과 협력이 필요하다. 우리는 지원이 필요한 시기를 제안하는 간단한 리트머스 테스트를 사용한다. 특정 유형의 문제에 대해 AAI를 진행하고자 하는 사람은 다음과 같은 질문을 스스로에게 해 보라: 동물이 개입하지 않는다면, 이러한 유형의 내담자 문제에 대해 개입을 수행할 수 있는 능력과 자신감, 자격을 갖추고 있는가? 그렇지 않다면 정신건강 전문가와 협력해야 할 때이다.

이 장의 나머지 부분에서는 AAPT 전문가가 개발해야 할 역량에 대해 설명할 것이다. 이러한 역량은 내담자와 보조 동물 모두를 도울 수 있는 자신감과 효과성을 획득하기 위해 반드시 필요하다. 기본적으로 치료사는 동물복지와 인도적인 치료를 보장하는 동시에 최고 수준의 전문적 관행에 부합하는 치료 계획을 수립하고 내담자와 협력할 수 있는 능력을 갖추어야 한다.

[그림 7-1]은 앞서 설명한 대로 영역별로 필요한 역량을 보여 준다. 모든 영역에서 AAPT에 필요한 관계 유형이 요구되고 기여하기 때문에(제5장에서 설명한 대로) 관계는 이러한 역량의 핵심이다. 다음은 각 역량에 대한 자세한 설명이다.

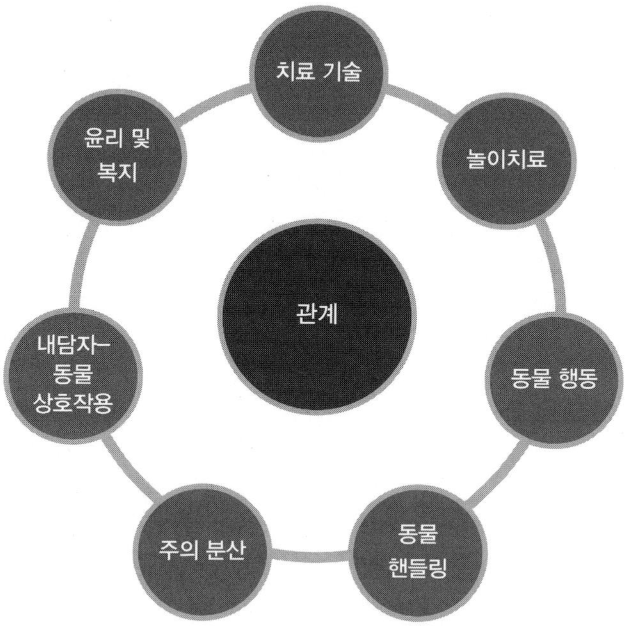

[그림 7-1] AAPT 실무자에게 요구되는 역량

치료 기술

AAPT를 유능하게 진행하려면 치료사는 핵심 원칙을 이해하고 심리치료 또는 상담에 필요한 기본 기술을 갖추고 있어야 한다. 여기에는 다음과 같은 것들이 포함된다. 라포 및 협력적 관계 구축, 내담자 평가, 전체 상황을 객관적으로 모든 관련 수준에서 파악하기, 내담자와 치료 계획 개발, 가장 적합한 개입 결정, 개입을 제공할 수 있는 기술 확보, 세션 내에 내담자 촉진 및 프로세싱, 상담 전략이 이론적 근거가 있고 가능한 경우 경험적으로 뒷받침되는지 확인, 세션에서 정서적 및 대인관계적 안전 유지, 정기적으로 내담자와 목표에 대한 진행 상황 검토, 세션 문서화, 관련될 수 있는 다른 서비스와의 연결, 법정 증언 준비, 현장의 발전 상황을 파악, 윤리적 실천, 업무의 사업적 측면 관리 등. 이는 임상의가 일반적으로 대학원과 인턴십에서 개발하는 지식과 기술이다. 이 모든 것이 복잡하기 때문에 동물을 포함시키기 전에 이러한 배경지식과 경험을 먼저 갖추는 것이 좋다.

다른 직업도 마찬가지이다. 예를 들어, 작업치료사, 물리치료사, 언어치료사는 먼저 내담자를 평가하고 관련 개입을 수행해야 한다. 교실에서 특별한 도움이 필요한 학생을 위해, 또는 음악이나 스포츠 실력을 향상시키기 위한 도구로 AAPT를 활용하고자 하는 교육자들도 마찬가지이다. 그들은 먼저 교사여야 한다.

동물을 데려온 후에는 이러한 기술이 자연스럽게 발휘되어야 하므로 배경 지식과 경험을 먼저 쌓는 것이 중요하다. 앞으로 살펴볼 것처럼 동물의 존재는 완전히 새로운 수준의 인식을 필요로 하기 때문에 기존 전문 분야에서 자신이 해 왔던 방식과 달리 새롭게 집중할 수 있어야 한다. 높은 수준의 치료 역량을 갖추었음에도 불구하고 AAPT를 처음 시작하는 사람들은 세션에서 일시적으로 동물에게 너무 집중하여 평소 놓칠 수 없는 상담의 기본을 간과하는 경우가 종종 있다고 보고한다.

치료 경험이 없는 사람(보조 전문가)이 AAPT에 참여하는 경우에도 치료 과정에 대한 기본적인 이해가 중요하다. 정식 자격을 갖춘 치료사와 협력하여 일하기 때문에 해당 분야의 학위나 면허가 필요하지 않지만, 몇 가지 핵심 원칙과 관행을 이해해야 한다.

나는 한 승마 프로그램에서 말뿐만 아니라 자신의 분야에 대해 상당한 훈련을 받은 정신건강 전문가가 마음은 훌륭하지만 상담에 대한 훈련이 전혀 없는 '말 쪽 사람'을 프로그램에 투입한 것을 본 적이 있다. 참가자 중 한 명이 눈물을 흘리자 말이 옆으로 다가왔는데, 훈련을 받지 않은 보조자가 내담자를 팔로 감싸안으며 "울지 마세요. 다 괜찮을 거예요."라고 말하기 시작했다. 이러한 반응은 더 많은 울음과 필요한 치료 프로세스의 중단, 그리고 그룹의 조절력 방해로 이어졌다. 치료사는 상황을 정상으로 되돌릴 수 있었지만 프로그램에 참여하는 모든 사람이 치료 관행과 프로토콜을 어느 정도 이해해야 한다는 것을 금방 깨달았다.

놀이치료 역량

놀이치료를 효과적으로 실행하려면 치료사는 놀이치료의 발달, 임상 및 가족 적용에 대한 철저한 지식이 있어야 한다. 이러한 전문적 배경지식이 없으면 사례 결정에 심각한 문제가 발생할 수 있다. 또한, 치료사가 놀이치료를 AAT와 결합하기 전에 놀이치료에 대한 발달 및 임상적 기반을 탄탄하게 갖추기 위해 미국 등록 놀이치료사, 영국 자격 놀이치료사, 캐나다 공인 놀이치료사 또는 다른 국가에서 이에 상응하는 자격증을 취득하는 것이 바람직하다. 그저 치료 세션 중에 내담자가 함께 놀거나 쓰다듬을 수 있도록 개를 데려오는 것은 AAPT에 해당하지 않는다.

AAPT에 참여하는 다른 전문가와 준전문가에게는 놀이치료에 대한 최소한의 지식이 필요하다. 이를 통해 내담자의 안전, 동기 부여 및 프로세스를 제공하는 데 있어 놀이의 중요성을 이해할 수 있다. 최소한 세션에 가벼움, 유머, 놀이성을 불어넣는 방법과 더 진지한 태도가 필요할 때는 어떻게 해야 하는지 알아야 한다. 치료에서 놀이의 기술은 생각만큼 간단하지 않다.

AAPT를 시작하려면 비지시적 놀이치료(NDPT)라고도 알려진 아동중심놀이치료(CCPT)에 익숙해지는 것이 좋다. 실행 방식에는 약간의 차이가 있지만 대부분의 접근 방식은 차이점보다 유사점이 더 많다. 반플릿의 10시간 온라인 강좌(2014a; http://risevanfleet.com/shop/product/child-centered-play-therapy-dvd), 아동중심놀이치료 책(Van Fleet et al., 2010), 기타 자료(Axline, 1969; Landreth, 2012; K. Wilson & Ryan, 2005) 등이 좋은 참고 자료이다. CCPT/NDPT는 그 자체가 경험적으로 뒷받침되는 핵심적인 놀이치료 형태일 뿐만 아니라 다른 형태의 놀이치료 및 중재와 함께 사용할 수 있는 기술을 제공한다.

동물 행동

기존의 많은 AAI 프로그램에서는 적합한 동물을 선택하고 훈련시킨 다음 15개 또는 20개의 행동 과제를 테스트하여 적합한지 확인하는 데 중점을 둔다. 동물이 해당 과제를 수행하면 앞으로 과업을 잘 수행할 수 있을 것으로 가정한다. 하지만 항상 그런 것은 아니다. 동물은 과제를 수행할 수 있지만 여전히 방문으로 인해 스트레스를 받을 수 있다. 이러한 접근 방식은 가치 있지만, 동물에게 많은 책임을 지우게 될 수 있다.

AAPT에서는 동물복지에 중점을 두기 때문에 팀을 평가하는 또 다른 접근 방식이 사용된다. 이 접근 방식은 위험 관리를 보장하는 동시에 동물이 참여하는 활동에 더 큰 유연성을 허용한다. 동물은 여전히 적절성을 평가받지만, 동물을 다루는 치료사에게 훨씬 더 많은 책임이 부여된다.

만약 우리가 인간 치료사나 공동 촉진자와 함께 일하게 된다면, 우리는 그 사람에 대해 알고 싶고, 그들의 관심사가 무엇인지, 어떤 방법을 사용하는 경향이 있는지, 그들의 촉진 스타일이 무엇인지 알고 싶을 것이다. 또한 내담자와 함께 일할 때 프로세스에 대해 명확히 알 수 있도록 서로에 대해 더 많이 소통할 것이다. 크로스 트레이닝을 할 수도 있다. 세션에서 비언어적 의사소통이 이루어질 수 있도록 서로의 신체 언어에 대해 꽤 많은 대화를 나눌 것이다.

동물과 함께 일하는 것도 크게 다르지 않다. 우리는 동물이 어떤 방식으로 일하는지, 동물이 어떤 일을 좋아하는지, 그리고 우리 삶에서 동물과 가장 잘 소통하고 함께 일할 수 있는 방법을 이해해야 한다. 동물의 감정과 반응을 전달하는 미묘한 표정을 읽을 수 있어야 한다. 동물 행동 분야에 이러한 능력에 기여하는 몇 가지 핵심 영역을 다음에 설명하였다.

동물행동학

동물행동학은 일반적으로 동물, 자연환경에서 동물 행동에 대한 과학적 연구이다. 동물은 그 환경의 다양한 상황에서 무엇을 하고 있을까? 다양한 행동은 어떤 적응적 목적을 가지고 있을까? 간단히 말해, 동물은 무엇을 하고 있으며 그 이유는 무엇일까? 각 종뿐만 아니라 환경의 다양한 측면과 각 종의 상호작용에 대한 동물행동학적 설명이 있다. 예를 들어, 퍼트리샤 매코널(Patricia McConnell, 2002)의 고전인 『목줄의 다른 쪽 끝(The Other End of the Leash)』에서는 개과 동물의 행동과 인간의 행동을 병치하여 단순히 서로 다른 종이기 때문에 발생할 수 있는 오해를 살펴보았다. 이와 유사하게 동물행동학자 마사 카일리-워딩턴(Martha Kiley-Worthington, 1997)의 『말의 복지(Equine Welfare)』는 말에게 인간의 가치를 강요하는 것의 위험성을 강조하며, 의도와 달리 말에게 실수로 해를 끼치고 고통을 줄 수 있음을 보여 준다.

모든 과학이 그렇듯이 더 많은 관찰과 데이터를 통해 이해에 변화가 생긴다. 또한 대중화된 과학 중에 매우 부정확한 정보가 있을 수 있으며, 이는 동물과 인간의 관계에 해로운 관행으로 이어지기도 한다. 한 예가 사회적 동물에 대한 지배력 개념을 잘못 적용한 경우이다. 이로 인해 '동물에게 누가 보스인지 보여 주기 위해' 고안된 통제 장치와 기법을 사용하게 되었다. 이는 결과적으로 불필요하고 고통스러운 훈련 방식과 일방적인 통제 위주의 관계로 이어졌다. 이 중 대부분은 구식이거나 심각하게 잘못 해석된 행동학에 기반하고 있다.

우리가 함께 일하는 동물의 종에 대해 가능한 한 정확하게 이해하는 것이 중요하다. 위에서 언급한 퍼트리샤 매코널의 책과 더불어 『개를 위한 사랑(For the Love of a Dog)』(2005)은 개를 이해하기에 좋은 출발점이 될 것이다. 개에 관한 연구와 정보를 얻을 수 있는 다른 좋은 책으로는 미클로시(Miklosi, 2015)와 호로위츠(Horowitz 2009, 2016)가 있다. 말의 경우, 카일리 워딩턴(Kiley-Worthington)의 저작(1987, 1997)이 고전이며, 말릿 웬트(Marlitt Wendt, 2011a)의 『말은 어떻게 느끼고 생각할까(How Horses Feel and Think)』는 사진으로 단순하게 설명되어 있고 카일리 워딩턴과 리스(Kiley-Worthington & Rees, 1984)가 설명한 내용과 같이 정확하면서 최신의 정보를 제공하고 있다. 고양이의 경우 브래드쇼(Bradshaw, 2013)가 좋은 출발점이 될 수 있다.

고전적 조건형성 및 조작적 조건형성

AAPT에 관심이 있는 치료사도 과거에 학습했던 학습의 기본 원리를 상기할 필요가 있다. 응용 행동 분석에 대한 배경지식은 매우 유용하다. 이는 가정과 직장에서 동물에게 사람과 함께 행동하는 방법을 가르칠 때 사용하는 방법이다(예: 개가 목줄을 느슨하게 매고 걷거나 사람에게 뛰어오르지 않고 인사하는 법을 배우거나 말에게 사람을 밀치지 않고 걷도록 돕는 것). 피할 수 없는 문제가 발생했을 때에도 유용하다. 개와 말이 다른 내담자보다 일부 내담자와 더 잘 어울리는 경우도 드물지 않다. 때로는 한 성별을 불편해하거나 움직임이 불규칙한 어린이, 특정 정신건강 문제가 있는 내담자와 잘 어울리지 않을 수 있다. 내담자가 동물과 함께 일하도록 강요해서는 안 되는 것처럼, 동물도 부정적이거나 스트레스 반응을 보이는 내담자와 함께 일하도록 강요해서는 안 된다. 때때로, 내담자나 활동에 대한 가벼운 스트레스 반응은 역조건화로 다른 연상을 구축함으로써 완화될 수 있다. 혹은 치료사가 세션을 다른 방향으로 이끌 수 있다.

때때로 치료사들은 개를 훈련사에게 보내 기본적인 매너를 가르치기도 한다(위탁 훈련). 이는 말의 경우 더욱 흔하며, 무리와 떨어져 낯선 장소에 있기 때문에 스트레스가 될 수 있다. 어쨌든 치료사는 훈련을 계속해야 하고, AAPT에서 관계는 매우 중요하기 때문에 일반적으로 치료사는 자신의 동물을 혐오적인 방식으로 훈련하지 않는 훈련사나 클래스에서 함께 훈련하는 것이 좋다. 이러한 개인적인 참여는, ① 관계를 구축하고, ② 개나 말을 가르치기 위한 기본적인 행동주의 적용 방법을 익히고, ③ 내담자가 개나 말을 가르칠 수 있도록 도울 수 있는 능력을 연마하게 해 준다. 다른 종과의 작업도 마찬가지로 행동주의에 대한 기본적인 이해가 중요하다. 다음 장에서 동물 훈련 역량에 관련하여 긍정강화, 보상 기반 방법에 대해 자세히 다룰 것이다.

동물의 신체 언어

개발해야 할 가장 중요한 동물 행동 역량 중 하나는 동물의 신체 언어를 잘 읽는 것이다. 동물은 일반적으로 사람이 사람의 몸짓을 읽는 것보다 훨씬 더 미묘한 차이를 읽어내는 것으로 보인다. 첫 번째 단계는 주의를 기울이는 것이고, 두 번째 단계는 다양한 신체 신호의 의미를 파악하는 것이며, 세 번째 단계는 신체가 제공하는 모든 신호를 읽으면서 그 신호가 발생하는 맥락에 주목하여 정확하게 해석하는 것이다(VanFleet, 2013a). 인간을 포함하여 여러 종에 걸쳐 몇 가지 유사점이 있다. 예를 들어, 털에 물이 없을 때 털을 흔드는 것은 스트레스 신호이거나 어떤 상태 또는 활동에서 다른 상태로 전환하는 신호이다. 또한 종마다 차이가 있으므로 AAPT 실무자는 함께 일하는 각 종의 신체 언어에 능통해지는 것이 중요하다.

말과 함께 시간을 보낸 많은 사람들은 말의 명백한 언어 표현을 배우는데, 귀를 뒤로 젖히는 것을 분노로, 안절부절못하는 것을 불안의 신호로 인식하게 된다. 그러나 동물이 느끼는 감정을 해석할 때 신체의 한 부분에만 의존하지 않는 것이 중요하다. 인간은 경험과 관찰을 통해 누군가가 웃고 있어도 그것이 항상 기쁘거나 행복한 상태가 아닐 수 있음을 안다. 자세히 살펴보면 눈을 맞추지 않고 미소 짓거나, 눈빛이 강하거나, 입과 얼굴 근육이 긴장하고 있거나, 팔이 몸에 딱 붙어 있는 것과 같은 모습을 발견할 수 있다. 이 모든 것을 보고도 그 사람이 웃고 있기 때문에 행복하다고 오해하는 사람은 아무도 없을 것이다. 동물의 경우에도 신체 부위 하나만으로는 모든 것을 알 수 없다. 어떤 감정인지 분석할 때는 얼굴 전체와 머리부터 꼬리까지 자세 전체를 살펴보는 것이 중요하다. 또한 맥락은 중요한 단서를 제공한다. 비지시적 놀이치료에서 아동의 놀이 주제를 해석할 때 놀이치료실 안과 밖의 맥락을 이해해야 하는 것처럼, 특정 상황에서 표출될 가능성이 가장 높은 감정을 해석할 때 동물이 처한 맥락도 고려해야 한다.

동물의 신체 언어에 대해 배울 수 있는 좋은 자료가 많이 있다(개의 경우 Byrnes, 2008; Rugaas, 2006a, 2006b; VanFleet, 2013a; http://risevanfleet.com/shop/product/canine-commumcation-in-aapt, 고양이의 경우 Bymes & Munera, 2013, 말의 경우 Faa-Thompson & VanFleet, 출판 중; Hogg, 2003, 2009; Kiley-Worthington, 2005; Rees, 1984; Waring, 2003; Wendt, 2011a, 2011b, 2012). 이러한 인식과 기술을 개발하여 커뮤니케이션 신호를 유창하게 읽을 수 있으려면 시간이 걸린다. 이러한 능력을 개발하면 동물이 스트레스를 받거나 피곤할 때 더 빠르게 인식할 수 있고 더 신속하고 적절한 대응이 가능해진다. 또한 이러한 능력은 동물과 좋은 관계를 발전시키고, 내담자가 타인에 대한 공감 능력을 키우도록 돕고, 위험을 관리하는 데 매우 중요하다. 치료사가 동물의 스트레스 신호를 발견하면 여러 조치를 취할 수 있다. 예를 들어, 내담자의 관심을 유도하거나 동물이 보다 편안해질 수 있도록 내담자가 돕게 하거나, 내담자에게 제한 설정을 하거나, 동물이 스트레스 상황을 벗어나게 할 수 있다. 치료사에 의해 이루어지는 이 모든 반응들이 치료적 가치를 가진다.

신체 언어를 유창하게 읽을 수 있으면 잠재적으로 위험한 상황을 조기에 파악할 수 있다. 상황을 조기에 인지하고 개선할 수 있으면 상황을 '통제'하기 위해 목줄이나 기타 번거로운 장비가 많이 필요하지 않으므로 전체 과정에 유연성이 더해진다. AAPT에 능숙해진다는 것은 동물의 눈, 코, 귀, 근육 긴장, 입술 핥기, 고래 눈, 꼬리 흔들기, 몸 털기, 자세, 수염 등을 관찰하는 법을 배운다는 것을 의미한다. 여러 가지 면에서 외국어를 배우는 것과 비슷하며 많은 문이 열린다.

조금 더 복잡하게 들어가자면, 동물마다 고유한 의사소통 방식이 있기 때문에 한 동물의 신체 언어를 배웠다고 해서 우리가 알아야 할 모든 것을 배웠다고 할 수는 없다. 인간의 신체 언어와 마찬가지로 비언어적 의사소통의 총체는 경험, 문화, 환경, 자연 생물학 및 기타 요인에 따라 종별 및 개체별 의사소통 행동이 달라진다. 때때로 개체마다 신체 언어에 '특이점'이 있다. 예를 들어, 버스터(트레시의 말)는 매우 불안하거나 스트레스를 받으면 아랫입술을 빠르게 펄럭인다. 스트레스를 받는 상황에서 다른 아라비안 말에게 이런 행동을 본 적이 있다. 그러나 나의(트레시) 다른 아라비안 말인 찰리와 다른 말들은 그런 행동을 보이지 않는다. 카일리 워딩턴(Kiley-Worthington)이 아라비안 무리에 대해 종단연구를 한 책이나 다른 어떤 말의 신체 언어에 관한 책에서도 이 행동이 언급된 적이 없다. 그럼에도 불구하고 이 행동은 존재하며, 버스터에게 이 행동이 어떤 의미인지 이해한다. 구경꾼들은 입술을 펄럭이는 것만 보면 우스꽝스럽다고 생각할 수 있지만, 그 너머로 부푼 눈과 뻣뻣한 꼬리, 긴장된 얼굴 근육을 보면 말이 불편하다는 것을 금방 알아차릴 수 있다.

동물 핸들링

치료사는 동물을 다루고, 돌보고, 이동하는 방법, 즉 말의 고삐를 풀거나 이끄는 방법, 목줄을 당기지 않고 개를 산책시키는 방법, 동물의 특별한 신체적 필요에 따라 활동을 조정하는 방법 등을 알아야 한다. 물론 여기에는 기본적인 돌봄 방법도 포함된다. 때때로 내담자 스스로 이러한 것들을 알아내도록 요청받지만, 치료사는 동물에게 무엇이 효과가 있는지,

무엇이 통증이나 불편함을 유발할 가능성이 있는지를 알아야 하고 그러한 것들을 관찰해서 필요에 따라 내담자를 안내해야 한다.

사람들은 흔히 동물이 꺼려 하는 방식으로 만진다. 대체로 개들이 싫어하는 방식으로 목을 끌어안거나, 말이 보기 어려운 말의 얼굴 부위를 토닥인다. 실제로 사람들은 동물에게 불쾌함을 주는 방식으로 토닥이는 경향이 있다. 쇼 점프나 다른 수준 높은 승마 스포츠를 시청하다 보면, 수행이 끝났을 때(말이 모든 것을 쏟아부었을 때) 기수가 말의 목을 여러 번 세게 때리는 동시에 등자에 서서 고삐를 당기는 찰나의 장면을 볼 수 있다. 그럴 때 말의 표정을 보라. 결코 즐거운 표정이 아닐 것이다. 토닥이는 행동이 유쾌하지 않을 수 있음에 의구심이 든다면 자신의 머리 위를 두드려 보라. 잠시 멈추고 어떤 느낌인지 생각해 보라. 그런 다음 같은 부위를 쓰다듬어 보라. 어느 쪽이 더 기분이 좋은가? 언제나 그렇듯이 쓰다듬는 것이 더 편안하다. 이것은 내담자에게도 알려 주어야 하지만, 먼저 우리 스스로가 이러한 점을 인식해야 한다.

또 다른 일반적인 핸들링 실수는 개나 말을 팽팽한 리드줄로 당기는 것이다. 누군가 우리 목이나 허리에 밧줄을 묶어 끌고 갈 때 우리가 느끼는 것처럼 개나 말도 저항하는 경우가 많다. 때때로 우리는 목줄을 팽팽하게 당겨서 원하는 곳으로 개를 '조종'하기도 한다. 이러한 방식은 협조를 이끌어 내는 경우가 드물고 동물에게 신체적 손상을 입힐 수 있다. 팽팽한 직선보다는 '줄에 미소가 지어진' 느슨한 줄의 상태로 작업하는 것이 중요하다. 또한 핸들링을 잘하면 치료사가 동물에게 끌려다니는 것을 방지할 수 있다. 배워야 할 핸들링 기술이 많이 있다.

세션 내에서도 핸들링에 여러 가지 고려 사항이 있다. 개의 경우 두 가지 주요 옵션이 있다. 치료사가 자신의 개를 직접 다루거나, 치료매개동물로 훈련받은 개를 데려온 다른 사람과 함께 일하는 것이다. 일반적으로 자신의 개를 직접 다루는 치료사의 경우, 앞에서 언급한 모든 행동 및 핸들링 기술을 익히는 것이 중요하다. 핸들링을 잘하는 것은 부상을 피하고, 미리 준비하고, 주어진 상황에 능동적으로 대처할 수 있는 또 다른 방법이다.

치료사가 개의 핸들링 및 AAT에 대한 배경지식을 갖춘 사람과 함께 일하기로 선택한 경우, 내담자 정보 기밀 유지 및 일정 조율 등 해결해야 할 몇 가지 영역이 있다. 치료사 역시 AAT에 대한 최소한의 이해와 개 핸들링에 대한 기본적인 이해가 있어야 하며, 개를 핸들링하는 사람은 활용 예정인 놀이치료 접근법의 기본 원칙과 방법을 이해해야 한다. 치료사와 개 핸들러가 서로의 분야에 대해 더 익숙해지면 세션 중에 효율적이고 효과적으로 작업하는 데 도움이 되는 파트너십을 구축할 수 있다.

별도의 개 핸들러와 함께 일할 때 또 다른 문제는 아동과 함께할 때 발생한다. 방에 있는 어른의 수가 내담자에게 압도적인 느낌을 주어서는 안 된다. 특히, 이미 어른을 불신하는 일부 아동과 청소년의 경우, 핸들러가 한 명 더 있으면 마음을 열기가 더 어려워질 수 있다. 치료사가 자신의 개를 다루는 것이 가장 간단하고 일반적인 AAPT 진행 방법이지만, 별도의 개 핸들러를 배치하는 것도 때때로 실행 가능한 대안이 될 수 있다

말과 함께 할 수 있는 옵션도 있다. 개인 내담자나 소규모 가족을 대상으로 하는 경우, 치료사가 말 다루는 기술을 완전히 습득하고 말을 잘 안다면 치료사는 세션 중에 자신의 말을 다룰 수 있다. 말 경험이 적거나 대규모 그룹 또는 가족과 함께 작업하는 치료사에게는 말 핸들러가 포함된 모델이 더 적절하다. 말은 큰 동물이고 대부분의 내담자에게 개만큼 친숙하지 않기 때문에 느슨한 상태나 머리 고리와 로프에 묶여 있을 때 잘 다루고 쉽게 관리할 수 있어야 한다. 이갈라(EAGALA; www.eagala.org)에서 사용하는 모델은 매우 유용하다. 이갈라는 말과 함께하는 지상 활동만을 사용하며, 모든 경우에 정신건강 전문가와 말 전문가가 짝을 이루어 활동한다. 두 사람 모두 동일한 교육을 받지만 세션 중 역할은 다르다. 정신건강 전문가는 내담자에게 집중하고 말 전문가는 동물에게 집중한다. 마지막에는 두 전문가가 관찰한 내용을 바탕으로 토론할 질문을 제기하여 그룹에 디브리핑할 수 있다. 말을 타려면 치료사는 승마에 대한 충분한 기술과 경험이 있어야 하며, 그렇지 않은 경우 승마 경험이 있고 치료 과정의 특성을 이해하는 보조자를 고용해야 한다. 장애인승마협회(www.rda.org.uk)와 국제치료승마협회(PATH; www.pathintl.org)에서 AAPT에 적용 가능한 접근법에 대한 자세한 정보를 확인할 수 있다.

주의 분산

가끔 "무엇이 우선인가?"라는 질문을 받는다. "내담자가 우선인가, 동물이 우선인가?" 이 작업의 고유한 특징을 반영했을 때 대답은 바로 "둘 다!"이다. 이 질문은 "치료사는 내담자의 필요와 동물의 필요를 모니터링하고 충족시키기 위해 어떻게 주의를 분산해야 하는가?"라고 표현하는 것이 더 나을 수 있다. 그러면 이 질문에 대한 답은 주의 분산(Split Attention) 방법을 배우는 것이다.

커플, 가족 또는 그룹 치료를 진행하는 사람들은 세션 중에 모든 내담자에게 무슨 일이 일어나고 있는지 계속 인지해야 한다는 사실을 잘 알고 있다. 청소년이 이야기하는 동안 어머

니는 눈을 굴리거나 한숨을 쉬고 있을 수 있다. 치료사는 이런 상황을 인지하고 치료의 일부로 다루어야 한다. 참가자들 사이에서 주의를 분산시키는 능력에는 이러한 인식을 유지하고, 각 참가자를 정기적으로 확인하며, 주변 시야를 사용하는 것이 포함된다. AAPT에서도 이와 동일한 과정이 사용되지만, 동물이 다른 언어(앞서 언급한 신체 언어)를 사용한다는 추가적인 복잡성이 있다. 치료사는 내담자와 동물에게 일어나는 일에 동시에 주의를 기울여야 한다. 사람과 동물의 참여자가 많을수록 더 복잡해진다. 내담자가 동물의 복지를 침해하거나 동물이 사람을 침범할 때 치료사는 잠재적인 갈등 및 또는 위험을 해결하는 방식으로 상호작용을 촉진해야 한다. 어느 쪽도 다른 쪽의 불쾌한 행동을 '참아야' 하는 것이 아니다. AAPT를 처음 접하는 사람들은 종종 인간과 동물의 필요를 구분하는 능력을 개발하는 것이 어렵다고 말한다. 이는 다른 작업 방식을 의미한다. 그럼에도 불구하고 동물의 신체 언어를 더 유창하게 읽고 모든 동물을 모니터링하는 것이 중요하다는 인식을 갖게 되면 금방 그렇게 하게 되고, 더 효과적이고 덜 위험하며 더 인도적인 치료를 할 수 있게 된다.

내담자-동물 상호작용 촉진하기

내담자와 동물 간의 상호작용을 촉진하는 것은 AAPT의 수행에서 매우 중요한 역량이다. 여러 면에서 이것은 치료사가 가진 임상 기술의 연장선상에 있지만, 동물의 참여는 새로운 과제를 추가한다. 상호작용의 성격은 치료 목표와 선택한 특정 중재에 따라 다르지만 각각의 AAPT 세션에는 많은 결정 포인트가 있다. 치료사는 목표를 염두에 두고 그 목표를 향해 더 나아가기 위해 수많은 촉진적 발언과 행동을 선택해야 한다.

예를 들어, 치료사는 내담자가 개에게 새로운 행동을 훈련하며 내담자가 역량을 개발할 수 있게 도울 수 있다. 이때 치료사는 긍정강화 훈련 방법을 적용한 훈련 목표 설정, 필요한 도구, 훈련 과정에 대해 반드시 이해하고 있어야 한다. 또한 치료사는 명확하게 지시하는 방법, 내담자 대신 과제를 수행하지 않으면서 격려하는 방법, 내담자가 과정을 탐색할 수 있도록 동물이나 과정을 지나치게 통제하지 않고 내담자에게 권한을 부여하는 방법 역시 알고 있어야 한다. 또 다른 예로, 치료사는 종종 내담자가 동물의 신체 언어를 이해하도록 돕고, 동물에게 배려하는 방식으로 반응할 기회를 제공하며, 재미있고 적극적인 상호작용 개발을 통해 내담자가 건강한 관계의 주고받기에 대해 생각할 수 있도록 내담자와 동물과의 관계를 촉진하기도 한다. 마지막으로, 치료사는 아이들이 겪는 어둠과 밤, 괴물에 대한 공포와 같이 특정 문제를 가진 내담자를 도울 수 있다. 치료사는 이 문제를 다루기 위해 상상력과 창의력을 발휘하여 동물이 참여할 수 있는 활동을 고안해 내야 한다. 예를 들어, 개에게 불을 켜는 방법을 가르치거나 말에게 괴물을 밟아 달라고 부탁하는 것(아이가 만든 괴물 그림이나 부드러운 점토 모형에 발굽을 대는 것)을 통해 아이가 이러한 두려움을 극복하는 단계로 나아갈 수 있다.

어떤 개입을 선택하든 치료사는 내담자가 동물과 상호작용하고 관계를 형성하도록 돕는데, 이것이 바로 AAPT에 필요한 핵심 기술이다. 이 책의 제3부에서는 이 영역에 대해 자세히 다룰 것이다.

윤리 및 복지

윤리와 복지는 또 다른 중요한 역량 영역이므로 이 책의 제4부에서 이를 자세히 다루고 있다. AAPT는 윤리적 실천에 뿌리를 두어야 한다. 이는 모든 직업에 수반되는 윤리적 원칙과 기준뿐만 아니라 우리가 업무에 데려오는 비인간 동물의 참여에 수반되는 윤리적 관행을 의미한다. 치료사는 AAPT의 근간이 되는 원칙을 이해하고 이를 준수하려고 노력해야 한다. 의문이 생기면 슈퍼비전이나 다른 전문 토론 그룹에서 탐구할 수 있다.

동물복지는 동물이 작업에 관여하는 방식, 묘사되는 방식, '활용'되는 방식과 관련이 있다. AAPT는 동물을 존엄하게 대하고 어떤 형태의 비인격화도 피하는 것을 목표로 한다. 이는 동물과 내담자의 복지 그리고 치료사가 그들에게 제공하는 모델을 위한 것이다.

언제나 그렇듯이 윤리 및 복지 문제는 생각만큼 명확하지 않다. 제4부에서는 이 영역의 지원과 성장을 위한 실천 지침과 메커니즘을 제공한다.

관계

이 장에 나열된 각 역량 영역은 관계와 관련이 있다. 이 모든 영역은 치료사-동물 관계, 내담자-동물 관계, 치료사-내담자 관계에 영향을 미친다. 건강한 관계의 발달과 유지가 AAPT의 핵심이기 때문에, 인간 치료사에게는 높은 수준의 역량이 요구된다.

제5장에서 AAPT에서 치료사가 동물과 추구하는 관계의 유형에 대해 설명했다. 다음 장

은 동물 준비를 주제로 어떻게 동물과의 관계 형성을 촉진하는지 설명할 것이다. 이번 장에서 논의된 치료사의 역량은 다음 장에서 논의되는 효과적인 동물 준비 및 참여를 위한 전제 조건이다.

AAPT를 위한 동물 준비

모든 개는 자기만의 주인이 있어야 한다. 개를 위해 담요를 깔아 주거나 지친 몸을 이끌고 밤에 돌아와 밥을 챙겨 줄 수 있는 주인만큼 좋은 것은 없다.

-코리 포드(Corey Ford)

훌륭한 관계는 동물이 AAPT 작업을 할 수 있도록 준비하는 데 있어 중요한 핵심이다. 이러한 관계 및 업무 수행 능력에는 여러 가지 요소가 있다. 특정 특징을 염두에 두고 동물을 선택하고, 지속적으로 긍정적인 사회화 경험을 제공하고, 긍정적인 훈련 방법을 사용하여 사람과 함께 생활하고 일하는 데 필요한 기술을 가르치고, 동물이 요구 사항을 이해할 수 있도록 명확한 의사소통(언어적 및 비언어적)을 하고, 동물이 생활하고 작업할 수 있는 건강하고 자연스러운 환경을 제공해야 한다. [그림 8-1]은 동물이 AAPT 절차에 참여하기 전과 참여하면서 반드시 참고해야 하는 추가 영역이다.

동물 선별

AAPT에 동물을 참여시키려는 경우, 첫 번째 단계는 동물매개놀이치료에 적합한 동물을 선택하는 것이다. 치료사는 내담자와 어떤 방식으로 관계를 맺고 일하는지에 대한 자신의 치료적 접근을 잘 알고 있어야 하며, 현재 가지고 있는 동물이 이에 적합한지 판단해야 한다. 그렇지 않은 경우, 적합한 동물을 구해야 할 수도 있다. '좋은 적합성(Goodness of fit)'은 동물의 성격과 그 동물이 속해 있는 환경(가정과 작업 환경을 포함한) 간의 적합성을 의미한다. 이 개념은 아동 발달 연구에서 차용된 것이다(Belsky, 1984; Chess & Thomas, 1999; Lemer, 1982). 일반적으로, 적합성이 클수록 적응도 더 좋아진다. 동물의 성격은 인간과 마찬가지로 고유하며(Fratkin et al., 2013; Gosling, Kwan, & John, 2003; Jones & Gosling, 2005), 계획된 작업과 성격이 일치하는 동물을 선택하면 갈등이 줄고, 스트레스가 적으며, 관련된 모든 사람에게 더 큰 성공을 가져온다.

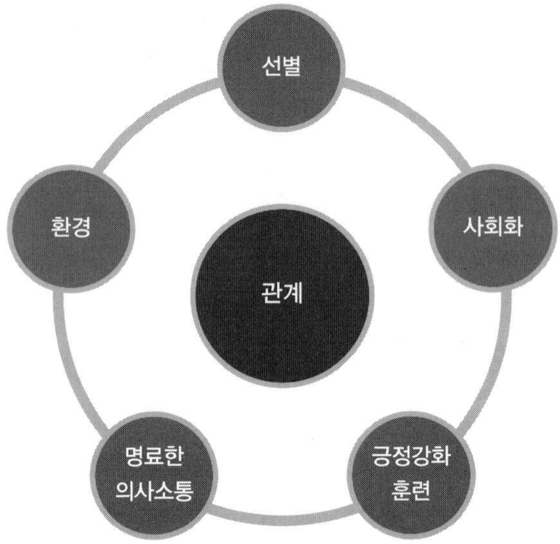

[그림 8-1] AAPT 절차에 참여하기 위한 구성 요소

어떤 품종이 필요한가

종종 동물매개놀이치료(AAPT)에 가장 적합한 개나 말의 품종이 무엇인지 자주 질문을 받는다. 하지만 이에 대한 답은 단순하지 않다. 품종 특성을 아는 것이 도움이 될 수 있지만, 이는 동물이 어떤 성향을 가질지에 대한 일반적인 정보만 제공할 뿐이다. 예를 들어, 테리어는 끈질긴 성격을 가질 가능성이 높고, 냄새를 추적하는 데 특화된 하운드 품종은 후각을 따라 움직이는 경향이 있을 수 있다. 일부 품종은 사람들과 친밀하게 지내는 반면, 다른 품종은 다소 냉담한 태도를 보인다. 품종에 대한 기본적인 정보는 온라인에서 쉽게 찾을 수 있으며, 일부 자료는 품종의 강점뿐만 아니라 도전 과제도 함께 다루고 있다(예: www.akc.org).

말도 마찬가지이다. 예를 들어, 아라비안 말은 3,000년 넘게 때로는 주인과 텐트를 함께 쓰는 등 밀접하게 생활했던 역사 덕분에 사람들과 더 잘 어울리는 성향이 있다고 알려져 있다. 품종이 처음 어떤 목적을 위해 번식되었는지 아는 것은 참고가 될 수 있지만(예: www.

horsebreedsinfo.com) 이것만으로 모든 것을 설명할 수는 없다.

성격: 각각의 개체에 달려 있다

현실은 모든 품종 내에는 엄청난 차이가 있기 때문에 품종을 아는 것만으로는 결정을 내릴 충분한 정보가 제공될 수 없다는 것이다. '좋은 치료매개견'이나 '좋은 치료마'를 만드는 품종은 실제로 존재하지 않으며, 개체별 평가와 그에 따른 선별이 이루어져야 한다. 또한, 적합성 모델에 따르면 동물 선별은 개체가 실제 작업에 얼마나 잘 적응할 수 있는지에 따라 달라진다. 놀이치료매개견은 호스피스에서 중환자를 방문하는 개와는 다를 수 있다. 예를 들어, 나의(리제) 놀이치료매개견인 키리, 뮤리, 조시 패치스는 많은 사람이 '치료매개견'으로 기대하는 것보다 더 활동적이고 활기차면서도 AAPT에 매우 잘 맞는다.

개체별 특징을 고려하는 것은 다른 종에서 치료매개동물을 선별할 때도 똑같이 중요하다. '좋은 치료마'가 무엇인지에 대한 '일반적인 지식'이 있는지 온라인에서 찾아본 결과, 치료 승마 프로그램에 대한 정보는 있었지만 지상 치료 프로그램에 대한 정보는 훨씬 적었다. 승마 프로그램 관리자는 인내심 있고 차분하고 쉽게 겁을 먹지 않는 말을 선호하였다. 이러한 특성은 특정 유형의 프로그램에서는 훌륭한 자질이지만, 나는(트레시) AAPT에서 말이 항상 차분하기를 원하지 않는다. 또한 모든 것을 참을 필요도 없으며, 말이 약간 겁을 먹는다고 해서 반드시 나쁜 것은 아니다. 이러한 특성에 극단적인 행동을 보이는 말을 원하는 건 아니지만 나는 말이 최대한 자연스럽기를 바란다. 현실에서 자연 상태의 말은 치료 승마 프로그램에서 요구하는 것과 정반대의 자기 보호 특성을 하루에도 여러 번 보여 준다. 핵심은 말의 개성을 잘 알고, 말과 훌륭한 관계 속에서 연결되는 것이다.

매주 나는(트레시) 자신의 말이 완벽한 치료마가 될 것이라는 사람들의 전화나 이메일을 받는다. 자신의 치료 방식이나 동물에게 기대하는 역할에 따라 적합하다고 판단할 수도 있지만, AAPT의 경우 반드시 그렇지는 않다. 나의 말들은 모두 매우 놀이적이고 서로에게, 그리고 소, 양, 개, 사람에게 먼저 놀이를 시작한다. 그들은 모두 거세한 말이며 일반적으로 암말이나 종마보다 일생 동안 훨씬 더 많이 노는 경향이 있다. 물론 암말과 종마도 놀이적일 수 있지만 지속적으로 놀이 행동을 할 가능성은 적다.

마찬가지로, 좋은 치료 고양이의 특성에 대한 수많은 온라인 리소스를 빠르게 검토한 결과 사교성, 침착성, 사람의 거슬리는 행동에 대한 인내심이 필요한 주요 특성으로 꼽혔다. 대부분의 자료는 고양이가 사람의 무릎에 앉거나 쓰다듬는 것이 주된 활동인 방문 프로그램에 초점을 맞추고 있었다. 그러나 AAPT의 고양이는 더 광범위한 특성이 필요하다. 사교적이고 사람들과 함께 있는 것을 좋아하는 것도 중요하지만, 놀이적이고 재미있는 활동에 참여하고 싶어 하고, 새로운 것을 시도하길 좋아하고, 활동 중심의 상호작용에 참여할 수 있을 만큼 활기차야 한다.

어느 종이건 다양한 품종과 믹스종이 AAPT에 성공적으로 참여해왔다. 가장 먼저 고려해야 할 사항은 개별 동물이 치료 프로그램의 목적과 활동에 얼마나 '적합'한지에 대한 것이다.

놀이치료를 위해 동물을 선별할 때 치료사는 먼저 자신의 성격과 선호도를 고려해야 한다. 치료사는 동물과 많은 시간을 함께 보내게 되므로 동물은 치료사의 성격과 필요에 맞아야 한다. 에너지 수준, 운동 필요성, 사교성, 독립성, 짖는 성향, 크기와 공간 요구 사항, 적응력, 소음이나 움직임에 대한 참을성, 학습 능력, 안정성 등의 요소는 치료사와 가족의 라이프스타일과 관심사 측면에서 고려해야 할 중요한 요소이다. 동물을 선별하는 첫 번째 단계는 치료사가 개인적으로 어떤 특성을 원하는지 생각해 보고 전문적인 업무에 필요한 것이 무엇인지 고려하는 것이다. 치료사가 개를 선택하는 데 도움이 되는 자료는 온라인 과정이 개설되어 있다(Selection of Dogs for Family Life and Therapy Work; VanFleet, 2014c; http://risevanfleet.com/shop/product/selection-of-dogs). 국제동물매개놀이치료협회(2017)에는 AAPT에 참여하는 치료사들이 개 선별 및 훈련에 도움받을 수 있게 전문가와 공유할 수 있는 문서가 있다. 또한 우리는 치료사가 자신의 삶과 업무에 가장 적합한 말이 무엇인지 선별할 수 있도록 개와 유사하게 말 온라인 과정을 개발 중에 있다. 말은 무리를 지어 다니는 동물이기 때문에 한 마리 이상을 키우는 것이 중요하다. 말은 스무 살 후반까지 살며 일부 작은 품종은 30살 후반까지 살기 때문에 적절한 선별이 중요하다. 치료사가 가정과 직장 생활 모두에서 동물에게 기대되는 것이 무엇인지 이야기할 수 있다면 일반적으로 해당 품종에 경험이 있는 사람에게 도움을 요청하는 것이 매우 좋은 방법이다.

동물의 역사

동물 선별 시 고려해야 할 또 다른 사항은 동물의 경험이다. 어린 동물을 입양할 때의 장점은 치료사가 동물의 사회화에 참여하여 폭넓고 긍정적인 경험을 제공하여 안정감을 줄 수 있다는 점이다. 어린 동물 입양의 단점은 발달 과정과 성격 형성이 완전하지 않을 수 있으므로 성체가 되었을 때 어린 동물과 성격이 다소 다를 수 있다는 것이다. 에너지, 놀이성, 사교성, 대담성, 탐험심 등 일부 특징은 그대로 유지되는 반면(Svartberg et al., 2005), 다른 특징들은 발달에 따라 변화할 수 있다. 이미 성견인 개체보다 강아지 성격의 일관성을 예측하기가 더 어렵다(예: Fratkin et al., 2013).

말의 히스토리를 추적하는 것은 어려울 수 있는데, 이는 많은 말들이 여러 주인을 거치기 때문이다. 심슨(Simpson, 2004)에 따르면, 영국에서 평균적으로 말은 7명의 주인을 거치고, 포니는 14명의 주인을 거친다고 한다. 서구권에서는 대부분의 망아지가 생후 6개월에 어미와 분리되는데, 이 과정은 아무 날에 갑자기 헤어지는 방식으로 이루어진다. 이들은 판매되거나 다른 어린 망아지들과 함께 지내게 되며, 이로 인해 부모를 잃을 뿐만 아니라 그 어린 나이에 적절한 사회적 상호작용을 가르쳐 줄 성체를 만나지 못하게 된다(자연에서는 망아지가 생후 9~12개월쯤 자연스럽게 젖을 떼며, 어미가 또 다른 새끼를 낳지 않는 경우 더 오래 어미와 함께 있는다). 이러한 관행은 평생에 걸쳐 말에게 영향을 미칠 수 있다. 연령이 혼합된 무리 속에서 자란 망아지들은 더 나은 발달을 보이는 경향이 있다.

가능하다면 개별 동물의 히스토리에 대해 아는 것이 매우 유용할 수 있다. 나의(트레시) 아라비안 말 중 한 마리는 네 살 때 나에게 오기 전까지 27마리의 말들이 섞인 무리에서 살았다. 사람과의 교류가 제한적이었지만 자연스러운 무리 환경에서 필요한 것을 배웠고, 안정적이고 애교가 많으며 장난기 많은 말이 되었다. 내가 빌린 두 마리의 셔틀랜드는 태어난 이래 줄곧 함께 지냈고 두 살이 될 때까지 혼합된 무리에서 살았다. 그들도 사람과의 교류가 많지는 않았지만, 사람과의 적은 교류가 긍정적이었다. 개성이 넘치고 삶을 사랑한다. 승마 강습을 주 수입원으로 하는 전통적인 승마 학교에 있었던 말들은 인간과 접촉이 많았음에도 불구하고 처음부터 또는 당연하게 AAPT 작업에 적합한 것은 아니다. 사람과의 경험이 말에게 도움이 되지 않았기 때문에 사람을 피하거나 거의 관심을 보이지 않는 '사람 알레르기'를 가진 경우가 너무 많다. 그들이 험하게 다루어진 것은 아니지만 사람들에게 승마를 가르치는 것이 직업이었기 때문에 지상에서 양방향 상호작용을 할 시간이 거의 없었다. 이렇게 스위치가 꺼진 말들도 시간이 지나고 긍정적인 경험이 많이 쌓이면 AAPT에 필요한 방식으로 보통 다시 살아날 수 있다.

구조된 동물도 AAPT에 적합할 수 있지만, 사회화 이력과 사람과의 이전 경험을 파악하는 것이 더 어려울 때가 있다. 이력의 불확실성은 일반적으로 치료사가 동물과 친해지고, 다양한 조건에서 동물의 반응을 관찰하고, 두려움이나 원치 않는 반응을 유발하는 요인이 있는지 확인하면서 AAPT 고려 대상에서 제외되어야 할 문제가 있는지 관찰하는 데 더 오랜 시간을 투자해야 함을 의미한다. 동물의 사회화 이력은 일반적으로 행동으로 나타나기 때문에 동물의 전체 사회화 이력을 알 필요는 없지만, 치료 대상에서 제외될 수 있는 잠재적 반응을 발견하는 데는 보통 몇 달의 시간이 걸릴 수 있다. 동시에 구조된 동물은 이미 성견인 경우가 많기 때문에 핵심 성격 특징이 이미 형성되어 있고 안정적으로 유지될 가능성이 더 높다. 많은 개와 말 구조 활동가들은 동물들이 안정을 되찾고 다시 제자리를 찾도록 돕는 데 탁월한 능력을 발휘한다. 이들은 동물들과 많은 시간을 함께 보내며 긍정적인 경험을 제공하고 동물이 대여, 위탁 또는 입양될 가정을 꼼꼼히 확인한다. 그런데 안타깝게도 모든 구조단체가 그렇지는 않으며, 일부 단체는 동물의 이력에 대해 투명하게 공개하지 않는다. 투명성이 높을수록 더 좋지만, 구조 단체가 제공하는 설명에만 의존하여 동물을 선택해서는 안 된다. 앞에서 설명한 대로 평판이 좋은 구조단체에서 동물을 입양하여 동물을 직접 만나 평가하고 독립적인 동물 전문가의 의견을 구하는 것이 중요하다. 이러한 전문가는 프로그램의 요구 사항을 이해하고 해당 종에 대한 심도 있는 지식을 갖추고 있어야 적합성 판단에 도움을 줄 수 있다.

치료 작업을 위한 동물 선택은 복잡하다. 동물이 훌륭한 동반자가 될 수 있지만 적절한 치료 파트너가 아닐 수도 있다. 동물 요인, 치료사 요인, 동물과 치료사 간의 관계, 동물과 함께 일할 내담자의 성격, 환경, 동물의 참여 목표 등 여러 가지 요소를 고려해야 한다. 일반적으로 치료매개동물의 선택 과정을 돕기 위해 가이드라인이 개발되었으며(Fredrickson & Howie, 2000), 특히 AAPT를 위한 가이드라인이 개발되었다(VanFleet, 2016a). 가장 중요한 요소로는 신뢰성, 예측 가능성, 통제 가능성, 의도된 목적에 대한 적합성, 자신감을 불러일으킬 수 있는 능력 등이 있다.

평판이 좋은 브리더에서 강아지를 선택하든, 평판이 좋은 보호소나 구조 단체에서 개를 입양하든, 개를 신중하게 평가하는 데 시간과 노력을 들일 가치가 있다. **가족 생활 및 치료 업무를 위한 개 선택 과정**(VanFleet, 2014c)은 관찰해야 할 사항, 특정 역량을 평가하기 위한 상호적 '테스트', 개 전문가와 연결하여 이 과정을 돕는 조언 등 유용한 지침을 제공한다. 말, 고양이, 기타 함께 일하고 싶은 종을 선택할 때도 이러한 과정을 병행하는 것이 중요하다. **동물 적합성 척도**(AAS; VanFleet, 2016a)는 AAPT를 위한 동물 평가 방법의 하나로 개발되었으며, **클로티에 동물 반응 평가 도구**(CARAT; www.suzanneclothier.com에서 제공되는 정보)는 이 과정을 도울 수 있는 매우 유용한 정보를 제공한다(사용법을 훈련받은 동물 전문가가 있는 경우).

가끔 이용할 수 있는 한 가지 옵션은 동물을 '대여'하거나 위탁 가정으로 데려가는 것이다. 이렇게 하면 동물이 어떤 동물인지 더 명확하게 파악할 수 있다. 이 방법의 단점은 필요한 동물이 아니더라도 동물에 대한 애착이 생길 수 있다는 것이다. 또한, 이렇게 할 경우 다른 가정에 입양될 때 동물에게 미칠 수 있는 영향을 고려하는 것이 중요하다.

마지막으로, 선택한 동물이 집안의 다른 동물(개와 고양이) 및 무리(말)와 잘 어울리는지도 중요하다. 통합 과정을 쉽게 할 수 있도록 점진적으로 도입하는 방법이 있지만, 때로는 동물들이 서로를 돌보지 않아 일상에 어려움을 겪는 경우도 있다.

치료사가 AAPT에 참여하고자 하는 동물을 신중하게 선택하더라도 불확실성이 존재한다. 강아지는 성숙해야 하고 입양된 개는 적응할 시간이 필요하기 때문에 이 작업에 적합한지 확신할 수 없다. AAPT를 위해 동물을 준비하는 데 필요한 다른 측면을 살펴보기 전에 놀이치료 보조에 적합한 동물의 성격이나 행동 특징을 고려하는 것이 유용하다.

성격 및 행동 특성

가족 생활 및 치료 작업을 위한 개 선택(VanFleet, 2014c) 온라인 과정에서는 AAPT를 위한 강아지 또는 개를 고려하고 선택할 때 필요한 다양한 특성에 대한 정보를 제공한다. 몇 가지 주요 특성은 다음과 같다:

- 개는 내담자와 놀이 활동에 참여할 수 있는 충분한 에너지를 가지고 놀이성이 좋아야 한다.
- 개는 모든 연령과 체격의 내담자에게 친근하고 편안해야 한다.
- 개는 혼란스럽고 예측할 수 없는 움직임, 소음 및 상호작용에 대해 참을성이 있어야 하며, 특히 어린이와 함께 일해야 하는 경우 더욱 그렇다.
- 개는 만지거나 쓰다듬고 마사지하거나 손질하는 것을 즐길 수 있어야 한다.
- 개는 새로운 트릭을 배우거나 활동에 참여하는 것을 즐겨야 한다.
- 개는 '리소스 가더(resource guarders)'(즉, 치료 세션이나 대기실에서 사용되는 음식, 공간, 장난감 또는 기타 물품을 소유하려는) 행동을 보이면 안 된다.
- 개는 행복, 분노, 두려움, 슬픔 등 다양한 감정을 표현하는 데 익숙해야 한다.

이러한 특성은 AAPT에 참여하는 말이나 고양이에게도 필요하다.

이 책의 많은 사례에는 지금은 은퇴한 놀이치료매개견인 키리가 등장하는데, 키리는 구조된 보더콜리-비글 믹스견이다. 키리는 매우 영리하고 학습 속도가 빨랐다. 키리는 거의 11년 동안 훌륭한 놀이치료매개견으로 일했지만, 키리의 높은 에너지 수준은 키리에게 기대할 수 있는 개입 유형에 영향을 미쳤다(즉, 한 번에 몇 시간 동안 수동적으로 누워 있기를 기대하는 것은 불공정하고 비윤리적인 일이었다). 노령견이 될 때까지 키리는 내가 키운 개 중 가장 활기찬 개였고, 많은 운동과 정신적 자극이 필요했다. 다른 보더콜리와 마찬가지로 '과업'이 필요했고, 의도치 않은 장난을 치는 등 스스로 '과업'을 만들기도 했다. 이렇게 활동적인 견종은 우리 가족의 라이프스타일에 잘 맞지만, 모든 사람에게 반려견이나 치료매개견으로 적합하지는 않다. 에너지가 넘치는 많은 개들은 견종 특성을 잘 모르고 사회화 및 훈련에 충분한 시간을 투자하지 않는 주인에게 실망감을 안겨 주기도 한다. 나는 보더콜리를 무조건적으로 놀이치료매개견에서 배제하지는 않겠지만, 독자들이 보더콜리가 이 작업에 가장 적합한 견종이라고 생각하지 않았으면 좋겠다.

말의 핵심 특성도 동일하다. 나에게(트레시) 말의 중요한 특징은 호기심이 많고 때로는 완전 '참견쟁이'가 되는 것이다. 개체마다의 기질도 영향을 미치지만 사회화도 영향을 미친다. 인간과 긍정적인 경험을 많이 한 말이 AAPT 작업에 더 적합해 보인다. 나는 다양한 품종의 말을 키우고 있다. 차분한 성격의 콜드블러드(Clydesdale X Thoroughbred Cobs), 작고 귀여운 미니 셔틀랜드(Mini Shetlands) 포니, 그리고 활발한 성격의 핫블러드 아라비안(Arabians) 말이다. 이들은 매우 다른 품종이다. 영국에서 통상적으로 알려진 '통념'은 아라비안은 날렵하지만 참을성이 없고, 점프를 잘하지 못한다고 여겨지며, 셔틀랜드는 고집이 세고 성질이 급하며 발길질과 물기를 잘한다고 알려져 있다. 반면, 코브(Cob) 말은 꾸준하지만 느리고 대부분 차분하다고 평가받는다. 하지만 내 생각은, 아무도 내 말들의 특성을 단정 지을 수 없다는 것이다.

품종을 진정으로 이해하면 이러한 일반화된 분류에서 벗어나 보다 깊은 통찰력을 얻을 수 있다. 예를 들어, 아라비안 말은 크고 넓은 눈을 가지고 있어 코브 말 보다 무서운 것을 먼저 발견할 수 있다. 특히, 키가 작고 일반적으로 앞머리가 눈을 가리는 셔틀랜드에 비해 훨씬 더 빨리 위험을 알아차릴 수 있다. 따라서 다른 품종들보다 더 신속히 도망칠 가능성이 크다.

승마 역시 품종과 성격에 따라 크게 다르다. 만약 말을 자동차로 비유한다면, 아라비안은 페라리와 같고, 코브는 랜드로버와 같다. 결국, 품종만으로는 개별 말의 성격과 행동을 온전히 설명할 수 없으며, 이를 형성하는 데는 다른 많은 요소들이 작용한다.

결국, 이 장에 제안된 요소들을 고려한 뒤에도 가장 중요한 것은 개별 동물이 당신의 성격, 라이프스타일, 함께 있는 다른 동물들, 계획 중인 작업, (승마를 계획 중이라면) 자신의 승마 능력, 그리고 동물의 사회화와 훈련에 투자할 수 있는 시간 등에 얼마나 잘 맞는지에 달려 있다. 하지만 목표는 유연해야 하며, 동물과의 관계가 깊어지면서 예상치 못한 가능성과 장애물이 나타나 원래 계획이 바뀔 수도 있다.

동물 적합성 척도

동물 적합성 척도(AAS; VanFleet, 2016a)는 AAPT에 적합한 동물을 평가하기 위해 특별히 개발되었다. 치료매개동물의 특성에 대한 문헌 검토와 자체 관찰 결과를 통합하여 80마리의 개, 고양이, 말을 대상으로 테스트한 후 수정 · 보완했다(AAS의 최종 개정이 완료되면 타당성과 신뢰성을 검토하기 위해 추가 테스트가 수행될 예정이다). 동물 적합성 척도의 관찰 가이드는 신체적 · 감각적 기능, 사회적 기능, 적응력, 심리적 기능의 네 가지 범주에 걸쳐 동물의 관찰을 안내한다. 각 범주에는 여러 항목이 있으며, 각 항목은 여러 번 관찰한 후 채점표를 사용하여 5점 척도로 평가된다. 동물 적합성 척도는 비교적 지속적인 성격 특성을 파악하기 위해 다양한 종에 사용하도록 설계되었다. 그다음 AAPT에서 동물에게 요구하는 '직무 설명'에 얼마나 잘 부합하는지를 고려할 수 있다. [그림 8-2]에는 각 카테고리의 기본 항목이 포함되어 있다.

신체적 · 감각적 기능	사회적 기능
• 에너지 수준 • 일반적인 건강 • 시각, 청각, 후각 • 각성 • 회복력 • 체력 • 움직임, 소리, 접촉에 대한 수용성	• 친밀성/친사회성 • 흥미/참여도 • 인내심 • 놀이성 • 협력성 • 경계에 대한 존중
적응력	**심리적 기능**
• 학습 능력 • 호기심 • 유연성 • 집중 능력 • 지속 능력 • 충동 조절	• 자신감 • 독립심 • 좌절에 대한 인내력 • 문제행동이 없는 • 자기 조절력 • 건강함/안정성

[그림 8-2] **동물 적합성 척도의 범주별 항목**

사회화

사회화란 자신이 속한 사회 집단에서 허용되는 행동과 관습을 배우는 과정이다. 강아지에게는 이러한 학습이 많이 일어나는 발달 시기가 있다. 던바(Dunbar, 2001b)는 이 시기를 "강아지들이 다른 개와 사람들과 함께하는 것을 받아들이고 즐기는 법을 배우는 중요한 발달 단계"라고 설명했다(p. 20). 망아지 역시 사회화 시기가 가장 중요하다(Hogg, 2003; Simpson, 2004). 강아지들은 생후 약 12주가 될 때까지 주변 환경에서 접한 것들에 편안해지는 법을 배운다. 또한 물기 억제(즉, 입을 부드럽고 조심스럽게 사용하는 방법)와 같은 중요한 교훈을 어미와 새끼들 사이에서 배우게 된다. 12주가 되면 사회화 기간이 서서히 마무리되면서 16주까지 지속된다. 이 시기가 지나도 사회화가 가능하지만, 훨씬 더 고정되고 유연성과 유동성이 떨어진다. 사회화 경험은 긍정적이어야 하며, 사회화 시기일지라도 강아지가 두려움을 보인다면 하루나 이틀 정도 기다렸다가 다시 시도하는 것이 좋다.

강아지 때 초기 사회화

강아지는 어미와 함께 있는 첫 8주에서 10주 동안 사회화가 필요하며, 가정에 배치되면 추가적인 사회화가 필요하다. 이러한 내용은 던바(Dunbar, 2001a, 2001b)와 데니슨(Dennison, 2015)이 잘 설명하고 있다. AAPT에 참여하는 치료사는 이 정보를 매우 잘 알고 있어야 한다. 브리더는 강아지에게 풍부한 사회화 경험을 제공해야 한다. 또한 강아지를 입양한 후에도 가능한 한 이 정보를 적용하고 이 자료의 체크리스트와 아이디어를 활용해야 한다. 사회화가 잘된 강아지는 안정적이고 친절한 개로 성장하는 경향이 있다. 사춘기 및 성견의 많은 행동 문제는 사회화가 부족하거나 두려운 자극에 대한 민감도가 높아지는 시기에 부정적이거나 무서운 경험을 한 데서 비롯된다. 입양된 성견의 경우처럼 사회화 이력을 알 수 없는 경우, 현재 행동을 통해 어느 정도 파악할 수 있다. 다양한 환경과 상황에서 청소년기와 성견의 행동을 주의 깊게 관찰하면 매우 유용한 정보를 얻을 수 있다(VanFleet, 2014c). 사회화의 일부 결함은 개선할 수 있지만 어떤 결함은 개가 치료 작업에 참여하지 못하게 만들 수 있다.

AAPT를 위한 사회화

평생 동안 사회화는 지속되어야 하지만 AAPT에 특화된 사회화도 필요하다. 강아지나 망아지 시절 사회성이 뛰어났던 개나 말에게도 지속적인 사회화 경험을 제공하는 것이 중요하다. 항상 그렇듯이 핵심은 그 경험이 동물에게 긍정적이어야 한다는 것이다. 예를 들어, 개나 고양이를 추가로 입양하거나, 새로운 집이나 동네로 이사하거나, 새로운 스포츠나 작업에 참여하게 되는 등 새로운 상황에 개가 적응해야할 때 개에게 필요한 경험을 제공하여 적응을 돕고 편안하게 느낄 수 있도록 도와야 한다. 이는 말과 고양이도 마찬가지이다.

사회화는 두 가지 측면에서 AAPT에 중요하다. 첫째, 동물과의 관계를 구축하는 과정에서 AAPT에서 중요한 특성과 행동을 장려하게 된다. 예를 들어, 우리는 동물이 사교적이고 놀이적인 동물이 되기를 원한다. 동물에게 다양한 사람들(예: 다양한 연령, 성별, 키, 태도, 옷의 종류 등)과의 긍정적인 경험을 많이 제공해야 한다. 또한 다른 동물은 물론 자신과 다른 사람과의 놀이를 포함하여 모든 종류의 놀이를 장려해야 한다. 놀이는 AAPT에 참여하려는 동물의 일상적인 삶이 되어야 한다.

둘째, 동물이 일하게 될 환경에 대비해야 한다. 내담자와의 작업 전에 개가 놀이치료실이나 기타 작업 환경을 접해 보는 것이 중요하다. 동물의 특정한 반응은 실제 작업을 시작하기 전에 추가적인 사회화 또는 둔감화 작업이 필요한지 파악하는 데 도움이 될 수 있다. 개가 놀이치료실에서 아이들과 함께 작업할 경우, 개는 다양한 장난감과 활동 도구(일부 장난감은 움직이고 소리를 내며, 사이렌과 번쩍이는 불빛이 있고, 아이들은 장난감 칼을 사용하여 공중을 베거나 과장된 애니메이션이 있는 손 인형을 사용할 수 있다)에 편안하게 적응해야 한다. 우리는 보통 업무 외 시간에 놀이치료실에 세 번 이상 방문하여 다양한 장난감을 개에게 보여 주고 아이들이 하는 것과 비슷한 방식으로 장난감을 가지고 놀아 준다. 개가 장난감이나 움직임에 놀람이나 공포 반응을 보이면 개와 함께 간단한 둔감화 작업을 하거나, 반응이 도드라지는 경우 일반적으로 개가 치료실에 있는 동안 해당 장난감을 제거하기도 한다. 개가 놀이치료실에 있는 다수의 물건에 과도하게 반응하는 경우, 이 환경이 개에게 적합한지 판단하기 위해 추가 평가가 필요하다. 또한 개가 공간이 제한된 작은 사무실에서 편안하게 작업할 수 있는지, 페인트나 미술 재료의 강한 냄새에 어떻게 반응하는지 확인해야 한다. 물리치료에 AAPT를 활용하는 경우, 개가 해당 환경에 포함될 수 있는 다양한 테이블과 장비(예: 무빙워커, 휠체어, 운동 공, 평행봉)를 편안하게 사용할 수 있는지 확인해야 한다.

이 모든 사항은 AAPT 작업을 고려 중인 고양이와 말에게도 동일하게 적용된다. 다음 색션은 말과 관련하여 AAPT에 사용되는 편안한 거주 환경에 대해 다룰 것이다.

나의 놀이치료매개견 중 한 마리인 뮤리는 AAPT에서 일할 수 있는 가능성을 염두에 두고 신중하게 선택했다. **가족 생활 및 치료 업무를 위한 개 선택 과정**(VanFleet, 2014c)에 설명된 방법을 사용했다. 내가 가끔 훈련 상담 자원봉사를 했던 유기견 보호소가 있는데, 뮤리는 (어미와 다섯 마리의 동배와 함께) 그곳에서 구조되었다. 강아지들은 생후 8주였다. 길에서 떠돌다가 발견되어 기생충이 가득하고 상당히 마른 상태였다. 구조된 이후 사회화가 잘 이루어질 수 있는 위탁 가정에 함께 입양되었다. 생후 7개월이 돼서 다시 보호소로 돌아왔을 때 이 녀석에 대해 알게 되었다.

처음에 뮤리를 만나서 관찰하고, 놀아 주고, 다양한 상황에 배치하여 다양한 성격적 특징을 테스트하면서 평가했다. 뮤리는 활기차고, 매우 친절하며, 쉽게 참여하고, 놀이성이 좋았다. 키리에게 중요했던 많은 특징들을 가지고 있었지만 키리 보다 덜 긴장된 모습이었다. 보호소에 있는 다른 개들과도 잘 어울렸다. 나는 뮤리에게 새로운 행동을 가르쳐 봤는데 매우 빨리 배웠다. 다음 날 어떤 상호작용이 벌어질지 궁금해하며 키리를 데리고 보호소에 방문했다. 두 개는 즉시 놀이를 시작했고, 처음에는 키리가 약간 조심스럽고 뻣뻣했지만, 멈추고 시작하고 차례를 주고받으며 함께 놀이했다. 두 개 모두 함께 잘 놀았다.

그다음 나는 뮤리를 주말에 잠시 집으로 데려가 보았다. 점점 확신이 들었지만 확정될 때까지 너무 애착을 갖지 말자고 스스로에게 계속 말했다. 키리는 뮤리가 도착하자마자 바로 함께 놀기 시작했고, 둘은 편안하고 안락한 방식으로 계속 놀았다. 뮤리는 두 번 키리의 엉덩이에 올라탔고 키리는 으르렁거리며 경고했고, 즉시 뮤리는 떨어지며 반응했다. 키리와는 놀이 파트너로서 잘 어울렸고 전반적으로 매우 안정적인 개로 보였다. 뮤리는 내가 데리고 간 두 곳의 매장에서 가족, 친구, 사람들을 만났다. 매장의 미닫이문을 통과하는 등 새로운 경험에 깜짝 놀라기도 했지만, 그때마다 금방 회복했고 두 번째 노출에는 불안해하지 않았다. 호기심이 많아서 코로 모든 것을 탐색했다. 꽤 많이 일어서는 행동을 했지만 눈에 띄는 문제 영역은 없었다. 여러 관찰을 바탕으로 동물 적합성 척도를 작성했는데, 놀이치료에 매우 적합해 보였다. 주말이 끝날 무렵 입양을 결정했다.

2년이 지나 이 글을 쓰고 있는 지금, 뮤리는 비교적 거친 사춘기를 보낸 뒤 안정되었고, 사람과의 예의 바른 행동에 대한 기본 훈련을 마친 뒤 놀이치료 커리어를 성공적으로 시작했다. 초기 동물 적합성 척도의 대부분은 정확했다. 유기견으로 지낸 초기 몇 주에도 불구하고 모견과 동배들, 그리고 보호소에서 연결한 위탁 가정의 사회화 교육은 뮤리에게 큰 도움이 되었다. 뮤리는 여전히 안정적이고 친절하며 열정적인 개이다. 다른 개와 고양이들과 계속 놀고 있으며 사람들과 가까이 지내는 것을 좋아한다. 사람의 손길을 적극적으로 찾는다. 커뮤니티를 돌고, 상점을 방문하고, 때로는 뮤리의 팬이 많은 55세 이상 커뮤니티에서 남편의 일을 도와 뮤리와 함께 방문하는 등 사회화를 계속하고 있다.

AAPT 일을 시작하기 전에 처음에는 키리와 함께, 그다음에는 뮤리만 데리고 여러 차례 실습에 데려갔었다. 뮤리에게 많은 장난감을 소개해 주고, 다양한 장난감을 가지고 놀아 주며 함께 훈련도 했다. 긴 준비 기간 내내 잘할 수 있을 거라고 확신했지만 두 살이 될 때까지 기다렸다가 일을 시작했다. 뮤리는 성숙할 필요가 있었고, 성숙한 뒤에 어린이, 청소년 및 가족과의 작업은 매우 잘 진행되었다. 또한 성인들을 대상으로 한 여러 워크숍에 참여했는데, 많은 사람들이 뮤리가 AAPT에 매우 적합하다고 확인해 주었다. 여기서 중요한 점은 AAPT를 위한 개의 준비는 하나의 과정이며 서두를 수 없다는 것이다.

AAPT에 참여하는 말을 고려한 추가적인 사회화 준비

말의 경우, 내담자와 함께 일하기 전에 다양한 자극에 긍정적으로 노출되는 것이 AAPT에서 일하는 데 필수적이다. 이는 날씨가 급변하는 야외 자연 환경에서 작업할 때 특히 중요하다. 내가(트레시) 살고 있는 스코틀랜드 국경 근처의 영국에서는 하루에 사계절을 모두 경험할 수 있다.

말은 피식 동물이며, 놀라거나 겁을 먹었을 때 선택권이 있다면 매번 도망가기를 선택한다. 피식 동물인 말의 도주 반응은 우리보다 훨씬 빠르다. 무엇이 말을 놀라게 했는지 주위를 둘러보고 있는 동안 말은 이미 들판을 가로질러 멀리 달아난다. 말은 먼저 도망간 뒤 안전한 거리가 되었다고 판단되면 무엇이 무서웠는지 알아본다. 이는 수만 년에 걸친 진화에서 비롯된 것이다. 말이 근처 덤불에서 바스락거리는 소리가 들린다고 궁금해서 멈추면 금방 포식자의 먹잇감이 될 수 있다. 말이 극도로 겁을 먹으면 가끔 앞을 보지 못하는 '맹목적인 달리기'를 할 수도 있다. 사람이 길을 가로막는다면 말과 부딪혀 부상을 입을 수 있다.

따라서 AAPT 말에게는 하루 중 다양한 시간대와 다양한 날씨 조건에서 다양한 놀이치료 아이템을 보고 익숙해질 수 있는 기회를 제공하는 것이 가장 중요하다. 나의(트레시) 말들은 커다란 장난감 기린과 호랑이, 바람이 부는 날에는 장난스럽게 머리에 쓰고 요란하게 흔드는 두들리 밥스(doodly bops), 온갖 종류의 분장 옷, 악기, 방수포, 인형, 커다란 공, 낙하산, 잘 갖춰진 실내외 놀이치료실에서 상상할 수 있는 모든 도구를 접해 보았다.

또한 전속력으로 뛰면서 기쁨의 비명을 지르고, 바닥에 뒹굴고, 소리를 지르고, 웃고, 손을 잡고, 기고, 수레바퀴를 돌리기, 앞뒤로 구르고, 사람들이 스카프로 연결되어 있는 모습 등 인간의 이상한 행동 방식도 경험해 보았다.

이 모든 것 외에도 나는 말을 데리고 자주 산책을 나가 크고 작은 모든 종류의 농장 차량과 개인 차량에 익숙해지도록 했다. 말들은 농장의 골목길을 걷는 데 익숙하다(도주 동물인 말은 선천적으로 폐쇄공포증이 있어 좁은 공간은 불편해한다). 몸집이 작은 셔틀랜드는 실내로 들어와 사람이 있는 사무실 공간으로 들어간다. 큰 말들은 문틀을 통과할 수 없기 때문에 머리와 어깨만 밀고 들어오는 것으로 만족해야 한다. 물론 실내 공간에 말을 들여보내지 않을 수도 있지만, 짧은 방문의 경우 AAPT에서 이 방법이 매우 유용하다는 것을 알았고, 말이 호기심과 관심을 보인다는 사실만으로도 많은 내담자가 기분이 좋아지는 것을 확인할 수 있었다.

AAPT에서는 세션이 끝날 때 종종 그루밍 활동을 하기 때문에 실제 내담자가 그루밍을 하기 전에 말들이 다양한 브러시로 다양한 속도와 강도로 그루밍하는 것에 익숙해져야 한다. 이 모든 과정은 말의 속도에 맞춰 진행되며 절대 서두르지 않는다. 다른 날에 또 다른 훈련과 사회화 기회가 항상 있다.

사람이나 동물과 함께 일할 때 항상 그럴듯이 예상치 못한 상황을 예상해야 한다. 최고의 사회성과 준비에도 불구하고 미처 준비하지 못한 상황이 발생할 수 있다. 예를 들어, 지난 여름에는 거대한 느릅나무와 떡갈나무가 있는 잔디가 깔린 경기장에서 일하고 있었다. 가정 폭력 프로젝트에 참여한 10세에서 12세 사이의 혼성 어린이 그룹이 내가(트레시) '장벽'이라고 부르는 활동을 하고 있었다. 이 활동에서 아이들은 한 팀이 되어 장대, 말 장애물, 깃발, 원뿔, 고리형 축구 마커 등 찾을 수 있는 모든 도구를 사용하여 말들에게 장벽을 만들어야 했다. 아이들은 각 말의 이름을 자신의 자존감을 떨어뜨릴 수 있는 것으로 지어야 했다. 바람이 많이 부는 날이라 말 네 마리와 아이들은 모두 상당히 정신이 없었다.

아이들은 자존감을 훔치는 자들에 맞서 '요새'를 짓기 시작했고, 줄기에 가늘고 긴 빨판(suckers)이 달린 거대한 느릅나무 한 그루 주위에 요새를 세웠다. 빨판의 길이는 약 8~10피트 정도였고 수없이 많았다. 아이들 중 두 명이 축구 마커(밝은색의 플라스틱 마커로 둥글고 오목하며 가운데에 구멍이 뚫린 10인치 너비의 마커)를 집어 들고 나무의 빨판 위에 붙이기 시작했다. 말 전문가와 나는 서로를 바라보며 "아무도 해 본 적이 없는 거네!"라고 말했다. 그들은 계속해서 마커를 빨판에 붙였다. 가느다란 나뭇가지에 달린 마커의 무게와 바람의 영향으로 마커는 마치 우주에서 온 가상의 움직이고 공격적인 식물처럼 흔들리고 춤을 추었다.

가슴 떨리는 상황에서 일단 기다려 보기로 했지만, 이상한 물건과 흔들리는 나뭇가지 때문에 언제든 바로 말들이 놀라서 경기장 맨 끝으로 질주할 것 같다는 확신이 들었다. 세일러는 풀을 뜯다가 고개를 들어 가장 가까이 있는 괴물을 발견했다. 귀를 쫑긋 세우고 일부러 그쪽으로 다가갔고, 방금 그 모습을 본 버스터와 찰리, 람보가 그 뒤를 따랐다. 나는 그들이 천천히 다가오면서 킁킁거릴 것이라고 예상했다. 하지만 그런 일은 일어나지 않았다. 그들은 주저 없이 나무에 다가가서 킁킁거리며 마커를 쿡쿡 찌르고 더 많이 움직이게 만들었다. 세일러와 람보는 그것을 향해 입을 벌리고 떼어내려고 했다. 말들은 약 10분 동안 이런 행동을 계속했고, 아이들이 즐거워했지만, 우리는 아이들에게 더 중요한 우선순위가 있다고 판단했다.

이것은 나에게 소중한 교훈을 주었다. 첫째, 모든 상황에 대비할 수는 없다는 것이다. 둘째, 새로운 물건에 지속적으로 노출되고 긍정적인 경험을 통해 말들이 자신감을 갖게 되면 낯선 물결 모양의 물체가 두려움의 대상이 아니라 호기심의 원천이자 탐험과 놀이의 기회로 다가올 수 있다는 점이다. 낯선 것을 보면 바로 도망치도록 본능적으로 연결되어 있는 말에게 철저한 사회화를 통해 심어 준 자신감은 놀랍기 그지없었다.

말의 사회화에 대한 더 많은 정보를 얻고자 한다면 말 행동학 거장인 카일리 워딩턴(Kiley-Worthington)의 『Equine Welfare』(1997)가 좋은 시작점이 될 것이다. 또한 아비게일 호그(Abigail Hogg)의 『Horse Behaviour Exposed』(2009), 레슬리 스키퍼(Lesley Skipper)의 『Inside Your Horse's Mind』(1999), 『Let Horses Be Horses』(2005), 그리고 헤더 심슨(Heather Simpson)의 『Teach Yourself Horse』(2004) 책들도 매우 유용하다.

긍정강화 훈련

개가 당신에게 달려들면, 휘파람을 불어주세요.

–헨리 데이비드 소로(Henry David Thoreau)

AAPT에 안전하고 온전히 참여하기 위해 동물이 반드시 해야 하는 특정 행동이 있다. AAPT의 경우 개는 말보다 더 많은 훈련을 받으며, 내담자가 개에게 새로운 트릭이나 행동을 가르치는 것은 유용한 치료적 개입이 될 수 있다. 다음으로 AAPT를 위해 개를 준비시킬 때 사용되는 훈련 유형에 대해 다룬다. 그다음에는 말과 다른 종에 적합한 유사한 훈련 방법에 대해 논의할 것이다.

개를 훈련시키기

개는 고유의 방식을 가지고 있고 인간 세계에 자동적이고 즉각적으로 적응하는 것이 아니다. 서로 다른 '라이프 스타일'을 가진 두 종이 함께 살려고 할 때 종종 스트레스와 혼란이 발생한다. 이를 최소화하기 위해 개가 어떤 방식으로 행동해야 하는지 훈련하고 보여 주어야 한다. 그런데 상당수의 반려견이 훈련을 거의 받지 않거나 전혀 받지 않는다.

훈련이 부족하면 개와 가족 모두에게 부정적인 결과를 초래할 수 있다. 실제로 개 전문가들은 미국 내 개의 높은 안락사 비율이 행동 문제 때문인데, 이는 상당 부분 더 나은 사회화와 기본 훈련을 통해 예방하거나 해결할 수 있다고 지적한다. 개를 혼자 내버려두면 가구, 책, 장난감, 아이들의 '숙제'까지 씹어 먹는다. 주인이 불러도 오지 않거나 냄새에 이끌려 집 밖의 흥미진진한 세상으로 질주하며 보호자와 추격전을 벌이기도 한다. 이런 일이 발생하면 개에게 좌절감을 느끼는 것은 당연하지만, 이러한 문제는 훈련과 자극의 부족에서 비롯되는 것이다. 개는 그냥 개일 뿐인데, 보호자는 개가 사람처럼 행동하기를 기대한다.

훈련은 얼마나?

AAPT에서는 치료사와 내담자에게 쉽게 반응하는 예의 바른 개를 원한다. 이렇게 하면 치료 과정이 원활하게 진행되고, 개가 주의를 산만하게 하는 것을 방지하며, 관련된 모든 사람의 부상 위험을 줄이고, 개가 주어진 시간에 무엇을 기대해야 하는지 알 수 있다.

개는 짧은 훈련 세션에 가장 효과적이다. 짧은 훈련은 지루하지 않고 동기 부여와 흥미를 유지하며 많은 정보로 개에게 부담을 주지 않기 때문에 긴 시간보다 하루에 여러 번 5분짜리 수업을 진행하는 것이 좋다. 대부분의 사람들에게는 짧은 훈련 세션이 관리하기도 더 쉽다.

훈련에서 배운 행동은 일관성을 유지하기 위해 하루 종일 연습할 수 있다. 예를 들어, 개에게 매번 문 밖으로 나가기 전에 앉아서 기다리라고 요청할 수 있다. 사람의 일관성은 매우 중요하다. 우리가 요청할 때만 뛰어오르는 개를 원한다면, 우리가 산만하거나 피곤할 때에도 개가 뛰어오르는 행동을 내버려둬서는 안 된다.

개는 일반적으로 배우는걸 좋아하므로 훈련 세션을 매일 재미있는 이벤트로 만들면 훈련 행동을 식상하지 않게 하고 개와의 소통을 강화할 수 있다. 개가 훈련에 흥미를 보이지 않는다면 가장 좋은 방법을 사용하고 있는지, 개가 지루해하거나 피곤해하지 않는지 확인해야 한다.

이 장에는 다양한 유형의 훈련과 소스에 대해 다루는데, 우선 훈련이란 일반적으로 사람이 동물에게 사람이 원하는 것을 요구한다는 점을 명심해야 한다. 긍정적이고 보상 기반의 동물 친화적인 훈련 방법을 사용하더라도 훈련의 통제 측면이 과도할 수 있다. 인도적인 훈련 방법을 사용하더라도 동물이 우리를 위해 무언가를 하도록 지속적으로 훈련하거나, 동물이 개성과 열정을 잃을 정도로 과도하게 훈련한다면 상호 유익한 관계에서 멀어지게 된다. 예를 들어, '공짜는 없다'라는 훈련 철학이 있다. 여기서 동물은 모든 특권을 '얻어내야' 한다. 핸들러는 동물이 어떤 작업이나 행동을 수행하지 않는 한 어떤 보상(보통 음식)도 먼저 주지 않는다. 이 접근법은 많은 주요 훈련사나 행동주의자들에 의해 점차 재고되고 있다 (Sdao, 2012). 이 철학은 동물이 인간의 요청에 따라 행동해야 하는 일방향적인 관계를 형성하는 경향이 있어 상호적이지 않다는 점에서 AAPT의 기본 원칙에 위배된다. AAPT에서는 상호작용이 서로에게 이로울 때, 그리고 동물이 대부분의 시간 동안 자유롭게 자신의 본성을 발휘할 수 있을 때 동물, 인간-동물 관계, 그리고 치료 과정에 더 좋다고 믿는다.

훈련은 동물이 인간과 함께 생활하고 AAPT에 참여하기 위한 전반적인 준비 과정의 한 측면에 불과하다. 다음 섹션에서는 이 작업을 위해 동물을 준비시키는 데 적합한 훈련 방법에 대해 설명한다.

훈련하는 방법

현재 개는 가장 많이 훈련되어 치료 작업에 함께 한다. 말, 고양이, 돼지, 염소 등 다른 동물들도 치료 작업에 참여하고 있지만, 가장 집중적인 훈련 프로그램은 개에게만 적용되는 것 같다. 이 섹션은 개 훈련 방법에 중점을 두고 있지만, 동일한 원칙과 접근법이 다른 동물 종에도 적용될 수 있다. 동물 훈련은 주로 행동주의(학습 이론)에서 비롯되며, 행동 분석은 훈련 접근 방식이나 행동 문제를 해결할 때 매우 유용하다. 행동 변화를 위해 선행사건-행동-결과 단위의 작용을 이해하는 것이 매우 중요하다. 대부분의 치료사들은 대학과 대학원에서 기본적인 행동 이론을 공부했지만, 이를 동물 훈련에 적용하기 위해서는 추가적인 노력이 필요하다.

개 훈련 방법은 행동 과학에 대한 이해가 깊어짐에 따라 발전해 왔다. 지배 이론이나 무리 이론에 기반한 훈련(귀를 잡아당기거나, 강제로 뒤집거나, 큰 소리나 캔에 동전을 넣어 놀라게 하는 것, 혹은 목 졸림, 펀치, 전기 충격 목걸이를 사용하는 것)은 동물이 최상의 학습을 하는 방식에 대한 과학적 이해가 이루어짐에 따라 신뢰를 잃었고, 점차 훨씬 더 동물 친화적인 접근 방식으로 대체되고 있다(Bradshaw, 2011; Dennison, 2015; Donaldson, 2005; Dunbar, 2004; Overall, 2007; Pryor, 2002). 이러한 지배 기반 방법은 가혹한 도구를 사용한다는 점에서 비인도적일 뿐만 아니라 관계를 해칠 수도 있다. 새로운 것을 배우려고 할 때 틀린 답을 했다고 전기 충격을 받는다면, 학습에 어려움을 겪거나 학습에 대한 흥미를 잃을 수 있다. 더 효과적인 방법이 있다.

오늘날 가장 동물 친화적인 훈련 방법은, ① 올바른 행동에 대해 긍정적인 피드백과 보상을 사용하는 것, ② 잘못된 반응을 처벌하거나 회피 반응을 유도하기 위해 혐오 자극을 사용하지 않는 것, ③ 원치 않는 행동 대신 동물에게 무엇을 해야 하는지 보여 주는 것, 그리고 ④ 우리가 훈련하는 것이 동물을 존중하는지 항상 자문하는 것을 포함한다. 이러한 방법은 때때로 '긍정강화 훈련', '강제 없는 훈련', 또는 '비혐오적 훈련'이라고 불리기도 한다. 이 책에서는 긍정강화 훈련 또는 동물 친화적 훈련이라는 용어를 교대로 사용하였다. 이때 주의할 것은 다른 사람들이 사용하는 용어를 그대로 신뢰해서는 안 된다는 것이다. 일부 강압적인 방식을 채택한 훈련사가 그들의 접근 방식을 온화하게 들리도록 용어만 차용할 수 있기 때문이다. 중요한 것은 용어를 넘어 방법이 무엇을 의도하는지 이해할 수 있을 만큼 충분히 배우는 것이다.

동물 친화적 훈련

긍정강화 훈련은 여러 형태가 있다. 주요한 방법은 다음과 같다.

유도–보상 훈련 이는 장난감이나 음식을 사용하여 동물에게 어떤 신체 자세를 취해야 하는지 보여 주는 것이다. 예를 들어, 음식을 개의 머리 위에서 살짝 뒤로 움직이면 개는 코로 이를 따라가게 된다. 코가 올라가면 뒤쪽이 내려가므로, 이를 통해 쉽게 '앉아' 자세를 가르칠 수 있다. 이때 유도물은 뇌물이 아니라 동물에게 올바른 자세를 보여 주는 도구이다. 개가 그 자세를 취하면 유도물은 종종 보상으로 제공된다.

마커 훈련 여기에는 보조 강화제의 사용이 포함된다. 동물은 먼저 마커를 통해 간식과 같은 1차 강화물이 다가오고 있음을 예측한다. 마커는 클릭, 단어, 엄지손가락을 치켜세우는 신호 등 동물이 그 순간에 하고 있는 행동이 원하는 행동이라는 것을 전달하는 신호이다. 그런 다음 해당 행동을 긍정적으로 강화하여 반복될 수 있도록 음식을 제공한다. 예를 들어, 말은 울타리 쪽으로 코를 대고 있을 수 있다. 트레이너는 말이 자신의 옆에 울타리 쪽으로 코를 움직일 때까지 기다렸다가 코가 그쪽 방향을 향하면 즉시 클릭한 다음 간식을 주어 말이 그 행동을 반복할 수 있도록 도와준다. **클릭커 훈련**은 딸깍 소리를 내는 작은 장치를 사용하는 마커 훈련의 한 형태이다. 클릭커의 장점은 멀리서도 빠르게 행동을 표시할 수 있고, 일상 생활에서 동물이 일반적으로 듣지 못하는 독특한 소리를 낸다는 점이다.

프리맥 원리 이 원리는 학습 이론의 일부이지만 일상생활에서 매우 유용한 훈련 기술로 여기에서 언급할 만하다. 프리맥 원리는 선호되는 행동이 덜 선호되는 행동을 강화하는 데 사용될 수 있다는 것이다. 즉, 동물에게 더 높은 내재적 가치를 지닌 행동이 덜 가치 있는 행동을 강화하는 데 사용될 수 있다. 선호되는 행동을 확인하려면 동물이 선택의 여지가 있을 때 어떤 행동을 하는지를 관찰하면 된다. 나는(리제) 프리맥 원리를 사용하여 내 손에 공을 떨어뜨리는 것을 키리에게 가르쳤다. 나는 키리가 공을 던지면 쫓아가는 것을 매우 좋아한다는 것을 알고 있었기 때문에(높은 가치의 행동), 키리가 공을 다시 가져왔을 때 손을 내밀고, 공을 내 손에 떨어뜨릴 때까지 기다린 후(낮은 가치의 행동) 다시 공을 던져 주면서 이를 강화했다. 또한, 밖으로 나가는 것을 강화물로 사용하면 개는 문이 활짝 열려 있어도 밖으로 나가지 않고 기다리는 것을 배울 수 있다.

조성과 포착 이것들은 동물 훈련에서 쉽게 사용될 수 있는 학습 이론의 두 가지 과정이다. 조성은 원하는 행동에 점차 가까워지는 행동을 강화하는 과정을 말한다. 올바른 방향으로 가는 작은 단계들을 구분해서 강화하여 동물이 원하는 목표 행동에 도달할 때까지 이끈다. 포착은 동물을 가르치는 매우 쉬운 방법으로, 주기적으로 동물을 준비시키고 관찰하는 것을 포함한다. 동물이 원하는 완전한 행동을 보였을 때 즉시 강화물을 제공한다. 나는(리제) 키리에게 'pretty please'라는 신호를 가르칠 때 포착을 사용했다. 이 신호는 플레이 바우(play bow) 자세를 뜻한다. 어느 날 키리와 공놀이를 하던 중, 내가 빨리 공을 던지지 않자 키리가 플레이 바우 자세를 취했고, 나는 그것이 놀이치료에 활용할 수 있는 자세일지도 모른다고 생각했다. 나는 즉시 "Yesssss!"라고 말하고 다시 공을 던졌다. 몇 번 더 던진 후, 내가 다시 공을 던지는 것을 지연하자 키리는 플레이 바우 자세를 반복했고, 나는 그것을 다시 강화했다. 얼마 지나지 않아 키리는 플레이 바우 자세를 주기적으로 취하기 시작했고, 키리가 그 자세를 취할 때마다 'Pretty please'라는 신호어를 추가한 후 공을 던져 강화했다. 키리는 가장 좋아하는 공놀이를 하면서 단 한 번의 과정으로 이를 배웠다.

나처럼 해 봐 클라우디아 퍼가자(Claudia Fugazza, 2014)는 사회학습 이론을 바탕으로 개에게 활용할 수 있는 훈련 방법을 제안했다. '나를 따라 해' 개념으로 연속된 과제를 개에게 가르치는 방법이다. 결국 개는 사람이 보여 주는 복잡한 행동을 따라 할 수 있게 된다. 그런 다음 연속된 행동을 강화시켜 준다.

놀이 훈련 이는 개와 함께 놀면서 음식을 대신하여 놀이를 강화물로 사용하는 방법이다. 또한, AAPT에 유용할 수 있는 놀이 행동을 촉진하고 포착하는 데 사용할 수 있다(McConnell & London, 2008; Miller, 2008 자료 추천).

이 모든 방법들은 긍정적이고, 친근하며, 놀이 같은 방식으로 전달될 수 있다. 학습 이론의 응용에 기반하기 때문에 다른 종에도 적용할 수 있다. 예를 들어, 유튜브에는 클릭 훈련이 개, 고양이, 말, 염소, 토끼, 동물원 동물 등에 사용되는 영상을 볼 수 있다. 항상 한 가지 훈련 방법만 사용할 필요는 없지만, 훈련 과정에서 일관성은 필요하다.

경험 있는 긍정강화 훈련사를 찾는 것이 일부 지역에서는 어려울 수 있지만, 혐오적인 기술과 꾸짖는 것을 피하는 것이 중요하다. 치료사가 동물을 훈련하는 방식은 그들의 관계와 동물의 일에 대한 열정에 반영된다. 긍정강화 훈련에 관한 수백 권의 책이 있으며, 많은 책이 www.dogwise.com에서 판매된다. 이러한 유형의 훈련에 대한 훌륭한 입문서는 팸 대니슨(Pam Dennison)의 책, 『You CAN Train Your Dog』(2015)이다. 이 책은 반플릿(VanFleet)의 온라인 강좌 Essentials of Canine Behavior and Training for AAPT(2015)의 교재로 활용된다.

훈련의 또 다른 측면은 핸들링 기술의 개발이다. 이것은 어떤 종에든 적용된다. 여기에는 개에게 추가적인 압력을 가하지 않고 리드줄을 사용하는 방법, 손가락 하나로 말을 뒤로 물러나게 하는 방법, 동물의 편안함을 위해 충분한 공간을 확보하는 방법, 그리고 스트레스가 발생할 때 어떻게 반응할지가 포함된다. 동물들을 가르치는 것 외에도, 이러한 핸들링 기술은 효과적이고 인도적이며 안전한 AAPT에 매우 중요하다.

훈련사를 찾을 때, 치료사는 사용되는 훈련 철학과 접근 방식에 대해 문의해야 한다. www.iiaapt.org의 자료 섹션에는 물어볼 질문과 답변에서 주의해야 할 점을 문서로 올려 두었다. 무엇보다 훈련 프로그램에 참여하게 되면 자신의 판단을 신뢰해야 한다. 만약 무언가가 잘못되었다고 느끼거나, 동물이 불편해하는 것 같다면, 하지 마라. 훈련사와 논의하되 그 사람이 훈련 중에 동물의 즐거움과 편안함을 보장하지 않는다면, 다른 훈련사를 찾아라.

치료매개견 훈련은 개와 자신 모두에게 노력을 요구하며, 개와 핸들러가 모두 편안하고 즐거워할 때 가장 효과적이다. 좋은 훈련사는 동물과 인간 모두에게 긍정적이어야 한다.

AAPT에 참여할 개를 훈련시킬 때 추가적으로 고려할 사항

대부분의 개들은 '앉아', '엎드려', '기다려', '머물러', '이리 와', '나를 봐', '터치' 등 기본적인 기술을 습득하면 큰 도움이 된다. 대부분의 경험이 풍부한 긍정강화 훈련사들은 이러한 기술 습득을 돕는 데 능숙하다. 훈련사에게 개가 AAPT에 참여할 계획임을 전달하고, 그것이 무엇을 의미하는지 설명하는 것이 좋다. 사람들이 '치료매개견'이라는 단어를 들으면 병원을 방문하는 조용하고 온순한 개들을 떠올리곤 하는데, AAPT에 필요한 개들은 반드시 그런 개들이 아니다. 개들은 잘 훈련되고 핸들러의 통제 아래 있어야 하지만, 놀이치료에 사용되는 개들은 다른 형태의 치료 작업에 필요한 개들과는 다른 기술과 행동 범위가 필요하다. 모든 치료매개견이 같은 것은 아니다. www.iiaapt.org에 'AAPT: 개의 선택 및 훈련에 필요한 것들(International Institute for Animal Assisted Play Therapy®, 2017)'을 활용하여 설명하면 도움이 될 것이다.

훈련은 개의 놀이적 성격을 바탕으로 진행되어야 한다. 많은 개들은 놀이를 즐기고, 자연스러운 개의 놀이 행동(예: play bow 자세 또는 개로부터 도망치는 행동)을 사용하거나 장난감으로 유도하여 놀이를 할 수 있다. 이러한 놀이 행동을 장려하는 훈련은 세션에서 개가 '초대받아' 놀이에 참여할 가능성을 강화할 수 있다. AAPT 프로그램을 직접 경험한 훈련사인 메그 보스코브(Meg Boscov)는 기본 훈련에 놀이를 포함시키며, AAPT 프로그램의 일부 고급 훈련에도 도움을 주었다(개인적 커뮤니케이션, 2016년 10월 5일). 훈련은 전혀 심각할 필요가 없으며, 모든 이에게 가볍고 재미있는 것이 더 좋다.

놀이치료매개견은, 특히 어린이와 함께하는 경우 치료에서 사용할 수 있는 다양하고 간단한 트릭을 배우면 좋다. 개가 이미 가지고 있는 레퍼토리에 놀이 행동을 집중시키고 발전시키는 것과 개의 자연스러운 성향을 활용해 놀이적 상호작용을 개발하는 것이 가치 있다. 예를 들어, 공놀이, 프리스비 던지기, 또는 놀이치료실에 있는 특정 장난감을 가져오는 훈련을 통해 가져오는 행동을 강화할 수 있다. 후각이 발달한 개는 세션 중 '수색 및 구조' 역할을 하며 숨겨진 간식을 찾아내도록 훈련될 수 있다. 자연스러운 행동을 활용할 때, 치료사는 비생산적인 본능적 행동을 무심코 유도하지 않도록 주의해야 한다. 예를 들어, 허딩 그룹[1]의 개가 빠르게 움직이는 아이들의 발뒤꿈치를 물려고 하는 경향이 있다면, 그 행동을 자제하도록 훈련되지 않을 경우 달리기와 추격이 포함된 게임은 피하는 것이 좋다. 치료사는 개를 매우 잘 알아야 하며, 치료 세션에 적합한 놀이 활동은 개의 반응을 파악하기 위해 훈련 중 시도하고 조정해야 한다.

놀이치료매개견은 세션 중 발생하는 혼란을 어느 정도 참아낼 필요가 있다. 예를 들어, 아이들은 처음에는 무서운 유령을 추적하는 데 개의 도움을 원하다가, 나중에는 숙달 놀이처럼 개의 도움 없이 혼자서 해내기를 원할 수 있다. 이는 아이로부터 명확한 신호가 없을 때, 개가 놀이에 참여해야 할지 말아야 할지를 판단하는 데 어려움을 줄 수 있다. 물론, 치료사는 아이가 "이제 모두 물러나. 내가 직접 유령들을 잡으러 들어간다."라고 자랑스럽게 말할 때, 개를 다른 곳으로 불러들이는 방식으로 도울 수 있다.

또 다른 혼란의 형태는 다양한 내담자가 서로 다른 방식으로 신호어와 제스처를 사용할 때 발생한다. 개는 이를 참아내고, 다른 방식으로 훈련된 행동을 요청받고 있음을 깨달아야 한다. 예를 들어, 한 내담자는 큰 제스처와 과장된 동작으로 개에게 훌라후프를 통과하라고 요청할 수 있다. 다른 내담자는 더 미묘한 유인 제스처를 사용해 개에게 다가오라고 요청할 수 있다. 가능한 한, 치료적 관점에서 내담자가 개에게 직접 신호를 주는 것이 가치가 있는데, 이는 경험의 진정성을 더해 주기 때문이다. 하지만 이는 개에게 혼란을 초래할 수 있다. 이러한 상황은 신호를 약간 변형하여 훈련함으로써 도움이 될 수 있다. 이 경우, '부정확한' 개 훈련이 오히려 유익할 수 있는 때이다.

다른 치료 프로그램에서는 바람직하지 않다고 여겨지는 행동들이 AAPT에서는 실제로 유익할 수 있다. 예를 들어, 가끔 사소한 잘못된 행동을 하는 개는 적절한 행동을 하기 어려워하는 아이에게 현실적인 도전을 제공할 수 있다. 치료사는 개의 '잘못된 행동'을 내담자의 어려움을 상징하는 은유로 사용할 수 있다. "때로는 피곤할 때 주의 집중이 어려울 수 있어." 또 다른 경우, 내담자는 개가 통제를 더 잘하거나 과제를 더 오래 지속하도록 돕는 데 참여할 수 있다. "뮤리가 잘 안 되니까 포기했네. 네가 다시 도와줄 수 있겠니?", "조시 패치스는 자꾸 주의가 산만해지는데, 왜 그런 것 같아? 그리고 더 잘 집중할 수 있도록 도와줄 수 있겠니?" 때로는 내담자가 동물 문제를 해결하기 위한 솔루션을 자신의 삶에 적용하여 자신의 행동을 관리할 수 있다.

---

1) 역자 주: 허딩 그룹의 개는 과거 가축 몰이 역할이 강조되었던 견종 그룹으로 보더콜리, 웰시코기, 저먼셰퍼드 등이 해당됨.

다른 유형의 AAT나 개 훈련에서는 보통 권장되지 않는 몇 가지 행동이 AAPT에서는 유용할 수 있다. 여기에는 개의 흥분된 열정, 짖기, 심지어 핥기까지 포함된다. 인간과 마찬가지로 개도 흥분할 수 있으며, 스스로를 진정시키는 방법을 배워야 한다. 내담자는 개가 진정하도록 돕는 과정을 통해 자신의 각성을 관리하는 방법을 배울 수 있다. 짖는 것은 개가 신호를 받았을 때 자신의 반응을 전달하는 다양한 게임에 사용될 수 있다. 그리고 많은 사람들이 핥는 것을 싫어하지만, 아이들은 종종 그것을 애정의 표현으로 받아들인다. 또한 내담자의 감각 문제와 관련된 목표를 달성하는 데 도움이 될 수 있다. AAPT 맥락에서 유용한 이러한 활발한 행동들은 내담자에게 불안을 초래하거나 다치게 하거나 개에게 스트레스를 주지 않도록 반드시 치료사의 통제하에 진행되어야 한다.

이제 은퇴한 AAPT 치료매개견 키리는 사람에게 매우 친근하고, 에너지가 넘치며, 매우 빠르게 학습하고 사람들, 개, 고양이들과 잘 놀았다. 키리는 신체적인 운동뿐만 아니라 정신적인 자극도 필요로 했다. 키리는 사람들의 감정에 잘 반응했고, 새로운 활동에 쉽게 참여했다. 키리의 가장 나쁜 습관은 사람들에게 뛰어오르기, 손과 얼굴을 과도하게 핥기, 그리고 종이 타월을 엄청난 속도로 수십 조각으로 찢는 것이었다. 이 속도는 아마 세계 기록에 도전할 만했다.

키리의 훈련은 거의 매일 5분간의 짧은 훈련 세션 세네 번으로 이루어졌다. 이는 내가 재택근무를 했기 때문에 쉽게 할 수 있었다. 훈련 세션이 끝나면 키리에게 충분한 운동을 위해 공놀이를 했다. 키리는 음식보다는 놀이에 더 큰 동기를 느끼며 배운 것을 잘 기억했다. 10년간의 경력 끝에, 키리는 단순한 것부터 복잡한 행동 체인에 이르기까지 200개 이상의 신호를 알게 되었다.

기본 복종 훈련 후, 나는 키리의 뛰어오르기와 핥기 행동에 집중했다. 뛰어오르기는 개들이 흔히 하는 인사 방식인데, 키리의 경우에는 신체 접촉을 원하는 것이었다. 인사를 할 때 뛰어오르는 것을 줄이기 위해 나는 키리에게 앉기를 가르쳤고, 사람들과 인사할 때마다 앉기를 요청했다. 간식을 주는 것도 하나의 방법이었지만, 나는 많은 신체 접촉을 보상으로 주었다. 우리 집을 방문한 손님들과 내 내담자들은 모두 키리가 앉을 때까지 상호작용을 완전히 피하고, 앉으면 즉시 많은 신체 접촉으로 보상해 주는 방법을 배웠다. 키리는 곧 대부분의 사람들과 거의 모든 내담자들에게 인사할 때 앉는 법을 배웠다.

처음에는 키리의 핥기 행동을 없애려고 했으나, 첫 번째 내담자와의 경험이 내 계획을 약간 바꾸게 했다. 그 내담자는 13세의 소년으로, 트라우마와 애착 문제의 히스토리를 가지고 있었다. 그 소년은 키리가 자신을 핥는 것을 매우 기뻐했고, 키리가 자신을 "좋아한다"고 항상 말하곤 했다. 대부분의 다른 아이들도 비슷한 반응을 보였다. 나는 키리의 핥기 행동이 키리가 사람들을 기쁘게 하고 싶어 한다는 뜻의 진정 행동이라는 것을 알고 있었다. 키리에게 중요한 사회적 기능을 하는 행동이기 때문에 이를 완전히 없애고 싶지는 않았다. 동시에, 핥는 것을 원하지 않는 사람들을 키리가 핥지 않게 하고 싶었다. 이 딜레마는 훈련을 통해 해결했다. 먼저, 키리에게 '그만'이라는 신호를 가르쳤다. 핥는 것을 싫어하는 아이들은 단순히 그 신호를 주면 되었다. 두 번째로, 키리에게 내가 내민 손에 코를 대는 행동을 가르쳤다. 나는 키리의 행동에 'Kiss me!'라는 신호를 추가했으며, 이 신호는 키리에게는 대안적인 행동이 되었지만 여전히 어린이 내담자들에게 '좋아함'을 전달하는 역할을 했다. 이러한 선택지는 그 딜레마를 해결해 주었다.

키리와 함께 AAPT를 체계적으로 사용하면서 키리의 참여 가능성을 점점 더 많이 발견하게 되었다. 이 중 일부는 내가 훈련 접근 방식을 어떻게 설정할지에 대한 시사점을 제공했다. 당시 일부 개 훈련사들은 개의 일과 놀이를 명확히 구분하고 있었지만, 우리의 일 자체가 놀이였기 때문에 이 접근법은 우리의 훈련에 크게 관련이 없어 보였다. 나는 주로 훈련 세션을 재미있게 유지하는 데 집중했고, 자유 놀이와 놀이 훈련을 혼합했다. 이러한 훈련은 주로 공놀이를 할 때 이루어졌다. 키리는 공을 쫓아가서 가져오는 것을 매우 좋아했기 때문에 나는 단순히 공을 던지고 키리가 그것을 다시 가져오도록 하는 것으로 시작했다. 그런 다음 특정 행동을 요구하면서 훈련을 섞어 나갔다. 예를 들어, 때때로 키리에게 앉기(Sit-Stay)나 엎드리기(Down-Stay)를 요구하고, 키리가 그 자리에 있는 동안 공을 던진 뒤, '오케이'라는 신호를 주어 공을 가져오도록 했다. 이 과정을 몇 번 반복한 후, 다시 단순히 공을 던지고 키리가 즉시 쫓아가도록 했다. 후자가 키리가 가장 좋아하는 방식이었기 때문에, 구조화된 훈련 부분을 지나치게 하지 않도록 주의했다. 키리의 자발성과 본능적인 즐거움을 유지하면서도 약간 더 나은 통제를 배울 수 있도록 하고 싶었다. 이 접근법은 그것을 달성하는 데 도움이 되었다.

또한, 나는 놀이치료 세션에 통합할 수 있는 다른 놀이 활동을 키리에게 가르치고 싶었다. 곧 키리의 타고난 놀이성이 이를 위한 많은 기회를 제공한다는 것을 깨달았다. 내가 고안한 새로운 기술을 가르치는 대신, 나는 키리의 자연스러운 놀이를 관찰하며 아이디어를 찾았다. 그렇게 '해먹 게임'이 탄생했다. 최소한의 훈련으로, 키리는 해먹에 던져진 공을 코로 튕겨내어 공이 가장자리로 굴러떨어져 잡을 수 있도록 했다. 이 해먹 게임은 결국 일이 잘 풀리지 않을 때도 끈기 있게 노력하는 것과 협력에 관한 놀이치료 중재로 발전했다. 아이들은 키리가 코로 튕기며 공을 특정 횟수 안에 잡을 수 있도록 공을 던지고 위치를 조정하는 방법을 배웠다.

또 다른 게임은 키리가 '자신의 사람들'을 시야에 두려는 성향을 활용해 개발되었다. 줄을 풀고 걷는 동안 키리는 항상 우리가 함께 있는지 확인하기 위해 정기적으로 돌아왔다. 숨바꼭질 게임은 종종 아이들이 접이식 천으로 덮인 계란 모양의 의자에 앉는 것으로 시작되었다. 키리는 아이들이 시야에서 안 보이면 그들을 찾기 시작했고, 결국 그들을 찾아내어 코로 천을 밀어 올렸고 아이들에게 큰 기쁨을 주었다. 이러한 숨바꼭질 게임은 특히 애착에 어려움을 겪는 아이들에게 유용했다. 키리에게 이것을 가르치는 것은 키리의 자연스러운 행동과 관련이 있었기 때문에 쉬웠다.

가끔은 비글들을 AAPT에 참여시켰는데, 이 또한 자연스러운 행동을 기반으로 개입 방법을 만들 수 있었다. 특히, 음식 간식을 사용하는 냄새 맡기 게임은 그들과 쉽게 할 수 있었다. 트라우마가 있는 여러 아이들은 재난에서 생존자를 찾는 놀이를 하며 놀이치료실에 숨겨진 작은 간식을 갇혀 있는 생존자로 설정하고 비글들에게 구조견 역할을 맡겼다. 또 다른 아이는 텔레비전 프로그램에서 공항 수하물 속 밀수품이나 금지된 음식물을 찾아내는 비글들을 본 후, K-9 파트너와 함께 마약을 찾는 마약 단속 요원인 척했다. 그 아이는 최근 자신의 동네에서 마약 관련 총격 사건을 목격했다. 집에서 자주 음식 냄새 맡기 게임을 했기 때문에 키리도 곧 이 활동에 합류해 자신의 기술 레퍼토리에 '찾아봐' 게임을 추가했다.

뮤리는 본래 고양이, 두꺼비, 지렁이에 매료된다. 뮤리는 이들을 집중해서 지켜보고, 그들이 지나간 곳에 냄새를 맡는다. 뮤리는 새로운 것이나 움직이는 물체를 보면 집중력이 크게 증가한다. 나는 심각한 주의력 문제를 가진 한 청소년 내담자에게 뮤리의 행동을 관찰하고 그 수준의 집중력을 모방할 수 있는지 물어보았다. 우리는 먼저 뮤리가 몸을 고정한 상태에서 모든 감각을 사용해 정보를 수집하고 있다는 사실에 대해 이야기했다. 그 후, 그 소년은 뮤리를 모델로 삼아 동일한 것을 시도할 수 있었다. 나는 뮤리에게 작은 소리를 내며 움직이는 새로운 장난감을 주어 바쁘게 하였고, 소년은 뮤리를 관찰했다. 나중에 그 소년은 관찰한 내용을 '뮤리의 방법'이라고 부르며 자신의 집중력과 주의력을 향상시키는 데 사용하기 시작했다. 이후, 그 소년은 뮤리에게 집중이 필요한 새로운 행동들을 가르쳤고, 뮤리는 이를 쉽게 배울 수 있었다.

이러한 예시들은 자연스러운 행동과 훈련, 그리고 AAPT와의 상호작용을 보여 준다. 자연스러운 행동은 조정하고 강화할 수 있다. 신중한 관찰과 놀이치료매개동물의 고유한 관심사와 재능을 창의적으로 통합하여 무수히 많은 개입 방법을 만들어 낼 수 있다. 다음 장에서 이렇게 개발된 더 많은 개입 방법을 소개할 것이다.

AAPT를 위한 고양이 훈련시키기

고양이도 학습 원칙과 절차를 이용해 훈련할 수 있다. 적절한 유인책과 강화물이 사용된다면, 유인-보상 훈련이나 클릭커 훈련이 고양이에게도 효과적이다. 예를 들어, 흔들면 움직이는 작은 물체가 달린 줄이나 막대와 같은 고전적인 유인책으로 고양이에게 장애물 코스를 통과하게 할 수 있으며, 이후에는 보상으로 간식을 제공할 수 있다.

AAPT를 위한 말 훈련시키기

두려움에 의해 교육받은 말은 절대 믿을 수 없다.
항상 당신보다 더 두려워하는 것이 있을 것이다. 하지만 말이 당신을 신뢰하게 되면,
두려울 때 무엇을 해야 할지 묻게 된다.
–앙투안 드 플루비넬(Antoine de Pluvinel)

인간과 함께 사는 가축화된 말들은 그 환경에서 안전하게 살 수 있도록 훈련이 필요하다. AAPT에서도 동일한 행동이 필요하다. 말들은 안전하게 굴레를 쓰고 다닐 수 있도록, 트레일러에 침착하게 탑승할 수 있도록, 사람들에게 달려들지 않도록, 전신을 만지거나 손질하는 것을 받아들이도록, 발을 들어 올리는 것을 받아들이도록, 다양한 장비를 몸에 착용하는 것을 받아들이도록, 새로운 환경에 침착하게 적응할 수 있도록, 그리고 동료들이 떠나는 것을 받아들이도록 훈련되어야 한다. AAPT에서 이러한 기본 훈련을 시킨다. 우리의 특정 작업을 위해 말을 개처럼 과도하게 훈련시키고 싶지는 않다. 대체로 승마 프로그램에 필요한 훈련은 AAPT에 필요한 것과는 상당히 다르다. 우리는 말들이 자발적으로 행동하기를 원한다. 예를 들어, 우리가 의상 상자를 꺼내면 말들이 그 상자 쪽으로 다가가 냄새를 맡거나, 발굽으로 물건을 끌어내거나, 이빨로 물건을 물어 흔드는 행동을 한다. 이는 수줍음이 많은 내담자들이 스스로 다가가 상자를 탐색하는 문을 열어준다. 충동적인 아이들에게는 "어떤 말들은 정말 참을성이 없어!"라고 장난스럽고 약간 짜증 난 목소리로 말하며 이러한 행동에 반응할 수 있다.

대부분의 긍정강화 개 훈련 방법(앞서 설명한 것들)은 말에게도 적용될 수 있다. 원하는 행동을 보상하는 동물 친화적인 방법으로 거의 모든 것을 가르칠 수 있음에도 불구하고, 여전히 모든 동물에게 고통과 압박을 사용하는 훈련 방법이 많이 남아 있는 것은 유감이다. 특히 말의 경우, '압박과 해제'가 여전히 많은 사람들 사이에서 말들을 훈련하는 유일한 방법으로 간주되고 있다. 오늘날 말 학습과 말의 움직임에 대한 생체역학에 대한 과학적 정보가 훨씬 더 많고 우리가 쉽게 활용할 수 있음에도 불구하고, 우리는 마치 고대의 명인 제노폰(Xenophon) 시대에서 사용된 방법으로 후퇴한 것처럼 보인다. 말들을 훈련시키기 위해 여전히 널리 사용되는 방법 중 하나는 부적 강화(즉, 말이 원하는 행동을 했을 때 즉시 제거되는 압박의 적용)이다. 더욱이 부적 강화는 종종 오해되어 잘못 적용되며, 이는 종종 정적 처벌의 형태로 나타난다. 몇 권의 드레사지 훈련[2] 책(Your Horse's Mind)을 저술한 것으로 잘 알려진 마샬(Marshall, 1996)은 "야생에서 이빨이나 발굽에 의해 고통이 가해지는 그룹 시스템과 마찬가지로, 가정 훈련 상황에서도 다양한 형태의 불편함이나 고통을 통해 학습하는 방법이 있다(p. 46)"고 썼다. 그녀는 이어서 "올바른 반응을 가르칠 때 채찍 사용은 불가피하다. 또한, 말의 피부는 두껍고 털로 덮여 있어 가벼운 타격으로는 큰 인상을 남기기 어렵다(p. 47)"라고 말한다. 여기서 설명된 고통을 가하는 것은 사실 말에게 무엇을 하지 말아야 하는지를 가르치기 위한 정적 처벌(행동을 감소시키는 결과의 부여)이다. 말 주인과 승마자들이 말의 목을 잡아당기고, 발로 차고, 채찍질하며 이 인용문에서 설명된 바로 그 고통을 주는 일은 여전히 너무 흔한 일이다.

21세기에 들어서도 여전히 고통을 가한 후 불쾌한 것을 제거하는 방식이 최선의 훈련 방법이라는 강한 신념이 존재하는 것은 말들에게 안타까운 일이다. 신경과학은 다양한 종(우리 자신을 포함한)에서 불쾌함과 고통을 사용하여 행동을 변화시키는 것은 효과적이지도 효율적이지도 않은 학습이고 긴장, 두려움, 체념, 그리고 기계적인 반응을 유발한다는 점을 분명히 밝혔다. 동물들은 혐오적인 방법을 통해 학습할 수 있지만, 이로 인한 많은 위험이 있으며, 그 중 하나는 행동이 단절되고 제한될 수 있다는 점이다. 루시 리스(Lucy Rees, 1984)는 훈련 중 말에게 불편함이나 고통을 주는 것은 "불필요하며 인간 본성의 최악의 특성을 표현하는 것처럼 보인다"고 말하며, "두려움에 의해 무기력하게 복종하는 말에게 얻을 수 있는 바람직한 점은 거의 없다(p. 167)"고 주장한다.

얼마 전, 나의(트레시) 가까운 동료 중 한 명이 유럽에서 열린 말매개학습치료 회의에 참석했다. 참가자들은 최고급 드레사지 말들을 훈련하는 모습을 관찰할 수 있었다. 처음에 그녀는 말들이 수행하는 화려한 동작들의 '아름다움'에 매료되었다. 그러나 다른 참석자가 다시 보라고 권하며, 모든 말들의 몸에 나타난 긴장과 스트레스의 수준을 지적했다. 그는 그녀에게 말들의 눈을 다시 보라고 요청했고, 그다음에 한 말이 그녀에게 깊은 인상을 주어 지금까지도 기억에 남아 있다: "이 말들은 눈이 죽어 있어요." 모든 생물의 눈에서 빛이 사라지지 않도록 하는 것이 중요하며, 통제적인 방법으로 훈련된 말들은 인간과 긍정적인 연결성이 필요한 AAPT에 적합하지 않을 가능성이 크다.

---

2) 역자 주: 말을 다루는 훈련 중 하나로, 말과 기수 사이의 섬세한 소통과 조화를 목표로 하는 고급 승마 기술.

다행히도, 오늘날 훌륭한 긍정강화 훈련을 하는 말 조련사들이 존재하며, 그들의 수는 점점 늘어나고 있으며 더 쉽게 찾을 수 있다. 긍정강화 훈련은 말들에게 우리가 원하는 행동을 보여 주고, 그 행동을 강화하기 위해 즐거운 무언가를 사용하는 데 중점을 둔다. 훌륭한 말 훈련사는 긍정강화 방법을 사용하는 것이 말의 눈빛을 밝게 하고, 말들이 자발적으로 아이디어와 해결책을 제시하게 된다는 것을 알고 있다.

클리커 트레이닝에 관한 몇 가지 훌륭한 자료로는 B. 하트(B. Hart, 2008), 컬랜드(Kurland, 2007), 벤트(Wendt, 2012)의 책들과 호간(Hogan)의 웹 사이트(www.thebestwhisperisaclick.com)가 있다. 또한 비강제적이고 비기계적인 접근법을 통해 말과의 관계를 형성하고 행복한 말을 만들어 내는 훈련과 상호작용에 대해 논의하는 포럼, 웹 사이트, 블로그 같은 훌륭한 자료들도 있다. 주목할 만한 자료로 해리슨(Harrison)의 웹 사이트 www.equinebehaviourist.co.uk, 심슨(Simpson)의 웹 사이트www.naturalanimalcentre.com, 그리고 텔링턴-존스(Tellington-Jones)의 웹 사이트 www.ttouch.com, www.ttouchtteam.co.uk, www.lindatellingtonjones.com가 있다.

말과의 긍정강화 훈련과 관계 구축은 AAPT에서 말의 행동에 직접적인 영향을 미친다. 예를 들어, 활동 중에 내담자가 막대를 사용하여 장애물을 만들게 할 때가 있다. 내담자가 무언가를 완성하면, 말들 중 하나가 즉시 그것을 반복적으로 쓰러뜨리는 경우가 많다. 종종 이것은 인간 치료사가 내담자의 구조물을 쓰러뜨리는 경우(이 방법은 권장되지 않는다)와 달리 내담자에게 재미있게 느껴진다. 때때로 내담자는 이와 다른 반응을 보이는데, 이는 ① 무언가를 완벽하게 만들기 위해 열심히 노력했는데 누군가가 와서 그것을 망가뜨리는 좌절감을 다루는 메타포, 또는 ② 평소에는 다른 사람의 작업을 망치는 내담자가 말이 자신의 작업을 망칠 때 느끼는 감정을 다루는 메타포를 제공할 수 있다. 말들은 스스로 동기 부여되어 매우 강한 호기심으로 새로운 것을 탐색하는 것을 두려워하지 않기 때문에, 인간이 결코 할 수 없는 방식으로 말들은 내담자에게 기회와 치료 프로세스를 제공한다. 동물들이 이런 방식으로 행동하는 것은 부정적인 결과를 두려워하지 않을 때만 가능하다. 훈련 방법이 중요하다.

명료한 의사소통

AAPT 참여에 동물을 준비시킬 때 중요한 또 다른 측면은 치료사와 동물 간, 그리고 궁극적으로 내담자와 동물 간의 명확한 소통을 발전시키는 것이다. 효과적인 소통을 개발하기 위해서는 예리한 관찰력, 함께 일하는 종의 신체 언어에 대한 이해, 치료사가 동물에게 주는 명확한 신호, 그리고 긍정강화 훈련 등 여러 기술의 통합이 필요하다. 그리고 이 모두가 건강한 관계의 맥락 안에서 이루어져야 한다.

소통은 듣기와 표현하기처럼 양방향 과정이다. 이는 인간이 아닌 동물들과의 관계에서도 마찬가지이다. 먼저 우리는 들어야 하며, 이는 우리의 동물 파트너이자 작업 파트너를 지속적이고 신중하게 관찰함으로써 이루어진다. 또한 우리가 무엇을 보고 있는지, 그들이 무엇을 소통하고 있는지 이해해야 한다. 여기서 신체 언어에 대한 유창한 이해가 중요하다. 하품, 시선 회피, 코를 핥는 것뿐만 아니라 미묘한 자세 변화가 무엇을 의미하는지 아는 것이 중요하다. AAPT 세션 중에, 동물의 신체 언어를 주의 깊게 관찰하고 이해하는 치료사는 스트레스와 잠재적인 부상을 예방하기 위해 조치를 취할 수 있다.

둘째로, 우리는 자신을 명확하게 표현해야 한다. 동물들은 인간의 신체 언어를 관찰하는 데 있어 인간보다 훨씬 뛰어나다. 우리 자신이 몸으로 무엇을 하고 있는지, 그것이 동물에게 어떤 영향을 미치는지 인식하는 것이 중요하다. 이는 우리의 관찰 기술과 자기 인식에 달려 있다. 동물이 반응할 때, 우리가 방금 한 행동이 그 반응에 어떻게 기여했는지 돌아보는 것이 필요하다. 이를 통해 어떤 자세와 제스처가 명확하게 소통되는지, 어떤 것이 혼란을 초래하는지, 어떤 것이 스트레스를 유발하는지 배울 수 있다.

안정되고 스트레스를 받지 않는 개가 있다면, 다음 실험을 시도해 보라. 개를 마주 보고 서서, 마치 개의 목 뒤를 쓰다듬으려는 것처럼 허리를 굽혀 개의 머리 바로 위로 몸을 구부린다. 귀를 주의 깊게 관찰해 보라. 대부분의 개, 심지어 매우 사교적이고 안정된 개조차도 귀가 아주 조금 내려가는 것을 볼 수 있을 것이다. 이는 정면에서 머리 위로 몸을 구부리는 자세 때문에 불편함을 표현하는 것이다. 이러한 유형의 반응을 볼 수 있다면, 우리는 자기 인식을 더 키우고 더 적절하게 대응할 수 있다. 이것이 소통 과정의 일부이다.

숙련된 긍정강화 훈련사로부터 개를 훈련하는 방법을 배우는 것도 자기 인식과 동물과의 명확한 소통을 발전시키는 데 도움이 된다. 여기에는 선행 조건을 관찰하고, 클릭커 트레이닝에서 제공하는 것과 같은 시기적절하고 구체적인 피드백을 주는 것이 포함된다. 우리가 동물에게 특정한 것을 요구할 때, 올바른 유형의 피드백을 제공하는 것은 '언어 장벽'을 넘어 학습과 반응성을 촉진한다.

일상적인 과정에서 우리는 명확하고 동물 친화적인 소통을 발전시키게 된다. 우리가 동물에 대해 일상적으로 얻는 지식과 이해는 AAPT 작업으로 이어진다. 동물들이 이해할 수 있는 방식으로 관찰하고 듣고 표현하는 습관을 들이면, 이 과정이 자연스럽게 습관화된다.

이러한 일상적인 주의와 반응이 없다면, 소통의 명확성이 부족해지고 이는 치료 세션에서 드러날 가능성이 크다. 예를 들어, 개가 움직이기를 원할 때 평소 목줄을 당긴다면, 치료 세션 중에도 목줄을 당기게 될 것이다. 이는 내담자에게 동물을 당기거나 강제로 조종해도 괜찮다는 잘못된 메시지를 전달할 수 있다. 만약 내가 친절의 메시지를 전달하고자 한다면, 먼저 나부터 느슨한 목줄로 개를 걷게 하는 법을 배우고, 개가 신호에 따라 내 옆에 머물도록 가르쳐야 한다. 이 패턴을 정기적으로 연습하면, 치료에 집중할 때 별로 생각하지 않아도 자연스럽게 행동할 수 있다.

내담자에게 상호 존중하는 인간-동물 관계를 보여 주는 것 외에도, 내담자가 동물과 명확하고 친절하게 소통하도록 돕는 데는 치료적 가치가 있다. 만약 치료사가 내담자에게 AAPT에서 동물과 명확한 소통 기반을 구축하도록 돕고, 나아가 다른 사람에게도 확장되게 하려면, 먼저 치료사 자신이 '가르치려는 것을 실천'할 수 있어야 한다. 이 분야에서 배울 것이 많지만, 특히 동물과의 소통을 더 효과적으로 발전시키고, 그런 다음 내담자가 같은 것을 할 수 있도록 돕는 것은 매우 가치 있는 일이다.

> 나의(트레시) 말들은 강하게 당겨지거나 내담자가 돌아서서 그들을 응시할 때 멈추도록 훈련되었다. 말들은 서로를 더 잘 볼 수 있는 방식으로 나와 나란히 걷는 것을 배웠다. 느슨한 로프를 사용하여 양쪽에서도 함께 걷도록 배웠다. 아이들이 우정에 대해 배울 때, 우리는 친구가 보통 어디에 서 있는지 물어보고, 친구는 대체로 비대립적인 방식으로 우리 옆에 서 있다는 점을 강조한다. 내담자가 말의 어깨 쪽에 자신감 있게 서서 걷는다면, 말은 따라올 것이다. 그러나 내담자가 결단력 없고 망설인다면, 말도 자연스럽게 망설이게 된다. 비록 내가 항상 자신감이 있는 것은 아닐지라도 나는 말들과의 모든 상호작용에서 자신감 있게 행동한다. 그리고 움직임을 부드럽게 한다. 갑작스러운 움직임은 말들에게 '긴장하라'는 신호를 전달하기 때문이다. 나는 내담자가 자신의 신체 언어에 대해서 배우고 차분하면서 자신감 있게 행동할 수 있도록 도와준다.

마지막으로, 소통의 중요한 부분은 잠재적인 장애물과 비상 상황에 대처하는 것과 관련된다. 치료사가 불쾌하거나 부적절한 상황이 발생할 조짐이 보일 때 이를 인식하고, 그런 상황이 실제 발생하기 전에 예방을 위한 조치를 취할 수 있게 만든다. 예를 들어, 치료사가 더 나은 상호작용 방법을 보여 줬음에도 불구하고 내담자가 개의 목을 잡고 꽉 조이려고 할 수 있다. 치료사가 내담자의 의도를 파악하면, 내담자와 개 사이에 서서 막거나, 개에게 비상 신호를 주어 위험에서 벗어나도록 할 수 있다(우리는 모든 AAPT 개들에게 '뒤로!'라는 신호를 명확하게 가르치고, 이 신호를 받으면 개가 즉시 치료사의 뒤로 가게 한다).

적극적인 태도는 말과의 모든 작업에서도 매우 중요하다. 말은 놀라거나 겁을 먹으면 먼저 도망가고 나중에 생각하는 경향이 있다. 이 때문에 인간 치료사나 팀은 말들이 환경에서 무언가에 겁을 먹거나 도망갈 것 같은 작은 변화도 민감하게 인식할 수 있어야 한다. 이런 상황이 발생할 것 같으면 즉시 선제 조치를 취해야 한다. 예를 들어, 내담자가 9피트 길이의 막대를 들고 주변을 보지 않은 채 말 근처에서 휘두르려 할 때, 그 행동이 말들을 놀라게 할 가능성이 크다. 이런 상황에서는 움직일 공간이 매우 중요하다. 이런 상황에서 말들이 주도적으로 대처하고 움직일 수 있도록, 우리는 항상 충분한 공간을 확보하고, 말들이 어떤 상황에서도 벗어날 수 있는 두 가지 이상의 경로를 계획해 둔다.

환경

동물이 일하는 환경은 미리 준비되어야 하며, 동물은 그곳에서 작업하기 전에 그 환경에 익숙해져야 한다. 이전의 사회화 섹션에서 우리는 동물이 내담자와 함께 작업하기 전에 AAPT 작업 환경에서 시간을 보내는 것이 중요하다고 논했다. 동물들은 그 환경을 긍정적인 것들과 연관지어 그곳에서 시간을 보내는 것을 기대해야 한다. 이 섹션에서는 환경을 동물 친화적으로 준비하기 위해 고려해야 할 몇 가지 사항들을 안내한다.

자연환경과 충분한 공간의 활용

가능한 한, 그리고 날씨가 허락하는 한, 자연환경을 사용하는 것이 중요하다. 이는 특히 넓은 공간에서 야외에 있는 것을 가장 편안하게 여기는 말과 함께 작업할 때 더욱 그렇다. 개는 실내 환경에 익숙하며, 중요한 것은 개가 최대한 자연스럽게 행동할 수 있도록 환경을 조성하는 것이다. 말의 경우, 잔디가 있는 넓은 들판이 좋을 수 있고, 개의 경우, 가구나 장난감에 부딪치지 않고 자유롭게 움직일 수 있는 충분히 큰 방이 적합하다.

일반적으로, 말과 함께하는 AAPT는 넓은 공간이 필요하며, 보통 표준 경기장 크기나 넓은 잔디밭이 사용된다. 최소한의 적절한 공간(최적은 아님)은 대략 130 × 65 피트(약 8,500 평방 피트 또는 40m × 20m) 정도이다. 물론, 이는 참여하는 사람들과 말의 수에 크게 좌우된다. 말들은 뛰어다니거나 치료사와 내담자가 주로 있는 공간에서 벗어날 충분한 공간이 있어야 한다. 실제 설정에 대한 더 자세한 내용은 제10장에서 다룬다.

우리는 세션 중에 말이 풀을 뜯는 것을 어떻게 방지할 수 있는지 질문을 받는다. 일반적으로 말이 풀을 뜯으면서 내담자와의 상호작용을 피할 수 있다는 우려가 있다. 이러한 이유로 잔디밭을 자갈밭으로 바꾸는 프로그램도 있다고 알고 있다. 일반적으로 말들이 세션 전에 잔디밭에서 충분한 시간을 보내면 이러한 문제가 발생할 가능성이 덜하다. 또한, 치료사가 말과 훌륭하고 부담 없는 관계를 발전시킨 경우, 말들은 내담자가 도착했을 때 그들과 함께 있고 싶어 하는 경우가 많다(관계 발전에 대한 내용은 제9장에서 더 자세히 다룬다). 말들은 넓은 잔디밭에 있을 때 자연스러운 행동을 보일 가능성이 더 높으며, 숙련된 AAPT 전문가는 거의 모든 자연스러운 행동을 치료 세션에 통합할 수 있다.

자연스러운 행동이 AAPT에서 매우 가치 있다는 점을 명심하는 것이 중요하다. 이러한 행동은 프로그램의 진정성을 더해 준다. 내담자는 동물들이 있는 그대로 존재하고 우리가 동물들과 내담자의 상호작용을 존중하면서 즐기려는 의지를 보여 줄 때 그들은 그것이 진짜임을 안다. 자연스러운 행동은 자연스러운 환경에서 발생한다.

항상 탈출 경로 확보

AAPT 과정 전반에 걸쳐 동물들이 '탈출 경로'를 가질 수 있도록 하는 것이 중요하다. 치료사는 내담자와 동물의 위치를 주의 깊게 관찰하여 동물들이 자유롭게 움직일 수 있는지를 확인한다. 일부 활동에서는 목줄이나 로프가 사용될 수 있지만, AAPT는 일반적으로 개가 목줄 없이, 말이 자유롭게 움직일 수 있는 상태에서 진행된다. 치료사는 동물들이 참여할 수 있는 충분한 공간과 탈출 경로를 확보할 수 있도록 활동을 설계해야 한다. 때로는 내담자에게 원을 더 넓게 만들거나 한쪽으로 비켜서 탈출 경로를 유지하도록 요청할 필요가 있다.

탈출 경로가 중요한 이유는 두 가지이다. 첫째, 동물들이 스트레스를 받으면, 자신이 갇혔다고 느끼지 않고 벗어날 수 있는 방법이 있어야 한다. 또한, 동물들이 흥미를 잃거나 충분히 참여했다고 느끼면 스스로 이동할 수도 있다. 명확한 탈출구가 있으면 동물의 스트레스 반응을 예방하거나 완화할 수 있고, 이는 인간의 안전 문제와도 관련이 있다. 둘째, 동물들이 자유롭게 이동할 수 있다는 것이 분명할 때, 내담자는 동물들이 자발적으로 참여하고 있다는 사실을 알 수 있다. 동물들이 내담자 근처에 머물면서 상호작용한다면, 이는 동물들이 자발적으로 그렇게 하고 있다는 것을 보여 준다. 이것 역시 경험의 진정성을 더해 준다.

동물들이 탈출 경로를 선택하면, 내담자는 다양한 반응을 보일 수 있다. 어떤 사람들은 이를 받아들이는 반면, 다른 사람들은 거부감을 느낄 수 있다. 치료사로서 우리의 역할은 내담자가 나쁜 감정을 느끼지 않도록 막는 것이 아니라, 그들이 어려운 감정을 겪을 때 이를 돕는 것이다. AAPT에서는 이러한 상황이 발생할 때, 치료사는 동물이 없는 다른 심리치료 상황에서와 마찬가지로 내담자의 반응을 촉진한다.

동물 친화적인 환경 제공

AAPT 실무자는 내담자 친화적이고 동물 친화적인 환경을 제공하다. 동물에게는 휴식을 취하거나 잠을 잘 수 있는 장소가 필요하다. 또한 적절한 물과 배설할 장소도 필요하다. 공간은 자발적으로 또는 의도적으로 놀이를 할 수 있는 적절한 공간이어야 한다. AAPT를 사무실에서 진행하든 야외에서 진행하든, 동물은 내담자들이 따라갈 수 없는 자신들만의 공간이 필요하다. 말의 경우 축사, 헛간 또는 들판의 외양간, 고양이의 경우 높은 곳에 있는 상자나 침대, 개의 경우 책상 아래나 외양간 안의 상자나 침대 등이 그 예이다. AAPT의 물리적 환경 설정 및 실제 관리 팁에 대한 자세한 내용은 제10장 및 제11장에 나와 있다.

관계

인간의 역량을 개발해야 하는 것과 마찬가지로 동물 준비의 이러한 모든 측면도 관계의 맥락에서 발생한다. 건강한 애착이 이러한 각 영역을 향상시키는 것처럼 적합성, 사회화, 훈련, 의사소통, 환경은 모두 관계 형성에 영향을 미친다. 관계는 AAPT의 핵심이므로 다음 장에서는 반려동물 및 파트너와의 훌륭한 관계를 발전시키고 유지하는 방법에 대해 다룬다.

치료사-동물 관계 구축하기

"삶은 복종의 과정이 아니다. 함께 살아가는 방식이다."

-투리드 루가스(Turid Rugaas)

"인간과 동물 사이에 가능한 그 모든 것은 오직 관계 안에서 가능하다."

-수잰 클로시에(Suzanne Clothier)

AAPT는 다양한 차원에서 관계 지향적인 접근법이다. 치료사와 내담자 간의 개방적이고 신뢰하는 관계가 중요할 뿐만 아니라 치료사-동물 관계, 내담자-동물 관계도 효과적인 치료를 위해 필수적이다. 변화는 관계의 맥락에서 일어나기 때문에 건강한 관계를 발전시키는 것이 가장 중요하다. 첫 번째 단계는 치료사가 동물 파트너와 강력한 관계를 발전시키는 것이다.

제5장에서는 치료사와 동물의 관계가 어떤 모습이어야 하는지에 대해 논의했다. [그림 9-1]에는 해당 장에서 자세히 설명한 특징들이 나열되어 있다. 이 장에서는 치료매개동물과 이러한 유형의 관계를 구축하는 방법을 살펴보겠다. 개와 말을 예로 들었지만 많은 방법이 다른 종에도 적용된다.

[그림 9–1] AAPT에서 치료사–동물 관계 특성

관계 만들기

동물이 내담자와 상호작용하기를 기대하기 전에 우리는 잠재적인 치료 파트너와 우리만의 관계를 만들어야 한다. 이것은 결코 사소한 일이 아니다. 인간관계에 노력과 관심이 필요한 것처럼 반려동물 및 치료매개견과의 관계도 마찬가지이다. 반려동물과의 관계가 돈독해질수록 비인간 치료사를 추가할 때 발생하는 복잡한 치료 과정을 더 잘 협상할 수 있다.

동물과 좋은 관계를 발전시키는 것은 평생에 걸친 과정이지만, 가장 즐거운 과정이 될 수 있고 또 그래야 한다. 동물과의 관계를 구축하고 강화하는 방법에 대해서는 이 장의 나머지 부분에서 다룬다. 여기서는 건강한 관계를 형성하는 방법, 즉 건강한 관계를 만드는 데 사용되는 실용적인 방법에 중점을 둔다. 이러한 방법은 필요한 경우 치료 계획에 따라 내담자와 공유할 수 있다.

동물의 관점으로 바라보기

교육 워크숍과 슈퍼비전 중에 우리는 종종 치료사에게 "말처럼 생각하라" 또는 "개처럼 생각하라"고 제안한다. 우리가 진정으로 동물과 상호 존중하는 관계를 만들고 싶다면 동반자이자 파트너로서 양방향 관계를 발전시켜야 한다. 만약 동물의 관심사, 선호도, 스트레스 요인 및 필요를 파악할 수 없다면 효과적인 치료와 동물복지 모두에 핵심이 되는 관계 유형을 형성하기란 불가능에 가깝다.

이를 위한 첫 번째 단계는 인간관계와 마찬가지로 경청이다. 동물의 말을 듣는 능력을 키우는 방법에는 크게 네 가지가 있다: ① 동물의 생활 방식에 대해 가능한 한 많이 배우기, ② 동물의 의사소통 방식에 대해 가능한 한 많이 배우기, ③ 개별 동물에 대해 가능한 한 많이 배우기, ④ 우리 자신의 행동이 개별 동물에게 어떻게 영향을 미치고 영향을 주는지 배우기. 다양한 방법으로 즐겁고 상호 유익하면서 신뢰를 쌓을 수 있는 관계를 발전시킬 수 있다. 다음 섹션에서는 더 잘 듣고, 신뢰를 쌓고, 건강한 관계를 발전시키고 유지하는 방법에 대해 설명하겠다.

종에 대해 이해하기

이의를 제기하지 않는 잘못된 가정만큼 오해의 소지가 큰 것은 없다.

–데스몬드 킹–헬리(Desmond King–Hele)

AAPT에는 개, 말, 고양이, 토끼, 염소, 돼지, 햄스터, 기니피그, 저빌과 같은 설치류 등 많은 종(species)이 관여하고 있고 그들에 대한 방대한 정보가 있다. 동물행동학자(동물의 자연상태 행동을 연구하는 사람)의 작업은 인지행동학, 비교행동학, 진화인류학 및 기타 새로운 연구 분야에서 수행되는 작업과 마찬가지로 관련성이 높다. 대부분의 종에 대해 흥미롭고 새로운 연구가 많이 이루어지고 있으며, 자신이 연구하는 종에 대한 최신 지식을 숙지하는 것이 중요하다. www.iiaapt.org에 있는 리소스 목록에는 이러한 분야와 관련된 유용한 책, 기사 및 동영상이 있다.

한 종과 오랫동안 함께 생활한다고 해서 그 종에 대해 우리가 생각하는 것만큼 많이 알 수 있는 것은 아니다. 동물의 관점에 눈을 뜨지 않는 한 우리는 종종 인간의 관점에서 보는 경향이 있다. 게다가 우리가 개별 동물에 대해서 많이 알게 되었을지라도 그 종에 대한 일반적인 지식이 더 필요할 수 있다. 이는 앞으로 우리가 만나고 함께 일하게 될 그 종의 구성원을 더 잘 이해하게 만들어 준다.

우리가 그 종의 생활 방식에 대해 많은 것을 배웠다고 해도 과학은 항상 그 이해를 더하고 있다. 책을 읽거나 세미나에 참석하여 지식을 업데이트하는 것은 매우 좋은 생각이다. 최신 과학 지식에 기반을 두는 것은 종에 대한 잘못된 믿음을 파헤치는 데에도 중요하다.

예를 들어, 인간이 개를 지배해야 한다는 생각은 포획 늑대 연구에 근거한 잘못된 생각이며, 다른 주장들은 과학에 전혀 근거하지 않았다. 알파 롤을 적용하여 개를 완전히 지배해야 한다거나 갈비뼈 뒤를 발로 차야 한다거나 초크 칼라로 행동을 교정해야 한다는 생각은 완전히 파기되었다. 이에 대한 자세한 내용은 www.dogwelfarecampaign.org 웹 사이트에서 확인할 수 있다.

다른 예로, 야생마들이 무리 내에서 엄격한 서열 체계를 가지고 있다는 생각이 있다. 이는 '자연 승마법' 운동의 지지자들에 의해 퍼져나간 부정확한 정보이고, 이 역시 보다 엄격한 과학적 연구에 의해 사실이 아님이 밝혀졌다(Berger, 1986; Kiley-Worthington, 2005; Tyler, 1972; Wendt, 201la, 2011b). 유명한 야생마 연구에서, 버거(Berger, 1986)는 "물가로 가거나 돌아오는 동안, 어떤 말도 일관되게 리더 역할을 하지 않았다…… 걸음을 시작하는 리더는 단순히 먼저 나서서 걷기 시작한 개체일 때가 많았다"(p. 139)고 주장했다. 그는 또한 타일러(Tyler, 1972)와 마찬가지로 말들이 놀라서 흩어질 공간이 생기면 뚜렷한 리더 없이 모두 나란히 질주하는 것을 관찰했다. 개에게 사용되는 잘못된 생각과 마찬가지로, 말이 인간을 지배하려고 할 것이라는 잘못된 개념에서 비롯된 기술과 장비가 있다. 이로 인해 인간은 말을 강제로 복종시켜야 한다는 생각이 생겨난 것이다(예: 라운드 펜 '조인 업'[1] 방식과 얼굴 신경을 누르는 매듭이 있는 가는 줄의 압박 고삐). 이 단락에 인용된 참고 자료와 말의 행동 및 관계에 대한 최신 정보는 www.iiaapt.org 에서 확인할 수 있다.

안타깝게도 이러한 잘못된 관념이 지속되고 있고 이는 관계 구축과 정반대로 작용한다. 텔레비전 프로그램과 인터넷 사용의 광범위한 증가로 인해 인간의 통제 욕구를 자극할 수 있는 정보 덩어리가 많이 생겨났고 쉽게 소화 가능해졌다. 그 방법에 대한 용어는 매력적이다.

---

1) 역자 주: 라운드 펜(the round pen) '조인 업(join up)' 방식은 좁은 원형운동장 안에서 말을 자유롭게 움직이게 한 후 특정 방식으로 압력을 가하는 방법.

무음으로 한 채 동물의 몸짓에 주의를 기울여 시청하면 동물에게 보여지는 두려움이나 회피감을 관찰할 수 있지만 '특별한 방법'을 소개하는 유명인이나 전문가가 등장하면 이를 원하는 '복종'으로 분류해 버린다. 이에 대해 더 많은 이야기를 할 수 있지만 그것은 이 책의 범위를 벗어난다. 우리는 평판이 좋은 과학적 출처를 접하면서 비판적 사고를 할 필요가 있다.

우리는 이제 개와 말이 인간과 함께 진화해 왔으며 매우 사회적인 종으로서 갈등을 피하고자 한다는 것을 알고 있다. 개와 말은 지배권을 확립하기 위해 무력을 사용하는 경우가 거의 없으며, 통념적 믿음 보다 그들의 관계는 더욱 유연하기 때문에 우리는 개와 말이 우리에게 협조하도록 하기 위해 무력을 사용할 필요가 없다. 말은 무리 동물로 생존을 위해 다른 말들과 함께 있어야 하며, 서로 협력하고 조심해야 한다. 개와 말 모두 잘 조율된 몸짓과 명확한 의사소통에 의존해야 조화를 이룰 수 있다. 모든 사회적 동물이 그렇듯이 자원이 부족할 때만 갈등이 발생할 수 있다. 또한 개와 말은 가축화 과정에서 인간과 협력하는 성향을 가진 유전적 진화를 이룬 것으로 알려져 있다. 이 모든 것의 의미는 혐오스러운 자극이나 압박을 가하지 않고도 인간과의 생활에 잘 적응할 수 있고 훈련하고 함께 일할 수 있다는 것이다.

말과의 파트너십이라는 개념은 새로운 것이 아니다. 2,500여 년 전 그리스 철학자이자 역사가, 기수였던 크세노폰(Xenophon)은 다음과 같은 지혜를 전했다: "말이 강박에 의해 하는 일은…… 이해 없이 하는 것이니, 무용수에게 채찍을 휘두르고 박차를 가하는 것만큼이나 아름다움이 없다. 그렇게 대접받는 말이나 사람에게는 아름다움보다 추악함이 훨씬 더 많을 것이다……"(기원전 350~400년경 크세노폰).

종의 신체 언어 이해하기

현재의 과학 지식을 이해하면 동물을 더 잘 이해할 수 있다. 그것은 배경지식이 되지만, 우리는 호기심과 개방성을 유지하며 동물에 대해 잘 알기 위해 우리 자신의 관찰을 활용해야 한다. 과학은 오류가 없지 않으며 항상 진화하고 있기 때문에 우리는 훌륭한 관찰자가 되려고 노력해야 하며, 특히 '전문가'의 말이 자신의 가치관과 지식에 반하는 경우, '전문가'의 말을 따르기보다는 자신의 관찰을 신뢰해야 한다.

동물의 의사소통 방식을 이해하는 것은 학습 과정의 일부이다. 각 종마다 고유한 신체 언어와 발성이 있다. 제7장에서 언급했듯이, 신체 언어를 유창하게 읽는 법을 배우는 것은 AAPT에서 치료사에게 요구되는 역량 중 하나이다.

신체 언어를 유창하게 읽는 것의 가치는 서로 다른 언어를 사용하는 두 사람이 상대방의 언어를 배우는 것과 비슷하다. 두 사람이 서로의 언어를 이해하면 훨씬 더 깊은 이해로 소통할 수 있고 상대방의 요구에 더 민감하게 반응할 수 있다. AAPT에서 치료사는 함께 작업하는 동물의 신체 언어를 읽음으로써 치료 과정 내내 동물의 스트레스 수준을 모니터링할 수 있으며, 이는 또한 내담자가 동물에 대한 공감과 이해를 발전시키는 데 도움이 되고 타인에게 더 공감하기 위한 첫걸음이 될 수 있다.

스트레스 신호를 읽고 해석하기

내담자가 스트레스를 받는 시점을 인지하는 것은 치료사 훈련의 일부이며, 동물이 있을 때에도 이러한 징후에 주의를 기울이는 것이 중요하다. 동물이 스트레스를 받는다는 징후와 신호는 잘 알려져 있지 않다. 제7장에 나열된 여러 종에 대한 스트레스 관련 자료는 많이 찾아볼 수 있으며, 이 글을 작성하는 시점에서 가장 우수하다고 생각되는 자료를 해당 웹 사이트에 게시해 두었다(wwyv.iiaapt.org). 여기에는 다양한 감정 상태의 신체적 징후에 대한 훌륭하고 정확한 설명과 시각적 예시가 나와 있다. 새로운 자료가 추가되는 대로 자료 목록을 계속 업데이트할 예정이다.

개의 경우 스트레스나 불안의 징후에는 입술 핥기, 고개 돌리기, 코 핥기, 얼어붙기, 하품하기, 긴장하고 꼬리 흔들기, 시선이 고정된 눈, 눈을 찡그리기, 근육 긴장, 왔다 갔다 하기, 고래눈(눈 옆쪽에 흰자위가 보이는 경우), 거리 두기, 몸을 뒤로 빼거나 젖히는 자세 등이 있다. 말의 경우 만성 스트레스의 보다 명백한 징후로는 정형화된 행동[예: 몸 흔들기(weaving), 마구간 걷기(boxwalking), 여물통 물기(crib-biting), 공기 흡입(wind-sucking)], 발차기, 자해, 사람에 대한 공격성, 볼팅 등이 있다. 보다 즉각적이고 미묘한 징후로는 얼어붙기, 이 갈기, 흥미 부족, 무표정, 입술을 계속 핥거나 씹기, 발구르기, 머리 흔들기, 꼬리 흔들기, 꼬리를 아래로 누른 채 머리를 높이 들고 다니기, 입에 긴장, 콧구멍 벌림, 눈의 도드라짐, 땀흘리기, 헐떡임, 분뇨를 자주 떨어뜨리는 것 등이 있다. 해당 종의 동물을 오랫동안 키운 사람들도 이러한 징후 중 일부는 익숙하지 않을 수 있어서 동물의 의사 표현을 잘못 해석하거나 의인화할 수 있다.

신체 언어에 대해 더 자세히 알아보고 그 순간에 신체 언어를 읽는 기술을 개발하려면 먼저 눈, 귀, 입, 꼬리, 다리와 몸통의 위치, 수염 등 다양한 신체 부위가 어떻게 반응할 수 있는지 살펴봐야 한다. 이 작업은 한 번에 몇 개씩 며칠 동안 관찰한 후 다음 단계로 넘어가는 것이 가장 좋다. 그런 다음 동물의 몸 전체를 관찰하면서 여러 부분을 전체로 조합한다. 예를 들어, 개가 입술을 핥는 것을 본다면 이는 다른 신호를 찾기 위해 몸의 다른 부분을 살펴보라는 신호로 작용하다. 전신을 통해 동물이 어떻게 반응하는지 더 명확하게 파악할 수 있다. 마지막으로, 동물의 현재 상태를 해석하기 위해서는 동물이 반응하는 맥락을 살펴보는 것이 중요하다.

여기에는 소리, 시각, 주변 환경의 냄새, 사람이 동물을 만지는 방식, 심지어 동물에 대한 사람의 위치까지 포함된다. 대부분의 개는 내가 계속 쳐다보면 시선을 돌리거나 고개를 돌린다. 말 뒤에서 소리를 내면 적어도 한쪽 귀를 뒤로 돌릴 가능성이 높다. 많은 동물의 반응은 매우 미묘하다. 야생에서는 약하거나 건강하지 못한 동물이 포식자의 먹이가 되는 경우가 많기 때문에 생존에 대한 우려에서 비롯된 것일 수 있다. 토끼는 잠재적인 위협을 감지하면 얼어붙는데, 이는 자신의 움직임이 근처에 있는 포식자의 주의를 끌 수 있기 때문이다.

개와 말 모두 스트레스 행동이 교과서에서 설명하는 것과 일치하지 않을 수 있다는 점에 유의해야 하다. 때로는 자신의 신호가 무시당하거나 심지어 처벌을 받았다는 것을 알게 된 개와 말은 더 이상 신호를 보이지 않는다. 일반 관찰자가 보기에는 매우 미묘한 몸짓만 보여주며 침착한 것처럼 보일 수 있다. 동물이 겉으로 드러내는 스트레스 정도는 개개인의 성격, 품종, 사전 학습에 영향을 받는다. 특징적인 반응 패턴의 변화를 관찰하여 자신의 동물을 잘 아는 것도 이 과정에서 중요한 부분이다.

더 나은 공감적 관계

반플릿(2013b)은 개 훈련사가 신체 언어를 학습하고 반응 직전의 조건을 살펴봄으로써 개에 대한 공감 능력을 향상시킬 수 있다는 주제로 기사를 썼고 상을 받았다. 그 기사는 http://play-therapy.com/playfulpooch/images_resources/EmpathicDogTrainer.COTD_2013_fall_VanFleet. pdf.에서 확인할 수 있다. 이는 모든 동물은 물론 인간에게도 적용할 수 있다. 동물이 반응하는 것을 보고 반응 직전에 어떤 일이 있었는지 검토하면 무슨 일이 일어나고 있는지에 대한 단서를 찾을 수 있다. 지속적으로 그리고 특히 치료 세션 중에 이 프로세스에 참여하면 동물을 편안하게 하고 내담자와 동물을 안전하게 보호하는 데 도움이 되는 많은 정보를 얻을 수 있다.

예를 들어, 어느 세션에서 한 청소년이 뮤리에게 앞발을 작은 플랫폼에 올려놓는 방법을 가르치고 있었다. 나는(리제) 소년에게 느껴지는 자부심과 즐거움을 반영해 주며 근처 바닥에 앉아 있었다. 나는 소년의 얼굴을 바라보고 있었는데, 뮤리가 자꾸 뒷발을 뒤로 물리는 것이 감지되었다. 나는 뮤리를 더 자세히 관찰했고 내담자가 다시 뮤리에게 앞발을 올려달라고 요청했을 때 또 그 모습이 발견되었다. 뮤리의 나머지 몸도 순간 불확실한 신호를 보내고 있었다. 그래서 내담자의 행동을 포함하여 전체적인 맥락에서 문제를 일으킬 수 있는 환경이 있는지 살펴봤다. 그러던 중 뮤리의 뒷발이 카펫 가장자리에 있는 나무 바닥에 놓여 있는 것을 발견했다. 그러다가 뮤리의 뒷발이 가끔씩 나무 바닥에서 살짝 미끄러지는 것을 보았다. 나는 그것이 불편함의 원인이라고 생각했고, 물리적인 환경이 안정적이지 않다고 생각했다. 나는 내담자에게 "뮤리가 앞발을 플랫폼에 올려놓을 때 뒷발이 미끄러지는 것을 방금 발견했어."라고 단순하게 말해줬다. 그는 즉시 플랫폼을 카펫 위로 더 멀리 옮겨 뮤리의 뒷발도 카펫에 올라올 수 있도록 했다. 뮤리의 자세가 미묘하게 바뀌었고 뒤로 물러서는 동작이 멈췄다. 새로운 과제를 배우는 동안 뮤리의 평소 활기가 돌아왔고, 나는 소년에게 "뮤리를 위해 조정해 주었구나. 뮤리는 너와 같이 배우는 것에 더 신나 하고 있어!"라고 말할 수 있었다.

경청을 잘하면 치료사가 자신의 행동을 조절하는 데 도움이 됨

신체 언어에 대한 지식을 적용하고 특정 반응의 환경적 요인을 찾는 것은 치료사에게 자신의 행동에 대한 훌륭한 가르침을 제공한다. 말을 좋아하는 한 치료사가 워크숍에 참석했다. 그녀가 말 한 마리의 눈 사이와 코를 쓰다듬자 말이 고개를 돌렸다. 그녀는 말의 몸짓에 주목하고 있었기 때문에 행동을 멈추고 말이 그곳을 만지는 것을 좋아하지 않는 것 같다고 말했다. 교육적인 워크숍이었기 때문에 말의 반응을 알아차린 그녀를 칭찬한 다음 말과 눈의 위치, 그리고 그것이 무엇을 의미하는지에 대해 생각해 보도록 요청할 수 있었다. 그녀는 말에게 낯선 사람이었기 때문에 말은 무슨 일이 일어나고 있는지 볼 수 없는 위치에서 만지는 것에 더욱 민감했을 수 있다. 우리가 동물의 행동과 몸짓을 관찰하는 습관을 들이고, 반응하기 전에 어떤 행동이 선행되었는지 생각해 본다면 동물은 우리가 알아야 할 많은 것을 가르쳐 준다.

동물은 낯선 사람과 함께 있을 때와 친숙하고 안전한 사람과 함께 있을 때 스트레스를 다르게 경험할 수 있다는 점에 유의해야 한다. 모르는 사람이 하면 싫어하는 행동일지라도 신뢰하는 가족 구성원이라면 개는 목을 안아 달라고 하고 말 역시 눈 사이를 문질러 달라고 할 수 있다. 집에서 나의 동물에게 할 수 있는 행동이라도 일하는 환경에서 내담자에게 허용할 수 없는 행동이 있다는 점은 AAPT에서 꼭 염두에 두어야 한다.

위험관리에 중요한 신체 언어

마지막으로, 위험관리 관점에서 신체 언어를 예리하게 관찰하고 해석하는 법을 배우는 것은 중요하다. 도널드슨(Donaldson, 2005)은 스트레스 요인이 어떻게 누적되어 전에는 볼 수 없었던 공격적이고 자기 보호적인 행동으로 폭발할 수 있는지 설명하고 있는데, 무는 행동 역치에 대한 그녀의 논의는 개와 관련된 치료사라면 반드시 읽어야 할 책이다. 동물이 스트레스를 받으면 예측할 수 없는 행동을 보일 수 있다. 스트레스의 징후를 조기에 발견하면 치료사가 신속하게 개입하여 위험해질 수 있는 상황을 피할 수 있다.

신체 언어에 능통해지면 동물이 아플 때 미묘한 징후를 알아차리는 데도 도움이 된다. 몸이 좋지 않은 동물은 평소에는 보이지 않던 반응을 보이기도 하다. 특히, 갑작스러운 행동 변화를 발견하면 동물병원을 방문해야 할 때일 수 있다. 이러한 징후를 조기에 발견할 수 있다면 보이지 않는 문제를 파악하고 조기에 치료할 수 있다.

요약하자면, 순간순간의 신체 언어를 알아차리고 해석하는 법을 배우면 치료매개동물과의 관계가 더욱 깊어지고 강화된다. 우리는 동물의 경험에 더 잘 적응하고, 우리 자신의 희망과 꿈에 눈이 멀지 않게 되며, 동물이 겪고 있는 상황에 대해 더 현실적으로 생각하게 된다. 이는 내담자와 치료사뿐만 아니라 동물에게도 AAPT 경험을 풍부하게 해 준다.

관계 중심 태도를 가지고 시작하기

강아지를 입양하거나 구조된 개 또는 말을 AAPT 작업을 위해 데려오기로 결정하든, 관계 형성은 바로 당장 시작해야 한다. 목표는 지배가 아니라 상호성과 신뢰를 바탕으로 한 평생의 관계를 개발하고, 그 관계를 항상 염두에 두는 것이다. 초기 상호작용은 미래의 상호작용에 영향을 미치며, 집에서의 상호작용은 작업 중에도 영향을 미친다. 우리가 동물들과 함께 보내는 모든 순간, 그들은 우리로부터 배운다. 이 섹션은 우리가 스스로에게 던져야 할 질문이나 항상 기억해야 할 사항들에 대한 것이다. 우리의 태도와 생각은 우리의 행동에 영향을 미치며, 때로는 명백하게, 때로는 더 미묘하게 드러난다. 동물들은 우리의 행동 신호를 우리가 그들의 신호를 읽는 것보다 훨씬 더 정교하게 읽을 수 있기 때문에, 우리 내면의 생각과 신념이 외부 행동과 일치하는 것이 중요하다. 이를 위한 가장 좋은 방법은 우리가 원하는 결과와 신념을 일치시키는 것이다. 아래 제시된 질문들은 우리가 이를 달성하도록 돕기 위해 고안되었다.

우리가 스스로에게 던질 수 있는 중요한 질문 중 하나는 "어떻게 하면 내가 이 동물과 관련된 미래의 작업 계획과 일치하도록, 안정적이고 잘 사회화된 개체로 성장시키고 상호 유익하고 신뢰할 수 있는 관계를 구축할 수 있을까? 또한, 이 동물을 고유한 감각적 존재로서 존중하고 수용하면서 이 목표를 어떻게 이룰 수 있을까?"이다. AAPT의 가치와 원칙을 항상 염두에 두는 것은 이 작업에서 동물의 잠재적 성공 가능성을 높일 뿐만 아니라, 많은 사람들이 반려동물과 원하는 사랑스럽고, 재미있고, 친밀한 관계를 만들 수 있게 해 준다. AAPT에 필요한 관계의 유형과 원칙을 재검토하는 것은 동물의 사회화와 훈련, 그리고 함께 행복한 삶을 사는 데 필요한 가치와 태도를 생생하게 유지하는 데 도움이 된다.

다음 질문들은 이 장에서 논의한 것처럼, 동물의 관점을 조금 더 잘 이해하도록 돕는 데 목적이 있다.

- 동물에게 중요한 것은 무엇인가?
- 동물(종과 개체로서)의 자연스러운 행동이 무엇인가?
- 동물이 선택하고 움직일 자유를 가졌을 때 무엇을 하는가?
- 사람들이 요구나 요청을 하지 않았을 때, 동물은 무엇을 하는가?
- 포식(predator) 동물인가, 피식(prey) 동물인가? 그것이 동물의 일상생활에 어떤 의미를 가지는가?
- 동물에게 사회성이 있는가, 없는가?
- 동물은 특정 순간에 무엇에 집중하는가? 무엇이 동물의 주의를 끌고 우선순위를 차지하는가?
- 동물은 환경에서 무엇을 찾고 있는가? 잠재적으로 어떤 위협이 존재하는가? 무엇이 안전감을 주는가?
- 동물이 즐기는 것은 무엇인가? 동물이 피하는 것은 무엇인가?
- 가정과 일하는 환경에서 내가 이 동물을 있는 그대로 얼마나 수용하고 있는가?

수잰 클로시에(Suzanne Clothier)는 개와의 관계에 관한 뛰어난 책에서, 동물과의 관계를 어떻게 발전시키는지에 대한 가장 중요한 질문을 제시했다. 모든 상호작용에서 우리는 선택할 수 있다. 질문은 간단한다. “이것이 관계에 도움이 되는가, 해가 되는가?”(p. 24). 그녀는 이어서 “나는 모든 방법, 철학, 기술을 이 단순한 기준에 따라 평가하기 시작했다. 개의 눈에 빛이 있는가…… 이 빛이 빛나도록 하는가?”(p. 35)라고 언급했다. 이 질문은 모든 동물에게 적용되며, 항상 관계를 염두에 두고 결정을 내린 후, 동물의 반응을 관찰하는 것이 포함된다. 그 반응은 우리의 결정이나 행동에 대한 피드백을 제공하며, 이를 통해 관계를 개선하기 위해 필요한 조정을 할 수 있다.

때때로 우리는 동물과의 새로운 관계를 시작할 때 큰 기대를 가지게 된다. 그 동물과의 작업이 어떤 모습일지에 대한 비전을 가지고 있으며, 기대가 있다. 그러나 때로는 그 동물이 그 비전에 맞지 않을 때도 있다. 순종적인 개에 대한 달콤하고 온순한 이미지가, 현실에서는 항상 펜과 칫솔을 씹으며 스스로의 즐거움을 찾는 활발하고 에너지 넘치는 개로 바뀌어 버릴 수 있다. 무릎 위에서 쉬는 고양이로 상상했던 것이, 높은 곳에서 혼자 쉬기를 선호하는 고양이로 변할 수도 있다. 이는 실망스러울 수 있으며, 특히 이것이 우리의 꿈을 실현할 기회를 망쳤다고 생각할 때 더욱 그렇다. 이 시점에서 스스로에게 던져야 할 질문은 “내가 이 실망을 극복하고 이 동물을 있는 그대로 받아들일 수 있는가?”이다. 이 질문에 긍정적으로 답할 수 있을 때만, 우리는 더 창의적으로 생각하고, 우리가 계획했던 것과는 다른 역할이 있을 수 있는지 고민해 볼 수 있다. 이는 동물을 명확히 바라보고, 눈앞의 현실에 맞춰 다른 계획을 세우기 시작하는 과정이다. 이 수용이 어려울 수 있지만, 보상은 예상치 못한 방식으로 동물이 제공할 수 있다. 새로운 아이디어와 개입 방법을 발견할 수 있다. 동물을 있는 그대로 수용하는 것에는 항상 이점이 있다. 동물의 행동이 더 자연스럽고 편안해지며, 치료 과정에 이를 통합할 수 있는 치료사의 유연성이 필요할 뿐이다. 다음 두 가지 예가 이를 설명한다.

나와(리제) 키리 사이에 일어났던 일이다. 나는 항상 다양한 놀이치료 기법을 사용해 왔지만, 핵심 접근법은 아동중심놀이치료(CCPT)였다. 나는 대개 가족 세션과 함께 CCPT로 시작하며, 아이와 가족의 필요에 대해 더 알게 되면서 좀 더 지시적인 놀이치료 기법을 추가한다. 이는 필요한 기술을 개발하는 데 도움이 되기 때문이다. 나는 CCPT가 잘 실행되었을 때 매우 효과적이라고 믿으며, 이는 내가 일하는 방식의 중요한 부분이기도 한다. 키리를 세션에 참여시키기 시작했을 때, 나는 그녀를 CCPT 세션에 포함시켰다.

키리는 내담자와 함께 있는 것을 매우 좋아했고, 내가 요청한 것을 하려고 매우 노력했다. 그러나 곧 키리가 CCPT에 잘 맞는 개가 아니라는 것을 알게 되었다. 그 이유는 두 가지였다. 첫째, 그녀는 항상 참여하고 싶어 했다. 사람들과 상호작용하는 것이 키리의 본성이었고, **그녀**는 상호작용할 때 많은 아이디어를 '제안'한다. **그녀**는 특정 장난감을 내놓고, 자발적으로 행동을 제시하며, 이 모두가 상대방과 놀거나 기쁘게 하려는 의도였다. 키리는 매우 사교적이었고, 모든 내담자에게 열정적으로 다가갔으며, 일어나는 일에 대한 큰 에너지와 관심을 가지고 있었다. CCPT에서는 치료사가 요청받지 않는 한 아동의 놀이에 참여하지 않지만, 키리는 요청을 기다릴 성격이 아니었다. **그녀**는 항상 어떤 일에 참여하고 싶어 했고, 꽤 자주 자신을 끼워 넣으려고 했다. **그녀**는 예의 바르게 행동했지만, 언제나 일의 한가운데에 있었다.

둘째, 키리는 놀이에서 표현되는 감정을 매우 잘 인식했다. **그녀**의 초기 내담자들은 매우 표현적인 상상 놀이에 몰두했으며, 나는 그들의 표현력에 맞춘 목소리 톤으로 공감하며 들었다. 예를 들어, 숨가쁜 목소리로 "오, 안 돼! 나쁜 사람들이 도망가고 있어!"라거나, 흥분된 목소리로 "나쁜 사람들을 잡았어! 마을이 안전해졌어! 휴!" 또는 조용한 목소리로 "작은 아이가 병원에 있구나, 부모님이 매우 걱정하고 있구나."라고 말한다. 때로는 내담자가 키리를 놀이에 참여시키지 않아서, 키리를 내 옆에 있게 하고 강한 감정을 반영했다. "키리, 경찰관이 너를 필요로 할 때까지 여기 있어야 해(**그녀**는 경찰견 역할을 맡았다.). 오, 세상에! 그거 봤어? 경찰차가 사고가 났어!" 이렇게 놀이에서 내가 흥분된 반응을 보일 때마다, 키리는 더 활기차게 반응하며 놀이에 다시 참여하려고 했다. **그녀**는 불안의 징후를 보이지 않았지만, "그대로 자리에 있어"와 "와, 저걸 봐!" 사이의 끊임없는 밀고 당김이 있었다. 요청받으면 앉아 있었지만, 놀이가 활발해지면 눈에 띄게 흥분했다.

나는 추가적인 훈련이 **그녀**의 행동 반응을 조절하는 데 도움이 될 수 있고, 이를 통해 **그녀**가 더 신뢰할 수 있게 자리에 앉아 있거나, 놀이에 초대받을 때까지 매트 위에 누워 있게 할 수 있다는 것을 알고 있었다. 하지만 그것이 키리의 본성이 아니라는 것도 알고 있었다. 그런 방식은 그녀에게 즐겁지 않을 것이다. **그녀**는 너무나도 참여하고 싶어 해서, 감정적으로는 옆에 앉아 있는 것이 힘들었을 것이다. 그때 나는 AAPT에서 우리가 하는 모든 일에 반영되어야 할 중요한 결정을 내렸다. 나는 키리의 성격에 맞는 놀이 세션에 참여하게 하기로 결정했고, 내가 선호하는 방법에 기반한 세션에는 참여시키지 않기로 했다. 물론, 내담자의 필요에 따라 키리 없이 혼자서 CCPT 세션을 진행하고, 이후 특정 기술을 더 지시적이거나 구조화된 접근 방식으로 연습하는 후반부 세션에 키리를 참여시켰다. 그 순간, 나는 놀이치료에서 동물에게 적합성 모델을 적용하는 아이디어를 떠올렸다. 그 이후로 나는 키리를 매우 적은 수의 CCPT 세션에만 참여시키고, 많은 지시적 놀이 세션에 포함시켰다. **그녀**는 그것을 매우 좋아했고, 내담자와도 훌륭하게 어울렸다. 처음에는 실망했지만, 곧 키리가 더 구조화된 놀이 개입에서 놀라울 정도로 뛰어나다는 것을 깨달았고, 내담자들이 다양한 문제 영역을 해결하는 데 도움이 될 많은 새로운 아이디어를 제공해 주었다.

◇◇◇◇◇◇◇◇◇◇◇◇◇◇◇◇◇◇

나는(트레시) 주로 말과 함께 일해 왔고, 많은 사회화에도 불구하고 자기 사람들 외에는 전혀 관심을 보이지 않는 살루키(Saluki) 견종과 함께 살아왔기 때문에, 남편이 새 강아지를 입양하기로 결정했을 때 매우 기뻤다. 사비(Sabii, 오래전에 키웠던 말의 이름을 따서 지음)는 저먼 와이어 헤어드 포인터와 래브라도의 믹스견이었다. 우리는 사비의 부모와 그의 형제자매들을 모두 만났으며, 여러 번 부모견들이 들판에서 일하는 모습을 보았다. 사비가 충분히 자라자마자, 사비는 나와 함께 말과 아이들과 함께 일하기 시작했다. 사비는 그것을 매우 좋아했고, 여기저기 뛰어다니며, 아이들과 말들과 함께 자유롭게 놀면서 큰 인기를 끌었다. 사비는 항상 집에 가는 것을 꺼려했고, 창밖으로 말들이 활동하는 모습을 지켜보곤 했다. 나는 사비가 비지시적인 AAPT에 함께할 수 없다는 것을 알았다. 키리처럼 사비도 새로운 것들을 '제안'하는 것을 좋아하고, 사람들과 신체적으로 가까이 있는 것을 좋아했기 때문이다. 사비는 또한 어린 시절부터 AAPT 워크숍에 참여해왔다. 사비를 실내 AAPT에 소개하기 전에 사비가 이것저것 탐색할 수 있도록 문을 열어 둔 채로 놀이치료실에서 나와 시간을 보내게 했다.

사비는 사람들을 매우 좋아했고, 새로운 사람들을 만날 때 꽤 흥분했다. 사비가 18개월 되었을 때 우리는 사비를 우리의 워크숍 중 하나에 포함시키기로 했다. 사비는 매우 흥분하여 참가자들에게 자신을 소개했다. 그러다 갑자기, 놀이치료실에 있는 천으로 만든 흔들 목마를 발견했다. 이는 워크숍 참가자들을 위해 평소 자리에서 옮겨 둔 것이었다. 이전에는 사비가 그것에 전혀 관심을 보이지 않았지만, 갑자기 그것에 주의를 집중하고 그것에 달려들어 입으로 물어뜯고 이리저리 뛰어다녔다. 사비를 그만두게 설득하는 데 꽤 시간이 걸렸다. 어른들에게는 이 모습이 재미있었지만, 아이들에게는 이러한 '거친' 행동이 놀이치료실을 안전한 장소로 느끼는 데 부정적인 영향을 미칠 수 있었을 것이다. 물론 그때는 사비가 어렸다. 이제 사비는 네 살이 되었고, 여전히 활발한 성격과 삶에 대한 열정은 그대로이다. 사비는 또한 똑똑하고 빠르게 배운다.

한 가지 선택은 사비에게 장난감을 만지지 않도록 훈련시키고, 일정 시간 동안 앉거나 누워 있도록 하는 것이었을 것이다. 하지만 그것은 사비의 본성과 맞지 않았다. 사비는 실내 놀이치료실에 있기에는 기질적으로 너무 강했다. 그러나 야외에서는 아이들이 사비의 열정에 매우 잘 반응하며, 사비는 가장 내성적인 아이조차 자유롭게 뛰어다니게 할 수 있었다. 그리고 더 외향적인 아이들은 사비의 활기찬 행동과 자신들의 '튀는' 행동이 다른 사람들에게 어떤 영향을 미치는지 비교할 수 있었다.

치료사와 동물의 관계를 키우는 다른 방법

다음 섹션에서는 우리가 동물 치료 파트너와 연결을 만들고 더 키워 낼 수 있는 다른 방법들을 소개한다. 물론, 이러한 대부분의 방법은 동물이 치료에 참여하지 않더라도 모든 반려동물에게 적용될 수 있다.

서로 처음 만날 때

우리가 처음 동물을 만날 때, 우리는 동물에게 다가가서 곧바로 만지기 시작하는 경향이 있다. 이 행동은 사람들이 비인간 동물에게만 특별히 보이는 흥미로운 행동이다. 낯선 사람을 만나자마자 바로 껴안았던 적을 기억하는가? 우리는 다른 사람을 만날 때 사회적 규범을 따르며, 보통은 인사말을 하거나 악수를 하는 것이 일반적이다. 손을 잡는 것 이상의 신체 접촉은 우리가 잘 알고 실제로 좋아하는 사람들에게만 허용되는 경우가 많다.

동물을 처음 만날 때는 동물이 먼저 다가오게 하는 것이 훨씬 더 좋다. 약간 옆으로 몸을 돌리고, 직접적인 눈맞춤을 피하며, 개나 고양이의 경우에는 무릎을 꿇고 그들의 눈높이에 맞추거나, 말의 경우에는 약간 옆에 서 있는 것이 이들 종에 대한 예의 있는 인사법이다. 이러한 접근 방식은 관계의 좋은 출발을 이루는 데 더 도움이 된다. 이것은 또한 AAPT에서도 적용되며, 우리가 내담자에게 동물을 만날 때 적절하고 관계 지향적인 방법을 배우도록 하고자 할 때 중요한 요소가 된다.

몇 년 전, 두 저자가 인간-동물 상호작용에 관한 학회에 참석했을 때이다. 우리는 호텔에 막 도착했고, 내가(리제) 체크인을 하기 위해 줄을 서 있었다. 그때 아름다운 골든 리트리버 한 마리가 '호텔 개'로서 프론트데스크 뒤에서 로비로 걸어 나왔다. 이 개는 우리 두 명과 우리보다 조금 먼저 도착한 세 명의 여성들에게도 호기심이 있는 듯했다. 나는 기다리면서 그 이후의 상호작용을 관찰했다. 두 명의 여성이 그 사랑스러운 개를 보고 감탄하며 다가가서 즉시 머리와 등에 손을 얹고 쓰다듬기 시작했다. 그러자 개는 즉시 여러 가지 스트레스 신호를 보였다. 몇 번의 고개 돌림, 몸을 멀리하는 동작, 입술 핥기, 그리고 눈을 찡그리는 모습을 보였다. 20초도 지나지 않아, 여성들이 이 신호를 무시하자 개는 여성들로부터 멀어져 로비 반대편으로 이동했다. 그 두 여성은 제 앞에서 줄을 서 있던 동료에게로 돌아갔다. 개는 작은 로비에서 최대한 멀리 떨어져 있었다. 트레시는 약

10피트 떨어진 곳에서 눈을 피한 채 쪼그려 앉아 아주 부드럽고 천천히 말을 걸었다. 그러자 거의 즉시 개가 트레시에게 다가왔고, 트레시는 옆에서 개의 어깨를 긁기 시작했다. 개의 꼬리는 천천히 흔들리기 시작했고, 트레시가 멈추자 개는 더 가까이 다가왔다. 이것은 누군가가 '그들의 언어로 말할 때' 동물이 보이는 고전적인 반응의 예이다. 다른 여성들도 좋은 의도를 가지고 있었지만, 개가 스스로 다가올 수 있도록 하는 방법을 몰랐던 것이다. 반면, 트레시는 개의 신호를 존중하고 개가 스스로 다가올 선택권을 주었다. 개는 우리가 체크인 과정을 마칠 때까지 기쁘게 트레시 곁에 머물렀다.

시간을 가지고 함께 어울리기

이것은 매우 간단해 보이지만, 많은 관계에서 충분히 이루어지지 않는 경우가 많다. 우리는 바쁘고 빠르게 움직이는 삶을 살고 있으며, 그로 인해 즐거운 일을 할 시간이 제한된다. 동물들과 함께 있을 때 우리는 먹이를 주고, 손질하고, 훈련하는 일에 몰두한다. 물론 이러한 것들도 중요하지만, 관계는 그 이상의 것을 필요로 한다. 기대나 목표 없이 함께 시간을 보내는 것이 중요하다. 이러한 시간은 우리가 동물들을 더 잘 알 수 있는 기회가 된다. 흥미롭게도, 즐거운 시간을 함께 많이 보내는 것은 강한 가족의 여섯 가지 특징 중 하나이다 (DeFrain, 1999).

관계 형성은 서두를 수 없다. 우리는 관계가 발전할 수 있는 환경을 만들지만, 그것은 나름의 속도대로 전개된다. 함께 시간을 보내는 것은 인간과 동물이 서로를 관찰하고, 서로를 배워가는 기회를 제공한다. 기대를 없애는 것이 항상 쉬운 일은 아니지만, 이 시간의 초점은 동물을 더 잘 아는 데 있다. 오랜 관계에서도 규칙적으로 목표 없이 함께 시간을 보내는 것이 큰 도움이 된다.

이러한 시간은 말들과 함께 들판에 앉아 있거나, 개들이 서로 노는 모습을 지켜보는 형태일 수 있다. 또한 동물들의 시선을 따라가며 무엇이 그들의 관심을 끌었는지 파악하는 것도 포함될 수 있다. 마음을 비우고 시간을 보내다 보면, 바람 결에 냄새를 더 잘 맡기 위해 코가 벌렁거리고 머리를 위로 들어올리는 순간들을 포착하게 된다. 놀이 중에 쫓기기를 더 좋아하는 개를 보거나, 나이 든 개가 계단을 내려가며 살짝 비틀거리는 모습을 보게 될 것이다.

이렇게 함께 시간을 보내려면, 휴대전화를 내려놓고 다른 걱정을 마음에서 지우며 관찰해야 한다. 상호작용은 괜찮지만, 꼭 필요한 것은 아니다. 동물은 조용할 수도 있고 활발할 수도 있지만, 인간의 역할은 동반자이자 관찰자이다.

동물이 치료에 얼마나 도움이 될지 생각하거나, 훈련을 더 하고 싶다는 생각이 들 수 있지만, 이러한 생각들은 나중으로 미뤄라. 동물이 지금 이 순간 어떻게 살아가고 있는지에 집중하라. 무엇에 관심을 가지나? 어떻게 신체에 반응이 표현되나? 다양한 자극에 얼마나 오랫동안 흥미를 유지하나? 여러분의 모든 감각을 사용하여 동물들이 경험하고 있는 순간을 그대로 경험해 보라.

뮤리는 7개월 때, 사춘기[2)]에 접어들면서 가족의 일원이 되었다. 그에게 세상은 매우 흥미로운 곳이었다. 앞서 간단히 언급했듯이, 그의 집중력은 처음에는 고양이에서 시작해 두꺼비로 옮겨 갔고, 결국에는 지렁이에게까지 이르렀다. 그는 코를 벌렁거리며 이 매력적인 생물들의 냄새를 맡으며 깊은 관심을 가지고 지켜보았다. 기회가 있을 때면 그는 고양이와 지렁이를 공손하게 그리고 꼼꼼하게 냄새를 맡았다. 두꺼비는 예측할 수 없이 뛰어다니기 때문에 더 강한 신체적 반응을 일으켰다. 그는 두꺼비 중 하나를 한 번 입에 물어봤고, 독성 분비물의 맛을 보았지만 그래도 한동안 그들이 뛰어다니는 것을 쫓아다녔다.

이러한 상호작용을 지켜보면서, 나는 그의 눈을 통해 세상을 보려고 노력했다. 그가 맡는 냄새를 맡을 수는 없었지만, 그의 꼼꼼함, 몰입도와 끈기, 그리고 움직이는 것들에 대한 관심을 관찰을 통해 배울 수 있었다. 이 모든 것은 뮤리가 나중에 놀이치료에서 일할 때 중요한 요소들이었다. 내 생각과 해야 할 일에만 신경 쓰며 그에게 조급하게 집으로 가자고 재촉하는 것은 쉬운 일이지만, 그렇게 하면 많은 것을 잃게 된다. 항상 멈춰서 관찰할 수는 없지만, 일상생활 속에서 단순히 보고 배울 수 있는 짧은 기회들이 많이 있다. 가능한 한 나는 그 시간을 내어 관찰하고, 뮤리의 관점에서 세상을 경험해 보려고 노력하며, 나의 기대를 뮤리에게 덧씌우기보다는 뮤리에게서 배우려고 했다. 이것은 재미있고 즐거운 일이며, 지렁이가 발자국의 진동이나 개의 차가운 코에 의해 방해받을 때 어떻게 땅속으로 빨려 들 듯 들어가는지에 대해 더 많이 알게 되었다.

◇◇◇◇◇◇◇◇◇◇◇◇◇◇◇◇◇

나는(트레시) 집 주변의 방목지(paddock)와 들판에서 말들과 함께 지내는 행운을 누리고 있다. 말들은 무리 지어 생활하며 하루 24시간을 밖에서 보내기 때문에, 나는 그들과 함께 시간을

---

2) 역자 주: 개도 사람처럼 사춘기(생후 6개월에서 18개월 사이)를 겪으며, 이 시기에 행동 변화와 독립적인 성향이 나타남.

보낼 기회가 많다. 종종 의자나 담요를 들고 말들이 있는 들판으로 나가 앉아 그들을 지켜본다. 오래 지나지 않아 지켜보던 내가 오히려 관심의 대상이 되곤 한다. 말들은 먹잇감이 되는 동물들이기 때문에, 깊이 잠든 것처럼 보일 때조차도 항상 한쪽 귀는 위험을 감지하기 위해 깨어 있어 매우 흥미롭게 관찰할 수 있다. 이제 열여덟 살이 된 버스터는 보통 가장 먼저 놀이를 시작하고, 그 놀이가 다른 말들에게 전염되는 것을 보는 것은 정말 멋진 일이다. 말의 놀이에 익숙하지 않은 사람들에게는 말들이 놀이 중에 일어서는 것, 빙글빙글 도는 것, 장난으로 물고 차는 것이 공격적으로 보일 수 있다.

이렇게 말들이 놀이치료 세션에서 노는 모습을 통해 아이들과 가족들은 다른 종의 놀이가 어떻게 보이는지 관찰할 수 있으며, 이를 통해 자신들의 놀이에 대해 생각해 볼 기회를 얻는다. 때로는 놀이가 상대방에게 너무 강하게 다가오기 때문에 부모가 멈추게 해야 하는 경우도 있다는 점을 생각하게 된다. 이는 놀이를 계속하기 위해 말들이 놀이를 조절해야 한다는 생각으로 이어질 수 있으며, 성인과 마찬가지로 모든 연령대의 말들 또한 놀이를 할 수 있다는 점을 이해하게 된다. 또한, 내담자들에게 단순히 말들과 함께 '존재'하도록 요청하는 것 역시 유용하다.

동물들의 일상적인 모습을 관찰하는 것은 매우 흥미로울 수 있다. 함께 즐거운 일을 하는 것은 유대감을 형성하는 데 도움이 된다. 우리는 자주 "시간이 충분하지 않아"라고 말하지만, 좋은 관계를 형성하고 싶다면 시간을 내는 것이 중요한 부분이다. 함께하는 즐거운 시간을 우선으로 하는 것은 관계와 미래에 대한 큰 투자이다.

함께 놀이하기

이것은 이전 섹션의 연장이지만, 너무 중요해서 별도의 섹션으로 다룰 필요가 있다. 피아니스트이자 코미디언인 빅터 보르게(Victor Borge)는 "웃음은 두 사람 사이를 가장 짧게 만든다."라고 말했다. 함께 즐거움을 느끼고 놀이를 하는 것은 인간과 동물 간에 유대감을 형성할 수 있다.

관계 형성을 위한 놀이의 유형은 자유로운 놀이로, 안전 외에는 기대나 규칙이 없는 놀이이다. 바람직한 행동을 강화하기 위해 놀이를 사용하는 것은 조작적 조건화의 한 형태이지만, 이는 훈련에 초점을 맞추고 있지 관계 개발에는 초점이 맞춰져 있지 않다. 적당한 장소에 가서 목줄, 하네스, 굴레 등을 제거하고 동물들이 원하는 대로 뛰어놀게 하라. 만약 그들이 즉시 당신을 놀이에 초대하지 않더라도, 그들이 노는 모습을 지켜보며 그 순간을 즐겨라.

그들이 어떤 선택을 하고 어떤 종류의 놀이를 즐기는지 관찰하라.

동물들이 자유롭게 놀 시간을 충분히 가진 후에는, 직접 그들과 함께 놀이를 시작하라. 참고로, 이는 실내에서도 가능하지만, 때로는 더 넓은 공간에서 하는 야외 놀이가 바람직하다.

> 때때로 나는(트레시) 들판에 나가 말들과 함께 네 발로 기어 다니며 캔터(빠르게 구보)로 돌아다니곤 한다. 내 말들은 이 놀이에 익숙해서, 머리와 꼬리를 높이 들고 나를 중심으로 원을 그리며, 과장된 높은 발걸음으로 움직이면서 장난스럽게 겁먹은 척하며 뛰어다닌다(이것은 실제로 겁에 질린 반응과는 매우 다르다). 그러고 나서 말들은 멈춰서 나에게 돌아왔다가 다시 기분 좋게 뛰어가곤 한다. 이 놀이는 10분 이상 계속될 수 있으며, 그 후 말들은 다시 풀을 뜯으러 돌아간다. 가끔은 그들이 그런 기분이 아닐 때가 있는데, 그럴 때는 계속 풀을 뜯으며 인간의 이상한 행동을 무시하는 것으로 알려 준다. 그때는 그냥 관찰로 돌아가며, 그들이 놀이를 원하지 않으면 절대 강요하지 않는다.
>
> 또 내가 좋아하는 놀이 중 하나는 물이 가득 찬 통에서 거기에 담긴 '사과와 당근 건지기' 놀이이다. 나는 말들이 사과를 얻기 위해 사용하는 다양한 방법들을 지켜본다. 어린 집시 콥 퍼디는 입만큼이나 발을 사용해 놀이와 탐색하기를 좋아한다. 이 놀이 중에 퍼디는 통을 전부 뒤집어 버리기도 하고, 그러면 사과, 당근, 물이 온통 쏟아져 나와 모든 말들이 사과와 당근을 놓고 난리를 피우게 된다. 말들은 이 놀이를 매우 좋아하고, 나도 마찬가지이다. 내가 물을 통에 붓기만 하면 말들이 바로 알아차리고 의도적으로 다가온다. 내가 조용히 물을 부으며 말들이 모르게 하려 해도, 그들이 몰랐던 적은 한 번도 없다. 심지어 그들이 먹이에 몰두해 있는 것처럼 보일 때도, 내가 물을 다 붓기 전에 이미 열정적인 관객이 되어 둘러싼다.
>
> 내가 기르는 말들과 아이들이 가장 좋아하는 놀이 중 하나는 '욤프'(단체 산책)를 하러 채석장 들판으로 가서 숨바꼭질 놀이를 하는 것이다. 말들과 아이들은 함께 뛰어나가고, 장비를 전혀 착용하지 않은 채로 반 시간 후에 숨을 헐떡이며, 편안하고 행복한 모습으로 돌아온다.
>
> ◇◇◇◇◇◇◇◇◇◇◇◇◇◇◇◇◇
>
> 대학생들을 대상으로 내가(리제) 진행하는 말과 함께하는 AAPT에서 마지막 세션에 학생들은 말들과 함께 넓은 들판에서 뛰어놀았다. 말들도 이 활동을 매우 좋아했으며, 학생들 역시 이 부분이 가장 좋았다고 말했다. 그들은 이 활동이 매우 "자유롭게 느껴졌다"고 했다.
>
> 나는 개들이 무엇을 즐기는지에 따라, 그들과 다른 방식으로 놀이를 하곤 한다. 한 번은 다른

개들이 쫓아오는 것을 좋아하는 개를 키운 적이 있다. 그래서 내가 쫓아도 같은 반응을 보일지 테스트해 보았다. 야외에서 멀리 떨어진 곳에서 그 개의 이름을 부르고, 장난스럽게 발을 구르며 그 개 쪽으로 조금 다가갔다. 그러자 그 개는 뒤를 돌아보며 뛰어갔다. 이는 다른 개들과 함께할 때 보이는 행동과 같았다. 그래서 나도 그 개를 쫓아가며 "잡을 거야!"라고 장난스럽게 외쳤다. 이 게임은 그 개와의 정기적인 놀이가 되었다.

예전에 야생에서 지냈던 케이티(Katie)가 나와 점점 더 많은 상호작용을 하게 되면서, 케이티가 '기어가는 쥐' 놀이를 재밌어한다는 것을 알게 되었다. 기어가는 쥐는 부모님이 나의 어린 시절에 함께 해 주셨던 놀이이다. 집게손가락과 가운뎃손가락을 아이 쪽으로 천천히 '움직이며' 어른이 '기어가는 쥐, 기어가는 쥐, 기어가는 쥐'라고 느리고 흥분된 속삭임으로 말한다. 마지막 순간에 어른은 '잡을 거야!'라고 외치며 아이를 몇 초 동안 간지럽힌다. 케이티와 함께할 때는 기어가는 쥐의 첫 부분을 그대로 했지만, '잡을 거야' 부분에서는 케이티의 발을 집게손가락으로 가볍게 두드리고 뒤로 물러났다. 케이티는 자신의 발로 내 손등을 만지려 하며 반응했고, 케이티의 모든 신체 언어가 이것을 놀이로 인식하고 있다는 것을 보여 주었다. 이후 우리는 거의 매일 몇 분 동안 기어가는 쥐 놀이를 했고, 결국 케이티는 다른 놀이도 할 수 있게 되었다.

동물들과 놀 수 있는 방법은 무수히 많지만, 몇 가지 유의할 점이 있다. 첫째, 놀이가 동물에게 항상 안전하게 느껴져야 한다. 만약 스트레스 신호가 나타난다면, 그때는 물러서거나 하고 있는 것을 바꿀 때이다. 둘째, 놀이에는 짧은 휴식이 포함되어야 한다. 잠시 동안 놀고, 잠깐 멈췄다가 다시 시작하라. 셋째, 놀이는 함께 있는 동물에 맞춰야 하며, 그 동물에 대해 알고 있는 모든 것을 염두에 두어야 한다. 놀이는 내가 원하는 것이 아니라 동물이 나와 상호작용하도록 격려하는 것이 목적이다. 넷째, 놀이가 모든 놀이 파트너에게 안전하게 유지되어야 한다. 이는 인간이 동물을 겁주거나, 신체적 또는 감정적으로 안전하지 않은 행동을 요청하지 않는 것을 의미한다. 동물 또한 안전하게 놀아야 한다. 만약 이빨이 피부에 닿으면, 즉시 놀이를 멈추고 잠시 쉬는 것이 좋다. 이 유형의 놀이에서는 흥분 수준을 모니터링하는 것도 중요하다. 두 아이의 놀이가 지나치게 거칠어지거나 선을 넘으면 놀이가 싸움이나 눈물로 변할 수 있는 것처럼, 동물들도 지나치게 흥분하면 자기 통제를 잃고 위험한 상황을 초래할 수 있다. 놀이가 과열되는 것 같으면, 아마도 휴식을 취할 때일 것이다.

3초 규칙 사용하기

이 방법에 대한 정확한 출처를 밝히고 싶지만, 여러 동물 전문가들로부터 다양한 이름으로 불리는 것을 들었기 때문에 누가 처음 사용했는지는 알 수 없다. 이 방법은 오래전부터 동물을 잘 아는 사람들 사이에서 사용된 것이다.

'3초 규칙'은 동물이 당신이 하는 것을 좋아하는지 판단하는 매우 간단한 전략을 말한다. 이 방법은 동물을 3초 동안 만지고, 그 후에 동물의 반응을 보는 것이다. 예를 들어, 개의 귀 뒤를 3초 동안 긁고 멈춘다. 개가 스트레스 신호를 보이면, 멈춘다. 하지만 개가 그 자리에 그대로 있거나, 당신을 쳐다보거나, 몸을 들이밀면, 이는 계속하라는 신호일 가능성이 크다. 그럼 다시 3초 동안 긁어 주고, 멈추고 다시 반응을 본다. 이 방법은 어떤 종의 동물에게도 적용할 수 있다. 고양이의 꼬리 밑을 3초 동안 쓰다듬고 멈춰보라. 고양이가 골골 소리를 내거나, 무릎에 몸을 비비거나, '꼬리 밑 쓰다듬기 자세'를 유지한다면, 다시 한번 해 보라.

이 방법은 동물이 좋아하는 다양한 종류의 터치를 테스트하는 데 사용될 수 있으며, 동물이 선호하는 압력 수준을 판단하는 데도 적용될 수 있다. 예를 들어, 말의 어깨를 손끝으로 가볍게 긁고 반응을 관찰한 후, 손끝에 더 강한 압력을 가해 긁어 보고 다시 반응을 관찰할 수 있다. 종종 이러한 반응은 동물이 선호하는 압력 수준에 대해 알려 준다.

이 방법은 정기적으로 사용하는 것이 유용하다. 왜냐하면 동물의 반응과 선호도가 날마다 다를 수 있기 때문이다. 예를 들어, '키리'는 평소에 온몸을 긁어 주는 것을 좋아했지만, 어느 날 오른쪽 뒷다리 위를 만졌을 때 키리가 코를 빨리 내 손쪽으로 움직이며 나를 멈추게 하려는 제스처와 신체 언어를 보였다. 즉시 3초 규칙을 적용했고, 키리는 이 부위를 이빨로 긁기 시작했다. 나는 무언가 달라졌음을 알게 되었고, 손끝으로 해당 부위를 신중하게 살펴보았다. 그곳에 단단한 덩어리가 있는 것을 발견했고, 수의사에게 데려갔다. 이전에 경험한 작은 지방종과 달리 이 덩어리는 부드럽거나 움직이지 않았다. 결국 그것은 암성 비만세포 종양으로 밝혀졌고, 성공적으로 제거되었다. 이 경우, 3초 규칙 덕분에 키리가 나에게 불편함을 전달할 수 있었고, 적절한 조치를 취할 수 있었다.

3초 규칙을 사용하면 우리는 동물들과 더 잘 소통할 수 있다. 이 방법은 동물에게 우리의 행동에 대해 목소리와 선택권을 부여한다. 또한 이 방법은 모든 연령대의 내담자들이 AAPT 동물들과 자신의 반려동물에 대해 더 공감할 수 있도록 도와주는 데 매우 유용하다.

첫 AAPT 교육 워크숍에서 조시 패치스는 3초 규칙을 함께 시도하는 소그룹에게 분명한 신호를 보냈다. 조시 패치스는 열심히 다가갔지만 그룹이 손을 뻗어 조시 패치스를 만지려고 하자 뒤로 물러섰다. 그룹은 방금 전까지만 해도 매우 친절했던 조시 패치스였기 때문에 놀랐다. 그들은 다른 자세와 덜 직접적인 접촉을 시도할 수 있었고, 조시 패치스는 곧 긴장을 풀고 머리 뒤로 손을 뻗거나 너무 직접적으로 다가가지 않는 한 그들의 접촉을 받아들였다. 이러한 반응은 조시 패치스가 길을 잃었을 때 '잡혔던' 경험에 뿌리를 두고 있을 가능성이 있지만, 알 수 있는 방법은 없다. 3초 규칙이 조시 패치스에 대해 더 많이 알아가는 데 유용한 도구이기 때문에 조시 패치스가 3초 규칙을 통해 명확하게 소통할 수 있다는 것은 좋은 일이다.

'다람쥐 기법' 사용하기

많은 사람들이 영화 〈업(UP)〉의 다람쥐 장면을 본 적이 있을 것이다. 아직 못 봤다면 유튜브에서 '업의 다람쥐 장면'을 검색하면 금방 찾을 수 있다. 개 중 한 마리가 '다람쥐!'라고 외치자마자 주의를 집중하는 장면은 너무 현실적이어서 재미있다. 우리 집에서도 다람쥐가 활발하게 열매를 채집하는 가을철에는 특히 '다람쥐' 장면이 많이 나온다.

아마 다람쥐를 보고, 짖고, 쫓아다니며 지나치게 관심을 보이는 개와 다람쥐가 관계 형성에 어떤 관련이 있을지 궁금할 것이다. '다람쥐 기법'은 관계가 진정으로 쌍방향으로 유지되도록 하는 방법을 말한다.

몇 년 전, 나는(리제) 수잰 클로시에와 함께한 워크숍에서 간단한 관계 형성 게임을 배웠다. 이 게임에서는 바닥에 간식을 몰래 떨어뜨린 다음 흥분한 개를 불러서 간식을 가리킨다. 개가 간식을 먹고 있을 때, 개가 보지 않게 다른 간식을 떨어뜨린 다음 그 간식도 매우 열정적으로 가리킨다. 여러 개의 간식을 가지고 이렇게 하면 곧 개는 간식을 찾는 놀라운 능력을 계속 보여 주면서 주인에게 집중하게 된다. 이 방법은 당신의 개가 당신을 재미있고 간식에 정통한 동반자로 인식하게 만드는 한 가지 방법이다.

얼마 전 키리와 관련된 사건으로 인해 이 게임이 떠올랐고, 그 결과 '다람쥐 기법'이 탄생하게 되었다. 키리는 평생 동안 매우 강한 기억력을 가지고 있었다. 나는 키리가 본격적으로 토끼를 쫓는 모드에 돌입했을 때에도 멈추게 할 수 있었다. 나이가 들면서 더 이상 토끼를 많이 쫓지는 않지만 여전히 우리 집 안이나 근처의 풀, 덤불, 나무, 들판을 탐험했다. 그 날도 나는 키리를 불렀는데, 평소와 달리 키리는 잠시 걸음을 멈추고 나를 쳐다본 뒤 금세 다른 방향 나무 사이로 사라졌다. 나는 키리가 때때로 바람을 향해 고개를 들어 올리기도 하고 때로는 코를 땅에 대고 냄새를 따라가는 것을 보았다. 어렸을 때 그랬던 것처럼 주변을 뛰어다니며 즐거워하고 있었다. 그때 나는 워크숍에서 배웠던 게임에서 영감을 받아 '다람쥐 기법'을 개발했다.

키리와 함께 밖으로 나오기 몇 분 전, 나는 다람쥐가 집 뒤편에서 큰 참나무를 오르내리며 뛰어다니는 것을 본 적이 있었다. 간식 대신 향기를 가리키면 어떨까? 나는 시도해 보기로 했다. 설레는 마음으로 키리를 참나무로 불러 다람쥐가 있었던 곳을 가리켰다. 키리는 즉시 나무 주변에서 그 냄새를 따라다니기 시작했다. 나는 다람쥐가 다녀간 것으로 보이는 몇 군데를 더 가리켰고, 키리는 나무 위로 뛰어올라 그 냄새를 더 탐색하기 시작했다. 우리는 몇 분간 함께 다람쥐 놀이를 했고, 그렇게 바로 서로 다시 연결되는 것을 느꼈다. 그 후 키리는 기꺼이 나와 함께 집으로 돌아왔다.

'다람쥐 기법'은 동물이 관심 있는 것에 관심을 보이는 방법으로 그들과의 관계를 형성하고 유지하는 좋은 예이다. 우리는 종종 동물에게 우리가 중요한 일에 관심을 가져달라고 요청하는데, 우리가 그 호의에 보답하는 것은 상호 만족스러운 관계의 중요한 부분이다. 키리가 주변 환경의 자연 냄새를 더 많이 맡기 위해 나의 콜을 무시하는 모습을 보면서 키리가 무엇에 마음이 빼앗겼는지 생각해 보았다. 그 냄새가 무엇이든 간에 당시에는 나보다 훨씬 더 흥미로웠다. 내가 키리와 다시 관계를 맺고 싶다면 키리가 자신의 관심사를 추구할 수 있도록 시간을 주어야 하고, 더 나아가 내가 그 일부가 될 수도 있어야 한다.

이런 상황을 찾기 시작하면 더 자주 발견할 수 있다. 모든 산책을 사람이 정한 경로로 할 필요는 없다. 말을 탈 때도 반드시 사람이 원하는 곳으로만 갈 필요는 없다. 만약 가능하다면 동물이 가고자 하는 곳으로 따라가 보고 동물의 관심사와 동기를 파악해 보라. 우리가 동물의 세상 경험에 관심이 있다는 것을 보여 줄 때, 동물은 우리의 경험에 더 큰 참여와 관심으로 반응한다. 관계는 양방향으로 이루어질 때 가장 좋다. 항상 '내 동물이 원하는 것이 무엇인가?'를 고려하라. 동물의 마음을 사로잡는 것이 무엇인지 파악하면 이를 실현할 수 있는 방법을 찾을 수 있다.

알렉산드라 호로위츠(Alexandra Horowitz, 2016)는 저서 『개가 된다는 것』에서 사람과 상당히 다른 개들의 매혹적인 후각 세계를 탐구했다. 친구인 샐리 홉킨스(Sally Hopkins)는 개를 위한 스프링클스(TM)라는 페이스북을 운영하고 있는데, 여기에는 개의 코를 이용해 정신적 자극을 제공하고 불안을 줄이며 인간보다 훨씬 더 발달한 감각을 인식하는 데 도움이 되는 지식을 설명하고 있다. 다른 종과의 조율을 개발하는 것은 단순히 그들과 함께 있을 때 얼마나 멋진 기분을 느끼는지에 관한 것이 아니다. 그것은 개에게 무엇이 중요한지, 그리고 어떻게 하면 그들이 자연스러운 방식으로 세상을 탐험할 수 있도록 장려할 수 있을지 아는 것에서 비롯된다.

선택권 주기

내담자와 함께 일할 때 대부분의 치료사는 선택권을 갖는 것이 힘을 준다는 데 동의할 것이다. 치료에는 종종 내담자의 삶에서 선택지를 파악하고, 그 선택의 장단점을 고려하도록 안내하며, 내담자가 결정을 내리고 선택을 실행하도록 돕는 과정이 포함된다. 동물도 선택의 혜택을 받는다. 인간과 함께 사는 동물은 삶에서 선택의 폭이 좁다. 우리는 동물의 먹이를 선택하고, 산책이나 경로를 결정하고, 잠자리를 정하고, 동물이 좋아할 수도 있고 싫어할 수도 있는 직장에 데려간다. 동물 삶의 대부분을 반려인이 결정한다. 동물에게 주어진 선택권이 적을수록, 불편한 상황을 벗어날 수 있는 선택권이 적을수록 동물은 무력감을 학습할 가능성이 커진다.

우리는 치료 작업에 참여하는 개들이 몸짓으로 무관심하거나 심지어 혐오감을 나타내는 것을 너무 자주 본다. 최근 한 친구가 병원 침대에 누워 머리를 환자와는 반대 방향으로 향하고 귀를 아래로 내리고 고래 눈을 뜨고 있는 개 사진을 보내왔다. 개를 돌보는 사람과 환자는 웃고 있었고 환자는 개의 등을 쓰다듬고 있었다. 핸들러는 개의 고통을 전혀 의식하지 못하는 듯했다. 마찬가지로, 우리는 치료 및 학습 프로그램에 참여하는 말 중 가능한 한 사람을 피하고 단절되고 스위치가 꺼져 있는 것처럼 보이는 말을 많이 보았다. AAPT의 관점에서 동물은 항상 치료 참여에 대한 선택권을 가져야 하며, 이는 앞서 설명한 것처럼 목줄이나 밧줄 사용을 최소화하고 항상 탈출로를 제공해야 하는 이유이다. 이에 따라 우리는 동물들이 일상생활에서도 선택권을 가질 수 있도록 노력해야 한다.

가족 관계에 대한 연구로 다시 돌아가서, 강한 가족의 또 다른 주요 특징은 개성을 인정하고 각 가족 구성원이 자신의 관심사와 재능을 추구하도록 격려하는 능력이다. 인간이 아닌 가족 구성원의 선택을 항상 허용할 수는 없을 것이다. 그렇지 않다면 우리는 사방에 쓰레기가 널려 있고(개), 죽은 설치류나 새를 자랑스럽게 전시하는(고양이) 집에서 살거나 몇 마일씩 돌아다니는 말을 잃어버리게 될 것이다. 그럼에도 불구하고 우리는 개가 여러 장난감 중 어떤 장난감을 가지고 놀고 싶은지, 어느 길로 산책할지, 말은 두 개의 들판 중 어느 곳으로 갈지, 집의 방문객과 교류할지 아니면 직장의 내담자와 교류할지, 안으로 들어올지 밖에 머물지, 두 가지 간식 중 어떤 것을 먹을지, 혼자 있을지 우리와 함께 있을지, 어느 방에서 잘지 등 선택을 제공할 수 있는 방법을 모색해 볼 수 있다. 다시 한번 강조하지만, 동물에게 선택권을 부여함으로써 동물의 웰빙을 보장하는 동시에 내담자에게는 타인에 대한 존중과 관계에서 주고받음의 필요성에 대한 모범을 보여 줄 수 있다.

자비로운 리더십 제공

동물들은 음식이나 먹이, 쉼터, 포식자로부터의 안전, 수의학적 치료, 운동과 정신적 자극, 친절, 교감 등 많은 것을 인간에게 의존한다. 우리는 동물들을 힘이나 압박, 지배력 또는 인간이 최고의 통제력을 발휘해야 한다는 잘못된 관념으로 그들을 대할 필요가 없다. 여러 면에서 동물들도 사람 아이들이 필요로 하는 유형의 리더십이 필요하다. 동물들도 우리와의 관계 안에서 수용과 명확성, 안전을 위한 경계가 필요하다. 우리의 자비가 필요하다. 이빨이나 발톱, 발굽으로 자신의 문제를 해결해야 한다는 강박감을 느끼지 않도록 우리가 상황을 책임져 주어야 할 때가 있다.

동물과 관계를 발전시킬 때 우리는 동물이 받는 스트레스를 최소화하고 위협으로부터 보호가 필요한 상황을 처리하려고 노력해야 한다. 자비로운 리더십은 동물에게 해를 끼치지 않으면서 친절하게 대하는 것을 의미한다. 이를 위해서는 인식, 적극성, 옹호라는 세 가지 중첩된 개념이 매우 중요하다.

인식 집, 직장, 그리고 세상 밖에서 우리는 자신과 타인, 그리고 환경을 인식해야 한다. 자기 인식이란 자신의 행동이 다른 사람에게 영향을 미치듯 동물에게 어떤 영향을 미치는지 알아차리는 것을 의미한다. 다른 사람의 공간을 침범하거나 큰 소리로 말하는 경향이 있다면 자신을 더 자주 관찰해야 한다. 인간과 동물과의 관계에서도 같은 경향이 나타날 수 있다. 우리는 또한 다른 사람들이 동물과 함께 또는 동물 주변에서 무엇을 하는지 살펴야 한다. 이는 특히 함께 일할 때 더욱 그렇다. 내담자가 동물에게 어떻게 반응하는지도 살펴보아야 하지만, 내담자의 행동에 동물의 행동이 어떻게 영향을 받는지도 살펴봐야 한다. 마지막으로, 우리는 환경을 인식해야 한다. 멀리서 천둥 번개가 치거나 발밑의 거친 지형, 새로운 물건의 존재, 창밖으로 지나가는 자전거 타는 사람 등을 알아차려야 한다. 동물의 반응을 관찰하고 동물이 무엇에 반응하는지 살펴보고, 반응하기 직전에 어떤 일이 있었는지 파악함으로써 환경에 대한 인식을 높일 수 있다.

능동성 능동성은 예상치 못한 상황에 대비하고 개입하는 것을 의미한다. 우리는 장애물과 문제를 예상하고, 이를 방지하기 위해 사전에 조치를 취한다. 예를 들어, 말이 우산을 보고 불안해한다는 것을 알고 있다면, 비가 조금 오는 날씨에 내담자에게 우산을 차에 두고 오라고 부탁하고 대신 비옷을 제공한다. 시력이 좋지 않은 개가 사무실에서 벽을 따라 길을 찾는다면, 누군가 큰 가방을 벽에 기대어 두었을 때 이를 인식하고 가방을 치운다. 어떤 성인 내담자가 항상 강한 향수를 뿌린다면, 그것이 개의 후각에 너무 강할 수 있음을 설명하고, 향수를 적게 사용하거나 세션이 끝난 후에 사용해 달라고 요청한다. 우리의 동물을 잘 알고 상황에 대한 인식이 높을 때, 문제를 피하기 위해 상황을 더 잘 조정할 수 있으며, 스트레스가 발생하기 직전에 신속히 대응할 수 있다.

옹호 옹호는 동물을 대신하여 행동을 취하는 것을 의미한다. 스트레스를 받는 상황에서는 동물이 보호될 수 있도록 상황을 처리(도움과 지원)한다. 예를 들어, 아이가 치료 중에 비로소 마음을 열고 있다 하더라도, 고양이의 수염을 만지작거리는 것을 허용하지 않는다. 우리는 동물에게 원하는 행동을 보여 주거나 말해 주고, 또는 다른 사람들에게 긴장을 해소하기 위해 해야 할 일을 알려 준다. 옹호는 우리가 항상 행동으로 동물을 지지하고 있음을 의미한다. 개가 나쁜 행동을 하면, 우리는 대신 해야 할 행동을 알려 준다. 만약 아이가 장난감 칼로 개를 겁주려고 한다면, 우리는 개에게 안전한 곳으로 가라고 말하고, 아이의 행동에 제한 설정을 한다.

자비로운 리더십은 동물들과의 의사소통에서 명확함을 유지하고, 동물들이 나쁜 상황을 '참아야' 하는 일이 없도록 상황을 처리하는 것으로 이루어진다. 이는 긍정적인 방법으로 이루어지며, 한계를 단호하게 설정하지만 처벌적이지 않다. 우리는 동물들과 함께하는 상황 속에서 사람들이 어떻게 하기를 원하는지 전달하며, 그들이 잘못하고 있는 일을 비판하는 대신 다른 행동을 취하도록 유도한다. 본질적으로 우리는 치료매개동물을 다른 가족 구성원, 아이들, 혹은 내담자와 같은 수준의 존중과 배려로 대한다. 이러한 관계는 집에서의 상호작용이 우리의 AAPT 업무로 쉽게 이어지도록 한다.

안전하고 행복한 관계를 만드는 이 모든 제안은 처음에는 벅차게 느껴질 수 있다. 이는 일부 사람들에게는 큰 생활 방식의 변화를 의미할 수도 있다. 하지만 동시에, 이러한 제안들은 우리의 삶과 일에서 동물을 더 깊이 이해할 수 있는 새로운 창을 열어 준다. 의도적인 노력과 연습을 통해 이러한 일들은 점점 더 쉽게 이루어질 수 있다. 동물들과 존중하고 신뢰하며 연결된, 그리고 즐거운 관계는 그 과정에서의 노력만큼 충분히 가치가 있다. 이 과정의 부수적인 효과로 인간 가족 구성원이나 친구들과의 관계가 개선될 수 있으며, 내담자들이 그들의 관계를 더욱 효과적으로 돕는 능력이 향상될 수 있다.

관계는 시간이 걸리며 결코 고정되지 않는다. 한 동물에게 효과가 있는 방법이 다른 동물에게는 통하지 않을 수 있다. 예를 들어, 아라비안 말인 버스터와 찰리는 꼬리 바로 아래를 손톱으로 세게 긁어 주는 것을 좋아하며, 긁어 달라고 엉덩이를 내밀곤 한다(손톱을 소중히 여기는 사람에게는 추천하지 않음!). 내가 키웠던 다른 아라비안 말들도 모두 이걸 좋아했다. 셔틀랜드 포니들은 그들 앞에 앉아 앞다리 사이를 긁어 주는 것을 좋아한다. 그들은 머리를 어깨 위로 올려 긁는 자세를 유지하게 하며, 멈추면 머리로 더 가까이 끌어당기기도 한다. 집시 콥 말들은 견갑골 뒤쪽을 긁어 주는 것을 가장 좋아한다. 내가 다른 지역에서 진행한 AAPT 워크숍에서, 빌려온 말 중 하나(페인트)는 무척 무관심해 보였다. 그룹은 그 말이 무엇을 좋아할지 3초 규칙을 사용해 실험해 보았다. 결국 페인트가 아랫입술을 마사지 받는 것을 좋아한다는 것을 발견했다. 그들은 지속해서 페인트를 마사지했고, 그는 점점 활기를 되찾았다. 세션이 끝날 무렵, 페인트는 완전히 현재에 몰입하며 오랜만에 가장 좋은 하루를 보내는 것 같았다.

인간관계든 다른 관계든, 상대의 선호를 알아내는 데는 시간이 필요하다. 그 시간을 투자하면서 가정하지 않고 동물에게 개별적인 관심을 갖는 것 자체가 긍정적인 영향을 미치며, 모든 관련자들에게 이로울 수밖에 없다. 우리가 관계를 구축하는 데 시간을 들이고 진정한 연결을 느낄 때, 모두가 따뜻한 소속감을 느낀다. 사람이 많은 기차나 비행기에서 누군가가 조금 이상하지만 해롭지 않은 행동을 했을 때를 생각해 보라. 처음에는 당황스럽다가도, 다른 승객과 눈을 마주치며 미소를 지으면 서로 비슷한 반응을 하고 있다는 느낌을 공유하게 된다. 비록 짧은 만남일지라도, 그 이해와 연결의 감각은 하루 종일 좋은 기분을 유지하게 해 준다.

유머와 놀이성은 모든 관계에서 중요한 요소로, 사람들을 연결하고 서로를 가까워지게 한다. 나는(리제) 항상 아버지의 긍정적인 유머를 존경해 왔고, 나이가 들수록 나에게도 그런 유머가 나오는 것을 느낀다. 몇 주 전 저녁에 동물병원에 갔을 때, 다소 과체중인 중년 여성이 불안해하는 개를 안고 앉아 있었다. 나는 직원들과 잠시 대화를 나눈 후 앉았고, 그 여자의 개를 보고 열정적으로 "정말 귀엽네요!"라고 말했다. 그 여성이 자랑스럽게 미소 지었고, 잠시 후 그녀가 무언가 말하려는 찰나에 내가 먼저 "그리고 당신의 개도 정말 귀엽네요!"라고 덧붙였다. 그러자 그녀는 배를 잡고 웃었다. 나는 그 웃음이 그녀의 기분을 좋게 했음을 알았고, 나 역시 기분이 좋아졌다. 이런 연결은 관계를 형성하는 데 도움이 되며, 비록 어떤 사람들은 아직 준비가 되지 않았더라도, 이는 모두에게 이익이 된다.

이것은 동물에게도 해당된다. 동물들이 항상 우리만큼 준비되어 있지는 않을 수 있지만, 우리가 인내심을 가지면 보통은 잘 풀린다. 관계는 AAPT의 핵심을 이룬다. 동물과 새로운 관계를 형성하고 그것이 성장하는 모습을 보는 것은 매우 흥미롭다. 비글 믹스 조시 패치스를 가족으로 맞이한 이후로 나는(리제) 조시 패치스를 알아가며 우리의 연결이 점점 깊어지는 것을 보고 있다. "조시 패치스가 나에게 무엇을 가르쳐 줄까?"라는 생각이 계속 든다. 이 관계는 다른 모든 관계와 또 다를 것이고, 매일의 일상 속에서 나의 반려동물들과 함께하는 이 여정을 기대한다. 이러한 관계가 펼쳐지는 경험은 모든 내담자에게 유익할 수 있다. 동물들은 특히 이러한 관계 형성에 도움을 주기에 탁월한 존재로 보인다. 특히, 처음부터 그들과 훌륭한 관계를 형성하는 데 시간을 투자하면 더욱 그렇다.

실제적 문제

제가 5학년 때 이웃집 레스터(Lester) 아저씨가 제게 자기 개 스마일리(Smiley)를 봐 달라고 부탁했어요. 저는 스마일리의 머리를 멋지게 잘라 줬지만 엄마는 정말 화를 내며 외출 금지를 시켰어요.

−도니(Donnie), 16세 소년

임상가들이 동물을 자신의 작업에 포함시킬 수 있는 방법은 여러 가지가 있다. 이러한 작업을 잘 수행할 수 있는 몇 가지 중요한 특성을 다루고자 한다. 여기서 제시하는 것이 전부는 아니며, 치료사가 동물의 참여를 구조화하고 조직하는 방식은 전혀 다른 형태를 취할 수도 있다. 더 다양한 방식으로 동물이 AAT에 참여하길 원한다면, 다른 AAT 관련 자료들을 참고하는 것도 좋다(예: Chandler, 2017; Fine, 2015). 이 장에서는 주로 개, 말, 고양이에 대한 고려 사항을 다루고 있다. 일부 정보는 모든 종에 적용되는 반면, 일부는 종에 따라 다르다. 대부분의 경우, 개에 대한 논의로 시작하여 말이나 고양이에 대해 고려해야 할 차이점을 설명하는데, 설명한 일반적인 원칙은 치료 작업에 포함되는 모든 동물에 대해 고려해야 한다.

처음 시작할 때 실제적 고려 사항

적용과 금기

적용과 금기에 대한 중요한 질문은 AAPT가 적용될 문제 유형과 사용되지 말아야 할 상황과 관련된다. AAPT는 다양한 수준의 구조와 광범위한 개입을 포함하는 과정적 치료 방식으로 대부분의 주요 정신건강장애에 사용할 수 있으며, 건강 및 교육 목표와 연계된 광범위한 응용 분야에 적용할 수 있다. 또한 제13장에서는 불안, 애착 문제, 트라우마, 의학적 질병, 우울증, 관계의 어려움, 주의력 문제, 자폐스펙트럼장애, 행동 문제, 슬픔과 상실, 완벽주의 등의 문제에 AAPT를 사용하는 방법에 대한 많은 예를 보여 주고 있는데, 모든 연령대와 개인, 가족, 그룹이 함께 사용할 수 있다.

이 책의 많은 부분은 클리닉, 개인병원, 지역사회 정신건강센터와 같은 정신건강 분야 환경에서 AAPT의 사용을 논의하고 있다. 우리는 또한 작업치료, 물리치료, 언어치료 및 교육 환경에서의 잠재적 사용에 대해서도 언급하였다. 동물과의 관계를 놀이적으로 형성하면서 동시에 목표를 달성하는 접근은 상당히 적응적이다. 또한, AAPT는 요양원, 발달 센터 등 시설에서 일하는 전문가들에 의해 사용되며, 리더십 개발, 팀 빌딩, 스트레스 관리 등의 목적을 위해 다양한 기업 및 비즈니스 분야에도 성공적으로 적용된다. 이 접근 방식의 유연성 덕분에 실무자는 AAPT를 특정 상황에 맞게 조정할 수 있으며, 실제 개입의 범위는 오직 실무자의 창의성, 내담자 또는 조직의 요구, 그리고 참여 동물의 성격과 복지에 의해 결정된다.

AAPT가 사용되지 말아야 할 상황을 식별하는 것이 훨씬 더 쉽다. AAPT는 내담자가 참여하는 동물에 알레르기가 있는 경우 금기 사항이 될 수 있다. 때로는 내담자의 의료 전문가가 처방전 없이 구입할 수 있는 약이나 처방약을 통해 이를 해결할 수 있지만, 내담자가 동물에게 심한 알레르기가 있다면 AAPT는 아마도 좋은 선택이 아닐 것이다. 또 다른 금기 사항은 내담자가 개나 말을 매우 두려워하는 경우이다. 물론 치료사는 내담자가 이러한 두려움을 극복하도록 도울 수 있으며, 이는 책의 후반부에서 논의된다. 그럼에도 불구하고, 내담자가 그 특정 시점에서 동물에 대한 두려움을 극복하기보다 다른 우선순위나 시급한 문제가 있을 수 있다. 이러한 경우, 적어도 초기 개입으로 AAPT는 권장되지 않는다.

또한 내담자가 매우 불안정할 때 AAPT는 적절하지 않을 수 있다. 내담자의 행동이 불규칙하고 예측할 수 없는 경우, 특히 예상치 못한 분노나 과격한 행동이 나타날 때는 동물이 놀라거나 해를 입을 수 있어서 피하는 것이 좋다. AAPT는 치료 과정의 나중 단계에서 역할을 할 수 있지만, 내담자가 심한 고통을 겪으며 잠재적으로 해로운 행동을 하는 경우에는 금기 사항이다.

어떤 경우든 AAPT의 실무자는 지침 원칙을 검토하고 동물의 필요와 함께 내담자의 필요를 고려하여 이 방법의 사용 가능성을 결정할 수 있다. 계획된 형태의 AAPT로 원칙을 합리적으로 충족할 수 있다면 이 방법을 적절하게 사용할 수 있을 것이다. 이 책의 원칙과 고려 사항이 충분히 충족될 수 있는지 의문이 든다면, AAPT 슈퍼바이저와 상담하거나 해당 시점에 AAPT가 아닌 다른 개입을 계획하는 것이 좋다.

동의

치료사는 AAPT를 명시한 치료에 대해 사전 동의를 얻어야 한다. 어린이의 경우 어떤 다른 가족이 놀이치료매개동물과 접촉하기 전에 부모의 허락이 필요하다. 내담자의 알레르기 병력이나 동물에 대한 이전의 부정적인 경험에 대해 논의해야 한다. 아동 또는 청소년 내담자의 경우, 부모의 동의를 얻은 후 치료사는 아동에게 동물과 함께할 것을 제안한다. 어떤 경우에도 내담자에게 동물과의 상호작용을 강요해서는 안 된다. 동의서에는 발생할 상호작용의 유형(예: 말과 함께 승마 또는 지상 작업), 잠재적 위험, 위험 완화 방법에 대해 자세히 설명해야 한다.

학교나 사회 프로그램과 같은 기관에서 아동 내담자를 의뢰하는 경우, 치료를 시작하기 전에 내담자와 함께 상세한 위험 평가를 완료해야 한다. 자주 묻는 질문에 대한 답변과 착용해야 할 복장에 대한 지침이 담긴 설명 리플렛을 제공한다.

사무실이나 현장에 항상 함께 있는 개나 고양이의 경우, 치료사는 최초 전화 연락 시 잠재적인 내담자와 부모에게 이 사실을 알린다. 그러나 동물과 내담자가 관련된 특정 세션이나 상호작용을 진행하는 경우 여전히 서면 동의를 얻어야 한다.

알레르기와 인수공통감염[1)]

알레르기, 기생충, 사람과 동물 사이에 전염되는 질병(인수공통전염병)은 치료매개동물과 상호작용하는 어린이와 가족에게 문제를 일으킬 수 있다. 면역 체계가 억제된 사람들은 때때로 문제를 경험하지만, 많은 사람들은 반려동물과 함께 생활하는 데 큰 어려움 없이 지낸다.

개의 경우 깨끗하고 잘 관리하는 것이 필수적이다. 일부 견종은 털이 거의 빠지지 않고 비듬이 적기 때문에 알레르기 반응을 일으킬 가능성이 훨씬 적지만, 완전히 저자극성인 개는 없다. 푸들과 일부 푸들 믹스견은 알레르기가 있는 사람도 함께 키울 수 있기 때문에 선택되기도 한다. 비듬과 알레르기 반응을 줄일 수 있는 세척제와 트리트먼트도 있지만, 개에게 사

1) 역자 주: 동물과 사람 사이에서 같은 병원체에 의해 전파되고 증상이 발생되는 전염병을 의미함.

용하기 전에 수의사와 상담해야 한다. 경미한 알레르기가 있는 내담자의 경우 항히스타민제로도 충분할 수 있지만, 항상 의사나 소아과 의사와 상의하여 확인해야 한다.

개와 고양이의 벼룩, 진드기 및 기타 기생충을 제거하기 위한 효과적인 치료법도 있다. 모든 치료매개동물은 이러한 해충이 없도록 관리해야 하며, 기생충에 감염된 경우 문제가 해결될 때까지 집에 머물러야 한다. 진드기가 흔한 지역에 거주하는 사람들은 진드기 매개 질병(예: 라임병)과 예방법, 반려동물에게서 진드기를 올바르게 제거하는 방법, 진드기에 물렸을 때 사람에게 나타나는 증상에 대해 숙지하는 것이 중요하다.

질병도 마찬가지이다. 개가 비뇨기 감염, 기침, 설사, 부상 또는 기타 질병에 걸린 경우, 편안한 가정 환경에서 회복하도록 하고 완전히 회복된 후에만 AAPT 업무에 복귀하도록 해야 한다. 이러한 고려 사항은 내담자뿐만 아니라 개를 위한 것이다.

말은 구충 프로그램을 최신 상태로 유지하고 진드기 감염에 대한 치료를 받아야 한다(예: 말은 사람에게 진드기를 옮기지는 않지만 여름철에 진드기가 말의 다리를 물 수 있다). 말을 너무 자주 씻기는 것은 피부에서 천연 보호 오일을 제거하므로 말의 복지에 도움이 되지 않는다. 노인 요양원이나 주거 시설을 방문하는 미니 말들은 사람의 눈에 더 매력적으로 보이고 청결을 유지하기 위해 수염까지 포함해서 모든 털을 완전히 깎는 경우가 많다. 이렇게 하면 말털에 대한 알레르기가 있는 사람의 위험은 줄어들지만, 천연 털은 벌레와 추위를 막는 방어막 역할을 하기 때문에 말에게는 해롭다. 말의 털을 깎고 대신 보온이나 보호를 위해 깔개를 사용하기도 하지만 말의 자연적인 체온 조절 능력과 햇빛으로부터 필수적인 비타민 D를 합성하는 능력이 파괴된다. 수염은 신경과 연결되어 있고 주둥이 주위에 무엇이 있는지 판단하는 중요한 센서 역할을 하기 때문에 수염도 중요하다.

일부 내담자는 말을 접해 본 적이 없기 때문에 알레르기 반응이 나타날지 여부는 알 수 없다. 알레르기가 있는 경우, 눈이 붉게 충혈되고 가려운 증상이 나타나지만 생명을 위협하지는 않는다. 이는 의사의 지시에 따라 12시간 전에 항히스타민제를 미리 복용하면 다음 세션에서 쉽게 대처할 수 있다. 또한 필요한 경우 장갑을 착용하고 접촉 후에는 손을 깨끗이 씻어야 한다.

위험관리

AAPT 실무자는 내담자, 특히 어린이와 함께 있을 때 항상 동물을 감독해야 한다. 이 섹션에서는 개, 고양이, 말에 대한 위험 관리 고려 사항을 강조한다.

아무리 다정하고 잘 훈련된 개라 할지라도, 특히 개가 갇혀 있거나 몸이 좋지 않다고 느끼는 경우 개가 비정상적이거나 방어적인 방식으로 행동할 가능성이 있다. 또한 친근한 개도 흥분한 움직임으로 내담자를 실수로 다치게 할 수 있다. 마찬가지로, 아무리 다정하고 예의 바르고 책임감 있는 내담자라도 동물을 다치게 할 수 있는 가능성이 있다. 특히, 어린이는 자제력이나 동물 다루는 기술이 부족하기 때문에 실수로 동물을 다치게 하거나 동물이 오해할 수 있는 행동을 하여 부정적이거나 자기 보호적인 공격적 반응을 일으킬 수 있다. 때때로 아이들은 자신의 손길이나 압력이 다른 동물에게 상처를 줄 수 있는지 판단하지 못하기도 한다. 치료매개동물이나 내담자의 부상을 방지하는 유일한 방법은 치료사가 지속적으로 감독하고, 주의해야 할 동물의 스트레스 신호를 파악하고, 언제 어떻게 개입해야 하는지를 아는 것이다.

AAPT 1단계 교육을 이수한 한 치료사는 매우 차분하고 사교적인 개를 대기실에 엄마와 아들과 함께 남겨 두고 필요한 서류를 작성하기 위해 사무실로 재빨리 들어갔다. 그녀는 개를 내담자와 단둘이 두지 말라는 규칙을 알고 있었지만 개가 너무 침착한 태도를 보여서 잠시는 괜찮을 거라고 생각했다. 몇 초 만에 대기실에서 비명 소리가 들려와 서둘러 돌아갔더니 어머니는 자신의 개가 어린 소년을 "물려고 했다"고 말했다. 치료사는 매우 관대한 개가 소년을 물려고 했을 거라고는 거의 믿지 않고 무슨 일이 있었는지 정보를 수집했다. 소년이 상당히 큰 개의 등에 올라타려고 했고, 개는 뒤에서 무슨 일이 일어나고 있는지 보려고 고개를 빠르게 돌렸다는 것이었다. 어린아이는 그것을 물려고 시도한 것으로 인식했고 잡지를 보고 있던 어머니는 주변 시야에서 개가 갑자기 움직이는 것만 보았다. 치료사는 나머지 세션을 잘 처리했고 어머니와 소년과의 치료 관계는 유지되었다. 다음 날 그 개는 질병의 징후를 보였고, 수의사는 이전에 다른 증상이 없었던 심각한 신장 질환으로 진단했다. 이 예시는 내담자와 개의 상호작용을 항상 직접 감독하는 것이 얼마나 중요한지를 강조한다.

모든 개는 물 수 있다는 사실을 알고 받아들이는 것이 중요하다. 매우 온순하고 차분하며 참을성 있는 개조차도 위협을 느끼는 상황에 처하면 물 수 있다. 이는 서비스 훈련을 받은 개에게도 마찬가지이다. 기질이 신중하게 선택되고 철저하게 훈련된 개는 '절대 안전하다'는 믿음은 잘못된 것이다. 개를 곤란한 상황에 놓으면, 그들이 스스로 보호하려는 본능을 억제할 수 있다고 기대하기 어렵다. 실제로 그러한 개가 내담자를 물었던 사례는 충분히 보고되었다. 이것이 동물과 인간의 행동을 주의 깊게 관찰하고 필요한 경우 개입해야 하는 중요한 이유이다. 흔히 '공격적인 개'가 물 수 있다고 생각하지만, 이는 오해의 소지가 있다. 많은 물림 사건은 불안하고 불안정한 개에 의해 발생하며, 이는 종종 '인간의 실수'로 인해 우발적으로 발생한다.

AAPT 전문가들은 종종 내담자(어린이와 성인 모두)가 치료매개견을 들어 올리려 한다고 말한다. 특히, 그 개가 작을 경우 더욱 그렇다. 이는 좋은 생각이 아니다. 동물들은 발이 땅에서 떨어지면 불안감을 느낄 수 있으며, 실수로 동물을 떨어뜨려 부상을 초래할 수 있다. 우리는 세션 중에 오직 치료사만이 동물을 들어 올릴 수 있다는 규칙을 권장한다. 이는 고양이에도 동일하게 적용된다. AAPT에 고양이를 포함시키는 경우, 고양이의 스트레스 신호를 잘 이해하고, 고양이의 의사를 항상 존중하며, 내담자와 고양이의 상호작용을 모니터링하는 것이 중요하다. 고양이는 위협을 느끼면 긁거나 물 수 있으며, 치료사 이외의 사람은 고양이를 들어 올리지 않아야 한다.

마찬가지로, 매우 안정적이고 사람을 좋아하는 말조차도 참을 수 없는 상황에 처하면 발로 차거나, 물거나, 몸으로 사람을 넘어뜨릴 수 있다. 그들이 이전에 그런 행동을 하지 않았더라도, 언제든 처음으로 그런 행동을 할 가능성이 있다. 말은 개보다 훨씬 크기 때문에, 실수로 다치게 할 가능성은 항상 존재한다. 자신의 동물을 잘 아는 것이 얼마나 중요한지 아무리 강조해도 지나치지 않다.

> 예를 들어, 트레시와 그녀의 동료 신디는 10세에서 12세 사이의 수줍음이 많은 아이들 8명을 대상으로 말 사회학습 프로그램을 진행했다. 프로그램이 궁금했던 학교 교장, 학교 운영위원 한 명, 그리고 임상심리학자가 참석했다. 앞서 설명했듯이, 첫 번째 세션은 항상 말들과 만나고 연결을 형성한 후, 머리에 장비를 착용하고 산책을 하는 것으로 시작된다. 아라비안 말들은 말을 접해 보지 않은 사람들에게 가장 덜 무서운 존재로 느껴지는 것 같다(아이들은 이 말을 유니콘이라고 부른다). 그래서 아이들이 말 옆에 가서 그들을 잡을 준비가 되었을 때, 우리는 말을 마당에 풀어 두었고, 다른 네 마리는 초원으로 옮겨 이 내성적인 아이들이 과도하게 압도되지 않도록 했다.
>
> 아이들은 버스터를 잡은 후 찰리를 잡으려 했다. 찰리는 하품을 하기 시작했고, 3분 안에 다섯 번이나 하품을 했다. 다른 어떤 부분에서도 스트레스를 받은 것처럼 보이지 않았고, 찰리에게는 이례적인 행동이었다. 세일러는 초원에 있었고, 찰리가 세일러에게 다가갔다. 세일러는 코를 골며 히힝 울고, 다리로 찰리를 차려 했다. 세일러가 찰리에게 그런 행동을 한 것은 처음이었다. 나는 아이들이 있는 곳을 재빨리 살펴본 후, 뭔가 잘못된 것을 감지한 신디에게 고개를 끄덕이며, 아이들에게 침착하게 찰리에게 공간을 주고 물러서라고 말했다. 우리가 그렇게 말하자마자 찰리는 큰

발작을 일으키며 쓰러졌고, 머리를 다치고 혀를 깨물며 네 다리로 심하게 몸부림쳤고, 눈은 크게 뒤집혔다(이것이 그의 첫 번째 발작이었고, 부디 마지막이기를 바란다). 우리는 즉시 차분하게 아이들에게 찰리가 몸이 좋지 않아 공간이 필요하니 사무실로 가서 음료를 마시라고 말했다. 아이들은 순순히 따랐다.

신디는 찰리가 심장마비를 일으켰다고 생각했으며, 몇 시간이 지난 것 같은 1분 후에 찰리는 가만히 누워 있었고 우리는 그가 죽었다고 생각했다. 그러나 찰리는 눈을 뜨고 비틀거리며 일어났고 약간 당황한 듯 보였다. 나는 찰리가 다시 쓰러질 경우를 대비해 신디에게 물러서라고 말했다. 찰리는 괜찮아 보였기 때문에 우리는 찰리에게 머리 장비를 채우고, 세일러와 함께 실내 마장으로 데려갔다. 찰리는 마치 아무 일도 없었던 것처럼 즉시 먹이를 먹기 시작했다. 나는 수의사에게 전화를 건 뒤, 아이들을 만나러 가서 찰리가 세일러와 함께 실내 마장에 있다고 알렸다. 그리고 찰리가 너희들을 놀라게 해서 미안해한다고 전하고, 음료와 간식을 먹고 나서 찰리가 어떤 상태인지 보러 갈 수 있다고 말했다. 그룹에 있던 아이 중 한 명이 발작 장애를 가지고 있었고, 아이들은 발작과 발작이 일어났을 때 해야 할 일에 대해 대화를 시작했다. 발작을 가진 아이는 그룹원에게 많은 정보를 제공하며, 자랑스럽게도 좋은 방식으로 주목의 중심이 되었다. 하지만 나는 결코 이런 시나리오를 추천하지는 않는다. 아이들을 데리고 찰리를 보러 가기 전에 신디가 먼저 확인하러 갔다. 그 뒤에 우리는 모두 찰리에게 인사를 하러 갔다.

수의사가 도착해 찰리를 진찰한 결과 아무 이상이 없다는 진단을 받았다. 그는 모든 말에게 발작이 한 번씩은 있을 수 있으며 자신도 항상 발작을 본다고 말했다. 수년 동안 말과 함께 생활하고 일하면서 발작을 본 적이 없었고, 많은 말 동료들 중에도 발작을 본 사람이 없었다. 우리는 학교에 전화를 걸어 찰리가 괜찮다고 알렸다.

신디와 나는 그때 학교 관계자들이 있었기 때문에 이대로 프로그램이 끝나는 건 아닌지 걱정했다. 하지만 모두가 이 사건에 대해 소통했고, 어떤 부모도 자녀를 프로그램에서 빼지 않았다. 관련 학교와 추천 기관은 예상치 못한 사건이라는 점을 인정하고 프로그램의 지속을 지지했다. 참석했던 관계자들도 신디와 내가 즉각적이고 침착하며 전문가답게 대응했다는 점에 주목했다.

그 후 6개월 동안 찰리는 목장 울타리 너머로 내담자들에게 인사를 건넸지만 내담자들과 함께 일하지는 않았다. 6개월이 지나고 다른 발작 활동이 없자 수의사의 조언에 따라 찰리를 다시 AAPT 세션에 참여시켰다. 나중에 찰리의 발작이 찰리가 맞았던 주사의 드문 부작용일 가능성이 높다는 사실을 알게 되었고, 수의사는 찰리에게 더 이상 주사가 필요하지 않다고 판단했다.

위험관리 계획

자신의 전문 업무에 대해 위험관리 계획을 세우는 것은 매우 좋은 생각이며, 특히 살아 있는 동물이 관련된 경우 더욱 그렇다. 위험관리 계획을 수립하는 것은 실무자가 자신의 업무에 관련된 위험을 신중하게 생각하고 예측하며 이를 예방할 방법을 고려하게 한다. 또한 부정적인 사건이 발생할 수 있는 상황에 대처하는 방법을 계획하게 된다. 위험관리 계획을 수립하고 정기적으로 검토하는 것은 실제로 위험이 발생할 가능성을 줄이는 데 도움이 된다. 위험관리 계획에는 일반적으로 위험 범주에 관련된 다음 요소들이 포함된다.

- 위험에 대한 설명
- 발생 가능성
- 위험이 발생할 경우의 잠재적 영향
- 위험 발생 확률을 줄이기 위해 취해진 조치
- 위험 발생 확률을 줄이기 위해 추가로 취할 조치
- 위험이 발생했을 때 발생하는 부상이나 피해를 처리하기 위해 즉시 취할 조치
- 위험이 발생할 경우 영향을 줄이기 위해 취할 조치
- 위 목록에 제안된 각 조치에 대한 일정

보험

예기치 않은 일이 발생할 수 있기 때문에 보험에 가입하는 것이 중요하다. 일부 대형 AAI 조직에서는 자원봉사자로 등록된 팀에게 보험을 제공하지만, 전문적으로 동물과 함께 일하는 사람들은 이를 적용받지 못한다. 전문가들은 직접 보험을 조사하고 가입해야 한다. 이는 간단한 과정이 아니다. 미국에서는 주(state), 지역, 그리고 회사에 따라 보험 제공 여부가 크게 다르다. 영국에서는 AAT에 대한 인식이 높아짐에 따라 이를 전문으로 하는 몇몇 보험 회사들이 생겼다.

AAPT 전문가에게 필요한 주요 보험 유형은 두 가지이다: 전문 직업 책임 보험(professional liability)과 일반 사업 책임 보험(general business liability)이다. 영국에서는 후자가 전문 보상 책임 보험(professional indemnity)과 공공 책임 보험(public liability)으로 불린다. 전문 직업 책임 보험은 의료 과실 보험으로, 치료 결과가 좋지 않거나 치료사와 동물의 개입이 치료에 해

롭다고 불만을 제기하는 경우를 보장한다. 일반 사업 책임 보험은 내담자가 사업장에서 넘어져 팔이 부러지는 등의 부상을 보장한다. AAPT 실무자들은 사업 책임 보험이 동물로 인해 발생할 수 있는 부상도 보장하는지 확인해야 한다. 보험 회사마다 이와 관련된 정책이 크게 다르다. 이 보험 유형은 업무 중 발생하는 동물의 부상을 보장하진 않으므로, 동물의 질병이나 부상을 위한 반려동물 건강 보험에 가입하거나, 개인적으로 비용을 부담해야 한다.

대부분의 경우, 책임 보험을 찾을 수 있지만 때로는 어려운 과정이 될 수 있다. 일부 보험 회사는 특정 견종(예: 불리견)에 대한 제외 조항을 가지고 있는데, 이는 잘못된 정책이지만 현실은 다르다. AAPT 인증을 받은 사람들(www.iiaapt.org)은 견종 제한이 없는 몇몇 회사에서 사업 책임 보험을 제공받을 수 있다.

말을 소유한 대부분의 사람들은 이미 필요한 사업 책임 보험을 가지고 있다. 만약 치료사들이 말을 소유하지 않고, 말과 관련된 전문가나 말을 소유한 동료와 협력하고 있다면, 해당 사업 책임 보험 증서를 요청해서 모든 치료 활동으로 인한 사고나 부상 시 보장이 되는지 확인해야 한다.

AAPT를 위한 환경

자연을 깊이 들여다보면 모든 것을 더 잘 이해할 수 있을 것이다.

–알베르트 아인슈타인(Albert Einstein)

AAPT는 다양한 환경에서 진행될 수 있다. 교사와 학교 상담사는 교실이나 학교활동실에서 진행되고, 언어치료사, 작업치료사, 물리치료사는 그들의 특정 작업에 필요한 도구가 있는 환경에서 일한다. 놀이치료사들은 보통 특별히 마련된 놀이치료실에서 일한다. 말과 관련된 프로그램은 일반적으로 작은 방목지, 들판, 또는 실내 경기장에서 진행된다. 이 섹션에서는 이러한 환경들이 AAPT에 맞게 어떻게 설정되거나 적용될 수 있는지에 대해 안내한다.

놀이치료실이나 상담실 세팅

놀이치료실은 일반적으로 내담자가 아동, 청소년, 또는 가족인 경우에 사용된다. 놀이치료실의 구성은 주로 시행되는 놀이치료의 유형에 따라 달라진다. 많은 놀이치료사들은 다양한 놀이 개입을 위해 방을 조정할 수 있지만, 구체적인 배치와 포함되는 아이템은 치료사마다 다를 수 있다. 기본적인 놀이치료실에 포함해야 할 아이템과 그 이유는 반플릿 등(VanFleet et al., 2010)에서 자세히 다루고 있다. 세션에 개가 참여하는 경우, 놀이치료실을 조정할 필요가 있으며, 개를 위해 필요한 아이템은 다음과 같다:

- 물그릇과 물
- 개를 위한 편안한 방석
- 담요 및 타월
- 개 장난감(공, 소리 나는 장난감, 프리스비)
- 인지 자극을 위한 소품(puzzle feeders, 콩 장난감)
- 빗이나 그루밍 용품
- 개 간식
- 크레이트(개가 익숙한 경우)
- 개에게 편한 스카프나 반다나
- 클릭커(개가 익숙한 경우)

놀이치료실 내에는 '개의 구역'으로 사용할 수 있는 공간을 마련해야 한다. 개가 피곤하거나 스트레스를 받을 때 이 구역으로 피할 수 있으며, 내담자가 개의 참여에 관심이 없거나 개에게 스트레스를 주는 방식으로 행동할 때, 치료사는 개를 이 구역으로 안내할 수 있다. 치료사는 내담자들이 이 구역으로 개를 따라 들어가지 않도록 경계를 설정한다.

개집은 이러한 공간 안에 둘 수 있지만, 놀이치료실 외부의 사무실 내 별도의 장소에 두는 것이 더 좋다. 이 장소는 개가 방해받지 않거나 방해가 되지 않는 곳에 두어, 놀이 세션에 참여하지 않을 때 개가 편안히 쉴 수 있도록 해야 한다. 비록 놀이치료실 외부에 개를 위한 휴식 공간이 따로 있더라도, 놀이치료실 내에 '안전 구역'을 마련하는 것도 중요하다.

고양이의 경우에도 비슷한 세팅이 필요하며, 고양이 장난감과 간식, 그리고 고양이가 방해받지 않고 머무를 수 있는 안전 구역이 필요하다. 이는 고양이 전용 캣타워가 될 수 있으며, 이곳은 고양이와 치료사 외에는 누구도 접근하지 말아야 한다. 또한, 고양이가 편안하게 있을 수 있다면 딱딱한 재질의 안락한 고양이 운반용 케이지도 사용할 수 있다.

개는 짧은 산책과 배변을 위한 야외 공간이 필요하며, 고양이는 쉽게 접근할 수 있는 고양이 화장실이 필요하다. 두 경우 모두, 동물의 배설물은 즉시 제거하여 공간을 깨끗하게 유지해야 한다.

성인 내담자나 다른 형태의 치료를 위한 경우, 일반 상담실도 충분하다. 동물을 위한 대부분의 아이템들은 사무실 환경에서도 필요하다. 동물을 위한 안전 구역을 마련하는 것은 일반 상담실에서도 중요하다. 대부분의 경우, 특정 개입을 위해 필요한 소품이나 물품은 서랍이나 옷장에 보관하고 필요할 때 꺼내 사용할 수 있다.

말의 경우는 다른 배치가 필요하며, 이는 다음 섹션에서 다룬다.

말과 함께하는 AAPT를 위한 환경 세팅

제8장에서 우리는 자연환경에서 일하는 것의 중요성과 말들이 자유롭게 움직이거나, 달리거나, 놀거나, 필요시 내담자들로부터 멀어질 수 있는 충분한 공간을 확보하는 것이 중요하다고 논했다. 보통 학교의 실내외 크기는 공간 20m × 40m(66피트 × 132피트)로 너무 많지 않은 말이나 사람이 적을 경우에는 적당하지만, 전형적인 장애물 경주의 크기인 40m × 60m(132피트 × 200피트)가 더 좋다. 실내 경기장에서 40명 이상의 사람들이 세 마리의 말과 함께 있는 일부 훈련 프로그램에 참가한 적이 있는데, 그러한 상황에서는 이 공간이 말들에게 너무 작은 것으로 보였다. 5에이커(약 20,000m^2) 규모의 들판에 많은 사람들이 모이는 것은 말들에게 매우 다르게 느껴지며, 안전감이 향상된다. 앞서 논의한 이유로 AAPT가 야외에서 진행되기를 선호하지만, 폭우나 천둥번개가 칠 때는 실내 공간이 유리할 때도 있다. 강한 비 때문에 28m × 18m 크기의 창고를 사용해야 할 때, 말들은 종종 우리보다 먼저 그곳으로 달려간다. 특히, 나의 아라비안 말들은 비를 아주 싫어한다. 만약 창고를 사용해야 한다면, 우리는 더 작은 공간에 맞춰 활동과 말, 그리고 내담자의 수를 조정한다.

말과의 개입을 반드시 경기장에서 해야 한다는 것은 말들의 선택이 아니라, 단지 사람들 인식인 것 같다. 지금까지 참석한 EAP(Equine-Assisted Psychotherapy) 훈련 프로그램 중 하나를 제외하고는 모두 경기장에서 진행되었다. EAP나 말과 관련된 AAPT 프로그램을 시작하는 사람들로부터 경기장이 필요하냐는 질문을 자주 받는데, 우리의 대답은 '아니요'이다. 우리는 특별히 만든 공간이 없어도 말과 들판에서 일하는 여러 성공적인 말 관련 프로그램들을 알고 있으며, 이는 동물들에게 가장 자연스러운 환경에서 일하고자 하는 우리의 선호와 잘 맞아떨어진다.

내가(트레시) 일하는 장소는 잔디로 덮여 있으며, 두 면이 건물로 둘러싸여 있다. 그중 하나는 우리 사무실이 위치한 건물이다. 이 공간은 직사각형이 아니며, 반듯하지 않아 말들이 매우 흥미롭게 여긴다. 전체 면적은 220m X 150m이다. 우리는 종종 다섯 마리의 말과 여러 내담자 그룹과 함께 작업한다. 우리는 말들을 근처의 5에이커(약 20,000m^2) 규모의 들판으로 데려가는데, 이곳에는 높낮이가 있는 채석장, 나무, 연못, 그리고 농장 길이 있어 숨바꼭질을 하기에 아주 좋은 장소이다.

또한 1.5에이커의 과수원이 있는 작은 방목지와, 각각 8에이커와 16에이커 크기의 두 개의 큰 방목지가 있다. 그 외에도 넓은 콘크리트 지역이 있다. 지시적인 세션은 대부분의 장비가 있는 사무실 옆의 잔디밭에서 주로 진행된다.

우리는 말의 관점에서 볼 때 훌륭한 작업 환경을 가지고 있으며 많은 치료사들이 이만큼의 땅을 이용할 수 없다는 것을 알고 있다. 좋은 소식은 이상적이지 않은 놀이치료실이 있는 것처럼 언제든지 조정할 수 있다는 것이다. 동물들이 수용할 수 있는 다른 측면을 활용하면 된다. 좁은 공간의 경우 일반적으로 말과 내담자의 수를 줄이고, 세션을 짧게 진행하며, 모든 내담자가 한 번에 참여하기보다는 교대로 활동을 진행하거나, 일주일에 총 세션 횟수를 줄이는 것 등이다. 동물의 작업량에 대해서는 다음 섹션에서 설명한다.

동물이 얼마나 일해야 할까

동물 및 동물과 함께 일하는 것과 관련된 다른 많은 질문과 마찬가지로 이 질문에도 정답은 없다. 상황에 따라 다르다. 일반적으로 AAPT 동물은 스트레스를 받지 않고 즐길 수 있는 만큼만 일해야 한다. 이 결정에 영향을 미치는 몇 가지 요인이 아래에 설명되어 있다.

일의 양에 영향을 미치는 요인

첫째, 종의 영향이다. 종에 따라 휴식의 양과 유형, 먹이 패턴, 일주기 리듬에 대한 요구 사항이 다르다. 예를 들어, 개는 하루에 14~17시간의 휴식 또는 수면이 필요하다. 말은 소량씩 자주 먹는 트리클 피더(trickle feeders)이기 때문에 하루 종일 풀을 뜯는 데 상당한 시간이 필요하며, 방목할 경우 하루의 60%를 먹는 데 소비한다. 고양이와 토끼는 박명성(crepuscular)[2]으로 분류되며, 새벽과 해질녘에 가장 활발하게 활동하고 그 이외 시간에 휴식을 취한다. 치료 활동 시간을 결정할 때 동물 종에 대한 지식은 매우 중요하다.

둘째, AAPT에서 동물이 하는 일의 성격은 참여의 양을 결정하는 중요한 요소이다. 에너지가 넘치고 활동에 꾸준히 참여하는 동물은 상대적으로 소극적이거나 에너지가 적은 활동에 참여하는 동물과 다른 욕구를 가지고 있다. 예를 들어, 사무실에 개를 두고 가끔 놀이 세션이나 개입에 참여하는 경우, 개는 상시적으로 사무실에 있는 것에 적응할 수 있다. '상점에 함께 하는 반려견(shop dog)'과 마찬가지로 이 개는 사람들을 맞이하고 가끔 상호작용을 하지만 대부분의 시간을 낮잠을 자는 데 보낸다. 그러나 개가 정기적으로 놀이 세션에서 일하고 어린이와 함께 '훈련'하고 많은 시간을 상호작용하는 경우에는 파트 타임 일정이 개에게 더 적합할 수 있다.

셋째, 개별 동물의 다양한 특성이 매우 중요하다. 여기에는 다음과 같은 동물의 특징이 포함된다:

- 에너지 수준
- 관심사 및 선호도
- 나이
- 수행 중인 역할과 성격의 일치(즉, 적합성)
- 건강
- 체력
- 참여 여부에 대한 선택 능력
- 작업의 즐거움 수준
- 수유 및 수면에 대한 신체적 필요

개와 예상 가능한 합리적인 작업량을 결정할 때, 치료사는 각 개의 에너지 수준, 수면 및 배변 패턴, 놀이성, 하루 중 일정을 잡아야 하는 시간대를 파악해야 한다. AAPT 훈련 및 인증 과정을 거친 한 잉글리시 마스티프(English Mastiff)[3]는 오전에는 놀이적이고 활기찬 반면, 오후에는 잠자는 것 외에는 아무 관심도 보이지 않아 그것이 그 개의 작업 스케줄이 되었다. 개는 보통 일주일에 몇 시간에서 며칠 정도 일할 수 있다. 개가 항상 사무실 환경에서 지낼

2) 역자 주: 동물이 대부분 박명(황혼 또는 새벽)에 활동하는 성질을 말함.
3) 역자 주: 역사가 가장 오래된 견종 중 하나로 50kg 이상의 초대형견으로 분류됨.

수는 있지만 풀타임으로 일하는 경우는 거의 없다. 풀타임으로 세션에 참여하면 충분한 휴식과 수면 시간을 확보할 수 없다. 일부 AAPT 치료사는 훈련된 치료매개견을 두 마리 이상 기르거나 여러 종을 함께 기르며 동물이 세션에 정기적으로 참여하되 충분한 휴식 시간을 가질 수 있도록 한다.

고양이는 종종 스스로 시간을 정하고 치료사에게 시간을 알려 준다. 고양이도 잠을 많이 자야 하고, 돌아다니고 노는 시간도 필요하다. 고양이에게도 동일한 원칙이 적용된다.

말은 풀을 뜯고 무리와 함께할 시간이 필요하다. 세션이 풀밭에서 진행되고, 말이 먹을 수 있고, 무리 전체가 함께 있다면, 말들은 사료나 다른 말이 없이 맨땅에서 일하도록 요청받은 말보다 더 오래 일할 수 있다. 말이 얼마나 오래 일할 수 있는지 고려할 때는 다음과 같은 사항을 고려하여 적절히 조정해야 한다:

- 사회적 지원 및 방문 프로그램을 위해 말을 요양원에 데려갈 계획이라면, 장소로 이동하는 것이 말에게 피곤하고 스트레스가 될 수 있다. 움직이는 트레일러 안에서 균형을 잡아야 하고 좁은 공간과 싸워야 하기 때문에 새로운 환경에 도착하면 피곤할 수 있다.
- 다른 장소에서 방문 프로그램을 진행하면 말들이 자유롭게 선택할 수 있는 기회가 거의 없으며, 안전상의 이유로 말들은 반드시 핸들러에게 붙어 있어야 한다. 이동 공간이 제한될 수 있다. 이 역시 말에게는 피곤할 수 있다. 말들은 겉으로 스트레스의 징후를 보이지 않고 환경을 견뎌낼 수 있으므로 세션 전, 도중, 후에 세심한 주의를 기울여야 한다. 모든 세션이 끝난 이후 세션의 영향이 더 명확하게 나타나는 경우가 많으므로 말에게 비정상적인 피로 징후가 있는지 확인하고 재확인하는 것이 중요하다.
- 말에게 자연스럽고 익숙한 환경에서 작업하는 경우, 말 무리에서 분리하여 다른 말들이 보이지 않는 상태에서 몇 마리의 말과만 작업하는 경우, 말들이 분리되어 화내는 징후가 있는지 관찰하고 귀를 기울인다. 말들은 때때로 말 친구들을 부르거나 나머지 무리가 있는 곳에서 가장 가까운 울타리를 따라 걸음을 옮기기도 한다.

수년에 걸쳐 말과 내담자가 그룹 작업을 해 오면서 최적의 시간은 시작부터 종료까지 1.5시간, 1시간 휴식, 다시 1.5시간이라는 것을 발견했다. 일주일에 최대 3~4일 작업하지만 매주 작업하는 것은 아니다. 모든 세션에 모든 말이 참여하는 것은 아니다. 이 시간에는 말을 만나서 작업 공간으로 데려오고, 작업에 필요한 장애물을 설치하고, 마지막에 말을 다시 데려오는 시간이 포함된다. 말과 사람이 밧줄을 통해 물리적으로 붙어 있는 시간은 거의 없으며,

서로 먹거나 움직이고 만지는 것을 절대 방해하지 않는다. 또한 일부 내담자(어린이 포함)의 경우 앉아 있는 시간이 많은 경우 1.5시간 이상을 잘 견디지 못한다는 사실을 알게 되었다.

말이 세션이 끝날 때 마장으로 돌아가는 것을 꺼린다면 여전히 즐거워하고 있다는 신호이다. 나의(트레시) 말들 중 일부는 세션이 끝날 때 손질을 받는 동안 편안하게 있다가, 다시 마장으로 돌아간다는 사실을 알면 갑자기 저항하는 모습을 보이기도 한다.

매우 중요한 것은 동물과 치료사 간의 관계의 성격이 업무량에 영향을 미칠 수 있다는 점이다. 어떤 관계는 일하는 곳에 쉽게 적응할 수 있는 반면, 어떤 관계는 그렇지 않다. 어떤 관계는 내담자와 동물의 관심을 쉽게 공유하는 데 적합하다. 이러한 관계는 건강한 애착을 나타내며, 양쪽 모두 다른 사람들과 편안하게 교류하고 주기적으로 다시 서로에게 연결된다. 동물의 주의를 다른 사람에게 돌리는 데 어려움을 겪는 관계는 일하는 곳에서 조율하는 데 훨씬 스트레스를 받을 수 있다. 치료 작업에 영향을 미치는 가벼운 관계 문제는 도움을 받을 수 있지만, 상당한 수준의 얽매임이나 분리 불안이 있는 관계는 스트레스가 심하기 때문에 치료매개동물이 될 수 없다. 일반적으로 동물이 정기적으로 작업하려면 치료사와 동물 모두 관계가 잘 발달되고 편안해야 한다.

때때로 불안정한 말들은 서로 얽혀서 다른 말들과 분리하기 어려운 관계를 맺을 수 있다. 지난 여름, 두 마리의 말이 새로운 EAP 센터에 따로 기증되었는데 서로 빠르게 유대감을 형성하는 것을 관찰했다. 서로 너무 가까이 붙어 있어 사람이 말들 사이에 끼이거나 계속 신체 접촉을 하려다 실수로 부딪힐 위험에 처할 수 있었다. 말의 주인인 숙련된 기승자는 같은 세션에서 두 말을 풀어놓고 작업하는 것이 매우 어렵고, 세션 중에 두 말을 분리하면 두 말이 서로를 놓쳐서 완전히 긴장을 풀지 못한다는 것을 즉시 파악했다. 결국, 그녀는 두 말을 세션에 참여시키려면 말의 요구와 내담자의 안전을 고려하여 조정해야 한다는 것을 알았고, 이를 바탕으로 적절한 조치를 취했다.

마지막으로, AAPT에 참여하는 치료사는 특히 사람에게 의존하는 개를 위해 운동과 배변 시간을 스케줄에 포함시켜야 한다. 사무실 위생은 말할 것도 없고 하루 종일 정기적으로 개가 다리를 뻗고 장과 방광을 비울 수 있는 시간을 갖는 것은 건강과 복지를 위해 중요하다.

이처럼 많은 고려 사항을 보았을 때, 치료사는 세션 전, 중, 후에 동물을 주의 깊게 모니터링하는 것이 중요하다. 피곤한 동물은 동물과 내담자에게 위험을 초래할 수 있으며 질병으로 이어질 수 있다. 모든 형태의 동물매개치료뿐만 아니라 AAPT의 치료사는 동물의 진정한 옹호자가 되어야 한다. 다음 섹션에서는 몇 가지 특수한 상황이 AAPT 일정에 미치는 영향에 대해 살펴보겠다.

강아지와 AAPT

직장 동료나 내담자에게 열정을 보여 주고 싶거나 사람들이 강아지에게 쉽게 반응한다는 사실 때문에 강아지를 작업 현장에 데려오고 싶은 유혹을 느낄 수 있다. 임상 현장에서 다양한 사람들에게 긍정적인 노출 경험은 강아지의 사회화에 매우 좋지만, 대부분의 AAI 단체에서 한 살 이상의 개를 현장에 투입하도록 요구하는 데에는 그만한 이유가 있다. 강아지는 건강한 발달을 위해 많은 놀이 시간, 수면, 정신적 및 육체적 자극, 탐험 시간이 필요하다. 또한 다른 개들뿐만 아니라 사람이 함께 놀아주는 시간도 필요하다. 일부 예외가 있을 수 있지만 직장 환경에서는 이러한 요건을 충분히 제공하기가 어렵다. 강아지와 함께 일하고 싶은 치료사의 열의보다 발달에 대한 고려가 우선시되어야 한다.

강아지는 신체적 뿐만 아니라 사회적 · 정서적으로도 미성숙하다. 날카로운 이빨을 가지고 있으며 아직 사람의 피부에 사용해서는 안 된다는 것을 알지 못한다. 자제력이 발달하기 시작했기 때문에 움직임, 관심사, 집중력이 불규칙하다. 또한 겁을 쉽게 먹는 발달 시기가 있다. 따라서 강아지는 내담자의 강렬한 감정적 반응을 다루기 어려울 수 있다. 종종 성인 세션에서는 울음이나 분노 등이 표출되고 아이들의 놀이 세션에서는 트라우마적 상황에서 격렬한 역할극 등이 나타날 수 있다. 이러한 모든 영역에서 성숙하려면 시간이 필요하므로 강아지가 1~2세가 될 때까지 기다리는 것이 좋다.

> 예를 들어, 뮤리는 생후 7개월에 나의(리제) 다음 놀이치료매개견으로 신중하게 선택되었고, 사회화와 훈련을 진행하면서 분명히 잘 적응했지만 어떤 면에서는 미성숙했다. 뮤리는 분명히 청소년기에 있었고, 넓은 세상에 대한 인식이 커지면서 산만해졌다. 뮤리는 한 번에 10분 동안 풀 한 포기만 킁킁대며 다른 사람이 알 수 없는 정보를 수집했다. 뮤리는 자신을 흥분시키는 상황에서 자제력을 키워야 했고, 인간과 상호작용할 때 공간 인지력을 키워서 가까이 다가가고 싶은 욕구에 압도되지 않도록 해야 했다. 뮤리와 나는 새로운 치료 파트너에게 반드시 필요한 관계 발전과 둘이 함께 작업하는 방식도 발전시켜야 했다. 또한 놀이 관계를 발전시키기 위해 매일 자유 놀이와 새로운 장난감 놀이, 놀이를 할 때 적절하고 예의 바른 행동을 가르쳤다. 나는 뮤리가 두 살이 될 때까지 준비되지 않았다고 생각했다. 이는 뮤리의 웰빙뿐만 아니라 내담자의 행복을 위한 결정이었다.

강아지의 또 다른 문제점은 소형 품종의 개와 고양이처럼 사람들이 강아지를 들어 올리는 것을 좋아한다는 것이다. 이는 매우 흔한 현상이며 어린이도 마찬가지이다. 치료매개견의 경우 치료사에게 괜찮냐고 묻지 않고 내담자가 치료매개견을 안는 경우가 종종 있다. 미숙한 핸들링은 강아지나 작은 동물이 떨어져 다치는 상황을 초래할 수 있다. 따라서 강아지를 들어 올리는 것과 관련된 명확한 규칙을 세우는 것이 중요하다. 일반적으로 내담자들에게 동물을 들어 올리지 못하도록 하는 것이 더 바람직하다. 만약 어린이 내담자가 강아지를 안는 것이 필요하다고 판단하는 경우, 어린이가 소파에 앉아 준비된 자세를 취하면 치료사가 강아지를 어린이 옆에 놓아 주고, 강아지와 상호작용하는 방법에 대해 명확한 지침을 제공하고 안는 방법을 알려 주는 것이 필요하다.

결론적으로, 강아지는 적어도 한두 살이 될 때까지 AAPT 작업에 적합하지 않은 경우가 많다. 미래의 작업 환경에 대한 제한적인 노출은 유용할 수 있지만, 실제 치료 작업은 강아지가 신체적·정서적으로 이를 감당할 수 있는 시점으로 미루는 것이 더 바람직하다.

최근 입양한 개와 AAPT

강아지에 대해 많은 정보가 필요하듯 성견으로 구조되어 새로 입양된 개들도 마찬가지이다. 개가 치료 환경에 완벽해 보이더라도, 새로운 가정에 입양된 경우 처음 몇 달 동안은 업무 기대치를 낮게 유지하는 것이 좋다. 입양된 개는 가정환경에 적응해야 할 것이 많고, 치료사와 개 사이의 관계는 바쁜 작업 환경의 방해 없이 구축되어야 한다. 강아지와 마찬가지로 작업 환경에 어느 정도 노출되는 것은 도움이 되지만, 치료사와 개의 관계 초기에는 내담자와의 실제 작업은 최소화해야 한다.

개는 새로운 삶에 대해 많은 것을 배우게 되고 치료사도 개에 대해 많은 것을 배워야 한다. 대부분의 입양견의 경우 초기 사회화 이력, 나쁜 경험, 이전 주인의 잘못된 양육 방식, 또는 공포, 불안, 자기 보호 반응을 일으키는 유발 요인에 대해 알려진 바가 거의 없다. 입양 초기 몇 달 동안 치료사는 개를 알아가고, 다양한 상황에서 개를 관찰하고, 다양한 환경에서 개에게 안전감을 주고, 정기적으로 개와 놀아 주며 가장 중요한 관계를 구축하는 데 시간을 많이 할애해야 한다.

노령견과 AAPT

노령견은 AAPT 일정 소화에 다소 다른 어려움이 있다. 노령견은 사람과 마찬가지로 더 쉽게 지치고 스트레스와 질병에 더 취약하다. 관절염은 이동성에 영향을 미치고 시력이나 청력의 변화는 환경에 대한 개의 인식을 변화시킨다. 7세 이상의 개의 경우, 치료사는 작업 중 스트레스를 증가시킬 수 있는 노화 징후와 더 이상 개의 능력에 맞지 않는 작업 상황이 있는지 주의 깊게 관찰해야 한다. 물론 개마다 노화의 영향은 다양하기 때문에 이를 염두할 정확한 연령도 다르다.

나이가 많은 개의 경우, 치료사는 작업에 대한 흥미가 줄어들고 있음을 나타내는 징후를 주의 깊게 관찰해야 한다. 이러한 징후 중 일부는 다음에 나열되어 있다.

- 출근할 때 더 이상 차에 열정적으로 다가오지 않는다.
- 일하는 곳에 들어가려 할 때 문을 외면하거나 돌아선다.
- 평소처럼 꼬리를 흔들거나 반가움의 표시를 하며 내담자에게 다가가지 않는다.
- 계속 피곤해 보인다.
- 지쳐 보인다.
- 평소보다 더 많이 잔다.
- 일반적으로 열정적이지 않고 회피한다.
- 집에서 평소에 즐기던 '특별한' 활동을 하지 않는다(예: 다른 가족 구성원 및 반려동물과 함께 하는 활동).
- 감각 반응의 증가 또는 감소를 보인다(예: 더 쉽게 경계하거나 벽에 부딪히거나 음성 신호 또는 기타 소리에 반응성 저하).
- 치매의 징후를 보인다(예: 방문객이나 문 경첩이 달린 쪽에 서 있음, 혼란스러움, 으르렁거림 또는 과민성 증가, 익숙한 일과를 따르지 않음, 안절부절못함, 밤새 깨어 있음, 요실금, 식욕 부진).

AAPT 활동에서 개를 은퇴시키는 결정은 어렵고 복잡하다. 일부 개들은 더 이상 AAPT 세션에 적합하지 않더라도 참여하는 것을 좋아한다. 조정은 할 수 있지만 결국 개를 은퇴시켜야 하는 날이 오게 된다. 다시 한번 강조하지만, 개를 위한 우리의 옹호는 매우 중요하다.

> 키리가 나이를 먹어 가면서 내가 겪은 경험은 치료사들이 AAPT 파트너를 위해 최선의 결정을 내리기 위해 직면하는 딜레마를 잘 보여 준다. 키리가 열 살이 되었을 때, 나는 키리에게 몇 가지 변화가 일어나고 있음을 발견했다. 특정 상황에서 설명하기 어려운 새로운 '예민함'이 나타났다. 키리는 원래도 다소 강렬한 성격을 가지고 있었지만, 점점 더 그러한 경향이 두드러졌다. 시각적, 청각적 자극에 더 빠르게 반응했으며, 내가 예상치 못하게 키리를 만지면 약간 움찔하는 모습을 보였다.

낯선 남성을 보면 처음에는 털을 세우고 낮게 '부프' 소리를 내며 경계했다.

여전히 시력과 청력은 괜찮아 보였지만, 관절염을 나타내는 약간의 절뚝거림이 있었다. 수의사는 키리가 신체적으로 매우 건강하다고 했다. 키리는 여전히 내가 키리를 치료실에 데리고 가거나 새로운 내담자를 만날 때 기쁜 마음으로 꼬리를 흔들었다. 개, 고양이, 사람들과 여전히 활발하게 놀기도 했다. 그러나 이러한 변화들은 작고 거의 알아차리기 어려웠지만, 일단 내가 이를 인식한 이후로는 계속 마음에 걸렸다. 나는 이 변화가 감각적인 문제에서 비롯된 것일지도 모른다는 막연한 느낌이 있었지만, 명확한 원인을 찾을 수는 없었다.

키리가 여전히 일에 관심을 보였음에도, 나는 키리의 은퇴를 점진적으로 준비하기 시작했다. 키리가 맡는 일의 양과 참여하는 사례 유형을 점차 줄이기 시작했다. 키리는 주당 몇 명의 내담자와만 일해 왔기에, 이를 다섯 명으로 줄였고, 나중에는 두 명으로 줄였다. 시각적 · 촉각적 · 청각적 반응의 민감성 증가를 고려해 키리가 빠르고 불규칙한 움직임을 보이는 내담자와 함께하지 않도록 했다. 또한 집에서 키리의 에너지가 떨어지는 날에는 업무를 더 줄였다.

1년 동안 점진적으로 일을 줄이면서 결국 키리를 AAPT 내담자와의 모든 작업에서 완전히 은퇴시켰다. 눈에 띄는 문제가 있었던 것은 아니었지만, 나는 무언가가 변했음을 알 수 있었다. 다만 집에서 열리는 워크숍에 키리가 참여하지 못하는 경우 키리가 스트레스를 받았기 때문에 워크숍에는 계속 참여하며 도움을 주었다. 당시에도, 그리고 지금 돌이켜 봐도 키리를 은퇴시키는 결정은 옳은 선택이었다. 하지만 어느 날, 나는 뜻밖의 사실을 발견하게 되었다.

은퇴 후 몇 달이 지난 어느 주말 내담자가 없을 때 키리를 치료실에 데려갔다. 키리가 치료실에 간 것은 6개월 만이었다. 주차장에 도착하자마자 키리는 꼬리를 미친 듯이 흔들기 시작했다. 문을 열어 주자 키리는 숨이 가쁠 정도로 기대에 찬 모습으로 방에서 방으로 뛰어다녔다. 그 순간 나는 키리가 이곳을 얼마나 사랑했고 이곳에서 있었던 그 모든 것을 얼마나 사랑했는지 깨달았고 슬픔이 느껴졌다. 우리는 함께 몇 가지 놀이를 했고, 주말마다 키리를 데려와 놀게 해 주기로 결심했다.

키리는 이후 다시 내담자들을 만난 적은 없지만, 여전히 바쁜 일상을 보내고 있다. 집에서 새로운 고양이와 개들을 가족으로 받아들이고, 뮤리와 조시 패치스를 놀이치료매개견으로 준비하는 것을 돕고, 워크숍에 참가하는 전문가들을 환영하는 일을 하고 있다. 은퇴한 지 약 1년 후, 키리는 비만세포종 제거 수술을 성공적으로 받았고, 지금 이 글을 쓰는 시점에도 여전히 활발하고 열정적으로 생활하고 있다.

고양이와 AAPT

강아지와 개에 대해 방금 다룬 고려 사항은 AAPT의 고양이에게도 적용된다. 새끼 고양이는 새끼 고양이로서 사람과 관계를 형성하는 데 시간이 필요하므로 생후 1~2세 이전에 일을 시작하는 것은 바람직하지 않다. 구조된 고양이도 개와 마찬가지로 새로운 가정에 적응하는 데 시간이 필요하다. 일단 일을 시작하면 고양이에게 안전한 구역과 조용히 쉴 수 있는 장소만 제공된다면, 고양이는 보통 자신이 하는 일에 대한 한계를 설정하는 데 꽤 능숙하다. 고양이가 상호작용에서 멀어지거나 낮잠을 자려고 몸을 웅크리고 있을 때는 혼자 두어야 한다.

말과 AAPT

구조된 말은 훌륭한 AAPT 파트너가 될 수 있지만 몇 가지 중요한 고려 사항이 있다. 새집에서 완전히 편안해지고 치료사와 신뢰 관계를 구축할 때까지는 작업에 참여해서는 안 된다. 트라우마를 겪었거나 학대를 받은 내담자가 비슷한 이력을 가진 말과 공감할 수 있는 것은 사실이지만, 말에게 두려움이나 잔존 불안이 있다면 이를 먼저 완전히 해결해야 한다. 겁을 먹거나 불안해하는 말은 사람에게 위험을 초래할 수 있다. 말이 사람이나 환경을 두려워하면 많은 관심과 노력이 필요한 복잡한 상황이 펼쳐진다. 나는(트레시) 종종 사람과의 접촉을 두려워하는 말을 구조해달라는 요청을 받지만, 그 두려움을 극복하고 사람과 함께 있는 것을 즐길 수 있을 때까지는 절대 AAPT에 참여시키지 않는다. 나(리제) 역시 먼 거리에서 온 야생 개와 오랜 시간 작업했고 지금은 그 개가 사람들과 꽤 친숙해졌어도 여전히 불확실성이 남아 있기 때문에 AAPT 작업에서 배제한다. 결국 개에게도 동일한 원칙이 적용된다. 모든 동물은 당면한 작업에 준비되고 적합하고 그 일을 하고 싶어 하거나 할 수 있어야 한다.

나이의 경우 말은 6세가 되어야 신체적으로 성숙하며, 일부 품종은 더 오랜 시간이 걸린다. 말을 AAPT에 입문시키기 위한 최소 연령을 2세로 권장하는데, 품종에 따라 차이가 있을 수 있다. 나의(트레시) 셔틀랜드와 코브는 2세부터 세션에 포함되었지만, 아라비안 말들은 그렇지 못했다. 언제나 개체 차이가 있기 때문에 성숙도, 안정성, 흥미를 면밀히 관찰하여 참여 시기를 결정해야 한다.

작업량에 대한 또 다른 고려 사항은 암말과의 작업과 관련이 있다. 암말은 발정기가 되면 행동이 달라지는 경우가 있다. 어떤 암말은 '멍해져서' 반응이 둔해지는 반면, 어떤 암말은 짜증을 내거나 피부가 예민해지기도 한다. 호르몬 상태의 변화와 그것이 암말의 행동에 미치는 영향을 주의 깊게 관찰해야 한다.

말의 은퇴 시기는 다른 종과 마찬가지로 다양하다. 말의 건강, 지구력, 흥미를 고려해야 한다. 때때로 말의 행동이 언제 AAPT 시간을 줄여야 하는지 혹은 언제 은퇴를 해야 하는지 알려준다. 세일러가 바로 그런 예를 보여 준다.

> 나의(트레시) 집시 콥 품종 말인 세일러는 나이가 들면서 뒷다리 관절염(강직)으로 작은 기둥을 넘거나 갑자기 회전 하는 활동 등을 할 수 없게 되었다. 반면 땅에 가만히 서 있는 대신 부드럽게 계속 움직이면 관절염이 크게 완화되었다. 수의사와 나는 세일러가 AAPT 활동을 좋아했고 그 활동을 하면서 계속 움직였기 때문에 수명이 2년 정도 연장되었다고 추정한다. 내가 직접 세일러와 할 수 있는 물리치료 운동이 있었지만 세일러는 놀이 세션에 관심이 많았기 때문에 나는 세일러를 가능한 오래 참여시키고 싶었다. 나는 내담자들에게 세일러의 관절염에 대해 이야기했고 내담자들은 세일러를 매우 조심스럽게 대했다. 어린이 내담자들도 세션이 끝날 때 세일러와 함께 물리 치료 운동을 번갈아 해 주며 즐겁고 유익한 시간을 가졌다. 아이들은 항상 세일러가 운동이 필요하다는 것을 기억하고 내가 세션 중에 잊으면 상기시켜 주었다. 내담자들은 세일러와 공감대를 형성했고 그 공감대는 서로에게 전달되었다.
>
> 한 번은 내담자가 왔을 때 다른 말들은 이미 게이트에서 기다리고 있었고 나는 졸고 있는 세일러를 그대로 두었다. 우리는 평소 활동하는 구역으로 다같이 이동했다. 5분 후 세일러는 혼자 남겨진 것을 깨닫고 내담자들과 함께 있는 다른 말들을 보면서 앞다리로 철제 문을 시끄럽게 두드리기 시작했다. 세일러는 자기도 함께하고 싶다는 의사를 표시한 것이다. 세일러는 마지막까지 항상 세션에 참여하고 싶어 했다.

동물들의 일하는 시간 확인하기

바쁜 직장 생활의 소용돌이 속에서 동물이 수행하는 업무의 양을 추적하기란 쉽지 않다. 동물의 신체 언어와 에너지 레벨이 주요 지표이지만, 실제 근무 시간과 세션 시간을 기록해 두면 매우 유용할 수 있다. 여러 치료사가 말을 공유하는 곳이나 시설견의 경우처럼 두 명 이상의 핸들러가 동물과 함께 작업할 때 특히 중요하다. 시설견은 하루 동안 두 명 이상의 핸들러와 함께 일하는 경우가 많다. 일반적으로 어떤 치료사가 언제 개와 함께 일하는지 일정이 정해져 있지만, 실제 근무 시간을 기록하는 것 또한 중요하다. 이를 통해 개의 일정과 복지를 조정하는 담당자는 매일 혹은 매주 실제로 어떤 일이 일어나고 있는지 확인할 수 있다. 활동 일지에는에는 날짜, 시간, 치료사의 이니셜, 개가 수행한 작업의 성격, 각 치료사별로 개가 세션에 있었던 총 시간, 특이한 행동을 기록하는 것도 유용하다.

요약하면, 동물들의 작업 일정을 결정하기 위해서 동물들의 신체 언어에 대한 지식과 동물의 식사, 수면, 놀이, 배변 패턴을 주의 깊게 관찰하는 것이 중요하다. 동물은 우리의 작업에 징집된 참여자임을 기억해야 한다. 따라서 우리는 작업에 함께 하는 동물의 복지에 큰 책임을 지닌다. 모든 동물의 스케줄에는 운동, 배설, 먹이 주기, 물주기, 자유 놀이, 휴식 시간이 반드시 포함되어야 한다.

동물을 작업 전, 작업 중, 작업 후에 주의 깊게 관찰하면 동물이 작업을 얼마나 즐기고 있는지, 작업에 필요한 체력이 얼마나 되는지에 대한 상당한 단서를 얻을 수 있다. 또한 심리치료도 육체적으로 힘든 직업만큼이나 피곤하고 스트레스를 받는다는 점을 명심해야 한다. 모든 형태의 동물매개중재에서 우리의 첫 번째 의무는 동물의 웰빙이다.

Part Ⅲ

동물매개놀이치료의 실제 적용

동물매개 제11장 놀이치료

시작하기

승마술에 통달했다고 믿는 사람은 아직 말을 이해하지 못한 것이다.

-미상

제2부에서 다룬 모든 준비를 마쳤다면, 이제 동물을 전문적인 영역에서 다룰 준비가 된 것이다. 이 장에서는 치료 과정에 동물을 참여시키기 위한 첫 번째 단계와 고려 사항에 대해 설명한다.

치료 계획

정신건강 전문가든 보건 관련 전문가든 대부분의 치료사는 치료 계획 프로세스에 익숙하다. 교육자 역시 수업 계획과 특별한 도움이 필요한 학생을 위한 개별화된 교육 계획(Individualized Education Program: IEP)에 대해 잘 알고 있다. 내담자 또는 학생의 강점과 요구 사항을 평가하고, 치료 또는 교육 목표를 달성하는 데 가장 도움이 될 가능성이 높은 개입 방안이 계획된다.

AAPT는 치료사와 교육자가 목표를 달성하기 위해 사용할 수 있는 다양한 방법 중 하나이다. AAPT를 내담자에게 어떻게 적용할 수 있을지 생각하는 것부터가 아니라, 내담자의 목표를 정의한 다음 그 목표를 달성하는 데 AAPT가 도움이 될 수 있는지 살펴보는 것부터 시작해야 한다. 치료는 사용되는 기술이나 방법이 아니라 내담자의 필요에 의해 주도된다. 그럼에도 불구하고 AAPT는 다양한 문제 영역을 해결하는 데 폭넓게 적용할 수 있다. AAPT가 특히 유용한 목표 영역은 제3장에 설명되어 있다. 특정 내담자 또는 특정 목표에 대한 AAPT의 적용 가능성을 고려할 때 치료사는 일반적으로 동물의 고유한 재능과 한계에 대해 생각해야 한다. AAPT 자체보다 동물의 적합성 여부가 제한 요소로 작용할 가능성이 더 높다.

앞서 키리는 비지시적이거나 아동중심놀이치료(CCPT) 보다는 키리가 보다 적극적으로 참여할 수 있는 지시적 형태의 놀이치료에 탁월했다고 설명한 바 있다. 내가 만난 내담자 중 일부는 치료의 핵심 요소로 CCPT가 필요했다. 그런 경우에는 AAPT를 사용하지 않고 내가 직접 내담자에게 CCPT를 수행했다. 치료 후반에 좀 더 지시적 개입이 필요할 때 키리를 데려와서 AAPT를 진행했다. 항상 아동의 필요에 따라 사용 방법이 결정되어야 하고, 그것이 역으로 결정되어서는 안 된다.

AAPT를 치료 계획에 통합하는 방법은 내담자의 요구, 목표, 동물의 성격과 기술, 치료사의 기술에 따라 달라진다. 대부분의 경우 치료사는 AAPT를 사용하여 해결하고자 하는 목표 또는 목표 집합을 식별할 수 있어야 한다. 이 섹션의 다음 장에서는 AAPT의 실제 훈련과 함께 이러한 목표가 무엇인지, 그리고 내담자를 돕기 위해 동물을 어떻게 다양한 방법으로 참여시킬 수 있는지 설명하고자 한다.

AAPT 세션의 빈도는 내담자를 위해 설정된 특정 치료 목표와 이를 달성하기 위한 전체 치료 계획에서 AAPT의 중심성에 따라 달라진다. 동물의 에너지, 체력, 즐거움, 끈기 또한 해당 내담자에게 AAPT를 실시하는 빈도에 영향을 미친다. 또한, 동물이 제공하는 서비스에 대한 요구 수준이 한 개인과 함께할 수 있는 동물의 참여 정도에 영향을 미친다. 치료사가 한 마리의 동물로 많은 내담자에게 서비스를 제공해야 하는 경우, 한 명의 내담자와 함께 작업하는 빈도를 줄여야 할 수도 있다. 많은 내담자는 여러 가지 치료 옵션을 가질 수 있기 때문에 모든 세션에 동물이 함께할 필요는 없다. 동물이 매주가 아니라 격주로 참여하는 것이 일반적이고 그 사이에 다른 유형의 개입이 이루어진다. 비록 연속성을 위해서 어느 정도 규칙적인 참여가 필요할 수 있지만, 다른 치료 방법과 AAPT를 번갈아 사용하는 것은 충분히 가능하다. 이 방법의 가장 큰 단점은 내담자가 AAPT가 아닌 세션 동안 동물을 그리워하는 경우가 많다는 것이지만, 이는 기대치 관리 및 또는 이러한 감정을 다루는 세션으로 해결할 수 있다.

여기서 특별한 사례의 경우 주의해야 한다. 일반적으로 복잡한 트라우마 및 애착 문제가 있는 아동 및 청소년 내담자는 동물을 상처 입힌 이력을 가지고 있을 수 있다. 상처 입힌 이력은 고양이의 꼬리를 잡아당기거나 개를 옷장에 가두는 등 '가벼운' 경우도 있다. 때로는 매우 심각하여 동물을 죽음에 이르게 한 경우도 있다. 경미하든 심각하든, 이는 아동이 생명체를 비인격화하여 자신의 트라우마 경험을 행동으로 옮긴 것으로 이는 아동의 고통 수준을 반영하는 걱정스러운 신호이다. 물론 동물 학대를 멈추게 해야 하지만 이때 이러한 행동의 더 근본적인 원인이 다루어져야 한다.

이 문제의 실제 치료에 대해서는 제13장(목표 영역 5)에서 자세히 다루고 있다. 간혹 이 문제를 치료하는 데 살아 있는 동물을 절대 개입시키지 말라는 의견이 제기되기도 한다. 이는 일반적으로 잘 훈련된 전문가가 실시하는 AAPT 및 다른 형태의 AAT에 익숙하지 않은 사람들이 하는 말이다. 이러한 경우 전형적인 치료 계획은 애착 및 외상 반응의 근본 원인을 해결하기 위해 복합적인 접근 방식을 사용하여 상당히 광범위하게 이루어진다. 필요한 경우 치료의 일부에 살아 있는 동물이 포함될 수 있다고 본다. 치료사는 동물에게 해롭지 않도록 하면서 동시에 내담자가 치료매개동물과의 관계를 발전시킬 수 있도록 구조화된 치료를 제공한다. 비인격화 과정에 대응하는 방편으로 살아 있는 동물과 함께하는 치료를 통해 내담자가 동물을 인격화하고 다른 생명체와의 연결을 경험할 수 있도록 돕는다. 목표는 내담자가 다른 사람에게 적대적으로 행동할 필요성을 없애고 친사회적인 방식을 선택할 수 있도록 권한을 부여하면서 장벽을 해소하고 관계를 촉진하는 것이다. 적절한 유형의 동물 개입뿐만 아니라 시기도 반드시 고려되어야 하지만 상당한 임상 경험을 통해 AAPT는 내담자나 치료매개동물에게 위험 없이 이 문제를 해결하는 데 매우 효과적이라는 것이 입증되었다.

치료사가 아동에게 AAPT를 적용하고자 할 때 부모 또는 보호자와 논의하는 것이 중요하다. 치료사는 아동이 알레르기나 AAPT가 제외되어야 하거나 혹은 AAPT 적용 시기를 고려해야 할 과거 행동 문제가 있었는지 확인해야 한다. 이러한 정보의 대부분은 일반적인 접수 과정에서 수집할 수 있다. 몇 가지 주요 질문은 다음과 같다:

- 자녀에게 개, 말 또는 기타 동물에 대한 알레르기 병력이 있나요? 그렇다면 어떤 제한 사항을 준수해야 하나요? 약물을 복용하고 있나요?
- 자녀가 이전에 어떤 종류의 동물과 접촉한 경험이 있는지, 특히 AAPT에서 고려 중인 동물 종에 대해 어떤 경험이 있나요? 가정에 동물이 있나요? 아이가 동물에 대해 어떻게 느끼고 동물과 어떻게 상호작용하나요?
- 아이가 동물을 다치게 하려고 시도한 적이 있나요? 만약 그랬다면 구체적으로 어떤 일이 벌어졌나요? 이런 일이 두 번 이상 발생했나요?
- 아동이 개나 말(또는 아동의 AAPT를 위해 고려 중인 동물 종)을 두려워하나요?
- 아이가 공격적인 성향이 있거나 일상적으로 물건이나 사람에게 무례한 행동을 한 적이

있나요? 아이가 좌절할 때 때리거나, 발로 차거나, 무는 경향이 있나요?
- 자녀가 부모나 다른 권위자의 말을 얼마나 잘 듣고 따르나요?

이러한 질문에 동의하는 답변이 있다고 해서 반드시 AAPT 사용을 배제해야 하는 것은 아니지만, 그럴 수도 있다. 그리고 이러한 답변이 AAPT 개입의 시기와 개입의 성격을 결정할 수도 있다. 예를 들면 다음과 같다:

> 소니(Sonny)는 품행 문제가 있는 일곱 살 소년이었다. 그는 부모, 교사, 다른 어른들에게 심한 반항심을 보였다. 다섯 살 때 교통사고로 신체적 부상과 정신적 충격을 받은 적이 있었는데, 그 후 가족들이 아이를 훈육할 때마다 '죄책감'을 느꼈다고 한다. 집에는 반려동물이 없었지만 그는 할머니의 고양이 꼬리를 잡아당기고 작은 물통에 담긴 물을 고양이에게 쏟아부은 적이 있었다. 치료사는 바로 개를 세션에 투입하지 않고 소년을 계속 평가하면서 개별화된 놀이치료부터 시작했다. 그녀는 개가 아이의 행동 문제와 잠재적으로 해로울 수 있는 동물과의 상호작용 방식에 도움이 될 수 있다고 생각하여 네 번의 놀이 세션 후에 개를 AAPT에 포함시켰다. 그녀는 관련된 모든 참여자의 안전을 보장하기 위해 구조화된 방식으로 치료매개견을 참여시켰다. 점진적인 과정을 통해 소년이 적절한 방식으로 개와의 상호작용을 즐길 수 있도록 도왔다. 치료매개견의 참여는 소년이 반려동물에게 상처 입히려는 행동 경향을 직접적으로 해결했고, 간접적으로 소년의 행동 문제를 해결하는 데 도움이 되었다.

동의

제10장에 자세히 설명된 대로 치료사는 AAPT를 명시하고 치료에 대한 사전 동의를 얻어야 한다. 동의는 동물과 접촉하기 전에, 그리고 미성년자의 경우 내담자 또는 부모/보호자와 충분히 논의한 후에 얻어야 한다. 일반적인 치료 동의 절차에서 다루는 것과는 다른 고려 사항과 위험이 있기 때문에 AAPT에 대한 구체적인 동의를 얻어야 한다. 제10장에 설명된 과정처럼 치료 계획의 잠재적 위험뿐만 아니라 이점에 대해서도 다루어야 한다.

내담자 준비

다음은 내담자가 동물을 처음 만나 기 전 준비 단계이다. 이 단계는 동물 종에 따라 다소 다르게 진행되므로 안전 예방 조치에 대한 일반적인 정보를 설명한 다음 말과 개에 대해 자세히 다루고자 한다.

안전 예방 조치

이 책의 제2부에서는 내담자, 동물, 치료사의 위험을 줄이는 여러 가지 세부 사항을 다루었다. 이 섹션에서는 내담자가 동물을 만나고 함께 작업할 수 있도록 준비하는 방법과 안전에 관한 정보를 논의하는 방법을 보여 준다.

내담자에게 동물을 만나고 동물 주변에서 안전하게 머무는 방식을 어떻게 안내하느냐에 따라서 이후 모든 치료 과정이 영향을 받는다. 일부 프로그램에서는 동물 주변에서 해야 할 행동과 하지 말아야 할 행동 목록을 읽어 주며 여러 가지 안전 요소와 잘못될 수 있는 상황에 대해 주의를 준다. 반면 우리는 이러한 접근 방식이 안전에 도움이 되지 않고 비생산적이라고 생각하기 때문에 사용하지 않는다. 물론 내담자가 안전하게 지내기를 바라지만, 동물을 만나기도 전에 위험 요소를 나열하여 겁을 주고 싶지 않다. 동물 주변에서 하지 말아야 하는 행동을 짧은 목록으로라도 제시하면 첫 만남과 치료 자체에 상당한 방해가 될 수 있고 이는 모든 연령대의 사람들에게 해당한다.

> 우리는 흥미롭게도 말을 가장 두려워하는 내담자들이 지역 승마 학교에서 승마 레슨을 받았던 사람들임을 알게 되었다. 잘못될 수 있는 상황에 대해 너무 강조하다 보니 사람들은 두려움에 마비된다. 예를 들어, 나는(트레시) 영국마사회가 승인한 승마 학교에서 2년 넘게 매주 승마 레슨을 받아온 12세 입양 소녀와 만나게 되었다. 그 아이는 말을 극도로 무서워했고, '포니 스쿨'에 다녔음에도 불구하고 헤드 칼라를 착용하는 방법과 같은 기본적인 것을 알지 못했다. 만약 그녀가 기본적인 기술을 배웠다면 스스로를 안전하게 지키는 방법을 알고 유능감을 느꼈을 수 있다.
>
> 한 세션에서 세일러가 햇볕에 서서 잠을 자고 있을 때, 그녀는 세일러를 바라보며 "오 세일러, 넌 정말 예측할 수 없구나!"라고 말했다. 아이들이 말이 얼마나 '위험하고', '예측할 수 없는' 존재인지 계속 배운다면, 아이들이 말을 경계하는 것은 당연한 일이다. 안전을 보장하는 것과 아이들

> 을 안심시키는 것 사이에는 균형이 필요하다. 사람들은 불안하거나 두려운 상태에서는 잘 움직이지 않는다. 지금 앉아 있는 생물이 위험하고 예측할 수 없는 존재라고 생각한다면 과연 여러분은 얼마나 배울 수 있겠는가!
>
> 작년에 나는 친구를 기다리는 동안 승마 강사가 아이에게 말을 처음 소개하는 모습을 지켜본 적이 있다. 대화는 다음과 같이 진행되었다: "말은 예측할 수 없고 위험해요. 앞에서는 물고 뒤에서는 찹니다." 이는 관계 구축을 위한 시작이 되기 어렵다.

아동중심놀이치료(CCPT)는 아동에게 허용되지 않는 목록을 나열하면서 시작하지 않는다. 대부분의 경우 아동은 이러한 세션에서 한계를 넘지 않으며, 한계를 넘는 아동이 있더라도 잘못될 수 있는 모든 상황을 나열할 수 없기 때문이다. 또한, 우리가 원하지 않는 것을 강조하면 애초에 생각지도 못했던 아이디어를 내담자에게 제공하게 될 위험도 있다. 또한, AAPT의 초기 단계에서는 동물을 만나고 싶어 하는 열망 때문에 내담자가 긴 지침의 세부사항을 흡수하지 못한다. 내담자가 실제 상황에 처하게 되면 정보가 더 의미 있게 다가오기 마련이다.

CCPT에는 비지시적 놀이 세션을 시작할 때 사용되는 표준 문장이 있다. "샐리야, 우리는 이제 특별한 놀이방으로 갈 거야. 네가 원하는 것은 무엇이든 할 수 있고, 하지 말아야 할 것이 있으면 내가 알려 줄게(VanFleet et al., 2010)" 이와 같은 톤의 접근법이 AAPT에서 사용되며, 내담자가 어린이냐 성인이냐에 따라 표현은 약간 달라진다. 동물을 만나는 방법이나 예상되는 사항에 대한 몇 가지 팁을 내담자와 공유할 수는 있지만, 일어나지도 않은 잘못될 수 있는 시나리오를 내담자에게 미리 설명해서 내담자를 불안하게 만들지 않는다. 실제로 필요할 때까지는 제한 사항을 언급하지 않는다. 안전 문제 이슈가 발생할 수 있는 경우 언제든지 내담자에게 다른 방법을 안내하거나 동물을 이동시키는 방식으로 개입한다.

동물매개치료사가 동물의 신체 언어를 유창하게 읽어야 하는 이유 중 하나는 동물과 상호작용에서 일어나는 상황을 명확하게 파악하고 모두를 안전하게 지키기 위해 개입해야 하기 때문이다. 이는 동물과 사람 사이에 의사소통을 더욱 명확하게 해 주고 역동 안에서 서로에 대한 더 많은 이해를 가능하게 만들기 때문에 긍정적인 협업과 관계를 구축하게 돕는다. AAPT는 내담자가 동물을 관찰하고 친절하게 대응하도록 돕기 때문에 사고 발생 가능성이 크게 줄어든다. 세션에서 일어나는 모든 일은 치료 과정과 맞물려 있으며, 이 부분은 다음 장에서 더 자세히 다룰 것이다.

동물은 동물의 방식으로 행동하며, 치료사는 이를 예상하고 내담자와 함께 그러한 상황을 다루어야 한다. 말이 귀를 뒤로 젖히고 목을 다른 말 쪽으로 뻗어 다른 말을 자신의 공간 밖으로 밀어내려고 한다. 이때 다른 말을 발로 차거나 물거나, 사람의 발을 밟거나, 꼬리로 얼굴을 칠 수도 있다. 개는 주의를 끌기 위해 사람의 팔을 끌거나 긁거나 느슨한 상황에서는 사람에게 점프를 할 수 있다. AAPT에 대해 잘 훈련된 치료사는 이러한 상황에 대비하고 상황이 발생했을 때 대처한다. 세션에서 일어날 수 있는 모든 상황을 예상하는 것은 불가능하기 때문에 내담자에게 주의해야 할 목록을 제시하는 것만으로는 부족하다. 결국 가장 중요한 것은 내담자가 편안하고 관심 있는 상태에서 AAPT 동물과의 관계에 임해서 경험을 최대한 활용할 수 있게 하는 것이다.

내담자에게 동물 소개하기

동물의 눈에는 위대한 언어를 구사할 수 있는 힘이 있다.

–마르틴 부버(Martin Buber)

말과 개를 소개하는 과정은 약간 다르다. 다음에 각각 따로 설명되어 있다.

말 소개

우리는 내담자가 오기 전에 말을 나오게 하지 않는다고 미리 말한다. 내담자가 도착하면 나는(트레시) 말들의 사진과 앨범이 있는 사무실로 그들을 초대하여 말들을 직접 만나기 전에 미리 볼 수 있도록 한다.

나는 그들에게 EPIC[1)](Equine-Partners In Counseling) 교육 매뉴얼(Trotter, 2008)에 설명된 '다섯 가지 손가락 계약'에 대해 소개한다. 말과 함께 필드에 나가면 잘 들리지 않을 수 있기 때문에 말에게 전할 메시지가 있을 때 다섯 손가락 계약을 사용한다고 설명한다. 그리고 각 손가락에 해당하는 메시지가 포함된 수신호를 살펴본다. 예를 들어, 엄지손가락을 치켜든다는 신호는 '준비 완료'를 의미한다. 수신호는 빠르고 쉽게 이해할 수 있고 말이 필요 없기 때문에 아주 어린 내담자도 빠르게 이해할 수 있다. 이 방법은 신체적 장애가 있는 내담자에

1) 말과의 상호작용을 통해 신체적 · 심리적 · 정서적, 또는 사회적 문제를 돕는 체험 기반의 치료 접근법.

게도 적용할 수 있다. 온라인 검색을 통해 이 아이디어의 변형된 방법을 찾을 수 있다.

또한 말은 우리처럼 말을 하지는 않지만 몸과 얼굴로 '말'을 한다고 알려 준다. 따라서 우리는 몸짓을 사용하여 말을 도울 수 있다고 설명한다. 이렇게 하면 내담자, 특히 어린이들에게 일방적인 관계가 아니라 그들이 말을 돕기 위해 존재한다는 메시지를 전달할 수 있다. 대부분의 아이들은 도움이 되는 것을 좋아한다.

말들은 보통 내담자 그룹이 도착하는 것을 쉽게 알아차리기도 하지만 말들을 입구 쪽으로 쉽게 불러들일 수 있다. 우리가 입구에 서 있는 동안 아이들은 일반적으로 이미 다루었던 질문을 다시 하는데, 이때 아이들이 지연 전략으로 질문을 사용하지 않는 한 기꺼이 대답해 준다. 말들이 무엇을 하고 있는지, 말들이 서로에게 어떻게 행동하는지 알아차리도록 한다. 아이들은 종종 말의 코를 쓰다듬고 싶어 하는데, 그럴 때면 말들은 항상 뒤로 물러난다. 시범으로 말들이 쓰다듬는 걸 좋아하는 부위를 쓰다듬으며 그때 말들이 어떻게 행동하는지 아이들이 알아차리도록 유도한다.

또한 말과 인간의 유사점과 차이점을 알 수 있도록 질문한다. 대부분의 아동 내담자는 말이 다리가 두 개가 아니라 네 개이고, 손이 없고, 털이 많다고 답한다. 말의 눈과 귀는 우리와 매우 다르며 인간과 사물을 보고 듣는 방식이 다르다는 점을 답하는 사람은 한 명도 없었다. 우리는 이 점에 주목하고 말은 우리보다 훨씬 더 잘 듣고 볼 수 있으며, 우리보다 훨씬 먼저 사물을 알아차릴 수 있다고 설명한다. 모든 연령대의 많은 내담자가 주변 시력을 충분히 활용하지 못하는 것을 봐 왔기 때문에 주변 시력에 대해 이야기하거나 주변 시력을 더 많이 사용하는 몇 가지 활동을 한다. 놀랍게도 500kg이나 되는 거구의 말이 옆으로 다가오는 것을 보지 못하는 사람도 있다. 휴대전화나 전자기기를 볼 때는 시야의 중심이 매우 좁은 곳에 집중되지만 동물과 함께 있을 때는 '측면 시야'도 사용해야 한다고 안내한다.

내담자가 입구 반대편에 있는 말과 함께 있는 것이 편안해지면 말 옆으로 들어오라고 권유한다. 일부 내담자는 입구 너머 말과 같은 쪽에 있는 것이 무서울 수 있으므로 안전을 지키고 공간을 활용할 수 있도록 한다. 일부 내담자는 말 옆으로 들어가지 못하겠다고 느낄 수 있으므로 편안해질 때까지 입구 반대편에서 자유롭게 지켜보게 한다. 어떤 내담자는 바로 들어가지만 일부는 위축되기도 한다. 우리는 항상 내담자와 말의 반응을 지켜본다. 말이 자유롭게 있기 때문에 말들도 스스로 움직일 수 있다는 점을 염두에 두는 것이 좋다. 처음 소개를 위한 만남은 비교적 구조화되어 있지 않기 때문에 내담자가 무엇을 할 준비가 되었는지 선택할 수 있다. 보통 두 번째 만남까지는 구조화된 활동을 하지 않는다. 각 세션은 말 관찰로 시작하는데, 이를 통해 치료팀은 내담자와 말의 기분을 확인할 수 있다.

개 소개

대부분의 경우 치료사는 내담자에게 치료매개견에 대해 이야기하고 사진을 보여 주며 내담자가 개를 만나보고 싶은지 묻는다. 언제나 내담자는 개와 함께 할지 여부를 선택할 수 있다. 개를 소개하기 전에 치료사는 이름, 견종 또는 견종 조합, 나이, 기타 내담자가 관심을 가질 만한 간단한 배경 정보를 간략하게 공유한다.

일부 내담자는 가족이나 이웃의 개와 함께 지낸 경험이 있는 반면, 개와 상호작용할 기회가 거의 없거나 심지어 개를 두려워할 수도 있다. 적절하게 훈련된 치료매개견은 다양한 인간 행동에 관대하지만, 모르는 개에게 접근하고 만나는 방법에 대한 간단한 교육을 제공하는 것이 좋다.

매코널(McConnell, 2002, 2005)은 인간이 영장류 일원으로서 개와는 매우 다른 방식으로 접근하고 자신을 소개한다며 그 방법을 자세히 설명했다. 예를 들어, 아이들은 개를 만날 때 매우 자연스럽게 정면으로 다가가서 눈을 똑바로 쳐다보고 머리를 쓰다듬고 목에 팔을 감는다. 이러한 모든 행동은 개의 신체 언어에서 공격성을 나타내는 신호일 수 있다. 매년 많은 어린이들이 개에게 인간을 포함한 영장류 특유의 접근 방식(primate approach) 때문에 얼굴을 물리는 사고를 당하기도 한다.

치료매개견은 이러한 접근을 견딜 수 있도록 훈련되어 있지만, 치료사가 치료매개견을 만나기 전에 내담자에게 더 안전한 인사 방법을 가르치는 것이 좋다. 이를 통해 내담자는 개의 행동 신호를 주시하고, 친근하게 소개할 수 있는 책임감을 가질 수 있으며, 일상생활에서 만나는 개와도 사용할 수 있는 개 친화적인 인사 동작을 익힐 수 있다.

이는 특히 어린이들에게 중요하다. 나는(리제) 개에게 얼굴을 물린 많은 아이들과 함께 일해 왔기 때문에 아이들이 트라우마를 겪는 경우가 많다는 것을 잘 알고 있다. 일부는 여러 차례 수술을 받아야 하며, 이로 인해 트라우마가 더 커지고 생활에 지장을 초래할 수 있다. 이러한 물림 사고의 대부분은 가족 반려견에 의한 것이며, 이는 대부분 예방이 가능하다. 나는 항상 짧은 과정을 통해 아이들에게 인사법을 가르치고, 아이들이 겁을 먹지 않도록 장난스럽게 진행한다. 나는 부모님이나 나이가 많은 내담자들에게도 이를 알려 준다.

치료매개견은 포옹과 일반적인 아동의 행동을 견딜 수 있어야 하는데 왜 아이들에게 인사법과 개를 만지고 안전하게 상호작용하는 방법을 가르치느냐는 질문을 가끔 받는다. 이는 그들의 사회화 및 훈련의 일부여야 하지 않나요? 대답은 "예, 하지만……." 예라는 답은 그것이 분명 이러한 유형의 작업에 필요한 준비라는 것이다. 하지만이라는 답은 고도로 준비된 개조차도 정면 공격을 그다지 좋아하지 않기 때문이다. 또한 아이들은 이웃이나 친구, 집 안에서 개를 만날 가능성이 높다. 아주 짧은 시간 동안 개를 만나기 위한 기본 사항을 놀이처럼 가르칠 수 있다. 이는 동시에 나의 개가 내담자를 만날 때 스트레스를 덜 받게 하고 아이가 다른 개들과 함께 생활할 때 나쁜 경험을 덜 할 수 있게 도와준다.

내가 모든 연령대의 내담자에게 가르치는 방법은 세 가지, 첫째 개가 다가오도록 내버려 두기, 둘째 조각상 놀이, 셋째 인사할 때 개를 만지는 위치와 방법으로 구성되어 있다. 자세한 설명은 다음과 같다.

개가 다가오도록 내버려 두기 제9장에서는 새로운 개를 만날 때 개가 사람에게 다가오는 것이 사람이 개에게 다가가는 것보다 더 좋은 방법이라고 설명했다. 이것이 우리가 세션에서 접근하는 방법이다. 우리는 모든 연령대의 내담자에게 산책 등 목줄이 채워진 새로운 개를 만날 때 가장 먼저 해야 할 일은 "개에게 인사해도 될까요?"라고 핸들러의 허락을 구한 다음 개에게 인사하는 것이라고 가르친다. 이때 고개를 옆으로 돌리고 눈을 오래 마주치지 않는 등 위협적이지 않은 태도를 취하면서 개가 사람에게 다가오도록 허용해야 한다. 개가 목줄이 풀려 있거나 옆에 보호자가 없는 경우에는 개가 떠날 때까지 개를 쳐다보지 않고 가만히 서 있는 '조각상 놀이'를 하는 것이 가장 좋다.

조각상 놀이 어린이 내담자가 치료매개견을 만나기 전에 개를 만날 때 좋은 습관을 가르치기 위해 몇 가지 가벼운 게임을 함께 한다. 아래는 내가(리제) 일반적으로 아이들과 함께 하는 방법이지만, 어른들에게도 같은 방식으로 하는 경우가 많다. 이 방법은 낯선 개가 다가오거나 쫓아올 때 유용하다. 내 친구는 매일 달리기를 할 때 목줄이 풀린 낯선 개가 자신에게 달려오거나 쫓아올 때마다 이 방법을 성공적으로 사용하고 있다.

대부분의 아이들은 '조각상 놀이' 또는 그 변형에 익숙하기 때문에 나는 아이들에게 조각상처럼 취할 수 있는 자세를 장난스럽게 보여 준다. 이 자세는 보통 아이들이 감탄하는 가상의 보물을 앞에 두고 두 손을 모은 자세이다. 가끔, 특히 어린아이들에게는 놀이치료실에서 실제 장난감 '보물'을 찾아서 들고 있게 하기도 한다. 아이들이 '조각상'이 되는 것은 개에게 위협적이지 않은 자세를 취하기 위한 것이지만, 아이들에게는 그저 하나의 게임이 된다.

나는 이 모든 과정을 매우 장난스럽게 진행하려고 노력한다. 실물 크기의 개 인형을 사용하여 시범을 보이고 연습하는 것은 아이의 기술 발달뿐만 아니라 재미를 더할 수 있다. 치료사는 먼저 조각상처럼 가만히 서 있는 방법을 시연하고, 아이들이 조각상처럼 서 있는 동안 개가 다가와 냄새를 맡을 수 있도록 한다. 치료사는 장난감 개를 가지고 내담자의 다리 주위를 장난스럽게 움직이며 냄새 맡는 소리를 내면서 "훌륭한 조각상"이라고 내담자를 칭찬해 준다. 이때 분위기는 보통 킥킥거리며 웃는 소리가 많이 나는 즐거운 분위기가 된다. 다음은 개를 만나기 위한 준비 사항이다.

강아지 탐정 이것은 어린이들에게 개 안전에 대해 교육하기 위해 개발된 프로그램이자 웹 사이트이다(www.DoggoneCrazy.ca 또는 www.DoggieDetectiveForKids.com 참조). 설립자인 테레사 르윈(Teresa Lewin)과 조안 오르(Joan Orr)가 제공하는 보드게임과 플래시 카드는 어린이들이 개의 신체 언어와 물림 예방에 대해 재미있게 배울 수 있도록 도와준다. 이러한 자료를 아이들과 함께 사용하면 치료매개견과의 세션을 준비할 수 있고, AAPT가 필요하지 않은 내담자에게도 유용하게 사용될 수 있다.

개를 만지는 위치와 방법 다음으로 내담자가 개와 처음 만날 때 개와 상호작용하는 방법이다. 나는 몸을 똑바로 세우지 않고 비스듬히 세우거나 옆으로 세우는 방법을 보여 준다. 그런 다음 내담자에게 개의 목을 껴안거나 머리 위를 쓰다듬는 대신 어깨, 가슴 또는 턱 아래를 긁어 주도록 제안한다. 어린이 내담자에게는 다음과 같이 설명하는 경우가 많다: "개는 목을 감싸안는 것을 별로 좋아하지 않아. 대신 내가 아주 중요한 개의 비밀을 알려 줄게. 개는 어깨나 가슴, 턱 밑을 쓰다듬거나 긁어 주면 정말 좋아해!"라고 설명한다. 이 설명을 하는 동안 나는 인형 개에게 시범을 보이기도 한다. 그런 다음 아이가 해 보게 하고 다시 한번 올바른 방향으로 노력한 것을 칭찬한다. 성인 내담자들에게도 같은 방식으로 설명하는데, 이때는 조금 덜 우스꽝스러운 표현을 사용하지만 여전히 매우 가볍고 장난스럽게 진행한다.

아이들의 흥미를 유지하려면 예비 훈련은 짧게 진행해야 하지만, 치료매개견을 만나기 전이나 그 직후에 아주 기본적인 행동 단서 몇 가지를 내담자에게 가르치는 것이 유용하다. 여기 봐(개에게 내담자의 얼굴을 보라고 요청하는 것), 이리와, 앉아, 기다려, 엎드려, 놔, 저리가와 같은 언어 및 수신호 등이다. 다시 말하지만, 이러한 단서를 장난스럽게 가르치면 내담자는 수행에 대한 부담을 느끼지 않고 더 잘 기억할 수 있다. 예를 들어, 어린아이들이 명령어를 익힐 수 있도록 돕는 방법 중 하나는 아이들과 함께 '강아지 놀이'를 하는 것이다. 명령어에 대해 설명한 후 아이들에게 내가 알려준 명령어를 수행하는 개가 되어보라고 한다. 나는 아이들이 개가 된 것처럼 장난스럽게 칭찬한 다음 역할을 바꿔서 아이들이 나에게 명령어를 해 보게끔 요청한다. 나는 아이들의 지시에 따라 개 역할을 하며 다시 매우 장난스럽게 행동한다. 이 가벼운 게임은 아이들에게 단서를 빠르게 가르치고 실제 개와 함께 사용할 수 있도록 준비시킨다.

훈련용 간식을 개와 함께 사용하는 경우, 치료사는 내담자에게도 사용법을 보여 줘야 한다. 내담자는 개를 만날 때 바닥에 간식을 뿌리거나 손바닥을 펴서 개가 핥아먹을 수 있도록 제공할 수 있다. 의도하지 않은 물림 사고를 방지하기 위해 내담자가 손가락으로 간식을 잡아서 내밀면 안 된다.

> 나는 일곱 살 트리샤(Trisha)와 키리를 만나기 전 10분 동안 준비 시간을 가졌다. 트리샤는 집에 반려견을 키우고 있었지만 키리만큼 큰 개를 본 적이 없었다. 연습을 위해 나는 앉은 자세를 취하고 있는 18인치 높이의 비글 인형을 사용했다. 앞의 접근법을 설명하고 장난감 비글에게 시범을 보인 다음 트리샤에게 같은 방법으로 해 보라고 요청했다. 연습을 하면서 둘 다 웃었다. 트리샤가 비글의 가슴을 쓰다듬을 때 내가 행복한 개 소리를 내며 분위기를 유쾌하게 만들었고 트리샤의 노력을 강화했다. 그런 다음 트리샤가 '이리 와' 신호를 시도하자 나는 장난감 개를 들어 그녀에게 달려가는 시늉을 했다. 그러자 그녀는 "착한 강아지!"라고 말했다. 나도 함께 웃으며 "바로 그거야!"라고 말했다. 그 후 우리는 키리를 만나기로 결정했고, 그녀는 키리와의 실제 만남에서 준비 시간 동안 다른 격려와 몇 가지 제안을 적용했다.

진짜 개를 만나기 치료사는 첫 만남을 위해 편안한 분위기를 조성해야 한다. 이렇게 하면 내담자와 치료매개견 모두 편안함을 느낄 수 있다. 치료사는 이 만남에서 모든 사람의 안전을 지키고 내담자와 개에게 긍정적인 경험이 될 수 있도록 해야 하는 막중한 책임이 있다. 치료사가 약간의 불안을 느끼는 것은 이해할 수 있지만, 개는 치료사의 불안을 빨리 알아차리고 자신의 불안도 커질 수 있다. 차분하고 친근한 환경을 조성하려면 치료사 스스로 불안감을 없애고 긴장을 풀어야 한다. 앞서 설명한 대로 치료사가 모든 역량을 쌓고 치료매개견과 강한 관계를 구축했다면, 이러한 만남에서 치료매개견과 그 과정에 대한 자신감을 갖기가 더 쉬워진다. 이러한 첫 만남은 종종 즐겁고 따뜻하며 즐거운 치료 경험이 될 수 있다.

이 시점에서 치료사가 취할 수 있는 또 다른 재미난 과정은 '강아지 접수(Doggie intake)'인데 앞에서 설명한 개에게 인사하기 전에 짧은 소개 수업이 끝나면 치료사는 종이 타월이나 수건을 가져다가 내담자의 손이나 팔을 문지르면서 개가 누구를 만날지 알 수 있도록 내담자의 냄새를 얻기 위한 것이라고 설명한다. 그런 다음 치료사는 개가 기다리고 있는 곳으로 가서 개가 내담자의 냄새를 맡을 수 있도록 한 다음 개를 내담자에게 데려온다. 이것이 첫 만남을 원활하게 하는 데 도움이 되는지 여부는 알 수 없지만, 개에게 내담자에 대한 정보를 미리 제공하는 것은 사실이다.

개가 리드줄에 묶여 있다면 느슨하게 잡아야 한다. 이전에 내담자에게 배운 인사법을 실제 치료매개견과 함께 사용한다. 내담자는 가만히 서서 개가 다가오도록 한 다음 개의 어깨, 가슴 또는 턱을 긁어 준다. 간식을 뿌리거나 손을 벌려서 제공할 수도 있다. 치료사는 세션이 원활하게 진행될 수 있도록 몇 가지 가벼운 제안을 할 수 있지만 상호작용을 세세하게 관리해서는 안 된다. 여기서는 완벽함이 목표가 아니라 안전하고 즐거운 소개가 목표이다.

네이선(Nathan)은 충동 조절에 문제가 있는 14세 위탁 아동이었다. 그는 키리를 만날 생각에 매우 들떠 있었다. 그는 개와의 실제 만남에 앞서 예비 훈련을 받았다. 네이선은 키리가 들어오는 동안 놀이치료실에서 기다렸다. 그는 가만히 서 있다가 키리가 다가오자 바닥에 훈련용 간식을 한 줌 던져주었다. 키리는 몸 전체를 흔들며 그의 신발 냄새를 맡았다. 나는 키리에게 가만히 앉아 있으라고 말했고, 네이선은 키리의 옆으로 다가가서 가슴을 긁어 주었다. 나는 둘 옆에 같이 앉았다. "키리가 너를 정말 좋아하는구나! 꼬리를 계속 흔들어서 가만히 앉아 있지도 못하네. 가슴을 긁어 주니까 정말 좋아하네. 정말 잘하고 있어. 너와 빨리 놀고 싶어 하는 것 같아."라고 내담자에게 말하고 키리에게도 가만히 앉아 있는 걸 칭찬하며, "키리, 네이선이 정말 너에게 잘해 주고 있구나, 그렇지? 널 기분 좋게 만드는 방법을 잘 알아!"라고 말했다. 이렇게 첫인사를 나눈 후, 우리는 다른 AAPT 활동으로 넘어갔다.

이 전체 과정은 그리 오래 걸리지 않는다. 일반적으로 어린이나 성인의 경우 약 20분 정도 소요된다. 치료사는 내담자와 치료매개견 모두의 스트레스 징후를 관찰하고, 필요에 따라 편안하고 재미있게 치료 과정을 진행할 수 있도록 부드럽게 안내한다. 첫 만남이 끝나면 모두 내담자의 목표를 지원하는 데 사용될 AAPT 개입으로 넘어갈 준비가 된 것이다.

고양이 소개

내담자가 고양이를 만나도록 돕는 접근 방식은 개를 만날 때와 거의 동일하다. 내담자가 고양이의 눈높이에 더 가까이 다가가 위협적이지 않은 자세를 취하도록 돕는다. 고양이가 다가올 때까지 기다리도록 유도하고, 아이들에게는 고양이 인형을 가지고 미리 연습하는 경우도 있다. 고양이가 만져주기를 좋아하는 몇 가지 지점을 내담자에게 보여 주고 3초 규칙이 어떻게 작동하는지 보여 줄 수 있다. 다시 말하지만, 내담자가 하는 모든 행동에 대한 고양이의 반응을 지켜보게 한다. 가능하면 고양이가 무엇을 선택했는지, 고양이가 무엇에 관심이 있는지 관찰하는 것부터 시작하는 것이 좋다. 보통 이 첫 만남에서 치료사만 고양이를 바닥에서 들어 올릴 수 있다고 내담자에게 알린다. 또한 내담자는 고양이가 자신의 취향에 비해 너무 친근하게 다가오는 경우 치료사에게 알릴 수 있으며, 치료사는 이를 조절하도록 돕거나 고양이의 주의를 분산시키는 재미있는 활동을 소개할 수 있다.

내담자에게 동물을 소개할 때 우리가 하는 모든 일은 AAPT의 기본 원칙에 부합해야 한다. 우리는 시간을 들여 모든 참여자가 편안함을 느낄 수 있도록 해야 한다.

AAPT 개입의 기초

처음에는 마음에 들지 않았어요.
교통사고에 대한 제 감정을 이야기하라는 또 다른 상담이라고 생각했거든요.
하지만 그런 일은 일어나지 않았어요.
우리는 그냥 뮤리와 함께 놀고 이야기하고 때로는 조용히 앉아 있기도 했어요.
뮤리는 항상 저를 웃겼어요.
얼마 지나지 않아 기분이 훨씬 나아지기 시작했고 지금도 마찬가지예요!

–3년 전 교통사고로 크게 다쳤던, 17세 휘트니

AAPT(동물매개놀이치료)의 실제 과정, 기술 및 적용을 다루기 전에 AAPT의 핵심 기초를 이해하는 것이 중요하다. 여기에는 놀이의 치료적 힘, 개입에 놀이성을 통합하는 방법, AAPT 실천에서 구조의 수준이 포함된다.

놀이의 치료적 힘

웃음의 공격 앞에서는 어떤 것도 버티지 못한다.

–마크 트웨인(Mark Twain)

'놀이의 치료적 힘'(Schaefer, 1993; Schaefer & Drewes, 2014)은 놀이치료의 임상적 이해와 사용을 위한 기본 틀을 제공하며, 당연하게 AAPT와도 관련된다. 이러한 힘은 놀이 기반 개입 내에서 변화의 힘이고 임상 경험과 연구에 의해 뒷받침된다. 다음은 AAPT와 가장 관련성이 높은 치료적 힘에 대한 설명이다.

저항 극복하기

가장 저항적인 내담자 조차도 치료매개동물 앞에서는 마음을 열게 되는 경우가 많다. 치료에 대한 저항은 미지의 세계(즉, 치료)에 대한 두려움, 성인이나 권위자에 대한 이전의 부정적인 경험, 실제 또는 상상의 방식으로 자신을 방어하려는 욕구에서 비롯되는 경우가 많다. 많은 내담자는 치료사가 동물과 함께 치료한다는 사실에 기뻐한다. 예를 들어, 치료 세션에 개가 단순히 있는 것만으로도 저항적인 내담자를 끌어들이고 치료사에 대한 인식을 변화시키기에 충분하다. 내담자들은 "동물을 파트너로 삼는 사람은 괜찮은 사람일 거야" 또는 "치료사가 자신의 동물을 나에게 맡기고 있으니 내가 가지고 있던 기대나 경험과는 다를 수 있겠지"라고 받아들일 가능성이 더 높아진다.

사회화가 잘 된 동물들은 마치 오랫동안 잃어버린 가장 친한 친구처럼 열정적으로 내담자를 맞이하는 경우가 많다. 저항적인 내담자라도 이러한 열정적인 환대에 미소를 짓거나 마음이 풀어지기 마련이다.

의사소통

놀이는 인간과 동물 모두에게 표현의 한 형태이기 때문에 다양한 놀이치료 활동에 통합될 수 있다. 치료사는 내담자가 동물에게 자신의 이야기, 걱정거리 또는 자신의 삶에 대한 중요한 것을 말함으로써 동물과 언어적으로 소통하도록 장려할 수 있다. 내담자가 비언어적인 경우에도 수신호를 사용하거나 쓰다듬기, 그루밍, 신체 자세, 보살핌의 손길을 통해 표현과 의사소통을 할 수 있다.

예를 들어, 선택적 함묵증으로 의뢰되는 아동은 과거에 부모, 교사, 전문가가 '말을 하게 하기 위해' 무언가를 한 경험이 있는 경우가 많다. 이러한 내담자에게 동물은 청각이 매우 예민하고 몸으로도 말을 하기 때문에 처음 동물과 친해질 때는 조용히 하거나 부드럽게 말하는 것이 도움이 될 수 있음을 알려 줄 수 있다. 또한 동물은 신체 신호만으로도 충분히 이해할 수 있다고 안심시키고 동물에게 신체 신호만으로 소통해도 된다고 선택권을 준다. 이렇게 하면 말해야 한다는 부담감을 덜어 줄 뿐만 아니라 조용함을 긍정적으로 받아들일 수 있다. 보통 두세 번의 세션에서 내담자는 동물이 활동하는 동안 동물에게 조용히 중얼거린다. 몇 번의 세션이 더 진행되면 내담자는 치료사에게 조금이라도 말을 하는 경우가 많다. 우리 둘 중 어느 누구도 끝까지 아이가 말을 하지 않은 경우는 없었다.

정서적 인식, 긍정적 감정, 자기 조절력 향상

내담자는 동물의 표정과 몸짓을 관찰하여 동물의 감정을 파악할 수 있다. 감정에 대한 해석은 단순하게 할 때 가장 효과적이다. 예를 들어, 말이 행복해 보이나요? 슬퍼 보이나요? 개가 화가 났거나 흥분한 상태인가요? 같은 질문이 적합하다. AAPT에서는 다른 사람의 감정에 무감각하다는 이유로 의뢰된 아동이나 청소년이 동물의 정서 상태와 행복에 매우 신경을 쓰게 되는 경우가 드물지 않다. 이는 다양한 상황에서 감정에 대한 인식을 확장할 수 있게 하며, 자신의 행동이 다른 생명체의 감정에 어떤 영향을 미치는지도 배우게 해 준다. 놀이라는 행위는 내담자가 삶에서 더 큰 즐거움과 행복을 누릴 수 있도록 도와준다. 또한 긍정적인 경험과 감정의 균형을 재발견하거나 처음으로 발견하는 데 도움이 된다. 동물은 때때로 내담자가 위협적인 감정의 세계를 탐색할 수 있도록 정서적인 안전감을 제공한다. 동물과의 상호작용이 다양한 감정 상태를 불러일으키기 때문에 치료사는 내담자가 더 나은 자기 이해와 수용을 할 수 있도록 함께 처리해 준다. 예를 들어, 개와 함께 각성 게임을 하면 내담자가 자신의 각성에 대해 더 많이 이해하고 효과적으로 대처하는 방법을 배울 수 있다.

내담자가 화가 나거나 속상하거나 불안할 때 동물이 어떻게 반응하는지 관찰하는 것은 내담자가 자신의 행동이 다른 감각을 가진 생명체에게 미치는 영향을 비판 없이 관찰할 수 있다. 그런 다음 치료사와 함께 동물의 즉각적인 피드백을 관찰하기 위해 자신의 행동을 수정하는 실험을 할 수 있다.

학습 촉진

대부분의 사람들은 과정을 즐길 때 가장 잘한다. 이는 어린이와 성인 모두에게 해당되는 이야기이다. 가벼운 분위기는 학습이나 새로운 시도를 방해하는 수행 불안이나 자기 평가를 줄여 준다. 이러한 가벼운 분위기 속에 동물이 있으면 학습 과정에 도움이 될 수 있다. 예를 들어, R.E.A.D.(www. therapy animals. org/R. E.A.D.html)와 같은 개에게 책 읽기 프로그램을 통해 아이들은 불안감을 덜 느끼면서 더 잘 읽는 법을 배운다(le Roux, Swartz, & Swart,

2014). 내담자가 동물에게 새로운 행동을 가르칠 때, 내담자 역시 새로운 것을 익힐 수 있는 자신의 능력을 개발하는 것이다. 동물과 상호작용하고 노는 것은 일반적으로 상당한 접촉과 움직임을 수반하기 때문에 촉각 또는 운동 감각으로 학습하는 경향이 강한 사람에게 도움이 될 수 있다. 문제 해결을 위한 학습은 AAPT 활동에 쉽게 통합되며, 이는 일반적으로 정신건강과 사회적 관계에서 더 나은 적응력(adaptability)과 조정(adjustment)으로 이어진다.

물론 AAPT에서 내담자는 자기 자신에 대해 배우는 것도 많다. 애당초 개와 말은 목표가 무엇인지 모르기 때문에 목표를 달성해야 한다는 시간적 압박이 없고, 따라서 성과에 대한 압박도 훨씬 적다. AAPT 활동은 내담자의 목표 영역을 향해 진행되지만, 워낙 즐겁게 진행되기 때문에 무언가를 위해 작업하고 있다는 느낌을 전혀 받지 않는다.

힘과 통제력

아이들은 놀이를 통해 권력 및 통제와 관련된 동기를 표현할 수 있다. 아이들은 가정이나 학교의 일상에서 많은 권력이 허용되지 않기 때문에 종종 권력과 통제에 관한 주제를 놀이로 표현한다. 놀이 세션은 아이들이 문제를 일으킬 위험 없이 이러한 영역을 탐색할 수 있는 기회를 제공한다. 이 과정에 동물이 포함되면 아이들은 자신과 동물의 행동을 적절하고 안전하게 관리할 수 있는 방법을 익힐 수 있다. 트라우마 사건과 같은 삶의 경험으로 인해 무력감을 느낀 성인도 이 영역에서 도움을 받을 수 있다. 동물과 함께 일하거나, 개를 훈련하거나, 심지어 1,500파운드의 말과 함께 걷는 것만으로도 모든 연령대의 내담자가 자신의 삶을 더 잘 통제하고 두려움을 극복하는 데 도움이 될 수 있다.

많은 내담자들은 어린 시절에 겪은 역경으로 인해 평생 동안 영향을 받는다. 그들은 종종 통제할 수 없다고 느끼기 때문에 그 무력감에 대응하기 위해 잘못된 것을 통제하게 된다. 동물들과 함께 작업하면서 내담자들은 목줄이나 리드줄이 느슨하거나 아예 줄이 없을 때 더 나아갈 수 있다는 것을 배운다. 이러한 행동의 결과는 그들이 다른 사람에 대한 통제력을 일부 포기할 때 더 많은 관계를 발전시킬 수 있도록 돕는다. 놓아 주는 것은 두렵게 느껴질 수 있다. 관계를 유지하기 위해 반드시 통제해야 한다고 생각하는 내담자에게 동물이 자발적으로 자신과 함께하기로 선택한 첫 경험은 여러 측면에서 삶을 변화시키는 순간이 될 수 있다.

역할놀이 및 행동 변화

아이들은 놀이치료 중에 자주 그리고 자발적으로 연극적인 역할에 참여하며, AAPT에서도 그렇게 한다. 아이들은 때때로 치료사의 도움을 받아 동물에게 자신과 함께 역할을 연기해 달라고 요청하기도 한다. 때로는 동물이 학교 학생이나 경찰견 또는 마법의 말 역할을 맡기도 한다. 이러한 역할을 통해 아이들은 자신의 딜레마나 심리사회적 문제 영역을 극복할 수 있다. 치료사는 모든 연령대의 내담자와 함께 특정 목표를 해결하기 위해서 동물이 포함된 연극적인 놀이나 역할을 제안할 수 있다.

발달 촉진

놀이는 아동이 사회적 · 정서적 · 인지적 · 신체적 · 행동적으로 발달하는 주요 수단이기 때문에 놀이치료는 건강한 발달을 촉진한다. AAPT는 이 과정을 지원한다. 아이들은 놀이에 끌리는 것만큼이나 동물에 강하게 끌리기 때문에 이러한 자연스러운 아동의 관심 영역을 결합하면 다양한 발달 과정을 촉진할 수 있다.

마찬가지로 청소년이나 성인도 사회적 기술과 같은 특정 발달 영역에 치료의 초점이 맞춰질 수 있고, 물리 치료에서는 협응력 향상이나 수술 후 근력 회복에 맞춰질 수도 있다. AAPT는 다양한 영역의 발달에 동기를 부여하는 동시에 자의식을 감소시킨다.

AAPT는 도덕성 발달에도 도움이 될 수 있는데, 특히 내담자가 동물을 다치게 했거나 거칠게 다루는 경우에도 해당한다. 이 과정을 통해 다른 사람을 존중하고 친절하게 보살피며 자존감과 존중감을 키우는 데 도움이 될 수 있다.

스트레스 관리

놀이는 스트레스를 해소한다. 동물과 함께 놀거나 동물과 함께 있으면 스트레스도 해소된다. 또한, 내담자는 AAPT를 통해 긴장을 완화할 수 있다. 예를 들어, 내담자는 쓰다듬기나 그루밍 활동을 통해 치료매개동물과 자신이 긴장을 풀도록 도울 수 있다. 일부 성인 내담자나 아동 내담자의 부모는 치료사와 고민을 이야기할 때 개가 자신의 다리에 기대어 있으면 큰 위안을 받는다고 보고했다.

치료적 변화와 관련된 동물의 주요 특징 중 하나는 바로 '지금 여기'에 집중한다는 점이다. 동물은 인간보다 훨씬 더 현재에 집중하며, 인간의 불안은 대부분 과거나 미래에 대한 걱정의 결과이다. 치료사는 AAPT를 통해 내담자가 동물처럼 현재에 다시 집중하여 불안을 극복하고 줄이는 방법을 배우도록 도울 수 있다.

또 다른 스트레스 및 불안 감소 기법은 내담자가 말의 옆구리를 관찰하거나 말의 옆구리에 귀를 대고 말에게 기대어 말의 호흡에 자신의 호흡을 맞추는 것이다. 이 간단한 활동은 엄마가 불안해하는 아기를 달래기 위해 가슴에 안을 때 엄마와 아기가 경험하는 동시성을 반영한 것이다.

둔감화 및 공포의 역조건화

동물에 대한 두려움을 가진 내담자들은 치료사의 지도 아래 친근하고 장난스러운 동물에 점진적으로 노출됨으로써 그 두려움을 극복할 수 있다. 아이들은 놀이치료실에서 상징적인 두려움을 마주할 때에도 옆에 '충실한 수호자'인 개가 있다면 그런 두려움도 극복할 수 있다. 성인들도 자신과 연결된 말이 옆에서 차분하게 서 있다면 도전을 극복해 나가는 데 도움이 된다.

자아 강도

AAPT에서 내담자가 동물과 놀이를 할 때, 그들은 배려심을 가지고 책임감 있게 행동해야 하며, 동물의 필요에 집중하고 미리 계획을 세워야 한다. 다양한 상호작용은 내담자들이 충동성과 자기중심성을 줄이고, 자신과 동물의 안전에 대한 책임을 지게 도와준다. 동물과의 놀이를 통해 내담자들은 더 나은 자기 통제, 인내, 자신감을 성취할 동기를 얻을 수 있다. 동물들과 성공적으로 상호작용한 경험은 내담자가 다른 상황에서도 참고할 수 있는 기준이 된다. 동물들이 완전히 솔직하게 반응하여 내담자에게 '진짜' 피드백을 제공하는 것은 매우 가치가 있으며, 이를 통해 내담자는 배울 수 있고, 조절할 수 있으며, 세션에서 이루는 연결과 성공에 대해 긍정적인 감정을 느낄 수 있다.

문제 해결

아이들은 놀이치료에서 많은 문제를 직면하고 해결한다. 이 문제들은 작은 문제(장난감을 어떻게 작동시킬지)일 수도 있고, 의미심장하고 상징적인 문제(계속 공격해 오는 '나쁜 놈들'을 어떻게 물리칠지)일 수도 있다. 아이들은 놀이치료 중에 문제해결 능력을 사용하고 발전시키며, 이를 돕는 개는 이러한 놀이에 쉽게 통합될 수 있다. 때때로 아이들은 개를 특정 방식으로 행동하도록 격려할 방법을 찾아야 하며, 이는 그들 스스로 문제를 해결해야 한다는 것을 의미한다.

이와 마찬가지로, 성인들도 다양한 형태의 심리치료에서 문제를 직면하고 해결한다. 이 문제들은 매우 개인적이거나 실용적인 성격일 수 있다. 만약 치료사가 내담자에게 특정 문제를 해결해 보라고 하고 그 문제를 말과 함께 다루도록 요청한다면, 내담자의 문제해결 능력이 발휘된다. 수용적이고 놀이적인 환경에서 동물과 함께 문제를 해결하는 것은 새로운 가능성을 열어준다. 또한, 선한 의도를 가진 사람들(치료사를 포함하여)과 달리, 동물들은 내담자를 대신해 문제를 해결하려 하지 않는다. 대신, 내담자는 스스로 문제를 해결하는 동안 동물로부터 지원을 받게 된다.

숙달

내담자들이 자아 강도와 문제해결 능력을 키워 감에 따라, 그들은 문제를 극복하게 된다. 수용적이고 유쾌한 동물의 존재는 내담자에게 이러한 목표를 향해 나아갈 수 있게 도와준다. 또한, 내담자들이 기본적인 동물 훈련이나 동물을 가르치는 방법을 배우면서 자신감이 성장한다. 어떤 사람들에게는 개, 말, 고양이와 상호작용하는 법을 배우는 것 자체가 큰 성취일 수 있는데, 특히 이전에 살아있는 동물과 가깝게 접촉을 해 본 적이 없는 경우라면 더욱 그렇다. 다른 이들에게는 AAPT에서 시도 가능한 더 복잡한 도전들이 감정, 상처, 또는 오래된 패턴을 극복할 기회를 제공한다. 불안과 두려움은 이러한 성취 앞에서 희미해지며, 내담자들은 성장을 향해 나아갈 수 있게 된다.

애착, 사회적 능력, 관계 향상, 그리고 공감

놀이의 혜택 중 이 부분은 아마도 AAPT와 가장 관련이 깊을 것이다. 내담자들은 치료매개동물과의 수많은 기회를 통해 사회적 상호작용 능력을 키우고, 다른 생명체와 안전하고 건강한 방식으로 애착을 형성 및 발전시키는 관계에 관여할 수 있게 된다. 치료사는 내담자가 동물에 관심을 가지는 것을 활용하여 내담자가 공감을 경험하고 이를 되돌려 주며, 순서를 지키고, 자신의 필요를 잠시 뒤로 미루면서 다른 이의 필요를 생각하도록 도와준다. AAPT에서의 인간–동물 관계는 주로 애착에 기반하며, 내담자들은 건강한 인간 애착과 관계에 내재된 상호성을 배우게 된다. 동물들은 판단하거나 비난하지 않으며, 기꺼이 사람들을 있는 그대로 받아들인다. 내담자들은 동물들과 신뢰를 쌓고 관계를 발전시키는 AAPT 과정 속에서 더 나은 인간관계를 발전시킬 수 있는 경험과 기술을 얻게 된다. 특히, 치료사가 능숙하게 이끌 경우, 동물과의 관계에서 발생하는 사회적 윤활 효과(social lubricant effect)는 인간 관계로도 이어질 수 있다.

놀이성을 통합하는 방법

놀이치료를 잠시 제쳐두고, 전문가가 동물을 포함하기 전에 자신이 속한 분야에 대한 충분한 지식을 먼저 갖추는 것이 중요하다. 이는 정신건강, 보건, 교육 분야 모두에 해당한다. 동물을 추가한다는 것은 내담자와의 전문적인 작업과 동물의 복지 사이에서 주의를 기울이는 것을 의미하며, 이는 자신이 속한 직업에서 능숙함과 자신감을 이미 가지고 있을 때만 효과적으로 수행할 수 있다.

놀이치료도 마찬가지다. 처음에는 동물을 추가하지 않고 놀이치료의 기초를 교육과 감독하에 연습하면서 숙달하는 것이 가장 좋다. 비지시적 놀이치료(CCPT 또는 NDPT)를 배우는 것이 중요한데, 이는 놀이치료를 수행하는 데 필요한 몇 가지 핵심 태도와 기술을 제공하기 때문이다(VanFleet, 2014a; VanFleet et al., 2010). 우리는 비지시적 놀이치료에 대한 탄탄한 기초가 매우 중요하며, 이후에 다른 형태의 놀이치료를 자신의 레퍼토리에 추가하는 것이 훨씬 쉬워진다고 믿는다. 치료사가 AAPT를 숙달하고 통합해 나가면서, 동물이 있든 없든 관계없이 세션을 진행할 수 있어야 한다.

놀이치료사가 제대로 된 훈련을 받았다면, 놀이가 치료 과정에 어떻게 통합될 수 있는지에 대한 다양한 아이디어를 가질 것이다. 다른 전문가가 AAPT를 자신의 레퍼토리에 추가하고자 하는 경우 놀이치료에 대해 더 많이 배워야 하고 놀이와 유머를 통해 내담자의 작업을 어떻게 격려하고 촉진할지에 대해서 배워야 한다. 놀이성은 동물의 존재가 그렇듯, 아이들이 언어치료에 더 적극적으로 참여하도록 동기를 부여할 수 있다. 긍정적인 유머 감각을 활용하는 것은 어린이와 성인 모두에게 물리치료를 훨씬 더 즐겁게 만들어 줄 수 있다.

놀이치료에 대한 배경 지식이 없는 경우, AAPT를 잘 수행하기 위해서는 그 기초를 다지는 것이 중요하다. 이에 대한 선택지와 자원은 제7장에서 다루었으며, www.iiaapt.org와 www.play-therapy.com에서 확인할 수 있다. 이 섹션에서는 놀이성이 AAPT 과정에 어떻게 통합되는지에 대한 개요를 제공한다.

놀이성과 놀이는 아동 치료에서 안전감을 형성하는 데 매우 중요하다. 유머와 놀이성의 사용은 성인들이 치료 중에 편안하고 여유로운 상태를 유지하는 데에도 도움이 된다. 대부분의 사람들은 연령에 상관없이 적절한 놀이적 접근에 잘 반응하는데, 약간의 거리와 유연성이 있으면 강렬한 심리사회적 문제를 다루기가 더 쉬워지기 때문이다. 경직과 긴장은 변화를 방해하며, 가벼운 분위기는 심각성을 완화하여 내담자가 더 명확하게 상황을 볼 수 있게 하고, 필요한 위험을 감수하며, 치료적 진전에 방해가 될 수 있는 불안, 분노 또는 다른 강렬한 감정을 덜 느끼게 할 수 있다.

놀이치료에서 가져온 치료사의 기술들

AAPT 실무자들은 놀이치료 분야에서 다음과 같은 개념과 실천 방법을 활용한다.

- 놀이는 아동, 청소년, 성인, 그리고 전체 가족이나 그룹에게 정서적 안전감을 제공한다.
- 상호작용하는 놀이 활동이 치료 목표를 달성하는 데 주요 도구로 사용된다.
- 치료사는 다양한 놀이치료 유형에서 가져온 기술을 사용한다. 상호작용을 촉진하기 위해 사용하는 기술과 기법은 다음과 같다.
  - ☞ 안전하고 수용적인 환경 조성
  - ☞ 유쾌하고 가벼운 톤 사용
  - ☞ 공감적 경청과 조율로 반응하기
  - ☞ 상상 놀이를 허용하고 참여하기; 아동의 세계에 들어가기
  - ☞ 신체적 · 정서적 안전을 위한 제한 설정과 경계 사용
  - ☞ 내담자의 역량 강화에 초점 맞추기
  - ☞ 특정 활동을 치료적으로 가치 있는 '게임'과 놀이 형태로 변형하기
  - ☞ 놀이와 활동의 은유를 유지하기; 내담자의 은유를 반영하기; 과정에 내재된 은유를 진술하기
  - ☞ 필요에 따라 경험에 대한 간단한 프로세싱과 디브리핑 사용하기; 경험과 관계에 초점을 맞춘 방법을 선호하여 치료사가 인지적 · 언어적 접근을 최소화하기

위의 모든 사항은 이후 챕터에 소개된 사례에 반영되어 있다.

AAPT를 놀이적으로 유지하는 주요 방식

치료사가 AAPT 과정을 놀이적으로 유지하는 데에는 세 가지 주요 방식이 적용된다. 이 중 하나 이상이 대부분의 AAPT 세션 동안 작동한다. 이 넓은 범주는 AAPT 치료 방법의 필수 요소이며, 모든 연령대의 내담자에게 적용된다.

활동 치료사는 놀이적 성격을 지닌 활동과 중재를 선택한다. 예를 들어, 치료사는 아동의 애착 문제를 다루는 동안 아동과 치료매개동물에게 재미있는 숨바꼭질 활동을 선택할 수 있다.

상호작용 활동 자체가 놀이적이지 않더라도, 내담자와 동물이 놀이적인 방식으로 상호작용하며, 치료사도 아동 및 또는 동물 파트너와 놀이적으로 상호작용한다. 예를 들어, 내담자가 공을 땅에 튕기면 말이 공을 차고 조금 뛰어다닌다. 이로 인해 내담자가 웃음을 터뜨리게 된다. 치료사도 웃음에 동참하며 필요에 따라 가볍게 개입한다. "네가 던진 공을 가지고 노는 모습을 보니 정말 재미있네" 또는 "와, 더스티가 저 공을 가지고 정말 신나게 놀고 있어! 지금 무슨 생각을 하고 있는 것 같아?"

분위기 치료사는 목소리 톤, 웃음, 그리고 자신의 신체 언어를 편안하고 가벼운, 놀이적인 방식으로 사용한다. 치료사는 너무 엄숙하거나 심각해지는 것을 피한다. 문제와 감정은 진지하게 다루지만, 대부분의 시간 동안 일반적인 분위기는 놀이적이고 가벼워야 한다.

AAPT의 구조적 단계

구조(Structure)란 치료사가 AAPT 중재를 선택하고 지시하는 데 어느 정도 관여하는지를 의미한다(VanFleet et al., 2015). 놀이치료에서와 마찬가지로, 비지시적 접근과 지시적 접근이라는 두 가지 큰 질적 차이가 있는 방법이 있다. 지시적 AAPT 내에서도 지시성의 수준이 존재하며 이는 서로 다른 개입 형태를 결정짓게 된다. 또한 지시성의 수준 안에서 가족 및 그룹 형태의 AAPT도 진행 가능하다. [그림 12-1]은 이러한 구조의 수준을 보여 준다.

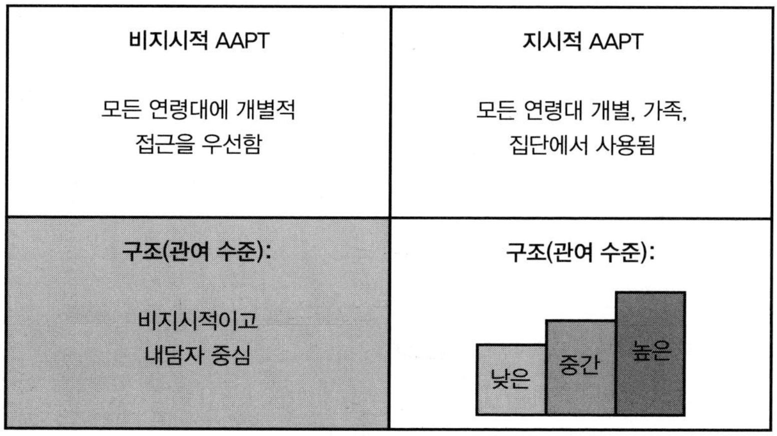

[그림 12-1] AAPT의 구조적 수준

비지시적 AAPT

비지시적 AAPT는 CCPT/NDPT와 일치한다. 치료사는 안전하고 수용적인 분위기를 조성하고 가능한 한 세션을 주도하지 않는다. 이는 아동이 스스로 가지고 놀 장난감과 놀이 방법을 선택한다는 것을 의미한다. 치료사는 공감적 경청 및 또는 아동 중심의 상상 놀이를 통해 비지시적인 방식으로 반응한다. 이 과정은 제한이 필요하지 않는 한 계속된다. 비지시적 또는 아동 중심 놀이치료는 엑슬린(Axline, 1969)의 주요 연구에서 비롯되었으며, 책과 강좌(Landreth, 2012; VanFleet, 2014a; VanFleet et al., 2010; K. Wilson & Ryan, 2005)에 더 자세히 설명되어 있고, 다음 장에 비지시적 AAPT의 예가 나와 있다.

성인 AAPT에서는 동일한 비지시적 원칙과 관행이 적용되지만 보다 '어른'의 방식으로 적용된다. 치료사는 안전한 환경을 조성한 다음 내담자가 동물의 참여 방법을 포함하여 세션의 진행 방법과 장소를 선택할 수 있도록 한다. 다시 말하지만, 동물과의 상호작용에 경계 설정이 필요한 경우가 아니면 이 과정은 계속된다. 일반적으로 비지시적 AAPT는 개별로 진행된다. 가족 형태의 비지시적 놀이치료[예: 부모놀이치료(VanFleet, 2014b)]가 있는데, 때로는 동물을 포함하는 형태로 조정하여 대부분 비지시적 형태로 적용된다.

비지시적 AAPT는 내담자가 치료의 방향을 결정하고 치료사는 안내자가 아닌 따라가는 사람이라는 메시지를 전달하기 때문에 그 자체로 하나의 범주로 간주된다. 이러한 이유로 다음에 설명하는 지시적 접근 방식과는 차이가 있다.

지시적 AAPT

지시적 AAPT는 광범위한 개입을 다룬다. 지시적 접근 방식에서는 치료사가 세션의 진행 방식이나 진행 상황을 결정하는 데 더 큰 역할을 한다. 이는 치료사가 비교적 낮은 수준의 지시를 내리는 것부터 높은 수준의 지시를 내리는 것까지 다양하다. 지시적 AAPT는 개인, 가족, 그룹과 함께 진행할 수 있다. 대부분의 지시적 AAPT에서 치료사의 역할은 비지시적 AAPT에서보다 내담자를 더 많이 안내하는 것이다. 다음 장에 그 예가 나와 있다.

AAPT가 낮은 수준의 구조인 경우 일반적으로 치료사가 세부 사항을 많이 포함하지 않은 초기 구조를 제공한다. 내담자가 활동을 선택할 수 있는 방법은 여러 가지가 있다. 치료사는 이 광범위한 활동을 설정한 다음 내담자가 경험할 수 있도록 한 걸음 물러서기만 하면 된다. 치료사는 제한이 필요하지 않는 한 간섭하거나 추가 지시를 내리지 않는다. 치료사는 비지시적 AAPT와 유사하게 활동이 진행되는 동안 종종 공감적 경청 반응을 제공한다. 여기서 비지시적 AAPT와의 차이점은 활동이 시작될 때의 초기 구조이다. 예를 들어, 치료사가 청소년 그룹에게 말 한 무리를 잡으라고 요청하는 경우가 그러하다. 이 경우 청소년들은 말을 잡는 방법에 대한 지시를 받지 않고, 어떻게 접근하고 과제를 완료할지 스스로 결정하게 된다. 치료사는 체험 전반에 걸친 공감적 반응이 치료 효과에 충분하다고 판단하거나, 마지막에 짧은 디브리핑(debriefing) 세션을 추가하여 주로 내담자의 활동 경험에 초점을 맞춘다.

중간 구조의 AAPT는 내담자가 선택할 수 있는 경로의 수가 약간 좁아진다는 점을 제외하면 낮은 구조의 AAPT와 매우 유사하다. 치료사는 내담자가 활동을 완료할 때 조금 더 적극적인 역할을 수행한 다음 보다 안내적인 방식으로 디브리핑할 수 있다. 예를 들어, 치료사가 놀이치료실에 장난감을 사용하여 장애물 코스를 설치한 다음 개의 목줄을 건드리지 않고 간식 5개만 사용하여 개가 통과하도록 도와달라고 요청하는 경우를 들 수 있다. 또 다른 예로는 치료사가 경기장 주변에 느낌의 단어가 적힌 부드러운 공을 뿌린 다음, 조금 더 구체적인 지시에 따라 내담자는 말을 이끌면서 한 번에 하나씩 공을 선택하고 말에게 그 느낌에 대해 이야기하는 것이다. 치료사는 좀 더 구체적으로 설정한 다음 내담자가 완료할 수 있는 공간을 제공하기 위해 뒤로 물러난다.

높은 구조의 AAPT를 사용할 때 치료사는 일반적으로 매우 구체적인 치료 목표를 염두에 두고 개입에 상당한 방향을 제시한다. 치료사는 인내심이나 공감 또는 문제 해결과 같은 특정 내담자의 기술을 개발하기 위해 고안된 활동을 제안할 수 있다. 치료사는 개인 또는 그룹이 동물에게 새로운 것을 가르치도록 활동을 구성할 수도 있다. 더 높은 수준의 구조를 통한 개입에서 치료사는 지속적인 지도를 제공하거나 내담자에게 과제를 수행하는 방법을 적극적으로 가르칠 수 있다. 이러한 구조는 종종 활동 전반에 걸쳐 진행된다. 활동을 마친 후, 디프리핑(debriefing)은 활동의 목표에 더 중점을 두고 이루어진다. 예를 들어, 치료사는 자기효능감 증진을 목표로 개에게 새로운 재주를 가르치는 방법을 내담자에게 알려 줄 수 있고, 자기 보호(self-protection)와 안전에 집중할 수 있도록 내담자가 말의 코를 울타리 반대편으로 향하게 하는 클릭커 훈련(Clicker Training)을 진행하게 할 수 있다.

공감적 경청과 같이 일반적으로 비지시적 AAPT와 관련된 핵심 기술 중 일부는 지시적 형태의 AAPT에도 사용할 수 있다는 점이 중요하다. 차이가 나는 것은 주로 세션의 설정과 구조의 수준이다. 모든 유형의 AAPT에서 치료사는 내담자의 욕구, 치료 목표를 중심으로 프로세스를 구축한다.

서로 다른 수준의 구조를 사용하는 이러한 모든 형태의 AAPT는 모두 가치가 있다. 이들은 서로 다른 목적을 가지고 있으며, 또한 내담자의 치료 계획, 치료사의 작업 방식에 대한 선호도, 동물, 성격 및 가장 자연스러운 작업 방식에 따라 달라진다. 이어지는 장에서는 다양한 목표를 달성하기 위해 개입이 어떻게 사용되는지와 치료사가 여러 형태의 AAPT에서 어떻게 촉진하고 프로세스해 나가는지 자세히 설명할 것이다.

동물매개 제13장 놀이치료

AAPT 응용

개는 당신이 부자이든 가난하든, 크든 작든, 젊든 늙든 상관하지 않는다.
당신이 똑똑하지 않거나, 인기가 없거나, 농담을 잘 못하거나,
운동을 잘 못하거나, 못생긴 사람이어도 상관하지 않는다.
반려견에게 여러분은 세상에서 가장 위대하고, 가장 똑똑하고, 가장 착한 인간이다.
여러분은 반려견의 친구이자 보호자이다.

루이스 세이빈(Louis Sabin), 『All About Dogs as Pets』

지금까지 AAPT 분야의 다양한 측면과 그 형태에 대해 살펴보았다. 이 장은 AAPT가 실제로 어떤 모습인지 좀 더 자세히 설명하기 위해 마련되었다. 놀이치료를 동물로 확장할 때는 놀이치료에 대한 명확한 이해와 경험이 중요하며, 이러한 배경지식을 제공하기 위해 여기 챕터와 다른 챕터 곳곳에 자료가 제시되어 있다. 많은 놀이치료사들은 다양한 접근법을 교육 받았으며 비지시적 놀이치료법과 지시적 놀이치료법을 모두 사용한다. 비지시적 방법과 지시적 방법은 동일한 내담자에게 다양한 요구를 해결하기 위해 사용될 수 있지만, 내담자가 서로 다른 기본 가정과 방법으로 인해 혼란을 겪을 수 있으므로 일반적으로 두 가지 접근법을 같은 순간에 사용하지 않는다. 같은 세션 내에서도 비지시적인 부분과 지시적인 부분을 각각 다른 시간대에 진행하는 것이 좋다.

우리는 놀이치료 분야에 입문하는 동료들에게 비지시적 놀이치료는 많은 핵심 신념과 기술을 대표하기 때문에 비지시적 놀이치료에 대한 탄탄한 실무 지식을 쌓은 다음 다양한 형태의 지시적 놀이치료에 대한 교육을 받도록 항상 조언한다. 다양한 접근법의 기술을 갖추는 것은 다양한 내담자가 가진 개인 및 가족의 복잡한 문제를 다룰 때 매우 유용하다. 양질의 놀이치료는 어떤 형태이든 내담자의 강점, 욕구, 동기에 밀접하게 맞춰져 있으며, 치료 및 발달 변화를 촉진하기 위해 체계적인 방식으로 놀이를 활용한다. 놀이치료에 대한 폭넓은 기반을 갖추는 것도 AAPT의 실천에 매우 중요하다.

이 장에서는 AAPT의 실제에 초점을 맞춘다. 비지시적 AAPT는 그 자체를 섹션에서 다루고, 이어서 지시적 형태의 AAPT는 다양한 문제 영역과 주요 목표 영역에 적용하여 설명할 것이다.

비지시적 AAPT

개는 특별히 아이들을 위해 창조되었다. 개는 놀이의 신이다.

–헨리 워드 비처(Henry Ward Beecher)

비지시적 AAPT를 수행하려면 비지시적 놀이치료에 대한 탄탄한 기초가 필요하다. 비지시적 AAPT는 인본주의 심리학(특히, 로저스 심리학)의 이론적 가정과 방법에서 비롯된다. 치료사는 안전과 수용의 적절한 관계적 맥락이 제공되면 내담자가 자신의 많은 문제를 스스로 해결할 수 있는 능력을 가지고 있다고 믿는다. 치료사는 내담자의 자아를 수용하고 그럼으로써 내담자가 자기 자신을 수용하게 되어 건강한 방향으로 성장하기를 추구한다.

비지시적 AAPT는 동일한 원칙과 기본 방법이 있지만, 아동과 성인에게 다르게 적용된다. 먼저 아동을 대상으로 한 비지시적 AAPT를 논의하고, 이후 성인 대상의 적용에 대해 다룬다.

아동 대상 비지시적 AAPT

비지시적 AAPT에서 아동과 함께 사용되는 동물은 주로 개이다. 개는 잘 선별되어 사회화되고 훈련되면 사람들이 요구하는 것을 쉽게 따르기 때문에 놀이치료실에서 잘 활동할 수 있다. 이는 아동이 다양한 종류의 놀이, 특히 상상 놀이에 개를 참여시킬 수 있음을 의미하며, 개는 치료사의 도움으로 이를 기꺼이 수행할 수 있다.

비지시적 AAPT에서는 치료사가 다른 비지시적 혹은 아동 중심 놀이 세션과 최대한 비슷하게 놀이 세션을 진행한다. 개는 아동이 선택할 수 있는 또 다른 '존재'가 된다. 이는 사람

놀이치료사의 역할과 비슷한데 치료사는 아동을 지지하고 수용하며, 아동이 초대할 때만 놀이에 직접적으로 참여한다. 아동이 치료사와 개의 참여 수준을 결정한다. 비지시적 AAPT에 참여하는 개는 필요시 뒤로 물러나거나, 별도의 지시가 있을 때까지 옆에서 기다릴 수 있을 만큼 훈련이 잘되어 있어야 한다. 만약 아동이 개와 놀고 싶지 않다면, 개는 '안전 구역' 코너에 머물도록 하거나, 개 방석과 물이 준비된 별도의 방에서 쉴 수 있다.

> 아홉 살의 켈리(Kelly)는 자신이 학교 선생님이라고 상상하며 놀이를 했다. 켈리는 키리를 학생으로 삼고 싶어 했다. 나는(리제) 키리에게 앉아서 기다리라는 신호를 주었고, 켈리는 키리에게 몇 가지 철자 단어를 '가르쳤다.' 이후 켈리는 키리에게 "수업에서 손을 들라"고 요청했다. 당시 나는 키리에게 발을 들거나 흔드는 것을 가르치지 않았기 때문에, 학생인 키리에게 손을 들라고 했을 때, 나는 키리의 앞다리 옆에 내 손을 올려놓고 마치 그 손이 키리의 것인 것처럼 손을 들었다. 켈리는 자신이 원하는 이 상상 놀이를 흔쾌히 받아들였다.

많은 경우, 아이들은 개를 아동의 반려견, 수색 및 구조견, 쇼견, 폭탄 탐지견, 경찰관 파트너 등 보다 개와 관련된 역할로 선택한다. 가끔 아이들이 자신도 개라고 상상하며 치료매개견을 따라 기어다니기도 한다.

아이들이 개에게 해가 되거나 스트레스를 줄 수 있는 행동을 하도록 요구할 때, 치료사는 그 특정 행동에 제한을 두고, 아이가 일반적인 방법으로 하게끔 유도한다. 예를 들어, 어린 '카우보이'가 키리를 말처럼 다루며 다리를 키리의 등에 걸치려 할 때, 치료사는 "너는 키리를 타고 싶구나. 그런데 키리에게 앉거나 다리를 걸치는 건 안 된다는 게 우리 규칙이야. 하지만 다른 (거의 모든) 것은 할 수 있어"라고 말해 아이의 행동을 유도했다.

놀이치료실에 개나 다른 살아 있는 동물이 있는 경우, 놀이 과정이 항상 순전히 비지시적이지는 않으며, 필요에 따라 주의가 내담자와 개 사이에 나누어져야 하기 때문에 비지시적 세션을 진행하는 것이 상당히 다르다. 그럼에도 불구하고, 내담자의 목표가 비지시적 놀이치료 접근을 필요로 하고 개가 그 역할에 적합하다면, 치료사는 가능한 한 비지시적 놀이치료의 기본 원칙과 방법을 따르면서 비지시적 AAPT를 진행한다. 아이들은 개를 놀이에 포함시키는 적절한 방법을 빠르게 배워 나가며, 일반적인 비지시적 놀이치료 기술로 해결할 수 없는 문제는 거의 발생하지 않는다.

비지시적 AAPT는 과정 지향적인 치료 형태이기 때문에, 개는 비지시적 놀이치료에 통합되어 다양한 아동 문제 영역을 다룰 수 있으며, 종종 여러 문제를 동시에 다루게 된다. 이후의 섹션에서 특정 문제를 해결하기 위해 AAPT에서 사용되는 지시적 방법에 대해 설명하지만, 개를 활용한 비지시적 AAPT는 대부분의 주요 목표 영역에서 단독으로 사용하거나, 지시적 접근과 결합하여 분리 또는 번갈아 가며 진행될 수 있다.

성인 대상 비지시적 AAPT

대부분의 경우, 성인과 함께하는 비지시적 AAPT에서는 놀이치료실과 같은 공간이나 많은 장난감을 사용하지 않지만, 때때로 소품이 유용할 수 있다. 동물이 추가된 상태에서 내담자 중심 상담의 기본 가정, 원칙, 그리고 실천이 적용된다. 치료사는 AAPT 동물들과 함께 성인 내담자가 자신의 감정, 경험, 걱정, 그리고 희망을 자신의 속도와 방식으로 탐색할 수 있도록 안전하고 수용적인 환경을 조성한다. 이 과정에서 치료사는 공감적 수용과 이해를 제공한다. 이러한 수용 수준이 내담자가 자신과 자신의 관계를 탐색하여 긍정적인 성장을 이루도록 돕는다고 믿는다. 동물들은 세션에서 느껴지는 안전과 수용을 강화한다. 치료사는 내담자에게 안전감을 더해 주기 위해 유머와 놀이성을 효과적으로 사용한다.

개의 사례 나는(리제) 19세의 여성 레나(Lena)와 함께 작업했다. 레나는 몇 년간 당뇨병을 앓고 있었으며, 섭식장애가 복합적으로 겹친 상태였다. 그녀의 섭식장애(거식증)는 14세에 인슐린 의존성 당뇨병 진단을 받은 후 2년이 지나서 시작되었다. 레나는 섭식장애로 두 번 입원한 적이 있었고, 나를 만나기 전 약 1년 동안 행동 전문가와 상담을 받았다. 그러나 레나는 그 행동 전문가가 '너무 강압적'이라고 느껴 싫어했고, 나에게 연락하기 1년 전에 치료를 중단했다. 나의 접근 방식은 다중 양식으로, 일부 인지행동치료 요소가 포함되어 있었지만, 내담자 중심 접근법을 중점적으로 사용하여 그녀를 수용하고 그녀가 자신을 더 온전히 받아들이도록 돕는 데 초점을 맞췄다. 레나의 자존감은 매우 낮았고, 가족의 스트레스로 인해 더욱 복잡해졌지만, 그녀는 공감적인 접근에 매우 잘 반응했다. 나는 그녀의 개인적 및 가족적 문제의 복잡성으로 인해 약 9개월 동안 레나와 함께 작업했으며, 그녀는 좋은 성과를 보였다. 그럼에도 불구하고, 그녀의 섭식장애와 당뇨병의 상호작용은 여전히 그녀 자신, 가족, 그리고 의사에게 우려 사항이었다.

세션 동안 레나가 진전을 보인 후, 나는 그녀에게 비글 중 하나인 제이건(Jagen)과 함께 AAPT를 시도해 보자고 제안했다. 제이건은 비지시적 작업에 매우 적합했는데, 요청받은 일을 기꺼이 수행하며, 머리를 사람의 무릎에 올리고 편안하게 누워 자는 것을 좋아했기 때문이다. 내가 평소처럼 소개 과정을 거치고 제이건과 할 수 있는 몇 가지 아이디어를 레나에게 제시한 후, 결정은 레나에게 맡겼다. 제이건과 함께한 첫 두 세션 동안 레나는 제이건을 소파로 초대해 주로 제이건을 쓰다듬으며 이야기를 나눴다. 나는 비지시적 접근을 계속했고, 가끔 레나가 제이건에게 보이는 행동과 반응에 대해 언급하며 "제이건을 쓰다듬을 수 있어서 정말 기분이 좋구나. 꽤 진정되네."라고 말했다. 레나는 그것이 자신의 느낌과 일치한다고 쉽게 확인했다. 세 번째 AAPT 세션에서는 레나가 제이건과 함께 '찾기 놀이'를 하고 싶다고 표현했다. 이 놀이에서는 레나가 간식을 숨기는 동안 내가 제이건의 주의를 끄는 방식이었다. 레나는 제이건이 방을 돌아다니며 숨겨진 간식을 찾을 때 시끄럽게 킁킁거리는 모습에 웃음을 터뜨렸다. 때때로 나는 레나가 즐겁게 웃는 것을 반영하듯 약간의 농담을 섞어 말했다. "아하! 제이건이 가구를 뒤집어엎을 기세로 계속하는 모습에 흠뻑 빠졌구나."

나중에 식사와 관련된 몇 가지 비유가 등장했지만, 가벼운 방식이었다. 제이건은 항상 먹는 것을 열망했고, 레나는 제이건에게 간단한 행동을 시키고 간식을 주는 것을 좋아했다. 제이건과의 네 번째 세션 중, 레나가 간식을 주고 있을 때 그녀의 얼굴에 이상한 표정이 스치는 것을 보았다. 그녀는 나를 돌아보며 거의 속삭이듯이 말했다. "와! 방금 뭔가 깨달았어요! 제이건은 그냥 먹는 걸 좋아하고, 아무 걱정도 하지 않아요! 완전 반대죠." 나는 공감하며 들었다. "네가 방금 깨달았구나. 제이건이 아무 걱정 없이 먹는 걸 즐기고 있다는 것을. 너는 그게 좋은 거라고 생각하는구나." 그러자 레나는 거의 흥분한 듯이 자신이 먹고 싶어도 통제력을 잃을까 봐 두려워하고 있다고 공유했다. 그녀는 제이건처럼 마음껏 먹는 것이 어떤 기분일지 궁금해했다. 나는 주로 내담자 중심의 반응을 유지했다. 그녀가 말을 멈춘 후, 나는 약간의 유머를 섞어 "왠지 먹을 것에 집착하는 강아지가 되고 싶은 것 같구나!"라고 말했다. 레나는 웃었고, "내가 얼마나 예민해졌는지 깨닫지 못했어요. 항상 뭔가를 걱정하면서 내 삶을 놓치고 있었죠!"라고 말했다. 나는 제이건과의 상호작용이 그녀에게 새로운 아이디어를 제공하고 있음을 알려 주었다.

다음 몇 차례의 세션 동안 레나는 현재에 더 집중하고 조금 더 가벼워질 필요가 있다는 것을 인식하며 큰 진전을 이루었다. 그녀는 당뇨병을 둘러싼 가족 역동과 당뇨병 관리 자체에 대해 이전보다 더 솔직하게 이야기했다. 그녀에게 제이건은 그녀가 질병과 자신의 역사로 인해 부여된 제한에서 벗어나고자 하는 갈망을 상징하는 은유가 되었다. 제이건은 개별 세션 하나 하나에 모두 참석했고, 세션은 항상 제이건과의 활기찬 상호작용, 그리고 레나의 웃음으로 마무리되었다. 레나는 제이건을 '지혜로운 강아지(Woofer of wisdom)'로 삼아, 현재에 더 집중하면서 제이건의 삶에 대한 열정을 모방하는 새로운 방법을 찾았다. 그녀는 치료의 나머지 기간 동안에도 계속해서 잘 지냈다. 퇴원 후 2년이 지나 대학을 졸업할 때, 레나는 나에게 이메일을 보내 우리가 함께 했던 작업에 대해 감사의 인사를 전하며, 제이건이 어떻게 지내는지 물었다. 그녀는 이제 당뇨병을 통제하고 있으며, 그것이 자신을 통제하지 않게 했고, 자신에게 만족하고 있다고 말했다.

레나의 경우, 나는 주로 내담자 중심의 접근법을 사용했지만, 그것만 사용한 것은 아니었다. 유머와 수용의 조합이 그녀에게 안전감을 주었다고 생각된다. 제이건도 그 안전감과 수용에 기여한 것처럼 보였다. 당시 다섯 마리의 개 중에서 가장 먹을 것에 집착했던 제이건과 레나가 함께 작업하게 된 것은 다소 우연이었다. 나는 제이건이 세션에서 매우 유연하고 편안하게 지낼 수 있을 것 같아서 선택했다. 제이건의 음식에 대한 즐거움이 레나의 치료에 역할을 할 것이라고 전혀 생각하지 못했다. 이것은 AAPT에서 자주 발생하는 예기치 않은 일 중 하나이다. 내담자와 동물 간의 관계는 자체적인 리듬과 의미를 가지며, 이러한 의미는 대개 내담자의 필요와 매우 관련이 있다. 레나는 그 관계를 활용하여 자신과 자신의 삶에서 원하는 것을 더 깊이 들여다보는 방법을 찾았다.

◇◇◇◇◇◇◇◇◇◇◇◇◇◇◇◇◇

말의 사례 내가(트레시) 진행했던 사례 중에 다양한 요구와 목표를 가진 12~13세 아동 8명으로 구성된 혼성 그룹이 있었다. 이 그룹에는 선택적 함묵증, 자해 경험이 있는 아동, 위탁 및 입양된 아동, ADHD 및 자폐스펙트럼 아동이 포함되었다. 이들은 모두 자발성이 부족하고 대부분 감각에 문제가 있었으며, 일부는 촉각 방어가 심해 풀이나 말의 털을 만지는 것을 견디지 못했다. 이들은 모두 사회적으로 고립되어 있었고 친구 관계를 형성하는 데 어려움을 겪었다. 곧 고등학교에 진학할 예정이었는데, 이들 중 누구도 파괴적인 행동을 보이지 않았기 때문에 눈에 띄지 않아서 오히려 '시스템 안에서 놓쳐 버릴' 것이라는 우려가 있었다. 그들은 두 명의 보조자(TA)와 함께 미니버스를 타고 턴 어바웃 페가수스(Turn About Pegasus)에 참여했다.

처음에 그들은 매우 근엄한 표정으로 거의 웃지 않았다. 그들은 자연스러운 그룹이 아니라 8명의 개인이 모인 집단체였다. 그룹으로 뭉치는 데 어려움을 겪었기 때문에 지도 활동을 준비하고 완료하는 데 평소보다 더 오랜 시간이 걸렸다.

8회기 중 여섯 번째 세션이 진행 중이었고, 나는 그들과 주로 지시적 활동을 진행했다. 많은 에너지와 협력이 필요한 좀 더 체계적인 활동을 막 끝냈고, 아이들과 말들은 각자의 방식으로 휴식을 취하며 긴장을 풀었다. 날은 화창하고 따뜻했다.

다른 활동을 할 시간이 있었지만, 이 그룹은 대체로 너무 오래 걸렸기 때문에 아이들에게 무엇을 하고 싶은지 물어보았다. 아이들이 실제로 어떤 것을 생각해낼지 확신할 수는 없었지만 지켜보고 싶었다. 아이들은 잔디밭에 둥글게 둘러앉아 무엇을 할 것인지 머리를 맞대고 아이디어를 냈다. 이렇게까지 할 수 있다는 것만으로도 상당한 진전이 있었다는 신호였다. 여기서 세션의 비지시적 AAPT 부분이 시작되었다.

누군가 말들이 하는 것을 따라 해 보자고 제안했다. 학생들은 네 마리의 말 중 한 마리와 짝을 이루어 '말의 그림자'를 만들기로 결정했다. 놀랍게도 아이들은 이 제안을 문자 그대로 받아들여 모두 손과 무릎을 꿇고 풀밭을 기어 다니며 먹이를 먹거나 몸을 긁는 시늉을 했다.

나는 놀란 목소리로 "오, 세상에. 이제 말이 네 마리나 더 생겼어요! 다 어디서 온 거지?" 아이들은 미소를 지으며 웃었고, 몇몇 아이들은 말들이 하는 일에 대한 해석을 늘어놓기도 했다. 아이들은 상상의 갈기(털)와 꼬리를 휘저으며 파리를 쫓아내기도 했다. 아이들은 풀밭을 밟으며 말들이 하듯 서로를 그루밍해 줬다. 나는 두 명의 TA에게 말하듯 크게 외쳤다. "말들이 먹느라 바쁜 것 같으니 이 배고픈 말들에게 먹이를 주면 좋겠어요!"라고 말하기도 했다. 이에 더 많은 웃음과 과장된 말 연기가 이어졌다.

아이들은 말 흉내를 내기로 했고 말의 주된 '역할'은 그들이 너무나 잘하는 말 자신이 되는 것이었다. 약 10분 후, 두 마리의 셔틀랜드 조랑말이 잔디 위에서 등을 구르며 다리를 공중에 차는 동작을 하자 아이들이 곧바로 따라 했고, 곧이어 두 마리의 아라비안도 같은 동작을 따라 했다. 네 마리의 말과 여덟 명의 아이들이 모두 잔디밭에서 허공에 다리를 차며 뒹굴고 있었다. 아이들은 모두 웃으며 서로를 놀리고 있었다. 아이들은 그들이 필요한 것을 놀이와 서로를 통해 얻고 있었기 때문에 나는 가끔씩 언어로 수용을 표시할 뿐이었다.

말이 다시 일어났을 때도 아이들은 계속했다. 앞으로 구르기도 하고 뒤로 구르기도 하고 땅바닥을 구르며 경주를 하기도 했다. 아이들이 주도하는 이 활동을 지켜보던 TA들은 놀라움에 입을 다물지 못했다. 6년 넘게 이 아이들을 데리고 일해 왔지만 이렇게 자발적으로 느슨해져서 활동하는 모습을 처음 보았기 때문이다.

처음에 이 그룹은 행동이 매우 위축되어 있었고 자신감이 부족했기 때문에 좀 더 체계적인 활동으로 시작했었다. 하지만 서로에 대한 자신감과 신뢰가 쌓이고 그 과정에 익숙해지면서 구조의 필요성이 줄어들었고, 결국 이 자유로운 놀이로 정점을 찍었다. 아이들은 스스로 좋은 선택을 할 수 있고 자신이 하는 일을 통제할 수 있다는 것을 깨닫기 시작했고, 자신에 대한 좋은 감정을 내면화하기 시작했다.

시간이 돼서 결국 아이들의 활동을 끝내야 했다. 보조 선생님들이 감탄할 정도로 일부 아이들은 말을 흉내 내는 행동을 바로 멈추지 않고 몇 분 더 지속하는 모습을 보였다. 거기 있던 어른 모두가 이 작은 '도전'의 행동에 기뻐한 이유는 이 특별한 내담자들이 진정한 진전을 보여 줬기 때문이다. 세션을 마치면서 나는 아이들이 얼마나 즐거워했는지, 말을 따라 하는 재미있는 아이디어를 생각해 낸 것에 얼마나 기뻐했는지 떠오른다. 아이들은 한없는 행복과 기쁨에 얼굴이 붉어졌다. 보조 선생님들은 아이들의 변화를 믿을 수 없었다. 나는 아이들이 모두 진흙으로 뒤덮여 있어서 말들을 깨끗이 닦아 주자고 농담을 하기도 했다.

프로그램 내내 큰 진전이 있었지만 특히 이 비지시적 AAPT 활동과 마지막 두 세션 동안 아이들은 그룹으로 모여서 즐거움을 공개적으로 드러내며 매우 잘 협력했다. 지속적인 우정이 형성되었고 자신감을 공개적으로 보여 주었다. 마지막 세션에서 나는 아이들에게 우리가 했던 활동 중 어떤 활동을 다시 하고 싶은지 물었다. 아마 어떤 활동을 선택했을지 짐작할 수 있을 것이다.

이 사례는 치료사에게 타이밍이 중요하다는 것을 보여 준다. 타이밍이 맞지 않았다면 결과는 매우 달라졌을 수 있다. 이 그룹은 아이들이 있는 그대로의 자신을 받아들일 수 있는 공간과 수용 덕분에 좋은 성과를 거둘 수 있었다. 또한 동물들이 자연 그대로의 모습이 되도록 허용하는 것이 얼마나 큰 가치를 지니는지 보여 준다. 비지시적 AAPT의 핵심 원칙과 기술을 사용함으로써 아이들은 자의식 없이 마음껏 뛰어놀 수 있었고, 그 기쁨을 다른 사람들과 나눌 수 있는 소중한 기회를 가질 수 있었다.

다른 유형의 AAPT에 활용되는 비지시적 AAPT 기법

비지시적 AAPT의 기법은 보다 지시적인 형태의 AAPT에 통합될 수 있다. 공감적 경청과 제한 설정의 사용은 다른 개입에도 쉽게 적용될 수 있다. 치료사가 아동 중심의 상상 놀이에서 사용하는 놀이성(playfulness)은 다른 접근 방식에서도 활용될 수 있다. 치료사가 제공하는 지시의 전체적인 수준은 다르지만, 내담자를 치료의 중심으로 삼는 것에 대한 중요성은 모든 치료에서 가치가 있다.

이러한 기법들은 보건협력의료나 교육 분야에서도 적용하여 사용할 수 있다. 예를 들어, 언어치료사는 아이가 특정 소리를 여러 번 반복하며 좌절할 때 "생각한 대로 소리가 안 나올 때 정말 답답하지? 정말 어려운 일이야!"라고 공감적으로 반응할 수 있다. 마찬가지로, 주의가 쉽게 산만해지는 학생과 함께 일하는 교사는 "주변에 시선과 소리들이 너무 많아서 집중하기가 어려워"라고 반응할 수 있다. 또한 동물의 존재는 다양한 치료 상황에서 감정적인 안전감을 더해 준다. 유머와 놀이성은 성과에 대한 압박감을 줄이고, 치료의 초점을 결과보다는 내담자의 노력에 맞추는 데 도움이 된다. 함께 웃음으로써 내담자와 치료사는 같은 목표를 향해 함께 노력하는 팀의 일원처럼 느낀다.

비지시적 AAPT 자체가 매우 유용할 수 있으며, 비지시적 놀이치료의 훈련과 감독에서 익힌 기법들이 다른 상황에도 매우 유용하게 적용될 수 있기 때문에, AAPT를 공부할 때 이러한 핵심 요소들을 포함하는 것이 중요하다.

지시적 AAPT

동물들은 다양한 지시적 AAPT 개입에 포함될 수 있다. 치료사가 내담자를 위한 활동을 설계하고 소개하는 데 더 큰 역할을 하기 때문에 그 과정에 동물 요소를 통합하는 것이 비교적 쉽다. 치료사는 세션을 구조화하여 동물이 개입의 일부 또는 전부에 포함되도록 한다. 동물을 포함할 때, 치료사는 먼저 내담자의 필요를 생각하고, 그다음에 동물의 능력이 어떻게 그 필요를 충족하는 데 도움이 될 수 있을지 고려해야 한다. 지시적 AAPT에는 훈련, 이야기 만들기, 연극 놀이, 게임 등이 있다. 또한 치료사는 내담자와 동물 간의 자발적인 상호작용을 새로운 개입으로 엮어 낼 수 있다.

이 장의 나머지 섹션은 제3장에서 설명한 주요 목표 영역별로 구성되어 있지만, 많은 경우 AAPT는 한 번에 여러 가지 놀이의 힘을 사용하여 두 개 이상의 목표 영역을 다룰 수 있다. 이어지는 사례는 다양한 내담자 문제에 다양한 수준의 구조가 적용된 AAPT를 보여 준다. 개와 말의 개입을 강조하고 있지만, 고양이와 다른 종에도 동일한 아이디어가 사용될 수 있다. 또한 아동, 청소년, 성인, 가족, 개인 및 그룹을 대상으로 한 AAPT의 사례와 개입에 대한 설명도 포함되어 있다.

독자들에게 AAPT의 범위와 그것이 어떻게 적용되는지에 대한 아이디어를 제공하기 위해 사례들을 사용하였다. 우리는 2018년 초에 구체적인 기법에 중점을 둔 매뉴얼을 완성할 예정이다(VanFleet & Faa-Thompson, 출판 예정).

목표 영역 1: 자기효능감

개는 소년에게 충실함과 인내심, 그리고 눕기 전에 세 번 도는 법을 알려 준다.

-로버트 벤츨리(Robert Benchley)

자기효능감은 "특정 성취를 만들어 내기 위해 행동하거나 수행할 수 있는 자신의 능력에 대한 믿음"으로 정의된다(Bandura, 1977, 1997). AAPT의 자기효능감 목표 영역은 내담자가 자신의 노력과 행동으로 변화를 만들어 내면서 역량을 키우고 자신감을 구축하게 하는 것이다. 이는 트라우마, 우울증, 불안, 낮은 자존감, 사회적 불안 등 다양한 문제를 가진 내담자에게 유용하다. 학습된 무력감과 자신이 덜 중요하고 능력이 떨어진다는 믿음을 깨는 데 도움이 된다. 자신이 의미 있는 변화를 가져올 수 있다는 것을 배우는 과정은 자신감, 동기 부여, 긍정적인 자기 평가를 구축한다.

이는 동물과의 상호작용을 통해 내담자가 자신의 행동이 변화를 가져오는 것을 직접 눈으로 확인하면서 더욱 강화될 수 있다. 상호작용은 실제적이다. 자기효능감 목표는 비지시적 AAPT를 통해서도 달성할 수 있지만, 지시적 AAPT 활동을 통해서도 달성할 수 있다. 많은 경우 치료사는 이 목표 영역에 대해 보다 고도로 구조화된 개입을 사용한다. 내담자의 강점을 강화하는 것은 내담자가 방어력을 줄이고 많은 사회적·정서적·행동적 문제를 해결하도록 돕는 가장 유익한 방법 중 하나가 될 수 있다.

자기효능감을 개발하는 데 사용되는 AAPT 방법에는 새로운 행동을 훈련하거나 내담자가 처음에는 불가능하다고 생각할 수 있는 과제를 달성하는 것이 포함된다. 도전 활동과 주도성 문제도 여기에 매우 유용하다. 몇 가지 주요 방법은 다음에 자세히 설명되어 있다.

내담자에게 동물의 신체 언어에 대해 교육하기 내담자가 동물과의 관계에서 자신감을 갖도록 돕는 첫 번째 단계는 그들에게 해당 종의 행동 신호, 즉 신체 언어를 가르치는 것이다. 이는 제7장에서 다룬 신체 언어에 능통해지는 장점을 가지게 된다. 이를 가르치는 것은 내담자가 동물을 더 잘 이해하고 더욱 능숙하게 상호작용할 수 있는 도구를 제공하는 것이다. 또한 내담자가 친구나 가족과 공유할 수 있는 '전문성'을 개발할 수 있는 기회를 제공한다.

내담자에게 긍정강화 훈련 방법 가르치기 AAPT 맥락에서 내담자는 동물(주로 개와 말이지만 고양이, 토끼 등 다른 동물도 가능)에게 기본적인 예절, 어질리티 또는 재주를 훈련시킬 수 있다. 내담자는 관계 형성, 일관성, 인내심, 자기주장, 친절, 나눔, 긍정적인 피드백 제공, 인내심 등의 기술을 개발하게 된다. 치료사가 다양한 훈련 방법에서 내담자에게 '왜'와 '어떻게'를 이해하도록 도와주면 이러한 방법을 삶의 다른 부분에 적용하는 데 상당한 도움이 된다.

AAPT의 개는 이미 훈련이 되어 있고 치료사가 쉽게 다룰 수 있어야 한다. 그러나 개는 반복하지 않으면 배운 것을 쉽게 잊어버리기 때문에 훈련은 끝없는 작업이다. 이 긍정강화 훈련을 사용하면서 치료사는 아이에게 기본적인 음성 신호와 행동 신호를 가르치고 좋은 매너나 새로운 재주를 가르치기 위해 다양한 훈련 방법을 사용도록 알려 준다. 동물이 따르지 않을 때 대응하는 방법, 보다 명확한 의사소통을 위한 표식 또는 클릭커 훈련 방법, 동물이 요청을 수행한 것에 대해 칭찬, 간식 또는 놀이를 사용하여 강화하거나 '고마워하는' 방법 등이 있다.

> 정신건강 전문가이자 놀이치료사-감독자, 동물매개놀이치료사인 자크 조지(Jacque George)는 AAPT 세션에 그녀의 고양이를 참여시킨다. 그녀의 한 내담자는 상담 세션에 잘 참여하지 않고 가족을 포함한 다른 사람들에게 마음을 거의 열지 않았다. 학교에서는 그 소녀가 주도적인 모습을 거의 보이지 않는다고 염려했다. 이 소녀는 자크가 클릭커 훈련을 통해 훈련시킨 고양이 중 한 마리인 데얀나(Deyanna)와 함께 작업하기를 좋아했다. 자크와 그녀의 내담자는 함께 사무실에서 '어질리티 코스(Agility Course)'[1]를 통해 데얀나에게 장애물 달리기를 가르쳤다. 매주 새로운 요소를 코스에 추가하고 깃털 장난감을 미끼로 사용하고 마지막에 간식을 주는 방식으로 데얀나를 가르쳤다. 얼마 지나지 않아 고양이는 후프를 통과하고, 경사로를 오르고, 테이블 아래를 지나고, 장애물 주변을 뛰어다니기 시작했다. 내담자는 몇 번의 세션 후에 쉽게 마음을 열고 적극적으로 어질리티 코스의 새로운 요소를 제안하고 계획했으며, 자크와 데얀나 모두의 관계가 발전하였고 쉽게 웃음을 지었다. 그녀의 어머니도 삶의 다른 영역으로 퍼져나가는 그녀의 변화를 발견했다.

내담자에게 행동을 가르치는 가장 효과적인 방법에는 설명, 모델링, 기술 연습의 세 단계가 포함된다. 이 단계는 동물이 이미 알고 있는 행동을 내담자에게 가르치는 데 자주 사용된다.

1) 역자 주: Agility Course는 사람이 동물을 이끌고 통과하는 여러 장애물 코스로, ① 동물의 민첩성(agility), ② 문제해결 능력, ③ 핸들러와의 협력을 강화할 수 있음.

- **설명:** 치료사는 먼저 원하는 행동, 말할 단어, 사용하는 수신호, 명확하고 단호하지만 처벌적이지 않은 목소리 사용 방법과 동물이 따르지 않을 경우 어떻게 해야 하는지, 그리고 동물이 요구한 대로 했을 때 기쁨에 찬 목소리나 훈련용 간식을 사용하여 칭찬으로 강화하는 방법에 대해 설명한다. 한 번에 한두 가지 동물의 행동에만 집중하는 것이 좋다. 설명은 매우 짧게 해야 한다.
- **모델링:** 그런 다음 치료사는 내담자에게 어떻게 하는지를 보여 준다. 이 단계에서는 동물이 참여하며 치료사는 이전에 설명한 언어적 및 비언어적 신호와 후속 조치를 간단히 보여 준다. 하나의 신호에 집중할 때에도 내담자가 기억해야 할 것이 많으므로 내담자가 관찰하는 동안 시범을 2~4회 반복하는 것이 유용하다.
- **기술 연습:** 이제 내담자는 시범을 보인 것과 동일한 과정을 연습한다. 치료사는 내담자의 옆이나 뒤로 물러나서 내담자에게 시도할 기회를 준다. 아동 내담자와 일부 성인의 경우 처음 몇 번은 완전히 정확하게 하지 못하므로 치료사는 인내심을 갖고 격려해야 한다. 내담자가 연습하는 동안 치료사는 내담자가 올바르게 하는 부분을 칭찬하고 부족한 부분에 대해 한두 가지 개선 사항을 제안한다. 치료사는 동작이 진행되는 동안 부드러운 목소리로 해설을 제공할 수 있다. 내담자에 대한 피드백은 내담자가 잘하고 있는 그 어떤 사소한 것에도 집중해서 제공한다.

한 아동 내담자가 키리에게 "여기 봐!" (아이의 얼굴 보기), "이리 와!" (방 반대쪽 위치에서 아이에게 다가오기) 훈련 신호를 연습했고 나는 조금 떨어진 곳에 서서 부드럽게 "잘했어, 빌리(Billy). 그 말을 기억하고 있었구나. 키리가 성공할 기회를 가질 수 있도록 니가 그대로 기다려주었구나. 대단해!" 몇 번 시도한 후에 나는 "정말 요령을 터득하고 있구나, 빌리. 잘하고 있어. 이리 와!라고 할 때 좀 더 기대감에 찬 목소리로 말해 보렴."이라고 말했다. 그가 좀 더 생동감 있는 목소리를 냈고, 나는 "그렇지! 정말 목소리에서 즐거움이 느껴져. 키리가 너에게 얼마나 집중하고 있는지 봐 봐! 키리와 소통하는 방법을 정말 빨리 배우고 있구나!"라고 말했다.

긍정강화 방식으로 내담자의 동기와 자신감을 키우는 기술은 내담자에게 기술 습득을 높일 수 있는 구체적인 행동 피드백과 동시에 제공한다. 이 접근법은 버나드(Bernard) 및 루이스 게니(Louise Guerney) 박사가 부모놀이치료에서 부모를 가르칠 때 성공적으로 사용한 역량 강화 접근법을 기반으로 한다(Guemey & Ryan, 2013; VanFleet, 2014b).

동물은 치료사의 억양과 상당히 다르게 들릴 수 있는 내담자의 초반 노력에 약간 혼란스러울 수 있고 때로는 내담자의 신호를 따르지 않을 수도 있다. 치료사는 내담자가 한두 가지 신호에만 집중하게 하면서 내담자에게 구체적인 피드백을 제공함으로써 이러한 혼란을 최소화한다. 그러나 동물이 계속 혼란스러워하면 치료사는 잠시 휴식을 취하고 내담자에게 인형이나 동물 인형을 가지고 연습한 후 실제 동물과 연습을 재개하도록 제안할 수 있다.

동물이 매번 따라가지 않더라도 문제가 되지 않으며, 오히려 그 과정이 유용할 수 있다. 동물은 완벽하지 않으며 때로는 계획대로 일이 진행되지 않지만 인내심과 끈기를 가지고 동물이 제대로 할 수 있도록 도와줄 수 있다는 것을 내담자에게 보여 준다(여러 면에서 이것은 치료사가 내담자에게 사용하는 교육 방법과 병행되는 과정이다!). 신호를 따르지 않는 동물이 때로는 상호작용의 진정성을 더해 주기도 한다.

치료사의 도움과 격려로 내담자와 동물이 점차 더 잘 협력하기 시작하면 내담자의 성취감도 커진다. 동물에게 성공적으로 신호를 주는 내담자는 거의 항상 더 많은 것을 배우며, 많은 내담자가 부모에게 자신이 배운 것을 보여 주고 싶어 한다. 이러한 방식으로 내담자의 강점을 구축하면 동물 훈련뿐만 아니라 치료 및 생활의 다른 영역에서도 내담자의 동기가 높아진다. 유능감과 자신감은 일반적으로 치료 진행에 매우 중요하다.

> 나는 이 접근법을 아동이나 청소년과 함께 사용하면서 한 번도 실패한 적이 없다. 다들 그 과정에 참여하고 흥분하며 동기가 높아지는 것이 분명하게 나타난다. 개의 행동은 아동의 노력에 대한 명확한 증거와 강화를 제공한다. 학교를 무단 결석하고 다른 소녀들과 몸싸움을 한 전력이 있는 16세 소녀 마니에(Marnie)는 마지못해 치료를 받으러 왔다. 그녀는 다른 친구들에게 문제가 있고 자신에게는 아무런 문제가 없다고 말했다. 나의 접근 방식에 대해 이야기 나누었고 처음에는 개가 없는 상태에서 인지행동 및 표현 놀이치료 개입을 사용했다. 그녀는 협조적이었지만 경계심이 많았다.
>
> 개를 소개받자마자 마니에는 키리를 좋아했고 개는 사람과 달리 신뢰할 수 있다고 말했다. 그녀는 노력했지만 개와 함께 훈련하고 노는 것에 대한 흥분을 감추지 못했다. 키리와 함께 신호를 연습하면서 마니에는 키리가 달려올 때마다 웃음을 참으려는 듯 입꼬리가 꿈틀거렸다. 얼마 지나지 않아 그녀는 활짝 웃으며 키리를 열렬히 칭찬했다. 훈련이 끝나고 키리와 공놀이를 할 때 마니에는 활짝 웃으며 나를 향해 "우리 매번 이렇게 해도 돼요?"라고 말했다. 마니에는 실패한 것처럼 느끼는 데 익숙해져 있었고, 이 작은 성공이 그녀에게 활력을 불어넣어 주었다.

동물 훈련을 치료 세션에 사용할 때는 집에서 훈련을 할 때와 마찬가지로 5분 또는 10분 정도로 짧게 진행해야 한다. 그다음에는 재미있는 놀이 상호작용이 이어질 수 있다. 치료사는 일상생활에서 동물과 함께 사용하는 것과 동일한 신호와 방법을 내담자에게 가르친다. 실습을 강화하기 위해 치료사는 개가 알고 있는 단서를 자세히 설명한 책자를 아이에게 제공할 수 있다. 키리의 강아지 사전은 웹 사이트 www.playfulpooch.org에서 확인할 수 있다.

공놀이 공놀이 또는 기타 물어오기 게임은 내담자가 개와 관계를 발전시키는 데 도움이 될 수 있는 상당히 구조화된 활동이며, 개의 반응은 일반적으로 내담자에게 매우 큰 힘이 된다. 개가 행복하게 달려와 몇 번이고 함께 놀아 주는 모습을 보면 내담자는 자신이 특별하고 인정받고 있다는 느낌을 받을 수 있다. 내담자는 이러한 상호작용을 통해 자신감을 얻을 수 있다. 물론 물어오기 놀이는 이러한 행동을 하는 개에게만 가능하다.

공과 같은 물체를 쫓고 돌려주는 것을 즐기는 개의 경우, 치료사는 처음에 개에게 물체를 돌려준 후 놓는 방법을 가르쳐야 한다. '놔' 또는 '줘'와 같은 언어적 단서가 자주 사용되며, 그 후 개는 입에서 공을 떨어뜨린다. 내담자는 여기서도 적절한 신호를 배워야 한다. 이 과정을 통해 개의 입에서 바로 물건을 잡으려는 내담자의 부상을 방지할 수 있다.

키리는 AAPT에서 일할 때 지칠 줄 모르는 공놀이 선수였다. 내가(리제) 처음 공을 놓는 법을 가르칠 때 잠시 허리 부상으로 인해 허리를 구부릴 수 없었다. 내가 "손!"이라고 말하고 약간 컵 모양으로 벌린 손에 공을 놓게끔 가르쳤다. 그런 다음 모든 내담자에게 이 신호를 가르쳐서 손을 벌리거나 손가락을 약간 구부린 채 양손을 모아 공이 굴러가지 않을 정도로만 컵 모양을 만들라고 지시했다. 그러면 개는 손으로 만든 작은 주머니에 공을 떨어뜨렸다. 내담자는 공을 잡기 위해 손을 뻗거나 개에게서 공을 빼앗을 필요가 없었다. 이러한 핸드오프 방식(Type of handoff[2])은 겨울철 장갑이나 벙어리장갑을 착용한 상태에서도 쉽게 공놀이를 할 수 있게 해 준다. 이 절차는 안전을 강화할 뿐만 아니라 내담자가 신호를 주고 개가 즉각적으로 순응하는 모습을 보면서 즐거워한다. 열렬한 리틀 리그 야구 선수였던 한 어린이 내담자는 마치 포수 미트처럼 손을 사용하여 자신이 포수인 척하기도 했다. 이 아이디어는 정말 간단하지만 자기효능감 향상에 도움이 된다.

학교와 가정에서 끊임없이 자신이 절망적이고 쓸모없다는 말을 듣는 청소년들은 긍정적인 일을 하려고 노력하는 것을 포기하는 경우가 많다. 아무리 노력해도 아무도 알아주지 않

---

2) 역자 주: 개가 공을 사람의 손에 정확히 놓도록 훈련하는 방식.

을 거라고 생각하기 때문이다. 나는(트레시) 모두 여러 차례 정학을 당한 경험이 있는 15~16세 소녀 6명과 함께 작업했었다. 그들은 저녁과 주말에 술에 취해 수많은 위험한 상황에 처하는 것으로 알려져 있었다. 하지만 이들은 모두 말과 잘 어울렸고, 시간이 지나고 연습을 통해 한 팀으로서 매우 잘 지내기 시작했다. 그들은 자신감이 커지는 모습을 보였다.

나는 그들과 함께 클릭커 훈련을 해 보기로 했다. 버스터와 세일러만 '재주'를 할 수 있도록 훈련받은 적이 있었다. 두 살짜리 소형 암말인 벨(Belle)은 최근에 TAP에 도착했는데, 소녀 그룹원들과 마찬가지로 손이 많이 갔다. 흥미롭게도 여자아이들이 벨과 가장 친밀감을 느끼고 함께 작업하고 싶어 했다. 클릭커를 사용해 본 적이 없는 여자아이들은 M&M 사탕을 보상으로 주면서 서로에게 다른 자세로 클릭하는 연습을 했다. 아이들이 너무 많이 웃어서 세션이 여러 번 중단되었다. 벨과 함께 작업할 준비가 되었을 때, 나는 말에게 클릭커를 소개하는 가장 일반적인 방법은 말에게 꽤 큰 것을 목표로 가르치는 것이라고 설명했다(예: 큰 물체를 말이 코로 터치하기). 벨이 이 방법을 익히면 다른 훈련으로 넘어갈 수 있었다. 나는 아이들에게 내가 지정한 역할을 번갈아 가며 맡으라고 제안했다. 한 명은 리드줄을 잡고, 한 명은 목표물을 잡고, 한 명은 클릭을 하고, 한 명은 간식을 주었다. 나머지 두 명은 언제 클릭해야 하는지 신호를 보냈다. 벨과 여자아이들에게 긍정적인 경험이었기 때문에 벨은 10분 만에 타겟팅하는 법을 배웠다. 클릭커 훈련처럼 학습 과정을 아주 작은 단계로 세분화하면 아이들이 겪은 갈등의 일부가 불명확한 의사소통의 결과일 수 있다는 것을 깨닫고 더 넓은 환경에서 의사소통 기술을 향상하는 데 도움이 된다.

이후 세션에서는 벨에게 천으로 된 모자를 들고 흔들고, 인사하는 것과 발굽을 들어 '제발'과 '감사하다'라고 말하는 방법을 가르쳤다. 소녀들은 벨이 무엇을 할 수 있는지에 대한 관찰과 도움을 통해 벨이 성공할 수 있도록 했다. 누구에게도 가르쳐 본 적이 없던 소녀들이었기 때문에 '멍청이'가 아닌 '전문가'가 되는 것은 특별한 경험이었다. 프로젝트가 끝날 무렵, 소녀들은 학교 총회에서 말의 클릭커 훈련에 대해 프레젠테이션을 했는데, 전에는 생각도 못 했을 일이었다. 이제 그들은 모두 성인이 되었고, 우리는 그들 한 명 한 명과 연락을 주고받고 있다. 그들은 모두 자신이 선택한 직업에서 잘 지내고 있다.

모의(Mock) 어질리티 미국도그어질리티협회에서는 도그 어질리티를 "시간이 정해진 장애물 코스에서 개를 훈련하고 다루는 사람의 기술을 테스트하는 경쟁적인 관중 스포츠로 정의하고…… 참가자들은 핸들러의 경쟁적인 전략 계획과 훈련 기술에 도전하도록 설계된 코스에서 장애물을 뛰어넘고, 경사로를 오르고, 터널과 시소를 통과하고, 위브 막대를 왔다 갔다 하도록 개를 이끌면서 시간과의 경쟁을 펼친다……(참고: www.usdaa.com or www.nadac.com)" 대부분의 치료사가 내담자와 함께 진정한 어질리티를 진행하는 건 아니지만(일부는 이를 통합할 방법을 찾을 수 있지만) '모의 어질리티'는 실제 개 어질리티 코스를 모방한 비공식적이고 간단한 활동으로 자기효능감 개발을 위한 또 하나의 방법이 될 수 있다. 이것은 놀이치료실이나 사무실의 일상적인 소품[의자, 이젤, 테이블, 봉제인형, 수영용 폼 막대(pool noodles)]을 사용하여 어질리티 코스를 만든 다음 동물을 이끌고 통과하는 것이다. 이는 역량과 자신감을 키우는 데에도 활용할 수 있다. 설명, 모델링, 치료사의 강화를 통한 기술 연습이라는 동일한 교육적 접근 방식은 여기에서도 유용하다. 목표에 따라 낮은 구조화 단계부터 높은 단계까지 다양하게 적용할 수 있다.

> 사용할 수 있는 야외 공간이나 충분한 실내 공간이 있는 경우, '모의 어질리티'를 수행하는 데 필요한 간단한 만들기 활동을 통해 가족이나 그룹이 협력할 수 있게 도울 수 있다. 직경 1인치 PVC 파이프를 1~4피트 범위의 다양한 길이로 자르고 다양한 색으로 칠한 소품을 활용할 수 있다. 그리고 연결 지점을 연결하는 PVC 커넥터도 2~5개 필요하다(많은 철물점에서 구할 수 있음). 나는 이것을 'AAPT 팅커 토이'라고 부른다. 치료사는 그룹을 모아 지시를 내린다. 이 소품은 여러 가지 방법으로 사용될 수 있는데, 예를 들면 다음과 같다. "이 활동에서는 모든 파이프와 모든 커넥터를 사용해야 합니다. 적어도 두 개의 구부러진 부분이 있고 모든 조각이 다른 조각에 연결된 코스를 만들어야 합니다. 서로 다른 두 마리의 개, 키리와 뮤리가 이 모든 것을 통과할 수 있도록 만들어야 합니다." 개들의 크기가 다르거나 신체적 능력이 다르면 그룹 문제해결 과정에 도움이 된다. 그런 다음 그룹은 치료사의 개입 없이 코스를 만들 수 있는 시간과 공간이 주어진다. 코스가 완성되면 그룹은 각 개를 데리고 코스를 통과한다. 치료가 완료되면 보통 축하의 시간을 갖고, 치료사는 제14장에 나와 있는 디브리핑 방법을 사용하여 내담자와 함께 논의한다. 대부분의 경우, 이러한 AAPT 개입은 웃음, 팀워크, 문제 해결, 훌륭하게 마친 과업에 대한 축하로 이어진다.

개에게 새로운 재주 가르치기 내담자들은 종종 개가 앉거나 손을 흔드는 것과 같은 간단한 재주에 즐거워한다. 개 관련 AAPT 개입에 또 다른 방법은 내담자가 개에게 새로운 재주를 가르치도록 도와줌으로써 내담자의 기술과 자기효능감을 향상시키는 것이다. 이는 내담자가 기본적인 훈련 기술과 간단한 신호와 보상을 주는 방법을 익힌 뒤에 수행하는 것이 가장 좋다. 이때 치료사와 내담자는 개의 성격, 자연스러운 흥미, 학습 능력을 고려하여 개가 배울 새로운 재주를 결정한다. 그들은 몇 차례의 세션에 걸쳐 행동 조성을 사용하여 함께 재주를 가르치는데, 이 과정은 매번 약 10분 정도 진행한다. 이후 치료사와 내담자는 개의 훈련 과정에서 진전이나 어려움에 대해 논의할 수 있다. 개에게 재주를 가르치는 방법에 대한 훌륭한 자료들이 많이 있다(Bielakiewicz, 2005 참고).

치료사는 새로운 재주를 가르칠 때 개의 한계에 민감해야 한다. 개들은 평생 동안 많은 새로운 것을 배울 수 있지만, 여러 내담자가 한 개에게 동시에 여러 가지 새로운 재주를 가르치는 것은 개에게 스트레스를 줄 수 있다. 새로운 재주를 가르치는 치료적 가치는 개의 체력과 복지에 대한 고려와 균형을 맞춰야 한다. 이 과정이 개에게도 즐겁고 성공적이지 않다면 개의 동기 부여는 사라진다. 일주일 동안 개가 노출되는 내담자 훈련의 양을 신중히 제한하는 것이 중요하며, 여러 마리의 치료매개견을 준비해서 여러 명의 내담자 요구를 충족시키는 것은 한 마리의 동물에게 가해지는 압력을 줄일 수 있는 방법이 될 수 있다. 치료사가 개 훈련이 내담자의 강점을 기르는 데 효과적이라는 것을 알게 되면, 개가 감당할 수 있는 것보다 더 자주 사용하고 싶은 유혹을 느낄 수 있다. 치료사는 세션 중이나 후에 개가 스트레스를 받거나 피곤해하거나 혼란스러워하는 징후를 모니터링해야 한다.

청소년 시절, 나는 우리 가족의 개와 많은 시간을 보냈는데, 열네 살 때 이틀에 걸쳐 개에게 치즈 과자를 이빨로 물고 있다가 내가 먹어도 된다고 말할 때 먹게 하도록 훈련했던 기억이 생생하다. 몇 초 이상 개에게 물고 있게 한 적은 없었고, 이 재주를 배우고 나서 개는 절대 잊지 않았다. 지금이라면 아마 더 효율적으로 가르칠 수 있었겠지만, 핵심은 그때 내가 배운 중요한 교훈들이다.

가장 기억에 남는 것은 반복되는 과정에서 얼마나 많은 인내가 필요했는지와 작은 진전을 발견하며 훈련을 지속할 수 있었던 경험이다(치즈 간식이 개의 관심을 유지하기에 충분했다). 또한 개가 그 재주를 성공했을 때 느꼈던 엄청난 자부심도 기억난다. 이때 나는 간식을 물고 있는 개의 사진을 찍을 수 있었다. 그때 내가 사용한 긍정강화 훈련에 개가 얼마나 열성적으로 반응했는지도 기억난다. 그 당시 나는 가끔 개에게 좌절감을 느끼고 꾸짖기도 했지만, 그 이틀 동안 긍정강화 훈련에 대해 중요한 것을 배웠다. 이는 조작적 조건형성, 연속적 강화 계획, 행동 조성, 연결 등의 개념을 알기 훨씬 전에 배운 것이었다. 아이들은 개에게 새로운 재주를 가르칠 때마다, 그때 내가 느꼈던 성취감을 똑같이 느끼고 있다.

치료 환경에서 치료사는 내담자가 동물에게 오직 긍정강화 방법만 사용하도록 하고, 동물이 절대 꾸지람을 듣거나 놀림을 받지 않도록 보장해야 한다. 아이와 동물 모두에게 성과에 대한 압박 없이 가벼운 분위기를 유지해야 한다.

목표 영역 2: 애착과 관계

나는 한 번도 Gry(로마어로 말)가 내 눈을 바라보며 거짓말을 하는 것을 본 적이 없다.

–이사벨라 파–블리스(Isabella Faa–Blythe, 빅 벨라 블리스이자,

스코티시 여행자이자, 말 딜러이자, 트레시의 할머니, c. 1938)

역사에 개는 친구보다는 충성심과 관련된 사례가 많다.

–알렉산더 포프(Alexander Pope)

나의 개가 나를 알아봐 주기에 나는 나다.

–거트루드 스타인(Gertrude Stein)

키리는 정말 나를 사랑해요!

–수많은 내담자들

아동과 성인의 정신건강은 주로 그들이 가진 관계의 성격에 크게 좌우된다. 안정된 인간 애착은 정서적 및 사회적 발달에 매우 중요하다고 입증되었다(Belsky & Nezworski, 1988; Bifulco & Thomas, 2013; Bowlby, 1988; James, 1994; Perry & Szalavitz, 2010; Siegel, 2012). 불안정 애착을 형성하거나, 학대와 방임을 경험하거나, 가정 폭력, 가족 내 약물 남용 및 노출, 또는 위탁 보호 시스템 내에서의 여러 차례 이동과 같이 애착 형성에 방해를 받은 아이들은 종종 심각하고 치료하기 어려운 정서적 및 행동적 문제를 가지게 된다(James, 1994; Terr, 1990; VanFleet & Sniscak, 2003). 그들은 더 이상 부모나 양육자가 그들에게 필요한 안전, 안정, 그리고 연결감을 제공해 줄 수 있을 것으로 믿지 못하고, 다른 사람들 마저 신뢰하는 것이 어려워진다. 이 과정을 되돌리거나 효과적인 치료가 제공되지 않는 한, 많은 트라우마와 애착 문제는 평생 동안 관계, 적응, 그리고 정신건강에 영향을 미친다. 따라서 건강한 애착 경험을 촉진하는 것이 중요한 치료 요소가 된다.

인간과 동물 간 유대감의 강점과 중요성은 이미 설명된 바 있으며, 이 섹션에서는 AAPT가 앞과 같은 문제를 겪은 아동과 성인을 위해 건강한 애착을 개발, 강화, 유지하는 방법을 살펴본다. 내담자들은 때때로 인간보다 동물에게 더 쉽게 애착을 형성하기도 한다. 동물과의 치료적 애착이 인간관계로 일반화되는 정도는 여전히 중요한 연구 분야로 남아 있지만,

수백 건의 사례와 개인적인 경험을 기반으로 한 임상 경험에 따르면 이는 실제로 발생한다고 보여진다.

> 샌디(Sandi)는 15세 소녀로, 6년 동안 위탁 가정에서 생활해 왔다. 그녀는 방임과 신체적 · 성적 학대를 경험한 과거가 있었다. 가정을 14번 이상 옮겨 다녔으며, 보통은 위탁 부모들이 그녀의 행동 문제를 다루지 못해 옮겨지게 되었다. 그녀는 동물을 해친 적이 있으며, 가족의 반려동물을 다치게 하려고 해서 쫓겨난 경우가 많았다. 결국 그녀는 리드(Read) 가족에게 맡겨졌는데, 그 가족도 두 마리의 개를 키우고 있었다. 캐런 리드(Karen Reed)는 샌디가 개들과 상호작용하는 모든 과정을 감독하며, 개들과 어떻게 지내야 하는지를 가르쳐 주었다. 샌디는 나중에 그녀의 치료사에게 이렇게 말했다. "전 어른들을 전혀 믿지 않게 되었어요. 그들은 계속해서 나를 상처 주었죠. 하지만 그 개들은 그냥 있는 그대로의 저를 사랑해 주는 것 같았어요, 저도 그들을 사랑하게 되었고요. 그때 처음으로 사랑받는다는 느낌을 받았던 것 같아요. 제 문제들을 전부 그들에게 털어놨어요. 물론 그들이 저를 진짜로 이해하지는 못했겠지만, 그냥 그들에게 이야기할 수 있다는 게 좋았어요. 시간이 지나면서 캐런이 괜찮다는 걸 깨달았어요. 개들에게 친절하게 대하는 방법을 알려 준 사람이 캐런이었으니까요. 개들이 그녀를 좋아한다면, 아마도 그녀는 괜찮은 사람일 거라고 생각했어요. 점점 그녀를 더 신뢰하게 되었고, 이제는 거의 모든 것을 그녀와 이야기할 수 있어요. 그녀는 제가 한 번도 가져보지 못했던 엄마 같은 존재예요."

너무 자주, 우리는 정신건강 전문가, 교사, 그리고 부모들이 트라우마와 애착 문제를 가진 아이들이 "공감 능력이 없다"고 불평하며, 그들에게 더 사려 깊고, 배려심 있고, 공감하는 법을 가르쳐야 한다고 말하는 것을 듣는다. 때때로 우리는 이른바 공감 능력을 '심어 주기' 위해 사용되는 비효율적이거나 심지어 불쾌한 방법들에 대해 듣게 되는데, 이는 트라우마와 애착 파괴의 복잡한 역학을 제대로 이해하지 못한 채 이루어지는 경우가 많다. 우리는 이전의 개입으로 인해 문제가 더 악화된 사례를 직접 경험한 적도 있다. 어떤 경우에는, 그 방법이 매우 인지적이며, 다른 사람에게 친절하게 대하는 방법에 대한 언어적 논의에 의존한다. 이러한 접근법은 감정의 역할을 간과하고, 트라우마와 관련된 문제들이 주로 감정적 사건이라는 사실을 무시하기 때문에 효과적이지 않다. 어떤 경우는, '주는 대로 받는다'라는 식으로 어른들이 아이에게 수치심을 주거나 강압적인 행동으로 아이가 다른 사람을 대하는 방식대로 경험하게 하여 그 느낌을 '알게 하려'고 한다. 이러한 방법은 어른들이 아이들에게 기대하는 것과 정반대의 행동을 모델링하는 것이다. 이는 상대적으로 자기중심적인 발달적 상태로 인해 이러한 전략이 통하기 어렵다는 것을 간과한 것이다. 마지막으로, 우리는 아이들이나 청소년들이 신체적으로 제압되어 어른의 요구에 굴복하거나 강압적인 방법에 의해 통제 당한 사례들을 접하기도 한다. 이러한 접근법은 건강한 애착을 형성하기보다는 오히려 외상적 유대를 만들 가능성이 더 높다. 또한 이러한 방법들은 비윤리적이고 때때로 학대가 될 수 있다.

앞의 방법들은 건강한 관계의 본보기를 가져본 적이 없는 아이들과 청소년들을 양육하거나 교육하거나 치료하는 과정에서 겪는 좌절감을 반영한다. 이는 말 그대로, 마차를 말 앞에 두고 가는 것처럼 보인다. 돌봄 제공자에게 학대를 받았거나 자신의 필요가 적절히 충족되지 않은, 또는 전혀 충족되지 않은 아이들이, 자신이 한 번도 경험해 보지 못한 공감을 다른 사람에게 보여 주기를 어떻게 기대할 수 있을까? 이 목표 영역의 주제는 공감과 돌봄의 경험에 큰 결핍을 가진 아이들과 성인들에게 정보, 기술, 그리고 가장 중요한 것은 건강한 관계를 경험하게 하는 것이다. 물론, 이러한 도구들은 트라우마와 애착 문제를 가진 개인들을 돕는 데 사용될 수 있으며, 건강한 관계를 형성하고 유지하는 능력을 향상시키고자 하는 다른 내담자들에게도 유용하게 사용될 수 있다. 우리는 내담자들이 다른 사람을 돌보고 공감하기를 기대하기 전에, 먼저 그들이 돌봄을 받는 것이 어떤 느낌인지 경험하게 해야 한다.

앨리스(Alice)는 11세 소녀로 7세 중반 입양되었다. 그녀는 심각한 방임, 가정 폭력 목격, 그리고 약물 남용에 노출된 과거를 가지고 있었다. 그녀의 입양 부모는 통찰력 있고 헌신적이며 경험이 많았다. 그녀는 16개월 때부터 그들의 위탁 아동이었고, 결국 그들은 그녀를 입양하게 되었다. 그 가족의 돌봄과 안정에도 불구하고, 그녀는 부모와 긍정적인 관계를 유지하는 데 어려움을 겪었고, 가족 구성원들을 신체적으로 공격하기도 했다. 그녀는 가까워지기를 원했지만, 그 방법을 몰랐다. 그녀는 동물을 사랑했고 집에 두 마리의 조랑말이 있었지만, 좌절감을 느낄 때면 그들에게 불친절하게 대하곤 했다.

앨리스의 아버지는 외지에서 일했기 때문에 대부분의 세션은 앨리스와 그녀의 어머니 도나(Donna)와 함께 진행되었다. 이들의 목표는 신체적인 친밀감과 가족의 조화를 되찾는 것이었다. 이 과정에서 '감정 공놀이(Feelings Balls)'라는 활동이 사용되었다. 다음은 그 활동에 대한 설명이다.

'감정 공놀이'는 개와 말과 함께 하는 지시적인 AAPT 활동이다. 이 활동은 감정을 식별하고, 인식하며, 묘사하고, 공유하고, 혹은 감정을 떨쳐내는 데 어려움을 겪는 아이들과 가족 그룹에 유용하다. 이 활동에는 작은 색색의 부드러운 플라스틱 공들을 경기장에 여기저기 흩어 놓는다. 각 공에는 '행복한', '무서운', '슬픈', '신나는', '외로운' 등 다양한 감정 단어가 적혀 있다. 경기장에는 큰 플라스틱 통(큰 양동이 또는 통) 세 개가 약간의 간격을 두고 배치되어 있으며, 각 통에서 약 6피트 떨어진 곳에 훌라후프가 놓여 있다. 통에는 각각 '가끔', '자주', '전혀'라는 라벨이 붙어 있으며, 해당되는 이모티콘도 함께 표시되어 있다. 참가자들은 말을 데리고 걸으며 공을 선택한 후, 그 공에 적힌 감정을 느꼈던 순간에 대해 말에게 이야기한다. 그 후, 훌라후프 안에 서서 그 감정 공을 적절한 통에 던진다. 그 감정이 좋지 않은 감정이라면 그 감정을 떨쳐낼 수 있다. 이 활동은 혼자 또는 다른 사람과 함께할 수 있다. 이 사례에서는 앨리스와 그녀의 어머니가 감정을 표현하는 것이 어려웠기 때문에 그들은 번갈아 가며 공을 집어 들고 말에게 자신의 감정에 대해 이야기하는 활동을 진행했다.

그들은 자신들의 비밀을 털어놓을 말로 세일러를 선택했다. 다른 말들도 항상 근처에 있어 말들에게 익숙하고 안전한 무리의 느낌을 주었으며, 버스터도 풀려 있었지만 가까이 있었다. 어머니와 딸은 번갈아가며 공을 집어 들고 세일러에게 자신의 경험에 대해 이야기했다. 둘 다 이야기를 하면서 세일러의 목을 쓰다듬었다. 때때로 버스터가 다가와 둘 중 한 명의 어깨 너머로 들여다보기도 했다. 그가 궁금해서 그러는 것 같다고 말했더니, 두 사람은 웃으며 버스터도 들을 수 있도록 더 크게 이야기했다.

세일러가 가끔 스스로 공을 집어 들기도 했고, 그들은 다음 차례에 그 공을 사용했다. 세일러가 SEXY라고 써진 공을 선택했을 때 그들 모두 당황했고 앨리스는 빨리 그 공을 Never 바구니에 던져 버렸다.

활동이 계속되자 앨리스와 도나는 세일러에게 직접 말을 걸지 않고 서로를 똑바로 바라보며 감정을 공유했다. 이 시점에서 버스터는 그룹 뒤에서 더 이상 따라가지 않았다. 어느 순간 앨리스가 사랑이 그려진 공을 집어 들었다. 침묵이 흘렀다. 앨리스는 엄마를 바라보며 자신이 사랑받고 있다는 것을 알지만 말하기가 어렵고 어렸을 때처럼 안아 달라고 부탁하기도 어렵다고 말했다. 그 순간 세일러는 큰 머리로 앨리스의 등을 부드럽게 밀었고 엄마가 팔을 벌려 앨리스를 감싸안았다. 두 사람은 1분 정도 포옹을 하며 함께 있다가 웃으며 헤어졌다. 세일러는 곧바로 똑같은 행동을 다시 했고 결과는 똑같았다. 나는 웃으며 "세일러가 너를 밀어 줬구나, 앨리스. 엄마가 잘 잡아 주셨네요!"라고 말했다. 그러자 앨리스는 자연스럽게 엄마에게 다가가 포옹을 했다. 엄마는 빠르게 잡으며 "맨날 안아 주고 싶어서 세일러랑 같이 살아도 되는지 트레시에게 묻고 싶네요."라고 말했다. 두 사람은 함께 웃었고 앨리스와 도나는 남은 세션 내내 서로를 꼭 껴안았다.

10대인 앨리스는 어린 시절의 역경이 가끔씩 다시 찾아와 그녀를 괴롭혔고 여전히 고군분투 중이다. 그렇지만 그녀는 강한 회복력을 가지고 있으며, '감정 공놀이' 활동을 통해 가족은 긴밀한 신체 접촉을 원할 때 '세일러 허그'라는 문구를 만들었다. 공공장소에서 세일러 허그를 요청하면 이상한 시선을 받는다고 했지만, 가족 모두가 이 표현을 쓴다고 했다.

이 사례에서 세일러 허그는 가족 안에 무언의 애착 욕구를 충족시키는 데 도움이 되었다. 앨리스가 엄마를 통해 자신의 욕구를 충족시킬 수 있다는 것을 알게 되는 데 약간의 계기가 필요했고 덕분에 그들은 다시 연결되기 시작했다.

애착에 어려움이 있는 사람들이 보살핌 받는 경험을 하는데 AAPT는 몇 가지 유용한 측면이 있다. 첫째, 동물이 있다. 사람을 믿지 못하는 상황에서도 동물은 신뢰할 수 있다. 둘째, AAPT는 놀이적이며 그 놀이성이 정서적 안정감을 제공한다. 내담자가 트라우마 반응이나 붕괴를 유발할 수 있는 감정적 강도를 회피할 수 있다. 애착에 어려움이 있는 사람들은 다른 사람에게 자신의 취약성을 직접 노출하는 것보다 동물과의 활동을 통해 감정을 이야기하는 것이 훨씬 더 쉽다. 셋째, AAPT를 사용하는 치료사는 호혜성과 상호 존중을 바탕으로 내담자와 동물, 그리고 적절한 시기가 되면 내담자와 다른 사람 사이의 건강한 관계를 촉진하는 데 도움을 줄 수 있다. AAPT는 내담자가 동물에게 보살핌을 받고 있다고 느낄 수 있게 해 주며, 내담자가 또다시 배신당할 염려 없이 새로운 관계를 구축할 수 있는 살아 있는 실험실을 제공한다. 다음 하위 섹션에서는 이를 달성하기 위한 다양한 방법을 소개한다.

이 개는 정말 나를 좋아해! 부모, 교사 또는 기타 성인이 아동의 행동이나 문제에 직접적으로 초점을 맞추면 아동은 자의식과 방어심을 느낄 수 있다. 아이들이 덜 직접적인 방법으로 문제 영역에 집중할 수 있도록 도와주면 더 쉽게 개선 효과를 얻을 수 있다. 개는 종종 어린이와 유사한 행동 문제나 어려움을 겪기 때문에 치료사는 인지된 유사성을 활용하여 어린이가 개와 연결되도록 돕는 동시에 개인적인 문제 영역에 집중할 수 있다.

조시(Josh)는 열세 살로, 거의 5년 동안 위탁 가정에서 지냈다. 그는 심각한 신체적 학대를 당한 경험이 있어 트라우마에 시달렸고 어른들을 신뢰하지 못했다. 트라우마와 애착장애 이력은 종종 행동 문제로 폭발했고, 여러 입양 가능한 위탁 가정으로 옮겨 다니게 만들었다. 그는 일부 입양 가정에서 개와 고양이를 괴롭혔고, 가족 반려동물에게 경미한 부상을 입히기도 했다. 이러한 상황은 위탁 아동에게 흔히 일어나는 일인데 그의 배경은 샌디와 매우 흡사했다.

키리를 만나거나 함께 작업하기 전에 나는 키리의 역사를 설명하면서 그가 공감할 수 있는 부분을 강조했다. 키리는 마땅히 받아야 할 사랑스러운 대접을 받지 못했고, 이해할 수 없는 이유로 첫 번째 가족으로부터 파양 당했다. 키리가 유기견 보호소에 머물다가 유기견 구조소에 입양된 것을

'개의 위탁 보호'로 비유했다. 내가 어떻게 키리를 입양했는지, 키리가 얼마나 훌륭하고 특별한 존재인지, 그리고 키리가 우리와 함께 생활하는 데 적응하고 우리를 신뢰하는 법을 배우면서 몇 가지 문제가 있었지만 함께 해결해 나가고 있다고 설명했다. 평소 집중력이 짧았던 조시는 키리의 사연을 듣는 동안 "알겠다"며 고개를 끄덕이고 몇 가지 질문을 던지며 열심히 경청했다.

이러한 배경은 조시가 키리와의 유사점을 발견하는 데 도움이 되었고, 나중에 키리의 어려움을 해결해 달라고 요청했을 때 도움을 줄 수 있는 발판이 되었다.

개에 대한 정보는 치료사가 알고 있는 범위에서 진실에 근거해야 한다. 개가 가진 개체별 특성을 아동의 특성에 맞추기 위해 특정 부분을 강조할 수 있으며 이야기의 작은 꾸밈은 괜찮다. 하지만 치료사는 실제 행동과 달리 문제를 너무 과장하지 않도록 주의해야 한다. 내담 아동은 개를 자신과 똑같은 존재로 볼 필요가 없다. 몇 가지 공통점만 있어도 아이들은 개의 역사, 문제, 진행 상황과 충분히 공감할 수 있다.

나는(트레시) 여섯 살 때 어머니가 주차장에 버려두고 떠난 일곱 살 베시(Bessie)와 함께 작업했다. 베시는 이전에 아무런 관계가 없었던 아버지와 함께 살게 되었고, 아버지는 노력했지만 이미 큰 삶의 어려움을 겪고 있었기 때문에 잘 풀리지 않았다. 그녀는 입양 계획과 함께 위탁 가정으로 옮겨졌다. 하지만 그녀는 아버지와 연락을 할 수 있었다. 나는 베시의 사회복지사로서 베시에게 입양 가정을 찾아주고 있었고, 최근 내가 입양한 암컷 믹스견 샐리(Sally)와 매우 유사한 상황이었다. 베시는 샐리와 빠르게 연결되었다. 치료적 삶의 이야기(Therapeutic Life Story) 작업을 위해 베시를 만날 때 샐리도 참여했고, 우리는 샐리의 이야기도 함께 만들었다(치료적 삶의 이야기는 아동의 과거에서 가능한 한 많은 정보를 발굴하여 아동이 신화를 없애고 과거에 대한 일관된 이해를 얻은 다음 현재와 펼쳐질 미래에 더 집중할 수 있도록 돕는 광범위한 과정이다). 베시와 샐리는 자신들의 이야기에서 힘든 부분을 살펴볼 때 서로를 위로했다. 베시의 입양일에 샐리도 법원에 와서 베시와 마찬가지로 자신의 입양 증명서를 받았고, 둘은 같은 날 입양되었다. 지역 법원은 아이들을 위한 모의 입양 증명서를 만들었고, 개를 위한 입양 증명서가 처음 만들어졌다. 베시의 아버지는 베시와 계속 연락을 주고받았고, 베시는 샐리를 '일부'라고 생각했기 때문에 아버지를 만나러 갈 때 같이 갔다. 샐리가 늙고 병약해지자, 베시의 친아버지와 베시 그리고 샐리는 다 같이 지역 유기견 보호소에 가서 영원히 함께 할 가족이 필요한 다른 개를 입양했다.

보다 일반적인 방법으로 동물이 등장하는 동화책을 사용하여 공통의 경험과 희망을 형성할 수 있다. 예를 들어, 『양(Sheep)』(Hobbs, 2006)이라는 제목을 가진 책에는 어느 개가 집과 이름을 바꿔 가며 인생의 목적을 찾아 떠나는 여행을 그리고 있다. 마침내 얻게 된 잭(Jack)이라는 이름의 개는 입양을 기다리는 주거 시설에서 어린 소년을 발견한다. 이 이야기는 개가 겪은 좋은 경험과 나쁜 경험의 역사를 자세히 다루며 결국 개는 안전한 가정에서 승리를 거두게 된다.

예리한 관찰자 동물 관찰은 AAPT에서 여러 가지 목적으로 사용된다. 내담자가 동물에 대한 일반적인 지식과 신체 언어의 특성을 이해하는 데 도움이 될 수 있다. 또한 내담자에게 실제 관계를 관찰할 수 있는 기회를 제공할 수 있다. 이는 관계, 신뢰, 취약성, 접촉, 경계 및 애착의 다른 측면으로 어려움을 겪는 모든 연령대의 내담자에게 유용하다. '예리한 관찰자'는 두 마리 이상의 동물을 함께 배치하여 내담자에게 관찰 기회를 제공하는 활동이다. 동물들이 서로를 알고 잘 어울리는 것이 중요하다. 개, 말, 고양이 또는 두 마리 이상이 서로 상호작용할 가능성이 있는 모든 종을 대상으로 할 수 있다.

치료사는 실내 또는 실외에 편안한 장소를 마련하고 내담자가 동물에게 다가가거나 말을 걸지 않고 동물의 상호작용을 지켜보기만 하도록 제안한다. 처음에는 치료사가 아무 말도 하지 않고 관찰을 시작한다. 그런 다음 동물의 행동에 따라 치료사는 가끔씩 짧게 언급하거나 내담자가 알아차린 것에 대해 의견을 묻는다. 치료사는 건강한 관계를 나타내는 몇 가지 상호작용을 지적하거나 문제가 있는 것으로 보이는 상호작용을 지적할 수 있다. 예를 들어, 두 마리의 말이 서로 그루밍을 하는 것을 보면 건강한 관계의 상호적인 특성을 설명할 수 있다(치료사는 스트레스를 주거나 잠재적으로 해로울 수 있는 동물 간의 상호작용이 동물 스스로 즉시 해결되지 않을 경우 개입한다). 강조점은 내담자의 관찰 내용을 물어본 다음 공감적으로 경청하고 이에 대한 간단한 코멘트를 덧붙이는 것이다. 다음 사례는 그 예시이다.

> 조(Jo)는 세 명의 10대 자녀를 둔 40세의 이혼한 어머니였다. 여름방학을 맞아 자녀들이 아버지를 방문하게 되자 조는 건강한 관계에 대해 더 많은 이야기를 나누고 싶었다. 그녀는 경계 세우기가 쉽지 않았고 자신이 '현관 매트'가 되는 경향이 있다는 것을 알고 있었다. 그래서 나는 조에게 키리와 뮤리가 함께 노는 모습을 지켜봐 달라고 부탁했다. 나는 그들의 놀이를 자극할 수 있는 장난감 몇 가지를 제공했다. 둘은 아주 잘 어울려 놀았지만, 가끔 뮤리가 키리를 밟거나 놀이 도중 키리의 몸 위로 올라탔고, 침범적인 행동에 불쾌감을 느낀 키리가 으르렁거리는 소리를 냈다.
>
> 몇 분 동안 조용히 관찰한 후 조에게 둘의 놀이에서 어떤 점이 눈에 띄는지 물어보았다. 그녀는

재미있어 보였고, 놀이 도중 잠시 휴식을 취하는 것 같다고 말했다. 나는 조가 뮤리와 키리의 관계에서 몇 가지 중요한 특징을 알아차리고 있다고 대답했다. 잠시 후 그녀는 긴 양털 장난감의 한쪽 끝을 입에 물고 바닥에 몸을 던지는 뮤리를 보며 웃었다. 키리가 다른 한쪽 끝을 잡고 끌고 다닐 때 뮤리는 매달린 채로 끌려다녔다. 놀이가 멈출 때마다 뮤리는 장난감을 다시 잡고 바닥에 다시 몸을 던지며 '놀이기구'를 즐기는 듯했다. 조는 웃다가 결국 이렇게 말했다. "나는 현관 매트이고 뮤리는 마대 자루네!", "비슷한 점도 있지만 차이점도 있다고 보시는군요."라고 대답했다. 그녀는 고개를 끄덕였고, "그럼 구체적으로 어떤 유사점과 차이점이 보이시나요?"라고 나는 질문했다(보통 아이에게는 이런 질문을 하지 않지만 어른에게는 적절할 수 있다). 조는 "글쎄요, 차이점은 뮤리는 재미있게 놀고 있고 그냥 놀이네요. 그런데 나는 관계 안에 있으면 즐기기 어려워요. 왜냐면 보통은 나에게 매우 나쁘게 행동하고 나는 전혀 재미가 없거든요." 나는 말했다. "관계 안에 있으면 편하지 않고 즐겁지 않은 거네요. 뮤리는 선택권을 가지고 있지만 당신은 그렇지 않은 것 같네요." 그녀는 신중하게 고개를 끄덕였다. 이때쯤 개들은 놀이가 끝나고 바닥에서 쉬고 있었다. 나는 계속해서 물었다. "무엇이 재미를 방해하고, 왜 당신에게는 선택권이 없다고 생각하나요?" 이 질문은 유익한 토론으로 이어졌고, 조는 자신에게 선택권이 있다는 것을 깨달았다. 그녀는 보통 자신에게 좋지 않은 사람을 선택한다는 것을 깨달았다. 그 전까지 조는 나쁜 상호작용의 원인을 주변 남자들의 탓으로 돌렸기 때문에 사람들이 자신을 함부로 대하는 데 자신이 한몫했다는 사실을 깨달은 것은 중요한 깨달음이었다. 이것은 조의 자기 인식이 성장하는 데 중요한 단계였다.

여러 세션에 걸쳐 그녀는 과거 패턴에서 자신의 역할을 파악하고, 인간관계에서 진정으로 원하는 것이 무엇인지 파악하고, 긴장을 풀고 더 재미있게 지내고 싶은 욕구를 표현하기 시작했다. 몇 번의 세션 동안 뮤리가 좋아하는 장난감을 제공하고 단순히 뮤리와 '같이 노는 것'을 제안했다. 그녀는 약간 우스꽝스러운 행동을 할 필요가 있었고, 나는 시범을 보인 다음 응원을 보냈다. 이 세션이 끝난 후 그녀는 긴장을 풀고 자신이 진정으로 원하는 것을 위해 계속 노력했다. 뮤리와 상호작용하는 과정에서 뮤리는 그녀에게 쓰다듬어 달라며 발을 사용하는 것과 같이 그녀를 '밀어붙이'고 있었고 그녀는 그것을 허용하고 있었다. 나는 키리가 뮤리에게 "그만, 그러지 마"라고 으르렁거리던 모습을 상기시키며 뮤리가 발을 사용할 때 일어나서 잠시 무시하는 방식으로 뮤리와 더 나은 경계를 설정하는 방법을 알려 주었다. 그녀는 실제 삶에서 다른 사람들과의 관계에서 나타나는 유사점을 바로 인식하였다. 나중에 그녀는 뮤리가 지금까지 가졌던 남성들과의 관계 중 가장 좋았다고 생각했고, 지금은 그동안 소홀히 했던 여자 친구들과의 관계를 개선하기 위해 노력하고 싶다고 말했다. 조의 경우 관찰을 통해 이전에는 몰랐던 자신의 모습을 발견하고 적극적으로 자신을 탐색하고 변화시킬 수 있게 되었다.

동물로부터의 수용 학대를 경험한 아이들은 어른들로부터 수용되고 이해받는다고 느끼는 경우가 드물다. 종종 그들의 관계는 비현실적인 방식으로 어른들의 욕구를 충족시켜야 하고, 그렇게 하지 못했을 때 끔찍한 결과를 초래하는 등 애착 과정이 건강하지 않게 뒤바뀌는 경우가 많다. 그러다가 친척과 살거나 위탁 양육에 놓이는 경우 어른을 완전히 불신하게 된다. 또한 또래로부터 오해와 배척을 받는다고 느끼는 경우가 많다. 이들은 이러한 부적절함과 거부감을 성인이 되어서도 이어 간다.

자신의 자아를 수용하는 것은 강한 정체성, 안전한 애착, 치유 및 전반적인 심리사회적 건강의 발달에 매우 중요하다. 비지시적 놀이치료와 부모놀이치료는 아동의 감정, 반응, 바람의 수용에 중점을 두며, 이러한 방식은 라포와 관계를 형성하는 데 도움이 된다. 그렇지만 그들에게는 치료사뿐만 아니라 양부모, 친부모, 입양부모가 아무리 수용적이고 친절하더라도 여전히 의심의 눈초리로 바라봐야 하는 어른일 뿐이다. 아이는 "이 어른들이 나에게 잘 대해 주긴 하지만 정말 믿을 수 있을까? 사람들은 항상 나를 배신하고 상처 주는 것 같아. 다시는 상처받지 않도록 안전하게 행동하고 방어력을 키워야겠어."라고 생각할 수 있다.

반면에 동물은 내담자에게 이러한 경계심을 유발하는 경우가 많지 않다. 실제로 개와 말 모두 인간과는 다른 방식으로 내담자를 초대하고 신뢰하는 것 같다. 내담자는 동물을 느끼고 즉시 수용하는 것 같으며 거부할 수 없는 것 같다. 내담자는 인간에게 마음을 열지 못할 때 동물에게 마음을 열게 된다.

동물의 수용감은 관심 있고 행복한 인사에서 비롯되며, 이는 AAPT 동물의 사회성이 매우 중요한 이유 중 하나이다. 한 청소년은 "제가 오늘 학교에서 정학을 당했어도 메이셰(Meisje)(리제의 또 다른 과거 개)는 신경 쓰지 않아요. 제가 말썽을 부려도 메이셰는 저를 좋아해요."

개의 수용성은 아마도 사람들이 개를 사랑하는 가장 주요한 특성일 것이다. 시대를 막론하고 작가, 시인, 연구자, 철학자들의 인용문에는 개의 충성심과 굳건함이 자주 언급된다. AAPT 실무자는 이러한 상호작용을 활용하여 이것이 앞으로 더 건강한 인간관계 형성을 위한 기준이 될 수 있도록 장려한다.

말 역시 마찬가지로 사람들에게 무언가를 기대하지 않고 그들 가까이에서 휴식을 취하면서 조용히 그들을 받아들인다. 말은 계급이나 특권을 의식하지 않기 때문에 때때로 인간이 보여 주기 어려운 진정성을 보여 준다. 말들은 '제일 높은 보스'가 누구인지 모르기 때문에 기업 리더 및 관리자와 함께 AAPT를 진행하는 것은 매우 흥미로울 수 있다. 말들은 지위보다는 진정성과 협력에 반응한다. 유머와 놀이성은 비즈니스맨에게도 가치가 있는데, 말들이 서로 그루밍해 주는 걸 그룹이 관찰할 때 흥미로운 은유 포인트가 발견되면 치료사나 그룹 리더는 가볍게 읽어 줄 수 있다. "흠……. 이건 마치 '네가 내 등을 긁으면 나도 네 등을 긁어 줄게' 이런 모습인가요?"

조시는 비지시적 놀이 세션 동안 자주 상상 놀이를 했다. 그는 자신을 '나쁜 놈'을 잡으려는 경찰관의 역할로 설정했는데, 이 '나쁜 놈'은 종종 큰 인형들로 묘사되었다. 그는 나를(리제에게) 그의 아내이자 아기들을 돌보는 경찰관으로 설정했다. 전투가 벌어졌고, 조시의 캐릭터는 종종 총에 맞거나 쓰러지며 부상을 입었다. 그는 내가 그를 도와야 한다는 힌트를 주었고, 나는 의사 도구 키트를 사용해 그를 진찰하고, 약을 주고, 상처를 치료해 주었다. 이런 종류의 상상 놀이가 조시가 키리와 만나기 전 여러 번 일어났다.

키리가 조시와의 놀이 세션에 추가되었고, 별도의 방에서 지시적 놀이와 비지시적 놀이 세션에 모두 참여했다. 키리가 비지시적 놀이 세션에 있을 때, 조시는 키리를 가족의 경비견 역할로 배정했다. 키리는 그의 가족을 지키기 위해 배치되었다. 키리가 조시의 상상 속 경찰 놀이에 끼어들려고 하자, 나는 역할 속에서 "키리, 앉아! 여기 있어야 해. 아빠가 필요하면 우리에게 말할 거야."라고 말하며 키리에게 그 자리에 있으라고 했다. 조시가 '부상'을 입고 바닥에 쓰러졌을 때, 키리는 그가 의사 도구 키트를 가져오라고 손짓하자 그의 곁으로 달려갔다. 내가 그를 치료하는 동안, 키리는 그의 목과 뺨을 핥았다. 나는 전에 했던 것처럼 그를 진찰하고 약을 주면서, 키리를 몇몇 대화에 포함시켰다. "키리, 아빠가 쓰러졌어! 우리가 도와줘야 해. 내가 그를 진찰하고 있어. 빨리 약이 필요할 것 같아! 오, 키리, 네가 그를 핥고 있구나. 너도 걱정되는구나, 생명의 핥기(Lick of Life)를 해 주고 있구나!"

조시는 우리가 그를 간호하는 동안 잠시 가만히 누워 있었지만, 결국 일어나서 나쁜 놈들을 처치했다. 때로는 조시가 키리의 도움을 받아 나쁜 놈들과 싸우기도 했는데, 나는 나쁜 놈들을 키리의 입 가까이에 대고 키리가 그들을 씹고 있는 척을 했다. 이 모든 상상 놀이가 조시가 원하는 대로, 그리고 그가 우리에게 할당한 역할에 따라 진행되었다.

조시는 키리가 우리의 놀이 세션에 참여할 수 있다는 사실에 매우 기뻐했고, 우리가 함께한 모든 활동에서 키리가 자신을 받아들인다는 사실에서 큰 위안을 얻은 것처럼 보였다. 그가 거의 1년 동안 다른 지역의 위탁 가정으로 떠나 있는 동안, 키리는 그에게 여러 장의 치료 편지를 '썼다' (제15장 후반에서 논의). 그가 입양되어 우리 지역으로 돌아와 나와 다시 치료를 시작했을 때, 그가 나에게 처음 한 질문은 "키리가 저를 기억할까요?"였다. 키리가 분명히 기억하고 있다는 것을 알았을 때 그는 매우 기뻐했다.

안전한 경계 학대받은 아이들은 자신의 신체, 안전, 그리고 관계에서 경계에 대한 혼란을 겪는 경우가 많다. 성인인 조(Jo)가 AAPT에서의 관찰 세션을 통해 자신의 경계에 대해 더 많이 배운 것처럼, 아이들도 같은 방법으로 배울 수 있다. 이 과정은 특히 개와 함께할 때 효과적이다. 먼저 치료사가 아이에게 개와 안전하게 놀고 상호작용하는 방법을 보여 준다. 개나 아이가 안전하지 않게 행동할 때, 치료사는 아이가 필요에 따라 적절한 경계를 설정하도록 도와준다.

> 조시는 키리와 함께 작업한 첫 번째 내담자였고, 그 당시 키리의 점프하는 행동을 없애려고 노력하고 있었지만, 완전히 고쳐지지 않은 상태였다. 나는 조시에게 키리가 점프하기 시작할 때 '앉아'라고 명령하는 법을 가르쳤다. 키리가 그에게 점프하려 할 때, 조시가 높은 음조의 멜로디 같은 목소리로 명령을 하는 것을 보았다. 나는 "앉아"라고 말할 때 더 낮고 단호한 톤을 사용하는 방법을 시범으로 보여 주었다. 키리가 점프하기 시작할 때마다 내가 상기시켜 주면서, 조시는 올바른 억양으로 명령을 주는 능력을 크게 향상시켰다. 본질적으로, 그는 스스로를 안전하게 지키는 방법을 배웠다. 우리는 '앉아' 명령을 다른 행동과 결합하여, 키리가 즉시 그에게서 떨어져 앉지 않으면 일어서거나, 옆으로 움직이거나, 키리에게서 시선을 돌리도록 했다.
>
> 학대받거나 애착이 깨진 아이들은 종종 동물에게 해로운 행동을 하는데, 이는 아마도 동물이 더 취약하고, 자신이 피해자로 겪었던 학대 관계를 동물과 반복하면서 아이들 스스로가 더 강력한 존재로 느껴지기 때문일 것이다. 그러나 이번 경험을 통해 또 다른 요인이 있을 수 있다고 추측하게 되었다. 조시는 개와 함께 있을 때 스스로를 안전하게 지키는 방법을 몰랐다. 나는 아이들이 동물의 행동을 어떻게 핸들링하고 자신을 보호해야 하는지 모르면 동물이 자신을 밟거나 부딪힐 때 너무나 쉽게 공격적으로 반응할 수 있음을 알게 되었다. 조시와 내가 두 번의 세션 동안 키리를 앉힌 상태로 유지하기 위해 단호한 목소리 톤과 효과적인 몸 자세를 사용하는 것에 집중한 후, 조시는 키리와 함께 있는 동안 눈에 띄게 더 자신감 있고, 편안하며, 적절한 행동을 보였다. 그는 개를 해치지 않고 스스로를 안전하게 지킬 수 있는 힘을 얻었다. 당시 그의 위탁모는 집에서 반려견과의 상호작용에서도 즉각적인 변화가 있었다고 보고했다. 그는 더 이상 개를 때리거나 소리를 지르지 않았다. 조시는 키리와 함께 연습한 방법을 사용했다.

앞의 예시는 애착과 관련된 목표 영역의 또 다른 요소를 보여 준다. 내담자는 스스로를 보호하고 자신의 안전을 보장하는 방법을 배웠다. 건강한 관계는 상호 존중을 바탕으로 구축되며, 이는 조시가 개와 소통하는 방법을 배우는 데 도움이 되었다. 그는 개의 필요와 바람을 존중하면서도 자신의 몸을 존중하도록 상호작용하는 방법을 익히고 있었다. 치료사로서 나는 이 과정을 바로바로 피드백해 주었다. "거 봐……. 이제 됐어. 네가 키리에게 점프하거나 너를 밀면 안 된다고 알려 줬네. 네가 친절하게 말하면서도 사람들은 그런 행동을 좋아하지 않는다는 걸 확실히 이해시켜 줬어." 또는 "모두가 서로를 존중할 때 관계는 가장 잘 이루어져, 그리고 방금 너는 키리에게 그걸 가르쳐 준 거야!" 이 원리는 보다 나이 많은 내담자나 성인 내담자에게도 똑같이 적용된다. 동물이 내담자에게 너무 가까이 다가오거나 내담자가 싫어하는 방식으로 행동할 때, AAPT는 '관계적 순간'(챈들러의 2017년 용어)을 적시에 제공해 준다. 이는 치료사들이 내담자가 다른 사람에게 상처를 주지 않고 경계를 설정하는 능력을 향상시킬 수 있도록 돕는다.

이것은 하나의 개입으로 두 가지 목표 영역을 동시에 달성할 수 있는 좋은 예이기도 하다. 내담자가 동물의 행동을 관리하여 아무도 다치지 않도록 돕는 것은 자기효능감(목표 영역 1)과 건강한 관계를 이해하는 것(목표 영역 2)과 관련이 있을 수 있다.

뽀뽀해 줘 개 '뽀뽀'는 내담자들이 개의 관심을 즐기면서도 자신의 안녕을 위해 경계를 설정할 수 있도록 돕는 비슷한 방법을 제공한다. 키리는 많은 진정 행동을 사용하는데, 그 중 하나가 핥는 것이다. 키리는 자주 손과 얼굴을 부드럽게 핥곤 했다. 많은 내담자들이 키리의 핥기를 즐기지만, 그렇지 않은 사람들도 있다. 나는 키리에게 '그만'이라는 명령을 가르쳤다. 이것은 '내버려둬'와 비슷한 것으로, 명령에 따라 핥기를 멈추는 것이다. 내담자들은 핥기를 멈추고 싶을 때 키리에게 "그만"이라고 말할 수 있었다. 또한 키리는 "뽀뽀해 줘"라는 말에 맞춰 손바닥을 향해 코를 대는(타기팅) 행동을 배웠다. 내담자들은 손바닥을 펴고 "뽀뽀해 줘"라고 말함으로써 쉽게 키리의 행동을 유도할 수 있었다. 이렇게 하면, 내담자들은 키리와 신체적인 연결을 유지하면서도 불쾌하다고 느끼는 것을 피할 수 있었다. 키리에게 '뽀뽀해 줘'라는 명령은 '그만'이라는 명령보다 훨씬 배우기 쉬웠다. 개들에게 '뽀뽀해 줘' 명령을 가르치는 것은 매우 쉬우며, 이 목표 영역에서 유용하게 활용될 수 있다.

기대기 모든 개가 핥지는 않지만, 이 목표에 도움이 되는 다른 자연스러운 행동들이 있다. 이는 사람들과 상호작용하는 개의 패턴과 행동을 치료에 활용하는 치료사의 창의성에 따라 달라진다. 뮤리는 '기대기'를 잘하는 개다. 뮤리는 사람들 다리 옆에 앉으면 자동으로 그들에게 기대어 앉았다. 이는 특별한 훈련이 필요하지 않았고, 내담자가 그에게 발 옆에 앉으라고 하면 거의 매번 그렇게 했다. 이러한 신체 접촉은 많은 사람들에게 환영받으며, 그들이 개가 자신을 좋아하고 가까이 있고 싶어 한다고 느끼게 해 준다. 뮤리에게 기대는 행동을 가르칠 필요는 없었지만, 그가 기대고 있는 사람이 일어나고 싶을 때 움직이는 법을 훈련해야 했다. 나는 '실례합니다'라는 의미의 이탈리아어인 '스쿠시(Scusi)'를 신호단어(Cue)로 사용했다. 내담자들은 다리를 움직이거나 일어서고 싶을 때 뮤리에게 '스쿠시'라고 말하는 법을 배웠다. 다시 말해, 개의 기대는 접촉은 연결을 나타내고, 인간의 신호는 움직일 때가 되었음을 나타내는데 이는 인간과 동물의 관계에 내재되어 있는 상호성을 보여 준다.

뮤리는 나중에 또 다른 형태의 기대는 행동을 보여 주었는데, 그것도 신호로 사용할 수 있겠다고 생각했다. 바로 머리를 누군가의 무릎에 올리는 것이었다. 그는 먹을 것을 원할 때 이런 행동을 자주 했기 때문에, 나는 그 행동을 포착해서(Capturing[3)]) 결국 "나에게 기대(Lean on Me)"라는 신호로 가르쳤다. 사람들이 앉아 있을 때 다리를 토닥이면 뮤리가 이 행동을 한다(신체 신호). 다시 말해, 이 신체 접촉은 방해되지 않는 방식으로 연결을 전달하며, 내담자는 '스쿠시'라는 신호를 사용하거나 단순히 일어서서 그만하라고 요청할 수 있다. 이런 개입은 매우 간단하지만, 애착의 관점에서 볼 때, 그리고 내담자가 안전한 방식으로 다른 존재로부터의 접촉과 연결을 느끼고 받아들이도록 돕는다는 점에서 중요하다.

숨바꼭질 개와 숨바꼭질을 하는 것은 애착과 관계에서 '돌봄을 받는' 측면을 다루는 또 다른 방법이다. 이 게임은 재미있고 유쾌하며, "내가 사라지면, 넌 나를 찾을까?"라는 중요한 애착 질문에 답을 준다. 개에게 시야에서 벗어난 사람을 찾는 법을 가르치는 것은 매우 쉬우며, 이는 종종 강아지 시절부터 시작할 수 있는 게임이다. 사람이 숨고 개를 부르면, 개는 그들을 찾아내고 간식과 많은 쓰다듬기와 긁어 주기를 받는다. 결국, 개가 게임을 익히면 부를 필요도 없어진다. 치료사는 이 게임을 세션에서 사용할 수 있는 '찾아!' 게임으로 발전시킬 수 있다.

내담자는 방 안에 어딘가에 숨고, 그동안 치료사는 개의 시선을 다른 곳으로 유도한다. 내담자가 숨으면, 치료사는 '찾아!'라는 신호를 주고, 일어나는 일을 큰 소리로 설명한다. 치료사는 개가 사람을 찾도록 놔두고, 사람이 어디 있는지 바로 알려 주지 않는다. 개가 어려움을 겪으면, 치료사가 숨은 장소로 가까이 가거나 내담자가 작은 소리를 내는 등의 힌트를 줄 수 있다. 예를 들어, 내담자가 살짝 열린 옷장에 숨어 있다면, "뮤리가 네가 앉아 있던 곳 주

3) 역자 주: 포착(Capturing)은 훈련이나 학습 과정에서 동물이 자연스럽게 보이는 기존 행동을 관찰하고, 이를 강화하여 원하는 행동으로 발전시키는 훈련 기법, 즉, 동물이 스스로 특정행동을 했을 때 그 행동을 즉시 인식하고 보상(간식, 칭찬 등)을 통해 그 행동이 반복되도록 유도하는 방식(행동과 신호 연결).

위를 냄새 맡고 있어. 이제 책상 쪽을 보고 있네. 아직 주위를 둘러보고 있어. 네가 있는 곳에 조금씩 가까워지고 있어. 네가 걸어간 길을 따라가고 있는 것 같아……. 이제 옷장 쪽으로 향하고 있어……. 찾았다!" 내담자들은 이에 큰 기쁨을 느끼고, 치료사는 "뮤리가 널 찾아줘서 정말 기분이 좋지?"라고 반응한다. 이것은 다양한 연령대의 많은 내담자들과 사용했던 방법이다. 어린이와 청소년들은 이 게임을 매우 즐기며, 심지어 몇몇 성인들도 이 놀이성과 자신이 발견되는 것에 잘 반응한다. 이 간단한 활동에는 애착에 관한 비유가 넘쳐난다.

기타 고려 사항 사교적이고 사회성이 좋은 AAPT 동물은 사람을 찾아다닌다. 목줄을 풀어주거나 자유로울 때는 자신의 의지에 따라 사람에게 접근한다. 선택권이 있다면 그들은 사람과 함께 있기를 선택한다. 이는 애착과 관계에 어려움을 겪는 내담자에게 큰 힘이 될 수 있다. 동물이 자발적으로 사람에게 다가오면 자신이 소중하다는 것이 느껴진다. 보살핌을 받고 있다고 느낀다. 때때로 이 목표 영역에서 가장 중요한 개입은 거의 개입하지 않는 것이다. 동물은 내담자에게 다가가고 치료사는 간섭하지 않으려 노력한다. 우리는 상호작용이 일어나도록 내버려두고, 자연스럽게 일어나는 일을 부드럽게 반영한다.

목표 영역 3: 공감

공감은 공격성의 적이고 비인격화는 공격성의 아군이기에
폭력적이고 문제가 있는 소년의 도덕적 재활을 위한 모든 노력은
공감 능력을 키우고 타인을 비인격화하는 경향에 맞서 싸우는 데 달려 있다.

–제임스 가르바리노(James Garbarino), from『Lost Boys』

동물을 사랑하기 전까지는 영혼의 일부가 깨어나지 않은 채로 남아 있다.

– 아나톨 프랑스(Anatole France)

열 살 소년: 선생님이 가장 좋아하는 말은 누구예요?
트레시(모든 말을 가리키며): 저기 있는 애, 저기 있는 애, 그리고…….
소년: 저도요.

–애착장애가 있었던 열 살 위탁 아동

목표 영역 2에서 우리는 AAPT가 정서적으로 박탈당하거나 학대받은 내담자에게 보살핌을 제공하고, 사랑받고 있다고 느끼게 하고, 자신이 소중하다고 믿도록 돕는 것을 다루면서 건강한 애착과 관계의 발달에 대해 탐구했다. 목표 영역 3에서는 관계의 다른 측면에서 공감, 보살핌, 타인의 필요에 집중하고 사랑을 베푸는 것을 탐구할 것이다. 공감은 일반적으로 다른 사람의 관점에서 세상을 바라보고 그들의 경험, 관점, 감정을 이해하는 능력을 말한다. 때때로 애착이나 행동 문제 등을 가진 어린이는 공감 능력이 부족한 것으로 보인다. 공감 능력은 여전히 가지고 있지만 생활 환경으로 인해 공감 능력을 개발할 기회가 사라졌기 때문일 수 있다. 물론 공감 능력이 부족한 것처럼 보이는 성인도 있다. 여러 가지 이유로 다른 사람의 생각과 감정을 파악하는 데 어려움을 겪으며 노력조차 하지 않는 것처럼 보일 수 있다. 애착 및 관계 목표 영역의 작업과 결합한다면 공감 목표 영역은 모든 연령대의 내담자들에게 안전한 맥락에서 관계의 돌봄 측면을 탐색할 수 있도록 기회를 제공할 수 있다.

조시가 키리와 공놀이를 할 때 나는 키리가 피곤해하는 징후가 있는지 살펴보라고 알려 줬다. 키리는 더 느리게 달리고, 숨을 더 가쁘게 쉬고, 때로는 천천히 걸어서 우리에게 돌아왔다. 나의 도움으로 조시는 이러한 징후가 처음 나타났을 때 이를 알아차리기 시작했고, 짧고 쉽게 던지는 몇 번의 공놀이로 마무리하곤 했다. 몇 번의 AAPT 세션이 지나자 조시는 내가 알려 주지 않아도 키리의 신호를 주시했고, 자발적으로 개에게 공감하는 모습을 보였다.

어느 날 그는 키리가 공을 떨어뜨렸을 때 입술에 묻은 작은 피를 발견하고는 "피를 흘리는 거야? 다친 거야?"라고 물었다. 그가 말하기 전까지 나는 피가 나는 것을 눈치채지 못했지만 함께 살펴본 결과 공이 입술에 부딪혀서 생긴 작은 상처를 발견했다.

그 전에도 조시는 동물에 대한 관심은 있었지만 어른들이 항상 알아차리지 못했다. 조시는 등교길에 다친 야생 토끼를 발견하고 치료받게 할 생각에 학교 간호사에게 데려간 적이 있다. 그렇지만 조시는 '판단력이 부족하다'는 이유로 정학을 당했다. 광견병이나 기타 어린이 안전 위협에 대한 학교 측의 우려는 이해할 수 있었지만, 안타깝게도 조시가 다른 사람을 배려하는 마음을 보여 준 그 영역, 즉 동물에 대한 배려로 처벌을 내린 결정이었다. 키리를 통해 조시는 안전하고 통제된 환경에서 자신의 우려를 표현하고 공감 능력을 강화할 수 있었다. 나는 조시가 부상을 알아차리고 나의 주의를 환기시킨 것에 대해 칭찬했다. 그다음 우리는 역할을 구분했다. 개를 다뤄 본 경험이 많은 나는 물리지 않도록 안전하게 입을 확인할 수 있는 사람이었다. 그는 부상을 발견하고, 어른에게 알리고, 키리를 진정시키는 데 큰 도움을 주었고, 나는 키리와 모두의 안전을 확인할 수 있었다.

다음 단락들은 AAPT를 통해 내담자의 공감 능력을 강화하는 몇 가지 방법에 관한 것이다. 다른 활동들과 마찬가지로, 이러한 방법들은 때때로 동시에 여러 목표를 다루기도 한다. 본질적으로, 이 목표를 위한 AAPT 중재는 내담자가 동물의 관점을 이해하고 동물을 돌보는 방법에 관한 것이다.

'파이도(Fido)'의 감정 이 방법은 AAPT에서 거의 모든 지시적 중재와 함께 사용할 수 있는 매우 간단한 접근법이다. 동물들은 인간의 신체 언어와 목소리의 억양을 매우 잘 읽고, 이에 따라 그들의 행동을 조정한다. 이 특성을 이용하여 내담자가 자신과 타인의 감정을 이해하도록 도울 수 있다.

내담자가 동물과 상호작용할 때, 만약 치료사가 동물의 반응을 포착하면, 치료사는 "지금 Fido가 어떤 감정을 느끼고 있을 것 같아?" 또는 "Fido가 방금 고개를 돌린 것 봤어? 그게 무슨 뜻일 것 같아?"라고 물으며 내담자에게 신호를 줄 수 있다. 이러한 질문은 특별한 강조 없이 동물의 행동이나 스트레스 신호에 내담자의 주의를 끌기 위해 사용된다. 내담자에게 신체 언어의 기본을 짧게 가르치는 것도 가능하지만, 이렇게 순간적으로 주의를 끌 수도 있다. 만약 내담자가 동물의 메시지를 파악하지 못한다면, 치료사는 간단히 설명한 후 넘어갈 수 있다. 예를 들어, "Fido가 방금 고개를 돌린 것 봤어? 장난감이 너무 가까워서 불편해하는 것 같아."라고 말한 뒤, 스트레스를 유발하는 물체나 행동을 제거하도록 도울 수 있다.

이 중재는 매우 간단한다. 사용하는 어조는 아주 사실적이고, 친근하며 가벼워야 한다. 중요한 것은 큰 이슈로 만들지 않고 주의를 끄는 것이다. 이는 타인에 대한 인식을 높이는 과정의 일부이며, AAPT에서는 항상 더 많은 기회가 있을 것이다. 이 방법의 빈도도 중요하다. 다른 상호작용의 흐름을 방해하거나 반복적으로 들려주는 것처럼 느껴지지 않도록 너무 자주 사용해서는 안 된다. 동물의 감정에 주의를 기울이고 질문하는 것은 내담자에게 시험이나 과제가 되지 않도록 절제하여 사용해야 한다. 대부분의 경우, 치료사는 한 세션 동안 다섯 번 이내로 사용하는 것이 적절하다.

대안으로, 동물의 사진을 사용하여 비슷한 활동을 할 수 있다. 사진을 제공하거나 잡지에서 오려낸 후, 이를 사용하여 감정을 식별하는 '감정 플래시카드'로 활용할 수 있다. 치료사는 이러한 활동을 통해 창의적으로 치료적 '게임'을 개발할 수 있다. 이때, 동물의 감정을 실제보다 복잡하게 만들지 않도록 주의해야 한다. 초점은 행복과 만족, 두려움과 회피, 공격성과 보호, 흥분 등과 같은 감정에 맞춰야 한다. Doggie Detective[4)] 자료도 이러한 방식으로 활용할 수 있다(www.DoggoneCrazy.ca or www.DoggieDetectiveForKids.com).

이 개입을 통해 내담자의 공감 능력을 개발하려면, 치료사가 해당 동물 종의 신체 언어를 능숙하게 읽을 수 있어야 한다. 이러한 방법은 치료사가 먼저 동물에 대한 공감 능력을 개발하고, 이를 통해 내담자의 공감 능력을 더 잘 도울 수 있다.

3초 규칙 이 방법은 관계 형성에 관한 장(제9장)에서 다룬 바 있다. 이는 AAPT에서 내담자가 동물에 대한 공감을 증진하도록 돕는 훌륭한 방법이다. 치료사는 내담자에게 동물이 좋아하거나 싫어하는 부위를 찾아보도록 재미있게 요청할 수 있다. 치료사는 내담자가 특정 부위를 3초씩 만지며 사용할 압력을 조절하도록 도울 수 있다. 내담자가 동물의 반응을 관찰하며 동물이 명확하게 긍정적인 신호를 보낼 때까지 조정해 나가는 것이 중요하다.

내담자가 신체 언어를 알아차리기 시작하고, 3초 규칙을 통해 가능한 양방향 소통을 발전시키기 시작할 때, 그들은 더 공감적인 사람이 되는 방향으로 한 걸음을 내디딘 것이다. 공감이 무엇인지, 타인을 어떻게 돌봐야 하는지에 대해 강의가 필요하지 않다. 그들은 이미 실천하고 있는 것이다. 이 접근법의 강점은 내담자가 공감을 직접 경험하고 동물로부터 피드백을 받으며, 치료사는 그들이 새로운 시도를 할 때 이를 지원해 준다는 점이다.

> 미국에서 열린 워크숍에서, 우리는 첫 관찰 및 접근 세션에서 말들과 상호작용하고 있었다. 이 말들과 이전 워크숍에서는 작업하지 않았지만, 전날 오후에 이들을 만났다. 이 말들은 치료에 사용된 적이 없는 쇼 말들이었지만, 말 주인이 친절하게도 우리의 훈련을 위해 이들과 상호작용할 수 있도록 허락해 주었다. 처음에는 말들이 별로 관심을 보이지 않았고, 누군가 가까이 다가오면 천천히 걸어가 멀어졌다. 나는(트레시) 모든 사람에게 뒷걸음질치며 울타리 반대편에 서도록 요청했고, 그것이 말들의 호기심을 자극했다. 나는 그 후 다시 돌아와서, 땅을 바라보며 가장 가까이 있는 말을 의도적으로 무시하며 걸어갔다. 그 말은 가만히 서 있었고, 나는 그 말이 나를 더 잘 볼 수 있는 쪽으로 살짝 다가갔다. 말은 여전히 가만히 있었고, 나는 천천히 손을 뻗어 그의 목을 규칙적으로 긁어 주었다. 말은 고개를 돌려 나를 바라보았지만 움직이지는 않았다. 나는 말의 반응을 계속 주시하며 손을 동그랗게 움직여 목덜미(말의 목과 척추가 만나는 부위)까지 이동했다. 목덜미에 도착했을 때, 나는 마침내 맞는 지점을 찾았다는 것을 알 수 있었다. 말은 목을 쭉 뻗고, 고개를 옆으로 기울이며 눈을 반쯤 감고, 위쪽 입술을 낙타처럼 쭉 늘였다. 말은 긁는 리듬에 맞춰 고개를 위아래로 끄덕이다가, 다시 나를 향해 몸을 돌려 부드럽게 서로의 몸을 문질러주듯(살짝 깨

---

4) 역자 주: 개 교육, 치료적 활동에 사용할 수 있는 자료.

물며) 나의 등을 문질러 주기 시작했다.

나는 계속해서 말을 긁어 주며 다른 사람들에게 다가오도록 초대했다. 내가 무엇을 하고 있는지 설명하고 말의 반응을 주의 깊게 살펴보라고 요청했다. 그런 다음 그들에게 내가 하던 일을 넘겨주며, 손 위에 제 손을 올려놓고 필요한 리듬과 강도를 시범 보였다. 동시에 말의 전체적인 몸짓 표현을 관찰하도록 했다. 그들이 직접 해 보자 말이 분명한 기쁨의 표현을 보이며 반응했고, 모두 기뻐했다. 심지어 말을 두려워하던 사람들조차 서로 만져 주는 독특한 경험을 즐겼다. 한 사람은 믿기지 않는 듯 "와우! 간식도 필요 없네요!"라고 말했다.

이제 말은 인간을 자신에게 이로운 존재로 분명히 인식하고 있었고, 세션 내내 우리와 함께하며 '당근 키스'에 참여했다. 나는 말에게 머리를 들어 사람들의 입에 있는 당근을 입술로 하나씩 가져가는 방법을 재빨리 가르쳤다. 모든 참가자들이 '당근 키스'를 시도했고, 조금 무서워하던 상태에서 1,000파운드의 말과 '키스'를 하게 된 것에 대해 매우 기뻐했다. 이 그룹의 일부는 오랫동안 말을 다뤄 온 사람들이었고 이미 EAT를 실천하고 있었지만, 서로 몸을 문질러주는 경험은 한 번도 해 본 적이 없었다. 이들은 3초 규칙의 변형이 무관심을 관심으로 바꾸는 데 매우 효과적이라는 것을 보고 매우 기뻐했다. 이 경험은 단순한 활동이 어떻게 동물에 대한 더 큰 인식과 민감성을 형성하고 내담자들이 공감을 활용할 수 있도록 도울 수 있는지를 잘 보여 준다.

때로는 동물이 전혀 만지고 싶지 않은 기분일 때가 있어서, 다가가면 멀어질 수도 있다. 세션 후에는 치료사가 동물이 괜찮은지 확인해야 하지만, 세션 중에는 내담자가 동물을 그냥 두도록 도와준다. 이것 또한 공감이다. 일부 내담자들은 동물이 자신에게서 멀어지면 거절감을 느낄 수 있다. 이때 치료사는 그들의 실망감을 반영하고, 필요하다면 상황을 재구성해 주거나 비유를 제시한다. "페퍼(Pepper)가 멀어져서 실망스러울 거예요. 당신은 페퍼와 상호작용하기를 정말 원했죠. 혹시 잠시 혼자 있고 싶었던 적이 있나요? 말들도 가끔 그런 기분이 들 때가 있어요. 다른 일을 하다가, 다음번에 다시 시도해 볼 수 있을 거예요." 치료사는 이 상황에 대해 너무 깊이 파고들지 않고, 내담자의 감정을 반영한 후 다른 활동으로 넘어간다.

그루밍 동물 그루밍은 유대감을 형성하고 공감을 강화하는 또 다른 방법이다. 개와 말을 위한 다양한 그루밍 도구가 있으며, 우리는 이를 구비하고 있다. 개의 경우 브러시와 장갑 등이 있다. 대부분의 반려동물 용품점에는 다양한 품목이 있으며, 털에 따라 사용할 수 있는 종류가 다르다. 말의 경우, 그루밍 용품에는 딱딱한 댄디 브러시, 부드러운 강모의 페이스

브러시, 여러 가지 색상의 매직 브러시, 갈기 및 꼬리 브러시, 양쪽 표면이 다른 마사지 장갑 등이 있다. 촉각이 예민한 아이에게는 손을 완전히 덮는 그루밍 도구가 도움이 되므로 적어도 두 개 정도는 구비해 두는 것이 좋다.

마지막 5~10분 동안 그루밍 및 조용히 쓰다듬는 시간은 차분하고 리드미컬하며 편안함을 제공하여 내담자가 '현실 세계'로 돌아갈 준비를 하게 돕는다. 놀이치료에서는 세션이 갑작스럽게 끝나지 않는다. 5분과 1분 전에 치료가 곧 끝날 것이라는 안내를 한다. AAPT 세션이 이렇게 조용하게 끝나는 것도 같은 목적이다. 이러한 유형의 엔딩은 관계 및 애착 형성, 공감 및 보살핌 촉진, 자존감 강화 등 몇 가지 목표 영역도 다룬다.

먹이 주기 우리 둘 다 동물 훈련을 할 때 가끔 간식을 사용하며, AAPT에서도 간식을 사용한다. 일반적으로 아이들은 간식을 주는 것을 좋아한다. 공감 목표 영역에 도움을 주기 위해 AAPT 세션에 음식과 물을 가져오는 방법도 있다. 물론, 이것은 매우 간단한 과정이며 이것을 치료적으로 만드는 것은 치료사의 몫이다.

이는 모든 연령대의 다양한 내담자에게 유용하다. 치료사는 내담자가 세션에 참여하는 동물에게 음식과 물을 제공하는 데 참여하도록 초대한다. 내담자는 음식 준비를 돕거나 접시에 물을 붓고 동물에게 먹이를 줄 수 있다. 치료사는 내담자의 반응(일반적으로 즐거움)을 반영하고 내담자가 잘하고 있는 구체적인 사항을 언급하며 돌봄을 칭찬한다. 치료사는 또한 동물이 어떻게 먹고 있는지, 내담자가 제공한 음식을 어떻게 평가하는지 알려 줄 수 있다. 대부분의 활동과 이 목표도 마찬가지로 치료사는 관계적인 측면을 강조하고 내담자가 동물과 치료사 모두와의 건강한 관계가 어떤 것인지 경험하도록 돕는다.

레이(Ray)는 여섯 살의 위탁 아동이었다. 그의 부모는 둘 다 마약 중독자였으며 위탁 가정으로 옮겨질 때까지 그를 심하게 방치했고 결국 부모의 친권이 박탈되었다. 레이는 여러 가지 문제행동이 있었고 입양을 계획하고 있던 양어머니와의 관계 형성을 위해 부모놀이치료를 받았다. 레이는 주의력 결핍/과잉행동장애(ADHD) 진단을 받았으며, 약을 복용해도 주의력을 유지하는 데 어려움이 있었다. 그는 부모놀이치료를 통해 관계에 대해 많은 것을 배웠고, 사랑과 보살핌에 대한 기본적인 욕구가 양어머니로부터 잘 충족되고 있었다. 그는 이 모든 작업을 위해 다른 치료사를 만나고 있었기 때문에 나는(리제) 그의 공감 능력을 돕기 위해 AAPT로 그를 만났다.

세 번째 세션에서 레이는 개의 간식 하나를 아주 빨리 먹어 버렸다. 나는 가벼운 태도를 유지하며 레이의 구역질이 개 간식을 먹어서인지 물었다. 그는 고개를 끄덕이며 괴로운 표정을 지었다. 나는 그에게 뱉어낼 냅킨과 입을 게울 수 있도록 물 한 잔을 주었고, 그는 매우 고마워했다. 나는 그가 여전히 침실에 음식을 쌓아 두는 문제로 어려움을 겪고 있다는 것을 알고 있었다. 우리는 키리에 대한 양육적인 돌봄이 도움이 될 것이라고 판단했다.

네 번째 세션에서 키리와 함께 몇 가지 훈련 워밍업을 마친 후, 나는 키리가 먹을 정해진 양의 음식을 레이가 그릇에 담게 했다. 키리는 열심히 먹었고 레이는 열심히 지켜보았다. 나는 "네가 음식을 줘서 키리가 정말 행복해하는구나! 봐, 다 먹었네." 레이는 활짝 웃으며 여전히 주의 깊게 지켜보고 있었다. 내가 덧붙였다. "네가 정말 기뻐하는구나. 네가 정말 잘 돌봐 주고 있구나!" 그는 계속 웃었다. 키리는 자연스럽게 그가 앉아 있는 곳으로 다가와서 얼굴을 핥아 주었다. 나는 "거 봐, 키리는 너에게 정말 고마워하고 있어!"라고 말했다. 그러고 나서 물도 좀 줄 수 있겠냐고 물었다. 그는 말 그대로 펄쩍펄쩍 뛰며 고개를 끄덕였다. 나는 그에게 물 한 병을 건네주었고 그가 물 그릇에 부었다. 키리는 즉시 요란하게 마시기 시작했다. 레이는 열심히 지켜보다가 신기해서 입을 벌렸다. 그러고는 키리에게 엄지손가락을 치켜세우는 제스처를 취했다. 다른 사람에게 베푸는 기쁨을 경험한 멋진 순간이었다. 레이는 계속해서 치료를 잘 받았고 몇 달 후 양어머니에게 행복하게 입양되었다.

건강한 접촉과 마사지 놀이치료사가 AAPT를 사용하여 내담자의 신체적 건강과 돌봄을 도울 수 있는 방법은 다양하다. 부모는 종종 반려견을 키우면서 자녀에게 책임감을 가르치기를 희망한다. 물론 그럴 수도 있지만, 아이들은 신기함이 사라진 후에 먹이 주기, 그루밍하기, 산책시키기, 청소하기 등을 제대로 하지 않는 경우가 자주 있다. 부모는 자녀에게 좌절감을 느끼고, 반려견을 짜증이나 분노의 시선으로 바라보게 된다. 가족에게 반려동물이 있는 경우, 치료사는 부모가 자녀에 대한 현실적인 기대치를 설정하고 자녀가 반려동물 돌봄에 동기를 갖게 하는 방법에 대한 팁을 제공할 수 있다. 콜린 펠라(Colleen Pelar, 2009, 2013)는 이에 대한 훌륭한 자료를 제공하였다(AAPT에서는 아동이 받고 있는 다른 치료의 보완적인 활동으로 반려견을 돌보는 더 나은 방법을 익힐 수 있다. 집에 반려견이 없더라도 반려견을 돌보는 방법을 배우면 애착을 형성할 수 있다).

학대 및 가정 폭력의 피해자는 대개 사람과의 신체 접촉에 대한 외상적인 경험을 가지고 있다. 접촉은 유대감과 애착을 형성하는 데 매우 중요한 부분이지만, 이들은 접촉을 두려워하고 피할 수 있다. 다른 한편으로는 상처를 주는 방식으로 만지는 법을 배웠을 수도 있다. 대부분의 경우 신체적 친밀감과 접촉에 있어 경계에 대한 혼란이 있다.

이러한 목적을 염두에 두고 치료사는 터치와 마사지 활동을 사용하여 내담자를 도울 수 있다. 일반적으로 사람과의 접촉을 어려워하는 내담자가 동물과의 접촉은 안전하고 즐겁게 경험할 수 있다. 말의 목을 쓰다듬거나 개가 자신의 다리에 기대는 것은 강력한 경험을 제공할 수 있다. 내담자는 차분한 방식으로 동물을 만지거나 치료사가 특정 방법으로 내담자를 도울 수 있다. 치료사가 먼저 이러한 방법을 보여 주고 내담자에게 짧은 시간 동안 사용할 수 있도록 가르친다. 치료매개동물이 만지면 좋아하는 부위에 대한 치료사의 안내 또는 3초 규칙을 사용해서 내담자가 동물이 좋아하는 방식으로 적절하게 다룰 수 있도록 도와줄 수 있다. 이는 결과적으로 내담자에게 힘이 되고, 치료사도 내담자의 노력을 칭찬할 수 있다.

> 나는(리제) AAPT에 참여한 모든 개들이 각자 선호하는 터치 방법이 있다는 것을 안다. 모든 개들은 귀를 쓰다듬어 줄 때 차분해진다. 그들의 귀는 매우 부드러워서 내담자들도 만지는 것을 즐긴다. 자겐(Jagen)이 살아 있을 때는 목 뒤를 마사지해 주면 눈이 몽롱해지는 표정을 지었다. 코키(Corky)는 살아 있을 때, 가슴을 문질러 달라는 듯 앞발을 사람의 팔에 살짝 올려놓곤 했다. 키리는 어려서 몸이 더 유연할 때, 빠르게 등을 보이며 배를 문질러 달라고 했다. 뮤리는 사람들에게 꼬리 바로 앞쪽 등에 있는 부위에 접근할 수 있도록 몸을 돌리고, 뒷다리를 손에 밀착하거나, 그 부위에 손을 대고 '씰룩씰룩 움직여 봐(Wiggle It)' 신호를 하면 춤을 추듯 몸을 흔들었다(이 행동은 그에게 자연스러웠고, 내가 신호를 붙였다). 때로는 이 정보를 내담자와 공유하거나, AAPT 중에 스스로 발견할 수 있도록 하였다. 그런 다음 어느 부위에 얼마나 많은 압력을 가해야 개들이 가장 기분 좋게 반응하는지 함께 알아본다. 다른 사람에게 가하는 자신의 터치가 얼마나 영향을 미칠 수 있는지 잘 모르는 내담자의 경우, 처음 개를 만질 때 그들의 손 아래에 내 손을 두고 바로 피드백을 주기도 한다. "조금 더 세게……. 조금 더 부드럽게. 이제 딱 좋아요." 대부분의 경우, 내담자들은 간단한 피드백을 받은 후 압력을 조절할 수 있다.
>
> 때때로 우리는 AAPT 세션을 짧은 '개 마사지'로 마무리한다. 내담자들이 내가 알려 준 대로 개들을 쓰다듬으면, 그들 자신도 함께 이완되었다. 이것은 개와 내담자 모두를 편안하게 만드는 또 다른 방법이다.

잠자는 개를 그대로 두기 장애가 있는 동물들도 AAPT에 참여할 수 있지만, 이 과정에서 스트레스를 받거나 피로를 느끼지 않아야 한다. 동물들은 장애에 놀라울 정도로 잘 적응하는 경우가 많으며, 적절한 동물과 적절한 내담자의 경우, 이를 통해 공감할 수 있는 기회를 제공할 수 있다. 동물이 피곤해 보이거나 분명히 혼자 있고 싶어 하거나 잠을 자고 싶어 할 때, 우리는 그들을 깨우거나 일을 시키지 않는다. 만약 내담자가 동물과 상호작용할 수 없어서 실망하거나 화를 낸다면, 우리는 그 감정을 반영하고 다뤄준다. 이 같은 내담자의 반응은 아마도 그들의 치료 목표와 관련이 있을 것이다.

때때로 의료적이거나 감각적인 문제가 있는 동물들은 내담자가 동물의 관점에서 사물을 바라보고 그에 맞게 적응할 수 있도록 도와주기도 한다. 이들은 또한 어려운 상황을 어떻게 극복할 수 있는지에 대한 좋은 예를 제공할 수 있다. 우리는 청각장애가 있는 개, 다리가 세 개뿐인 개, 한쪽 눈이 없는 말과 함께 일했었다. 동물복지가 타협되는 일은 절대 없지만, 장애가 있는 동물들도 사람과의 사회적 접촉을 즐기고, 이로 인해 상호작용에서 얻는 이익이 크기도 하다.

나의(리제) 비글들이 나이가 들면서 몇 가지 특별한 도움이 필요해졌다. 이 시기에는 AAPT에서 정기적으로 일하지는 않았지만, 여전히 사람들과 만나고 노는 것을 즐기는 안정적이고 행복한 개들이었다. 자겐(Jagen)은 완전히 귀가 들리지 않고 거의 앞을 볼 수 없게 되었다. 나는 최근 교통사고를 당해 왼쪽 팔을 쓰지 못하는 젊은 성인 내담자인 크리스타(Christa)와의 시간에 자겐을 포함시켰다. 자겐은 쓰다듬어 달라며 즉시 크리스타에게 다가가고자 했고, 크리스타는 자겐이 그렇게 방에서 잘 찾아 이동하는 것에 놀라워했다. 우리는 자겐에게 감각장애가 생기면서 많은 것을 잃었지만 이에 굴하지 않았다는 이야기를 나눴다. 나는 장애를 극복한다는 은유로 크리스타 자신의 상황과 유사점을 끌어내려는 인상을 주지 않도록 조심했다. 크리스타는 자겐을 쓰다듬는 데 몰입하며 바닥에 내려와 앉아도 되는지 물었다. 내가 괜찮다고 대답하자 크리스타는 얼굴이 찡그렸고 "뭔가 걱정하는 것 같네요."라고 말했다. "팔이 없으면 다시 일어나기 어려울 것 같아요." 그녀가 말했다. "자겐 근처에 내려가고 싶지만 어떻게 다시 일어날 수 있을지 잘 모르겠다는 거군요. 아마도 여기에 도움이 될 만한 것이 있을 거에요. 필요하다면 언제든지 도움을 드릴 수 있어요."라고 덧붙였다. 그녀는 테이블 근처 바닥에 있는 빈백에 앉기로 했다.

몇 번의 쓰다듬기를 마친 후 크리스타는 스스로 일어나려고 했지만 힘에 부쳤다. 나는 너무 빨리 뛰어들고 싶지 않은 마음에 그녀 곁으로 다가가서 "정말 스스로 해 보고 싶군요. 힘들지만 노력하고 계시군요. 도움이 조금이라도 필요하다면 기꺼이 도와드릴게요."라고 말했다. 나는 그녀에게 가까이 다가갔다. 그녀는 잡아 달라며 손을 내밀더니 다시 일어났다. 그녀는 "도움을 요청하는 것이 어렵지만 지금은 항상 도움이 필요한 것 같아요."라고 말했다. 그 얘기를 잠깐 나눈 후 나는 그녀를 다른 활동으로 안내했다.

"자겐도 가끔 도움이 필요할 때가 있고, 스스로 무언가를 하는 것을 좋아해요. 둘 다 좋아할 만한 좋은 게임이 생각났어요!" 나는 크리스타에게 자겐이 좋아하는 아주 작은 바삭바삭한 간식을 보여 주며 자겐이 따라갈 수 있도록 가느다란 선에 놓아두자고 제안했다. 크리스타가 그렇게 하자 자겐은 열심히 곡선을 따라가며 과자를 다 먹어치웠다. 마지막에 나는 "가끔 자겐은 시작하기 위해 약간의 도움이 필요할 때가 있지만 그렇게 시작하면 다 혼자서 할 수 있어요!"라고 말했다. 크리스타는 계속하고 싶어 했고, 이번에는 간식 줄에 작은 공간을 만들어서 자겐이 다음 간식을 냄새 맡을 수 있도록 했다. 이 작업을 몇 번 반복하면서 매번 간식 더미 사이에 더 큰 공간을 남겨 두었다. 항상 음식에 열광하는 자겐은 열성적으로 참여했다. 나는 "와, 자겐이 점점 더 많이 찾을 수 있도록 도움을 주고 계시군요! 자겐은 당신의 도움이 약간 필요하지만 점점 더 스스로 하고 있어요!" 등의 반응을 보여 주었다. 자신의 장애와 자립에 대해 여러 가지 복잡한 감정을 가지고 있던 크리스타는 이 점을 잘 파악했다. 자겐이 시끄럽게 다음 과자를 먹으러 가는 동안 우리는 웃음을 터뜨렸고, 크리스타는 "누군가 저에게 이렇게 초콜릿으로 도움을 준다면 저도 더 잘할 수 있을 것 같아요. 제 물리치료사에게 그렇게 말씀해 주실 수 있나요? 아니면 더 좋은 방법은 자겐을 데리고 물리치료에 가도 될까요?"라고 물었다. 자겐과 함께 물리치료에 참석할 수는 없었지만, 물리치료사와 상의할 수 있도록 자겐과 함께 게임을 하는 모습을 사진으로 찍자고 제안했다. 이 개입은 두 가지 목적을 달성했다. 크리스타가 자의식에 사로잡히지 않고 다른 사람(자겐)을 생각할 수 있도록 도와주었고, 자신의 재활 과정에 대한 은유를 제공하는 데도 도움이 되었다.

공감 발달이라는 목표에 따라 각 상호작용이 내담자의 공감 행동을 자극하거나 허용할 수 있는 잠재력을 가지고 있기 때문에 여러 간단한 활동을 사용할 수 있다. 공간이 허락된다면 개를 데리고 산책을 하면서 내담자는 개가 어디로 가는지 관찰하고 공간과 의사소통 측면에서 개에게 필요한 것이 무엇인지 생각해 볼 수 있다. 치료사는 안내를 제공함으로써 도움을 주지만 상호작용을 세밀하게 통제하지는 않는다.

단순한 상호작용을 통해 그들 스스로 공감적 관계를 형성할 수 있는 기회를 만들 수 있다. 그런 다음 치료사의 역할은 이러한 공감의 신호를 경청하고 내담자가 이해하고 계속하기를 원하는 방식으로 따라가는 것이다. 내담자가 동물의 행동과 신체 언어를 인식하고, 이해하고, 반응하도록 돕는 것은 내담자의 공감적 이해와 행동을 강화하는 데 큰 도움이 된다.

목표 영역 4: 자기 조절

놀이는 아이의 정신에서 민감하고 감정이 가득한 주제에 대한
감정적 각성 수준을 조절하는 장치로 볼 수 있다.
–슐로모 아리엘(Shlomo Ariel)

이곳에 오면 약이 최고 효과를 보였을 때랑 비슷해져요.
–턴 어바웃 페가수스(Turn About Pegasus) 프로그램은
ADHD 약을 먹을 때처럼 자신을 차분하고
집중할 수 있게 도와준다고 말한 열네 살 ADHD 소년

자기 조절은 일반적으로 개인이 목표를 달성하기 위해 스스로를 관리하는 방식을 말한다. 자제력을 포함하여 일반적으로 사람들이 원하는 결과나 목표를 이루는 방식으로 습관, 행동 또는 반응을 바꾸기 위해 사용하는 행동이나 기술을 포함한다. 이는 동물에게도 적용되는 개념으로, 일반적으로 동물이 감정이나 행동의 각성을 얼마나 잘 관리하여 해당 맥락 안에서 적절한 행동을 취할 수 있는지에 초점을 맞추고 있다(Barkley, 2012; 'Creative play', 2008; Entin, 2011).

지금까지 설명한 많은 개입과 이 섹션에서 소개할 개입은 치료 과정에서 내담자의 전반적인 안전감에 기여하며, 자기 조절에도 도움이 된다. 대부분의 아동, 청소년, 성인은 정서적으로 안전하다고 느끼기 전까지는 어려움을 적극적으로 해결하지 않는다. AAPT 과정은 이러한 안전감을 제공하며, 치료매개동물이 추가되었을 때 안전감이나 보호감이 더욱 강화되는 것으로 보인다. 놀이는 트라우마, 불안 및 기타 문제와 관련된 생리적 각성을 감소시키는 것으로 보이며, 동물과의 상호작용이 잘 이루어지면 놀이성이 향상되는 것으로 보인다.

자라면서 아이들은 동물처럼 다양한 수준의 각성과 다양한 강도의 감정을 관리하는 방법을 배워야 한다. 그런데 일부 성인들은 자기 조절 과정을 발달시킬 기회를 가지지 못한 경우도 있다. 이 과정을 돕는 한 가지 방법은 내담자가 동물과 함께 각성 게임을 하도록 초대하고, 내담자가 각성 수준을 조절할 준비가 되었다면 내담자에게 각성 수준을 담당하게 하는 것이다. 그렇지 않은 경우 치료사가 코치할 수 있다. 이러한 개입의 구조화는 치료사가 과정을 안내해야 하는 정도에 따라 중간 수준에서 높은 수준까지 다양할 수 있다. 때로는 치료사가 내담자와 동물이 성공할 수 있도록 높은 수준의 구조화로 시작한 다음 내담자가 스스로

결정을 내리고 감정과 행동을 조절할 수 있게 되면 중간 수준의 구조화로 이동하기도 한다.

아래에 설명된 대부분의 활동에서 치료사는 내담자에게 게임 방법을 보여 준 다음, 내담자 자신과 동물의 안전을 지키는 것이 내담자의 임무라고 말한다. 게임을 하는 동안 치료사는 내담자가 각성 수준을 관리하도록 강화하고, 내담자가 각성 수준을 관리하는 데 어려움을 겪는 경우 간단한 알림을 제공한다. 게임 내내 즐거운 분위기를 유지해야 한다.

빨간불-초록불 아동용 게임인 '빨간불-초록불'은 각성 조절에 탁월하며 AAPT에서 개나 말과 함께 사용하기에 쉽다. 이 게임은 일반적으로 어린이 내담자와 함께 진행하지만 가족에게도 사용할 수 있다. 아이들은 말의 양쪽에 밧줄을 연결한 채 짝을 이루어 작업한다. 아이들은 앞으로 나아가고자 하는 자신의 욕구를 줄여야 할 뿐만 아니라 인간 파트너와 말의 필요를 인식하고 고려해야 한다. 종종 내가(트레시) 빨리 진행하면 아이들은 (게임 진행 방식에) 꽤 능숙하게 빨리 멈추지만 말은 그렇지 못한 경우가 많아서 기회를 놓치게 된다. ADHD를 가진 많은 아이들과 함께 작업해 봤는데, 기회를 놓치는 것은 어려울 수 있다. 우리는 아이들이 기회를 놓치는 것이 얼마나 힘든지 반영하고, 내담자는 대개 우리의 반영을 진심으로 진정성 있게 받아들인다. 아이들이 종종 좌절감을 표현하긴 하지만 차례를 어기거나 말에게 화를 내는 경우는 한 번도 없었다. 말의 존재가 조절 역할을 하는 것 같다. 내담자들이 말들에게 격려를 해 주고 제때 멈출 수 있도록 도와주는 것이 일반적이다. 이를 통해 말들이 충동을 덜 느끼도록 돕는 방법에 대해 논의하게 된다. 아이들은 종종 여기서 교훈을 얻는다: 규칙을 지키고, 차례를 기다려라. 그리고 이번에 게임에서 우승하지 못하더라도 항상 또 다른 기회가 있다.

이 게임은 개와도 쉽게 진행할 수 있으며, 목줄이 없는 잘 훈련된 개와도 재미있게 즐길 수 있다. 여기서는 내담자가 '가자!', '멈춰!'와 같은 개의 기본 신호어를 사용하며, 이 게임을 많이 사용한다면 초록불과 빨간불을 신호어로 사용하여 개를 훈련시킬 수 있다. 이 게임은 개를 키우는 가족이나 그룹(또는 개별 내담자)의 각 사람과 함께 진행하며, 개가 두 마리 이상일 경우 한 명씩 진행한다. 그런 다음 내담자는 신호를 주어 개를 멈추게 한다. 개를 멈추게 하기 위해 개를 건드리면 안 된다고 내담자에게 알려 주면 도전 의식을 더할 수 있다. 보통은 개에게 간식을 제공하여 동기를 부여하고 내담자를 위한 활동 내에서 구조를 정한다. 나는(리제) 일부 성인 그룹과도 목표에 따라 이 방법을 사용한 적이 있다.

인내심 게임 내담자가 인내심을 발휘하도록 요구하는 개입은 자기 조절력을 강화하는 데 도움이 될 수 있다. 인내심 게임의 필수 요소에는 여러 가지가 있다. 종종 내담자에게 개가 인내심을 갖도록 도와달라고 요청하는 것이 효과적일 수 있다. 한 가지 예는 행동 신호인 놔둬(Leave It)를 사용하는 것이다. 놔둬(Leave It)는 개에게 일정 시간 동안 물건에서 멀리 떨어져 있으라고 요청하는 것이다. 개는 이 개입에 참여하기 전에 반드시 놔둬(Leave It) 훈련이 이루어져야 한다. 이것은 종종 음식으로 수행되므로 개는 먹어도 좋다는 지시가 있을 때까지 원하는 음식물을 그대로 둬야 한다. 연습을 통해 개가 엎드려 있는 상태에서 발에 음식을 올려놓고 잠시 기다린 다음 오케이 사인을 줄 수 있다. 이 훈련에는 사람이 먹을 수 있는 작고 동그란, 겉에 치즈 맛이 나는 치즈볼을 사용할 수 있다. 또는 부드러운 치즈를 공 모양으로 만들어서 사용할 수도 있다.

게임을 하는 동안 치료사는 아이에게 놔둬(Leave It) 신호를 사용하는 방법을 보여 준 다음, 내담자에게 각 발에 치즈볼 몇 개를 놓고 다섯을 셀 때까지 기다린 다음 개에게 오케이라고 말하도록 요청한다. 개가 과거에 성공적으로 연습한 적이 없다면 이 작업을 수행해서는 안 된다. 치즈볼을 개의 발에 올려놓은 다음 개가 음식을 먹기 전에 짧은 시간 동안 숫자를 세게 해서 인내심을 가지게 한다. 치즈볼은 둥글기 때문에 몇 가지 추가적인 어려움이 있다. 내담자가 신체 협응력이 떨어지거나 매우 참을성이 없는 경우에는 놓기 쉬운 납작한 간식을 사용할 수 있다.

내담자가 잘하기 위해서는 인내심이 필요하지만 개의 인내심도 필요하다. 치료사는 내담자가 인내심을 유지하는 데 가장 도움이 되는 방식으로 이 과정을 촉진할 수 있다. 내담자와 개가 함께 작업할 때 치즈볼 시식을 곁들이며 많은 축하와 함께 장난스럽게 진행해야 한다. '기다리기 게임'은 인내심을 요구하는 또 다른 사례이다.

뮤리는 AAPT에서 일하기 시작할 때부터 내담자와 함께 있는 것을 좋아했다. 유일한 문제는 나와(리제) 내담자가 어떤 이유로든(화장실에 가거나 세션이 끝난 후 퇴실하는 등) 방 밖으로 나갔을 때 짖는 것이었다. 나는 수년 전에 같은 문제로 키리와 사용했던 개입 방식을 아동 내담자 한 명과 사용했다. 린디(Lindy)는 감정 및 행동 조절이 잘 안 되는 6세 여자아이였다. 뮤리는 놀이치료실에 혼자 있을 때 끊임없이 짖기 시작했고 나는 린디에게 뮤리가 이 문제를 극복할 수 있도록 도와줄 수 있는지 물어봤다. 나는 그녀에게 뮤리가 단 몇 분이라도 혼자 있는 것을 힘들어한다고 말했다. 그럴 때면 뮤리가 짖기 시작하는데, 가끔은 혼자 있는 것을 더 편안하게 느낄 수 있도록 도와줘야 한다고 말했다. 그녀는 흔쾌히 돕겠다고 동의했다.

뮤리는 이미 엎드려 교육이 되어 있었고, 린디는 그 신호를 줄 수 있도록 연습이 되어 있었다. 린

> 디는 뮤리를 엎드리게 하고 린디와 나는 간식을 손에 들고 문을 닫고 방을 나섰다. 뮤리가 잘 반응할 수 있도록 개입을 제대로 해야 했기 때문에 꽤 체계적으로 진행했다. 나는 문 손잡이에 손을 올리고 린디와 함께 문 밖에 서 있었다(이 공간은 사적인 공간이었다). 나는 속삭이듯 "셋까지 세어 보자!"라고 말했다. 소리 없이 과장되게 손가락으로 "1-2-3!" 숫자를 세었다. 그런 다음 문을 열고 뮤리가 조용히 있었음을 칭찬했고 린디는 뮤리에게 간식을 몇 개 던져 주었다. 그런 다음에는 6까지 세고, 그다음에는 10, 15, 20까지 세는 과정을 반복했다. 불과 몇 분 만에 뮤리가 2분 동안 조용히 있는 데 성공할 수 있었다. 린디는 이런 식으로 뮤리를 도와준 것에 대해 매우 만족스러워했고, 우리는 대기실에 있던 린디의 아버지를 초대하여 우리가 하는 것을 지켜보도록 했다. 이 장난스러운 개입의 초점은 모두 뮤리에 맞춰져 있었지만, 린디는 이를 통해 점차 인내심과 지연에 대한 관용을 키우는 방법을 알게 되었다. 집에서 린디는 부모님이 무언가를 기다려야 한다고 말할 때마다 자주 짜증을 냈다. 뮤리와 함께 이 연습을 한 지 몇 주 후, 린디와 나는 이 '기다리기 게임'을 어떻게 린디가 평소에 연습할 수 있을지 논의했고, 그 후 부모님과 계획을 공유하여 집에서도 부모님이 이 연습을 통해 도움을 줄 수 있도록 했다.

밧줄 터그(Rope tug) 줄로 터그를 즐기는 개가 줄을 가지고 줄다리기를 해야 하는 각성 게임이다. 안전에 대한 몇 가지 고려 사항이 있지만 매우 효과적이고 재미있을 수 있다. 즉, 내담자는 줄 장난감을 사용하여 개와 줄다리기를 한다. 잠시 놀다가 내담자는 개에게 멈추라는 신호를 보내거나 내담자가 줄을 놓는다. 이 활동은 몇 가지 안전 예방 조치를 설명한 후에 더 자세히 설명하겠다.

이 활동을 위한 첫째 요건은 개가 빨리 흥분하지 않고, 흥분한 후 빠르게 진정되며, 물지 않을 수 있어야 한다. 대부분의 인증받은 치료매개견은 일반적으로 이러한 특성의 조합을 가지고 있다. 자체적으로 각성 문제가 있는 개나 공격적인 성향이 있는 개는 치료매개견으로 사용하기에 적합하지 않다(따라서 치료매개견으로서의 활동에 의문을 제기해야 한다). 조절력이 좋을지라도 물기 억제 능력(스스로를 억제하고 물건을 아주 부드럽게 물 수 있는 능력)이 부족한 경우 밧줄 터그 게임에서 제외해야 한다. 부드럽게 입을 사용하는 능력은 훈련시킬 수 있다(Donaldson, 2005).

둘째, 중형견 정도의 사이즈인 경우 개와 사람 사이에 최소 2피트 이상의 간격이 있는 줄 장난감이 필요하다. 아주 작은 개의 경우에도 줄 장난감은 내담자의 손과 개의 입 사이에 최소 1피트 이상이 확보될 수 있어야 한다. 짧은 줄 장난감은 사고로 인한 부상 가능성이 높으므로 사용해서는 안 된다. 개가 줄 장난감을 물려고 할 때 실수로 내담자를 물 수 있다. 양쪽 끝에 매듭이 있고 가운데에 큰 매듭이 있는 길고 신축성 있는 부드러운 직물의 밧줄 터그를 사용하는 것이 좋다.

셋째, 매우 중요한 것은 개가 '놔(release)' 행동을 매우 완벽하게 수행할 수 있어야 한다는 것이다. 즉, 누군가 '놔(release)'와 같은 신호를 말하면 개는 즉시 입을 벌리고 물건을 바닥에 떨어뜨려야 한다. 이 행동은 훈련되어야 하며, 개가 10번의 시도 중 10번 모두 즉시 입에서 물건을 놓을 수 있을 때까지 어떤 줄다리기 게임에도 포함시켜서는 안 된다. 이 훈련은 다소 산만한 환경에서도 연습해야 하며, 이러한 조건에서도 신호에 따른 행동 수행은 100%여야 한다. 이 정도 수준이 확보되었더라도 줄다리기 게임을 사용하기 전에 내담자와 '놔(release)' 동작을 연습하는 것이 좋다.

치료사는 내담자에게 개와 다소 경쟁적인 게임을 할 것이라고 설명한다. 내담자가 해야 할 일은 개가 재미있게 놀면서도 너무 '흥분'하지 않게 하는 것이다. 치료사는 내담자에게 개가 흥분했을 때 어떤 모습을 보이는지 물어보거나(이전에 다룬 적이 있는 경우), 그렇지 않으면 치료사는 점프하기, 넘어뜨리기, 게임 중 내담자에게 2피트 이내로 접근하기, 방에서 질주하기 등 구체적인 예를 다룬다. 항상 그렇듯이 내담자를 놀라게 하지 않고 안전감을 유지할 수 있도록 가벼운 목소리 톤으로 진행해야 한다.

그런 다음 치료사는 내담자에게 게임을 시작하고 멈추는 방법을 보여 주며, 개가 끝을 집어 들도록 신호를 하고, ① 개에게 진정하거나 내려놓으라는 신호를 주거나, ② 내담자가 장난감을 바닥에 떨어뜨리고 장난감에서 뒤로 물러나는 모습을 보여 준다. 개가 높은 각성의 징후를 보이면 항상 후자의 옵션을 사용하지만, 필요에 따라 치료사가 내담자를 코칭하여 개가 높은 수준의 각성이 되지 않도록 해야 한다. 이 게임은 모든 참여자에게 가볍고 약간 경쟁적이어야 한다.

치료사는 때때로 내담자에게 "개가 이기도록 내버려 두라"고 말한다. 개는 때때로 성공했다고 느끼지 않으면 게임을 즐기지 않는다고 생각하며, 이는 내담자가 자신의 각성 수준을 관리하는 데도 도움이 된다. 놀이와 관계에서 상호 만족은 중요하며, 이 활동은 이를 위해 노력할 수 있는 방법을 제공한다. 또한 이 개입을 시작하기 전에 치료사는 해당 아동의 부모에게 이 개입을 알리고 집에서 반려동물과 함께 이 게임을 적용하지 않도록 주의를 주는 것도 중요하다.

마지막으로, 치료사는 로프를 움직일 때 옆으로 수평으로만 움직이도록 내담자에게 교육한다. 위아래 수직으로 잡아당기는 동작은 절대로 사용해서는 안 된다. 개가 목을 다칠 수 있다.

조시와 키리는 터그 게임의 자극을 즐기고 있었다. 조시는 으르렁거리는 소리를 내며 줄을 잡아당기는 다양한 방법을 실험했고, 키리는 줄을 잡아당기려고 앞뒤로 흔들며 조시에게 줄을 빼앗으려고 했다. 때때로 나는(리제) 조시에게 게임이 너무 빨라지거나 과해질 때 속도를 늦추게끔 알려주기도 했지만, 조시는 흥분 수준을 모니터링하고 스스로 조정하는 방법을 빠르게 배웠다. 키리가 가까이에서 위아래로 뛰면 게임을 멈췄다. 만약 키리가 흥분한 행동을 계속하면 조시는 똑바로 서서 잠시 멈췄다.

조시는 키리의 흥미를 유지하기 위해 키리가 '이기게' 내버려두는 것도 마다하지 않았다. 이런 식으로 몇 분간 놀다가 조시와 키리 모두를 위해 좀 더 차분한 활동으로 전환했다. 조시의 위탁모는 이후 조시가 반려견과 더 적절하게 놀기 시작했다고 보고했다. 이전에 반려견과 거친 장난을 치다가 결국에는 조시가 다치고 개에게 화를 내며 보복하려고 했던 놀이 모습이 사라졌다. 조시는 2년 동안 위탁 가정의 반려견과 문제가 많았지만 긍정강화 훈련, 자기 보호 조치, 적절한 각성 수준 관리를 결합한 AAPT를 통해 반려견과의 상호작용 모습이 달라졌다. 조시가 자신과 개를 모니터링하고 개와 상호작용하면서 스스로를 조절하는 능력에 변화가 이루어지기까지 두 번의 추가 위탁 가정과 최종 입양을 거쳐 거의 2년이 걸렸다.

일부 개 훈련 전문가들은 터그 놀이 사용에 동의하지 않지만, 개의 기질이 적절하고 설명한 모든 요소를 갖추고 항상 감독을 받는다면 대부분 합리적인 방법이라는 데 동의할 것이다. 그렇더라도 치료사는 관련된 위험을 인식하고 이를 매우 심각하게 받아들여야 한다. 이 개입을 준비하고 조율하는 방법에 대해 의구심이 든다면 사용하지 않는 것이 좋다. 위험을 잘 관리할 수 있다면 내담자가 개와 더 활기찬 방식으로 상호작용할 수 있어 임상적으로 도움이 될 것이다.

로프 터그가 적합하지 않은 경우에도 이 개입의 원리를 적용할 수 있다. 활기찬 상호작용과 느린 상호작용을 번갈아 가며 하면 내담자가 자기 조절 능력을 더 효과적으로 향상시킬 수 있다. 핵심은 동물이 요구되는 바를 처리할 수 있는지와 일정 범위 내에서 각성 수준을 유지하도록 면밀한 감독과 안내가 제공될 수 있는가이다.

목표 영역 5: 구체적인 문제 해결

목표 영역 5는 큰 영역이다. 여기에는 해결해야 할 구체적인 문제 제시가 포함된다. 이 책에서 설명한 대로 치료사가 동물을 적절히 선택하고 사회화하고, 동물과의 관계를 구축하고, 동물의 유쾌한 창의력을 활용하면 그 가능성은 셀 수 없을 정도로 많다.

치료사가 AAPT에 대한 충분한 교육을 받았다면 특정 문제에 대한 AAPT 중재를 선택하거나 개발하는 과정은 간단한 공식을 따른다. 기본 단계는 다음과 같다.

1. 내담자의 구체적인 행동 목표를 고려한다.
2. 목표에 적합한 AAPT 유형은 무엇인가? (비지시적 및 또는 지시적, 낮은, 중간 또는 높은 구조화, 개인, 그룹 또는 가족?)
3. 이러한 유형의 AAPT 중에서 동물과 잘 맞는 형태는 무엇인가? 또는 해당 유형의 AAPT에 가장 적합한 동물은 무엇인가?
4. 앞의 질문에 대한 답변과 내담자, 치료사, 동물의 능력 및 훈련을 고려할 때, 내담자의 목표를 달성하는 데 적합한 구체적인 활동에는 어떤 것이 있는가?
5. 활동을 재미있고 또는 가볍게 유지하는 방법을 결정한다.
6. 실행 및 평가하고 필요에 따라 조정한다.

AAPT는 간단하지만, 이제 막 AAPT를 시작한 사람에게는 이렇게 복잡한 사항을 고려하여 중재법을 선택하는 것이 벅찬 일처럼 보일 수 있다. 2018년과 2019년에 구체적인 AAPT 기법을 담은 두 권의 책이 출간될 예정이며, 최소한의 AAPT 교육 요건을 충족하는 임상의에게 제공될 예정이다. 이 책들은 www.iiaapt.org에서 확인할 수 있다. 몇 가지 구체적인 문제 영역과 AAPT 방법에 대해 아래에 설명하였다.

집중과 행동의 어려움

최악의 외로움은 스스로에게 편안함을 느끼지 못하는 것이다.

–마크 트웨인(Mark Twain)

주의력 결핍/과잉행동장애(ADHD)를 가진 모든 연령대의 내담자에게 놀이치료가 제공될 때 동물은 그 과정에 도움이 된다. 반항성 장애(ODD) 및 품행장애와 같은 다른 행동 문제의 치료도 유사한 AAPT 개입을 통해 도움을 받을 수 있다. 이 섹션에서는 어린이에게 사용할 수 있는 몇 가지 예를 제공한다. 이 책의 앞부분에 설명된 많은 중재 및 활동도 적용될 수 있다. 예를 들어, 앞서 설명한 빨간불–초록불 게임도 주의력 문제 및 자기 조절에 어려움이 있는 내담자에게 적용할 수 있다.

슬로모션 신호에 따라 천천히 걷도록 훈련받은 개와 함께 할 수 있는 개입 방법으로 '슬로모션(Slooowwww Moootionnnn)'이 있는데 아이들과 함께 진행한다. 아이들과 개는 신호가 주어질 때까지 마음껏 뛰어놀 수 있다. 그런 다음 모두 슬로모션으로 치료사를 향해 걷는다. 한 단계 더 나아가 '그대로 가만히' 또는 '동상'이라는 신호를 사용할 수 있다(개가 이 동작을 배운 경우). 이 신호를 받으면 아이들은 움직임을 완전히 멈추고 마치 동상처럼 어떤 자세를 취해야 한다. 개도 움직임을 멈추도록 훈련받는다.

슬로모션 게임은 키리의 특이성에서 비롯되었다. 처음 키리와 공놀이를 했을 때 키리는 게임이 끝나는 것을 싫어했다. 키리는 우리 몸짓을 보고 게임이 끝났음을 감지하면 공을 가지고 빨리 돌아오는 것이 아니라 보더 콜리가 양을 몰 때 보여 주는 전형적인 웅크린 자세를 취하며 슬로모션으로 걸어왔다. 이후에는 불렀을 때 바로 달려오도록 훈련을 했지만, 키리가 지쳐서 슬로모션으로 걸을 때면 그냥 내버려두었다. 나는 '슬로모션'이라는 단서를 키리의 특이한 걸음걸이와 연관시키기 시작했고 그 순간의 행동을 포착해서 신호에 따라 키리가 슬로모션으로 걷게끔 훈련하였다. 아이와 부모는 이 게임을 매우 즐거워했다. 이러한 유형의 게임은 아이들이 주의력을 높이고 재미있는 행동 연습을 통해 자신의 에너지와 신체를 더 잘 통제할 수 있도록 도와준다.

개 집중력 게임 이 개입은 아이들이 과제에 더 잘 집중할 수 있도록 돕기 위해 고안되었다. 성인에게도 사용할 수 있다. 치료사는 내담자에게 개를 지속적으로 관찰할 필요가 있는 신호와 그것의 훈련 방법을 알려 준다. 예를 들어, 응시하기 신호(눈 맞추기), 매트 위에 오래 앉아 있기, 엎드려 있기 등이 있다. 개와 내담자가 행동을 잘 수행하면 치료사는 장난스럽게 주의를 분산시키는 요소를 추가하여 상황을 더 어렵게 만든다. 치료사가 산만한 소리나 움직임을 내는 동안 내담자는 계속해서 개가 행동을 수행하도록 돕는다. 산만한 환경에서도 내담자는 개를 자신(내담자)에게 계속 집중시켜야 한다고 말한다. 내담자는 집중하는 개에게 음식 보상을 줄 수 있다. 물론 이 활동을 하려면 내담자도 집중해야 하며, 치료사는 내담자의 집중을 돕고, 인정하고, 강화한다.

비지시적 및 지시적 AAPT는 모두 ADHD 아동에게 성공적으로 사용될 수 있다. 키리는 아이들에게 ADHD 증상을 관리하는 방법에 대한 팁을 제공하는 '메모'를 작성했다. 내담자들은 키리의 높은 에너지 수준을 직접 보았기 때문에 키리는 신뢰할 수 있는 정보원이었고,

종종 키리도 자신 같이 ADHD라고 생각하기도 한다. 다음은 키리가 남긴 메모의 한 예이다.

> 내가 배운 신호 중 하나는 사람의 눈을 봐야 한다는 거야. 상대방이 간식을 내밀면 간식이 아니라 눈을 바라봐야 해! 처음에는 정말 힘들었어. 그러다 정말 열심히 노력하면 계속 눈을 바라볼 수 있었고, 결국에는 내가 무시하려고 했던 것보다 더 좋은 간식을 받을 수 있었어. 나는 보통 작은 것부터 집중하면서 점차 방해 요소가 많은 것에 집중하려고 해. 이렇게 하면 집중하는 데 많이 도움이 돼. 우리 같이 시도해 보고 서로 어땠는지 이야기해 보면 어떨까? 어떻게 생각해?

이런 경우, 나는 아이와 부모 모두에게 메모를 공유하고 개 집중력 게임을 연습한 다음 부모와 아이가 집에서 함께 할 수 있는 비슷한 게임을 (개가 아닌 서로에게) 해 보라고 제안한다. 나는 이 과정이 성공할 수 있도록 촉진해 준다. 아이는 집에 가서 실행한 후 키리와 나에게 어땠는지 알려 준다. 그러면 키리(또는 어떤 치료매개견이든)가 축하 편지를 쓴다.

클릭커 훈련 클릭커 훈련은 때때로 ADHD 아동에게 활동성과 집중력을 제공할 수 있다. 치료사는 개나 말을 참여시키기 전에 로어와 콜먼(Loar & Colman, 2004)에 설명된 '훈련 게임'을 사용하여 아이들과 함께 기술을 연습할 수 있다. 그러나 치료사는 광분의 클릭 행동을 대비하고 개입할 준비가 되어 있어야 한다. 아동이 클릭커를 다룰 준비가 되지 않은 경우, 행동을 관찰하며 아동이 "클릭"이라고 말하고 치료사가 실제 클릭을 한 뒤 아동이 간식을 제공하는 방식으로 수정해서 진행해 볼 수 있다.

불안 감소

인간의 불안은 대부분 과거와 미래에 있다.
동물은 우리가 현재에 더 많은 시간을 보낼 수 있도록 도와준다.
—리제 반플릿(Risë VanFleet)

개가 주는 가장 큰 즐거움은 당신이 개와 함께 자신을 놀림감으로 만들 수 있고,
개가 당신을 비난하지 않고 오히려 자신도 바보처럼 행동한다는 것이다.
—새뮤얼 버틀러(Samuel Butler)

다양한 불안 문제에 대처하는 어린이와 가족은 AAPT의 혜택을 받을 수 있다. 동물에 집중하거나 불안에 기반한 문제를 가진 동물을 돕는 것이 내담자 자신의 불안에 도움이 되는 경우가 많다.

개에 대한 두려움 상당수의 어린이가 개에 대한 두려움을 가지고 있다. 이러한 두려움 중 일부는 이전에 개와 부정적인 상호작용을 한 경험이 있기 때문이기도 하지만, 많은 아동의 두려움은 개에 대한 부모의 반복적인 경고로 인해 발생하는 것으로 보인다(Jalongo, 2004). 부모는 자녀를 안전하게 지키고자 개가 근처에 있을 때 여러 차례 경고하거나 감정적인 개입을 통해 개에 대한 불안감을 드러낼 수 있고 이러한 불안감이 자녀에게 쉽게 전달될 수 있다. 어떤 이유 때문이건 관계없이 어린이에게 친숙한 개와 낯선 개를 대하는 방법을 교육하고 훈련함으로써 개에 대한 두려움을 완화할 수 있으며, 놀이적인 상호작용을 통해 향후 개와의 만남에 대해 어린이가 둔감해질 수 있다.

때로는 놀이치료 시간에 작은 개가 있는 것만으로도 과정을 시작하기에 충분하다. 작은 개는 일부 어린이에게 '더 안전'하게 느껴지며, AAPT 중에 어린이가 작은 개와 상호작용할 기회를 갖게 되면 치료사가 다른 접근법을 사용하여 두려움에 도움을 줄 수 있는 기회가 열린다. 마찬가지로, 웃기는 자연스러운 행동이나 훈련된 행동을 하는 개는 웃음을 통해 불안을 줄일 수 있다. 예를 들어, 나는 뮤리의 자연스러운 발성 중 하나인 낮은 투덜거림을 들을 때마다 그것을 포착하여 즉각적인 놀이로 강화했다. 이에 대한 언어적 신호로 '루로'를 추가했다. 아이들에게 "루로"라고 말하게 하고 뮤리가 비슷한 소리를 낼 때까지 기다리게 하면서 약간 주의를 분산시켰다. 이 방법은 초기 단계에 뮤리에 대한 두려움을 극복하기 위해 어느 정도 거리를 두고 진행될 수 있다. 이 방법의 변형은 아이들에게 '루로'(불안하거나 '안 돼' 같은 감정)와 같은 느낌을 담은 단어를 물어보고 그것을 뮤리에게 말한 뒤 다 같이 "루로"라고 말해서 뮤리도 그 말을 하도록 하는 것이다. 나는 보통 "뮤리도 동의하는구나—누구나 걱정하는 마음이 들 수 있어!"라고 말한다.

AAPT는 둔감화 절차의 일부로도 사용할 수 있다. 치료매개견은 처음에 아이에게 친근한 방식으로 자신을 소개하는 '편지'를 쓴다. 이 편지는 개와 아이 모두에게 맞춤화되어 있다. 아래는 편지의 예시이다. 개의 편지를 읽거나 보여 준 후, 치료사는 아동이 메모나 메시지를 통해 개에게 간단히 답장을 보내도록 유도한다. 이때 개와의 신체적 접촉은 사용하지 않는다.

편지 샘플

치료매개견이 아동에게

(개의 사진과 재미있는 글꼴이 들어간 특별한 편지지에 작성)

Dear, ____________________

안녕! 내 이름은 키리이고, 내 소개를 할게. 나는 보더 콜리이자 비글이기도 해. 나는 놀이를 위한 치료매개견이야. 나는 놀기를 좋아하고 아이들과 함께 있는 것을 좋아해. 가장 좋아하는 건 아이들과 함께 노는 거야.

나는 어렸을 때 힘든 시기를 보냈어. 아무도 나를 원하지 않았거든. 나는 강아지 위탁 시설(보호소라고 불려)에 들어갔다가 리제와 그녀의 가족에게 입양되었어. 지금은 매우 행복해. 보더 콜리 개들은 일을 정말 좋아해서 리제는 나에게 아이들과 함께 일하는 방법을 가르쳐 주었어. 그래서 이렇게 편지를 쓰는 거야.

때때로 나는 플레이풀 푸치 프로그램에서 일해. 나를 만나고 싶은지는 아이들이 결정해. 나는 정말 다정해. 나는 좋은 행동을 하려고 노력하지만 가끔 도움이 필요한 작은 행동 문제가 있어. 때때로 플레이풀 푸치 프로그램의 아이들이 나를 도와주기도 해. 그들은 나의 훈련을 도와줘. 리제가 그 방법을 알려 줄 거야. 그래도 대부분 나 스스로 잘 행동하는 편이야. 누구도 다치지 않게 하고, 나는 정말 열심히 노력해. (나의 가장 큰 문제 중 하나는 종이 타월을 작게 찢어서 온 바닥에 널부러뜨리는 걸 좋아한다는 거야!)

나를 만나서 함께 놀고 싶으면 플레이풀 푸치 프로그램에서 말하면 돼. 리제가 먼저 만나서 나에게 인사하는 좋은 방법을 알려 주고, 처음 만났을 때 줄 수 있는 강아지 쿠키도 줄 거야. 내가 너무 좋아하는거지!!

놀이치료실에서 찍은 나의 사진이야(키리가 인형극을 보고 있는 사진). 인형극이 시작되기를 기다리고 있는 모습이야. 오늘은 여기까지. 언젠가 만날 수 있기를 바라!

키리

다음 단계에서는 치료사가 치료매개견의 사진과 자세한 정보가 포함된 또 다른 편지를 전달한다. 마지막으로, 치료사는 아동에게 옷의 일부를 요청하거나 천 조각에 팔을 문지르도록 요청한다. 치료사는 개가 천 냄새를 맡을 것이고 이는 개와 친숙해지는 과정에 도움이 될 것이라고 아이에게 설명한다.

둔감화의 다음 단계는 앞서 설명한 대로(제11장) 아이와 개의 만남을 놀이적인 준비로 만드는 것이다. 이 과정에서 놀이성은 개가 근처에 있다고 생각할 때 아이에게 올라오는 불안과 대치되는 이완을 제공한다. 추가적인 이완이 필요한 경우, 치료사는 아동과 함께 카두신(Kaduson, 2006)의 비눗방울 불기 기법을 사용한다. 이 기법은 비누 거품을 이용하여 심호흡 운동을 할 수 있는 놀이 기반 버전이다. 치료사는 고품질 비눗방울을 사용하여 심호흡을 하고 천천히 불면서 큰 거품을 만드는 방법(bubble-blowing technigue)을 아이에게 보여 준다. 치료사는 아동을 격려하면서 아동의 성공을 보장하는 유쾌한 경쟁을 이어나간다. 아이는 개와의 첫 만남 준비를 위해 집에서 부모와 함께 비눗방울 불기 기술을 '연습'한다.

이 시점에서 아동은 개를 만날 준비가 되었을 가능성이 높지만, 필요한 경우 아동이 멀리서 개를 보는 추가적인 단계를 삽입할 수 있다. 예를 들어, 개가 손 들기를 배운 경우, 아이는 차에 탄 개를 멀리서 만나고 치료사는 개에게 손 들기 신호를 줘서 개가 아이에게 인사하듯 손을 들어 보일 수 있다. 이 동작은 창문 양쪽에서 할 수 있다. 그런 다음 아동은 짧은 시간 동안 개와 만나고 치료사는 필요에 따라 거리를 늘리거나 줄여서 아동이 안전감을 느끼면서 상호작용할 수 있게 돕는다. 치료사는 개와 아이와의 편안하고 놀이적인 상호작용을 모델링한다. 상호작용 시간은 점차적으로 연장되며, 아동이 편안함을 느끼면 치료매개견은 세션에 더 많이 참여한다. 많은 아이들에게 이 모든 단계가 둔감화를 위해 필요하지 않을 수도 있다. 중요한 것은 아동에게 접촉 거리와 시간을 통제할 수 있도록 권한을 부여하는 것이다.

서맨사(Samantha)는 여덟 살 소녀로 어머니로부터 개를 멀리하라는 말을 수없이 들었다. 그녀의 어머니는 어렸을 때 개에게 물린 적이 있어 개를 무서워했다고 인정했다. 서맨사는 개만 보면 불안해했고, 반려견이 있는 친구나 집에 방문하는 것을 거부했다. 그녀의 어머니는 서맨사가 이런 식으로 사회적 상호작용이 제한되는 것을 원치 않았고, 서맨사가 계속 이런 두려움을 갖기를 원하지 않았다. 키리는 서맨사에게 편지로 자신을 소개했다. 서맨사는 이 편지를 받고 좋아하며 키리에 대해 질문하기 시작했다. 나는 서맨사에게 키리가 답해 줄 질문 몇 가지를 적어 달라고 부탁했고, 서맨사는 그렇게 했다. 다음 주에 키리는 서맨사의 질문에 대한 답변을 '작성'했고, 서맨사는 키리에게 보여 주기 위해 학교 사진을 가져왔다. 그리고 개는 항상 새 친구의 냄새를 맡는 것을 좋아한다는 것과 이것이 키리가 새 친구를 만났을 때 더 편안하게 느끼는 데 어떻게 도움이 되는지 설명하였다. 천 조각을 서맨사의 팔에 살짝 문지르고 나는 키리에게 가져다주겠다며 그 천 조각을 챙겨 왔다.

다음 주에 나는 서맨사와 30분간 놀이 세션을 진행한 후 10분간 키리에게 어떻게 접근해야 하는지 알려 주었다. 키리는 사무실에서 기다리고 있었다. 나는 키리를 놀이치료실로 데려왔고, 서맨사의 요청에 따라 키리는 놀이치료실 건너편에 있었다. 키리가 꼬리를 흔들었고 나는 "키리가 너의 냄새와 사진, 그리고 내가 너에 대해 말해 준 모든 것을 기억하고 너를 알아보는 것 같아! 와우, 널 좋아하는 것 같은데 어떻게 생각해?"라고 말했다. 서맨사는 "네, 꼬리를 많이 흔들고 있어요!"라고 동의했다. 몇 분 후 서맨사는 키리를 만져 봐도 되냐고 물었다. 준비했던 대로 서맨사는 키리의 가슴을 문지르고 키리는 서맨사의 팔을 핥았다. 서맨사는 예상치 못한 행동에 잠시 망설이다가 "정말, 정말 나를 좋아하네요!"라며 킥킥 웃었다. 그런 다음 나는 서맨사에게 키리의 귀가 얼마나 부드러운지 느껴 보라고 제안했다. 서맨사는 그렇게 했고 우리는 세션을 끝냈다. 서맨사는 다음 주에 키리를 볼 수 있는지 물었다.

다음 세션에 도착하자마자 서맨사는 키리를 데리고 왔는지 물었다. 서맨사는 키리와 다시 놀고 싶어 했고, 세션이 끝날 무렵 키리와 함께 놀았다. 그때부터 서맨사는 키리에 대한 두려움을 거의 느끼지 않았고 키리와의 상호작용을 환영했다. 서맨사는 개에게 안전하게 접근하는 기술을 빠르게 습득했고, 세 번의 키리와의 세션이 끝난 후 미니어처 슈나우저를 키우는 친구의 집에 간다고 했다. 그 다음 주에 그녀는 친구 집 개도 자신을 정말 좋아했고, 키리처럼 그 개의 가슴을 문질러 주었다고 말했다. 그 후로도 개선은 빠르게 이어졌다. 한 세션에는 서맨사의 어머니도 함께 참여하여 서맨사가 개를 만나고 함께 노는 것에 대해 배운 것을 어머니에게 가르쳐 주었다. 서맨사의 어머니도 키리와 함께 놀며 즐거워하는 서맨사의 모습을 보고는 긴장을 풀 수 있었고, 키리를 직접 만지는 것을 조금 망설였지만 결국 서맨사의 지도에 따라 개의 귀를 쓰다듬어 주었다. 서맨사와 어머니 모두 새로운 개 친구를 사귀는 용기를 낸 것에 대해 좋아했다.

말 공포증 사람들이 개처럼 말을 매일 접하지 않기 때문에 일반인에게는 말 공포증이 덜 퍼져 있는 것 같다. 그럼에도 불구하고 말과 함께하는 AAPT에서는 이 크고 강력한 동물을 두려워하고 그 두려움을 극복하는 과정이 성취감을 제공하고 내담자 삶의 다른 영역에서 두려움을 극복하는 은유로 작용한다.

말에 대한 두려움을 표현하는 내담자는 종종 말을 무서워한다고 말한 다음, 과거(보통 어린 시절)에 자신(또는 가까운 사람)이 말에게 물렸거나 발에 차이거나 '던져진' 경험에 대한 이야기를 이어 간다. 그들의 두려움은 진심이며 그러한 과거 경험에 대한 인식에 근거한다. 우리는 그들의 두려움을 인정하고, 그들의 이야기를 경청하며, 스스로를 안전하게 지키고자 하는 그들의 소망을 반기는 것으로 치료를 시작한다.

(제11장에 설명된 대로) 말들을 소개하고 넓은 들판에서 말을 불러들인다. 나의(트레시) 말은 매우 친절하고 사람들과 함께 있는 것을 좋아하기 때문에 보통 질주하듯 달려온다. 이용

자들은 보통 말들이 자신을 향해 달리는 모습을 보면 반은 무서워하고 반은 신기해하는데, 때로는 질주하는 동안 말들이 서로 무는 놀이 행위를 하기도 한다. 수년 동안 말들이 자유롭게 달리는 모습을 봐 왔지만 여전히 언제 어디서든 항상 멈춰서 지켜보곤 한다. 내담자에게 이 광경은 처음 보는 스릴 넘치는 경험이다.

말들이 게이트에 도착하면 킁킁거리며 콧김을 불고 서로를 밀치는데, 크기가 너무 달라서 우스꽝스러워 보이기도 한다. 불안해하면서도 내담자들은 웃을 수밖에 없다. "와, 빨리 보고 싶어 하는 것 같네요."와 같은 기분 좋은 말을 한다. 관찰 모드로 전환하여 내담자가 게이트에서 스스로 거리를 설정할 수 있도록 한다. 그런 다음 치료팀 중 한 명이 말과 어울리기 위해 들어가서 말들이 좋아하는 부위를 긁어 주고 내담자는 그 모습을 지켜본다. 특정 부위를 긁어 줄 때 윗입술이 아래쪽으로 뻗어 웃긴 얼굴이 되면 내담자들은 항상 즐거워한다.

우리는 모든 것을 가볍고 장난스럽게 유지한다. 다른 내담자에게 하듯 그들에게는 말을 쓰다듬어 달라고 요청하지 않지만 말이 좋아하는 행동을 보여 주고 무엇을 보고 말이 좋아한다고 생각하는지 알려달라고 요청한다. 안전하다는 것이 스스로 확인되면 대부분의 어린이 내담자와 많은 성인 내담자는 조금씩 앞으로 다가오고 결국에는 직접 말을 쓰다듬어 주고 싶어 한다. 그들은 주저하고 움직임이 불안정할 수 있지만, 우리 말들은 사회화 과정에서 이러한 상황에 대비해 왔다. 말들은 필요에 따라 뒤로 물러나거나 고개를 돌리지만 대부분의 불안한 내담자들은 이를 알아차리지 못하고, 우리도 이를 지적하지 않는다. 말들이 가까이 다가가려는 열의를 보이면 "모든 말들이 당신의 손길을 느끼고 싶어 하네요."라고 말하며 접근을 유도한다. 셔틀랜드는 게이트 가운데로 목과 코를 내밀고 내담자의 다리, 신발 냄새를 맡을 수 있다. 이 때문에 내담자가 깜짝 놀랄 수 있지만 "람보가 신발을 정말 좋아하는 것 같으니 가져갈 수 없다고 말하는 게 좋을 거예요!"와 같이 장난스럽게 말하며 가벼운 분위기를 유지한다.

종종 내담자와 첫 번째 세션에서 이 정도까지만 진행하기도 한다. 내담자가 편안함을 느끼고 더 많은 것을 원한다면 내담자가 선택한 말과 함께 간단한 그루밍을 준비한다. 해당 말을 데려오고 다른 말들은 필드에서 더 멀리 떨어진 곳으로 이동시켜 그들끼리는 가깝게 있되 우리 도움을 받아 그루밍을 하고 있는 내담자와 같은 공간에 있지 않도록 한다. 그 후 모든 세션에서 우리는 내담자가 '특별한 말'에 신뢰를 쌓게 하고, 시간이 지남에 따라 내담자의 편안함이 다른 말들에게 옮겨 가게 한다.

기타 불안 문제 불안 문제는 다양한 방식으로 나타날 수 있으며, 종종 내담자의 과거 또는 미래에 대한 정신적 관여를 나타낸다. 과거에 했던 말이나 행동에 대해 걱정하거나 미래에 해야 할 일이나 다른 사람이 자신을 어떻게 생각할지 걱정한다. 이는 현재에 보내는 시간을 빼앗고 나중에 인생의 많은 부분이 지나갔다고 느낄 때 후회하게 만든다. 80세의 한 뇌졸중 환자는 "나는 장미꽃 향기를 맡을 시간을 갖지 못했어요. 항상 내가 했던 일이나 다음 사업 거래를 검토하느라 바빴죠. 은퇴하고 나면 제대로 살아야지 했는데, 지금 이런 상황이네요."라고 말했다.

AAPT는 이에 대한 도움을 제공한다. 동물은 기억을 가지고 있고 미래의 일부 측면을 예측할 수 있지만, 대부분 현재에 존재하는 것처럼 보인다. 모든 연령대의 불안한 내담자의 삶에 동물을 데려오면 현재를 더 잘 인식하고 현재에 집중하는 것이 얼마나 도움이 되는지 깨닫는 데 도움이 된다. 불안 증상을 완화하는 데 유용한 AAPT 활동은 여러 가지가 있으며, 그중 몇 가지를 소개하겠다.

내담자가 긴장을 푸는 데 도움이 되는 한 가지 방법은 개와 함께 게임을 하도록 가르치는 것이다. 여기에는 개가 좋아하는 물건 물어오기나 숨바꼭질 같은 게임이 포함될 수 있다. 치료사는 'Play Ball!' 또는 'Batter up!'과 같은 색다른 언어적 신호에 개가 반응하도록 훈련하여 재미를 더할 수 있다. 어떤 놀이를 하든, 내담자의 초점은 자신에서 개로 이동하고 에너지, 재미, 즐거움이 이어진다. 치료사는 개가 내담자와의 상호작용을 어떻게 즐기고 있는지, 그리고 동물의 초점이 지금 여기에 어떻게 집중되어 있는지를 지적한다. 그런 다음 치료사는 내담자가 놀이에 대한 반응으로 자신의 감정을 탐색하고 일상생활에서 어떻게 재현될 수 있는지 탐색하도록 돕는다.

또 다른 접근법은 내담자가 참여할 수 있는 우스꽝스러운 트릭을 개에게 가르치는 것이다(예: Bielakiewicz, 2005). 이러한 트릭이나 게임은 개의 성격을 고려하여 개의 자연스러운 성향에 기반해야 한다. 치료사는 훈련하는 동안 개와 장난스러운 상호작용을 설정하고 장려하며 그 결과에 내담자와 함께 웃는다.

매우 불안한 내담자는 장난스러운 활동에 참여하기 어려울 수 있으며, 여기에는 어린이도 포함된다. 진지하고 완벽주의적이거나 자기 비판적일 수 있다. 자신을 바보로 만드는 것에 대해 걱정한다. 그들은 장난기나 유머러스한 자아에 접근하는 방법을 모른다. 가벼운 활동에 참여하라는 치료사의 요청을 무시할 수도 있다. 그러나 동물이 그림에 들어오면 이러한 절제와 자제력은 때때로 동물의 참여 요청에 양보하게 된다. 어떤 조건에서는 동물이 치료사보다 더 많이 개입하기도 한다.

어린이와 청소년(때로는 성인)의 참여를 유도하는 한 가지 방법은 플레이 바우 동작을 사용하는 것이다. 개는 플레이 바우라는 독특한 자세를 사용하여 다른 개, 심지어 다른 종의 동물을 초대하여 함께 놀이 한다. 개의 앞쪽 끝은 바닥으로 내리고 엉덩이와 뒷부분은 높게 유지한다. 이 자세에서 개는 때때로 튀어 오르거나 짧은 짖음을 내기도 하고 엉덩이를 흔들기도 한다. 기대감의 표현으로 귀를 앞으로 쫑긋 세운다. 일부 개는 사람이 바닥에 엎드리거나 서 있는 상태에서 무릎을 꿇고 뒤로 튕기는 플레이 바우 자세를 취하면 장난스럽게 반응하기도 한다. 치료사는 내담자를 위해 이러한 자세 중 하나를 모델링하고 내담자가 따라 할 수 있도록 도와준다. 그런 다음 개를 소개하고 개가 놀이 초대에 응답하면 개와 함께 게임을 진행한다. 이 과정은 우스꽝스러워 보이는 것을 두려워하는 일부 내담자에게는 어려울 수 있으며, 치료사는 이 개입을 결정할 때 내담자에 대한 정보와 현명한 판단을 사용해야 한다. 치료사가 모델 역할을 하면서 장난스럽게 진행하면 일반적으로 대부분의 아동에게 사용할 수 있다. 하지만 여기에는 주의가 필요하다. 놀이에 매우 흥분하고 조절에 어려움이 있는 개에게는 적합하지 않다. 부상의 가능성이 있으므로 개의 성격과 이러한 조건에서 어떻게 행동할지 파악하는 것이 매우 중요하다.

이와 유사하게 치료사는 내담자에게 '개가 몸을 터는 행동'을 가르칠 수 있다(Rohnke, 1991). 치료사는 개가 물을 털어내는 방법뿐만 아니라 흥분된 활동에서 차분한 상태로 전환할 때에도 개가 어떻게 흔드는지에 대해 이야기한다. 그런 다음 치료사는 흔들림이 머리에서 시작하여 어깨와 팔, 몸통과 손을 거쳐 다리와 발로 어떻게 내려가는지 보여 준다. 치료사와 내담자는 장난스럽게 함께 연습한다. 근육을 사용하고 웃음이 이어지기 때문에 일반적으로 신체적, 정서적 이완 효과가 있다. 가족이나 내담자 그룹과 함께 해도 재미있다.

또 다른 아주 쉬운 방법은 내담자를 하울링 게임에 참여시키는 것이다. 개처럼 울부짖는 시늉을 하면 웃음을 통해 긴장을 풀 수 있다. 사람의 울부짖는 소리를 들으면 울부짖을 가능성이 있는 개와 함께하면 훨씬 더 재미있게 할 수 있다. 나는(리제) 종종 한 마리 이상의 비글을 AAPT 도우미견으로 기르기 때문에 이 활동을 '비글처럼 울부짖기'라고 이름 붙였다. 비글은 사람이 자신의 트레이드마크인 짖는 소리를 내면 종종 이를 흉내 낸다.

일부 내담자는 촉각 과민증을 포함한 감각 문제를 경험한다. 이들은 의류 라벨이 피부에 닿거나 손이 더러워지면 불안해한다. 이러한 내담자 중 일부, 특히 감각 처리 장애가 있는 내담자는 AAPT를 통해 정신건강(불안)과 작업치료 모두에 이점을 얻을 수 있다. 치료매개견은 깨끗하고 단정하게 관리되지만 침을 흘리거나 털을 흘리는 등 지저분한 특성을 가지고 있다. 때로는 털이 뻣뻣하고 불편하게 느껴지는 경우도 있다. 치료사는 내담자의 불안에 대한 내성을 충분히 고려하여 약간 지저분한 것들을 관리하면서 내담자의 주의를 개의 놀이에 다시 집중시키는 개 관련 활동을 소개할 수 있다.

> 그 예로 '침 흘리는 공'이라고 부르는 활동을 들 수 있는데, 내담자가 개와 단순히 공을 가지고 노는 활동이다. 개가 공을 내담자에게 돌려줄 때 공은 항상 침으로 덮여 있다. 내담자가 꿈틀거리거나 "끈적끈적하다"는 말을 하면, 내가 제공한 작은 수건으로 손을 재빨리 닦고 다시 게임을 시작하라고 제안한다. 개는 다음 던지기를 간절히 기다리고 있기 때문에 내담자가 더러운 손에서 오는 불안감에 집중할 시간이 거의 없다. 나는 내담자의 불안을 진지하게 받아들이되 가벼운 마음으로 또는 대수롭지 않은 어조로 대처한다: "정말 싫지? 나도 싫어. 그래서 그걸 침 흘리는 공이라고 부르는 거란다. 여기 손 닦을 수건이 있어. 봐 봐. 키리가 공 던져줄 걸 기다리고 있어." 대부분의 내담자는 불안감을 뛰어넘을 정도로 개와 놀고 싶어 하며, 촉각 불편에 민감한 아이들도 다음 세션에서 내가 지시하거나 수건을 사용하지 않아도 공놀이를 시작하는 것을 자주 본다.

촉각 방어가 있는 내담자는 처음에 말을 만지는 데 어려움을 겪을 수 있으므로 항상 깨끗한 장갑을 착용할 수 있는 옵션을 제공한다. 불안, 완벽주의, 촉각 방어성 또는 위축된 내담자에게 가장 좋은 활동 중 하나는 팀을 이루어 말의 꼬리와 깃털(코브 종 다리 아래 쪽 긴 털)을 씻어 주는 것이다. 말들은 이를 좋아하며 서서 졸기도 한다. 내담자들은 양동이, 특수 말 샴푸와 컨디셔너, 수많은 스펀지, 브러시, 물 주전자, 이가 넓은 빗을 가지고 있다. 다리에 털이 많은 코브(Cob) 말인 세일러와 퍼디는 한 무리의 아이들을 혼자서 수용한다. 우리 말의 꼬리는 자연스럽고 일반적인 미용 기준대로 자르지 않기 때문에 보통 바닥까지 오며 특히 비가 내린 경우 매우 지저분하다. 또한 깃털이 바닥에 닿기 때문에 진흙을 끌어당기기도 한다. 코브(Cob) 말의 꼬리와 깃털을 씻으려면 많은 노력과 팀워크가 필요하다. 꼬리 전체를 양동이에 담가야 하고, 힘센 사람이 꼬리 뒤에서 양동이를 들어올려야 한다. 스펀지와 물 주전자를 사용해야 하고 꼬리를 깨끗하게 씻기 위해 내담자들은 손으로 꼬리를 문질러야 한다. 내담자들은 항상 물보라를 맞는다. 때로는 씻는 도중에 말이 갑자기 즙이 많은 풀을 발견하고 바로 먹으려고 뛰쳐나가 돌아다니기도 한다. 그룹원은 꼬리 아래에 무거운 물통을 받치려고 소리 지르고 웃으며 말을 따라다닌다. 여러 물통을 거듭 사용할수록 맑아지는 물을 보며 처음에는 그렇게 더러웠던 물이 어떻게 이렇게 맑아질 수 있는지 감탄사를 연발한다.

그런 다음 말의 꼬리를 말리는 방법을 아는 사람이 있는지 물어본다. 내담자들은 보통 육체적 에너지가 많이 소모되었기 때문에 더 편안해진 상태가 되고 대답을 하기도 한다. 말의 꼬리를 말리는 가장 빠른 방법은 말의 도크(말의 꼬리뼈) 아래를 잡고 말의 왼쪽 또는 오른쪽 엉덩이에 서서 크게 원을 그리며 꼬리를 돌리는 것이다. 물은 사방으로 튀고 대개 무방비 상태로 있던 가족이나 그룹 구성원이 맞게 되고 대부분 재미있어 한다. 그런 다음 다른 방향으로 격렬한 소용돌이를 반복한다. 모두에게 차례가 돌아간다. 그런 다음 내담자들은 꼬리에 컨디셔너를 바르고 진드기 용액을 깃털에 뿌린 다음 빗질과 솔질을 한다.

마지막으로, 내담자들은 말의 꼬리를 여러 개의 작은 갈래로 땋는다. 가장 불안해하던 내담자도 이 활동에 몰두하다 보면 불안감을 잊게 된다. 장갑을 끼고 시작했던 내담자도 장갑을 벗는다.

꼬리와 깃털을 씻어 주는 간단한 활동이지만 다양한 문제에 다양하게 응용할 수 있어 내담자들이 가장 좋아하는 활동이다. 어린아이들의 물놀이와 비슷하기 때문에 감각 문제가 있는 아이들에게 매우 유용하다. 자녀가 학령기에 입양된 입양 가정의 경우, 키가 6피트나 되는 청소년임에도 불구하고 온 가족이 함께 이런 식으로 물놀이를 하는 것은 처음 경험하는 일일 수 있다. 간혹 말의 온몸을 씻기고 싶어 하기도 하지만, 피부에 유분을 빼앗고 말의 눈과 콧구멍에 비누가 닿을 수 있기 때문에 이를 허용하지 않는다.

여기에 설명된 유형의 놀이적 상호작용은 내담자가 종종 놀이성과 관련된 기쁨과 자유를 느끼는 데 도움이 될 수 있다. AAPT를 사용하면 자의식이 강한 내담자의 초점을 자신에서 동물로 전환하고, 놀이 기반의 위험 감수 기회를 제공하며, 억압되거나 억눌렸던 웃음과 재미를 발산할 수 있다. 동물은 놀이성, 현재 삶, 무의식적인 삶의 즐거움에 대한 훌륭한 모델을 제공한다. 불안한 내담자는 치료사보다 동물에게 더 쉽게 반응하여 마음을 밝게 하고 위험을 감수할 수 있다. 치료 결과의 일반화 가능성에 대한 연구는 더 필요하지만, 많은 내담자들이 AAPT에서 동물과 함께 직접 경험한 후 일상에서 더 편안함을 느낄 수 있는 방법을 찾고 싶어하는 것 같다. 그들은 자신의 유쾌한 면을 찾거나 다시 연결할 수 있다고 느끼고, AAPT 개입을 통해 다른 불안 감소 방법을 더 기꺼이 시도할 수 있는 것 같다고 말한다.

행동 문제 및 저항

개가 당신의 얼굴을 보고도 당신에게 오지 않는다면,

당신은 집에 가서 당신의 양심을 살펴봐야 한다.

–우드로 윌슨(Woodrow Wilson)

여기에서도 앞서 설명한 많은 개입 방법이 유용할 수 있다. 다음에 몇 가지 추가적인 접근 방식을 소개하고자 한다.

개는 성인 교도소뿐만 아니라 청소년 사법 환경에서도 애착 경험, 목적의식, 새로운 기술, 타인에게 기여하는 직업에 대한 만족감, 웰빙을 제공하기 위해 활용되고 있다. 이러한 교도소-개 프로그램은 뉴스 프로그램에도 소개된 바 있으며, 일반적으로 수감자들이 개 훈련에 참여한다. 대표적인 예로 '포시티브 독 프리즌 트레이닝 프로그램(Pawsitive Dog Prison Training Program)'(예: www.spokanimal.org/prisonpups.php)이 있다. 이러한 유형의 프로그램에서는 개가 수감자와 함께 생활하도록 허용되며, 수감자는 개의 모든 돌봄을 책임진다. 프로그램은 몇 개월에서 1년 이상 지속될 수 있다. 참가자들은 긍정강화 훈련 방법을 익히고 정기적으로 개와 함께 일한다. 일부 개는 수색견이나 구조견과 같은 추가 업무 역할을 맡기도 한다.

지역 동물 보호소에서 입양을 돕기 위해 훈련이 필요한 개를 데려오는 프로그램도 있다. 스코틀랜드 스털링 대학교에 본부를 둔 포즈 포 프로그레스(Paws for Progress)(www.pawsforprogress.com)는 긍정강화 훈련 방법을 사용하여 어린 범죄자와 여성 재소자들에게 구조 보호소에 있는 개를 훈련시켜 재입양시키는 훌륭한 프로그램을 운영하고 있다. 2009년부터 시작한 이 프로그램은 개들의 재입양 성공률과 참가자들의 프로그램 출석률 모두 100%를 기록하고 있다. 유사한 프로그램에 참여한 어린이들은 이 경험에 대해 인터뷰하면서 개와 깊고 긍정적인 관계를 형성하고, 개가 자신에게 반응하는 것을 보면서 자존감이 높아졌다고 일관되게 이야기했다(Loar & Colman, 2004). 소수의 개 훈련사 그룹이 방문했던 프로그램(www.spokanimal.org/prisonpups.php)과 페이스북 페이지에 일기 형식으로 내용을 공유했던 프로그램(https://www.facebook.com/PawsitiveDogPrisonProgram/)에 참여했던 성인 수감자들 역시 개인적인 이야기를 나누고 훈련 기술을 자랑스럽게 보여 주었다.

놀이치료사 주디 도울리(Judy Dawley, 개인적 커뮤니케이션, 2007년 1월 4일)는 AAPT에 함께하는 자신의 독일 쇼트헤어 포인터 브리아(Bria)가 사춘기 소녀의 저항적인 태도를 극복하는 데 어떻게 도움이 되었는지를 보고했다. 이 소녀는 애착 문제와 어려운 과거를 가지고 있었고, 과거에 다른 치료사들에게 협조적이지 않은 태도로 좌절감을 안겨주었다. 그녀는 주디와의 첫 만남에서 "나는 당신을 모르고, 당신을 믿지 않으며, 여기 있고 싶지 않다"고 말한 후 자리를 박차고 나갔다. 브리아는 다음 세션에 참석했다. 소녀는 같은 태도로 세션에 들어갔지만 개를 보자마자 태도가 바뀌었다. 그녀는 "개를 좋아해요!"라고 말하며 의자에서 뛰어내려 개를 보러 갔다. 그녀는 개를 쓰다듬었고 주디는 브리아가 할 수 있는 묘기를 보여 주었다. 세 번째 세션에서는 두 사람이 함께 브리아에게 구르는 법을 가르쳤고, 10대 소녀는 치료에 훨씬 더 적극적으로 참여했다. 네 번째 세션에서 소녀는 브리아를 놀이치료실로 데려간 후 주디에게 함께 게임을 하자고 요청했다. 그 10대 소녀는 게임을 하는 동안 모든 저항의 흔적이 사라진 채 대화하고 웃었다. 그 후 소녀는 안전 문제에 대해 논의하고 해결하기 시작했다.

AAPT 프로그램에 의뢰되는 아동 및 청소년 내담자는 트라우마, 애착 문제, 반항장애 또는 품행장애 등 여러 가지 진단을 받는 경우가 많다. 최근에 나는(트레시) 서로 다른 주거 프로그램이나 치료적 위탁 가정에서 생활하는 6명의 청소년으로 구성된 혼성 그룹과 함께 작업했다. 모두 최소 세 가지 이상의 진단을 받았다. 캐스퍼(Casper)라는 소년은 다른 진단명과 함께 자폐스펙트럼장애(ASD)를 가지고 있었고, 특히 낯선 사람들과 함께 미니버스를 타고 먼 길을 왔기 때문에 극도로 적대적인 태도를 보였다. 그는 기분이 좋지 않았다. 우리는 모두 잔디밭에 앉았지만 그는 의자를 고집했다. 반바지를 입고 있었고 잔디에 대한 감각이 좋지 않을 수 있어서 의자를 제공했다. 내가 다섯 가지 손가락 계약(Trotter, 2008에 설명되어 있음)을 보여 주고 우리 모두가 관심을 보이기 위해 엄지손가락을 치켜드는 제스처를 취했을 때 그는 엄지손가락을 내리는 사인을 보냈다. 말을 보러 갈 시간이 되자 그는 팔짱을 끼고 거절했다. 우리는 그를 선생님과 함께 그곳에 두고 경기장으로 향했다. 5분 후 그는 의자를 들고 도착했다. 말들은 사람이 의자를 들고 가는 것에 익숙하지 않고 안전이 최우선이기 때문에 나는 말들이 겁을 먹을 수 있기 때문에 의자를 치우겠다고 사실적으로 설명하면서 의자를 치웠다. 선생님은 극도로 불안한 표정을 지었는데, 아마도 그가 분노발작을 일으킬까 봐 걱정하는 것 같았다. 그는 즉각 나의 설명을 받아들였고 말과 다른 청소년들이 말과 교감하는 모습을 발견했다. 그는 즉시 그들과 합류했고 곧바로 말에 대한 온갖 종류의 질문을 하며 말에게 완전히 몰입했다.

일부 프로그램에서는 치료사에게 질문에 대답하지 말라고 조언하지만, 우리는 각 아동과 상황이 독특하다고 생각하며, 치료에 도움이 된다고 생각되는 방식으로 진행한다. 캐스퍼는 다른 사람들과 적절하게 긍정적인 의사소통을 하고 있었기 때문에 나는 질문에 대답하는 것이 중요하다고 생각했다. 언제나 그렇듯이 핵심은 치료사가 가진 내담자 그룹에 대한 친숙함과 지식, 그리고 자신의 임상 전문 지식이다.

(항상 지식 기반을 넓히고 싶었던 나는 페이스북 페이지에서 좋다고 추천받은 아동을 위한 구체적인 활동 매뉴얼을 구입했다. 나는 그룹 진행자가 각 세션마다 센터에 도착하자마자 아이들에게 특정 '규칙'을 반복하도록 요구하는 극도로 규범적인 내용에 실망했다. 이 모델은 치료보다는 극단적인 통제에 더 초점을 맞춘 것 같았고, AAPT의 유연하고 관계 지향적인 접근 방식과 맞지 않

는 것 같았다. 대부분의 내담자, 특히 행동 문제가 있는 내담자에게는 강한 부정적 반응을 일으킬 가능성이 높다. 내가 캐스퍼에게 대응했던 방식과 대조하기 위해 여기서 언급한다.)

처음에 그룹은 말의 고삐를 잡는 데 어려움을 겪었지만, 말과 더 잘 협력하기 시작한 후에는 고삐를 잡는 데 성공했다. 우리는 얌프(yomp, 단체 산책)를 할 준비가 되었다. 나는 허리 높이의 풀밭을 가로지르게 되는 상황에서 캐스퍼가 반바지를 입고 있다는 것이 약간 걱정이 되었다. 잔디로 인한 불편감 호소를 방지하기 위해 항상 그렇듯이 '플랜 B'를 준비했다. 얌프를 나가면 상당히 껑충껑충 뛰어다닐 버스터를 캐스퍼에게 맡기기로 하였다.

걷는 동안 캐스퍼는 내 이름을 계속 부르며 눈에 띄는 모든 것을 지적하는 동시에 차분하게 뒤따라오는 버스터를 쓰다듬었다. 그는 또다시 내 이름을 부르며 즐거운 목소리로 "트레시 나만의 에어컨이 있어요."라고 말했다. 버스터는 함께 걷는 캐스퍼의 목과 팔에 부드럽게 숨을 쉬고 있었다. 교사들은 캐스퍼가 농담을 하고 평소 자폐성 장애의 일부라고 생각했던 흑백의 경직된 접근 방식이 아닌 상상력을 발휘한다는 사실에 놀라움을 금치 못했다. 잔디는 캐스퍼에게 전혀 문제가 되지 않았고, 남은 프로그램 기간 동안 캐스퍼는 계속해서 진전을 보였으며, 심지어 ASD 아동이 어려워하는 역할놀이 활동(dress-up activity)에도 참여하여 상상력을 발휘했다. 캐스퍼는 끈기가 대단했고 농담도 잘했다. 그는 사람들이 자신의 농담을 받아 줄 때를 좋아했다. 선생님들은 캐스퍼의 이런 면을 본 적이 없었다. 또한 그는 말에 대해 조금 알고 마구간에서 일손을 도왔던 10대 소녀 중 한 명과 좋은 우정을 쌓았다. 그녀는 그에게 마구간 일을 도와달라고 초대했다. 프로그램이 끝난 지 6개월이 지난 후, 한 명을 제외한 모든 청소년이 여전히 잘 지내고 있다는 사실에 기뻤다. 캐스퍼는 우정을 유지하며 그 마구간에서 단골로 일하고 있었다.

◇◇◇◇◇◇◇◇◇◇◇◇◇◇◇◇◇

또 다른 사례로, 각각 여섯 살과 여덟 살인 제이니(Janey)와 지미(Jimmy)는 외조부모와 함께 살게 되었을 때 매우 힘들어하고 있었다. 아버지는 복역 중이었고 어머니는 심각하게 마약을 남용하고 있었기 때문이다. 그들의 고통은 반항 행동으로 나타났다. 조부모는 아이들과 긍정적인 상호작용을 할 수 있는 방법을 찾지 못해 좌절했고, 학교상담사가 놀이치료를 의뢰했다. 주로 사용된 개입은 부모놀이치료였으며, 아이들은 조부모와 함께하는 특별한 놀이 세션을 즐겼다. 이 가족 놀이 중재는 아이들의 불안을 감소시키고 조부모와의 애착을 강화했으며 반항 행동을 크게 줄였다. 그럼에도 불구하고 어머니는 주기적으로, 주로 약을 했을 때 전화를 걸었고, 대화 여부에 관계없이 그 전화 자체가 아이들을 화나게 만들었다. 전화가 오면 며칠 동안 긴장을 풀지 못하고 문제행동을 보이기도 했다.

조부모님은 키리에 대해 알고 있었고 키리를 참여시킬 수 있는지 문의했다. 조부모님은 아이들이 믹스 반려견을 좋아한다고 말했다. 나는 부모놀이치료 세션을 집에서 진행하는 것으로 전환한 뒤 단 세 번만 키리를 가족들과 함께 참여시켰다. 조부모는 아이들이 대기실에서 놀고 있는 동안 세션 초반에 집에서 진행한 놀이 세션에 대해 보고했다. 나머지 세션은 키리와 함께 온 가족이 참여했다. 우리는 기본적인 복종 훈련을 진행했고, 이후 조부모는 집에서 반려견과 함께 적용하기 시작했다. 아이들은 키리를 쓰다듬고 함께 게임을 했다. 아이들이 노는 동안 나는 키리가 사람들이 자신을 돌봐 줄 때 얼마나 좋아하는지 이야기해 줬다. 그리고 그들의 반려견인 래지(Ragsy)에 대해서도 이야기하며 키리에게 했던 것처럼 래지를 돌봐 주면 얼마나 좋아할지 이야기했다. 정보를 수집하고 래지의 동영상을 시청한 후, 아이들이 래지와 더 많이 상호작용하고 교대로 먹이를 주는 가족 계획을 세웠다. 조부모님은 집에서 모든 상호작용을 감독했고, 키리와 상호작용하는 방식을 모델로 삼아 좀 더 장난스럽게 아이들의 도움을 유도하였다.

그런 다음 집에서 엄마의 전화를 처리하기 위한 전략을 실행했다. 화나게 하는 전화가 걸려오면 그 날에 조부모는 각각 아이 한 명과 놀이 세션을 가졌고, 다른 시간에는 아이들이 반려견을 쓰다듬고 이야기하도록 격려했다. 또한 취침 시간에는 치료적인 이야기를 읽어 주고 마음을 진정시키는 활동을 함께했다. 조부모는 아이들의 진정을 돕기 위해 등 문지르기를 해 줬고, 아이들은 같은 목적으로 래지 배를 문질러 주었다. 가족의 고통은 크게 완화되었다.

자폐스펙트럼장애(ASD)

사람들이 나에게 해 준 가장 중요한 일은 새로운 것을 접하게 해 준 것이다.

–템플 그랜딘(Temple Grandin)

앞의 캐스퍼 사례에서 설명한 바와 같이, AAPT는 자폐스펙트럼장애(ASD)를 가진 개인에게 잠재적인 이점이 있다. 그랜딘과 존슨(Grandin & Johnson, 2005)은 동물과의 관계가 10대 시절 자신의 자폐증과 관련된 많은 고립과 어려움을 극복하는 데 어떻게 도움이 되었는지 그리고 자폐증 환자와 동물 간에 생각하고, 느끼고, 행동하는 방식에 있어 어떤 유사점이 있는지 설명했다.

반플릿과 콜티아(VanFleet & Coltea, 2012)는 개와 ASD 아동의 참여를 둘러싼 몇 가지 연구와 문제를 설명했다. 이러한 아동에게 보조견을 배치하는 것에 대한 장단점 및 부모에게 수

반되는 사항에 대한 여러 논쟁이 있다. 이 글에서는 공동 저자인 콜티아가 ASD 아동을 위해 설계하고 진행한 놀이 기반 개 훈련 프로그램을 설명하고 나의(리제) 사례를 통해 AAPT가 ASD 아동을 위한 돌파구 마련에 어떤 역할을 했는지도 제시하였다.

일부 ASD 아동들은 동물을 무서워하는데, AAPT가 이들에게 적합하다면 문제 해결을 위한 몇 가지 방법(앞서 다룬)을 이들에게도 사용할 수 있다. 적용되는 구체적인 기법은 아동의 목표에 따라 다르지만 이 책에서 다루는 대부분의 기법은 어떤 아동에게나 효과가 있을 수 있다. 로버트 제이슨 그랜트(Robert Jason Grant, 2017a, 2017b)의 책은 이 집단을 위한 실용적인 놀이 기반 및 가족 중심 중재를 제공하며, 이러한 아이디어 중 상당수는 치료사가 약간의 창의력을 발휘한다면 개에게 쉽게 적용할 수 있다. 작업치료사에게 훌륭한 아이디어를 제공하는 일련의 책(Winkle, 2013a, 2013b)이 있으며, 이 책들 역시 다른 목적에 맞게 조정할 수 있다. 길버트와 그레이스(Gilbert & Garces, 2015)는 스페인어와 영어로 동물 방문 프로그램, 보건협력의료 및 정신건강에 폭넓게 적용할 수 있는 많은 연습을 포함한 책을 출판하였다. 명확하게 쓰여진 각 연습은 다룰 수 있는 목표 영역을 강조하고(Gilbert), 사진으로 설명되어 있다(Garces). AAPT를 위한 첫 번째 기법 책도 2018년 초에 출간될 예정이다.

이 책에서 아직 충분히 다루지 않은 한 가지 아이디어는 매우 간단하면서도 ASD 아동과 사회적 어려움이 있는 다른 아동에게 유용할 수 있다. 바로 "내 눈을 바라보세요"이다. 아이들이 사회적 상황에서 눈을 맞추기 힘들어할 때 부모, 교사, 전문가들은 아이들과 눈을 맞추는 것이 왜 중요한지 설명하기 위해 다소 인지적인 접근 방식을 많이 사용한다. 그런 다음 아이들이 눈을 더 자주 마주치는 연습을 하도록 한다. 때때로 눈맞춤은 처벌적인 분위기와 연관되어 왔다: "내가 말할 때 나를 봐!" 이러한 접근 방식은 효과적이지 않거나 아이의 불안을 증가시킨다. 눈맞춤은 관계에서 중요한 부분이지만, 관계가 안전하다고 느끼지 않는다면 이 표면적인 행동에 집중하려는 시도는 잘못 전달될 수 있다. 우리는 다른 방법을 선호한다.

첫 번째 단계는 어린이(또는 어른)가 눈을 마주치지 않는 이유를 생각해 보는 것이다. 여러 가지 이유를 나열할 수 있겠지만, 한 가지로 요약하면 눈을 마주치는 것이 불편하기 때문이다. 이러한 불편함은 가벼운 불안감에서 공포에 이르기까지 다양하다. 그들의 사회성 발달을 돕고 싶다면 그들이 사회적으로 편안함을 느끼도록 도와야 하며, 이는 그들이 안전하다고 느끼도록 돕는 것을 의미한다.

개는 사람과 마찬가지로 눈으로 많은 의사소통을 하므로 개를 가르치는 데 유용한 신호는 '여기 봐'이다. 나는 개가 '여기 봐'를 배운 후에 내 눈을 바라보라는 단어를 추가한다. '여기 봐'는 다른 행동을 요구하기 전에 개의 주의를 끌기 위한 유용한 방법이기도 하며, 아이들에게도 같은 방법으로 가르칠 수 있다. '여기 봐'를 가르치는 방법에는 몇 가지가 있다. 하나는 간식 보상을 사용하여 개의 시선이 자동으로 간식을 따라 사람의 눈앞에 오도록 하는 것이다. 나는 개가 조금 더 생각해야 하는 방식으로 훈련하는 것을 선호하기 때문에 내가 가르치는 방법은 다음과 같다. 보통 앉기부터 시작한다. 개에게 앉아 자세를 유지하면서 간식을 몇 개 준다. 그런 다음 개에게 간식을 보여 주고 간식을 잡고 있는 팔을 옆으로 쭉 뻗는다. 개는 보통 간식을 응시한다. 잠시 후, 아마도 왜 간식을 주지 않는지 궁금해하며 개가 나를 쳐다볼 것이다. 개가 눈을 똑바로 마주치면 클릭(클릭커 훈련을 사용하는 경우)을 하거나 "예스!"라고 말한 다음 간식을 준다. 같은 자세를 유지하며 매번 개가 간식을 거의 보지 않고 나를 바라볼 때까지 반복해 준다. 그런 다음 자세를 하나씩 바꿔 가며 다른 모든 곳에서도 간식을 들고 있을 때 개가 나와 눈을 맞출 수 있도록 훈련한다. 이 행동은 집에서도 주로 사용하기 때문에 보통 미리 훈련한다.

내담자와 할 때는 내담자에게 먼저 어떻게 해야 하는지 알려 주고, 시범을 보인 다음 그들이 신호를 말하고 간식을 주게 한다. 개는 일반적으로 신체 신호, 즉 사람이 서 있는 자세와 간식을 들고 있는 자세로 이를 이해하지만 단어의 의미도 쉽게 이해한다. 아이와 개가 함께 작업하는 동안 나는 격려하며 가끔씩 칭찬을 하고 아이의 감정을 반영한다. 적어도 처음에는 매우 구조화되어 진행되지만 장난기 넘치는 AAPT 활동이 될 수 있다.

이 과정으로 아이들은 개를 통해 눈을 마주치는 법을 배울 수 있다. 재미있고 게임으로 바꾸기 때문에 '수행'할 과업으로 느끼거나 너무 진지하게 받아들이지 않게 된다. 또한 아이들이 더 복잡한 것을 시도하기 전에 더 잘 집중할 수 있도록 도와주는 데 사용할 수도 있다.

> 뮤리는 내 눈 바라보기 게임을 쉽게 배웠다. 뮤리가 초반 만났던 내담자 중 한 명은 자폐스펙트럼 진단을 받은 수줍고 불안한 7세 소년 네이선(Nathan)이었다. 네이선은 말할 수 있는 능력이 있었지만 거의 아무 말도 하지 않았다. 그는 뮤리에게 관심이 있었지만 주저했다. 뮤리와 몇 가지 친해지기 활동을 시도한 후 세 번째 세션에서 나는(리제) 내 눈 바라보기 게임을 제안했다. 나는 이 게임을 아주 재미있게 만들어서 네이선에게 어떻게 하는지 보여 줬다. 네이선은 뮤리를 좋아했지만 뮤리 주변에서 조금 조심스러워해서 나는 네이선에게 "뮤리를 주방 세트 뒤에 앉혀서 저쪽에서 우리를 바라보게 하면 어떨까?"라고 제안했고 네이선이 고개를 끄덕였다. 나는 정서적 안전을 위해 설치한 작은 가림막 뒤로 뮤리를 데려가 앉으라고 한 다음 뮤리는 주방 세트의 먼 쪽에서, 네이선과 나는 반대편에서 조금 떨어진 곳에서 내 눈 바라보기 게임을 연습했다. 연습을 많이 했던 뮤리는 잘 해냈다. 나는 뮤리에 간식을 주기 위해 주방 세트 가림박으로 걸어갔다.

다른 사람과 눈을 거의 마주치지 않던 네이선도 주방 세트를 사이에 두고 게임을 할 때 전혀 문제없이 뮤리를 똑바로 바라보았다. 나는 그가 무엇을 하고 있는지 살펴보고 "네가 요청한 걸 뮤리가 하고 있네!"라며 뮤리의 열정에 대해 언급했다. 네이선은 매우 조용했지만 뮤리는 그 제스처를 알아차리고 순순히 따랐다. 나는 네이선에게 더 크게 말하라고 요구하지 않았는데, 그럴 경우 불필요한 부담을 줄 수 있었기 때문이다.

불과 몇 분 만에 네이선과 뮤리 사이에 무언가 시작되었다. 열 번째 정도 지나고 나서 나는 "세상에, 네이선, 뮤리가 너를 정말 많이 좋아하는구나. 저기 앉아서 너한테 온갖 관심을 쏟고 있는 것 좀 봐!"라고 말했다. 네이선은 재빨리 나를 흘끗 쳐다보았다. 나는 관심을 끌지 않고 그냥 게임을 계속했다. 다른 활동과 더불어 다음 두 세션에서 각각 몇 분 동안 이 게임을 했다. 첫 번째 세션이 끝난 후, 네이선은 가림막을 사이에 두지 않고 뮤리와 함께 놀 수 있게 되었다. 세 번째 세션이 끝날 무렵, 네이선은 수줍어했지만 뮤리에게 간식을 줄 때마다 거의 매번 나를 잠깐씩 쳐다보곤 했다. 우리는 이런 활동을 통해 네이선의 사회성을 계속 향상시켰고, 네이선은 AAPT에서 매우 잘 해냈다.

ASD 어린이, 청소년 또는 성인을 돕는 또 다른 방법은 차례 지키기 및 나눔과 같은 사회적 기술이다. 앞서 언급한 줄다리기 게임은 차례를 정해야 하므로 이러한 목적에 유용할 수 있다. 개나 고양이와 함께하는 보드게임이나 새로 만든 게임은 차례를 정하는 데 특히 유용할 수 있다. 동물 놀이 파트너가 있으면 취약한 느낌을 줄일 수 있다.

뮤리는 돌림판 게임에서 코를 사용하는 법을 배웠다. 일곱 살인 아리엘(Arielle)은 동네 여자아이들과 번갈아 가며 노는 데 큰 어려움을 겪었고, 누군가 끼어들려고 하면 종종 통제력을 잃고 소리를 지르곤 했다. 나는(리제) 아리엘이 지정된 놀이치료실 안에서 선택한 장난감으로 돌림판과 '스테이션'이 있는 간단한 게임을 만들 수 있도록 도와주었다. 나는 뮤리가 돌리도록 신호를 보내는 방법을 알려 주었고, 아리엘과 뮤리가 한 팀이 되어 뮤리가 돌리고 함께 스테이션을 이동하는 것으로 게임을 시작했다. 나중에는 내가 반대팀이 되어서 아리엘이 뮤리에게 간식을 주면서 번갈아 가며 게임을 했다. 우리는 이렇게 게임을 구성했고, 뮤리와 함께 차례대로 진행하는 동안 아리엘은 한 번도 분노발작을 일으키지 않았다.

동물에게 상처 입히는 어린이

동물에게 해를 가하는 어린이와 청소년은 트라우마와 애착 장애의 병력이 있는 경우가 많다. 이는 종종 큰 고통의 징후이며, 아이가 동물을 물건으로 볼 때 시작되는 비인격화 과정이다. 이는 다른 아동이나 일반인을 해치는 단계로 발전할 수 있다(Arkow, 2012; Arkow & Ascione, 1999; Ascione, 2005; Garbarino, 1999, 2006; Merz-Perez & Heide, 2004). 어린이들이 이 문제를 극복할 수 있도록 돕는 프로그램들이 개발되었으며[예: AniCare(Shapiro et al., 2014)], 동물복지를 위한 인간 행동 변화(www.hbcforanimals.com) 및 여러 인도주의 교육 프로그램(Jalongo, 2014) 등 이를 예방하기 위한 프로그램들이 점점 더 많아지고 있다.

우리는 수십 명의 아이들과 함께 작업할 기회를 가졌다. 이들 중 상당수는 가족 반려동물에게 상처를 입혔던 위탁 가정 출신이다. 이들은 보통 복합적인 유형의 치료가 필요한 여러 가지 문제를 가지고 있다. 여기서는 AAPT 구성 요소에만 집중하겠지만, 제공되는 프로그램에는 동물을 해하는 행동을 막으면서 기저에 있는 애착과 트라우마 문제를 해결하기 위해 놀이치료, 행동 관리, 동물 관리, 독서치료, 연극 놀이치료, 모래놀이, 부모놀이치료 등이 거의 항상 포함되어 있다.

우리는 동물과 함께 상호 즐겁고 안전한 관계 형성이라는 핵심 목표를 염두에 두고 다양한 기법을 사용한다. 개와 함께 게임을 하고 재미있는 상호작용을 하는 과정에서 아이들이 감정을 알아차리도록 유도하고, 스트레스 신호를 발견하면 개가 스트레스를 덜 받도록 돕고, 내담자가 동물을 적절하게 만지고 만져질 수 있도록 도와준다. 문제가 경미하거나 중간 정도인 대부분의 경우, 우리는 비교적 빠른 결과를 보았다. 위탁 부모나 입양 부모는 그들이 알기에 반려동물을 해치려는 시도가 멈춘 것 같다고 말한다. 더 심한 경우에는 치료가 더 오래 걸리며, 보통 트라우마와 애착 문제를 다루는 지속적인 놀이치료와 함께 거의 매주 놀이치료매개견과의 짧은 세션이 포함된다.

내가(리제) 지금까지 이 접근법을 사용하여 동물을 해치는 아동을 치료하고 감독한 사례는 40여 건에 이르며, 부모와 보호자는 가족 반려동물에 대한 부적절하고 해로운 행동을 중단했다고 보고했다. 나는 변화의 메커니즘이 치료사의 감독과 지도를 받는 동안 동물과 건강하고 재미있고 더 공감할 수 있는 관계를 발전시키는 것이라고 확신한다. 앞서 설명한 거의 모든 목표 영역이 이 과정에 포함된다. 또한 일부 아이들은 그들 위로 동물이 올라오게 하거나 동물이 그들에게 점프하게 유도하면서 그들 자신을 위험에 처하게 만드는 경우도 있었다. 이런 아이들은 자기 조절과 실행 기능이 좋지 않기 때문에, 나는 아이들이 더 적절하고 관리하기 쉬운 방향으로 전환해 주었다. 치료에서는 수치심이 없어야 한다. 이 아이들은 종종 상처를 받았기 때문에 상처를 받고, 학대의 순환을 반복하지 않도록 도와주면서 그들이 입은 심리적 · 발달적 · 관계적 상처를 해결해야 한다.

열한 살 소녀 미아(Mia)가 자신의 집에서 작은 애완용 토끼를 익사시키고 이모(보호자)와 함께 조부모를 방문했을 때 고양이를 변기에 밀어 넣으려다 적발된 사례를 상담한 적이 있다. 미아는 어머니의 남자친구가 어머니에게 가하는 지속적인 가정 폭력에 노출되어 있었다. 그가 술에 취해서 난폭해졌을 때 미아가 말리려고 하자 그녀를 해치겠다고 협박하기도 했다. 그녀는 그가 어머니를 욕조에 빠뜨리려는 것을 목격했고, 어머니를 죽이지는 못했지만 그의 공격은 길고 끔찍했다. 이 사건은 미아가 아홉 살 때 일어났으며, 미아는 현관문 밖으로 뛰어나가 이웃의 도움을 받았다. 그 사건 이후 미아의 어머니는 그 상황에서 도망쳤다. 한동안 그들은 보호소에서 살았고, 미아는 현재 이모와 함께 살고 있으며 어머니는 멀리 떨어진 곳에서 풀타임으로 대학에 다니고 있다.

미아는 개를 좋아하고 AAPT에 참여하고 싶다고 말했다. 위에서 설명한 치료 방식이 사용되었는데, 여러 가지 양식이 사용되었지만 각 세션의 약 절반은 시추 믹스견인 스플래시(Splash)와 함께했다. 미아는 스플래시와 함께 비지시적 및 지시적 AAPT에 모두 참여했다. 미아는 치료실 한 켠에 있는 모래상자에 물건을 묻어 두고 스플래시가 그것을 파내는 놀이를 매우 좋아했다. 그녀의 놀이 주제는 6~7세 아동과 유사했는데, 아마도 그 때가 그녀의 사회적 · 정서적 발달 시기였기 때문일 것이다. 그녀는 모래에 갇힌 희생자를 주제로 놀기 시작했고, 젖은 모래에서 이 놀이를 하고 싶어했다. 작은 인형들이 젖은 모래에 파묻히자 스플래시는 그들을 도와 모래를 파내야 했다. 이는 여러 수준에서 그녀의 트라우마를 상징하는 것 같았다.

이 작업을 하면서 그녀는 자기 인식과 자기 조절 능력이 향상되기 시작했다. 이모는 개를 한 마리 키우게 되었고, 미아는 그 개와 매우 잘 지냈다. 그녀의 이모는 철저한 감독이 필요하다는 것을 알고 있었다. 몇 달간의 치료가 끝나고 친구 한 명이 학교에서 괴롭힘을 당하자 미아는 이모에게 며칠 동안 개를 보고 싶지 않다고 말했다. 당황한 이모는 미아에게 그 이유를 물었다. 미아는 너무 긴장해서 개를 다치게 하고 싶지 않았다고 말했다. 미아와 이모는 치료사에게 이 사실을 자랑스럽게 이야기했고, 치료사는 미아가 충동을 더 잘 통제하고 있다는 사실에 기뻐했다. 며칠 후, 미아는 다시 마음을 가다듬고 치료를 계속하면서 반려견과 건강한 관계를 이어 나갔다. 마지막으로 들은 소식에서 그녀는 9개월 동안 별다른 사건 없이 치료는 계속되고 있다고 했었다.

사회적 배척(Social Ostracism)

> **그들[개]은 결코 자신에 대해 이야기하지 않지만,**
> **당신이 자신에 대해 이야기하는 동안에는 귀를 기울이고**
> **대화에 관심이 있는 것처럼 보인다.**
> –제롬 K. 제롬(Jerome K. Jerome)

개와 말은 사교적이고 사회화가 잘되면 사람과의 상호작용과 관계를 원하는 것으로 보인다. 아이들이 반려동물과 주기적으로 대화한다는 사실은 잘 알려져 있으며(Jalongo, 2004; Melson, 2001), 우리 집에서의 생활에서 알 수 있듯이 많은 성인들도 그렇게 한다. 내담자가 어울리지 못한다고 느끼거나 실제로 괴롭힘을 당하는 문제를 돕는 데 AAPT를 사용할 수 있다는 것은 당연해 보인다. 아래는 한 사례이다.

> 내가(리제) 5학년 때, 내 반 친구 중 한 명이 다른 학생들과는 뚜렷이 구별되는 구순구개열(Cleft Patate)을 가지고 있었다. 그는 또한 학습장애가 있었고 그것이 그를 고립되게 만드는 것 같았다. 그는 놀이터에서 비열한 농담과 놀림의 대상이 되었다. 그의 가족은 그레이트 피레네즈[5]를 키우고 있었는데, 어느 날 담임 선생님이 개 두 마리를 학교에 데려와서 보여 달라고 요청했다. 평소 과묵했던 이 소년은 교실 앞에 서서 개에 대한 여러 가지 사실을 이야기하고 개와 함께 일하는 방법을 보여 주었다. 그는 우리가 전에 본 것과는 달리 침착하고 자신감 있어 보였다. 시범을 보이는 동안 그가 개에 대해 얼마나 많이 알고 있는지, 그리고 이 거대한 동물을 얼마나 잘 관리하는지 감탄했다. 개들은 그를 존중하는 것 같았고 그가 개들을 사랑하는 것이 분명했다. 그의 '희생자' 페르소나는 어디에서도 찾아볼 수 없었다.
>
> 감명을 받은 것은 나뿐만이 아니었다. 내가 보기에 그날 이후 다른 학생들도 그를 더 존중하는 태도로 대했다. 놀림은 줄어들거나 멈췄다. 그때 이후로 다시 그런 일이 발생하는 것을 전혀 보지 못했다. 내가 목격한 변화는 수십 년이 지난 지금도 내 마음속에 선명하게 남아 있다. 지금 시점에서 나는 그 당시 느꼈던 것보다 훨씬 더 큰 존경심을 가지고 그 선생님을 떠올린다. 그 선생님은 그 학생에게 자신이 잘 아는 분야를 또래와 공유하도록 격려했고, 반 친구들이 이 학생의 깊이와 재능을 정말 몰랐다는 것을 행동으로 보여 주었다. 그 소년의 강점을 살린 그 한 번의 경험이 반 친구

---

5) 역자 주: 흰색의 풍성한 털을 가진 45kg 이상의 초대형견으로 과거 목장에서 가축을 지키는 역할을 해 왔음.

에 대한 우리의 인식을 바꿨을 뿐만 아니라 또래를 통해 소년이 자기 자신에 대한 이미지를 새롭게 정립하는 데도 도움이 되었다고 생각한다.

◇◇◇◇◇◇◇◇◇◇◇◇◇◇◇◇

가끔씩 나는 사교성이 뛰어난 고양이 바트를 세션에 참여시켰다. 한 번은 아홉 살 프랜시(Francie)의 세션에 바트를 다섯 번 참여시켰다. 프랜시는 수줍음이 많아서 교실에서 아이들과 말을 잘하지 못한다고 했다. 프랜시는 즉시 바트와 소통했다. 우리는 바트의 사회적 기술을 관찰하고 이야기했다. 그녀는 바트가 즉시 다가와 자신에게 관심을 보인다는 것을 알아차렸고, 이는 인간이 서로에게 관심을 보이는 방식에 대한 생각으로 이어졌다. 나는 이제 막 바트를 알아가는 중이니 바트에게 몇 가지 질문을 해 보자고 제안했다. 장난스럽게 내가 바트 대신 답했다. 나중에 나는 알록달록한 낙하산과 거기에 달린 콩주머니를 꺼내서 프랜시에게 이 물건들을 이용해 바트와 함께할 수 있는 게임을 생각해 보라고 제안했다. 프랜시는 각 색깔이 상대방과 친해지기 위해 물어볼 수 있는 다른 질문을 의미하는 게임을 개발했다. 그녀는 낙하산에 달린 각 콩주머니 아래에 질문이 적힌 종이를 넣었다. 그런 다음 그녀는 빈백 아래에 간식을 숨기고 바트가 가는 곳마다 우리는 질문에 답해야 했다. 프랜시는 어색함을 잊고 바트가 간식을 찾으러 갈 때마다 웃었다. 그녀는 자신의 아이디어와 진행방식에 대해 매우 자랑스러워했다.

우리는 프랜시가 자신감과 사회성을 기를 수 있도록 다양한 게임에 바트를 계속 참여시켰다. 학교에서 간단한 '과제'를 내주면 바트는 다음 세션에서 이를 완수하는 것을 도와주었다.

프랜시의 어머니는 프랜시가 "넌 할 수 있어!"라고 적힌 바트의 그림을 벽에 그려놓았다고 말했다. 프랜시는 계속해서 잘 해냈고 바트와의 놀이는 치료 세션에 적극적으로 참여하는 데 도움이 되었다.

문제해결 능력 개발하기: 강아지 핫라인

문제해결 기술은 내담자가 여러 상황에 더 잘 대처하는 데 도움이 될 수 있다. 강아지 핫라인은 내담자가 직면한 특정 문제를 해결하면서 문제해결 능력을 키울 수 있도록 돕기 위해 고안된 AAPT 개입이다. 내담자가 주로 말과 함께 작업하는 경우, 이것은 쉽게 말 핫라인이 될 수 있다. 이 방법은 카두손의 『뉴스 넷워크』(Kaduson, 2006)와 『너와 같은 아이(A Kid Like You)』(Heidi Kaduson, 개인적 커뮤니케이션, 2005년 5월 2일)를 각색한 것으로, 어린이와 일부 청소년에게 가장 적합하다.

치료사는 개 문제를 해결하는 데 아동의 도움을 받는데, 아동은 보통 자신의 문제에 적용할 수 있는 대처 전략을 제공하게 된다. 예를 들어, 치료사는 내담자에게 개의 문제행동에 대한 이야기를 들려주고 개를 도울 수 있는 방법에 대해 조언을 구한다. 적어도 일부 문제는 내담자가 겪고 있는 문제와 유사해야 한다.

이 게임은 어린이 내담자가 연기하는 게스트 전문가가 반려동물 주인이 요청하는 솔루션을 제공하는 특별 텔레비전 방송 '동물 조언 쇼'의 일부로 플레이할 수 있다. 치료사는 쇼의 사회자이자 전화를 거는 사람 역할을 하면서 활동을 진행한다. 상호작용은 비디오로 녹화된다. 또 다른 버전은 치료매개견의 실제 문제를 아동과 공유하고 도움이 될 수 있는 제안을 요청하는 것이다. 이 경우에도 아동의 문제와 유사한 문제가 제기되고 치료사는 역할을 유지하면서 가능한 해결책을 아동에게 안내한다. 이러한 개입에는 AAPT 개가 함께할 수도 있고 함께하지 않을 수도 있다.

> 나는(리제) 조시에게 이 접근법을 여러 번 사용했다. 초기 세션 중 하나에서 나는 키리가 바닥에 종이 타월을 찢어 작은 조각으로 만드는 행동(다른 사람들이 실제로 하는 행동)을 멈추도록 돕기 위해 조시에게 아이디어를 구했다. 왜 그런 행동을 하는지 물어보니 조시는 "아마 긴장해서 그런 것 같아요. 아니면 예전에 안 좋은 일이 있었을 수도 있죠." 그는 제안으로 더 많은 운동과 공놀이가 도움이 될 것이라고 했다. 또한 진정시키는 데 도움이 되는 쓰다듬기를 제안하기도 했다.
>
> 이후 세션에서는 강아지 핫라인 쇼를 비디오로 녹화하여 강아지와 비슷한 또 다른 행동 문제에 대한 조언을 구했다. "제 이름은 밀드레드(Mildred)이고, 제 반려견 브루투스(Brutus)는 다른 개들과 계속 말썽을 일으킵니다. 다른 개를 보면 으르렁거리며 싸우고 싶어 하는데 누군가 다칠까 봐 걱정이 돼요. 브루투스가 화가 나거나 두려움을 느끼고 싸우려고 할 때 어떻게 도와주면 좋을까요?"라고 질문했다. 이 질문에 조시는 밀드레드가 브루투스를 도와서 멀리 걷게 하거나 10까지 세게 하고, 오래된 전화번호부를 찢게 하는 등 다른 사람들이 조시에게 분노 조절을 위해 제안했던 모든 방법을 통해 브루투스를 도울 수 있다고 대답했다. 조시는 반려견 전문가 게스트 역할에 정말 즐거워했고, 이 게임을 다시 할 때 자발적으로 놀이치료실 의상을 입고 K-9 전문가 경찰관으로 분장해서 쇼에 출연하기도 했다.

기타 특정 문제 영역 및 진단

우리는 다른 책에 다양한 문제와 진단을 가진 내담자들에게 AAPT를 적용하여 일관되게 긍정적인 결과를 보인 챕터를 집필했었다. 그 챕터에는 자폐성 장애를 가진 아동 및 청소년(VanFleet & Col l ea, 2012), 과묵하거나 수줍음이 많은 아동(VanFleet & Faa-Thompson, 2017), 취약한 아동(VanFleet & Faa-Thompson, 2015b), 아주 어린 아동의 인도적 교육(VanFleet & Faa-Thompson, 2014)이 포함된다. AAPT는 다양한 치료법과 함께 사용할 수 있는 유연하고 과정 지향적인 개입이기 때문에 다양한 유형의 문제를 다룰 때 도움이 된다는 사실을 발견했다. 이는 우리가 감독한 사람들과 공인된 자격을 가진 동물매개놀이치료사에게도 마찬가지였다.

물리치료, 작업치료, 언어치료 및 교육

AAPT의 지시적 양식은 보건협력의료 및 교육 전문가들의 목표를 촉진하는 데 특히 유용하다. 정신건강 문제를 해결하기 위한 우리의 예시가 다른 직종에서 AAPT를 어떻게 적용할 수 있을지 보여드렸기를 바란다. 다른 전문 분야에서 일하는 독자들은 내담자의 목표 달성을 돕기 위해 해당 전문 분야에서 무엇을 어떻게 해야하는지 잘 알고 있다. AAPT의 놀이성과 동물의 보조 능력은 동기를 부여하고 안전을 확보하며 힘든 과업을 보다 즐겁게 만드는 데 도움이 될 수 있다. 다양한 직업군에 종사하는 사람들이 AAPT를 활용하여 말더듬, 선택적 함묵증, 뇌 손상 재활 등의 사례에 적용하였다. 다음은 두 가지 사례이다.

> 60대 후반의 여성인 앤지(Angie)는 무릎 인공관절 수술을 받았다. 그녀는 오랫동안 만성 통증으로 고생해 왔으며, 시간이 지남에 따라 통증에 대처하는 능력이 저하되었다. 무릎 인공관절 수술을 받을 무렵에는 상당히 우울한 상태였고, 통증에 대한 그녀의 반응은 울고 포기하는 것이었다. 앤지는 약간의 통증도 견디지 못해 물리치료를 잘 받지 못했다. 일반적인 통증 관리 방법은 모두 적용되었고, 더 이상 통증을 경험하지 않으려는 그녀의 의지가 가장 큰 장애물이었던 것으로 여겨졌다. 이 수술의 경우 다양한 운동을 시도하지 않으면 거동이 불편해질 위험이 있었다. 당시 물리치료사 중 한 명인 게일(Gail)은 AAPT 교육을 받은 후 자신의 래브라도인 처클스(Chuckles)를 데리고 출근하기 시작했다. 그녀의 반려견은 보조견 훈련 프로그램에 참여했지만 공놀이와 물건 쫓기에 대한 열정으로 인해 훈련에 어려움을 겪었다. 활동과 운동을 좋아해서 보조견 프로그램에

는 적합하지 않았다. 게일은 젊은 내담자 몇 명과 함께 처클스와 함께 작업하기 시작했는데, 앤지에게도 AAPT를 시도해 볼 것을 제안했다.

앤지는 개를 좋아했고, 처음에 게일은 그저 처클스를 곁에서 쉬게 했다. 게일은 앤지에게 테이블 위에서 간단한 운동을 하는 동안 처클스를 지켜보라고 제안했다. 앤지는 자신이 무릎을 구부렸다 펴는 동안 처클스가 테이블의 반대편에서 쉴 수 있는지 물었다. 그녀는 처클스의 어깨에 손을 올려놓고 작업을 했다. 게일은 앤지가 치료 중 더 어려운 곳에 도달했을 때 처클스를 꽉 쥐고 있는 것은 아닌지 주의 깊게 관찰했다. 그렇지는 않았다.

앤지가 훨씬 더 나은 진전을 보이기 시작했다. 게일은 처클스가 공놀이를 아주 좋아한다는 점에 착안하여 이를 접목할 방법을 찾았다. 처음에 게일은 앤지에게 보상으로 처클스와의 공놀이를 사용했다. 앤지는 한 세트를 진행한 다음 처클스와 공놀이를 여러 번 반복했다. 그런 다음 나머지 세트에도 이를 반복했다. 처클스는 곧 앤지가 공놀이를 해 주는 친구라는 것을 알게 되었고, 앤지가 올 때마다 열렬히 환영해 주었다. 얼마 지나지 않아 앤지는 거의 울지 않고 게일과 기분 좋게 대화를 나누고 처클스와 상호작용하는 동안 웃을 수 있었다.

처클스는 이전 보조견 훈련에서 휠체어 옆에서 걷는 법을 배웠다. 앤지는 바퀴가 달린 사무실 의자에 앉아 양쪽 발뒤꿈치를 뻗어 대퇴사두근을 사용하여 몸을 앞으로 당기는 운동을 했다. 게일은 처클스를 이 운동에 참여하도록 초대했다. 앤지가 방을 가로질러 앞뒤로 움직일 때 처클스를 옆에서 함께 걷게 했다. 한 번 가로지를 때마다 앤지는 자신과 처클스에게 축하의 시간을 가지게 해달라고 부탁했다. 앤지는 처클스에게 간식 다섯 개를 주고 자신을 위해 10초간 휴식을 제공했다. 게일은 매번 축하 인사를 덧붙였다. 나중에 그들은 앤지가 공을 한 번 튕겨서 방을 가로질러 던지는 변형을 추가했다. 처클스는 공을 가지러 갔다. 앤지는 처클스에게 앉아서 공을 가지고 있으라고 말했다(게일이 가르쳐 준 방법). 그러자 앤지는 처클스가 앉은 자리로 의자를 끌고 가서 처클스에게 간식을 주었다. 일종의 게임이었지만 게일은 이 모든 것을 매우 가볍고 재미있게 진행했다. 결국 앤지는 가장 의욕적이고 성공적인 내담자 중 한 명이 되었다.

나는(리제) 다른 AAPT 치료사들과 마찬가지로 선택적 함묵증 치료에 AAPT를 여러 번 사용했다. 선택적 함묵증인 아이들은 앞서 설명한 눈맞춤 상황처럼 사람들이 말을 하라고 재촉하는 경우가 많기 때문에 나는 그런 부담을 덜어 주고자 했다. 나는 학교와 상의하여 치료의 효과를 볼 때까지 앞으로 몇 주 동안은 아이가 조용히 지내도록 허락해 달라고 요청했다. 놀이치료실에서 나는 아이들에게 몸짓, 속삭임, 휘파람, 단어를 통해 개와 소통하는 방법을 알려주고, 아이들이 원하는 소통 방식을 사용하여 내가 계획한 활동을 개와 함께 완성하도록 한다. 자주 아이들은 얼마 지나지 않아 개에게 말을 걸기 시작한다. 개에게 집중된 관심은 더 이상 아이들이 말을 한다는 것 자체에 신경 쓰지 않고, 자발적으로 더 자주 말하게 만든다.

목표 영역 5에 대한 논의는 사실상 무한하기 때문에 AAPT를 사용하여 해결할 수 있는 모든 가능한 치료 목표를 다루지는 않을 것이다. 어떻게 활용할 수 있을지에 대한 몇 가지 아이디어를 얻었기를 바란다. 치료사가 이 작업에 필요한 많은 역량을 습득한 후에는 창의력을 발휘하여 특정 내담자의 목표를 돕기 위해 필요한 새로운 개입을 자유롭게 설계할 수 있다. 곧 출간될 AAPT 기법 책에서는 동물과 모든 연령대의 내담자에게 사용할 수 있는 많은 추가 아이디어를 제공할 것이다.

AAPT의 치료적 과정

모든 일에서 오랫동안 당연하게 여겼던 것들에

가끔씩 물음표를 던지는 것은 건강한 일이다.

–버트런드 러셀(Bertrand Russell)

지혜는 두려움의 정복에서 시작된다.

–버트런드 러셀(Bertrand Russell)

동물은 내담자가 목표를 향해 나아갈 수 있도록 동기 부여, 위로, 성찰, 유대감을 제공하지만, 치료사가 개입하지 않는다면 AAPT는 치료가 아니다. 치료사는 치료 계획에서 유추된 내담자의 요구를 가장 잘 충족시킬 수 있는 방법을 결정한다. 또한 치료사는 동물과의 상호작용 및 활동 중에 생성되는 치료 자료를 처리하여 내담자의 목표와 연결되도록 한다. 제12장(AAPT 개입의 기초)에서는 AAPT 내에서 작동하는 놀이의 힘과 놀이치료에서 도출되는 치료사의 기술에 대해 논의했고, 제13장(AAPT 응용)에서는 AAPT의 실제 사례를 제공했다. 이 장에서는 목표를 향한 진전을 위해 AAPT 중에 사용되는 광범위한 치료사의 기술을 다룬다. 치료사는 다양한 방법을 사용하여 내담자와의 AAPT 세션을 '프로세스(Process)'함으로써 내담자가 경험한 것을 잘 활용할 수 있도록 한다. 프로세스는 활동 중 또는 활동 후에 이루어질 수 있으며, 직접적 · 은유적 · 상징적일 수 있다. 그 형태는 종종 치료사의 이론적 방향에 영향을 받는다. 이러한 기술의 개발은 보통 초기 훈련을 받을 때 지도를 받는 과정에서 가장 잘 완성되지만, 여기에 구체적인 내용을 제공하고자 한다.

AAPT는 전문적인 형태의 AAI로 내담자의 요구와 목표가 치료 과정을 주도한다. 교육 목적으로 AAPT를 사용하는 경우 교육 목표를 염두에 두고 있어야 한다. 작업 또는 물리치료사와 연합한 AAPT의 경우도 작업 또는 물리치료에서의 목표가 최우선이어야 한다. AAPT 개입의 선택과 치료 과정의 초점은 해당 전문 분야와 내담자의 필요에 따라 결정되는 내담자의 특정 목표에 따라 크게 달라진다. 여기서는 AAPT 내에서 정신건강 목표를 촉진하는 데 초점을 맞추었지만, 관련 분야의 전문가가 AAPT를 사용할 때 전반적인 프로세스를 선택하고, 설정하고, 디브리핑하는 것은 동일하다.

비지시적 AAPT 과정

제13장에서 다룬 것처럼, 비지시적 AAPT에서 동물과 함께 일하는 치료사는 가능한 한 비지시적 기술과 틀을 유지하려고 노력한다. 아동의 주요 표현 및 숙달 수단이 놀이를 통한 것이기 때문에 비지시적 AAPT는 주로 아동을 대상으로 하며, 이러한 형태의 AAPT에서 중요한 것은 과정이다. 아동은 자유롭게 놀이하면서 대부분의 선택을 스스로 할 수 있으며, 치료사는 아동이 개인 및 대인관계의 역동적인 문제를 놀이로 풀어낼 수 있도록 안전과 수용을 제공한다. 치료사가 사용하는 공감적 경청은 그 자체로 감정, 동기, 소망을 처리하는 한 형태가 된다. 여기에는 가능한 가장 깊은 수준에서 감정과 동기를 반영하는 것이 포함되며, 이를 통해 내담자는 종종 감정과 동기를 숙달하는 방향으로 나아갈 수 있다. 아동 중심의 상상놀이를 통해 치료사는 아동에게 조율의 경험을 제공할 수 있으며, 이는 아동이 어려움을 이해하고, 대처하고, 숙달하는 데 도움이 된다. 구조화 및 제한설정 기술은 신체적 · 정서적으로 필요한 안정감을 제공하므로 아동은 자신의 감정을 진정으로 경험하고 사고방식을 재구성하며 문제를 해결하고 자신을 더 온전히 받아들일 수 있다. 이 치료 방식에서는 그 이상의 토론이나 인지적 프로세싱이 필요하지 않다. 비지시적 AAPT에 능숙한 치료사는 비지시적 놀이치료의 기술을 활용하여 치료적 과정을 따라간다.

비지시적 AAPT에는 뉘앙스와 미묘한 차이가 있으므로 동물을 추가하기 전에 충분한 훈련과 감독을 받으며 경험을 쌓는 것이 좋다. 보다 지시적인 방향을 선호하는 치료사에게는 배우기가 어려울 수 있지만, 접근 요소들이 변화에 어떻게 함께 작용하는지에 대해 이해하는 것은 AAPT 작업에 매우 중요하다.

지시적 AAPT 과정

지시적 AAPT는 개입의 목표와 구조 수준에 따라 다양한 유형의 치료적 과정이 가능하다. 치료사가 내담자를 돕는 방법은 치료사의 이론적 방향에 따라 달라질 수 있으며, 촉진적 반영은 폭넓게 적용될 수 있다.

치료적 과정과 구조의 단계

일반적으로 지시적 AAPT에서 구조적 수준이 낮은 경우, 치료사는 활동 전반에 걸쳐 다소 비지시적인 방식으로 반응할 수 있다. 치료사는 활동에 대한 초기 지침을 제공한 다음 내담자가 해당 활동을 경험할 때 뒤로 물러난다. 치료사는 공감하는 경청 발언과 가끔씩 질문이나 코멘트로 응답할 수 있지만, 내담자의 경험을 격려하고, 확인하고, 받아들이는 데 중점을 둔다. 활동의 구조가 중간 정도인 경우, 초기 지침을 제공한 이후 치료사는 안내 질문, 가끔 장난스러운 힌트나 추가 지시, 또는 내담자의 생각을 파악하기 위해 동물의 반응과 같은 특정 사항을 언급하는 등의 기법을 사용하여 보다 적극적인 역할을 수행한다(다음의 '촉진적 반응'에서 자세히 다룸). 구조적 수준이 높은 경우, 치료사는 내담자가 세션에서 새로운 것을 시도하거나 새로운 기술을 개발하는 동안 교육, 시범, 코칭을 제공하며 매우 적극적인 역할을 수행한다.

세션 중에 치료사가 하는 일은 내담자의 목표, 이론적 방향, 활동의 구조, 내담자 간 또는 내담자와 동물 간의 역동, 그리고 무엇이 필요한지에 대한 치료사의 임상적 판단에 따라 달라진다. 이는 매우 유연한 작업이다. 또한 치료사는 섬세한 균형을 맞추기 위해 판단해야 한다. 세션 중에 내담자에게 충분한 지원을 제공하되 내담자에게 너무 많은 것을 제공하거나 세션을 지나치게 주도해서는 안 된다. 물론 이것은 동물이 없는 치료에서도 중요한 특징이며, 많은 슈퍼비전 경험이 필요하다. 동물이 포함되는 경우 양질의 치료를 진행하면서 내담자와 동물 사이에서 주의를 전환해야 하는 차원이 추가되기 때문에 상황이 더욱 복잡해진다.

촉진적 반응

다음은 AAPT 활동 중에 치료사가 할 수 있는 반응의 범위에 대한 아이디어이다. 상황 자체와 더불어 치료사 자신의 이론적 작업 모델도 반응의 지침이 될 수 있다. 아래는 몇 가지 가능성에 대한 예시일 뿐이다. 이 방법은 모든 연령대에 적합할 수 있지만 연령에 맞게 조정 가능하다.

- 치료사는 현재 상황과 내담자의 감정을 반영하되 정보를 추가하지 않는다. "스모키(Smokey)를 움직이게 하려고 하는데 스모키가 협조하지 않아서 답답하구나."
- 치료사는 놀이나 게임의 은유 안에 머물러 있는다. "때론 장애물이 있을 때 돌아갈 방법을 찾는 것도 필요하지!"
- 치료사는 추가 지시 없이 상황이나 동물의 행동에 대해 간단한 코멘트를 한다. "장난감 총으로 소리를 낼 때마다 할리(Harley)가 고개를 돌리는 것 같네."
- 치료사는 내담자가 동물에게 더 주의를 기울이도록 유도한다. "지금 프레클(Freckles)의 기분이 어떨 것 같아?" 또는 "프레클에게 필요한 것이 무엇이라고 생각해?"
- 치료사가 원하는 행동을 강화한다. "할리가 반응했을 때 장난감 총을 치워 주다니 정말 친절하구나. 그게 바로 할리를 잘 돌보는 거야!"
- 치료사는 상황에 맞는 은유나 비유를 제시한다. "인생은 때때로 우리에게 커브볼을 던지지. 그럼 우리는 어떻게 그것을 수비할지 알아내야 해." 또는 "좌절한 틸리(Tilly)를 진정시켜 줄 방법이 필요해 보이네." 또는 "스트레치가 잘못된 방향으로 가고 있어서 다시 돌아올 수 있게 도움이 필요해 보이네."
- 치료사는 문제 해결을 촉진한다. "지금 프레클이 안전하게 느낄 수 있도록 어떻게 도와줄 수 있을까?" 또는 "프레클이 처한 문제에 어떤 조언을 해 주고 싶어?"

물론 이 모든 옵션이 한 번의 상담에서 사용되는 것은 아니다. 치료사는 자신의 치료 기술을 사용하여 필요에 따라 도움이 되는 의견을 제시한다. 일반적으로 내담자가 세션 중이나 실제 생활에 겪는 문제를 스스로 생각해 보고 가능한 해결책을 도모할 수 있도록 시간을 주는 것이 좋다. 내담자가 그렇게 할 수 없다면 치료사는 내담자가 그러한 능력을 개발할 수 있도록 보다 적극적인 역할을 할 수 있다.

예상치 못한 상황

AAPT를 진행할 때 예상할 수 있는 한 가지는 예상치 못한 상황이 발생한다는 것이다. 동물이 없는 치료에도 우여곡절이 있지만 동물은 완전히 새로운 차원의 예측 불가능성과 놀라움을 더한다. 이 사실은 여러모로 동물매개치료의 핵심이다. 동물은 때때로 신비로운 방식으로 행동하며, 예상치 못한 사건이나 행동은 관련된 인간을 놀라게 하거나 당황하게 할 수 있다. 동물은 환경에 반응하며, 동물의 행동은 대개 상황에 맞게 매우 합리적이지만 우리는 이를 완벽하게 이해하지 못하고 때때로 당황하기도 한다. 바로 이러한 순간에 우리는 내담자와 함께 큰 발전을 이룰 수 있는 기회를 얻게 된다.

> 한 세션에서 16세 소녀가 뮤리에게 낮은 후프를 뛰어넘도록 시도했다. 이전에도 수도 없이 했던 일이지만 이번에는 후프까지 걸어가다가 멈춰서서 통과를 거부했다. 몇 번의 시도 후에 나는(리제) 소녀의 얼굴을 보고 "뮤리가 통과하지 않아서 답답하구나."라고 말한 다음 "뮤리가 뭔가 이 상황을 불편하게 느끼고 있는 것 같으네."라고 덧붙였다. 이것이 내가 말한 전부였다. 소녀는 뮤리가 통과하게끔 몇 가지 다른 시도를 더 해 보았지만 모두 실패했다. 나 역시 무엇 때문인지 전혀 알 수 없었다. 나는 그 소녀의 목표와 관련지어 "때로는 최고의 계획도 잘 안 될 때가 있어. 그건 참 힘들지."라고 말했다. 그러자 그녀는 눈을 동그랗게 뜨며 "맞아요. 제 계획 중 많은 부분이 잘 안 풀리는데 그 이유를 알 수가 없어요."라고 말했다. "정말 화가 나겠구나. 여기서는 어떤 선택을 할 수 있을까? 다른 방법이 있을까?"라고 물었다. 결국 그녀는 더 이상 뮤리에게 후프를 넘도록 시키지 않고 뮤리가 무엇을 하고 싶은지 알아보겠다고 결정했다. 이것은 융통성이 없고 계획을 쉽게 바꾸지 않는 소녀에게 중요한 단계였다. 그녀는 뮤리를 통제하려는 욕구를 내려놓고 다른 일을 하고 싶어하는 뮤리의 욕구를 수용했다. 마지막에 나는 그녀에게 "네가 뭔가 알아낸 것 같은데. 그게 뭐야?"라고 물었고, 소녀는 "일이 잘 풀리지 않는다면 다른 시각으로 바라볼 필요가 있다는거에요."라고 대답했다. 그 후 그녀는 더 자주 새로운 도전을 하기로 결심하면서 다음 세션에서 그 개념을 발전시킬 수 있었다.

지금까지도 이때 왜 뮤리가 후프를 통과하지 않았는지 모르겠다. 뮤리는 이전에도 통과했고, 그 이후에도 잘했다. 뮤리가 거부하는 순간, 나의 역할은 소녀의 반응을 촉진하는 것이었다. 뮤리가 해내도록 만드는 것이 아니었다. 만약 뮤리가 순응하는 것에 내가 집중했다면 그 세션에서 중요한 깨달음을 놓쳤을지도 모른다. 세션은 항상 내담자에 관한 것이며, 치료사의 역할은 내담자가 직면한 딜레마를 해결하도록 돕는 것이지 내담자를 대신해서 문제를 해결하는 것이 아니다. AAPT에서 동물의 예상치 못한 행동은 이러한 유형의 작업을 위한 많은 기회를 제공한다.

말은 큰 동물이기 때문에 예상치 못한 방식으로 움직일 때 일부 내담자에게 공포 반응을 일으킬 수 있다. 이것이 치료사가 함께 작업하는 동물의 종을 알고 신체 언어를 유창하게 이해하는 것이 중요한 또 다른 이유이다. 사건은 순식간에 일어나기 때문에 체계적으로 생각할 시간이 없다. 빠른 대응이 필요하며, 이는 동물의 행동을 관찰하고 이해하는 능력과 특정 동물과의 관계 및 지식이 풍부할 때만 가능하다.

둘 다 다른 지역에서 전혀 익숙하지 않은 말과 함께 교육 세미나를 하고 있었다. 우리는 전날 말들을 만나서 말 관리자에게 우리가 원하는 말의 행동 유형(예: 장난기 많은 말)과 서로 잘 어울리는 말들을 원한다고 자세히 이야기했다. 말들을 잘 아는 사람이 활동할 말을 선택해 주었고, 우리는 그들에게 말에게 걱정스러운 행동이 보이면 언제든지 개입해 달라고 요청했다(우리보다 말들을 훨씬 더 잘 알고 있기 때문에). 활동 중에 암말이 다가와 수컷의 뒷덜미 냄새를 맡자 수컷은 발걸음을 옮긴 후 암말에게 발길질을 하며 떨어져 달라는 강력한 메시지를 보냈다. 우리 둘은 이미 행동을 관찰하고 있었기 때문에 말의 뒤나 근처에 가지 않게끔 했고, 특히 두 말이 이런 식으로 상호작용할 때 아무도 근처에 없었다. 물론 위험에 처한 사람은 없었다. 이것이 정상적인 말의 행동이라는 것을 알고 있었지만, 나중에 암컷이 발정기가 다가오고 있다는 말을 들었고, 무엇보다도 그 두 마리가 '오랫동안' 함께 있지 않았다는 것을 알게 되었다. 이 두 가지 중 하나라도 알았다면 두 말을 합치지는 않았을 것이다. 예상치 못한 상황이었지만, 우리는 그 장면을 보고 아무도 위험하지 않다는 것을 바로 알아차리고 참가자들의 기분에 주의를 기울였다. 처음부터 말과 함께 하는 것에 불편함을 표했던 한 사람은 (그리고 우리 둘 다 그녀에게 안전함을 느끼기 위해 필요한 행동을 하라고 했었다.) 이미 그 상황에서 벗어나 있었고, 우리는 디브리핑을 할 때 그녀에게 돌아가 확인하기로 계획했다. 나머지는 괜찮다고 말했고 몇 분 더 계속했다. 참가자들이 괜찮다고 하면 굳이 그만두면서 큰 이슈를 만들고 싶지 않았기 때문이다. 동시에 청중이 있었고 일부 청중이 놀란 상태였기 때문에 청중과 함께 전체 상황을 처리하며 동물의 예상치 못한 행동이나 잠재적으로 위험한 행동에 대처하는 방법을 보여 줄 계획이었다.

우리는 활동을 중단하고 그곳에 있는 모든 사람들과 함께 과정을 밟아 나갈 계획이었다. 하지만 안타깝게도 우리가 무엇을 하고 있는지 깨닫지 못한 두 명의 사회자 때문에 이 문제를 해결하지 못했다. 결국 세션은 중단되었고 청중들은 퇴장을 권유받았다. 그 결과 말의 자연스러운 행동에 놀란 청중들은 자신이 인식한 것에 대해 이야기하고, 감정을 프로세스하고, 안전감을 회복할 수 있는 적절한 기회를 갖지 못했다. 상담이나 교육 환경에서 내담자가 세션 중 어떤 일로 인해 화를 내는 경우 적절한 조치는 내담자가 그 일에 대해 이야기하도록 초대하는 것이다. 내담자가 화가 났다고 해서 세션을 중단해서 갈등이 해결되지 않은 채로 내담자가 떠나게 하지 말아야 한다. 대신 치료사는 내담자가 그 감정을 수용할 수 있도록 과정을 함께 하고 내담자에게 유발된 감정을 극복하고 그 경험을 통해 자신에 대해 더 많이 알 수 있도록 해야 한다. AAPT도 다르지 않다. 기본적으로 치료 기술의 핵심은 항상 치료사가 하는 일이다.

흥미롭게도 일주일 후 AAPT 워크숍에서 비슷한 상황이 발생했다. 말을 무서워하는 한 참가자가 말 한 마리가 길을 가던 중 다른 말의 가슴을 발로 차는 모습을 보고 깜짝 놀라는 반응을 보였다. 우리는 그 참가자가 괜찮은지 확인하고 끝까지 활동을 이어갔다. 활동이 끝난 후 우리는 멈춰서 아까 있었던 일에 대해서 이야기 나누었다. 참가자는 자신이 느꼈던 아드레날린의 전율, 우리가 즉시 활동을 멈춘 채 그녀에게 집중하지 않았던 것이 어떻게 도움이 되었는지, 그리고 자신이 계속 참여한다는 것이 얼마나 자랑스러웠는지를 표현했다. 그녀는 이 문제를 해결할 수 있었고, 그룹에서 그것을 보여 주었다. 다음 활동에도 그 여성은 참여했고, 하루가 끝날 무렵에는 말에 대한 두려움을 극복하기 위해 큰 걸음을 내디뎠다고 밝혔다. 이것은 치료 세션이 아닌 워크숍이었지만 그 과정은 동일한 방식으로 진행되었다.

치료를 진행할 때 치료의 프로세스는 그 자체로 매우 중요하다. 다양한 형태를 취하지만, 이것이 무엇인지, 왜 하는지, 어떻게 하는지 참여자들이 아는 것이 중요하다. 이것이 바로 비임상가가 취약한 내담자와 함께 일할 때 정신건강 전문가와 협력해야 하는 또 다른 이유이다. 다음 섹션에서는 가족 또는 그룹 활동에서 프로세스 방법에 대해 몇 가지 다룰 것이며, 일부 방법은 개인에게도 사용할 수 있다. 다시 말하지만, 다양한 옵션이 있으며 내담자와 활동 후 디브리핑하는 프레임워크를 간단하게 제공할 것이다.

집단과 가족 AAPT에서 디브리핑 과정

디브리핑(프로세스의 또 다른 형태)은 그룹 또는 가족 AAPT뿐만 아니라 치료사가 참여자의 해결 과제나 문제를 제안했을 때 개인 AAPT에서도 유용하다. 치료사는 일반적으로 집단이 안전하지 않거나 실패할 가능성이 있지 않는 한 집단 상호작용에 간섭하지 않는다. 실패 자체가 개입할 이유는 아니지만, 집단에 두려움을 야기하거나 사기를 떨어뜨리거나 의도된 목표에 반하는 문제가 발생할 수 있는데, 이때 치료사는 집단을 다시 정상으로 되돌리기 위해 신속하게 개입한다. 활동이 끝나면 참가자들이 활동에 대한 반응을 토론할 수 있는 짧은 디브리핑을 통해 체험 및 과제 중심의 AAPT에서 일어난 일에 대해 인식하게 한다.

일반적인 디브리핑 접근 방식은 교수법이나 훈련 상황에서도 유용한데, 예를 들어 리더가 방금 재생된 비디오 부분에 대해 논의하고자 할 때 적용할 수 있다. 치료사는 과정의 거의 마지막에 자신의 관찰 내용을 말하고, 디브리핑 시작 시에는 참가자들로부터 주요 요점을 이끌어낸다.

많은 집단 또는 가족 활동에는 논의할 자료가 풍부하다. 상호작용 중에 많은 일이 일어난다. 치료사는 관찰한 모든 내용을 논의하려고 하지 않아야 한다. 대부분의 디브리핑은 참여자의 연령과 주의력에 따라 5분 이상 10분 이하로 진행해야 한다.

디브리핑 순서

활동 종료 후의 디브리핑은 매번 다르며, 그 내용은 활동의 목표와 활동 중에 일어난 일에 따라 달라진다. 다음 순서는 부모놀이치료(VanFleet, 2014b)에서 각색한 것으로, 치료사가 이 과정을 안내하는 데 사용할 수 있는 프레임워크이다. 치료사는 개방형 질문을 통해 내담자의 의견을 이끌어내는 것으로 시작하여 보다 구체적인 질문과 성찰로 나아간다.

1. 집단(또는 개인)에게 일반적이고 간단한 방식으로 격려를 보내라: "수고하셨어요! 해냈군요!" 가벼운 어조를 유지하되, 표현을 진지하게 한다. 일반적으로 가벼운 분위기가 정서적 안정감과 참여도를 높인다는 점을 기억하라.
2. 참가자들에게 활동이 어떻게 진행되었는지에 대해 매우 일반적인 개방형 질문을 하라. "어떻게 생각하세요?", "그 과정은 어땠나요?", "아까 무슨 일이 있었나요?", "어떤 반응이 있었나요?" 참가자로부터 시작되어야 한다. 가장 중요한 사항을 말하고 다루고 지속적인 참여 의식을 보장하기 위해서 참여자의 의견이 중요하다.
3. 참가자가 수용받고 이해받는다고 느낄 수 있도록 간략하고 공감적인 경청의 반응을 보여 준다. 이때 너무 많은 질문을 하는 것은 피하라. 참가자의 반응을 들은 후 치료사는 개인과 집단 전체의 배움을 향상시키고 더 큰 해결이 필요한 감정적 반응을 철저히

다루기 위해 몇 가지 의견을 제시할 수 있다. 이는 숙달해야 하는 복잡한 기술이지만 중요한 기술이다.

4. 적어도 처음에는 개별이 아닌 집단 전체를 대상으로 일반적인 질문이나 반응을 유도하는 것이 좋다. 특정인을 지목하는 것에 불편함을 느낄 수 있으므로 치료사는 모든 사람이 더 안전하다고 느낄 수 있도록 따뜻하고 이해심 많고 친근한 환경을 조성해야 한다.
5. 내담자가 일반적인 반응과 토론을 마친 것 같으면 집단이 활동의 주요 특징에 대해 이야기 나눌 수 있도록 좀 더 구체적인 질문으로 넘어간다. 이러한 질문은, ① 활동과 활동의 목적, ② 활동 중 집단에 대한 치료사의 관찰, ③ 해당 활동에서 집단에 대한 치료사의 이전 경험에 따라 달라진다. 다음 섹션에 보다 초점화된 디브리핑 질문을 제시하였다.
6. 다음 섹션에 제시된 질문들과 함께, 치료사는 내담자들에게 활동에서 맡은 다양한 역할에 대해 어떤 느낌이었는지를 물어볼 수 있다. 예를 들어, 그룹 리더, 줄에서 마지막 사람, 다른 사람에게 업힌 사람, 눈이 가려진 사람 등 역할에 대한 느낌을 물을 수 있다. 개인에게 개별적으로 반응을 물어보는 것보다 적어도 처음 몇 세션 동안에는 이것이 더 효과적일 때가 있다.
7. 치료사는 활동에 대한 자신의 느낌이나 질문을 간략하게 공유한다. 예를 들어, "두 번째에는 훨씬 더 많은 협력이 있었던 것 같아요……." 또는 "끝에 있는 사람들은 계획이 무엇인지 잘 모르는 것 같았어요." 또는 "마틸다(Matilda)가 좌절하는 것처럼 보였는데, 그랬나요?" 또는 "다른 사람도 눈치챘나요?"와 같은 질문이 있다.
8. 모든 활동에 리더의 피드백이 필요한 것은 아니다. 필요한 경우, 치료사는 먼저 긍정적인 피드백을 제공한다. 이를 위한 단계는 다음과 같다.
   - 먼저 내담자의 반응을 유도한 다음 자신의 반응을 제공한다.
   - 그룹이 한동안 긍정적인 항목에 집중할 수 있도록 구조화한다.
   - 모든 사람에게 어떤 점이 좋았는지 물어본다.
   - 상호작용이나 활동의 강점이 무엇인지 물어본다.
9. 긍정적인 부분이 나온 후에는 그 활동이나 과정을 어떻게 개선할 수 있는지 물어본다.
   - 비판 대신 개선점을 요청하여 결점을 찾는 언어를 피하라.
   - 먼저 해당 활동에 직접 관련된 내담자의 반응을 이끌어 내라.
   - 그다음에는 관찰했던 내담자의 반응을 유도하라.
   - 필요한 경우 한두 가지 제안을 직접 제공하라.

- "만약 당신이 그랬다면 어떻게 달라졌을까요?"라고 내담자에게 성찰 반응을 유도한다.

10. 시간이 있다면 새로운 지식과 이해를 바탕으로 활동을 반복하고 싶은지 물어보는 것도 좋다. 시간이 없다면 다음 주에 활동을 반복하는 것이 유용할 수 있다. 치료사는 정해진 치료 목표의 범위 내에서만 이를 제안한다.

디브리핑 질문

활동 후 토론을 촉진하기 위해 디브리핑 질문을 하는 것은 많은 분야에서 일반적이다(예: Flanagan, 2008). 우리 둘 다 대학원 수업, 워크숍, 재난 정신건강 교육, 리더십 수련회 진행 등에서 다양한 방식으로 디브리핑을 배웠다. 대학원 시절에 나는(리제) Project Adventure(www.pa.org)와 New Games(Fluegelman, 1976, 1981)의 자료를 활용한 놀이 및 팀 기반의 야외 리더십 프로그램에 참여한 적이 있다. 이 프로그램에는 비경쟁적인 활동과 과제 해결 후의 디브리핑이 포함되어 있었다(Rohnke, 1991, 2004, 2009). 여기서 나는 그룹에서 두드러진 역동성을 관찰하고 이와 관련된 질문을 통해 디브리핑하는 방법을 배웠다. 경험이 쌓이면서 나만의 질문을 더 잘 생각해 낼 수 있었다. 내가 여기서 공유하는 질문은 다양한 출처에서 가져온 것이며, 나의 경험과 너무 많이 섞여 있어서 그 출처를 정확히 파악할 수 없지만, 나는 AAPT를 포함한 경력 전반에 걸쳐 이러한 초기 경험을 활용하여 그룹을 진행했다. AAPT는 내가 1970년대와 1980년대에 배운 것과 유사한 접근법을 사용하기에 매우 적합하다.

다음은 치료사가 집단에게 던질 수 있는 질문 목록이다. 이러한 질문은 활동의 목적 및 역동성과 관련된 범주에 속한다. 모든 카테고리가 각 활동과 관련이 있는 것은 아니므로 치료사는 역동에 맞게 질문을 선택한다. 살아 있는 동물이 관련된 AAPT 활동에서는 적어도 디브리핑 시간 중 일부를 동물의 신체 언어, 상호작용 및 과정에 대한 반응에 대해 논의하는 데 할애하는 것이 중요하다. 동물 관련 질문도 이 목록에 포함되어 있다. 이 디브리핑 질문 목록은 완전한 것이 아니며 주로 치료사에게 아이디어를 제공하기 위한 목적이다.

리더십 리더가 등장했나요? 누구였나요? 그 사람이 리더라고 생각하게 된 이유는 무엇인가요? 다른 사람들도 같은 방식으로 보았나요? 리더가 필요했나요? 리더가 나타나지 않았다면 그 이유는 무엇인가요? 리더가 있었을 때의 장점이나 단점은 무엇인가요? 리더는 이에 대해 어떻게 느꼈나요? 리더가 되고 싶었지만 리더가 될 수 없었던 사람이 있었나요? 그런 일이 일어나지 않은 이유는 무엇인가요? 활동 중에 리더십이 바뀌는 것 같았나요?

정서 반응 이 활동을 하면서 기분이 어땠나요? 즐거웠나요? 좌절했나요? 바보 같았나요? 두려웠나요? 불확실했나요? 왜 그런 기분이 들었나요? 이러한 감정을 어떻게 처리했나요? 다른 그룹원들의 반응은 비슷하거나 달랐나요? 감정적 반응(특히, 부정적인 반응)에 다른 그룹 구성원이 영향을 미쳤나요? 다른 사람의 감정적 반응에 도움을 주었나요? 왜 그랬나요 혹은 왜 안 그랬나요?

문제해결/결정하기 문제가 해결되었나요? 그룹은 어떻게 문제를 해결했나요? 다시 그 문제를 해결해야 한다면 어떻게 다르게 할 건가요? 그룹은 어떻게 결정을 내렸나요? 모든 사람이 참여할 기회가 주어졌나요? 자신의 의견이 반영되지 않았거나 들어주지 않았다고 느낀 사람이 있나요? 그룹이 문제를 얼마나 효율적으로 해결했나요? 문제가 해결되지 않았다면 해결책을 찾지 못한 이유는 무엇인가요?

위험감수/안전 그룹이 활동 중에 위험을 감수했나요? 그룹이 위험을 감수하기로 함께 결정했나요? 위험은 얼마나 심각했나요? 그룹은 얼마나 안전했나요? 안전이 위협받았나요? 어떻게? 그 원인은 무엇인가요? 이에 대해 모두 어떻게 느꼈나요? 안전하지 않다고 느낀 사람이 있었다면 나머지 그룹원들도 이를 인지하고 있었나요? 그룹원들이 서로를 돌보았나요? 어떤 방식으로요? 무엇이 그것을 방해했나요?

소통 그룹이 얼마나 잘 소통했나요? 모든 사람이 무슨 일이 일어나고 있는지 얼마나 잘 이해했나요? 리더가 조치를 취하기 전에 모든 사람에게 계획을 전달했나요? 외부에 있거나 끝에 있던 사람들도 의사 결정권자와 가까운 사람들만큼 정보를 잘 알고 있었나요? 그 느낌은 어땠나요? 어떤 커뮤니케이션 방법이나 스타일이 사용되었나요? 구두로 의사소통이 허용되지 않았다면 어떤 방식이었나요? 그룹은 어떻게 대처했나요? 커뮤니케이션은 얼마나 효과적이었나요? 돌이켜보면 어떻게 커뮤니케이션을 개선할 수 있었을까요?

신뢰 모두가 서로에 대해 얼마나 신뢰 또는 불신을 느꼈나요? 다른 그룹원보다 더 신뢰할 수 있는 그룹원이 있었나요? 어떤 면에서 더 신뢰할 수 있었나요? 그룹 리더를 신뢰할 수 있다는 것이 얼마나 중요했나요? 다른 사람을 신뢰하는 것이 얼마나 쉽거나 어려웠나요? 어떤 요인이나 행동이 신뢰를 구축하나요? 그렇지 않은 것은 무엇인가요? 여러 신뢰 유형이 있나요? 이번에 자신을 믿었나요? 그게 쉬웠나요, 혹은 어려웠나요? 어떻게 그랬나요?

지원 그룹은 얼마나 지원적이었나요? 멤버들이 서로를 얼마나 잘 지원했나요? 지원의 느낌은 어느 정도였나요? 지원이 필요했나요? 지원을 요청하는 것이 편했나요?

또래 압력 또래의 압력을 느끼거나 본 사람이 있나요? 어떤 방식으로 압박이 이루어졌나요? 그 압박이 어떤 영향을 미쳤나요? 문제 해결에 도움이 되었나요, 아니면 방해가 되었나요? 그룹의 의견에 동조하지 않았음에도 불구하고 동조한 사람이 있었나요? 활동 중에 '집단적 사고(group think)'의 사례가 나타난 경우가 있었나요?

협력/경쟁 그룹이 서로 협력하거나 경쟁하는 경향이 있었나요? 그룹원 사이에 경쟁하는 경향이 있었나요? 그룹의 협력/경쟁이 문제 해결에 어떻게 도움이 되거나 해가 되었나요? 경쟁의 방향은 어디였나요(예: 그룹 구성원, 다른 그룹 또는 팀, 그룹이 세운 이전 기록, 스스로에게 가한 압박감)?

다양성 그룹 구성원 간의 차이를 그룹에서 어떻게 처리했나요? 성별, 인종/민족, 경험 수준, 문제해결 스타일, 나이, 체격 등에 따른 차이가 있었나요? 그룹이 다양성을 이용하거나 무시했나요? 이것이 전체 프로세스에 도움이 되었나요, 아니면 해가 되었나요?

지속적인 배움 그룹이 어떻게 향상될 수 있었나요? 향상이 중요했나요? 실제로 그룹에게 '향상'이란 무엇을 의미하나요? 배운 내용 중 향후에 활용할 수 있는 것은 무엇인가요?

동물 참여 참여한 동물들에 대해 어떻게 느꼈나요? 동물들은 활동이나 특정 상황에 대해 어떻게 반응했나요? 동물들이 어떤 감정을 느꼈다고 생각하나요? 어떤 몸짓이나 행동에서 그런 인상을 받았나요? 그룹이 동물의 복지를 얼마나 잘 고려했나요? 동물들이 참가자들에게 얼마나 관심을 보였나요? 동물들은 서로에게 얼마나 관심이 있었나요? 동물들은 어떤 방식으로 이 활동을 강화했나요? 방해가 되었나요? 더 안전하다고 느끼게 했나요? 덜 안전하다고 느끼게 했나요? 동물들이 특정 방식으로 행동하게 된 원인은 무엇인가요? 동물과의 상호작용이 여러분이 겪었던 다른 상호작용이나 경험과 관련이 있나요? 어떤 방식으로요? 동물에게 가장 중요해 보였던 것은 무엇인가요?

관련성 이 활동에서 제기된 문제가 '실제 생활'의 사회적 상황, 가족 관계, 학교 또는 직장 환경, 우정 또는 기타 상황과 관련이 있나요? 어떤 면에서요? 배운 교훈을 실생활에 어떻게 적용할 수 있을까요?

디브리핑은 모든 활동에서 중요한 부분임을 기억하라. 비교적 짧게 진행하되, 참가자들이 경험을 반성하고, 공유하고, 다양한 관점에서 고려하고, 다른 삶의 경험과 통합할 수 있도록 어떤 형태로든 확인하는 것이 중요하다. 그러나 디브리핑은 실제 체험의 가치를 떨어뜨려서는 안 되며, 체험을 더 '인지적'으로 만들기 위한 것이 아니라 내담자가 반응을 통해 성찰할 수 있도록 하기 위해 제공되는 것이다. 경험 자체가 치료적 변화의 핵심이다.

전환과 종결

이 이기적인 세상에서 인간이 가질 수 있는 절대적으로 이기적이지 않은 친구,
결코 배신하거나 배신당하지 않을 친구는 바로 개이다.

–조지 G. 베스트(George G. Vest)

천국은 은혜로 이루어진다. 공로를 따져보면 당신은 못 들어가고 개는 들어갈 것이다.

–마크 트웨인(Mark Twain)

사랑은 헤어지는 순간까지 그 깊이를 알지 못한다.

–칼릴 지브란(Kahlil Gibran)

죽음은 삶을 끝내는 것이지 관계를 끝내는 것이 아니다.

—잭 레먼(Jack Lemmon)

삶은 변화로 가득 차 있으며 우리는 그것을 피할 수 없다. 치료의 과정은 변화의 과정이고 변화에 적응하는 과정이다. 이것은 그 과정과 끝에 전환이 있다는 것을 의미한다. 이는 반려동물 및 치료 파트너와의 관계에서도 마찬가지이다. 그들은 병에 걸리고 죽는다. 그들의 수명은 우리보다 짧기 때문에 육체적으로, 때로는 정신적으로 약화되는 것을 지켜봐야 하고, 우리는 종종 그들의 삶을 언제 끝내야 할지 매우 어려운 결정을 내려야 한다. 이러한 피할 수 없는 변화를 지켜보면서 느끼는 감정의 강도는 매우 강렬하다. 이들은 우리의 가족이자 업무 파트너이기도 하다. 우리는 관계를 발전시켜 나가면서 함께 일하는 방식도 발전시켜

나간다. 그것은 각 동물마다 고유하다. 그 동물이 은퇴하거나 죽으면 그 작업 방식은 종료된다. 원래 이러하며 이는 쉽지 않다.

AAPT에 관여해 온 수년 동안 치료매개동물이 심하게 아프거나 죽었을 때 어떻게 다루어야 하는지 자주 질문을 받았다. 이것은 아마도 치료사가 직면할 수 있는 가장 어려운 도전 중 하나일 것이다. 우리는 사랑하는 친구이자 동료를 잃은 슬픔을 겪는 동시에 치료매개동물을 잃고 슬퍼하는 내담자를 도와야 한다. 이 장에서는 AAPT에서 가장 일반적인 전환(Transitions)과 종결(Ending)에 대해 다룬다.

내담자의 전환

우리가 한계를 수용하게 되면 우리는 그 너머로 갈 수 있다.

–알베르트 아인슈타인(Albert Einstein)

대부분의 치료와 교육에서 흥미로운 점은 우리의 목표가 내담자와 학생들이 우리를 떠나는 것을 보는 것이라는 점이다. 우리는 그들의 역량을 강화하기 위해 매우 열심히 노력하며, 그들이 성공하도록 돕고 나면 다음 단계는 그들이 앞으로 나아가는 것이다. 대부분의 현업 전문가들은 내담자와의 관계를 종결하는 방법을 가지고 있다. 또한 내담자가 인생의 전환기에 직면하면 목표가 달성되기 전에 조기에 내담자와 종결하기도 한다. 기회가 있다면 우리는 그들이 이러한 전환기를 잘 극복할 수 있도록 최선을 다해 돕고, 도움을 줄 수 있는 다른 자원에 연결해 주려고 노력한다. 이러한 유형의 전환은 그 자체로 어려운 일이다. 이어지는 하위 섹션에서는 이러한 내담자의 전환과 종결이 AAPT에서 어떻게 다루어지는지 살펴볼 것이다. 아동은 특히 자신이 통제할 수 없는 변화를 이해하는 데 어려움을 겪는 경우가 많으므로 여기서는 아동에 초점을 맞춰 예시를 설명한다.

치료 중 아동의 전환

예측할 수 없는 잦은 변화로 삶이 채워진 아동에게는 특히 전환이 어려울 수 있다. 위탁 아동은 새로운 가정으로 이사하거나 부모와 재결합하거나 입양된다. 이러한 상황에서 치료가 가교 역할을 할 수 있다면 도움이 되지만, 때로는 자금이 고갈되거나 아동이 치료사의 지리적 영역에서 벗어나는 경우도 있다. 아동의 가족이 이사를 가거나 더 이상 치료가 필요하지 않다고 결정하거나 가족 구성원이 아파서 자원이 그쪽으로 가야 할 수도 있다. 가능하다면 치료사는 전환기를 원활하게 하고 아동의 적응을 돕는 데 중요한 역할을 해야 하며, 결국에는 개입을 종료해야 한다. 동물이 아동의 치료와 안녕(well-being)에 중요한 역할을 해 왔다면, 이는 아동이 적응하는 과정에서 또 다른 상실을 의미할 수 있다. 이상적으로는 아이가 동물과 작별 인사를 할 수 있는 기회를 갖는 것이 좋지만, 이것이 항상 가능한 것은 아니다.

치료적 스토리텔링 치료적 스토리텔링은 때때로 이러한 상황에서 도움이 될 수 있으며, 이 방법은 동물을 아주 쉽게 포함시킬 수 있다. 많은 아동용 치료 도서에 동물이 등장하는 이유는 아이들이 동물 캐릭터와 잘 공감하고, 동물이 어느 정도 거리감과 정서적 안정감을 제공하며, 아이들이 책의 메시지를 더 쉽게 이해하기 때문이다(www.selfesteemshop.com에서 많은 예를 볼 수 있다). 다양한 스토리텔링 접근법을 사용하여 어린이가 동물에 대한 자신만의 이야기를 만들 수 있다(예: Gallo-Lopez, 2001; Sunderland, 2000; VanFleet, 1993). 종종 아이들이 동물에 대해 만드는 이야기는 자신의 딜레마, 대처법, 소망을 분명히 반영한다.

아동이 함께 작업한 치료매개동물에 대한 이야기를 들려주는 것은 아동의 어려움과 회복력에 대한 은유를 제공할 수 있다. 아주 어린 아동의 경우, 치료사가 녹음한 내용을 아이가 적도록 할 수 있는데, 이때 모래 상자에 미니어처를 사용하여 이야기를 만들 수 있고, 그 이야기를 치료사에게 말하거나 필요에 따라 부모나 보호자에게도 전달할 수 있다. 치료사는 내담자에게 동물에 대한 열린 결말의 이야기를 이어달라고 요청할 수 있고, 보다 구조화된 방식으로 아동에게 치료매개동물과 공유했던 좋은 점, 치료매개동물의 장점, 치료매개동물이 경험했던 문제와 그것을 해결했던 방법 등 특정 주제를 요청할 수 있다. 성인 내담자 역시 전환기에 직면했을 때 이러한 활동으로 도움을 받기도 한다. 치료매개동물에 대한 이야기를 짜면서 창의력과 상상력을 발휘하는 것은 아이들만 하는 것이 아니다. 치료는 사실의 정확성보다는 감정, 소망, 상처, 기쁨, 문제, 해결책, 관계에 관한 것이다. 이야기, 심지어 매우 상상력이 풍부한 이야기에도 그것을 쓴 사람에 대한 많은 것들이 반영된다.

치료적 편지 쓰기 치료사는 놀이치료매개동물을 대신하여 치료적 편지 쓰기를 사용하여 어려운 상황이나 전환기에 있는 아동을 도울 수도 있다. 동물이 아동에게 보내는 편지에 치료사는 아동에게 도움이 될 수 있는 메시지를 담는다. 이러한 편지는 성인 내담자에게도 전달할 수 있다. 다음은 그 예이다.

당시 열네 살이었던 조시는 치료의 중요한 시기에 너무 멀리 사는 위탁 가정에 맡겨져 나를(리제) 만나러 오기 어려웠다. 조시를 담당한 기관은 조시가 우리 지역으로 돌아와 우리와 함께 치료할 가능성이 높지만 6개월 이상은 이 위탁 가정에 있을 것이라고 말했다. 결국 1년이 되었다.

조시는 방임, 학대, 유기된 역사가 있었기 때문에 이동 결정은 그가 치료를 통해 얻은 많은 이득을 위협했다. 그는 다른 집으로 옮겨질 때마다 매우 공격적인 행동과 감정적 폭발을 보였었다. 이동 결정은 현재 상황에서 어쩔 도리가 없었고, 안타깝게도 그가 머물 수 있는 유일한 장소가 치료를 계속할 수 없다는 것을 의미했다. 나는 그에게 어느 정도 연속성을 보장하고 싶었고, 두 가지 방법으로 그렇게 했다.

먼저, 조시의 새로운 지역을 조사하여 트라우마와 애착 문제를 다루었던 유능한 치료사를 찾았다. 조시는 내가 다른 치료사를 찾고 있다는 사실을 알고 있었고, 내가 그 정도까지 관여하는 것을 고마워하는 것 같았다. 둘째, 다시 돌아오면 키리와 함께할 수 있기 때문에 계속 연락하겠다고 말했다. 그가 자리를 비운 동안 '키리'는 자신의 행동에 대한 소식과 사진, 감정 묘사를 담은 편지를 보냈고, 그에게 도움이 될 만한 몇 가지 팁을 알려 주었다. 가끔은 격려의 말을 담은 나의 쪽지를 삽입하기도 했다(아동은 열네 살이고 키리가 글을 쓸 능력이 없다는 것을 확실히 알고 있었기 때문에 키리가 보낸 편지를 그가 어떻게 받아들였는지 궁금할 것이다. 그는 편지를 좋아했다. 편지는 그의 인지적 욕구가 아닌 정서적 · 사회적 욕구를 충족시키는 데 도움이 되었다. 그는 누군가가 계속 연락할 만큼 충분히 관심을 갖고 있다는 것을 알았고, 그 내용이 키리와의 관계에 관한 것이었기 때문에 편지는 일정 부분 진실하게 전달되었다).

조시에게 그 편지는 매우 가치있었다고 그의 새로운 위탁 부모와 함께 일했던 새로운 치료사가 말해 주었다. 조시는 이번에 가장 순조롭게 적응했고, 문제가 발생하긴 했지만 그 강도는 덜했다. 조시의 적응력이 좋아진 이유는 정확히 알 수 없지만, 조시는 입양된 후에도 키리가 보낸 편지가 계속 이어지기를 원한다고 말했다. 결국 그는 우리 지역으로 돌아와 입양 가족과 함께 치료를 재개했다. 그의 양부모는 '키리 편지'가 여전히 그에게 매우 중요하며 그의 읽기 능력에도 도움이 되었다고 말했다. 부모놀이치료는 입양 가족이 강력하고 건강한 애착을 형성하는 데 사용되는 주요 개입인데, 부모놀이치료 세션의 마지막 부분에서 짧은 기간 동안 아동은 키리와 다시 만났다.

많은 아동–동물의 상호작용은 아이들이 더 강하고 건강한 관계를 구축하는 데 도움이 된다. 인간과 동물 애착의 특징은 인간과 인간 애착의 특징과 크게 다르지 않다. 애착 장애가 있는 아동의 경우 동물과 건강하고 호혜적인 관계를 형성하는 것이 복잡하고 까다로운 인간관계보다 정서적 위험이 적을 수 있다. 아동이 동물과 건강한 관계를 맺은 후, 숙련된 치료사는 이를 아동의 인간관계에 대한 기틀로 사용할 수 있다. 아동이 배운 것을 일반화하고 적용하도록 돕기 위해서는 임상 기술이 필요하지만, 아동이 적어도 한 가지 이상의 좋은 경험을 가지고 있다면 향후 관계를 구축하는 것이 더 쉬울 수 있다. 이러한 방식으로 AAPT는 다양한 유형의 전환에 대한 지원을 제공한다.

치료 종결

모든 연령대의 내담자가 목표에 도달하면 치료 종료와 그 이후의 단계를 계획해야 한다. 대부분의 치료사는 치료 과정을 마무리하고 내담자와의 관계에서 배우고 경험한 모든 것을 정리하여 내담자에게 돌려준다. AAPT가 치료의 한 부분이었다면, 내담자가 맺은 두 가지 이상의 관계, 즉 치료사와 동물과의 관계도 마무리되어야 한다.

AAPT에서 내담자는 적어도 몇 세션 전에 세션이 종료될 것임을 미리 알아야 한다. 마지막 몇 번의 회기에서 내담자가 치료매개동물과 만남을 가질 수 있도록 계획하는 것이 좋다. 이는 어린이와 성인 내담자 모두에게 해당된다. 이러한 계획에는 일반적으로 함께 찍은 사진(인화된 사본을 내담자에게 제공), 내담자를 위한 작은 케이크나 과자, 동물을 위한 간식 등 일종의 관계 축하 행사가 포함된다. 다른 아이디어로는 내담자가 모형을 골라 모래 트레이에 그동안 함께 했던 여정을 표현하거나 가족과의 관계를 보여 주는 짧은 연극(분장을 하고)을 하거나 좋아하는 재주나 활동을 함께 재연하는 동영상 제작 등이 있다. 종종 치료 편지를 통해 동물들이 내담자와 함께하는 것이 얼마나 즐거웠는지, 내담자를 얼마나 그리워할지, 내담자를 어떻게 기억할지, 내담자가 잘되기를 바라는지 등에 대해 목소리를 낼 수 있다. AAPT의 가벼운 분위기로 인해 성인 내담자들도 이러한 편지를 좋아했다.

허락 하에 우리는 프로그램 중에 많은 사진을 찍는데, 치료가 끝날 때에도 사진이 중요한 역할을 할 수 있다. 치료매개동물과의 관계에서 중요한 순간을 담은 사진을 내담자에게 제공하고, 가능하면 내담자가 치료매개동물과 함께 찍은 사진 중 가장 마음에 드는 사진을 선택하도록 하여 8 × 10인치 사진으로 제공해 주기도 한다. 특히, 가족 및 그룹과 함께 하는 경우, 마지막 세션에서 사진 영상을 제작하여 내담자가 AAPT에 참여했던 상황을 상기하고 축하할 수 있다. 그룹 전체가 다과를 즐기며 사진 영상을 감상한 후 개별 사진과 함께 수료증을 수여한다.

트레시의 턴 어바웃 페가수스(Turn About Pegasus) 프로그램에서 인기를 끌었던 또 다른 아이디어는 치료매개동물의 사진이 담긴 작은 냉장고 자석을 만드는 것이다. 각 동물의 사진을 자석에 넣을 수 있다. 내담자는 가지고 싶은 자석을 선택한다. 비밀 보장을 하면서 냉장고에 부착한 자석으로 추억을 상기할 수 있어서 인기가 높다.

동물의 전환

일부 전환은 동물을 고려하면서 발생하기도 한다. 첫째, 내담자가 가족 반려동물이 세상을 떠났다고 말하는 경우가 드물지 않다. 많은 치료사들이 이러한 경우 개인 또는 가족의 애도를 돕는다. 반려동물상실및애도협회(aplb.org)에는 치료사와 부모가 사용할 수 있는 많은 자료가 있다. '반려견에게 작별인사를'(Farewell to Fido)이라는 기사에는 가족에게 적용할 수 있고 치료에도 도움이 되는 방법이 수록되어 있다(VanFleet, 2010; play-therapy.com/playfulpooch/images_ resources/APDT.2010.FarewellFido.pdf에서 이용 가능).

치료매개동물과 관련된 전환에는 동물이 더 이상 일할 수 없어서 은퇴하거나 일하는 기간 동안 사망하는 경우가 포함된다. 이에 대해서는 다음에서 설명한다.

치료매개동물의 은퇴

내담자가 치료매개동물과 함께하고 있는 동안 치료매개동물이 아프거나 나이가 들어 은퇴해야 하는 경우가 있다. 이 경우 두 마리 이상의 치료매개동물을 키우는 것이 도움이 될 수 있지만, 은퇴해야 하는 동물을 다른 동물이 대체할 수는 없다. 이전 관계는 새로운 관계와 마찬가지로 고유하다. 사람이 동료의 은퇴를 기념하는 것처럼, AAPT에서는 치료매개동물의 은퇴를 기념한다.

제10장(실제적인 문제)에서는 은퇴 시기와 은퇴가 필요하다는 것을 암시할 수 있는 몇 가지 관찰 사항에 대해 설명했다. 예상치 못한 질병이나 부상으로 인해 갑작스럽게 은퇴하는 경우도 있다. 어떤 상황에서건 치료매개동물의 은퇴는 현재 치료 중인 내담자와 마찬가지로 치료사에게도 전환점이 된다.

은퇴를 계획할 수 있는 경우, 치료사는 동물의 개입을 단계적으로 중단할 수 있다. 이미 참여하고 있는 내담자는 일정 기간 동안 계속하지만 새로운 내담자에게는 투입하지 않는다. 하지만 내담자가 여전히 동물과 함께 작업하는 동안 은퇴가 필요하다는 것을 깨닫는 경우가 많다.

동물 관련 요인으로 인해 전환이 필요한 경우에도 내담자의 전환에서 설명한 것과 동일한 방법을 사용할 수 있다. 내담자에게 몇 주 전에 미리 알려 주거나 동물이 보내는 자세한 내용의 편지를 쓸 수 있다. 논의와 편지는 연령에 적합해야 하며, 치료사는 내담자에게 해가 될 수 있는 너무 많은 세부 사항을 공유하지 않도록 주의해야 한다. 이는 역전이가 일어날 수 있는 영역이므로 치료사도 자신의 감정을 염두에 두고 신중하게 생각해야 한다.

간단하고 솔직하게 설명하는 것이 가장 좋으며, 내담자가 질문할 수 있는 기회를 제공해야 한다. "스포티(Sportty)는 나이가 꽤 들었고, 사람들이 특정 나이가 되면 일을 그만두는 것처럼 말에게도 그런 일이 일어나요. 스포티는 세 번만 더 만나고 일을 그만두게 될 거예요. 스포티도 여러분을 그리워하고 여러분도 스포티를 그리워할 거라는 걸 알아요. 스포티는 여전히 이곳에서 행복하게 살겠지만 지금은 더 많은 휴식이 필요해요. 질문이 있으신가요?" 모든 질문에 쉬운 답이 있는 것은 아니며 내담자가 같은 질문을 계속 반복한다면 내담자가 표현하는 감정을 공감적으로 경청하는 것이 좋다. 내담자의 반응에 따라 치료적 프로세스가 필요할 수도 있다. 그런 다음 은퇴 파티에 대한 아이디어를 소개하고 내담자가 스포티를 위한 자신만의 은퇴 파티를 계획할 수 있도록 초대한다. 치료사가 모든 재료를 제공하므로 '이벤트'에 필요한 제한 사항을 설정할 수 있다.

은퇴에 지나치게 초점을 맞춰서는 안 된다. 치료사는 함께한 시간들에 대한 기쁨과 변화하는 상황에 대한 슬픔 등 복합적인 감정이 교차하는 시기라는 것을 모델링한다. 치료적 이야기와 편지, 그리고 앞서 설명한 모래놀이와 연극 등의 마무리 활동도 모두 이러한 목적에 적합하다.

질병이나 부상의 경우 이러한 유형의 계획과 축하를 할 시간이 항상 있는 것은 아니다. 동물이 없는 상태에서 치료사는 어떤 상황인건지 내담자에게 알려 주고 이에 대한 내담자의 반응을 다루어야 한다. 마찬가지로 이 과정을 도울 수 있는 방법이 있다. 이 과정에도 치료 편지가 매우 유용할 수 있다. 동물에 대한 비디오 녹화는 동물이 여전히 괜찮다는 것을 보여 줄 수 있으며, 동료이자 친구인 발 미라글리아(Val Miraglia)는 My Talking Pet이라는 앱을 사용하여 개와 더 이상 함께 할 수 없는 이유를 내담자에게 유쾌하게 전달하기도 했다. 또한 그녀는 자신의 놀이치료매개견 루크(Luke)처럼 생긴 작은 인형 개를 '미니 루크'라고 부르며 세션에서 대역으로 사용하기도 했다. 그녀는 많은 치료 문제에 대해 이런 식으로 루크를 계속 참여시켰다(예: "루크라면 어떻게 할까?", "루크를 어떻게 도울 수 있을까?"). 그녀는 이 방법이 매우 효과적이었다고 보고했다(발 미라글리아, 개인적 커뮤니케이션, 2017년 1월 9일).

우리의 수련 과정에 함께 하던 개가 갑자기 심각한 질환을 앓게 되자, 개의 보호자이자 치료사는 모든 내담자에게 메시지를 보내 간접적으로 소식을 듣지 않도록 했고, 다음 세션에 개와의 만남을 기대하며 오지 않도록 했다. 그런 다음 치료사는 개가 전하는 편지를 작성해서 몸이 좋지 않지만 보호자와 수의사가 최선을 다해 돌봐 주고 있고 어떻게 지내는지 그들(내담자)에게 계속 알려 주겠다고 소식을 전했다. 치료사는 어린 내담자와 부모가 개에게 안부 인사를 할 수 있도록 기회를 제공하되 누구에게도 강요하지 않았다. 많은 사람들이 안부 인사를 작성했다. 다행히도 개는 회복되어 다시 일터로 돌아갔다.

치료매개동물의 죽음

은퇴와 마찬가지로, 치료매개동물이 사망했을 때 치료매개동물과 적극적으로 관여하는 내담자가 없는 경우 내담자를 돕기 위한 조치가 필요하지 않기 때문에 치료사는 반려동물이자 치료 파트너를 잃은 것에 대한 강한 감정과 슬픔에 집중할 수 있다. 파트너의 죽음을 애도하는 방법은 매우 개인적이며, 애도하는 '올바른 방법'이라는 것은 존재하지 않는다. 치료사도 동반자나 가족이 사망했을 때와 마찬가지로 스스로를 돌봐야 한다. 이를 위해 어떤 사람은 짧은 휴가를 필요로 하기도 하고, 어떤 사람은 평소처럼 업무를 계속하기도 한다. 동물에 대한 이야기로 책을 쓰거나 소셜 미디어에 사진과 소식을 게시하는 사람도 있다. 다른 큰 상실과 마찬가지로 치료매개동물의 죽음에 대한 첫 번째 단계는 치료사 자신을 돌보는 데 필요한 모든 조치를 취하는 것이다.

동물이 아직 은퇴하지 않았다면 더 복잡한 시나리오가 발생한다. 이는 동물이 여전히 내담자를 만나다가 예기치 않게 죽는 경우이다. 갑작스럽게 또는 짧은 기간에 걸쳐 일어날 수 있지만, 치료사와 내담자 모두에게 죽음은 매우 힘든 일이 될 수 있다. 치료사도 나름의 상실감이 있을 것이므로 먼저 애도하는 데 필요한 시간을 갖는 것이 매우 중요하다.

다음 단계는 내담자에게 죽음에 대해 알리는 것이다. 이는 세션 전에 일반적인 커뮤니케이션 채널을 통해 알림을 보내거나 내담자가 도착하자마자 할 수 있다. 가장 먼저 고려해야 할 사항은 각 내담자에게 최선의 이익이 무엇인가이다. 다음으로 치료사는 자신의 감정이 너무 생생한 상태에서 내담자에게 알리는 것이 어떨지 고려해야 한다. 내담자와 슬픔을 나누는 것이 잘못된 것은 아니지만, 보통은 간단하고 직접적인 방식으로 이루어진다. 내담자에게 자세한 내용은 일반적으로 필요하지 않으며, 치료사가 다루고 싶은 내용이 있다고 느끼는 경우 신뢰할 수 있는 친구나 가족과 나누는 것이 가장 좋다. 하지만 슬픔의 경험은 실재하며, 내담자가 이를 치료사와 공유할 수 있다면 매우 어려운 전환기에 작별을 고하는 중요한 방법을 터득할 수 있다. 마찬가지로 내담자 앞에서 눈물을 흘리는 것은 진정성 있고 수용 가능한 행동이다. 자제력을 잃고 흐느끼기 시작하면 안 되며, 치료사가 슬픔에 사로잡히기 시작하면 잠시 휴식을 취하는 것도 좋은 방법이다.

내담자에게 슬픔을 알리고 감정을 프로세싱하는 것이 격렬하게 슬프거나 과도한 경험이 되어서는 안 된다. 슬픔을 인식하고 프로세싱해야 한다. 동시에 재미있거나 행복했던 기억을 공유하는 것도 죽음에 대처하는 데 매우 유용할 수 있다. 앞서 언급한 스토리텔링을 사용할 수 있으며, 예술 작품, 모래놀이 또는 아이와 함께 동물의 삶을 기념하는 퍼레이드를 개최할 수도 있다. 세션 내 작업의 양은 전적으로 내담자의 요구에 따라 달라진다. 어떤 내담자는 다른 주제로 넘어가는 것을 선호하는 반면, 어떤 내담자는 전체 세션을 동물을 위한 시간으로 보내길 원할 수도 있다.

또 다른 옵션은 대기 공간에 동물의 사진을 게시하고 무슨 일이 있었는지 간단히 공지하고 지정된 상자에 동물에 대한 메시지를 남기도록 초대하는 것이다. 커다란 카드와 마커 또는 크레용을 근처에 두고 내담자가 작업한 것을 넣을 수 있는 상자를 놓아 둔다. 대기실에 있는 사람이 다른 사람의 카드를 볼 수 없도록 상단에 잠금장치가 되어 있는 상자가 가장 좋다. 비밀유지를 위해 카드도 전시해서는 안 된다. 중요한 것은 생각을 공유할 수 있는 기회이다.

아이들이라면 동물의 편지도 사용할 수 있다. 동물의 사진과 동물을 대신하여 간단한 메시지를 담은 문서가 일부 내담자에게 도움이 될 수 있다. 이전과 마찬가지로 동물과 함께한 시간과 그 시간이 얼마나 의미 있는 시간이었는지, 그리고 사람과 마찬가지로 동물도 그 시간을 항상 기억할 것이라는 메시지를 담을 수 있다.

내담자가 치료매개동물을 잃은 슬픔을 극복하도록 돕는 것도 중요하지만, 그들이 나름의 방식으로 슬퍼할 수 있도록 허용해야 한다. 동물의 삶과 업적을 존중하되 슬픔뿐만 아니라 내담자가 치료를 받게 된 그들의 다른 모든 문제에 초점을 맞추는 것이 중요하다.

가끔 내담자가 치료매개동물의 죽음에 전혀 반응하지 않거나 "늙었잖아. 언제든 다른 동물을 키우면 되지", "아직 다른 동물이 남았잖아", "먹일 입이 하나 줄었네" 등 상처를 주는 듯한 발언을 할 수 있다는 점에 유의해야 한다. 내담자뿐만 아니라 많은 사람들이 인생에서 상실을 겪고, 상실이 발생했을 때 무엇을 말해야 할지 어려워한다. 특히, 그것이 동물과 관련된 경우에는 더욱 그렇다. 상처를 주는 말들은 종종 자신의 상실감이나 그 상황에서 느끼는 불편함을 방어하기 위한 반응일 때가 많다. 비록 그 말이 상처가 될 수 있지만, 치료적 동맹의 맥락에서 내담자들은 종종 생각 없이 불쑥 말을 꺼내기도 한다. 그들이 의도적으로 불친절하게 행동하려는 것이 아니라, 그저 자신의 문제를 다루느라 어려움을 겪고 있는 것이다. 이를 기억한다면 보다 잘 받아들이는 데 도움이 될 것이다.

Part IV

전문가 이슈, 윤리, 그리고 복지

동물복지

인간이 자비의 범위를 모든 생명체에게 확장하지 않는 한,
인간은 스스로 평화를 찾지 못할 것이다.
–알베르트 슈바이처(Albert Schweitzer)

한 나라의 위대함과 도덕적 발전은
그 나라가 동물을 대하는 방식으로 판단할 수 있다.
–마하트마 간디(Mahatma Gandhi)

이 책 전반에 걸쳐 우리는 동물에 대한 인도적인 대우와 동물의 관점을 고려하는 것을 강조해왔다. 이 장에서는 독자들에게 구체적인 지침을 제공하기 위해 해당 주제에 대해 더 깊이 다루고자 한다. 우리는 AAPT에서 동물이 맡는 역할에 대해 특정한 견해를 가지고 있으며, 바로 이 견해의 유사성이 우리를 처음부터 함께 하도록 이끌었고, 그것이 지금까지 우리의 AAPT 작업의 토대가 되어 왔다.

AAI와 AAPT에서 동물복지

…… 그리고 나는 말에게 속삭였다:
너를 있는 그대로 동등하게 바라보지 못하는 사람은 신뢰하지 말라고.
–돈 빈첸초 조베(Don Vincenzo Giobbe, c. 1700)

AAI에 참여하는 대부분의 사람들은 동물복지를 우선하는 방식으로 실천한다고 말한다. 그러나 이 분야는 복잡하며, 종종 일하는 장면에서 동물의 경험에 대한 인식이 부족할 뿐만 아니라 '복지'가 무엇을 의미하는지에 대해서도 상당한 의견 차이가 발생한다. 더 나아가, 동물복지에 대한 관심은 치료 작업뿐만 아니라 동물이 가정에서 어떻게 대우받고, 훈련받고, 다루어지는지까지 확장되어야 한다.

치료매개동물에게 적용되는 보편적인 기준은 없지만, 여러 단체에서 윤리와 복지에 관한 지침을 마련해 왔다(American Psychological Association, 2012; Animal Assisted Intervention International, 2015; International Association of Human-Animal Interaction Organizations, 2014). 앤 호위(Ann Howie, 2015)는 그녀의 책에서 '치료매개견의 권리'라는 훌륭한 내용을 다루었다. 주요 AAT 저자들도 자신의 책에서 이 주제를 다루었으며(Chandler, 2017; Fine, 2015; Parish-Plass, 2013), 일부는 동물에 대해 생각하고 결정을 내릴 때 우리가 직면하는 딜레마에 대해 논의했다(Herzog, 2010).

5대 자유

'5대 자유'는 동물복지에 필수적이라고 여겨지는 주요 영역을 가리키며, AAPT의 좋은 토대가 되기도 한다. 이는 영국 정부에 의해 개발되었으며, 왕립동물학대방지협회(RSPCA)와 미국동물학대방지협회(ASPCA)에 의해 채택되었다. 다음에 5대 자유와 함께 AAPT와 관련된 간략한 설명을 소개한다.

1. **배고픔과 갈증으로부터의 자유**: 신선한 물과 건강과 활력을 유지할 수 있는 식단을 항상 제공함으로써 이 자유를 보장한다. AAPT에서는 말이 항상 풀과 물에 접근할 수 있도록 해야 한다. 특히, 말의 소화 시스템은 지속적인 공급을 필요로 하기 때문이다. 개와 고양이도 항상 물에 접근할 수 있어야 하며, 배고픔이 동기 부여 수단으로 사용되지 않아야 한다. 세션 중에 간식을 위해 식사량이 줄어들 수는 있지만, 식사를 거르는 일은 없어야 한다.
2. **불편함으로부터의 자유**: 적절한 환경을 제공하고 쉼터와 편안한 휴식 공간을 마련함으로써 이 자유를 보장한다. AAPT에서는 말이 넓은 거리를 이동하도록 진화했으며 좁은 공간에서 불편해한다는 점을 인식해야 한다. 따라서 말은 오랜 시간 작은 공간에 갇혀 있지 않아야 하며, 야외에서 충분히 시간을 보내되, 극심한 날씨로부터 보호받을 수 있

는 장소가 필요하다. 개와 고양이도 작업 중 자신만의 편안한 공간이 필요하며, 그곳에 가기로 선택한 경우 방해받지 않아야 한다.

3. **고통, 부상, 질병으로부터의 자유:** 예방이나 빠른 진단 및 치료를 통해 이 자유를 보장한다. AAPT에서는 정기적인 동물병원 진료와 돌봄을 제공해야 한다. 동물들은 몸이 불편할 때 작업하지 않으며, 고통을 겪지 않도록 해야 한다. 여기에는 부상을 초래할 가능성이 있는 내담자의 행동을 방지하는 것도 포함된다.
4. **정상적인 행동을 표현할 자유:** 충분한 공간, 적절한 시설, 같은 종의 동물과 함께할 수 있는 환경을 제공함으로써 이 자유를 보장한다. AAPT에서는 말이 무리 동물이며, 다른 말들을 볼 수 있고 함께 살아갈 수 있어야 한다는 점을 인식해야 한다. 말이 들판에서 자유롭게 지낼 수 있는 시간이 많을수록 5대 자유가 더 잘 보장된다. 개별 마구간에 격리된 말은 사회적 요구를 충족하기에 접촉이 부족할 수 있다. AAPT에서 개와 고양이를 위한 시설은 동물의 크기와 선택된 활동의 성격에 적합해야 한다. AAPT 동물은 과도하게 훈련되지 않으며, 개체별로 타고난 성향 이상을 기대하지 않는다. 적합성 원칙이 그들에게 부여된 모든 업무에 적용된다.
5. **공포와 스트레스로부터의 자유:** 정신적 고통을 피할 수 있는 조건과 처우를 보장함으로써 이 자유를 보장한다. AAPT에서는 말이 하루에 최소 6시간 동안 다른 말 한 마리 이상과 함께하며 가능한 한 자연스러운 환경을 제공받고, 네 가지 보행법을 모두 사용하여 움직일 수 있어야 한다. 모든 동물은 작업 참여 여부를 선택할 수 있으며, 그 선택은 존중되어야 한다. 치료사는 항상 동물의 신체 언어를 관찰하고 잠재적인 스트레스를 제거하기 위해 개입해야 한다. 작업을 즐기지 않는 동물은 그 일을 하지 않는다.

대화를 시작하면서

다음 섹션에서는 동물복지의 몇 가지 주요 측면, 특히 AAPT에서 이를 어떻게 실천해야 할지를 강조하고 있다. 이 주제에 대한 우리의 입장이 독자들이 과거에 해 왔던 어떤 것들을 의문시하게 만들 가능성이 있다. 우리의 목표는 방어적인 태도를 불러일으키는 것이 아니라 사고와 대화를 촉진하는 것이다. 이 주제에 있어서 완벽한 사람은 없으며, 우리 역시 오늘날에는 하지 않을 일을 과거에 한 적이 있다. 우리는 그저 독자들이 이 아이디어를 생각해 보고 동물의 행동과 신체 언어에 대한 지식을 바탕으로 그들을 이끌어 주기를 바란다. 우리의 목표는 독자들이 동물을 더 잘 이해하고, 동물들이 치료 활동에 인도적인 방식으로 참여할 수 있도록 돕는 것이다.

동물복지를 고민할 때 문제 중 하나는 일반적인 개념으로써 동물복지의 중요성을 논의할 때 많은 사람들이 (아마도 대부분) 이에 동의하지만, 구체적인 논의에 들어가면 의견이 엇갈린다는 점이다. 예를 들어, 고집 센 개를 위해 약간의 혐오적 훈련 방법을 사용하는 것이 괜찮을까? 압박-해제 방식이 정말로 말의 행동을 수정하는 유일한 방법일까? 프롱칼라나 스퍼스(spurs)와 같은 장비가 허용되어도 될까? 보상 기반의 긍정강화 훈련이 효과적일까? 우리는 이러한 질문들로 인해 실무자들 사이에서 격렬한 논쟁이 일어날 수 있다는 점을 알고 있다.

또 다른 문제는 AAI에 참여하는 사람들이 각자 사용하는 장비나 방법이 미치는 영향을 인식하지 못할 수 있다는 점이다. 이 주제는 복잡하고, 일부 영역에서는 논란의 여지가 있을 수 있다. 하지만 이 논의는 중요하며, 우리는 이 장을 출발점으로 삼고자 한다. 우리는 모든 사람이 동의하지 않을 것임을 알고 있지만, 우리의 생각을 공유하고, 그 생각의 배경에 있는 이유를 제공하고자 한다. 우리는 실천과 정책의 뒤에 있는 원칙이 가장 중요하다고 믿기 때문이다.

맹점(blind spot)과 인식

무지(ignorance)! 그저 무지일 뿐이야! 사악함을 제외하면

세상에서 가장 나쁜 것이 무지라는 걸 모르나요?

-애나 슈얼(Anna Sewell), 『Black Beauty』

동물에게 해를 끼치는 방식으로 실천하고 싶어 하는 사람은 아무도 없다. 사람들이 자신이 생각하는 만큼 동물을 잘 이해하지 못하거나, 동물이 어떻게 반응하는지를 제대로 파악하지 못할 때 문제가 발생한다. 이 글을 쓰기 며칠 전, 동물 관련 치료 그룹에서 운영하는 세 개의 페이스북에 다섯 개의 게시물이 공개되었는데 이는 게시한 사람들의 인식 부족을 보여준다. 그중 두 개는 치료매개동물의 가치를 나타내는 밈이었는데, 두 개 모두 사람들이 개와 얼굴을 맞대고 안고 있었다(하나는 어린이, 하나는 성인). 사람은 행복해 보였지만 개는 눈과 얼굴을 돌리고 귀와 몸을 낮춘 채 찡그리고 불편해 보였다. 또 다른 게시물은 아이들과 개에 관한 영상이었는데, 아이들은 즐거워하며 뛰어다녔고 개들은 대부분 그들을 피하려고 했다. 마지막 두 개의 게시물은 머리부터 발끝까지 여러 색으로 칠해진 개와 치료 센터의 이름과 로고가 정교하게 그려진 말의 사진이었다. 게시된 여러 사진 속의 개는 많은 스트레스 신호를 보였고, 말은 머리를 낮게 드리운 채 수동적으로 서 있었으며, 리드줄을 잡고 있는 사람과 눈에 띄는 연결이 없었다. 이 게시물을 본 많은 사람들은 '좋아요'나 '사랑해요'를 눌렀다. 그러나 신체 언어를 이해하는 사람들은 스트레스와 단절을 볼 수 있었다. 일부 치료사들은 분명히 동물을 사랑하면서도 왜 이것을 훌륭하다고 생각했을까? 아마도 그들은 인간의 관점에서만 이를 보고, 동물의 관점을 이해하지 못했기 때문일 것이다.

우리 둘 다 AAI에서 동물복지의 중요성을 다룬 회의에 참석한 적이 있는데 그 회의에서도 동물이 막 다루어진 영상 사례나 실제 동물이 등장하기도 했다. 이런 경우, 사람들의 의도와 행동 사이에 괴리가 있는 것처럼 보인다. 그들은 유용한 중재 방법이나 동물을 활용한 기발한 방법을 제공하려고 한다. 하지만 그들의 열정과 아마도 지식 부족으로 인해 이것이 동물에게 어떤 영향을 미치는지 보지 못하는 것 같다. 그들의 흥분은 그들의 눈을 가려서 동물에게 실제 무슨 일이 발생하고 있는지 보지 못하게 한다. 아마도 AAI에서 궁극적인 과제는 인간과 비인간 동물 모두의 관점에서 모든 상황을 볼 수 있는 능력을 기르는 것일 것이다.

징집된 동물(conscripts)과 롤모델

두 가지 측면에서 인도적인 AAPT의 의미가 무엇인지 구체적으로 논의될 필요가 있다. 하나는 동물과 관련되고, 다른 하나는 내담자와 관련된다. 동물이 치료에 참여할 때, 이는 마치 서비스에 징집된 것과 같다. 만약 치료사가 동물들은 잘 준비시키고 그들의 필요를 고려하며, 그들에게 긍정적인 경험을 제공한다면, 동물들이 이를 즐기고 기대할 수도 있다. 그럼에도 불구하고, 동물들은 여전히 제한된 선택권을 가지며, 그 선택권은 핸들러가 제공하지 않는 한 주어지지 않는다. AAPT의 원칙 중 하나는 상호 존중이다. 이는 인간 내담자를 위해 가장 좋은 개입 방법일지라도 동물의 필요를 항상 고려해야 한다는 것을 의미한다.

우리가 책 전반에 언급했듯이, 우리가 동물을 대하고 상호작용하는 방식은 내담자에게 항상 오픈되어 있다. 우리는 내담자의 롤모델이라는 점을 기억해야 한다. 다시 말해 우리는 언제나 예외 없이 연민과 배려의 마음으로 동물을 대하고 동물과 관계 맺어야 한다. 이는 내담자, 동물, 그리고 치료 과정 전부에 영향을 미친다.

다음으로 AAI와 AAPT에서 동물복지와 관련된 구체적인 실천 사항을 논의하고, 이 장의 끝에 동물복지에 대한 실무자의 인식과 올바른 실천을 향상시킬 수 있는 방법을 제안할 것이다.

구체적인 실천 사항

AAI에서 궁극적인 과제는 모든 상황을 인간과 비인간 동물
모두의 관점에서 볼 수 있는 능력을 개발하는 것이다.

–리제 반플릿(Risë VanFleet)

말 관리에 중립은 없다.
당신은 말의 웰빙을 증진시키거나 혹은 파괴할 것이다.

–찰스 드 쿤피(Charles de Kunffy)

이 섹션에서는 AAPT에서 동물의 취급과 동물의 참여로 인해 동물복지 문제와 결부될 수 있는 구체적인 측면을 다루고자 한다. 그리고 각 사항에 대한 우리의 입장을 강조할 것이다.

건강

아마도 동물복지에서 가장 기본적인 고려사항은 건강일 것이다. AAPT에 참여하는 동물들은 정기적인 의학적 및 치과 검진을 받고, 필요한 백신이나 항체 검사(미국수의사회의 지침에 따름)를 받으며, 특이한 점이 있을 경우 수의사의 진단을 받아야 한다. 갑작스러운 행동 변화가 있을 경우, 단순히 행동적인 문제라고 단정 짓기 전에 수의사의 검진을 받아야 한다. 행동 문제가 발생할 때, 해당 종의 행동 문제에 대해 적절한 교육을 받은 전문가에게 진단을 받도록 한다. 또한 청결과 방해받지 않는 편안한 수면 장소도 중요하다.

건강은 모니터링되어야 하며, 일하는 시간과 휴식 시간 빈도도 체크해야 한다. 음식과 물에 대한 접근이 절대 차단되지 않아야 하고, 스트레스 신호를 지속적으로 모니터링해야 한다. 만약 동물이 피곤해 보이거나 컨디션이 좋지 않아 보이면 작업에 참여시키지 말고 집에서 회복할 수 있게 한다. 모든 상황에서 건강이 최우선이며, 건강이 좋지 않은 동물에게는 작업을 요구하지 않는다.

훈련

우리는 이미 제8장에서 동물 친화적인 훈련 방법의 필요성에 대해 다루었으므로, 여기서는 간단히 언급한다. AAPT에서 동물을 준비하고 함께 일할 때 긍정적이고, 관계 지향적이며, 존중하고 인도적인 훈련 방법을 사용하는 것이 중요하다. 이는 내담자에게 제공되는 관계의 모델뿐만 아니라 동물복지를 위해서도 중요하다. 동물에게 선택권을 주는 훈련 방법은 치료사와 내담자 모두가 특정 순간에 동물이 참여를 원하는지 여부를 명확히 알 수 있게 해 준다.

장비

앞서 논의했듯이, AAPT에서는 관계가 가장 중요하다. 우리가 일상에서 동물들과 함께 사는 방식은 그들을 데리고 일할 때 우리의 관계에 반영된다. 우리가 집에서 그들을 어떻게 훈련시키느냐는 그들이 작업 공간에서 보여 주는 행동과 우리와 내담자와의 상호작용에서 나타난다. 이러한 이유로, 그리고 동물의 편안함과 연결을 위해, 우리는 압박, 고통 또는 힘을 가하는 장비를 사용하지 않는다. AAPT의 상호 존중 원칙은 우리가 동물에게 사용하는 장비를 선택할 때 중요한 기준이 된다.

어떤 장비의 사용은 연결보다는 통제에 더 가깝기 때문에, 우리는 의도한 작업을 수행하면서도 통제력을 최소화할 수 있는 장비를 선택한다. 장비의 주요 목적은 동물이나 동물과 관련된 인간의 안전이다. 개에게는 하네스와 목줄이, 말에게는 고삐와 리드줄이 때때로 필요하다. 이 장비들이 어린 동물에게 점진적으로 소개되면, 그들은 평생 이를 쉽게 받아들일 수 있다. 나이 든 동물도 필요시 이러한 장비에 둔감해질 수 있다. 적절한 보상 기반 훈련을 통해 대부분의 동물은 목줄 없이도 AAPT 임무를 수행할 수 있지만, 필요한 경우 사용할 수 있는 장비 옵션도 있다.

개 일반적으로 개에게 사용되는 장비에는 납작한 목걸이, 하네스, 목줄이 있다. 초크 목걸이와 프롱 목걸이를 사용하면 기도가 손상될 수 있다. 제조업체와 지지자들이 완곡하게 부르는 전자 충격 목걸이, 전자 목걸이, 펄스 목걸이는 잘 다루면 불편한 수준이지만 심하면 고통을 야기할 수 있다. 간결하고 납작한 목걸이도 목에 손상을 줄 수 있는데, 특히 개를 흔들거나 잡아당기거나 '조종'하는 데 사용하는 경우 더욱 그렇다(Hallgren, 2011; Overall,

2007; Pauli et al., 2006; https://avsab.org/wp-content/uploads/2016/08/Punishment_Position_Statement-download_-_10-6-14.pdf). 언제나 그렇듯이, 중요한 것은 개와 사람 모두 당기지 않도록 훈련하는 것이다. 하네스는 디자인과 착용감에 따라 편안할 수도 있고 그렇지 않을 수도 있다. 현재 개인적으로 가장 좋아하는 하네스는 영국의 트레이너 샐리 홉킨스(Sally Hopkins)가 디자인한 퍼펙트 핏(Perfect Fit) 하네스이다(https://www.dog-games-shop.co.uk/). AAPT 작업에 적합한 개라면 통제를 위해 다른 장비가 더 필요하지 않다.

말 AAPT에 참여하는 말 역시 승마를 할 수 있으며, 일부 치료사는 치료적 승마 개입에 내담자를 참여시키기도 한다. 실제로 말이 건강하고 적절하게 훈련을 받은 상태에서 장비 사용 없이 사람이 말을 탄다면, 이는 말에게 외출 기회가 되어 다양한 즐거움을 제공할 수 있다(야생에서의 오랜 역사에서 말은 먹이를 찾아 수 마일을 이동했다). 항상 그렇듯이 말을 탈 때는 눈으로 '경청'하며 말과 소통하는 것이 중요하다.

> 나의(트레시) 말은 내가 맨몸으로 올라탈 수 있도록 마운팅 블록(mounting block) 옆에 조용히 서 있기도 하지만 안장에도 익숙하다. 몇 년 전 안장을 메고 버스터에게 다가가는데 버스터가 실내 경기장 안으로 뒷걸음질쳤다. 평소와 다른 행동이라서 버스터의 등을 확인했다. 괜찮아 보였지만 나는 물리치료사도 전문가도 아니었다. 안장을 내려놓자 그는 바로 다가와서 내가 맨몸으로 올라탈 수 있는 곳에 서 있었다. 나는 올라탔고, 버스터가 불편한 기색을 보이면 바로 내릴 생각이었다. 우리는 짧은 산책을 했고 버스터는 괜찮아 보였다. 물리치료사와 약속을 잡았고 물리치료사도 아픈 곳을 찾지 못했다. 안장을 자세히 살펴보기 위해 양가죽 패드를 벗겨 보니 패널 중 하나가 몇 인치 미끄러진 것을 확인할 수 있었다(대부분 말 패널은 안장에 고정되어 딱딱하지만 나는 말의 등에 유연하게 고정되는 이동식 패널이 있는 특수 ReactorPanel 안장을 사용하고 있다). 나는 이것을 다시 조정하고 안장을 다시 그에게 가져갔다. 다시 버스터는 구석으로 들어갔다. 버스터에게 안장을 씌우고 타지 않은 채 손으로 잡고 30분 동안 산책을 했다. 버스터는 불편해 보이지 않았고 마지막 10분 동안 버스터에게 올라탔다. 다음에 다시 탈 때는 버스터가 예전의 모습으로 돌아왔다.

긍정강화 훈련과 핸들링 덕분에 나의 말들은 불편한 점이 있으면 나에게 알려 준다. 말의 통증이나 불편함을 무시하거나 불편함을 드러냈다가 벌을 받으면, 많은 말들이 통증에 대한 의사소통을 중단한다. 말들이 느끼는 불편함이 인식되지 못하면 그저 포기하고 내려놓을 가능성이 높다. 얼마 전 한 행사장에 갔을 때 말 두 마리의 척추 윗부분과 옆구리에 흰 반점이 있는 것을 발견했다. 현재 주인이 소유하기 전에는 승마 학교에서 사용하던 말이었다. 척추와 옆구리의 흰 털은 이전에 안장과 박차를 가할 때 생긴 상처였다. 흰색이 아닌 말의 경우 이와 같은 부상을 입으면 털이 색소를 잃고 하얗게 자란다. 이 말들은 잘 맞지 않는 안장으로 인해 큰 고통을 겪었을 것이 분명하지만, 반응하면 더 큰 불편을 초래한다는 것을 학습했기 때문에 반응하지 않았을 것이다. 장비로 인해 말에게 상처를 입힌 가장 극명한 사례는 세레타 노즈밴드(Serreta noseband)이다. 톱을 뜻하는 세레타의 단어 그대로 이 제품은 가장자리가 톱니 모양이다. Google에 노즈밴드를 검색해 보면, "세레타는 코뼈에 꼭 맞는 톱니 모양의 가장자리가 있는 곡선형 금속 막대이다."라고 설명하고 있다. 세레타는 이베리아 반도, 아르헨티나, 헝가리에서 어린 말이 기수를 '존중'하도록 훈련하는 수단으로 사용된다. 이는 말의 민감한 코에 큰 압력을 가하며, 특히 경험이 없거나 두려움이 많은 사람이 사용할 경우 광범위한 흉터를 유발할 수 있다. 많은 수입 말의 코에 이러한 유형의 흉터가 있다. 만약 사람에게 물리적인 상처를 입히는 방식으로 훈련을 한다면 우리는 분명 법정에 서게 될 것이다.

최근 몇 년 동안 수많은 말 훈련 장비가 시장에 쏟아져 나왔다. 이 장비들에는 작동 방식과 고통의 유발을 묘사하는 이름이 붙여졌다. 말 조련사 몬티 로버츠(Monty Roberts)가 시범을 보이며 초기에 광범위하게 사용했던 헤드 칼라(head collar)는 1984년 미국 우드루프사(Woodruff)가 특허를 받아 지금도 생산 중인 '비 나이스 홀터(Be Nice Halter)'였다. 이 고삐는 말의 민감한 폴(두개골 뒤쪽)에 맞는 둥근 금속 마디가 있는데 이는 말에게 상당한 고통을 야기한다. 몬티 로버츠는 나중에 압력 해제 헤드 칼라인 '듀얼 홀터'를 발명하고 이걸로 대체했다. '듀얼 홀터'는 전통적인 헤드 칼라 스타일에 훨씬 더 가깝게 디자인되어 실제 압력 해제 요소 없이 사용이 가능하다(www.intelligenthorsemanship.co.uk). 시간을 두고 올바른 훈련을 한다면 고삐나 헤드 칼라에 압력을 가하는 구성품이 추가될 필요가 전혀 없다. 이들은 모두 '관계 형성' 도구로 판매되고 있지만, 기존의 두꺼운 패딩 헤드 칼라만으로도 말과 작업하는 데 문제가 없기 때문에 나는 이 중 어떤 것도 사용해 본 적이 없다.

이 책의 앞부분에서 잠깐 언급했듯이, 매우 일반적으로 사용되는 얇은 로프 매듭 헤드 칼라도 압력 해제 제어 방식을 염두에 두고 설계되었다. 안타깝게도 이 제품은 가볍기 때문에 말에게 '자연스럽고' 좋은 것으로 홍보되고 있고, 많은 EAT(Equine Assisted Therapy) 프로그램 웹 사이트를 보면 말들이 이 제품을 착용한 사진을 볼 수 있다. 이러한 광고는 오해의 소지가 크며, 안내된 것처럼 무해하지 않은 것이 아니다. 다음은 이러한 유형의 고삐에 대한 제조업체의 경고문이다: "이 고삐의 매듭은 머리의 섬세한 신경에 압력을 가하므로 주의해서 사용해야 한다." 매듭은 말에게 불편할 뿐만 아니라 잘못 사용하면 위험할 수 있다.

나는(트레시) 비트가 없는 굴레(bitless bridle)를 선호하는데, 승마 종목에 따라 다양한 비트가 있는 것처럼 시중에는 비트 없는 굴레도 다양하게 나와 있다. 능숙하지 않은 사람이 말을 타면 비트 없는 굴레까지도 말에게 가혹할 수 있다. AAPT 원칙과 나의 생각에 따르면, 모든 장비는 적을수록 더 좋으며, 결코 기승자와 말이 경험하는 지속적이고 좋은 훈련을 장비로 대체할 수 없다(말의 입에 미치는 비트의 영향에 대한 자세한 내용은 유튜브 동영상, 비트의 효과, Part 1 참조. Hendriks, 2010; https://www.youtube.com/watch?v=0a-aV0Rsxmg).

시중에는 많은 안장이 있다. 말은 모양과 크기가 모두 다르기 때문에 개체별로 잘 맞는 안장이 필요하다. 안장이 사람에게 맞는 것만큼이나 말에게 맞는 것도 중요하다. 나의 말은 등이 짧고 어깨가 넓다. 이들에게 가장 잘 맞는 안장은 패널이 자유롭게 움직이고 무한대로 조절할 수 있는 리액터패널 안장이다. 말 역시 사람과 마찬가지로 시간이 지남에 따라 체형이 변하기 때문에 조절 가능한 안장이 중요하다(리액터패널 안장에 대한 자세한 내용은 www.reactor panelsaddles.com 참조. 특정 말에게는 이 안장이 적합하지 않을 수 있음을 유념).

AAPT 세션 중에는 장비를 사용하지 않는 경우가 많지만, 장비를 사용할 때는 폴과 코에 플리스(fleece)[1] 패딩이 추가된 전통적인 헤드 칼라를 사용한다. 플리스 소재는 넓고 이중으로 되어 있으며 부드럽고 유연하다. 잘 훈련된 말은 아주 겁에 질리지 않는 한 주인을 당기거나 끌지 않는다. 채찍, 막대기 또는 말이 위협으로 인식할 수 있는 어떤 장비도 사용하지 않을 것을 권장한다. 일부에서는 채찍이 훈련 보조 도구이며 말을 다치게 하지 않는다고 주장하지만, 우리는 이에 동의하지 않는다. 누군가 채찍을 휘두르거나 막대기를 가까이에서 흔들면 말이 불편감을 느낄 수 있다고 생각한다. 또한 이 섹션의 앞부분에서 설명한 다른 형태의 헤드 홀터도 훈련이나 세션에서 사용하지 않는다. AAPT에서는 통제가 아닌 관계에 중점을 둔다. 장비는 최소화하고 훈련은 극대화한다.

다른 종 고양이, 토끼, 염소, 돼지 또는 기타 종의 경우에도 동일한 기준이 적용된다. 안전을 유지하고 불쾌한 감각이나 고통을 피하기 위해 고안된 최소한의 장비가 필요하다. 동물은 필요하다고 판단되는 장비의 사용에 완전히 둔감해져야 하며, 압력이나 강압이 사용되어서는 안 된다. AAPT에서는 가능하면 장비를 제거하여 동물이 자유롭게 이동하고 참여 및 근접성 유지를 선택할 수 있도록 허용해야 한다.

---

1) 역자 주: 양털같이 부드러운 직물.

자연스러운 행동

우리는 AAPT에 참여하는 동물의 자연스러운 행동을 최대한 장려하는 방법에 대해 논의했다. 세션 중 음식에 대한 동기를 더 높이기 위해 개에게 식사 급여를 중단하지 않는다. 말에게 풀을 먹지 말라고 하거나 놀지 말라고 요구하지 않는다. 동물이 AAPT에 참여하는 사람으로부터 멀어지는 경우에도 치료사는 그곳에 그대로 머물며 내담자와 함께 이를 다루거나 관찰 활동을 제안한다. 동물에게 불편하거나 지루한 일을 가능한 요구하지 않는다. 매트 위에 오래 눕게 하거나(개), 벽이나 기둥에 장시간 묶어 두는 등의 행동은 하지 않는다. 동물이 이러한 행동에 익숙하다 하더라도 이러한 행동은 우리가 조성하고자 하는 자연스러운 분위기에 도움이 되지 않으며, 동물을 진정한 파트너로 받아들이지 못하게 한다.

옷 입히기와 그림 그리기 그리고 3가지 중요한 기준

만약 당신이 개이고 당신의 주인이 스웨터를 입으라고 한다면,
주인에게는 꼬리를 달라고 하세요.
–프랜 레보위츠(Fran Lebowitz)

일부 AAI 프로그램은 개에게 옷을 입히거나 말에게 그림을 그리는 경우가 종종 있다. 반면 일부 프로그램에서는 이러한 활동을 아예 금지하기도 한다. 우리는 AAPT 원칙으로 돌아가서 이러한 잠재적인 상호작용을 고려해 보고자 한다.

동물에게 옷을 입히거나 그림 그리는 것을 결정할 때 매우 중요하게 고려해야 할 세 가지 기준이 있다. AAPT 활동에서는 이 세 가지 기준을 모두 충족해야 한다. 세 가지 기준은 다음과 같다.

1. 동물이 단순히 그 활동을 참는 것이 아니라 실제로 즐겨야 한다.
2. 활동에서 어떤 식으로든 동물의 주체성이 훼손되어서는 안 된다.
3. 활동은 관계를 향상하고 지원하는 방식의 상호작용이어야 한다.

기준 1: 동물이 단순히 그 활동을 참는 것이 아니라 실제로 즐겨야 한다. 일부 동물은 실제로 꾸미는 것을 즐기는 것처럼 보인다. 그런데 그렇지 않은 동물도 있다. 대부분의 개는 머리를 덮거나 발 주변으로 무언가 끌리거나 몸에 압력이나 정전기가 발생하는 무언가를 걸치는 것을 좋아하지 않는 것 같다. 분명히 스트레스 신호를 관찰할 수 있으며 가능한 한 의상을 피하려고 한다. 개는 목줄과 비슷한 물건을 목에 두르는 것을 괜찮아하는 경우가 많다. 많은 동물은 초기 사회화 단계에 따라 반응이 달라지며, 만지는 것을 좋아하거나 관심 받는 것을 좋아한다면 복장을 입히는 것도 하나의 방법이 될 수 있다. 공예품 가게에서 쉽게 구할 수 있는 목 스카프나 간단한 바느질로 목도리를 만들어서 공주 개를 위한 꽃무늬 장식, 군견을 위한 위장 무늬, 사냥개를 위한 밝은 오렌지색 반다나 등 내담자의 취향에 따라 간단한 의상으로 활용할 수 있다.

고양이는 일반적으로 옷 입는 것을 좋아하지 않지만, 몸짓을 봤을 때 좋아하는 것처럼 보이는 고양이도 간혹 있다. 이는 고양이의 초기 사회화 시기에 어떤 환경에 노출되었는지에 따라 많이 달라진다. 의상을 입혔을 때 귀를 뒤로 젖히거나, 고개를 돌리거나, 꼬리를 돌리거나, 몸을 꿈틀거린다면 그 의상이 마음에 들지 않는다는 신호일 수 있다.

안전을 지키기 위해 말은 장비를 착용하는 데 익숙해져야 한다. 말을 타는 경우 안장, 굴레, 하네스, 안장 천, 깔개 및 담요에 익숙해져야 한다. 그 결과 말들은 목에 걸거나 등 위에 올려놓는 물건에 익숙해진다. 말이 편안함을 느끼는지 확인하는 방법은 다음과 같다. 말이 편안하게 풀을 뜯고 있을 때 등에 물건을 부드럽게 올려 본다. 말이 계속 풀을 뜯거나 약간 관심을 보이거나 호기심을 보인 뒤 다시 풀을 뜯는다면 편안한 상태이다. 말이 멀리 움직이면 편안하지 않을 가능성이 높다.

동물이 옷을 입는 것을 싫어하는 경우, 간식을 사용하여 새로운 연관성을 구축하는 등 역조건화 과정을 통해 이를 바꿀 수 있다. 그러나 이것은 "왜? 그게 정말 필요한가?"라는 다음 질문으로 이어진다. 동물의 태도를 바꾸는 아주 간단한 절차가 아니라면, AAPT의 대답은 일반적으로 '아니요'이다. 동물이 이미 의견을 표시했다면 동물에게 옷을 입는 것이 좋은 것이라고 설득하는 데 시간과 에너지를 소비하는 대신 AAPT 중에 할 수 있는 다른 많은 것들을 하면 된다. 설득하는 것은 효율적인 관계 형성 방법이 아닐 수도 있다. 일단 첫 번째 기준이 충족되었다면 동물의 몸짓을 관찰하는 것이 필수적으로 뒤따라야 하고, 옷을 털어내거나 도망갈 수 있는 방식으로 꾸미기 아이템을 제시하는 것이 필요하다.

기준 2: 활동에서 어떤 식으로든 동물의 주체성이 훼손되어서는 안 된다. 앞선 논의에서 우리는 사람들이 동물을 비인격화하여 동물을 지각 있는 존재가 아닌 '물건'으로 볼 때 해를 입힐 위험이 증가한다고 설명했다. 트라우마를 가진 아동, 청소년, 성인의 경우 가해자로부터 이러한 비인격화를 직접 경험했을 수 있기 때문에 이들 중 일부는 동물에게 해를 끼칠 수 있는 위험이 있다. 어떤 치료에서도 동물을 비인격화하지 않기를 바라지만, 특히 이러한 내담자에게는 이를 피하는 것이 중요하다.

일부 의상은 개를 재미있게 보이게 해서 즐거움을 얻고자 한다. 개를 핫도그(음식)나 용 또는 영화 캐릭터로 변신시키기도 한다. 이러한 의상은 많은 사람에게 귀엽게 보일 수 있지만, 치료사의 개가 의상을 좋아할지라도 의상이 개를 비인격화시킬 수 있는지 두 번째 기준도 고려해야 한다. 개가 주체가 아닌 '물건'이라는 메시지를 전달할 수 있다. 이 기준에 따라 의상이 적절한 경우와 그렇지 않은 경우가 있을 것이다.

인터넷에는 분장을 한 살아 있는 말의 사진으로 가득하다. 어떤 말들은 손자국 한두 개가 몸에 작게 그려져 있기도 하고 어떤 말들은 머리부터 발끝까지 덮여 있기도 하다. 전신 그림은 말을 기린이나 깃발 또는 말이 아닌 다른 물체처럼 보이게 하는 경우가 많다. 한 동료가 내담자에게 회색(흰색) 말의 옆구리에 옛 거장들의 복제품을 그리도록 가르치는 미술 수업 광고를 소개해 주었다. 광고에는 모네의 그림을 복제한 사진이 말의 옆구리를 덮고 있었다. 우리가 본 대부분의 사례에서 말은 자신만의 감정과 생각을 가진 존재라기보다는 캔버스나 이젤과 같은 오브제로 취급되었다. 머리부터 발끝까지 그림을 그리기 위해 말이 가만히 서 있어야 하는 시간을 생각해 보라! 그리고 우리가 이를 허용하거나 심지어 장려할 때 내담자에게 주는 메시지를 생각해 보라!

나는(트레시) 이것을 인간과 비슷한 예로 비교하고 싶다. 내담자가 자신의 이름이나 욕설, 손자국이나 낙서를 온몸에 그려도 괜찮다고 생각하는가? 이런 행위로 내담자와 어떤 식으로든 존중을 전달하거나 관계를 구축할 수 있을까? 내담자가 당신한테 그림을 그리는 동안 당신의 감정을 걱정할 것이라고 생각하는가?

또한 매끈한 털의 개에게 유아가 마커로 낙서한 사진을 온라인에서 가끔 볼 수 있는데, 과연 아이와 개를 잘 관리감독하고 있을지 의문이 들며, 개에게 지나친 인내심을 요구하다가 아이에게 어떤 위험이 발생할지 우려가 된다. 내담자가 치료사한테 그림을 그리는 가상의 상황이 치료사를 존중하는 행동이 아닌 것처럼, 말이나 개의 몸에 그림을 그리는 것이 지각 있는 존재 혹은 치료 파트너에게 존중을 나타내는 방식이라고 말하기 어렵다. 대부분의 사람들은 내담자가 치료사한테 그림을 그리려고 하면 다른 사람의 신체를 존중하는 데 어려움이 있는 경계 문제로 볼 것이다. 이는 동물에게도 똑같이 적용된다.

기준 3: 활동은 관계를 향상하고 지원하는 방식의 상호작용이어야 한다. AAPT의 중요한 원칙은 우리가 하는 모든 일에서 관계를 염두하는 것이다. 우리는 동물에게 유익하고 상호 존중을 보여 주는 상호작용과 활동을 찾아야 한다. 이 책 전반에 걸쳐 다루었듯이 이는 동물 복지와 내담자에게 전달하는 메시지 모두를 위한 것이다.

개나 말에게 그림을 그릴 때는 보통 일정 시간 동안 누워 있거나 가만히 서 있어야 한다. 그림은 보통 동물과 함께 하는 것이 아니라 동물에게 일방적으로 하는 작업이다. 이 경우 위의 세 번째 기준이 충족되지 않는다.

말에게 그림을 그릴 때 또 한 가지 고려할 사항은 접촉 유형이다. 말을 관찰해 보면 말은 오직 말로부터의 터치만 허용하고 이빨로 서로를 아주 세게 그루밍해 준다. 일반적으로 가벼운 터치보다 강한 터치가 더 긍정적인 반응을 불러일으킨다. 부드럽고 가벼운 터치는 파리나 곤충처럼 말을 거슬리게 하는 것처럼 보인다. 말의 신체 언어에서 정보를 얻을 수 있으며 3초 법칙이 유용하게 사용될 수 있다. 말이 좋아하는 방식으로 말을 만지면 말은 그 터치에 몸을 기울인다. 말이 무관심하거나 만질 때 움직이지 않도록 훈련받은 경우 무표정하게 서 있는다. 만약 말이 선택할 수 있고 그 자극을 싫어한다면 말은 그 자극으로부터 멀어질 것이다.

말에게 그림을 그리는 것은 간지럼처럼 느껴질 수 있으며, 좋은 '캔버스'를 제공하려면 말의 털을 완전히 밀어야 한다. 말에게 선택권이 있다면 말은 털을 밀고 붓으로 간지럽히는 것을 용납하지 않을 것이며 이는 분명히 관계를 해칠 것이다.

말에게 그림 그리기를 옹호할 때 주로 제시되는 한 가지 주장은 아메리카 원주민이 말에 그림을 그려 왔으며 이러한 치료적 행위는 그 전통을 존중한다는 것이다. 우리는 여러 부족에 아메리카 원주민 동료들과 이 문제에 대해 논의한 적이 있다. 말에게 그림 그리기는 특별한 이유가 있을 때 행해졌는데 이는 그들의 고유한 역사와 문화에 관련된다고 강조하였다. 그들은 자신들의 문화 역사에 대한 상징성을 제대로 이해하지 못한 채 종종 피상적이거나 심지어 무례하게 보이는 방식으로 자신들의 문화 역사를 '차용'하는 것에 상당한 실망감을 표현했다. 문화적 감수성 외에도 이러한 사고방식의 또 다른 문제는 인간중심적인 관점으로 동물에게 그림 그리기를 바라본다는 점이다. 동물의 관점을 이해하려면 동물이 느끼는 감정을 고려해야 한다. 말이 이상한 모습으로 무리에 돌아갔을 때 다른 말들이 어떻게 반응할지도 고려해야 한다. 마방에 있는 말들은 무리의 어떤 말이 새 깔개를 깔고 있으면 그 말을 공격하고 깔개를 갈기갈기 찢어버리는 것으로 알려져 있다. 어떤 사람들은 말이 다른 말의 멋진 새 깔개를 질투해서 그런다고 말하지만, 이는 의인화의 예일 뿐이다. 이보다 더 적절한 설명은 변화된 환경에 동료를 인식하지 못하고 위협을 느꼈다는 것이다.

AAPT의 필수 요소는 동물과 상호작용하는 방식에 대해 좋은 역할 모델을 제공하는 것이다. 만약 내담자가 동물보다 자신의 의사만 주장하고 동물을 불편하게 하는 행동이 허용된다면 좋은 역할 모델은 파기되는 것이다. 이는 모든 활동에 적용되는 것이며, 동물에게 옷을 입히고 그림을 그리는 활동 역시 해당된다.

세 번째 기준은 내담자와 동물의 관계를 얼마나 잘 고려하고 있는지를 보여 준다. 내담자가 동물과 함께 무언가를 하고, 동물의 반응을 관찰하고, 그에 따라 조정하며 활동이 이루어진다면 AAPT의 원칙에 부합하는 활동으로 볼 수 있다. 예를 들어, 말에게 옷을 입히는 활동에서 말이 어떤 물건을 털어내 버리는 걸 내담자가 인식하고 말이 수용하는 다른 물건을 사용해 보기로 결정했다면 치료적인 일이 일어나고 있는 것이다. 관계가 유지되고 있고, 내담자는 공감을 표시하고 있으며, 치료사는 이를 지원하는 방식으로 관계를 촉진하고 있는 것이다. 하지만 치료사가 내담자에게 세션에서 느낀 감정을 말에게 그려 보라고 제안한다면 이는 말이 존재로서 관여하는 활동이 아닌 것이다. 말은 캔버스가 되었고 상호작용으로 주고받는 것이 없게 된다. 관계가 위태로워지면 치료도 위협받는다. 따라서 치료사는 마방 벽, 돌 또는 큰 벽에 붙인 종이에 분필이나 물감을 사용하여 감정을 표현하도록 이끄는 것이 좋고, 이때 말은 근처에서 풀을 뜯게 놔두고 말이 원한다면 자유롭게 탐색하면서 그림에 관여하게 허용한다.

세 가지 기준 모두가 반드시 충족되어야 한다. 단기적 · 장기적으로 동물복지를 고려하려면 옷 입히기, 그림 그리기 등 어떤 활동을 하든 이 세 가지 기준을 모두 충족해야 한다. 동물이 좋아해야 하고, 어떤 식으로든 동물이 비인격화되어서는 안 되며, 건강한 관계를 위한 상호작용이 지속적으로 이어져야 한다. 동물에게 무언가 하는 활동은 피해야 한다. 동물과 함께하는 활동이 바로 AAPT의 핵심이다.

삽화: 세계에서 가장 강한 말

동물에게 무언가 하는 활동은 피해야 한다.

동물과 함께하는 활동이 바로 AAPT의 핵심이다.

–리제 반플릿과 트레시 파–톰슨(Risë VanFleet & Tracie Faa–Thompson)

우리는 앞서 세 가지 기준을 충족하는 경우에만 동물에게 옷 입히기를 진행한다고 말했다. AAPT에서 어떻게 이것이 적용되는지 다음 삽화에서 소개하고자 한다. 세상에서 가장 강한 말은 트레시가 그룹 및 가족과 함께 사용할 수 있도록 개발한 AAPT 개입이다. 박탈감, 무력감, 희생 또는 취약성을 느끼는 내담자를 돕기 위해 고안되었다. 또한 그룹이나 가족의 응집력을 키우기 위한 재미있는 활동으로 간단히 사용할 수도 있다. 상당히 진지하고 답답함을 느끼며 긴장을 풀고 싶어 하는 내담자들에게도 효과적이다. 사용처는 다양하다. 둘 다 여러 번 사용했으며 항상 내담자들에게 매우 인기가 많았다. 제목의 '강한'이라는 단어는 내담자의 필요에 따라 '가장 어리석은', '가장 똑똑한', '가장 음악적인', '가장 용감한'과 같은 다른 단어로 대체할 수 있다. 개를 위한 다양한 반다나, 스카프, 기타 의상 아이템 몇 개가 준비되어 있다면 개와도 함께할 수 있다.

내담자에게는 말에게 사용할 수 있는 의상과 모자, 소품, 긴 구슬 목걸이, 스카프, 마스크, 가발 등 사람도 분장할 수 있는 다양한 아이템이 포함된 대형 분장용 옷 통이 제공된다. 큰 그룹은 4~6명의 소규모 그룹으로 나누고, 각 하위 그룹마다 한 마리씩의 말이 있을 수 있도록 충분한 수의 말이 있어야 한다. 말들은 자신이나 주변에 사용되는 의복과 소품에 익숙해야 한다. 이 활동은 내담자가 이전에 말과 여러 번 함께하고 말을 잘 알게 되면 진행한다.

옷이 담긴 통들이 들판이나 경기장으로 옮겨지고 뚜껑을 연다. 잘 사회화된 말들은 대개 호기심을 보이며 다가와 냄새를 맡곤 하다. 어떤 말들은 통에서 물건을 꺼내기도 한다. 여러 번 이 활동을 해 본 세일러는 항상 통에 다가와 즉시 물건을 꺼내 바닥에 던지기 시작했고, 나는 종종 "세일러가 자기가 입을 의상을 고르는 것 같네요!"라고 말하곤 했다. 치료사는 가벼운 분위기를 유지하며 장난스러운 어조로 각 그룹이 말 한 마리를 선택해서 잡아야 한다고 안내한다. 그런 다음 그들은 말과 자신을 꾸며서 (상상의) 군중들에게 왜 그들의 말과 그들 자신이 세계에서 가장 강한 말을 대표하는지를 보여 주는 것이다. 각 그룹은 말의 이름을 짓고 발표를 준비해야 한다.

치료사는 한 발 물러서서 각 그룹이 자신과 말들을 꾸미도록 한다. 치료사는 그룹의 역동과 말들의 반응을 지켜보며, 스트레스 징후가 보이면 개입할 준비를 한다. 이때쯤 되면, 내담자들은 말의 반응과 신체 언어를 관찰하고 그에 따라 행동하는 방법을 배웠기 때문에 치료사가 개입해야 하는 경우는 매우 드물다. 참가자들이 말을 위해 여러 가지 물건을 시도해 보고, 말이 그것들을 털어내거나 불편함을 나타내면 다시 통에 던져 넣는 일이 매우 흔하다. 또한, 모든 연령대의 내담자들이 말보다 자신과 서로를 꾸미는 데 더 많은 시간을 보내는 것도 매우 흔한 일이다.

그룹원들이 옷을 입히고 웃고 계획을 세울 때, 치료사가 가끔 다가가 몇 가지 장난스러운 말을 건네며 행사의 진행자(MC) 역할을 맡는다. 치료사는 의상에 대해 묻거나 그들이 만드는 것을 장난스럽지만 긍정적인 방식으로 언급한다. "이런, 이런, 당신의 말이 입고 있는 다이아몬드가 박힌 담요가 정말 아름답네요. 광채가 눈부셔요! 그리고 당신이 입고 있는 그 드레스도 정말 홍미롭군요. 어디서 오신 건가요?" 이러한 말들은 분위기를 유쾌하게 유지하고, 내담자들이 역할에 몰입하여 자신의 어색함을 잊도록 도와준다. 이를 통해 그들은 그저 즐기는 것을 허락받게 된다.

모두 준비가 되면, 보통 치료사도 드레스를 입고, MC 역할을 계속하며 관중들에게 세계에서 가장 강한 말을 만나볼 시간이 도래했다고 발표한다. 각 그룹의 내담자들은 차례로 앞으로 나와 자신들의 말을 소개하고, 그 말이 왜 이 영예로운 칭호를 받을 자격이 있는지에 대해 발표한다. 치료사는 제시된 은유와 주제 안에서 이야기하고 역할에 충실하며 놀이성을 유지한다.

그룹원은 보통 말에게 옷을 입히고, 서로 도우며, 말과 상호작용하는 과정에서 매우 창의적이 된다. 내담자들은 종종 말을 풀어두기로 결정하지만, 말들은 여전히 그들과 함께 있으며 상호작용한다. 내담자들은 옷 아이템을 시도해 보기도 하고, 말을 쓰다듬거나 가볍게 만지며, 그룹 내 다른 사람들과 함께 웃는다. 그룹들은 자주 자신의 말에 대한 노래나 시를 만들어내며, 이 노래나 시에는 말의 실제 성격과 그룹 구성원 모두의 특징이 반영되기도 한다.

이 활동을 통해 내담자들이 얻는 성과는 대개 명확하다. 그들은 위험을 감수하고, 말과 서로에게 공감을 표현하며, 다른 사람들을 돕고 도움을 요청하고, 창의력을 발휘할 만큼 충분히 긴장을 풀고, 자신을 의식하는 것을 잊고, 그룹에 속해 있다는 느낌을 받으며 즐거운 시간을 보낸다. 이러한 모든 이유로 이 활동은 매우 가치가 있으며, 또한 힘이 있다는 것이 무엇을 의미하는지(또는 다른 어떤 특성이라도) 놀이를 통해 탐구하고, 협력하며, 접촉할 수 있는 기회를 제공하기 때문에 더욱 의미가 있다.

이 활동은 자연스럽게 세 가지 기준에 부합하게 된다. 말들은 대개 이 활동의 흥분감과 그들이 좋아하거나 싫어하는 것에 잘 조율된 터치(접촉)를 즐긴다. 말들은 인간과 동등한 위치에서 등장인물 중 하나로 다루어지며, 비인격화되지 않는다. 또한, 이 활동은 말과 인간 사이 관계뿐만 아니라 인간들 사이 관계도 매우 지지해 준다. 이 활동이 도입되는 시점이 중요한데, 치료사는 그룹이 준비되었는지 판단하여 적절한 시기에 활동을 진행한다. 내담자가 안전하지 않은 방식이나 민감하지 않게 행동한다면, 치료사는 종종 은유적인 표현을 사용하여 개입할 수 있다. 예를 들어, "흠…… 당신의 말은 그 모자를 만든 디자이너가 마음에 들지 않는 것 같네요. 말이 그 모자를 바닥에 던지면서 자신의 의견을 표현하고 있는 것 같은데요!"라고 말할 수 있다. 물론 더 직접적인 개입도 가능하다.

풍부한 상호작용 과정을 통해 내담자들은 말과 서로의 필요를 생각하고 고려하게 된다. 말을 단순히 캔버스로 만들어 그림을 그리는 것과 매우 다르다. 이러한 활동이 AAPT의 원칙과 실천에 부합하는지 판단할 때 이 세 가지 기준을 적용하는 것이 필수적이다.

힘든 내담자가 돌파구를 찾아가는 동안 동물복지

슈퍼비전에서 치료사들은 종종 내담자가 치료 중에 돌파구를 마련하는 동시에 동물이 상당한 스트레스를 보이는 순간에 대해 질문한다. 내담자가 마침내 힘든 장애물을 극복하거나 많은 노력 끝에 중요한 목표에 도달했을 때 치료사들은 보통 매우 만족스러워한다. 일반적인 것은 아니지만 때때로 이렇게 치료적으로 중요한 순간이 동물에게 스트레스를 유발하는 방식으로 발생하기도 한다.

예를 들어, 한 어머니가 수련 중인 치료사와 말과 함께 몇 주간의 말 AAPT를 받고 있었다. 그 어머니는 아들을 교통사고로 잃은 뒤 극렬한 슬픔을 피하기 위해 매우 바쁘게 지내왔는데 AAPT를 진행하면서 마침내 마음을 열게 되었다. '강해 보이던' 그녀의 겉모습이 원초적인 슬픔으로 바뀌자, 그녀는 말의 어깨 옆구리를 세게 치기 시작했다. 그녀는 말과의 접촉으로 인해 슬픔에 전환점을 맞이하게 되었지만 그 순간 말을 완전히 인식하지 못하고 있었다. 이 여성과 함께 일하던 치료사는 이에 어떻게 대응해야 할지 몰라 당황했고 이 사례를 슈퍼비전으로 가져왔다. 치료의 중요한 순간이었지만 그녀의 말은 맞고 있었다. 이와 같은 사례를 포함하여 모든 경우에 동물복지가 우선시되어야 한다는게 우리의 신념이다. 치료의 격렬한 순간을 중단하는 것은 이상적이지 않을 수 있지만, 동물을 안전하게 보호하는 데 몇 초밖에 걸리지 않으며, 동물이 있든 없든 치료 과정은 지속될 수 있다. 여기 예시에서는 "정말 큰 감정이네요. 그걸 표현해 낼 수 있으면 좋겠어요. 말에게 잠시 옆으로 물러나 달라고 하고 우리는 계속 이어 나갈게요"라고 부드럽게 말할 수 있다. 그다음 치료사는 말을 옆으로 부르고 치료적 개입을 재개한다. 치료사는 내담자와 동물 사이에 끼어들어 가서 비언어적으로 이러한 상황을 처리할 수도 있다. 이런 순간에 내담자가 동물에게 겁을 주거나 해롭게 하는 행동을 허용하는 것은 결코 도움이 되지 않으며, 동물의 신뢰에 큰 손상을 줄 수 있다.

이는 덜 격렬한 상황에서도 발생한다. 치료에서 과묵하던 아이가 마음을 열기 시작하고 장난감을 가지고 개와 함께 놀기 시작할 수 있다. 아이가 거칠어질 수 있는데, 이는 아마도 자기 조절이 제대로 이루어지지 않기 때문일 것이다. 치료사는 제한 설정을 하면 아이가 다시 위축될까 봐 걱정하는 동시에 개가 맞을까 봐 걱정하기도 한다. 이 상황에서도 동물복지가 우선시되어야 한다. "개와 정말 재미있게 놀고 있구나. 그런데 개가 맞지 않게 할 방법이 필요할 것 같으네"라고 간단하게 말해 주면 된다. 그런 다음 치료사는 필요에 따라 제한설정을 하거나 행동의 방향을 바꾸면서 세션을 진행할 수 있다.

동물복지는 항상 고려되어야 한다. 치료의 진전에는 여러 가지 경로가 있으며, 내담자와 그 이외 관련된 사람들의 욕구를 위해 동물복지가 희생되어서는 안 된다. 적절한 감독과 훈련을 받으면 치료를 방해하지 않으면서도 동물을 위할 수 있는 개입이 훨씬 쉬워진다. 치료사로서 우리는 내담자가 치료사를 신체적으로 해치거나 사적 공간을 침범하게 허용하지 않는다. 이는 동물에게도 동일하게 적용되어야 한다.

동물복지를 위한 광범위한 활동

AAPT는 참여하는 동물의 복지를 중심으로 이루어진다. 우리 둘 다 정신건강과 놀이치료뿐만 아니라 동물 행동에 대해서도 전문성을 가지고 있다. 동물과 함께 일하면서 사람을 도울 수 있다는 것은 영광이며, 동물에게 최선의 이익이 되면서 그들의 도움을 받을 수 있음에 감사하다.

동물복지를 최선으로 다루기 위해서 치료사는 함께 일하는 동물의 신체 언어를 유창하게 이해하고, 동물 파트너의 개별적인 뉘앙스를 파악하는 것이 중요하다. 이를 위해서는 해당 분야의 전문가, 일반적으로 동물행동학자, 행동학자 또는 훈련사와 같이 이 분야에 특별히 훈련받은 사람으로부터 상당한 학습이 필요하다. 또한 많은 시간의 실습 경험도 필요하다. 동물의 욕구에 맞추기 위해서는 보다 정확한 의사소통이 필수적이다. 그렇기 때문에 우리는 신체 언어를 AAPT 종사자에게 필요한 핵심 역량 중 하나로 간주한다. 이 역량을 키울 수 있는 소스는 이 책의 앞부분에 포함되어 있다.

적합성 개념은, 특히 동물의 웰빙과 관련이 있다. 동물의 성격과 흥미가 직무 요건과 일치하면 동물은 일을 즐기고 동력을 얻을 가능성이 높아진다. 잘 맞지 않으면 반대의 효과가 나타난다. 치료사가 동물을 입양할 때 동물에 대한 배경지식이 없는 경우, 해당 전문 지식이 있고 AAPT에 필요한 것이 무엇인지 이해하는 사람에게 동물의 선택, 사회화, 훈련을 도와달라고 요청해야 한다. 또한 AAPT 치료사는 다양한 방식으로 동물을 참여시키는 것에 대해 올바른 결정을 내릴 수 있도록 동물에 대한 충분한 이해를 쌓아야 한다.

AAPT는 본질적으로 다학제적 성격이 강하다. 치료사가 자신의 직업과 동물 분야에 전문적인 사람들 사이에 간극을 메울 때 가장 효과적이다. 물론 관련된 동물 전문가들이 이 접근법을 뒷받침하는 가치와 원칙을 이해해야 효과적인 협력이 이루어질 수 있다. 이미 개와 말 전문가들이 치료사들과 함께 AAPT 교육에 참석하여 유익한 협력이 이루어지고 있다. 이러한 협력은 앞으로도 비공식적, 공식적인 방식으로 계속될 것으로 예상된다.

AAPT는 의료적 · 신체적 · 발달적 · 교육적 · 정신적 건강 문제로 어려움을 겪고 있는 사람들에게 도움이 될 수 있는 엄청난 잠재력을 지닌다. 종사자들은 항상 관련 동물에 대한 인도적인 대우를 보장하는 것이 중요하다. 이는 동물과 인간 내담자를 위한 것이다. 모든 동물이 AAPT 업무에 적합한 것은 아니며, 과거에 적합했던 동물이라도 항상 그런 것은 아니다. 치료사가 AAPT 가이드라인을 준수할 때 반려동물이자 파트너에게 더 나은 돌봄을 제공할 가능성이 높아진다.

동물매개 제17장 놀이치료

전문가 이슈 및 윤리

자신이 일을 잘하고 철저한 사람으로 보이고자 노력하는 사람들이 있고,
실제로 그 자체를 위해 그렇게 잘하는 사람들도 있다.

–존 D. 맥도널드(John D. MacDonald), 『Free Fall in Crimson』

무지하게 행동하는 것보다 더 무서운 것은 없다.

–요한 볼프강 폰 괴테(Johann Wolfgang von Goethe)

모든 형태의 치료 개입에는 고려해야 할 전문적인 문제가 많으며 윤리적 실천이 필수적이다. 이번 장에서는 AAPT의 주요 전문적 · 윤리적 측면을 살펴보겠다.

일반적으로 윤리적 고려는 행동의 옳고 그름에 관한 문제를 말한다. 직업적 맥락에서 윤리는 허용되고 올바른 관행에 대한 기준을 의미한다. 다양한 직업 윤리 기준의 주된 목적은 해당 직업의 서비스 수혜자를 보호하는 것이다. 미국심리학협회에서는 이를 이렇게 설명한다: "이 윤리 강령은 …… 심리학자가 함께 일하는 개인 및 집단의 회원, 학생 혹은 대중의 복지와 보호를 위한 심리학의 윤리 기준을 목표로 한다"(미국심리학협회, 2010).

미국의 모든 주요 정신건강 및 관련 보건협력의료 전문직에는 자체 윤리 강령이 있으며, AAPT에 참여하는 전문가는 무엇보다도 자신이 면허를 취득한 전문직의 윤리 강령을 숙지하고 준수해야 한다. 영국놀이치료사협회(BAPT)는 유용한 온라인 리소스를 제공한다: www.bapt.info/play-therapy/ethical-base-good-practice-play-therapy/. 영국상담전문가 협회(BACP)는 올바른 실무 리소스를 제공하는데, 그들의 윤리 및 표준에 따르는 종합적이고 접근 가능한 온라인 지침이다. 여기에는 아동, 정신건강, 경계, 좋은 상담, 상담의 범위 등 다양한 섹션으로 나뉜다. 이 자료는 www.bacp.co.uk/ethical_framework에서 확인할 수 있다. AAPT 실무자는 의심스러운 점이 있을 때마다 심리학자의 윤리 원칙 및 행동 강령(미국심리학협회, 2010)을 지침으로 삼아야 한다. 이는 www.apa.org/ethics/code/index.aspx에서 확인할 수 있다. 이 장은 AAPT에 고유하게 관련된 몇 가지 주요 전문직 실무 문제를 강조하고 사려 깊게 고려할 수 있도록 고안되었다.

실천에서의 경계

겸손은 모든 덕목의 견고한 토대이다.

-공자(Confucius)

실제로 연구자들은 진정한 전문성을 위한 마법의 숫자를 1만 시간으로 정했다.

-맬컴 글래드웰(Malcolm Gladwell), 『Outliers: The Story of Success』

심리학자의 윤리 원칙 및 행동 강령(미국심리학협회, 2010)의 표준 2.01에는 "심리학자는 교육, 훈련, 감독 경험, 상담, 연구 또는 전문적 경험을 바탕으로 자신의 역량 범위 내에서만 대중을 대상으로 서비스를 제공하고, 가르치고, 연구를 수행한다."라고 명시되어 있다. 이 표준은 또한 심리학자가 새로운 영역이나 새로운 분야에 진출할 경우 내담자, 학생, 슈퍼바이저 또는 기타 서비스 수혜자의 최선의 이익을 보호하고 해를 입히지 않도록 관련 교육, 슈퍼비전 경험 또는 자문을 구해야 한다고 명시하고 있다. 이는 AAPT를 포함하여 동물과 관련된 다양한 개입에 적용된다.

안타깝게도 동물매개치료 분야에서는 불충분한 교육을 받거나 아예 교육을 받지 않은 채 실습을 하는 경우를 흔히 볼 수 있다. 2007년에 동물을 업무에 활용하는 놀이치료사들을 대상으로 설문조사를 실시했는데(VanFleet, 2007), 응답자 83명 중 58%가 동물을 업무에 활용하는 데는 익숙하지만 전문 교육을 받은 적이 없다고 답했다. 마찬가지로, 58%는 동물이 그 어떤 체계적 혹은 전문적 교육이나 의견을 받은 적이 없다고 답했다.

2016년에도 비슷한 설문조사를 반복하여 56명의 정신건강 전문가로부터 응답을 받았다(VanFleet, 2016). 이 중 51%는 AAI에 대한 교육 경험이 없었으며, 개의 신체 언어를 이해하는 기술을 측정한 결과, AAI와 관련된 교육 정도와 개의 스트레스 신호를 나열하는 기술 간에는 직접적인 상관관계가 있었다. AAI 또는 개 훈련에 대한 공식적인 교육을 받은 적이 없는 사람들은 약 30개의 일반적인 스트레스 신호 중 4개 이하의 스트레스 신호를 말할 수 있었던 반면, AAI, AAPT 또는 개 행동에 대한 실습 과정을 수강한 사람들은 15개 이상의 스트레스 신호를 말할 수 있었다. 중간에는 대학이나 AAI 단체에서 온라인 강좌를 수강하거나 2~3일간의 라이브 워크숍을 수강한 경험이 있는 사람들이 있었다.

동료와의 비공식 대화나 소셜 미디어 그룹에서의 대화가 이를 증명한다. 많은 수의 전문가들이 아무런 훈련 없이 동물, 주로 개를 업무에 투입하고 있다. 이는 동물, 내담자, 치료사, 심지어 AAI 프로그램의 평판까지 많은 문제가 발생할 수 있기 때문에 문제가 된다. 보호자가 '착한 개'라고 생각한 소위 치료매개견에게 아이들이 물린 사례도 있었다. 실제로는 착한 개였을지 모르지만, 견딜 수 없는 상황에 놓여 고통의 신호를 알아차리지 못했을 가능성이 높다. 또한, 집에서 키울 때는 훌륭하더라도 모든 동물이 치료매개동물로 적합한 것은 아니다.

이러한 범위의 문제는 AAT 훈련 프로그램에도 적용된다. 전문가 양성을 위한 여러 교육 프로그램에서 콘텐츠의 질이 상당히 구식이거나 부적절한 경우가 다수 있다. 합법적인 것처럼 보이지만 강사가 다른 사람을 가르치기에 충분한 지식이나 기술이 부족하기도 하다. 증거가 거의 없는데도 전문성을 주장하는 것은 학생들뿐만 아니라 우수한 전문가 교육 프로그램을 제공하는 매우 숙련되고 헌신적인 강사들에게도 해가 된다. 또한 해당 분야의 지식과 기술을 습득하고자 하는 사람들도 어떤 프로그램이 자신의 요구를 가장 잘 충족시킬 수 있는지 판단하기 어렵게 만든다. 라틴어로 '스스로 조심하라(caveat emptor)'는 경고의 의미는 분명히 적용된다. 말콤 글래드웰(Malcolm Gladwell)의 인용문에서 알 수 있듯이 진정한 전문성을 개발하는 데는 오랜 시간이 걸린다. 그리고 10,000시간 동안 실제로 어떤 일이 일어났는지가 중요하다는 점을 덧붙이고 싶다. 미국심리학협회의 윤리 원칙이 분명히 밝히고 있듯이, 여기에는 교육과 감독을 받은 경험이 포함되어야 한다. 이는 지속적인 교육을 요구하는 대부분의 전문 자격증 발급 기관과 일치한다.

대다수의 전문가들이 윤리적이고 유능하게 치료하기를 원하는데, 동물과 함께 일하는 영역에서는 왜 그렇게 많은 사람들이 적절한 교육을 받지 못하는 걸까? 확실하지는 않지만, 평생을 동물과 함께 살아온 사람들은 AAPT 및 다른 형태의 AAI 제공에 필요한 고유한 역량이 있다는 것을 인식하지 못하는 것일 수 있다고 생각한다. 또한 역량 개발 모델에서 '무의식적 무능력'이라고 부르듯이 자신이 무엇을 모르는지 모를 수도 있다. 최면이나 놀이치료, 인지행동치료처럼 더 많은 전문가들이 이 분야가 전문 분야이며, 이에 대한 전문적인 교육과 감독이 필요하다는 사실을 깨닫기를 진심으로 바란다. 예를 들어, 적절한 훈련과 자격증이 없는 사람이 내담자에게 최면을 시도하는 일은 없을 것이다.

제7장과 제8장에서는 AAPT에 필요한 역량을 다루었는데, 이 중 많은 부분이 동물과 관련된 모든 전문 업무에 적용된다. 해당 장에서 설명한 바와 같이 AAPT에 포함된 역량들은 미국심리학협회에서 정한 역량과 매우 유사하다. 이러한 역량을 개발하기 위해서는 이론, 실습, 연구를 병행하는 것이 중요하며, 실습 교육을 받는 것이 필수적이다. 온라인 강좌는 매우 유용하지만 필요한 기술 개발의 깊이를 제공하지는 못한다. 온라인 교육은 향후 학습을 위한 무대와 배경을 마련해 줄 수 있다. 마찬가지로, 주로 자원봉사자 방문 프로그램을 위해 고안된 교육 및 등록 프로그램은 기본을 익히는 데 매우 유용하지만, 전문적인 환경에서 활용하기 위해서는 더 많은 것이 필요하다. 양질의 실천과 교육 프로그램을 제공하기 위해 노력하는 숙련된 전문가들이 점점 더 많아지고 있다. 우리는 AAPT에 대한 자체 온라인 및 라이브 교육, 슈퍼비전, 자격 인증 프로그램을 만들었으며, 자세한 내용은 www.iiaapt.org에서 확인할 수 있다.

AAPT나 어떤 유형의 치료적 개입도 잘 수행하기 위한 지름길은 없다. 시간, 돈, 노력을 투자해야 한다. 하지만 이 분야는 내담자에게 많은 가능성을 열어 주기 때문에 그만큼 보상받을 충분한 가치가 있다.

슈퍼비전

연습은 당신이 실력이 좋아진 후에 하는 것이 아니다.

연습을 통해 실력이 향상되는 것이다.

–맬컴 글래드웰(Malcolm Gladwell), 『Outliers: The Story of Success』

다년간의 경험을 가진 유능한 전문가라면 새로운 하위 전문 분야에 대한 슈퍼비전이 불필요하다고 생각할 수 있다. 그렇더라도 새로운 것을 배울 때는 슈퍼비전이 중요하다. 경험이 풍부한 슈퍼바이저는 새로운 분야의 업무에서 스스로는 볼 수 없는 것들을 볼 수 있으며, 피드백을 받으면 학습이 강화되고 올바른 방향으로 나아갈 수 있다(슈퍼바이저도 슈퍼비전의 혜택을 받을 수 있다. 우리에게 가장 흥미롭고 유익한 것 중 하나는 AAPT의 슈퍼바이지로부터 배울 수 있는 기회이다. 우리는 또한 더 넓은 AAI 분야에서 동료들과 토론함으로써 많은 것을 얻는다. 전문적 실천에 있어서 자신의 전문 지식이 풍부하기 때문에 더 이상 배울 것이 없다고 생각하는 것은 위험하다).

AAPT에는 필요한 역량이 너무 많기 때문에 슈퍼비전이 중요하다. AAPT 슈퍼바이저는 AAPT의 다양한 옵션과 유형은 물론 대상 동물의 신체 언어와 반응도 이해해야 한다. 그들은 다양한 차원에서 여러 가지 것들을 바라볼 수 있는 경험을 가지고 있어야 하며, 이 분야의 전문성 개발을 위해 새로운 AAPT 실무자를 안내할 수 있어야 한다.

AAPT 분야에 종사하는 우리 대부분은 동물과 함께 작업하는 것이 생각보다 복잡하다는 것을 깨닫는다. 어떤 경우에는 염두에 두어야 할 사항이 많기 때문에 다시 초보자처럼 느껴지기도 한다. 우리는 경험이 풍부한 정신건강 전문가와 놀이치료사에게 슈퍼비전을 제공해 왔는데, 그중 일부는 정기적으로 다른 사람들을 가르치고 있기도 했다. 대부분의 경우, 우리의 피드백은 동물이 없는 상황에서 그들이 알고 있는 매우 기본적인 기술을 앞뒤로 상기시키는 것이다. 이러한 기술을 AAPT 작업에 적용하는 데는 오래 걸리지 않지만, 세션 중에 주의가 필요한 여러 차원이 있고 처음에는 모든 것을 기억하는 데 어려움을 겪을 수 있다.

> 나는(리제) 수년 전에 놀이치료에 대해 슈퍼비전을 제공했었던 놀이치료사에게 AAPT로 슈퍼비전을 제공한 적이 있다. 그는 훌륭한 놀이치료사였고 비지시적 놀이치료에 매우 능숙했다. 그의 세션 비디오를 보면서 나는 그가 세션을 세심하게 관리하면서 개가 아동 내담자에게 모든 것을 제대로 할 수 있도록 노력하는 것을 보았다. 그는 개가 성공할 수 있도록 도와주기 위해 취해야 할 모든 조치를 내담자에게 알려 주었다. 처음에는 개가 내담자를 잘 도와주도록 하려는 의도가 있었지만, 상황이 복잡해지면서 내담자의 경험까지도 '과도하게 간섭'하고 있었다. 나는 그가 잘하고 있는 다른 많은 것들을 칭찬한 다음, 개가 완벽할 필요는 없다는 것을 기억하고 내담자가 스스로 몇 가지 결정을 내릴 수 있도록 조금 더 여유를 주자고 제안했다. 나는 그가 잘 알고 있는 공감적 경청을 더 많이 하고, 지시는 덜 하도록 제안했다. 그는 내담자가 원하는 것을 개가 하도록 하느라 자신의 행동에 대해 인식하지 못하고 있었다. 그는 다음 세션에서는 지시에서 한 발 물러나 아이와 개가 스스로 몇 가지를 해결할 수 있도록 여유를 주었다. 아이는 개와의 놀이를 통해 매우 중요한 일을 해낸 획기적인 세션이 되었다. 그는 그렇게 하는 것이 훨씬 더 자연스러웠다고 말했다.

이처럼 AAPT의 새로운 측면과 이전의 작업 방식을 통합하는 기술은 필수적이다. 슈퍼바이저가 세션을 검토하는 것은 치료사가 AAPT를 잘 수행하기 위해 필요한 여러 역량의 성장을 촉진할 수 있다. 소그룹 슈퍼비전은 모든 그룹 구성원이 서로에게 도움을 줄 수 있기 때문에 매우 유용하다.

주의 분산

세부적인 것이 큰 그림을 만들어 낸다.

–샌퍼드 I. 와일(Sanford I. Weill)

AAPT 임상가가 개발해야 할 기술 중 하나는 내담자와 동물 사이에 주의를 분산하는 방법이다. 이것은 간단해 보일 수 있지만, 대부분의 치료사들이 적어도 처음에는 그렇지 않다고 보고했다. 우리 대부분은 내담자에게 세심한 주의를 기울이는 데 능숙하며, 장난감으로 가득 찬 놀이치료실에서 아이들과 놀이를 함께 하며 내담자의 감정과 행동에 주의를 기울이는 데 거의 문제가 없다. 하지만 각자의 욕구와 행동을 가진 생명체를 추가하면 상황이 복잡해진다.

동물을 희생하면서까지 내담자에게 주의를 기울이면 불미스러운 일이 발생할 위험이 높아질 수 있다. 예를 들어, 개의 스트레스 신호가 심해지는데 인식하지 못하는 경우 개가 물어버리는 상황이 발생할 수 있다. 다른 말을 피해서 말 한 마리가 내담자를 향해 돌진하는 것을 알아차리지 못할 수도 있다. 내담자를 희생하면서 동물에게 너무 많은 주의를 기울이면 업무를 제대로 수행하지 못하는 것이다. 그러면 내담자는 우리가 관심이 없거나 내담자보다 동물에게 더 신경을 쓴다고 생각할 수 있다. 둘 다 좋은 시나리오는 아니다. 황금비율과 같이 우리는 적절한 균형을 맞춰야 한다. 때로는 이 과정을 가족이나 그룹과 함께 일할 때 모든 내담자를 주시해야 하는 상황에 비유하기도 한다. 하지만 한 가지 큰 차이점이 있는데, 바로 동물은 우리와 다른 언어를 사용한다는 점이다. 게다가 인간은 다른 종보다 같은 종의 신체 언어를 읽고 의사소통하는 데 훨씬 더 능숙하다.

다행히도 모든 기술이 그렇듯이 주의를 분산하는 방법에 대한 이러한 딜레마는 비교적 단기간에 해결될 수 있다. 개나 말, 고양이의 신체 언어를 인식하고 이해하는 법을 처음 배울 때는 집중력과 의도가 필요하다. 기술이 발달함에 따라 더 쉽게 사용할 수 있게 된다. 스트레스 신호, 잠재적으로 불쾌한 상호작용 패턴, 해로운 행동을 알아차리는 데 더 능숙해지고 연습이 쌓이면 큰 노력 없이 모니터링하는 방법을 익힐 수 있다. 또한, 동물에 대해 더 잘 알수록 동물에게 비정상적인 상황이 발생했을 때 더 잘 알아차릴 수 있다. 업무 시간뿐만 아니라 항상 동물과의 관계에 집중해야 하는 또 다른 이유가 여기에 있다.

신체 언어에 능통해지고, 그 이해를 바탕으로 내담자와 동물 사이에 주의를 전환하는 것은 수준 높은 AAPT를 수행하기 위해 필수적이다. 이런 식으로 주의를 분산하는 것은 항상 필요하며 시간과 연습을 통해 더 쉬워질 것이다.

의인화

기억하라, 말에게는 나쁜 의도란 없고 오직 반응만 있을 뿐이다.

–게르트 호이슈만(Dr. Gerd Heuschmann)

의인화란 인간이 비인간에게 인간의 특성을 부여하는 것을 말한다. 사람들은 동물에게 의도, 감정, 생각 또는 기타 마음 상태를 부여하고 싶은 유혹을 받는다. 이는 일반적으로 동물의 실제 데이터(예: 신체 언어)를 사용하지 않고 일부 행동에 대한 해석을 통해 이루어진다. 우리는 동물이 감정을 가진 지각 있는 존재라는 것을 알고 있지만, 의인화한다는 것은 일반적으로 동물이 실제로 어떻게 느끼는지 참조하지 않고 동물의 감정을 가정한다는 것을 의미한다.

많은 치료사는 이러한 유사한 측면을 사람 사이에서 인식하기도 한다. 일부 2세 어린이는 '아니'라는 단어를 말하기 시작하면 매번 "아니"라고 말하며 부모에게 도전하는 모습을 보인다. 또한 어렸을 때보다 세상을 더 많이 시험하기 때문에 부모는 더 많은 잘못된 행동에 맞서 싸워야 한다. 좌절감을 느낄 수 있다. 이 시기에 부모들이 흔히 하는 말은 "일부러 나를 화나게 만들려는 거야!"이다. 아이의 행동이 화를 돋우긴 하지만, 아이가 고의적으로 그렇게 한다는 증거는 거의 없다. 대부분의 경우, 아이는 2세의 발달 과정에 따라 행동하는 2세 아이일 뿐이다. 이렇게 부정확한 방식으로 유아의 의도를 읽으면 부모는 좌절감보다 아이에게 화를 내기 쉽다(충분히 나쁜 일이다!). 잠재적으로 이는 관계, 기대치, 향후 상호작용을 종종 부정적인 방향으로 바꿀 수 있다.

동물들은 단지 본능적으로 행동하는데, 그때 자주 듣게 되는 표현이 있다. "개가 일부러 쓰레기통을 뒤져서 온통 어질러 놨어. 내가 할 일을 더 많게 만들려고!" 대부분의 경우, 개의 행동에서 유일한 의도는 부패한 음식에서 나는 유혹적인 냄새 탐험이었을 것이다. 일을 더 만들거나 문제를 일으키려는 의도는 없었을 것이다. 해결책은 개를 꾸짖는 것이 아니라 쓰레기통에 접근하지 못하게 하는 데 있다. 이 예를 조금 더 확장해 보면, 사람이 개를 꾸짖을 때, 개는 머리를 숙이고 귀를 낮추며, 눈을 가늘게 뜨고, 입술을 핥거나 시선을 피하는 특정한 태도를 취할 가능성이 크다. 온라인에는 이런 상황을 담은 수백 개의 영상이 있으며, '죄책감을 느끼는 개'라는 제목이 붙어 있다. 하지만 개는 꾸짖는 사람의 목소리 톤, 위협적인 존재감, 직접적인 시선에 반응하고 있다고 보는 것이 더 타당하다. 개의 인지에 대해 알려진 바에 따르면, 개는 그 사람이 화가 났고, 자신이 그 강한 감정의 대상이라는 것을 이해하지만, 개는 이미 오래전에 잊어버린 쓰레기통을 뒤진 일과 꾸짖음 사이에 연결 고리를 만드는 경우가 거의 없다. 개가 이런 행동을 일부러 했고, 그것에 대해 죄책감을 느낀다고 말할 때, 우리는 의인화하고 있는 것이다. 이는 사람과 말의 관계에서도 마찬가지이다. 많은 기수들이 '말썽꾸러기' 말에 대해 불평하며, 그들이 자신을 짜증 나게 하려고 일부러 (원하지 않는 행동들을) 한다고 말한다. 우리는 앞서 동물들이 현재에 집중하며 살아가고, 인간을 괴롭히기 위해 미리 계획할 능력이 없다는 점에 대해 이야기한 바 있다.

몇 년 전, 나는(트레시) 이전 이웃과 함께 말을 타러 나갔다. 그녀가 말을 타려던 순간, 말이 놀라서 그녀 쪽으로 움직이며 발을 밟았다. 그녀는 즉시 말이 일부러 그런 거라며, 자신이 타는 것을 말이 원하지 않아서 그랬다고 말했다. 그리고 채찍으로 말을 세게 때렸다. 그러자 말이 공중으로 뛰어올라 다시 그녀의 발을 밟았다. 그다음 순간, 사냥터 관리인이 사륜차를 타고 나타났는데, 차 뒤에서 하얀 가방들이 흔들리고 있었다. 그녀의 말은 우리가 알아차리기 전에 사륜차 소리를 듣고 겁에 질렸던 것이다. 하지만 그녀는 말에게 숨은 의도를 부여하는 데 너무 몰두한 나머지 그 상황을 사냥터 관리인과 연결 짓지 못했고, 결국 말에게 화가 난 채로 남은 시간 동안 말을 탔다.

이 여성이 그녀의 말을 대하듯이 AAPT에서 동물을 대한다면, 우리는 내담자에게 다른 감정 있는 생명체가 그들의 감정을 표현한다는 이유로 상처를 주는 것이 괜찮다는 메시지를 전달하게 될 것이다. 마찬가지로 인터넷에서 흔히 볼 수 있는 '죄책감을 느끼는 개' 영상에서처럼 동물에게 망신을 준다면, 실수를 하거나 혼란스러워했다는 이유로 다른 존재를 곤란하게 만들어도 괜찮다는 메시지를 주게 될 것이다.

치료사들 사이에서 흔히 발생하는 또 다른 형태의 의인화는 우리가 동물이 치료 환경에서 한 행동에 인간의 동기나 감정을 부여하는 것이다. 예를 들어, 기분이 좋지 않고 짜증이 난 10대 소년이 말과 함께하는 가족 세션에 왔다. 세션이 시작되면서 소년의 그런 감정 상태가 드러났다. 세션 중 말 한 마리가 소년에게 다가갔고, 소년이 걸어가도 말이 계속 따라왔다. 소년은 짜증을 냈지만, 말이 계속 따라오자 소년은 말을 쓰다듬기 시작하고 태도가 부드러워지며, 조용히 눈물을 흘리면서 자신이 고민하고 있던 상황을 털어놓았다. 이때 치료사가 “말이 소년이 필요로 하는 것을 정확히 알았다”, “말이 그를 위로해 주고 싶어 했다”, “말이 훌륭한 치료사다……. 말은 그에게 누군가가 옆에 있어 주길 바란다는 것을 알았다”라고 말하는 것은 의인화일 가능성이 크다. 사실 우리는 그 말이 무슨 생각을 하고 있었는지 알 수 없다. 그렇다, 말이 소년 곁에 머물렀고, 그 행동은 세션에 도움이 되었지만, 그 행동을 이끌어 낸 말의 생각이나 동기를 알 수는 없다. 이는 우리가 다른 인간의 마음을 읽을 수 없는 것과 마찬가지이다. 우리가 이해할 수 있는 최선의 방법은 말의 행동과 신체 언어에 대해 배우는 것이다. 많은 인간과 동물의 상호작용이 마치 마법처럼 보이고, 때로는 동물이 사람들이 필요로 하는 것을 제공하는 것처럼 보이는 것이 사실이다. 우리 또한 이러한 경험을 많이 했지만, 동물이 의도적으로 치료적 효과를 내려고 했다고 추측하는 것은 부정확할 가능성이 크다. 치료사로서 AAT와 AAPT에 관련된 과정을 이해하려면, 우리는 가장 정확한 이해를 추구해야 할 것이다. 이 책에서 다룬 동물 행동 기술은 이를 위한 핵심이다. 치료사가 내담자와 동물의 상호작용을 의인화하여 설명하거나 해석하는 것은 과정에 대한 잘못된 인상을 줄 수 있으며, 동물의 관점에서 더 깊은 이해를 막아 버릴 수 있다.

의인화의 문제는 그것이 정확하지 않을 때가 많다는 점이다. 우리는 동물의 동기와 감정을 이해한다고 생각하지만, 실제로는 그렇지 않은 경우가 많다. 반려동물이나 치료매개동물에 대해 결정을 내릴 때, 우리의 인상이나 투영보다는 더 실질적인 근거를 기반으로 해야 한다.

의인화에 대한 문제는 또 다른 측면도 고려해야 한다. 치료사뿐만 아니라 내담자들도 동물에게 인간의 특성을 부여하곤 한다. 내담자들은 종종 치료매개동물들이, ① 자신을 좋아한다, ② 장난꾸러기다, ③ 거절감을 느낀다, ④ 자신을 도와주고 싶어 한다, ⑤ 못됐다, ⑥ 교활하다, ⑦ 다른 누구보다 자신을 사랑한다 등으로 말한다. 이러한 주장들이 정확할 수도 있고, 크게 틀릴 수도 있지만, 그것들은 내담자들의 인식, 필요, 욕망, 두려움, 장애물, 기쁨, 그리고 딜레마의 표현이다. 이것들은 바로 치료의 핵심 요소이다. 치료사로서 동물을 가능한 한 정확하게 이해하는 것이 중요하지만, 내담자가 동물을 의인화하는 것도 치료 과정의 일부가 될 수 있다. 내담자의 인식을 바로잡기보다는, 치료사는 그 인식을 활용하여 내담자가 목표를 향해 나아갈 수 있도록 돕는다. 이런 방식으로 의인화는 치료 과정의 일부가 되며, 임상가는 이러한 투사를 다루어야 한다.

때로는 내담자들이 동물의 반응을 더 정확하게 이해하는 것이 중요할 때도 있지만, 내담자의 의도보다 정확성에 너무 초점을 맞추면 그들이 왜 치료를 받으러 왔는지 잊게 되고, 치료의 근본적인 가치인 수용을 전달하지 못하게 된다. 동시에, 내담자들이 동물에게 부여한 동기와 감정을 수정할 필요가 있을 수도 있다. 예를 들어, 과거에 학대를 받아 동물을 해친 경험이 있는 어린 소녀가 치료사에게 개가 "처벌을 원하고 있다"고 말하며, 개가 더 행복해지도록 벌을 주고 싶다고 이야기한 적이 있다. 소녀가 동물을 해칠 위험이 있었기 때문에, 치료사는 소녀가 개의 감정을 더 정확하게 이해하도록 돕고, 동시에 소녀가 자신이 학대를 받아 마땅하다고 믿는 것에 대해서도 작업을 진행했다. 치료가 진행됨에 따라, 내담자가 함께 일하는 동물들과의 의사소통을 더 명확하게 이해할 수 있는 기회가 많아지게 되었다.

역전이

당신의 비전은 오직 당신이 자신의 마음속을 들여다볼 수 있을 때만 명확해질 것이다.
바깥을 바라보는 사람은 꿈을 꾸고, 안을 보는 사람은 깨어난다.
–카를 구스타프 융(C. G. Jung)

역전이(countertransference)는 치료사의 감정이 내담자에게 투사될 때 발생한다. 이로 인해 치료사의 감정이 내담자와 얽히게 되어 치료사의 객관성과 치료의 성공 가능성을 저하시킬 수 있다. 내담자는 치료사에게 감정을 불러일으킬 수 있으며, 그 감정은 긍정적일 수도 부정적일 수도 있다. 대부분의 치료사는 자신의 감정이 활성화되어 판단에 영향을 미칠 때 이를 인식할 수 있도록 돕는 훈련과 감독을 받는다. 역전이는 모든 치료사에게 때때로 발생하며, 중요한 것은 그것이 발생했을 때 이를 인식하고, 혼자서든, 슈퍼바이저나 신뢰할 수 있는 동료와 함께든 이를 해결하는 것이다.

여섯 살 랜디(Randy)와 키리와의 첫 세션은 잘 진행되었다. 랜디는 AAPT를 통해 만난 초기 내담자 중 한 명이었는데, 그는 심각한 방임을 겪은 후 위탁 가정에서 지내고 있었다. 랜디는 충동 조절과 자기 조절이 심각하게 부족한 상태였다. 두 번째 세션에서는 그의 상태가 매우 불안정해졌고, 키리에게 좌절감을 느끼자 충동적으로 키리를 때리려 했다. 나는 제한설정을 했지만, 랜디는 다시 시도했다. 나는 경고를 주었고, 그가 계속해서 그런 행동을 하면 어떤 일이 일어날지 말해주었다. 그러나 그는 또다시 시도했다. 그래서 나는 경고했던 대로 놀이 세션을 종료했다. 계획대로 세션은 끝났고, 나는 랜디에게 "다음 시간에 또 보자"고 말하며 그를 안심시켰다. 세션 후 집에 돌아온 나는 그날 일어난 일을 곰곰이 생각하기 시작했다. 랜디가 실제로 키리를 때리지는 않았지만, 시도는 했었다. 그러면서 나는 '랜디가 별로 마음에 들지 않는다'는 생각을 하게 되었다. 경험이 많은 임상가로서, 나는 이것이 역전이라는 것을 알고 있었고, 보통은 그런 상황에 대해 관점을 바로잡는 데 큰 어려움을 겪지 않았다. 하지만 이번에는 보통 때처럼 관점을 바로잡지 못하는 것 같았다. 나는 계속해서 랜디가 싫다는 생각을 했고, 더 이상 랜디와 일하고 싶지 않다는 생각마저 들었다.

이틀간 랜디에 대한 생각이 간헐적으로 이어진 후, 나는 왜 이 감정이 계속되는지 정리해 보기로 했다. 그동안 매우 도전적인 내담자들과 일해 왔지만, 이렇게 강한 역전이를 경험한 적은 없었다. 그러다 내가 이렇게 강하게 반응하는 이유가 AAPT 때문이며, 그 과정에 내가 사랑하는 개가 관련되어 있기 때문이라는 것을 깨달았다. 내담자가 나에게 화를 낼 때 대처하는 방법은 알고 있었고, 그것은 보통 그들의 감정이 나에게 투사된 것(전이)과 관련이 있음을 알고 있었다. 그러나 이번에는 내 개와 관련된 것이었다. 나는 키리와의 애착 때문에 키리를 보호하고 싶다는 감정이 생겼고, 그것이 분노와 거리 두기로 이어진 것이었다. 그렇게 정리하니 조금은 나아졌지만, 감정은 여전히 조금 덜 강렬할 뿐 남아 있었다. 나는 이 딜레마를 스스로 해결하지 못하면 네 번째 날에 신뢰할 수 있는 동료에게 이 문제에 대해 이야기해 보겠다고 결심했다. 네 번째 날 아침, 나는 랜디가 키리를 또 때리려고 하면 어떻게 보호할 수 있을지 생각하기 시작했다. 그러면서 방을 조금 재배치해야 하고, 몇 가지 활동을 위한 공간을 더 크게 만들고, 키리의 침대가 있는 장소에 조금 더 보호막을 둘러야겠다는 생각이 들었다. 보통 그렇듯이, 문제를 예방할 방법이 생기자 역전이 감정은 빠르게 사라졌다. 나는 랜디의 다음 세션 전에 방을 재배치했고, 그 세션은 아주 잘 진행되었다. 랜디는 AAPT를 10번 더 받았고, 충동 조절에서 큰 진전을 보였다.

이 경험은 동물이 개입된 상황에서 역전이가 얼마나 다른지에 대한 인식을 높여 주었다. 우리는 동물을 사랑하며, 그들을 내담자와 공유한다. 만약 내담자가 동물을 해치려고 한다면, 자연스럽게 매우 강한 반응을 보일 수 있다. 우리의 보호 본능이 작동하는 것이다. 때로는 계획을 바꿔야 할 때도 있지만, 내담자를 만날 때 가능한 한 명확한 사고를 유지할 수 있도록 자신의 감정을 프로세싱 할 필요가 있다.

AAPT에서 또 다른 형태의 역전이는 내담자, 특히 아이가 치료매개동물에 대해 매우 부정적인 말을 할 때 발생할 수 있다. 우리가 정성스럽게 준비한 놀이치료실의 장난감에 대해 내담자가 실망감을 표현하듯, 동물에 대해 부정적인 감정을 표현할 수도 있다. 우리는 이러한 부정적인 반응에 방어적으로 반응할 수 있지만, 슈퍼바이저 경험을 통해 말이 '악마 같다'거나 개가 '냄새 난다'는 식의 언급 이면에 있는 것을 이해하게 되었다. 이러한 말들에는 보통 표면적인 의미를 넘어선 무언가가 있다. 동물들은 내담자가 그들에 대해 무슨 말을 하는지 잘 알지 못하므로, 내담자가 동물의 얼굴에 대고 소리를 지르는 것과 같은 부적절한 행동을 하지 않는 한, 동물에 대해 걱정할 필요는 없다.

수년 동안, 우리는 AAPT를 배우는 전문가들과의 슈퍼비전 세션에서 많은 역전이 사례를 보았다. AAPT는 다양한 감정을 불러일으킨다. 치료사는 내담자와 동물 사이에 사랑스러운 순간이 일어날 때 감동을 느꼈고, 동물이 웃긴 행동을 할 때 즐거움을 느꼈고, 아동 내담자가 개를 상상 속의 용으로 바꾸고 그 용의 머리를 칼로 잘라 버리겠다고 말할 때 놀라기도 했다. 마지막의 경우, 치료사는 개 근처에서의 칼놀이에 제한 설정을 해야 할지, 언제 설정해야 할지를 결정해야 했다. 그 순간, 아이가 치료사를 바라보며 "걱정 마세요, 진짜로 그렇게 하지는 않을 거예요. 이건 그냥 놀이일 뿐이에요."라고 말했다. 이 경우, 치료사는 자신의 걱정스러운 감정을 다루면서, 실제로 칼이 개를 치거나 놀라게 하지 않도록 막기 위해 준비했고, 아이가 말한 대로 정말 그 행동을 하지 않을지 기다려야 했다. 이 모든 것이 단 3초 안에 일어난 일이었다. 그녀는 자신의 감정과 관찰한 행동에 대한 인식을 통해 기다릴 수 있었고, 이는 아이가 공감과 자기 통제력을 발휘할 기회를 주었다. 이 경험은 실제로 그 아이에게 큰 진전이었다.

역전이가 매우 강할 수 있다는 사실은 AAPT를 배울 때 슈퍼비전을 받는 것이 중요한 또 다른 이유이다. AAPT에서 경험이 있더라도 동료의 조언을 구하는 것이 필요할 수 있다. 중요한 것은 이 현상의 가능성과 그 강력함을 인식하여 치료에 방해가 되지 않도록 하는 것이다.

비전문가에 의한 정신건강 개입

AAI의 인기가 높아짐에 따라 이에 참여하는 사람들도 늘어나고 있다. 또 다른 윤리적 문제는 치료사가 아닌 사람이 정신건강에 대한 지식이 전혀 없이 취약한 정신건강 내담자를 대상으로 AAI를 실시하는 경우이다. 우리는 각자의 나라(미국과 영국)에서 이러한 상황을 목격했으며, 일부 상황은 문제가 되고 있다.

정신건강 전문가와 함께 일하는 비치료사도 많이 있다. 이들은 동물 전문가이거나 치료사가 내담자를 데려올 수 있는 목장을 운영할 수도 있다. 트라우마에 시달리는 군인이나 어린이를 돕고 싶어 하는 은퇴한 사람일 수도 있다.

대부분의 경우, 이들은 교육을 받고 전문가와 연계하여 가치 있는 서비스를 제공한다. 이갈라(EAGALA) 모델(www.eagala.org)은 자격을 갖춘 정신건강 전문가 한 명과 말 전문가 한 명으로 구성된 팀이 항상 함께 일할 것을 요구한다. 이 모델은 특히 처음 시작하는 사람들에게 좋으며, 때때로 개를 대상으로 한 AAPT 작업에서 어린이 그룹과 함께할 때, 특히 단일 내담자와 함께하는 경우처럼 무거운 분위기의 팀 접근 방식이 아닐 때 유용하다.

다른 경우 이들은 동물매개활동 프로그램에 등록하여 병원이나 요양원에 있는 사람들에게 사회적 지원을 제공하는 자원봉사자로서 참여하게 되는데, 여기에는 Pet Partners(www.petpartners.org)와 같은 전국 프로그램이나 National Capital Therapy Dogs(www. net dine.org)와 같이 잘 운영되는 지역 프로그램 등이 있다. HOPE 동물 보조 위기 대응(www.hopeaacr.org)과 같이 재난 시 정서지원 개로 잘 훈련받아 투입되거나 독서 교육 지원을 위한 인터마운틴(Intermountain) 치료매개견 프로그램(www.therapy animals.org/R.E.A.D.html)으로 도서관이나 학교 독서 프로그램에 개를 참여시킬 수도 있다. 이러한 예는 정신건강 면허나 자격증이 없어도 개인이 AAI에 참여할 수 있는 적절한 방법을 보여 준다.

그러나 관련 전문가의 참여가 얼마나 중요한지 인식하지 못하는 사람들도 있다. 영국에서는 한 젊은 여성이 "내가 10년 동안 외상 후 스트레스 장애를 겪었기 때문에 외상 후 스트레스 장애로 고통받는 다른 사람들을 도울 수 있다"는 주장 외에는 아무런 교육이나 자격증이 없이 참전 용사를 위한 외상 후 스트레스 장애 치료 프로그램을 개설했다. 게다가 "평생 말을 탔다"는 이유로 말에 대한 전문성을 주장하기도 했다. 미국에는 성폭력 피해자를 돕는 'AAT 프로그램'이 있는데, 이 프로그램에는 실제 학위나 자격증이 없는 직원도 있지만 홈페이지 자기소개에는 '학사 학위를 받은 뒤 석사 학위를 받을 예정'이라거나 '이 과정을 이수하면 내년에 (프로그램 이름)의 인증을 받을 것'이라고 적혀 있다. 우리는 종종 다른 프로그램을 방문할 기회가 있다. 올해 초, 나는(리제) 17세 소녀가 주 '상담사'로 성적 학대를 당한 어린 소녀들과 함께 작업하는 '치료 농장'을 방문한 적이 있다. 처음에 나는 그 소녀의 나이를 몰라 훈련과 교육 배경에 대해 물었다. 그녀는 "저는 그냥 말을 정말 좋아하는데 학대를 당했을 때 말이 도움이 되었어요. 저와 같은 일을 겪은 아이들과 함께 일하는 것을 좋아해요."라고 대답했다. 나는 그 소녀가 치료를 받아 본 적이 없고 그녀 자신이나 자신을 만나기 위해 오는 소녀들에게 어떤 것이 필요한지 알지 못하지만, "말들은 무엇을 해야 할지 알고 있다"는 사실을 알게 되었다.

정신건강 관련 교육을 받지 않은 채 자신의 말과 함께 일하는 사람들 중에는 정신건강 치료사와 함께 일하는 것에 대한 제안에 반발하는 사람들이 있다. 그들이 하는 일과 치료사가 하는 일을 구분한 '정의'가 페이스북을 중심으로 꽤 많이 유포되어 있다. 정신건강 전문가는 과거에 초점을 맞추는 반면, 말과 함께 정신건강 내담자와 작업하는 사람들은 현재와 미래에 초점을 맞춘다는 것이다. 물론 이는 매우 부정확한 주장이며, 그렇게 말하는 사람들이 치료에 대한 이해가 부족하다는 것을 잘 보여 주는 예시이다. 또한 그들은 교육 과정에서 실제 치료로 자주 넘어가기도 한다. 그런데 그들은 적절한 자격 없이 치료하는 것이 불법이라고 하면 단지 교육을 했을 뿐이라 반발하기도 한다. 이러한 태도가 만연한 특정 사이트를 살펴보면 어디서 선을 넘었는지 확인하는 데 그리 오랜 시간이 걸리지 않는다. 안타깝게도 이들은 '치료(therapy)' 대신 '치료적(therapeutic)'이라는 용어를 사용하면 법적 책임이 면제된다고 믿고 있으며, 이러한 믿음은 도움을 절실히 원하고 그 차이를 구분할 수 없는 일반 대중과 잠재 내담자를 위험에 빠뜨리고 있다. 이러한 문제는 개를 활용한 프로그램보다 말을 활용한 프로그램에서 훨씬 더 많이 발생하며, 상당히 광범위하게 퍼져 있는 것으로 보인다.

이 문제는 여기에 설명된 것보다 훨씬 더 깊이 들어가지만, 이 정도의 설명으로 독자들에게 이 문제가 매우 흔하게 발생하고 있음을 상기시켜 준다고 생각한다. 이는 잠재적으로 위험할 수 있으며, 우리는 소셜 미디어에서 교육을 시도한 바 있다. 이 내용을 이 장에 포함시킨 이유는 전문가들에게 이러한 일이 발생하고 있음을 알리고, 내담자를 동물 프로그램에 소개하거나 치료 업무 또는 학교 환경에서 말이나 기타 동물을 키우는 사람과 협력하기로 결정할 때 주의를 촉구하기 위해서이다.

우리가 동물에 대한 학습을 강조하는 이유는 전문가들이 접하게 되는 이 분야의 사람이나 프로그램의 질 혹은 결핍을 파악할 수 있도록 돕기 위해서이다. 상대방이 말을 잘 아는 것처럼 보이더라도 스스로가 판단하면서 동물이 표현하는 것을 주의 깊게 관찰하는 것이 중요하다. 우리 둘은 언론에서 큰 주목을 받았던 미국에서 운영되는 말 프로그램 현장을 방문한 적이 있다. 수백만 달러를 들여 지은 새 건물, 개울과 들판이 펼쳐진 멋진 부지, 적어도 사람에게는 모든 편의시설을 갖춘 곳이었다. 보기에도 인상적이었고, 우리가 그곳에 갔을 때 그곳의 사장은 민간 부문의 잠재적 후원자들을 소개했다. 이는 그들에게 정말 대단한 일이었다. 그러나 새로 지어진 마구간에서 우리가 관찰한 것은 15마리의 말들이 모두 작은 개별 마방에 있었고, 대부분 건초망이 비어 있었고, 자극을 줄 만한 것이 없었으며, 옆 마방에 있는 말을 보거나 신체적으로 교감할 수 없는 모습이었다. 말들은 지나가는 사람들에게 등을 돌리고 고개를 숙인 채 멍한 표정을 짓고 있었다. 사람들에게는 전혀 관심이 없었고, 관심을 끌려는 우리의 시도도 무시했다. 그중 한 마리는 나무 창턱을 씹고 빨고 있었는데, 이는 실내에 너무 오래 갇혀 있는 말이 지루함과 스트레스를 해소하려고 할 때 나타나는 정형 행동인 크리빙(cribbing)과 윈드서킹(windsucking) 행동의 징후였다. 스트레스로 인해 생기는 모든 행동과 마찬가지로 정형 행동은 극복하기가 매우 어렵다.

다른 사람들이 주장하는 것에 속기 쉽다. 이를 방지하는 가장 좋은 방법은 스스로를 교육하고, 동물과 관련된 일을 하는 한 이 책에서 설명하는 모든 역량을 개발하여 여러분의 프로그램이 내담자에게 모범적인 품질과 서비스를 제공할 수 있게 하는 것이다.

동물매개 제18장 놀이치료

연구와 자원

일화의 복수형은 자료이다.

–마크 베코프(Marc Bekoff)

다양한 형태의 AAI가 보여 주는 결과에 많은 사람들이 열광하고 열망하고 있다. 점점 더 많은 AAPT 인증 전문가들이 매우 까다로운 내담자를 포함하여 다양한 내담자와 임상 작업에서 중요한 진전을 보여 주고 있다. 내담자들은 자발적으로 자신 또는 자녀의 눈에 띄는 개선을 보고했으며 설문조사와 만족도 조사에도 매우 긍정적으로 평가했다. 많은 일화와 사례연구는 AAPT에서 많은 것이 제공되고 있음을 시사하고 있다. 일부에서는 일화적인 증거를 성급히 무시하기도 하지만, 이는 추가 조사를 위한 첫 번째 단계를 제공한다. 일화적 데이터에는 가능한 다른 설명이 항상 존재하기 때문에 결론을 도출하는 데 한계가 있지만 숙련된 실무자의 성공 보고는 보다 통제된 연구를 위한 귀중한 정보를 제공할 수 있다.

잘 통제된 연구가 이루어지려면 사용 중인 방법이 명확하게 정의되어야 하며, 실무자는 적절한 수준의 효과적인 교육을 받아야 한다. 또한 방법에 대한 충실성도 확립되어야 한다.

AAI 분야 전반에서 올바른 방향으로 진전이 이루어지고 있다(이러한 문제에 대한 관심은 Fine, 2015 및 Parish-Plass, 2013 참조). AAPT의 경우, 접근법을 정교하게 다듬고, 이를 가르치는 훈련 프로그램을 발전시키며, 다양한 연령대의 내담자와 여러 문제 유형에 대한 적용 가능성을 탐색하는 데 중점을 두어 왔다. 또한, AAPT에서 동물이 수행하는 역할과 적합성을 보장하기 위한 평가 도구를 개발하고, 보다 엄격한 연구를 위한 임상적 · 질적 데이터를 수집하는 작업이 이루어지고 있다. 지난 10여 년 동안 이러한 모든 영역에서 상당한 발전이 이루어졌다.

이 책 전반에 걸쳐 양질의 AAPT를 위한 다학제적 측면을 뒷받침하는 연구를 제시하였다. 다음 섹션에서는 관련된 연구에 대한 간략한 정보, AAPT에 대한 예비 연구, AAPT 전문가 양성을 위한 교육 방법에 대한 연구를 소개하고자 한다. 또한 향후 연구에 대한 생각도 포함되어 있다.

관련 연구 개요

AAT에 대한 연구는 다른 곳에서 이미 다루었으며(Chandler, 2017; Fine, 2015; Parish-Plass, 2013), 이 책의 앞부분에서 HABRI(AAI 정보 클리어링하우스)와 미국심리학회 동료 검토 회보(인간-동물 상호작용 회보[HAIB])의 등장에 대해 언급했다. 이는 훌륭한 진전이다. 어떤 개입을 사용했는지 명확하게 정의하지 못한 연구와 피험자 수가 너무 적어 합리적인 통계적 힘을 얻지 못하는 여러 연구에 대한 문제가 제기되었지만, AAI 연구 수행과 자금 지원에 대한 관심은 점점 커지고 있는 것 같다. 최근 HAI 연구에 대한 리뷰(Crossman, 2017)에서는 향후 연구에서 개선해야 할 많은 방법론적 문제점을 개괄적으로 설명한다. 마찬가지로 로라 문디(Laura Mundy, 개인적 커뮤니케이션, 2017년 7월 10일)는 청소년의 심리사회적 결과에 대한 AAI 연구에 대한 체계적인 문헌검토를 완료했다. 그녀는 일관성 없는 용어 사용, 부실한 방법 설명, 광범위한 연구 설계 등 심각한 방법론적 문제가 있는 연구들을 발견했다. 그 결과, 결론을 도출하기 어려웠다.

AAT와 관련하여 무작위 대조군 연구는 거의 없다. 펜드리와 로터(Pendry & Roeter, 2013), 그리고 스테파니니 등(Stefanini et al., 2016)이 무작위 대조군 연구를 실시하였다. 펜드리와 로터(Pendry & Roeter, 2013)는 아동의 사회적 역량에 대한 연구를 위해 학교상담사의 도움을 받아 신체적 · 정신적 비장애아동 64명을 모집했다. 실험 그룹의 아동은 개인 및 그룹 활동이 포함된 11주간의 말 촉진 학습 프로그램에 참여했고, 대기자 통제군의 아동은 4개월 후 동일한 프로그램에 참여했다. 그 결과 프로그램 참여에 따른 유의미한 긍정적 효과가 나타났다. 또한 대기자 통제군 역시 사전 테스트 수준과 비교했을 때 테스트 후 사회적 역량 수준이 유의미하게 높았다. 스테파니니 등(Stefanini et al., 2016)은 급성 고통으로 입원한 아동 및 청소년 내담자를 대상으로 20명에게는 AAT와 일반적인 치료를 제공하고 대조군 20명에게는 AAT는 제외하고 일반적인 치료만 제공한 뒤 정서 및 행동 결과를 비교하였다. AAT에는 개와 함께 산책, 신체 접촉, 놀이, 그루밍, 복종 및 어질리티 훈련이 포함되었다. 연구 결과, AAT를 제공받은 그룹은 정서 및 행동 증상(특히, 내재화 증상), 역량, 전반적인 심리적 기능에서 유의미하게 더 많은 향상을 보여 주었다.

니머와 룬달(Nimer & Lundahl, 2007)은 포함 기준을 충족한 49개의 AAT 연구에 대한 메타분석을 실시했다. 그 결과 AAT는 ASD 증상, 의학적 문제, 행동 문제, 정서적 건강에 중간 정도의 효과 크기를 나타냈다. 저자들은 AAT 방법이 명확하게 정의되어 있지 않거나 연구마다 다르다는 점을 지적하며, 이런 경우 의미 있는 메타분석을 수행하기 어렵다고 지적하였다. 또한 단순히 동물의 참여를 통제한 연구도 거의 없다고 보고했다.

앞으로 대조군을 사용한 연구가 더 많이 나오기를 바라며, 잘 정의된 AAT와 단순히 동물의 참여 여부를 비교한 연구도 수행되기를 바란다. 예를 들어, 바치, 터켈, 테이크만(Bachi, Terkel, & Teichman, 2012)은 주거 프로그램에서 위험에 처한 청소년을 대상으로 7개월간 파일럿 연구를 실시했다. 14명의 청소년으로 구성된 치료 그룹은 매주 말과 함께하는 심리치료를 받았고, 나머지 15명의 거주자들은 일반적인 치료 프로그램을 받았다. 1년 후, 치료 그룹은 대조 그룹에 비해 재범과 약물 오남용이 감소하는 유의미한 결과를 보였다.

AAPT는 AAT 뿐만 아니라 놀이치료에도 뿌리를 두고 있기 때문에 놀이치료에 대한 연구 증거가 강력하고 증가하고 있다는 점에 주목해야 한다. 93개의 통제된 놀이치료 연구결과에 대한 메타 분석 결과, 치료 효과는 0.80 표준편차로 상당히 높은 것으로 나타났다. 부모놀이치료와 부모-자녀관계치료(Child-Parent Relationship Therapy) 등 부모가 참여한 연구에 대한 추가 분석에서는 더 나은 결과가 나타났다(Bratton et al., 2005). 그 효과는 연령, 성별, 문제 유형에 관계없이 안정적으로 유지되었다.

잘 수행된 질적 연구는 연구와 현장에 새로운 아이디어와 가설을 불어넣고 프로그램의 작동 방식과 이유를 밝히는 데에도 유용하다. 버곤(Burgon, 2014)은 청소년 범죄 및 위탁 보호 등 다양한 기관에서 의뢰된 7명의 청소년을 대상으로 질적 연구를 수행하여 치료 승마 프로그램에 대한 그들의 경험을 심층적으로 조사했다. 이들은 승마 및 말을 이용한 학습 외에도 마술 활동(horsemanship activities)에도 참여했다. 버곤은 자연 환경의 중요성, 치료 팀의 태도, 보호자와 청소년을 돕는 전문가들의 헌신에 대해 강조했다. 이 연구에서는 자신감, 자아존중감, 위험 감수 행동의 측정 가능한 부분에서 현저하게 개선되었음을 강조했다. 또한 말과 내담자의 안정된 영향력, 말과의 동일시, 애착, 양육, 신뢰, 회복탄력성과 관련된 주제가 도출되었다.

AAPT 연구

AAPT 또는 관련 개입에 대한 몇 가지 예비 연구가 있었다(Thompson, 2009; Weiss, 2009). 톰슨(Thompson)의 연구에서 피험자들은 비지시적 놀이 세션에 개를 참여시키거나 참여시키지 않으면서 스스로가 대조군이 되었다. 그녀는 개가 있을 때 놀이 중단과 불안의 징후가 더 적다는 것을 발견했지만 방법론적 문제로 인해 결론을 도출하는 데 한계가 있었다.

지난 10년 동안 나는(리제) 치료매개견이 참여한 놀이치료 과정에 대한 아동의 인식을 살펴보기 위해 매우 간단한 예비연구를 수행해 왔다. 아동은 치료가 끝날 때 도움이 된 점, 도움이 되지 않은 점, 미래에 대한 소망을 적은 세 개의 모래 트레이를 완성했다. AAPT 훈련에 참여하는 치료사는 모래 트레이를 사진으로 찍어 개 인형의 유무에 따라 분석했다. 60개의 모래 트레이를 분석한 결과, 치료 계획의 일부로 AAPT를 받은 내담자의 80%가 '가장 좋았다'를 표현한 모래상자에 개 모형을 배치한 반면, 개가 없었던 내담자의 20%만이 개 모형을 배치한 것으로 나타났다. 이는 다른 목적을 가진 프로젝트에 부가적으로 덧붙여진 연구 결과로서 이 정보 외에는 일반화할 수 없었다. 우리는 AAPT에서 데이터 수집의 한 형태로 모래트레이를 사용할 수 있는 가능성을 모색하고 있으며, 보다 통제된 연구에 대한 논의가 진행 중이다.

AAPT와 관련된 두 가지 다른 연구도 언급할 가치가 있다. 하트위그(Hartwig, 2015)는 10~18세 아동 29명을 대상으로 무작위 사전-사후 비교 연구를 실시했다. 실험군은 매뉴얼화된 형태의 솔루션 중심의 동물매개놀이치료를 받았으며, 비교군은 매 세션마다 매우 유사한 솔루션 중심의 활동에 참여했지만 개는 참여하지 않았다. 그 결과 두 그룹 모두 자아개념이 향상되고 우울증, 불안, 분노, 파괴적 행동이 감소하는 등 사전/사후에 유의미한 개선이 나타났다. 두 그룹 간에 유의미한 차이는 발견되지 않았다. 질적 연구 결과에서는 치료매개견이 포함된 그룹의 참가자들은 개와의 적극적인 참여를 즐겼으며, 상호작용 놀이와 신체적 접촉이 특히 중요하다고 언급했다.

트로터 등(Trotter et al., 2008)은 12주간의 말매개상담(EAC) 프로그램의 효과를 경험적으로 뒷받침하기 위해 키즈 코넥션(Kid's Connection: KC)이라는 수상 경력이 있는 교실 상담 개입법과 비교했다. 이 연구는 164명의 위기 아동 및 청소년을 대상으로 사전-사후 비교 설계를 사용했다. EAC 그룹은 신뢰도가 높은 척도에서 통계적으로 유의미한 긍정적 행동의 증가와 부정적 행동의 감소를 보여 주었다. 또한, EAC 그룹은 17개 행동 영역에서 통계적으로 유의미한 개선을 보인 반면, 비교군인 KC 그룹은 5개 행동 영역에서 통계적으로 유의미한 개선을 보였다.

임상가들이 기대하는 효과를 입증하기 위해서 분명히 AAPT에 대해 더 많은 연구가 필요하다. 현재 AAPT에 관한 4건의 연구가 진행 중이며, 이 글을 쓰는 시점에 2건의 연구가 거의 완료되었다[개인적 커뮤니케이션, 폴 토일(Paul Toal), 2017년 6월 9일; 개인적 커뮤니케이션, 제니퍼 오스틴 메인(Jennifer Austin Main), 2017년 7월 10일]. 또한 현재 AAPT 인증 치료사를 대상으로 연구 프로그램을 개발할 계획이 있다.

치료사 자기효능감에 대한 AAPT 연구

치료실천 분야가 새롭게 떠오르는 초기 단계에서는 전문적인 교육이 유용한지 확인하는 것이 중요하다. 전문교육이 참가자들에게 해당 방법을 실행할 때 더 큰 자신감을 가져다주는가? 더 구체적으로 말하면 AAPT 교육을 받으면 자기효능감이 높아질까?

한싱(Hansing, 2014)은 국제동물매개놀이치료협회(International Institute for Animal Assisted Play Therapy®)의 다양한 수준의 AAPT 프로그램에 참여한 치료사들의 자기효능감에 대한 연구를 완료했다(이전에는 Playful Pooch 프로그램이라는 이름으로 진행된 교육). 대학원 학위 수준과 유형, 경력 연수와 같이 자기효능감에 영향을 미칠 수 있는 다른 변수를 조사했다. 전체 설문조사를 완료한 67명의 참가자 중 94%가 정신건강 분야에 석사 또는 박사 학위를 취득했다. 이 연구는 의도적인 표본 추출 방법(purpositive sampling)을 사용했으며 여러 차원의 자기 보고(Self-report)와 평가 도구를 통해 치료사들의 데이터를 수집했다.

연구 결과, AAPT 교육은 여러 차원에서 통계적으로 유의미한 결과를 보여주며 치료사의 자기효능감에 긍정적인 영향을 미치는 것으로 나타났다. 흥미롭게도 경력 21년 이상의 응답자가 경력 10년 미만의 응답자에 비해 자기효능감이 가장 높았다. 실제 내담자와의 업무에 대한 교육의 유용성을 측정한 결과, 대면 기술 강화 교육이 통계적으로 유의미한 향상을 보여 온라인 교육 프로그램만 수강한 사람들에 비해 해당 교육의 유용성이 높은 것으로 나타났다. 보통에서 높은 수준의 자기효능감은 대부분 이러한 대면 역량 강화 교육 요소와 관련이 있었다. 일부 결과를 조명하고 추가 조사가 필요한 잠재적 영역을 파악하기 위해 질적 방법도 사용되었다. 여기서도 응답자들은 교육 경험에서 가장 유용한 부분 중 하나로 '활동적 학습(active learning)'을 꼽았고 그 외에 새로운 치료 방법 학습과 동물의 신체 언어를 이해하고 이를 AAPT에 활용하는 기술 개발이 언급되었다.

리소스

이 책을 집필하면서, 그리고 워크숍을 진행할 때마다 AAPT를 잘 수행하기 위해 얼마나 많은 정보가 필요한지 깨닫게 된다. 다양한 분야의 지식을 바탕으로 상당한 수준의 이해와 기술이 필요하다. 이 분야에 뛰어든 많은 사람들이 처음 생각했던 것보다 훨씬 복잡했다고 말한다. 이 책 전체에 걸쳐, 우리는 AAPT의 효과적이고 윤리적 사용을 뒷받침하는 많은 기사, 책, 웹 사이트, 연구를 소개했다. 온라인 학습 시대에 걸맞게 이 분야의 다양한 구성 요소에 대한 이해를 높이기 위해 온라인 자료 모음을 제공하여 이 책의 범위를 확장하고자 했다. 책의 설명을 뒷받침하는 추가 정보, 사진 및 동영상, AAPT 실무 및 연구의 흥미로운 발전, AAPT의 개발, 적용 및 개선에 영향을 미치는 다른 분야의 기여 등이 있다. 이 리소스 모음은 웹 사이트(www.iiaapt.org)에 있으며 누구나 이용할 수 있다.

미래

이 책은 동물매개놀이치료의 학제적 성격과 그 토대가 되는 기초를 다루고 있다. 그 핵심은 관계의 중요성, 놀이의 중요성, 그리고 내담자의 치유와 역량 강화를 돕는 동물의 인도적이고 자발적인 참여에 대한 인식이다. 이것이 우리에게 어떤 의미인지에 대해 자세히 논의했다. 그리고 AAPT 개발에 참여한 다른 사람들에 대해 자세히 논의했다. AAPT에 관한 첫 번째 책 『Play Therapy with Kids & Canines』(VanFleet, 2008)이 미국개작가협회에서 Planet Dog Foundation Sit. Speak. Act. 상을 수상한 이래 많은 일이 일어났다(그 해 보조견과 치료매개견에 관해 제작된 모든 책과 미디어 중 최고의 책에 수여하는 상). 전 세계적으로 이 분야에 종사하는 사람들의 수가 크게 증가했으며, 그들은 사려 깊고 새로운 아이디어와 활력을 불어넣어 주고 있다. 우리는 동물 관련 기술을 가진 사람들이 이 분야의 일원이 되어 개인 혹은 커뮤니티로서 우리에게 많은 것을 제공해 주고 있음에 환영하는 바이다.

앞으로도 더 많은 사람들이 연구 수행에 관심을 갖기를 바라며, 과거에도 그랬듯이 앞으로도 이러한 목적을 위해 도움과 데이터를 제공할 것이다. 인증 프로그램은 2017~2018년에 동물 전문가뿐만 아니라 감독자와 강사에게도 확대될 예정이다. 또한, 동물과 치료사, 치료사의 적합성 및 역량을 평가하기 위해 개발한 측정 도구의 신뢰성과 타당성을 확립하고자 한다. 우리는 이 자격증을 엄격하고 의미 있는 자격으로 유지하기 위해 최선을 다하고 있다.

우리는 세일러와 키리처럼 매우 특별한 동물들과 함께 놀라운 여정을 함께 해 왔고, 그들은 우리의 AAPT 작업에 많은 영감을 주었다. 그리고 AAPT가 내담자에게 제공할 수 있는 폭과 깊이를 넓힐 수 있도록 특별한 재능과 개성으로 기여한 모든 다른 동물들도 마찬가지이다. 우리의 여정에는 자신과 자신의 동물, 그리고 AAPT의 발전을 위해 시간, 돈, 노력, 에너지를 투자하고 이 분야의 풍요로움에 많은 기여를 한 다른 전문가들도 포함된다. 항상 배워야 할 것이 많지만 이는 매우 흥미로운 일이며, 대부분은 그 과정에서 배운 것이 반려동물 및 치료 파트너와의 관계를 크게 향상시켰다는 데 동의할 것이다. 만약 당신이 함께 생활하고, 일하고, 놀이하는 동물과 함께 재미있고, 흥미롭고, 새로운 방법으로 내담자를 돕고자 한다면 우리와 함께 이 여정에 동참하길 바란다.

참고문헌

Adams, D. L. (1997). Animal-assisted enhancement of speech therapy: A case study. *Anthrozoös, 10*(1), 53-56.

Adams, R. (1988). *Traveller*. New York, NY: Alfred A. Knopf.

Allen, C., & Bekoff, M. (2005). Animal play and the evolution of morality: An ethological approach. *Topoi, 24*, 125-135.

Altschuler, E. L. (1999). Pet-facilitated therapy for posttraumatic stress disorder. *Annals of Clinical Psychiatry, 11*(1), 29-30.

American Psychological Association. (2010). *Ethical principles of psychologists and code of conduct*. Retrieved from http://apa.org/ethics/code/index.aspx

American Psychological Association. (2012). *Guidelines for ethical conduct in the care and use of nonhuman animals in research*. Retrieved from http://www.apa.org/science/leadership/care/guidelines.aspx

Animal Assisted Intervention International (AAII). (2015). *General standards of practice for animal assisted activity, animal assisted education, animal assisted therapy and animal support*. Retrieved from http://www.aai-int.org/wp-content/uploads/2016/02/General-Standards-final.pdf

Arkow, P. (2012). *Latham and the Link: A legacy of cruelty prevention and personal responsibility* (Vol. 1). CreateSpace Independent Publishing.

Arkow, P., & Ascione, F. R. (Eds.). (1999). *Child abuse, domestic violence, and animal abuse*. West Lafayette, IN: Purdue University Press.

Arnold, J. (2016). *Love is all you need: The revolutionary bond-based approach to educating your dog*. New York, NY: Spiegel & Grau.

Ascione, F. R. (2005). *Children & animals: Exploring the roots of kindness & cruelty*. West Lafayette, IN: Purdue University Press.

Axline, V. (1969). *Play therapy* (2nd ed.). New York, NY: Ballantine Books.

Bachi, K. (2013). Application of attachment theory to equine facilitated psychotherapy. *Journal of Contemporary Psychotherapy, 43*(3), 187-196.

Bachi, K., & Parish-Plass, N. (2017). Animal-assisted psychotherapy: A unique relational therapy for children and adolescents. *Clinical Child Psychology and Psychiatry, 22*(1), 3-8.

Bachi, K., Terkel, J., & Teichman, M. (2012). Equine-facilitated psychotherapy for at-risk adolescents: The influence on self-image, self-control and trust. *Clinical Child Psychology and Psychiatry, 17*(2), 298-312.

Baggerly, J. N., Ray, D. C., & Bratton, S. C. (Eds.). (2010). *Child-centered play therapy research: The evidence base for effective practice*. Hoboken, NJ: Wiley.

Bandura, A. (1977). Self-efficacy: Toward a unifying theory of behavioral change. *Psychological Review, 84*(2), 191-215.

Bandura, A. (1997). *Self-Efficacy: The exercise of control*. New York, NY: W. H. Freeman.

Barker, S. B., & Barker, R. T. (1988). The human-canine bond: Closer than family ties? *Journal of Mental Health Counseling, 10*(1), 46-56.

Barclay, H. (1980). *The role of the horse in man's culture*. London, England: J. A. Allen.

Barkley, R. A. (2012). *Executive functions: What they are, how they work, and why they evolved*. New York, NY: Guilford Press.

Baumrind, D. (1971). Current patterns of parental authority. *Developmental Psychology, 4*(1, Pt. 2), 1-103.

Beetz, A., Uvnäs-Moberg, K., Julius, H., & Kotrschal, K. (2012). Psychosocial and psychophysiological effects of human-animal interactions: The possible role of oxytocin. *Journal of Frontiers in Psychology, July*. https://doi.org/10.3389/fpsyg.2012.00234

Bekoff, M. (2004). Wild justice and fair play: Cooperation, forgiveness, and morality in animals. *Biology and Philosophy, 19*, 489-520.

Bekoff, M. (2007). *The emotional lives of animals*. Novato, CA: New World Library.

Bekoff, M. (2006). Play fair. *Ranger Rick, 40*(7), 30-31.

Bekoff, M., & Byers, J. (Eds.). (1998). *Animal play: Evolutionary, comparative, and ecological perspectives*. Cambridge, UK: Cambridge University Press.

Belsky, J. (1984). The determinants of parenting: A process model. *Child Development, 55*(1), 83-96.

Belsky, J., & Nezworski, T. (Eds.). (1988). *Clinical implications of attachment*. Hillsdale, NJ: Lawrence Erlbaum.

Berger, J. (1986). *Wild horses of the Great Basin: Social competition and population size*. Chicago, IL: University of Chicago Press.

Bielakiewicz, G. J. (2005). *The only dog tricks book you'll ever need*. Avon, MA: Adams Media.

Bifulco, A., & Thomas, G. (2013). *Understanding adult attachment in family relationships: Research, assessment & intervention*. New York, NY: Routledge.

Bonas, S., McNicholas, J., & Collis, G. (2000). Pets in the network of family relationships: An empirical study. In A. L. Podberscek, E. S., Paul, & J.A. Serpell (Eds.), *Companion animals and us: Exploring the relationships between people and pets* (pp. 209-236). Cambridge, UK: Cambridge University Press.

Bowlby, J. (1988). *A secure base: Parent-child attachment and healthy human development*. London, UK: Routledge.

Bradshaw, J. (2011). *Dog sense: How the new science of dog behavior can make you a better friend to your pet*. New York, NY: Basic Books.

Bradshaw, J. (2013). *Cat sense: How the new feline science can make you a better friend to your pet*. New York, NY: Basic Books.

Bratton, S. C., Ray, D., Rhine, T., & Jones, L. (2005). The efficacy of play therapy with children: A meta-analytic review of treatment outcomes. *Professional Psychology: Research and Practice, 36*(4), 376-390.

Brown, S. (1994). Animals at play. *National Geographic, 186*(6), 2-35.

Brown, S. (2009). *Play: How it shapes the brain, opens the imagination, and invigorates the soul*. New York, NY: Avery.

Burghardt, G. M. (2005). *The genesis of animal play: Testing the limits*. Cambridge, MA: The MIT Press.

Burgon, H. L. (2014). *Equine assisted therapy and learning with at-risk young people*. Basingstoke Hampshire, UK: Macmillan.

Byrnes, C. (2008). *What is my dog saying? Canine communication 101.* [CD]. Spokane, WA: Diamonds in the Ruff.

Byrnes, C., & Munera, J. (2013). *What is my cat saying? Feline communication 101.* Spokane, WA: Diamonds in the Ruff.

Carpenter, M. L. (2005). Trying to bridge the gap: The traditional mental health professional and animal assisted therapy. *Equine Facilitated Mental Health Association Newsletter, Spring*, 6-7.

Chandler, C. K. (2017). *Animal assisted therapy in counseling* (3rd ed.). New York, NY: Routledge.

Chess, S., & Thomas, A. (1999). *Goodness of fit: Clinical applications for infancy through adult life.* Philadelphia, PA: Brunner/Mazel.

Clothier, S. (2002). *Bones would rain from the sky: Deepening our relationships with dogs.* New York, NY: Warner Books.

Clutton-Brock, J. (1995). Origins of the dog: Domestication and early history. In J. Serpell (Ed.), *The domestic dog: Its evolution, behaviour, and interactions with people* (pp. 7-20). New York, NY: Cambridge University Press.

Creative play makes for kids in control [NPR Morning Edition interview with Dr. Adele Diamond]. (2008, February 28). Accessed online January 20, 2017 from www.npr.org/templates/story/story.php?storyId=76838288

Crenshaw, D. A. (2012). Secrets told to Ivy: Animal-assisted play therapy in a residential treatment facility. *Play Therapy, 7*(2), 6-9.

Crenshaw, D. A., & Stewart, A. L. (Eds.). (2015). *Play therapy: A comprehensive guide to theory and practice.* New York, NY: Guilford Press.

Crichton, M. (1990). *Jurassic Park.* New York: Ballatine Books.

Crossman, M. K. (2017). Effects of interactions with animals on human psychological distress. *Journal of Clinical Psychology, 73*(7), 761-784.

Darwin, C. (1872. Reprinted 1965). *The expression of the emotions in man and animals.* Chicago, IL: The University of Chicago Press. (Original work published 1872).

DeFrain, J. (1999). Strong families around the world. *Australian Institute of Family Studies: Family Matters, 53,* 6-13.

de Waal, F. (2009). *The age of empathy: Nature's lessons for a kinder society*. New York, NY: Harmony Books/Random House.

de Waal, F. (2016). *Are we smart enough to know how smart animals are?* New York, NY: W.W. Norton and Company.

Dennison, P. (2015). *You CAN train your dog: Mastering the art & science of modern dog training*. Blairstown, NJ: Shadow Publishing.

Donaldson, J. (2005). *The culture clash* (2nd ed.). Berkeley, CA: James & Kenneth Publishers.

Drewes, A. (Ed.). (2009). *Blending play therapy with cognitive behavioral therapy: Evidence-based and other effective treatments and techniques*. New York, NY: Wiley.

Dudzik, C. (2014). *Developing and nurturing the therapy team relationship* [DVD]. Woodinville, WA: Healing Paws.

Dunbar, I. (2001a). *AFTER you get your puppy*. Berkeley, CA: James & Kenneth Publishers. Available as a free e-book download at *http://www.dogstardaily.com/fi les/downloads/AFTER_You_Get_Your_Puppy.pdf*

Dunbar, I. (2001b). *BEFORE you get your puppy*. Berkeley, CA: James & Kenneth Publishers. Available as a free e-book download at *http://www.dogstardaily.com/fi les/downloads/BEFORE_You_Get_Your_Puppy.pdf*

Dunbar, I. (2004). *Before and after getting your puppy: The positive approach to raising a happy, healthy and well-behaved dog*. Novato, CA: New World Library.

Elkind, D. (2007a). *The hurried child* (25th anniversary ed.). New York, NY: Perseus.

Elkind, D. (2007b). *The power of play: How imaginative, spontaneous activities lead to healthier and happier children*. New York, NY: Perseus.

Entin, E. (2011). All work and no play: Why your kids are more anxious, depressed. *The Atlantic*. Accessed online January 20, 2017 (*www.theatlantic.com/health/archive/2011/10/all-work-and-no-play-why-your-kids-are-more-anxious-depressed-246422/*).

Faa-Thompson, T., & VanFleet, R. (in press). *Equine communication for Animal Assisted Play Therapy®: Recognizing, understanding, and responding to body language in our equine partners*. Hetton Steads, Lowick, UK: International Institute for Animal Assisted Play Therapy®.

Fearn, M. (2014). Working therapeutically in the outdoors. In E. Prendiville & J. Howard (Eds.),

Play therapy today: Contemporary practice with individuals, groups and carers (pp. 113-130). Abingdon-on-Thames, UK: Routledge.

Fine, A. H. (Ed.). (2015). *Handbook on animal-assisted therapy: Foundations and guidelines for animal-assisted intervention* (4th ed.). San Diego, CA: Academic Press.

Fine, A. H., & Beck, A. M. (2015). Understanding our kinship with animals: Input for health care professionals interested in the human-animal bond. In A. H. Fine (Ed.), *Handbook on animal-assisted therapy: Foundations and guidelines for animal-assisted intervention* (4th ed., pp. 3-10). San Diego, CA: Academic Press.

Fine, A. H., Tedeschi, P., & Elvove, E. (2015). Forward thinking: The evolving fi eld of human-animal interactions. In A. H. Fine (Ed.), *Handbook on animal-assisted therapy: Foundations and guidelines for animal-assisted intervention* (4th ed., pp. 21-35). San Diego, CA: Academic Press.

Flanagan, B. (2008). Debriefing: Theory and techniques. In R. H. Riley (Ed.), *Manual of simulation in healthcare* (pp. 155-170). New York, NY: Oxford University Press.

Fleisher, C. L. (Producer/Director). (1999). *Why dogs smile and chimpanzees cry* [DVD]. Silver Spring, MD: Devillier Donegan Enterprises.

Fluegelman, A. (Ed.). (1976). *The New Games book*. Garden City, NY: Dolphin Books.

Fluegelman, A. (Ed.). (1981). *More New Games*. New York, NY: Dolphin Books/Doubleday.

Fratkin, J. L., Sinn, D. L., Patall, E. A., & Gosling, S. D. (2013). Personality consistency in dogs: A meta-analysis. *PLOSone*. January 23, 2013. http://dx.doi.org/10.1371/journal.pone.0054907.

Fredrickson, M., & Howie, A. R. (2000). Methods, standards, guidelines, and considerations in selecting animals for animal-assisted therapy. In A. H. Fine (Ed.), *Handbook on animal-assisted therapy: Theoretical foundations and guidelines for practice* (pp. 99-114). San Diego, CA: Academic Press.

Friedmann, E., Son, H., & Saleem, M. (2015). The animal-human bond: Health and wellness. In A. H. Fine (Ed.), *Handbook on animal-assisted therapy: Foundations and guidelines for animal-assisted intervention* (4th ed., pp. 73-88). San Diego, CA: Academic Press.

Friedmann, E., Thomas, S. A., & Eddy, T. J. (2000). Companion animals and human health: Physical and cardiovascular infl uences. In A. L. Podberscek, E. S. Paul, & J. A. Serpell (Eds.), *Companion animals and us: Exploring the relationships between people and pets* (pp. 125-

142). Cambridge, UK: Cambridge University Press.

Fugazza, C. (2014). *Do As I Do: Using social learning to train dogs* [book with DVD]. Wenatchee, WA: Dogwise Publishing.

Gallo-Lopez, L. (2001). TV show storyboard. In H. G. Kaduson & C. E. Schaefer (Eds.), *101 more favorite play therapy techniques* (pp. 8-10). Northvale, NJ: Jason Aronson.

Gallo-Lopez, L., & Schaefer, C. E. (Eds.). (2005). *Play therapy with adolescents*. Lanham, MD: Rowman & Littlefield.

Garbarino, J. (1999). *Lost boys: Why our sons turn violent and how we can save them*. New York, NY: Free Press.

Garbarino, J. (2006). *See Jane hit: Why girls are growing more violent and what we can do about it*. NY: Penguin Press.

Geist, T. S. (2011). Conceptual framework for animal assisted therapy. *Child and Adolescent Social Work Journal, 28*, 243-256.

Gil, E. (Ed.). (2010). *Working with children to heal interpersonal trauma: The power of play*. New York, NY: Guilford Press.

Gil, E. (Ed.). (2015). *Play in family therapy* (2nd ed.). New York, NY: Guilford Press.

Gilbert, P., & Garcés, E. M. (2015). *Illustrated exercises for animal-assisted interventions*. Madrid, Spain: Lincoln.

Ginsburg, K. R. (2007). The importance of play in promoting healthy child development and maintaining strong parent-child bonds. *Pediatrics, 119*(1), 182-107.

Gonski, Y. A. (1985). The therapeutic utilization of canines in a child welfare setting. *Child and Adolescent Social Work Journal, 2*, 93-105.

Goodall, J., & Bekoff, M. (2002). *The ten trusts: What we must do to care for the animals we love*. New York, NY: Harper Collins (HarperSanFrancisco).

Gorczyca, K., Fine, A. H., Spain, C. V., Callaghan, D., Nelson, L., Popejoy, L., Wong, B., & Wong, S. (2006). History, development, and theory of human-animal support services for people with AIDS/HIV and other disabling chronic conditions. In A. H. Fine (Ed.), *Handbook on animal-assisted therapy: Theoretical foundations and guidelines for practice* (2nd ed., pp. 303-354). San Diego, CA: Academic Press.

Gosling, S. D., Kwan, V. S. Y., & John, O. P. (2003). A dog's got personality: A cross-species comparative approach to personality judgments in dogs and humans. *Journal of Personality and Social Psychology, 85*(6), 1161-1169.

Grandin, T., & Johnson, C. (2005). *Animals in translation*. Orlando, FL: A Harvest Book/Harcourt.

Grant, R. J. (2017a). *AutPlay therapy for children and adolescents on the autism spectrum: A behavioral play-based approach* (3rd ed.). New York, NY: Routledge.

Grant, R. J. (2017b). *Play-based interventions for autism spectrum disorder and other developmental disabilities*. New York, NY: Routledge.

Guerney, L. F. (1991). A survey of self-supports and social supports of self-care children. *Elementary School Guidance and Counseling, 25*(4), 243-254.

Guerney, L. F., & Ryan, V. M. (2013). *Group Filial Therapy: A complete guide to teaching parents to play therapeutically with their children*. London, UK: Jessica Kingsley.

Hallberg, L. (2008). *Walking the way of the horse: Exploring the power of the horse-human relationship.* Bloomington, IN: iUniverse.

Hallgren, A. (2011). *Back problems in dogs: Underlying causes for behavioral problems*. Stockholm, Sweden: Dogma/AH Books.

Hanselman, J. L. (2001). Coping skills interventions with adolescents in anger management using animals in therapy. *Journal of Child and Adolescent Group Therapy, 11*(4), 159-195.

Hansing, K. K. (2014). *Self-efficacy among counselors trained in animal assisted play therapy*. (Unpublished doctoral dissertation). Auburn University, Auburn, AL.

Hare, B., & Woods, V. (2013). *The genius of dogs: How dogs are smarter than you think*. New York, NY: Plume/Penguin.

Hart, B. (2008). *The art and science of clicker training for horses: A positive approach to training equines and understanding them.* London, UK: Souvenir Press.

Hart, L. A. (1995). Dogs as human companions: A review of the relationship. In J. Serpell (Ed.), *The domestic dog: Its evolution, behaviour and interactions with people* (pp. 161-178). Cambridge, UK: Cambridge University Press.

Hartwig, E. K. (2015, October). *Canine-assisted play therapy: Hope and healing with kids and canines.* Paper and poster presented at the 32nd annual Association for Play Therapy International Conference, Atlanta, GA.

Hayden, A. J. (2005). An exploration of the experiences of adolescents who participated in equine-facilitated psychotherapy: A resiliency perspective. *Dissertation Abstracts International, Section B: The Sciences and Engineering, 65*(12-B), 6653.

Hendriks, A. (2010, January 4). The effects of the bit part 1 [Video fi le]. Retrieved from http://www.youtube.com/watch?v=Oa-aVORsxmg.

Herzog, H. (2010). *Some we love, some we hate, some we eat: Why it's so hard to think straight about animals*. New York, NY: HarperCollins.

Hobbs, V. (2006). *Sheep*. New York, NY: Frances Foster Books (Farrar Straus Giroux).

Hogg, A. (2003). *The horse behaviour handbook*. Devon, UK: David & Charles.

Hogg, A. (2009). *Horse behaviour exposed*. Devon, UK: David & Charles.

Hoover, L. D. (2006). *The family in dog behavior consulting*. Pittsburgh, PA: Legand Publishing.

Horowitz, A. (2009). *Inside of a dog: What dogs see, smell, and know*. New York, NY: Scribner.

Horowitz, A. (2016). *Being a dog: Following the dog into a world of smell*. New York, NY: Scribner.

Howie, A. R. (2015). *Teaming with your therapy dog: New directions in the human-animal bond*. West Lafayette, IN: Purdue University Press.

International Association of Human-Animal Interaction Organizations. (2014). *IAHAIO white paper: The IAHAIO definitions for animal assisted intervention and guidelines for wellness of animals involved*. Retrieved from http://iahaio.org/new/fi leuploads/8838IAHAIO%20WHITE%20PAPER-%20FINAL%20-%20NOV%2024-2014.pdf

International Institute for Animal Assisted Play Therapy®. (2013). *Certification manual for Animal Assisted Play Therapy®*. Boiling Springs, PA: Author.

International Institute for Animal Assisted Play Therapy®. (2017). *Animal Assisted Play Therapy®: What's Needed in the Selection and Training of Dogs*. Boiling Springs, PA: Author.

Jalongo, M. R. (Ed.). (2004). *The world's children and their companion animals: Developmental and educational significance of the child/pet bond*. Olney, MD: Association for Childhood Education International.

Jalongo, M. R. (Ed.). (2014). *Teaching compassion: Humane education in early childhood*. New York, NY: Springer.

Jalongo, M. R., Astorino, T., & Bomboy, N. (2004). Canine visitors: The infl uence of therapy dogs on young children's learning and well-being in classrooms and hospitals. *Early Childhood*

Education Journal, 32(1), 9-16.

James, B. (1994). *Handbook for treatment of attachment-trauma problems in children*. New York, NY: The Free Press.

Jones, A. C., & Gosling, S. D. (2005). Temperament and personality in dogs (*Canis familiaris*): A review and evaluation of past research. *Applied Animal Behaviour Science, 95*, 1-53.

Joye, Y., & De Block, A. (2011). 'Nature and I are two': A critical examination of the biophilia hypothesis. *Environmental Values, 20*, 189-215.

Kaduson, H. G. (2006). *Play therapy for children with ADHD* [DVD]. Monroe Township, NJ: Play Therapy Training Institute.

Kaduson, H. G., & Schaefer, C. E. (Eds.). (2015). *Short-term play therapy for children* (3rd ed.). New York, NY: Guilford Press.

Kahn, P. H. (1997). Developmental psychology and the biophilia hypothesis: Children's affi liation with nature. *Developmental Review, 17*, 1-61.

Karol, J. (2007). Applying a traditional individual psychotherapy model to equine-facilitated psychotherapy (EFP): Theory and method. *Clinical Child Psychology and Psychiatry, 12*, 77-90.

Käufer, M. (2013). *Canine play behavior: The science of dogs at play*. Wenatchee, WA: Dogwise Publishing.

Kersten, G. (1995). *Equine assisted psychotherapy training manual*. Reno, NV: Equine Services.

Kiley-Worthington, M. (1987). *The behaviour of horses*. London, UK: J. A. Allen.

Kiley-Worthington, M. (1997). *Equine welfare*. London, UK: J. A. Allen.

Kiley-Worthington, M. (2003). *Equine education*. London, UK: Whittet.

Kiley-Worthington, M. (2005). *Horse watch: What it is to be equine*. London, UK: J. A. Allen.

Knapp, C. (1998). *Pack of two: The intricate bond between people and dogs*. New York, NY: Delta.

Kottman, T., & Meany-Walen, K. (2016). *Partners in play: An Adlerian approach to play therapy* (3rd ed.). Alexandria, VA: American Counseling Association.

Kruger, K. A., & Serpell, J. A. (2006). Animal-assisted interventions in mental health: Definitions and theoretical foundations. In A. H. Fine (Ed.), *Handbook on animal-assisted therapy: Theoretical foundations and guidelines for practice* (2nd ed., pp. 21-38). San Diego, CA:

Academic Press.

Kurland, A. (2007). *Clicker training for your horse*. Waltham, MA: Karen Pryor Clicker Training/Sunshine Books.

Landreth, G. L. (2012). *Play therapy: The art of the relationship* (3rd. ed.). New York, NY: Routledge.

le Roux, M. C., Swartz, L., & Swart, E. (2014). The effect of an animal-assisted reading program on the reading rate, accuracy and comprehension of Grade 3 students: A randomized control study. *Child Youth Care Forum, 43*, 655-673.

Lerner, R. M. (1982). Children and adolescents as producers of their own development. *Developmental Review, 2*(4), 342-370.

Levinson, B. M., & Mallon, G. P. (1997). *Pet-oriented child psychotherapy* (rev. ed.). Springfield, IL: Charles C. Thomas.

Loar, L., & Colman, L. (2004). *Teaching empathy: Animal-assisted therapy programs for children and families exposed to violence*. Alameda, CA: The Latham Foundation.

Louv, R. (2005). *Last child in the woods: Saving our children from nature-deficit disorder*. Chapel Hill, NC: Algonquin Books.

Louv, R. (2012). *The nature principle: Reconnecting with life in a virtual age*. Chapel Hill, NC: Algonquin Books.

Macauley, B. L. (2006). Animal-assisted therapy for persons with aphasia: A pilot study. *Journal of Rehabilitation Research and Development, 43*(3), 357-366.

Marshall, L. (1996). *Your horse's mind*. Wiltshire, UK: The Crowood Press.

Masson, J. M. (1997). *Dogs never lie about love: Reflections on the emotional life of dogs*. New York, NY: Three Rivers Press.

Masson, J. M., & McCarthy, S. (1995). *When elephants weep: The emotional lives of animals*. New York, NY: Delta.

McConnell, P. B. (2002). *The other end of the leash: Why we do what we do around dogs*. New York, NY: A Ballantine Book.

McConnell, P. B. (2005). *For the love of a dog: Understanding emotion in you and your best friend*. New York, NY: Ballantine Books.

McConnell, P. B. (2006). *For the love of a dog: The biology of emotion in two species* [DVD].

Meridian, ID: Tawzer Dog Videos.

McConnell, P. B., & Fine, A. H. (2015). Understanding the other end of the leash: What therapists need to understand about their co-therapists. In A. H. Fine (Ed.), *Handbook on animal-assisted therapy: Foundations and guidelines for animal-assisted intervention* (4th ed., pp. 103-113). San Diego: Academic Press.

McConnell, P. B., & London, K. B. (2008). *Play together, stay together: Happy and healthy play between people and dogs.* Black Earth, WI: McConnell Publishing Limited.

Melson, G. F. (2001). *Why the wild things are: Animals in the lives of children*. Cambridge, MA: Harvard University Press.

Melson, G. F., & Fine, A. H. (2015). Animals in the lives of children. In A.H. Fine (Ed.), *Handbook on animal-assisted therapy: Foundations and guidelines for animal-assisted intervention* (4th ed., pp. 179-194). San Diego, CA: Academic Press.

Merz-Perez, L., & Heide, K. M. (2004). *Animal cruelty: Pathway to violence against people*. Lanham, MD: AltaMira Press.

Miklósi, Á. (2015). *Dog behaviour, evolution, and cognition* (2nd ed.). Oxford, UK: Oxford University Press.

Miller, P. (2008). *Play with your dog*. Wenatchee, WA: Dogwise Publishing.

Mueller, M. K., Fine, A. H., & O'Haire, M. E. (2015). Understanding the role of human-animal interaction in the family context. In A. H. Fine (Ed.), *Handbook on animal-assisted therapy: Foundations and guidelines for animal-assisted intervention* (4th ed., pp. 237-248). San Diego, CA: Academic Press.

Nimer, J., & Lundahl, B. (2007). Animal-assisted therapy: A meta-analysis. *Anthrozoös, 20*(3), 225-238.

O'Callaghan, D. (2008). *Exploratory study of animal assisted therapy interventions used by mental health professionals* (Unpublished doctoral dissertation). University of North Texas, Denton, TX.

O'Connor, C. (2006). *The silent therapist*. CATRA. Retrieved from http://www.catra.net/info/silent.html

O'Connor, K. J., Schaefer, C. E., & Braverman, L. D. (Eds.). (2016). *Handbook of play therapy* (2nd ed.). Hoboken, NJ: Wiley.

Odendaal, J. S. J. (2000). Animal-assisted therapy—magic or medicine? *Journal of Psychosomatic Research, 49,* 275-280.

Olmert, M. D. (2009). *Made for each other: The biology of the human-animal bond.* Cambridge, MA: Da Capo Press.

Olsen, S. (2006). *Horses and humans: The evolution of human-equine relationships.* Oxford, UK: British Archaeological Reports (BAR International Series Book 1560).

Overall, K. (2007). Considerations for shock and 'training' collars: Concerns from and for the working dog community. *Journal of Veterinary Behavior, 2,* 103-107.

Pálsdóttir, A. M., Persson, D., Persson, B., & Grahn, P. (2014). The journey of recovery and empowerment embraced by nature—Clients' perspectives on nature-based rehabilitation in relation to the role of the natural environment. *International Journal of Environmental Research and Public Health, 11,* 7094-7115.

Panksepp, J. (2005a). *Affective neuroscience: The foundations of human and animal emotions.* New York, NY: Oxford University Press.

Panksepp, J. (2005b). Beyond a joke: From animal laughter to human joy. *Science, 308,* 62.

Panksepp, J. (2012). *The archaeology of mind: Neuroevolutionary origins of human emotions.* New York, NY: W.W. Norton.

Parent, I. (2016). *The fundamentals of equine assisted trauma therapy: With practical examples of working with members of the armed forces.* Obermohr, Rheinland-Pfalz, Germany: Minds-n-Motion.

Parish-Plass, N. (2008). Animal-assisted therapy with children suffering from insecure attachment due to abuse and neglect: A method to lower the risk of intergenerational transmission of abuse? *Clinical Child Psychology and Psychiatry, 13*(1), 7-30,

Parish-Plass, N. (Ed.). (2013). *Animal-assisted psychotherapy: Theory, issues, and practice.* West Lafayette, IN: Purdue University Press.

Pauli, A. M., Bentley, E., Diehl, A. K., & Miller, P. E. (2006). Effects of the application of neck pressure by a collar or harness on intraocular pressure in dogs. *Journal of American Animal Hospital Association, 206,* 1732-1736.

Pelar, C. (2009). *Kids and dogs: A professional's guide to helping families.* Woodbridge, VA: C&R Publishing/Dream Dog Productions.

Pelar, C. (2013). *Living with kids and dogs ... without losing your mind: A parent's guide to controlling the chaos* (2nd ed.). Woodbridge, VA: Dream Dog Productions.

Pellegrini, A. D., & Smith, P. K. (Eds.). (2005). *The nature of play: Great apes and humans*. New York, NY: Guilford Press.

Pellis, S., & Pellis, V. (2009). *The playful brain: Venturing to the limits of neuroscience*. Oxford, UK: Oneworld Publications.

Pendry, P., & Roeter, S. (2013). Experimental trial demonstrates positive effects of equine facilitated learning on child social competence. *Human Animal Interaction Bulletin, 1*(1), 1-19.

Perry, B. D., & Szalavitz, M. (2010). *Born for love: Why empathy is essential-and endangered*. New York, NY: Harper.

Podberscek, A. L., Paul, E. S., & Serpell, J. A. (2000). *Companion animals and us: Exploring the relationships between people and pets*. Cambridge, UK: Cambridge University Press.

Prothmann, A., Albrecht, K., Dietrich, S., Hornfeck, U., Stieber, S., & Ettrich, C. (2005). Analysis of child-dog play behavior in child psychiatry. *Anthrozoös, 18*(1), 43-58.

Pryor, K. (2002). *Don't shoot the dog: The new art of teaching and training* (rev. ed.). Gloucestershire, UK: Ringpress Books.

Racca, A., Guo, K., Meints, K., & Mills, D. S. (2012). Reading faces: Differential lateral gaze bias in processing canine and human facial expressions in dogs and 4-year-old children. *PLOSone, April 27*. Retrieved from http://journals.plos.org/plosone/article?id=10.1371/journal.pone.0036076

Reddy, L. A., Files-Hall, T. M., & Schaefer, C .E. (2005). *Empirically based play interventions for children*. Washington, DC: American Psychological Association.

Reddy, L. A., Files-Hall, T. M., & Schaefer, C. E. (2015). *Empirically based play interventions for children* (2nd ed.). Washington, DC: American Psychological Association.

Rees, L. (1984). *The horse's mind*. London, UK: Stanley Paul.

Rohnke, K. (1991). *The bottomless bag*. Dubuque, IA: Kendall/Hunt Publishing.

Rohnke, K. (2004). *The bottomless bag revival!* (2nd ed.). Dubuque, IA: Kendall Hunt Publishing.

Rohnke, K. (2009). *Silver bullets: A guide to initiative problems, adventure games, & trust activities* (2nd ed.). Dubuque, IA: Kendall Hunt Publishing.

Rugaas, T. (2006a). *Calming signals: What your dog tells you* [DVD]. Wenatchee, WA: Dogwise Publishing.

Rugaas, T. (2006b). *On talking terms with dogs: Calming signals* (2nd ed.). Wenatchee, WA: Dogwise Publishing.

Sable, P. (1995). Pets, attachment, and well-being across the life cycle. *Social Work, 40*(3), 334-341.

Sams, M. J., Fortney, E. V., & Willenbring, S. (2006). Occupational therapy incorporating animals for children with autism: A pilot investigation. *American Journal of Occupational Therapy, 60*(3), 268-274.

Schaefer, C. E. (1993). What is play and why is it therapeutic? In C. E. Schaefer (Ed.), *The therapeutic powers of play* (pp. 1-15). Northvale, NJ: Jason Aronson.

Schaefer, C. E. (Ed.). (2003). *Play therapy with adults*. Hoboken, NJ: John Wiley & Sons.

Schaefer, C. E., & Drewes, A. A. (Eds.). (2014). *The therapeutic powers of play* (2nd ed.). Hoboken, NJ: John Wiley & Sons.

Scott, J. P., & Fuller, J. L. (1965). *Genetics and the social behavior of the dog*. Chicago, IL: The University of Chicago Press.

Sdao, K. (2012). *Plenty in life is free: Refl ections on dogs, training and finding grace*. Wenatchee, WA: Dogwise Publishing.

Serpell, J. (1996). *In the company of animals* (2nd ed.). New York, NY: Cambridge University Press.

Serpell, J. (Ed.). (2017). *The domestic dog: Its evolution, behaviour and interactions with people* (2nd ed.). Cambridge, UK: Cambridge University Press.

Shani, L. (2017). Animal-assisted dyadic therapy: A therapy model promoting development of the refl ective function in the parent-child bond. *Clinical Child Psychology and Psychiatry, 22*(1), 46-58.

Shapiro, K., Randour, M. L., Krinsk, S., & Wolf, J. L. (2014). *The assessment and treatment of children who abuse animals: The AniCare Child approach* (2nd ed.). New York, NY: Springer.

Sheppard, C., & Manikoff, J. (1998). *Brave Bart*. Grosse Pointe Woods, MI: Institute for Trauma and Loss in Children.

Siegel, D. (2012). *The developing mind: How relationships and the brain interact to shape who we are*. New York, NY: Guilford Press.

Simpson, H. (2004). *Teach yourself horse: Natural horse management*. Greyshott, Surrey, UK: D. J. Murphy.

Siviy, S. M. (1998). Neurobiological substrates of play behavior: Glimpses into the structure and function of mammalian playfulness. In M. Bekoff & J. A. Byers (Eds.), *Animal play: Evolutionary, comparative, and ecological perspectives* (pp. 221-242). Cambridge, UK: Cambridge University Press.

Siviy, S. M., Harrison, K. A., & McGregor, I. S. (2006). Fear, risk assessment, and playfulness in the juvenile rat. *Behavioral Neuroscience, 120*(1), 49-59.

Skipper, L. (1999). *Inside your horse's mind*. London: J. A. Allen.

Skipper, L. (2005). *Let horses be horses*. London: J. A. Allen.

Stefanini, M. C., Martino, A., Bacci, B., & Tani, F. (2016). The effect of animal-assisted therapy on emotional and behavioral symptoms in children and adolescents hospitalized for acute mental disorders. *European Journal of Integrative Medicine, 8,* 81-88.

Stewart, L. A., Chang, C. Y., Parker, L. K., & Grubbs, N. (2016). *Animal-assisted therapy in counseling competencies*. Alexandria, VA: American Counseling Association, Animal-Assisted Therapy in Mental Health Interest Network.

Stinnett, N., & DeFrain, J. (1985). *Secrets of strong families*. New York, NY: Berkley Books.

Strand, E. B. (2004). Interparental confl ict and youth maladjustment: The buffering effects of pets. *Stress, Trauma, and Crisis: An International Journal, 7*(3), 151-168.

Sullivan, H. S. (1953). *The interpersonal theory of psychiatry*. New York, NY: W. W. Norton & Company.

Sunderland, M. (2000). *Using story telling as a therapeutic tool with children*. Bicester, UK: Speechmark.

Svartberg, K., Tapper, I., Temrin, H., Radesäter, T., & Thorman, S. (2005). Consistency of personality traits in dogs. *Animal Behaviour, 69*(2), 283-291.

Taylor, S. M. (2001). *Equine facilitated psychotherapy: An emerging field* (Unpublished master's thesis) Saint Michael's College, Colchester, VT.

Tedeschi, P., Sisa, M. L., Olmert, M. D., Parish-Plass, N., & Yount, R. (2015). Treating human trauma with the help of animals: Trauma informed interventions for *Handbook on animal-assisted therapy: Foundations and guidelines for animal-assisted intervention* (4th ed., pp. 305-319). San Diego, CA: Academic Press.

Terr, L. (1990). *Too scared to cry: How trauma affects children ... and ultimately us all.* New York, NY: Basic Books.

Thomas, E. M. (1993). *The hidden life of dogs*. New York, NY: Pocket Books.

Thompson, M. J. (2009). Animal-assisted play therapy: Canines as co-therapists. In G. R. Walz, J. C. Bleuer, & R. K. Yep (Eds.), *Compelling counseling interventions: VISTAS 2009* (pp. 199-209). Alexandria, VA: American Counseling Association.

Trotter, K. S. (2008). *EPIC Training: Treating at-risk youth and adolescents with equine assisted counseling training manual.* Flower Mound, TX: EPIC Equine Partners in Counseling.

Trotter, K. S., Chandler, C.K., Goodwin-Bond, D., & Casey, J. (2008). A comparative study of the efficacy of group equine assisted counseling with at-risk children and adolescents. *Journal of Creativity in Mental Health, 3*(3), 254-284.

Tyler, S. J. (1972). Behaviour and social organisation of New Forest ponies. *Animal Behaviour, Monograph 5*, 85-196. London, UK: Ballière Tindall.

VanFleet, R. (1993).Strengthening families with storytelling. In L. VandeCreek, S. Knapp, & T. L. Jackson (Eds.), *Innovations in clinical practice: A source book* (Vol. 12, pp. 147-154). Sarasota, FL: Professional Resource Press.

VanFleet, R. (2004). *It's only natural: Exploring the play in play therapy workshop manual.* Boiling Springs, PA: Play Therapy Press.

VanFleet, R. (2007). *Results from the ongoing pet play therapy study*. Boiling Springs, PA: Play Therapy Press (*http://play-therapy.com/playfulpooch/pets_study.html*).

VanFleet, R. (2008). *Play therapy with kids & canines: Benefits for children's developmental and psychosocial health*. Sarasota, FL: Professional Resource Press.

VanFleet, R. (2010). Farewell to Fido: Helping children when their companion dog dies. *The APDT Chronicle of the Dog, July/August*, 51-52.

VanFleet, R. (2013a). *Canine communication in Animal Assisted Play Therapy: Recognizing, understanding, and responding to body language in our canine co-therapists*. [Online course]. Boiling Springs, PA: Play Therapy Press.

VanFleet, R. (2013b). The empathic dog trainer. *The APDT Chronicle of the Dog, Fall*, 60-63.

VanFleet, R. (2014a). *Child-centered play therapy: An online course*. [Online course]. Boiling Springs, PA: Play Therapy Press.

VanFleet, R. (2014b). *Filial Therapy: Strengthening parent-child relationships through play* (3rd ed.). Sarasota, FL: Professional Resource Press.

VanFleet, R. (2014c). *Selection of dogs for family life and therapy work ... with special attention to Animal Assisted Play Therapy* [Online course]. Boiling Springs, PA: Play Therapy Press.

VanFleet, R. (2015). *Essentials of canine behavior & training for Animal Assisted Play Therapy: Building the therapeutic partnership* [Online course]. Boiling Springs, PA: International Institute for Animal Assisted Play Therapy®.

VanFleet, R. (2016a). *Animal Appropriateness Scale: A four-dimensional scale for assessing key features of animals*. Boiling Springs, PA: International Institute for Animal Assisted Play Therapy®.

VanFleet, R. (2016b). *Report on the survey of mental health professionals about level of training specific to Animal Assisted Interventions* (Unpublished document).

VanFleet, R., & Colțea, C. (2012). Helping children with ASD through Canine-Assisted Play Therapy. In L. Gallo-Lopez & L. Rubin (Eds.), *Play-based interventions for children and adolescents on the autism spectrum* (pp. 193-208). New York, NY: Routledge.

VanFleet, R., & Faa-Thompson, T. (2010). The case for using Animal Assisted Play Therapy®. *British Journal of Play Therapy, 6*, 4-18.

VanFleet, R., & Faa-Thompson, T. (2011a). Control, compassion, and choices (part 1). *The APDT Chronicle of the Dog, July/August*, 50-53.

VanFleet, R., & Faa-Thompson, T. (2011b). Control, compassion, and choices (part 2). *The APDT Chronicle of the Dog, September/October*, 28-33.

VanFleet, R., & Faa-Thompson, T. (2012). The power of play, multiplied. *Play Therapy, 70*, 7-10.

VanFleet, R., & Faa-Thompson, T. (2014). Including animals in play therapy with young children and families. In M. R. Jalongo (Ed.), *Teaching compassion: Humane education in early childhood* (pp. 89-107). New York, NY: Springer.

VanFleet, R., & Faa-Thompson, T. (2015a). Animal-assisted play therapy. In D. A. Crenshaw & A. L. Stewart (Eds.), *Play therapy: A comprehensive guide to theory and practice* (pp. 201-214).

New York, NY: Guilford Press.

VanFleet, R., & Faa-Thompson, T. (2015b). Animal Assisted Play Therapy to empower vulnerable children. In E. J. Green & A. C. Myrick (Eds.), *Play therapy with vulnerable populations: No child forgotten* (pp. 85-103). Lanham, MD: Rowman & Littlefi eld.

VanFleet, R., & Faa-Thompson, T. (2015c). Short-term Animal Assisted Play Therapy® for children. In H. G. Kaduson & C. E. Schaefer (Eds.), *Short-term play therapy for children* (3rd ed., pp. 175-197). New York, NY: Guilford Press.

VanFleet, R., & Faa-Thompson, T. (2017). Animal Assisted Play Therapy with reticent children. In C. Malchiodi & D. Crenshaw (Eds.), *What to do when children clam up in psychotherapy* (217-237). New York, NY: Guilford Press.

VanFleet, R., & Faa-Thompson, T. (in press). *Animal Assisted Play Therapy® techniques.* Boiling Springs, PA: International Institute for Animal Assisted Play Therapy®.

VanFleet, R., Fine, A. H., O'Callaghan, D., Mackintosh, T., & Gimeno, J. (2015). Application of animal-assisted interventions in professional settings: An overview of alternatives. In A. H. Fine (Ed.), *Handbook on animal-assisted therapy: Foundations and guidelines for animal-assisted interventions* (4th ed., 157-177). San Diego, CA: Academic Press.

VanFleet, R., Ryan, S. D., & Smith, S. K. (2005). A critical review of Filial Therapy interventions. In L. Reddy, T. M. Files-Hall, & C. E. Schaefer (Eds.), *Empirically based play interventions for children* (pp. 241-264). Washington, DC: American Psychological Association.

VanFleet, R., & Sniscak, C. C. (2003). Filial Therapy for attachment-disrupted and disordered children. In R. VanFleet & L. Guerney (Eds.), *Casebook of Filial Therapy* (pp. 279-308). Boiling Springs, PA: Play Therapy Press.

VanFleet, R., Sywulak, A. E., & Sniscak, C. C. (2010). *Child-centered play therapy*. New York, NY: Guilford Press.

Vidrine, M., Owen-Smith, P., & Faulkner, P. (2002). Equine-facilitated group psychotherapy: Applications for therapeutic vaulting. *Issues in Mental Health Nursing, 23*, 587-603.

Walsh, F. (2009). Human-animal bonds II: The role of pets in family systems and family therapy. *Family Process, 48*(4), 481-499.

Waring, G. (2003). *Horse behavior*. Norwich, NY: Noyes Publications.

Webb, N. B. (Ed.). (2015). *Play therapy with children and adolescents in crisis* (4th ed.). New

York, NY: Guilford Press.

Weiss, D. (2009). Equine assisted therapy and Theraplay. In E. Munns (Ed.), *Applications of family and group Theraplay* (pp. 225-233). Lanham, MD: Jason Aronson.

Wendt, M. (2011a). *How horses feel and think: Understanding behavior, emotions and intelligence.* Richmond, UK: Cadmos Publishing.

Wendt, M. (2011b). *Trust instead of dominance: Working towards a new form of ethical horsemanship.* Richmond, UK: Cadmos Publishing.

Wendt, M. (2012). *A quiet word with your horse: Learning by reward—the key to motivation and trust*. Richmond, UK: Cadmos Publishing

Wilson, E. O. (1984). *Biophilia*. Cambridge, MA: Harvard University Press.

Wilson, K., & Ryan, V. (2005). *Play therapy: A nondirective approach for children and adolescents* (2nd ed.). Philadelphia, PA: Elsevier.

Winkle, M. Y. (2013a). *Blue dog book: Professional applications of animal assisted interventions* (2nd ed.). Albuquerque, NM: Dogwood Therapy Services.

Winkle, M. Y. (2013b). *Gray dog collection: Professional applications of animal assisted interventions* (2nd ed.). Albuquerque, NM: Dogwood Therapy Services.

Woolley, C. C. (2005). Changes in child symptomatology associated with animal-assisted therapy. *Dissertation Abstracts International, Section B: The Sciences and Engineering, 65*(12-B), 6681.

Xenophon. (1969/350 BC). *The art of horsemanship.* (M. H. Morgan, Trans.). London: J. A. Allen.

찾아보기

인명

내용

저자 소개

리제 반플릿(Risë VanFleet)은 박사학위(PhD), 등록된 놀이치료사–슈퍼바이저(Registered Play Therapist-Supervisor: RPT-S), 공인된 반려견행동상담사(Certified Dog Behavior Consultant: CDBC)로, 정신건강, 조직 개발, 동물행동 분야 등에서 45년의 경험을 갖춘 면허 소지 심리학자이다. 그녀는 미국 펜실베이니아주 보일링 스프링스에 위치한 가족 강화 및 놀이치료 센터(Family Enhancement & Play Therapy Center)와 그 센터의 '플레이풀 푸치 프로그램(Playful Pooch Program)'의 대표이사이며, 국제동물매개놀이치료연구소(International Institute for Animal Assisted Play Therapy)의 공동 설립자이다. 그녀는 전 세계에서 정신건강 분야에 대한 전문 교육을 제공하면서 가족을 대상으로 직접적인 치료 서비스를 제공한다. 그녀는 수십 편의 논문, 챕터(Chapter), 책(예: Child-Centered Play Therapy; Filial Therapy: Strengthening Parent-Child Relationships Through Play; Play Therapy with Kids & Canines; The Human Half of Dog Training 등)을 비롯해 여러 DVD와 온라인 강좌의 저자이다. 그녀는 글과 교육으로 주, 국가, 국제 수준의 수많은 상을 수상했으며, 그중에는 펜실베이니아 심리학회(Pennsylvania Psychological Association)에서 수여하는 '과학과 전문가로서 공헌한 심리학 상(Distinguished Contributions to the Science and Profession of Psychology Award)'과 미국개작가협회(Dog Writers Association of America)의 맥스웰 상(Maxwell Awards) 및 특별 상(Special Awards) 등이 있다. 현재 그녀는 네 마리의 개, 세 마리의 고양이, 그리고 남편과 함께 살고 있다.

트레시 파–톰슨(Tracie Faa-Thompson)은 사회학/범죄학 석사(MA), 호주사회복지사(AASW), 비지시적 놀이치료 대학원 학위(PGdipNDPT)를 가졌고, 입양 분야 전문 사회복지사이자 영국 놀이치료사협회(British Association of Play Therapists) 등록 비지시적 놀이치료사로서, 다년간의 경험을 보유하고 있다. 그녀는 사회복지 학생들을 가르치고 애착 이론, 인생 이야기 작업, 부모놀이치료 관련 워크숍을 진행한다. 그녀는 영국 북부 노섬벌랜드(Northumberland) 교외 지역에서 위기 청소년과 가족을 대상으로 자신의 AAPT 프로그램인 'Turn About Pegasus'를 운영하고 있다. 이 프로그램은 BBC에 소개되기도 하였다. 그녀는 국제동물매개놀이치료연구소(International Institute for Animal Assisted Play Therapy)의 공동 설립자이다. 그녀는 지역 장애인승마센터의 설립자이자 20년 이상 이 센터의 대표로 활동해 왔다. 그녀는 동물매개놀이치료와 부모놀이치료에 관한 수많은 논문과 챕터(Chapter)를 저술했으며, 가족강화및놀이치료센터(Family Enhancement & Play Therapy Center)로부터 '부모놀이치료 실천과 교육 공로상(Outstanding Contributions to the Practice and Training of Filial Therapy Award)'을 수상했다. 현재 그녀는 다섯 마리의 말, 네 마리의 개, 그리고 남편과 함께 살고 있다.

역자 소개

심혜미(Shim Haemee)

건국대학교 일반대학원 바이오힐링융합학과 동물매개치료 박사 졸업(동물매개치료 전공)

나사렛대학교 재활복지대학원 재활심리학 석사 졸업(재활심리 전공)

사회복지사 1급, 청소년상담사 2급, 동물매개재활사 전문가등급

현 힐펫센터 대표

건국대학교 대학원 바이오힐링융합학과 겸임교수

우주영(Woo Juyoung)

가톨릭대학교 일반대학원 심리학과 박사 졸업(상담심리학 전공)

가톨릭대학교 상담심리대학원 상담학과 석사 졸업(상담학 전공)

숙명여자대학교 일반대학원 아동복지학과 석사 졸업(아동상담 전공)

상담심리사 1급, 청소년상담사 1급, 학교심리사 1급, 놀이치료수퍼바이저,

모래상자치료전문가, 동물매개재활사 2급

현 나사렛대학교 상담심리학과 교수

김석언(Kim Seokeon)

나사렛대학교 일반대학원 박사과정 수료(재활학 전공)

나사렛대학교 재활복지대학원 재활심리학 석사 졸업(재활심리 전공)

학교심리사 2급, 놀이심리상담사 2급, 동물매개재활사 2급

현 나사렛대학교 상담심리학과 강사

마음터 심리발달연구소 소장

동물매개놀이치료

Animal Assisted Play Therapy®

2025년 8월 18일 1판 1쇄 인쇄
2025년 8월 28일 1판 1쇄 발행

지은이 • Risë VanFleet · Tracie Faa-Thompson
옮긴이 • 심혜미 · 우주영 · 김석언
펴낸이 • 김진환
펴낸곳 • ㈜학지사
04031 서울특별시 마포구 양화로 15길 20 마인드월드빌딩
대표전화 • 02-330-5114 팩스 • 02-324-2345
등록번호 • 제313-2006-000265호

홈페이지 • http://www.hakjisa.co.kr
인스타그램 • https://www.instagram.com/hakjisabook

ISBN 978-89-997-3470-0 93180

정가 25,000원

역자와의 협약으로 인지는 생략합니다.
파본은 구입처에서 교환해 드립니다.